문학의 새로운 이해

문학의 새로운 이해

ISBN 978-89-6039-208-3 **인쇄일** 2009년 2월 27일 초판 1쇄 **발행일** 2009년 3월 5일 초판 1쇄

지은이 이지엽 외 **펴낸이** 노정자 정일근 노정자 **주간** 이지엽 **편집장** 송지훈 **편집부** 김남규 이세훈 **디자인팀장** 정동열 **영업팀장** 홍의동 **영업부** 심규태 **발행처** 도서출판 고요아침 서울시 서대문구 북가좌동 328-2호 동화빌라 101호 **전화** 02-302-3194 **팩스** 02-302-3198 **홈페이지** www.dabook.net **전자우편** goyoachim@hanmail.net **등록** 2002년 8월 1일 제 1-3094호

문학의 새로운 이해

문학의 새로운 이해 편집위원회

고요아침

목차

1부 총론

19_ I. 고전문학의 이해
　19_ 1. 시가문학의 이해
　　20_ 가. 고대 시가
　　21_ 나. 향가
　　22_ 다. 고려가요
　　23_ 라. 경기체가
　　23_ 마. 시조
　　25_ 바. 가사
　　26_ 사. 민요
　27_ 2. 고전 산문의 이해
　　27_ 가. 설화
　　28_ 나. 전기
　　29_ 다. 가전
　　29_ 라. 전기소설
　　30_ 마. 군담소설
　　31_ 바. 가정소설과 이상소설
　　32_ 사. 풍자소설
　　33_ 아. 판소리

35_ II. 한시의 이해
　36_ 1. 한시漢詩인가 한시韓詩인가
　38_ 2. 한시의 출현
　40_ 3. 한시의 작법
　44_ 4. 한시 감상법

47_ 5. 대학생 필독 한시

69_ Ⅲ. 시의 이해
  68_ 1. 시란 무엇인가
  70_ 2. 서정시의 장르적 특성
    71_ 가. 동일화의 원리
    72_ 나. 순간성과 압축성
  73_ 3. 시의 운율
    73_ 가. 운율의 정의
    73_ 나. 운율의 종류
  76_ 4. 시의 이미지
    76_ 가. 이미지의 정의
    77_ 나. 이미지의 기능
    78_ 다. 이미지의 종류
    81_ 라. 상대적·절대적 이미지
  82_ 5. 시의 비유
    82_ 가. 비유의 원리
    85_ 나. 비유의 종류
    87_ 다. 치환과 병치
  90_ 6. 인유와 패러디
    90_ 가. 인유
    91_ 나. 패러디 Parody
    92_ 다. 패러디의 실례
  93_ 7. 아이러니
    93_ 가. 아이러니란 무엇인가
    95_ 나. 아이러니의 여러 가지 유형
  100_ 8. 역설
    100_ 가. 역설의 개념
    101_ 나. 역설의 종류

104_ 9. 어조와 화자, 시적 거리
- 104_ 가. 어조
- 107_ 나. 화자
- 108_ 다. 정서적 거리의 문제
- 109_ 라. 시점의 문제

110_ 10. 시의 구성
- 110_ 가. 삼단 구성
- 112_ 나. 사단 구성
- 113_ 다. 일·이단구성
- 114_ 라. 비정형 구성

115_ 11. 시적 묘사와 시적 진술
- 115_ 가. 시적 묘사
- 117_ 나. 시적 진술

120_ IV. 소설의 이해
- 120_ 1. 소설이란 무엇인가?
- 120_ 2. 소설의 개념
- 127_ 3. 소설의 기원
  - 128_ 가. 소설의 서사시 기원
  - 129_ 나. 소설의 로맨스 기원
- 132_ 4. 근대 소설의 형성
  - 132_ 가. 근대 소설 형성의 시각
  - 134_ 나. 근대 소설의 성격 134
- 136_ 4. 소설의 주제
- 136_ 5. 소설의 구성
- 139_ 6. 소설의 문체
- 140_ 7. 소설의 시점
- 142_ 8. 소설의 인물
- 143_ 9. 소설의 문장
  - 144_ 가. 장면 묘사

145_ 나. 요약
146_ 다. 기술
147_ 라. 논평

148_ V. 시나리오의 이해
148_ 1. 영화와 연극
153_ 2. 시나리오와 희곡
157_ 3. 영화와 문학
161_ 4. 시나리오와 소설

167_ VI. 비평의 이해
168_ 1. 문학비평의 어원과 개념
169_ 2. 비평의 특성
171_ 3. 문학비평의 방법론
    172_ 가. 형식주의 비평
    176_ 나. 신비평
    177_ 다. 구조주의 비평
    178_ 라. 사회·문학적 비평
    179_ 마. 심리주의 비평
    180_ 바. 신화·원형적 비평

2부 작품
189_ 눈
190_ 바라건대는 우리에게 우리의 보습 대일 땅이 있었더면
191_ 낡은 집
194_ 南新義州 柳洞 朴時逢方
196_ 나 막 신

197_ 목마와 숙녀
199_ 강강술래
200_ 휴 전 선
201_ 꽃샘잎 속에서
203_ 벼
204_ 산문에 기대어
205_ 청보리의 노래 1
207_ 해남에서 온 편지
208_ 정육점
209_ 신발의 꿈
210_ 투명한 난꽃
211_ 가을의 소리
212_ 남 매
227_ 長 三 李 四
241_ 눈길
261_ 원미동 시인
277_ 그 섬에 가고 싶다

3부 각론

287_ I. 관념적 로맨티스트의 농촌계몽, 그 의미와 한계

287_ 1. 문학텍스트, 어떻게 읽을 것인가?
289_ 2. 관념적 로맨티스트로서의 이광수와 이광수의 문학
291_ 3. 윤리적 이분법의 세계
293_ 4. 농촌계몽의 관념성과 허구성

298_ II. 근대 자유시 이해의 지평

298_ 1. 시의 형식, 내용과의 조화

298_ 2. 근대기 자유시의 두 지향
300_ 3. 새로운 율격의 창조를 위한 탐색
304_ 4. 소월의 시 형식
317_ 5. 새로운 율律의 창조를 기대하며

319_ III. 허준의 『잔등』에 대하여

319_ 1. 글을 시작하며 — 허준과 그의 문학
322_ 2.「잔등」의 서사적 특성과 의미—귀향모티프의 한 형식
324_ 3. '고독한 자아'와 '만남'의 두 유형
    324_ 가 '고독한 자아'의 세계 인식 — 소년과의 만남
    329_ 나. '고독한 자아'가 나아간 길 — 할머니와의 만남
332_ 4. 마무리 —「잔등」의 문학사적 의미

334_ IV. '東窓이 불갓느냐…'의 작자와 창작 배경

334_ 1. 문제 제기
335_ 2. 남구만은 어떤 인물인가?
336_ 3. 망상에 적거한 것은 사실인가?
339_ 4. 남구만이 '東窓이 불갓느냐…'라는 시조를 지은 것은 맞는가?
342_ 6. '東窓이 불갓느냐…'의 표기는 어떤 것이 옳은가?
344_ 7. 이 시조의 주제는 권농인가, 정치 풍자인가?
348_ 8. 맺음말

351_ V. 기호의 논리와 시적 상상력

351_ 1. 『烏瞰圖』를 다시 읽는 이유
352_ 2. 기호의 논리로 읽는 『烏瞰圖』의 의미
358_ 3. 기하학적 상상력과 '거울' 모티프

363_ VI. 식물성 언어와 울음의 정서

363_ 1. 머리말
364_ 2. 미당과 이수복
366_ 3. 식물성 언어로 빚어낸 서정의 깊이
370_ 4. 울음과 은둔의 정서

373_ VII. 현대시와 패러디

373_ 1. 고갈의 위기와 패러디의 재발견
375_ 2. 패러디의 개념과 범주에 대한 혼란
378_ 3. 한국 현대시와 패러디 주체의 변모 양상
    378_ 가. 원전에 대한 숭배와 정예주의
    381_ 나. 자기동일성의 추구와 민족 이데올로기
    385_ 다. 비평적 거리의 확보와 풍자의 날
    389_ 라. 자기 반영성과 주체의 해체
392_ 4. 결론

396_ VIII. 상호텍스트성과 패스티쉬 비판

396_ 1. 머리말
398_ 2. 연구사 검토 및 문제 제기
401_ 3. 탈근대의 미학과 전복의 시학
408_ 4. 패스티쉬와 주체의 파열
414_ 5. 맺음말

417_ IX. 디지털 시대와 느림의 시학

417_ 1. 디지털 시대의 역설
420_ 2. 빠름과 망각, 느림과 기억
424_ 3. 발효의 시간과 삶의 의미
428_ 4. 느림의 시학

431_ X. 북한 시에 나타난 '진달래' 이미지

431_ 1. 서론
432_ 2. '진달래' 이미지의 형성의 과정
    가. 진달래의 전통적 정서
    나. 진달래와 선군
437_ 3. 북한 문학사에 나타난 진달래
    가. 박팔양의 「진달래」
    나. 주체 시대의 「진달래」
    다. 진달래와 비전향장기수
447_ 4. 맺음말

서문

문학을 이해하는 것은 인생을 이해하는 것과 비슷하다. 고전을 비롯한 수많은 문학 작품에는 우리 삶의 총체적인 모습들이 담겨있기 때문이다. 그래서 대학에서는 전통적으로 『대학 국어』나 『문학의 이해』에 관련된 교과목들이 교양과목이나 필수과목으로 많이 개설되어 있었다. 그런데 최근에 이르러서는 『글쓰기』 과목들이 강조되면서 슬그머니 이 교과목들은 대폭 축소되거나 심한 경우는 아예 폐지된 경우가 발생되기에 이르렀다. 교과목이 남아있는 경우라 할지라도 대부분 선택과목들로 2~3개 강좌만 개설되어 있어서 이에 대한 교재를 개발한다는 것은 아주 요원한 일이 되고 말았다. 아주 오래된 내용을 그대로 답습 하거나 강의를 담당한 교수가 관심을 두고 있는 분야에 국한되게 되는 등 상당한 문제점이 노출되기에 이르렀다. 각 대학에서 국문학 전공을 하고 강의를 맡고 있는 우리들이 『문학의 새로운 이해』를 펴내게 된 이유는 이러한 까닭에서이다. 우리는 『문학의 새로운 이해』에 대한 편집 방향을 논의하면서 대개 다음의 사항들이 최대한 반영되도록 하였다.

1. 지식 위주의 단순 전달 목적보다는 문학을 쉽고도 재미있게 접근할 수 있도록 한다.
2. 우리 현재의 삶과 관련하여 문학이 주는 향기가 현대인의 정서 함양에 도움이 되도록 한다.
3. 사물이나 현상에 대하여 한 방향보다는 공평한 시각과 균형적인 사고를 할 수 있도록 한다.
4. 문학이론의 개론서 성격을 지양하고 작품 중심의 이해와 감상을 통해 자연스럽게 이

론에 접할 수 있도록 한다.

  5. 과거의 작품과 함께 현재 활동하고 있는 작가들의 작품은 물론 새로운 문학 현상 등도 소개하여 폭넓은 시야를 갖도록 유도한다.

  6. 문학 연구 방법론 등을 다양하게 제공하기 위하여 분석적이고 체계적인 논문을 별도로 싣는다.

  이러한 편집 방향에 맞추어 우리는 이 책을 3부로 나누었다. 제1부에는 고전문학, 한시, 시, 소설, 비평, 시나리오 등 갈래 중심의 문학 일반에 관한 내용을 실었고 제2부는 실제 작품을 실었다. 제3부는 각론으로 주요 논문을 통해 현재의 관심이 집중되고 있는 분야를 살피도록 하였다.

  하느라고 준비를 하였지만 처음의 뜻이 충분하게 반영되지 못한 부분이 없지 않아 있다. 우선 준비하는 기간 동안 여러 일들로 여기에 전념하지 못하고, 시간상의 제약이 있었음을 양해해주시기 바란다. 다만 첫걸음을 뗐으니 부족한 부분은 계속 보완해 나갈 것을 약속드린다. 아무쪼록 이 『문학의 새로운 이해』가 많이 읽혀서 이를 통해 문학의 소중함을 깨닫고, 문학의 향기로 은은하게 삶을 채워나가는 데에 조금이라도 도움이 되었으면 하는 마음 간절하다.

『문학의 새로운 이해』 편집 위원회

1부 총론

서용규, 정동진_ Ⅰ. 고전문학의 이해

최한선_ Ⅱ. 한시의 이해

이지엽_ Ⅲ. 시의 이해

이재식_ Ⅳ. 소설의 이해

하유성_ Ⅴ. 시나리오의 이해

이재인_ Ⅵ. 비평의 이해

Ⅰ. 고전문학의 이해

서용규[*]
정동진[**]

'고전'이라는 얘기만 끄집어내면 '딱딱하다', '머리가 아프다', '어렵다', '케케묵은 것', '황당무계한 옛 이야기' 쯤으로 치부해 버리던 때가 있었다. 지금은 전공자들의 깊이 있는 연구와 관련 기관의 노력으로 고전의 본질과 동떨어진 논리는 많이 사라졌지만 그래도 '고전'이란 의미에 많은 사람들이 부담스러워 한다.

'고전'을 이렇게 한 번 생각해 보면 어떨까? '태어나면서부터 내가 갖고 있던 것'이라고. 사람은 세상에 태어나 말을 배우기 시작하면서 자신의 감정을 표현하고, 글을 배우면서 감정을 가다듬고 축적하는 노력을 한다. 이런 과정은 우리가 '고전'이라고 얘기하는 문학에도 적용된다.

집단이 만들어지면서 그들의 생활과 감정은 언어생활을 하면서 말로 표현되었고, 또 문자 생활을 하면서 글로 표현하던 것이 바로 문학의 시작일 것이다. 문자가 없었던 시대에도 집단의 생활을 말로 표현하는 데는 큰 어려움이 없었을 것이지만, 구전을 이어 문자로 정착되면서 좀 더 의미 있고 세련된 모습으로 표현하게 되었다.

우리 민족은 끊임없이 독창성을 발휘하여 많은 고유문화를 만들어 냈다. 신화적 상상력을 바탕으로 신화와 무속을 넘나들었고, 한자의 모습을 빌렸지만 독창적인 향가의 세계를 이해할 수 있게 했던 것이나, 한시에서 찾아볼 수 없는 솔직 담대한 정체성과 생명력을 보여준 고려가요에서 오랜 세월을 잊지 않고 전해 온 끊임없는 생명의 용틀임을 느끼게 된

[*] 가야대학교 교수, 문학박사
[**] 문학박사

다. 그 중에서도 특히 한글이라는 문자를 만들어낸 것은 세계적인 것이었다. 만약 한글이 세종대왕 창제 당시보다 더 이전에 만들어졌다면 우리 문학의 향배가 바뀌었을 것이다.

지금 '고전'이 어렵게 여겨지는 것은 바로 우리가 사용하고 있는 한글의 출현과 무관하지는 않다. 한글은 우리가 너무 쉽게 쓰고 있는 문자이므로 한글로 쓰인 글은 쉽게 이해할 수 있으나, 한자로 쓰인 글은 매우 어려워한다. 바로 이것이 '고전'이 갖고 있는 해득상의 어려움이다. 그리고 '고전'에 담겨있는 진실 또한 서구화된 우리의 삶이 밝혀내기엔 너무 멀어져 있는 것도 '고전'을 멀리하게 된 이유 중의 하나이다. 그러나 한자를 썼다고 해서 내 나라 사람이 아닌 건 아니다. 정약용 선생이 후대에 '조선시'를 주장했던 것처럼 선조들의 표기 수단이 한자였을망정 내 나라 내 살림을 글로 남겨왔으므로, 그들의 생각 또한 '내가 갖고 있는 선천적인 것', 다시 말해 우리 민족이 함께 할 수 있는 원형질이 고스란히 담겨 있다.

'고전'은 원형原型을 가진다. 원형이 있기 때문에 신화를 함께 얘기하고, 민요를 함께 즐기며, 춘향전을 함께 읽으며 감동한다. 우리가 이 원형을 이해하려고 노력할 때 비로소 '고전'은 우리의 진정한 '고전'으로 남을 것이다.

1. 시가문학의 이해

가. 고대 시가

삼국 형성기 이전의 시가는 모두 세 편뿐인데, 한자로 기록된 간단한 내용을 갖고 있어 본래의 모습을 알기 어렵다. 이 세편의 공통점은 모두 노래로 전하다가 기록으로 남았다는 것이다. 오래도록 노래로 불리워진 것은 아마도 주술적인 가치가 있었을 것으로 판단하고 있고 또 주술 중심의 생활상을 엿볼 수 있는 소중한 자료가 되기도 한다.

『삼국사기』'가락국기'에 전하는 〈구지가〉는 위협적인 언사를 동원해서 소원을 이루려는 주술적 성격과 거북의 머리 모양과 남성 성기 모양의 닮은꼴을 통해 생명 의식과 신령스런 군장의 출생을 노래한 것으로 보기도 하고, 삽입 설화를 바탕으로 노동요와의 관련성을 말하기도 한다.

『삼국사기』권 13 '고구려본기 유리왕 조'에 배경설화와 함께 전하는 〈황조가〉는 일찍 죽은 왕비 송씨에 대한 애틋한 그리움을 나타낸 우리나라에서 가장 오래된 서정 가요로 이해하고 있지만, 한편으로 설화의 내용으로 보아 농경사회를 대표하는 화희와 유목사회를 대표하는 치희의 대립으로 보아 종족 간의 갈등을 극복하지 못한 부족장의 자탄가로 보기도 한다. 이 작품은 고대 시가이면서도 집단 가요에 속하는 〈구지가〉와는 다른 개인의 서정을 나타내고 있으므로 집단 가요에서 개인 서정 가요로 이행되어가는 모습을 살펴볼 수 있다.

〈공무도하가〉는 중국 후한 말기 채옹이 엮은 『금조琴操』의 기록이 가장 오래 되었고, 송대 곽무청의 『악부시집』과 조선 정조 때 한치윤의 『해동역사』에도 전해지고 있다. 진晉나라 최표의 『고금주』에는 배경설화가 자세하게 실려 있다. 우리의 문헌보다 중국의 문헌에서 먼저 다루었다는 점에서 중국 작품이라는 견해도 있으나, 우리의 서정시가 한역되어 중국에 전승되었으며 이백의 시에 영향을 끼쳤다는 주장이 유력하다.

나. 향가

『삼국사기』 신라 본기 유리왕 5년에 '이 해에 민속이 환강하여 처음으로 도솔가를 지어 부르니, 이것이 가악의 시초였다.'라고 한 것을 보면, 이 〈도솔가〉가 최초의 향가라고 추측되는데, 이 노래는 오늘날 전하지 않는다.

한자의 훈과 음을 섞어 표기한 향가는 도솔가, 사뇌가, 시내가, 사내악 등으로 불리기도 했는데, 특히 10구체의 향가를 '사뇌가'라고 했다. 4구체, 8구체, 10구체로 형성된 향가는 4구체에서 점차 발전해가는 모습을 보여준다. 특히 10구체 향가는 '낙구'를 가진 가장 완성된 문학 형식으로 후대의 시조와 가사에서 흔적을 찾을 수 있다. 10구체 향가는 격조 높은 서정성과 세련된 수사가 돋보이며, 〈제망매가〉와 〈찬기파랑가〉는 서정성과 표현 기교가 뛰어난 향가의 백미로 일컬어진다.

향가의 작가는 승려, 화랑, 여류, 무명씨 등 여러 계층이지만 현전하는 향가의 작가는 대부분이 승려와 화랑들이다. 그리고 작품 내용은 민요, 동요, 토속 신앙에 대한 것, 임금을 그리워하는 노래, 나라를 다스리는 노래 등 다양하지만 부처님에 대한 찬양과 신앙심을 표현한 불교적인 노래가 많다.

그리고 진성 여왕 2년(888)에 각간 위홍과 대구화상이 『삼대목』이라는 향가집을 편찬하였다는 기록으로 보아 상당히 많은 향가가 창작되었다는 것을 알 수 있지만 불행히도 지금 전하지 않는다.

고려 예종이 팔관회에서 김낙과 신숭겸의 덕을 칭송해 지은 〈도이장가〉와 인종의 총애를 받다가 의종이 즉위하자 참소로 인해 동래에 귀양 가 있으면서 임금을 연모하고 억울함을 하소연한 〈정과정〉에는 향가의 잔영이 있어 향가의 명맥이 고려에도 이어졌다는 것을 가늠케 한다.

다. 고려가요

고려가요는 향가계 시가가 사라지면서 고려 평민들에게 크게 유행되었던 민요적 시가로서, '고려속요', '속악가사', '장가長歌'라고도 부른다. 고려가요란 명칭은 '고려시대의 노래'란 뜻을 담고 있고, '고려속요'는 고려의 속된 노래라는 의미를 담고 있으며, '속악가사'는 고려의 노래를 국가의 공식 행사에 사용된 음악인 아악과 중국에서 들어온 당악, 국내에서 생긴 속악으로 분류하면서 생긴 명칭이다.

고려 중후기는 민란과 무신난 등으로 매우 혼란한 시기였으므로 동요된 사회로부터 극복하고자 하는 노력이 있었다. 고려가요는 불안정한 사회 속에서 나타난 것인 만큼 당시의 사회상이 잘 반영되어 있고 또 평민들의 진술한 감정이 잘 나타나 있는데, 한글 창제 이후 『악장가사』, 『악학궤범』, 『시용향악보』 등에 채록되어 전해지기까지 오랜 시간의 첨삭 과정을 통해 우아하고 세련된 모습으로 남게 되었다.

대부분이 분절식이며 각 분절마다 후렴구가 대체로 붙어 있는 고려가요는 남녀 간의 사랑, 자연에 대한 예찬, 이별의 안타까움 등을 허식없는 진술한 감정으로 노래하여 애틋함을 더해 주고 있다. 특히 남녀 간의 사랑을 다룬 작품은 조선조에서 '노랫말이 저속하여 문헌에 싣지 못한다(詞俚不載)'라 하여 문헌에서 삭제되기도 했다.

고려가요는 평민이 주된 작자층이지만, 궁중 속악으로 수용되면서 악곡에 조예가 깊고 시문에 밝은 신하나 궁중 관기 또는 악공 등도 창작에 참여했을 것으로 생각된다.

현재 〈청산별곡〉, 〈동동〉, 〈정석가〉, 〈가시리〉, 〈상저가〉, 〈처용가〉, 〈서경별곡〉, 〈쌍

화점〉, 〈사모곡〉, 〈이상곡〉, 〈만전춘〉, 〈유구곡〉 등이 남아 전한다.

라. 경기체가

경기체가는 고려 중엽 이후 정치적 혼란기로부터 조선 초기에 걸쳐 문신들에 의해 창작된 시가로, 노래 중에 '경景 긔 엇더하니잇고' 혹은 '경기하여'라는 구절이 되풀이 되는 것을 두고 줄여서 붙인 것이다. 또 공통적으로 제목에 '별곡別曲'이라는 말이 붙으므로 '별곡체'라고도 한다.

13세기 초의 〈한림별곡〉을 시작으로 하여 주로 신흥 사대부들의 득의에 찬 삶과 향락적인 여흥이 주된 내용이며, 그들의 학식과 체험을 드러내기 위해 글, 경치, 기상, 등을 제재로 삼았다.

경기체가는 몇 개의 연이 중첩되어 한 장을 이루는 연장 형식으로 이루어져 있고, 전·후 양절로 구분되며, 음수율은 주로 3음절, 음보율은 일반적으로 3음보율이다.

고려조에 창작된 경기체가로는 고종 때 한림 제유가 시부, 서적, 명필, 명주, 화훼, 음악, 누각, 추천 등을 제재로 한 〈한림별곡〉, 충숙왕 때 안축이 강원도 순력에서 돌아오다 관동의 절경을 읊은 〈관동별곡〉과 또 고향인 풍기 순흥[죽계]의 경치를 노래한 〈죽계별곡〉이 있다. 조선조 작품으로는 세종 조 권근이 조선의 문물 제도의 왕성함을 칭송한 〈상대별곡〉, 변계량이 조선의 건국 창업을 칭송한 〈화산별곡〉, 정극인이 전원의 한정과 성은을 칭송한 〈불우헌곡〉 등이 있다.

마. 시조

시조는 고려 후기에 신흥 사대부들이 유교적 이념을 표출하기 위해 만들어낸 것으로 조선을 거쳐 오늘날까지 꾸준하게 이어져오는 생명력 있는 문학 양식이다.

시조에 대한 최초의 명명은 조선조 영조 조 신광수의 『석북집』에 '시조時調의 장·단을 배열한 것은 장안에 사는 이세춘에서 비롯된다.(時調排長短 來自長安李世春)'는 기록에서 보이고,

정조 조 낙하생 이학규의 『낙하생고』에 '누가 꽃 피는 달밤을 가련하다고 하는가. 시조가 바로 회포를 불러주네.(誰憐花月夜 時調正悽懷)'에서 사용되면서 '시조는 또 시절가時節歌라고도 부르며 모두 항간의 속된 말로 긴 소리로 노래한다.'고 설명하고 있다. 또 철종 조 유만공의 『세시풍요』에 '보아寶兒 등 기생의 무리가 자못 수다스러워, 길에는 아리따운 옷맵시 널려 있네. 시절단가 소리 울리는데 바람 차고 달 밝아 세 장=章을 노래하네.'라 하고 있는데 여기서 '세 장'은 곧 시조를 가리킨다.

이 기록들로 보면 영조 조에 이미 시조라는 명칭이 폭넓게 사용되었고, 시조는 '시절가조'의 줄임말로 쓰이면서 음악적 명칭으로 쓰였음을 알 수 있다.

시조의 기원은 무굿기원설, 향가기원설, 한시 번역 과정에서 생성되었다는 설, 고려가요기원설 등 다양한 견해들이 있으나, 이 중 고려가요 〈만전춘별사〉의 제 2연과 제5연에서 시조의 모습을 찾을 수 있으므로 고려가요의 형태적 특징이 바뀌면서 단형화되어 시조로 나타났다는 고려가요기원설이 유력하다.

(2연)
경경耿耿 고침상孤枕上에 어느 잠이 오리오
서창西窓을 열어하니 도화발桃花發 하도다
도화桃花는 시름없어 소춘풍笑春風하나다

(5연)
남산南山에 자리 보와 옥산玉山을 베고 누어
금수산錦繡山 이불 안에 사향麝香각시를 안아 누어
약藥든 가슴을 맛초옵사이다

고려의 혼란기를 지나면서 생성된 문학 갈래답게 생성 초기에는 유교적 충의 사상을 노래한 시조들이 많이 나타난다. 여말 선초 고려 유신들이 지은 회고가나 사육신의 절의를 나타내는 작품들이 그러하다. 또 자연 속의 한가로움과 평화로운 삶을 노래한 작품들도 많이 나타나는데 순수한 '강호한정가'이기보다는 유교적 충의 이념과 결부되어 있다. 그리고 기녀들의 작품에서 진솔한 애정 세계가 노래되고, 왜란과 호란을 겪은 이후 사회적으로 커다란 변화의 움직임이 일어나면서 평민들 또한 창작에 참여하여 일상의 다양한 세계를 노래했다.

시조의 형식적 특징은 3장 6구 45자 내외의 기본형을 가지며, 3(4)·4조의 기본 음수율과 4음보격을 기본 형태로 하고, 종장 첫 음보는 3음절로 고정되어 있고 둘째 음보는 5음절 이상이어야 한다.

시조의 종류로는 단형시조인 평시조, 평시조의 초장이나 중장 중 어느 한 구가 길어진 엇시조, 3장 중 두 구 이상이 평시조보다 길어진 사설시조가 있다.

시조집으로는 김천택의 『청구영언』, 김수장의 『해동가요』, 송계연월옹의 『고금가곡』, 이형상의 『병와가곡집』, 박효관과 안민영의 『가곡원류』, 그리고 작자미상의 『근화악부』, 『화원악보』, 『남훈태평가』 등이 전한다.

바. 가사

가사는 3(4)·4조, 4음보 연속체의 시가로서 운문과 산문의 중간 형태이다. 가사의 출현에 대해서는 고려가요 또는 경기체가에서 나왔다거나, 4음보의 연속체 교술 민요가 기록문학으로 전환되면서 형성된 것이라거나, '용비어천가'나 '월인천강지곡' 등에 보이는 시형이 기원이라는 등 다양한 이론이 있지만, 두 번째 설이 정설로 인정받고 있다.

가사의 성격에 대해서는 시가문학에서 산문문학으로 이행되는 과도기적 단계로 시가와 문필의 중간적 형태라거나, 율문으로 된 수필, 또 율문으로 된 교술 문학이란 설이 있다. 이 중 가장 설득력 있는 주장은 율문으로 된 교술 문학이다.

시조에 비해 길이가 길어 '장가'로도 불리어지는 가사는 단조로운 형식 때문에 다양한 내용을 다룰 수 있었고, 향유층 또한 다양하였다.

가사의 최초 작품으로 14세기 나옹화상의 〈서왕가〉로 보느냐 아니면 15세기 정극인의 〈상춘곡〉으로 보느냐는 데는 이견이 있다. 그것은 시기적으로 너무 떨어져 있을 뿐만 아니라 두 작품 모두 당대 작품으로 보기에 의심의 여지가 있기 때문이다. 〈서왕가〉를 최초 작품으로 보더라도 〈서왕가〉 이후 가사 문학으로 등장하는 작품이 없고 또 조선조에서 주로 향유되었으므로 〈상춘곡〉을 최초 작품으로 보는 것이 정설이다.

가사는 임란을 전후로 전기가사와 후기가사로 나뉜다. 전기가사는 행수에 제한은 없지만 길이가 비교적 짧으면서, 낙구가 시조의 종장처럼 3.5.4.3의 음수율을 지니는 정격가사이다. 정극인, 송순, 정철 등 양반 사대부들에 의해 주도되었으며, 주로 벼슬에서 물러나 자연과 더불어 살아가는 생활상을 표현했다. 특히 우리말의 아름다움을 잘 살려 격조 높은 작품을 만들어 낸 정철은 우리나라 가사문학의 1인자로 자리매김하고 있다.

후기가사는 4.4조를 기조로 하여 전기가사보다 훨씬 길어진 양적 변화와 함께 낙구가 음수율의 제한을 받지 않는 변격가사를 말한다. 격변하는 사회를 겪은 이후 현실적인 문제에 대한 관심이 확대되어 주제와 표현 양식이 다변화되었다. 그 결과 기행가사와 유배가사가 나타나게 되고 또 여성과 평민들도 작자층으로 등장함에 따라 규방가사와 평민가사가 나타났다.

대표적 작품으로는 정극인의 〈상춘곡〉을 비롯하여 조위의 〈만분가〉, 송순의 〈면앙정가〉, 백광홍의 〈관서별곡〉, 이이의 〈자경별곡〉, 정철의 〈관동별곡〉·〈사미인곡〉·〈속미인곡〉, 차천로의 〈강촌별곡〉, 허난설헌의 〈규원가〉, 박인로의 〈태평사〉·〈선상탄〉·〈누항사〉, 김인겸의 〈일동장유가〉, 홍순학의 〈연행가〉, 한산거사의 〈한양가〉, 정학유의 〈농가월령가〉와 〈우부가〉 등이 있다.

한편 최재우의 〈용담유사〉로부터 시작되는 개화기가사는 독립신문이나 대한매일신보 등에 게재되면서 주로 애국계몽과 자주독립 및 부국강병을 나타냈고, 형식도 전기가사보다 더 짧아지고 분연되는 변모를 보인다.

사. 민요

민중의 생활 감정을 음악적 반주 없이 즉흥적으로 부르며 전승되어왔던 민요에는 민족이나 공동체의 희비와 애환이 담겨 있다.

민요는 개인의 정서가 공동의 관심으로 전환되면서 노랫말이 첨삭되어 전승되었으므로 개인 창작이 아닌 공동작이라 할 수 있다. 구전된 민요는 민중의 정서를 직설적으로 표현하면서 부를 수 있도록 알맞은 율격과 형식으로 다듬어져 일정한 정형성을 가지게 되었다.

민요는 민속과 음악 그리고 문학의 복합체면서 대체로 3.4조 또는 4.4조의 운율을 가지며 두 연이 대칭 구조를 이루며, 가창 방식에 따라 선후창, 교환창, 독창, 합창으로 구분된다. 선후창은 선창자와 후창자가 번갈아 가며 노래하는 방식으로, 〈옹해야〉처럼 선창자가 본사를 부르면 후창자는 후렴을 부른다. 교환창은 선창자와 후창자가 번갈아 가며 부르는 점에서는 선후창과 같으나 후창자가 후렴을 부른 선후창과는 달리 선창과 후창 모두 본사를 번갈아 가며 부른다. 그리고 〈아리랑〉처럼 혼자서 부르는 것을 독창, 그리고 다함께 부르는 것을 합창이라고 한다.

일상의 감정을 소박하게 표현한 민요는 노동의 현장에서 일하는 즐거움을 나타내거나, 〈시집살이 노래〉처럼 시집살이의 고달픔이 묘사되기도 하는 노동요, 〈지신밟기요〉나 〈상여소리〉처럼 세시의식이나 장례의식 그리고 신앙의식 등 의식을 진행할 때 부르는 의식요, 〈강강술래〉나 〈놋다리노래〉처럼 여러 사람들이 노래에 맞추어 어떤 놀이를 진행할 때 부르는 유희요, 그리고 〈아리랑〉처럼 실제적인 기능 없이 유흥을 목적으로 부르는 비기능요가 있다. 비기능요는 대체로 남녀 이별의 정한을 노래하고 있으며, 비기능요 중에 서사적인 맥락을 갖춘 민요를 서사민요라고 한다.

2. 고전 산문의 이해

가. 설화

설화는 일정한 구조를 가진 꾸며낸 이야기로서 사실의 여부보다도 문학적 흥미와 교훈을 주는 서사 문학의 근원이다. 설화는 구전되어 내려왔으므로 핵심이 되는 사항이나 구조를 바탕으로 이야기적 요소가 덧붙여져서 이루어지므로 매우 가변적이다. 또 노래로 불리어졌기보다는 구연된 것이므로 매우 산문적이며, 들은 이야기를 쉽게 옮길 수 있으므로 전달성이 강하다.

설화는 신화, 전설, 민담으로 분류하는데, 이들에게는 몇 가지 상이한 특징들이 있다. 신화는 신적 존재 및 그에 준하는 존재들의 활동을 다루기 때문에 태고라는 초자연적인 시간 배경을 가지며 그 내용은 항상 신성하고 진실하다는 믿음을 가진다. 〈단군신화〉, 〈주몽신화〉, 〈박혁거세신화〉, 〈수로왕신화〉, 〈석탈해신화〉, 〈김알지신화〉 등 건국신화와 씨

족신화가 여기에 해당한다.

전설은 신神의 존재가 아닌, 인간 및 인간의 행위들을 주로 다루며, 구체적인 시공간을 제시한다는 점에서 신화와 구별된다. 전설에서는 비범한 인간이 예기치 못한 사태를 만나 비극적인 운명을 맞게 함으로써 사건의 진실성을 강조하려는 의도가 있다.

민담은 신화의 신성성과 초자연성, 전설의 역사성과 사실성이 제거된 흥미와 교훈 본위의 이야기이며, 허구적인 성격이 강하다. 흔히 '옛날 옛적에~'로 시작되는 민담은 구체적인 시공간이 제시되지 않으면서 평범한 인간이 초월자의 도움으로 인해 자신의 운명을 개척해 나간다는 내용인데, 직접적인 세계가 아닌 가공의 세계를 다루어 전파력이 매우 강하다.

나. 전기傳奇

전기는 '문어체로 된 기이한 이야기'를 말한다. 이것은 대체로 귀신과 관련된 이야기들로 전설적인 요소가 강하며, 중국의 지괴志怪설화와 맥락을 같이 하며 전승되었다. 이는 당나라와 빈번한 교류를 가졌던 신라의 문인이 당대 문학의 영향을 받은 것으로 생각된다.

우리나라 전기집으로는 『수이전』이 이름만 전하는데, 작자가 각각 최치원, 박인량, 김척명이라는 여러 설이 있으나, 최치원을 원편저자原編著者로, 박인량을 증보자增補者로, 김척명을 개찬자改撰者로 보는 견해도 있다. 이 『수이전』에 실려 있던 작품 중에 현재 〈연오랑 세오녀〉를 비롯한 10여편이 『해동고승전』, 『삼국유사』, 『대동운부군옥』, 『태평통재』 등에 전한다.

『수이전』에는 〈수삽석남〉이나 〈선녀홍대〉에서 보이는 귀신을 만나 사랑을 나누거나, 〈심화요탑〉처럼 신분의 차이를 넘어서서 사랑을 이루고자 하나 이루지 못하고 불꽃으로 피어나 탑을 태우고 불귀신이 되기도 하고, 〈김현감호〉에 나타나는 호원사의 창건 사연을 설명하는 사찰연기설화 등 당시 사회의 모습을 부분적으로 살펴볼 수 있다. 『수이전』은 비록 짧은 글로 이루어진 작품들이지만 신라 사회의 모습뿐만 아니라 신라의 설화를 이해할 수 있게 하며 또 전기소설傳奇小說의 모습을 보여준다는 점에서 귀중한 자료로 평가되고 있다.

다. 가전假傳

가전은 '가상의 전'이란 의미로, 전통적인 의미의 '전'과는 사뭇 구별된다. 전통적인 의미의 '전'은 인물의 일생과 삶의 방식을 시간적 순서에 따라 기술하고 마지막에 평결하여 가치판단을 제시하는 문학 양식으로, 우리 서사문학에 큰 영향을 끼쳤다. 그러나 가전은 사람이 아닌 사물이나 동물을 의인화하여 그 일생을 전 형식에 맞추었고 평결 또한 동일하게 적용했다. 이런 의미에서 '가假'는 실제적이 아닌 허구적 성격을 갖는다.

가전은 무신란 이후 등장한 신흥 사대부들이 대체로 창작했는데, 가전에서 수용하고 있는 의인화는 풍자적이 아니라 권선징악이라는 주제 표현에 기여하는 바가 크다. 이것은 고려말의 신흥사대부들의 유교적 역사관과 무관하지 않다.

임춘은 『국순전』에서 술을 의인화하여 술의 역사와 성격을 정리하면서 술이 사람에게 미치는 영향을 말하였고, 또 『공방전』에서 돈을 의인화하여 재물을 탐하는 것을 경계하였다. 이규보는 『국선생전』에서 술과 누룩을 의인화하여 군자의 처신을 경계하였고, 또 『청강사자현부전』에서는 거북을 전쟁으로 의인화하여 거북등으로 점을 쳤던 사실을 통해 점치는 행위가 삶을 구제할 수 있는 방편이 되지 못함을 지적하고 있다. 이곡은 『죽부인전』에서 대나무를 의인화하여 정절을 강조하였다. 이첨은 『저생전』에서 종이를 의인화하여 종이의 역사와 그 공적을 말했다.

가전은 신흥사대부가 아닌 선승들에 의해서도 창작되었다. 보조국사 혜눌의 제자인 혜심은 대나무를 의인화한 『죽존자전』과 얼음을 의인화한 『빙도자전』을 지어 대나무와 얼음의 곧고 청량한 불교적 인품을 말했고, 승려 식영암은 지팡이를 의인화한 『정시자전』에서 여러 미덕(壯·勇·信·義·智·辨·仁·禮·正·明)을 갖추고 있는 정시자의 인물됨을 기리고 있다.

라. 전기소설傳奇小說

전기소설은 앞서 나타난 전설과 전기傳奇를 계승하여 소설로 형상화되어 낭만과 환상이라는 비일상을 주로 다루면서도 일상의 세계도 함께 다루고 있다.

우리나라의 주요 전기소설로는 김시습의 『금오신화』, 신광한의 『기재지이』 소재 작품, 김소행의 『삼한습유』, 서유영의 『육미당기』, 권필의 『주생전』, 조위한의 『최척전』, 작자 미상의 『운영전』 등을 들 수 있다. 이들은 우리나라 소설 문학의 선두에 서 있으면서 후대 소설의 기틀을 마련해 주었다.

우리나라 최초의 소설로 일컬어지는 『금오신화』는 우리나라 전기소설 중 가장 중요한 작품이다. 만복사에서 남원에 사는 노총각 양생이 부처와 저포놀이 내기에서 이겨 부처에 의해 죽은 귀신인 최씨녀를 만나 인연을 함께 하지만 유명이 다른 두 사람의 인연은 오래 가지 못해 최씨녀는 죽고 양생은 그녀를 잊지 못하고 산에서 약초를 캐다 죽었다는 〈만복사저포기〉, 이생이 이웃에 사는 최씨녀를 담 넘어 보고 사랑하여 행복하게 살았지만 홍건적의 난으로 최씨녀는 죽고 이생은 혼자 살아 옛집으로 돌아와 죽은 최씨녀와 짧은 재회를 한 후 이생이 최씨녀의 유골을 거두어 장사지내고 얼마 후 이생도 병을 얻어 죽는다는 〈이생규장전〉, 부유한 개성 상인 홍생이 평양에 놀러왔다가 부벽루 아래에서 선녀인 기씨녀를 만나 하룻밤 지냈으나 기씨녀와 헤어진 후 그리움으로 죽어 옥황상제의 종사관이 되었다는 〈취유부벽정기〉, 경주에 사는 박생이 꿈에 염라대왕을 만나 담론하고 돌아와서 얼마 후 세상을 떠나 염라왕이 되었다는 〈남염부주지〉, 개성의 한생이라는 선비가 용왕에게 초대받아 용궁으로 가서 상량문을 지어주고 선물 받아 돌아와 명산에서 살다가 삶을 마쳤다는 〈용궁부연록〉이 실려 있다.

그리고 김소행의 『삼한습유』는 유불선의 미의식이 잘 조합된 조선후기 장편전기소설로, 신라 때 정절을 지키다 죽은 향랑이 재생하면서 벌어지는 천선天仙과 마군魔軍의 싸움은 매우 환상적이다.

마. 군담소설

군담소설은 고대 소설의 주류를 차지했던 한글 소설로서, 주인공이 전쟁을 통해 영웅적 활약을 전개하는 흥미 위주의 고전소설을 말한다. 군담소설에 등장하는 주인공의 고난 극복과 영웅적인 활약은 현실적으로 불가능한 염원을 도선적 신비주의에 근거한 상상을 통하여 실현하고 있다는 점에서 당시 일반 대중의 흥미를 이끌었다.

군담소설은 작품의 소재에 따라 역사군담소설, 창작군담소설, 번역군담소설로 나눈다. 창작군담소설은 작중 인물이나 사건이 허구인 작품으로, 〈소대성전〉, 〈장백전〉, 〈황운전〉, 〈유충렬전〉, 〈조웅전〉처럼 어려서 많은 고난을 겪지만 도사를 만나 도술과 무예를 배우고, 국가 위기에 적을 물리치고 왕권을 수호하는 영웅적 활약을 전개하여 그 공로로 높은 벼슬을 받아 부귀영화를 누린다는 내용으로, 몰락 양반 및 평민들의 출세 의지, 정치 의식, 역성 혁명의 의지 등을 담고 있다.

역사군담소설은 전란의 피해와 이민족에 대한 복수의 의지를 담고 있는데, 임진왜란을 배경으로 한 〈임진록〉과 병자호란을 배경으로 한 〈임경업전〉, 〈박씨전〉이 있다.

〈임진록〉은 임진왜란의 체험을 통해 형성된 설화가 후대에 결집된 소설로 이순신, 권율, 김덕령, 곽재우, 사명당 등 실제 인물의 활약상을 다루고 있다. 전체적으로는 역사적 사실을 바탕으로 하지만 의병장의 일화를 중심으로 도술 등의 비현실적 요소가 많이 등장한다. 〈임경업전〉은 병자호란 당시 활약한 임경업 장군을 소설화한 것인데, 역사적 사실과는 달리 임경업의 영웅적 활동에 초점을 맞추었고, 〈박씨전〉도 이시백의 아내인 박씨가 비록 추녀지만 초인간적인 능력을 가진 모습을 부각시키고 있다. 이처럼 역사군담소설에는 외적을 상대로 피폐해진 민족의 자존심을 고치려는 의식과 외적의 침입에 무능했던 당시 집권층에 대한 비판의 목소리를 함께 담고 있다.

번역군담소설은 중국소설인 〈삼국지연의〉가 애독되고 또 창작군담소설이 성행하게 됨에 따라 〈삼국지연의〉와 같은 중국의 연의소설 중 특히 흥미로운 군담 부분만을 떼어 독립 작품으로 번역하여 간행한 것이다. 그 예로는 〈삼국대전〉, 〈적벽대전〉, 〈조자룡전〉, 〈화룡도실기〉, 〈관운장전〉 등이 있다.

바. 가정소설과 이상소설

가정소설은 〈사씨남정기〉나 〈장화홍련전〉처럼 가정사를 소재로 한 작품을 가리켰지만 그 후 가문소설, 가족사소설 등의 용어와의 변별성을 가지기 위해 당대 가정사만을 대상으로 하는 작품을 말한다.

가정소설은 대체로 김만중의 〈사씨남정기〉처럼 처첩간의 갈등을 다루거나, 〈장화홍련전〉이나 〈콩쥐팥쥐〉처럼 의붓자식과의 갈등 관계를 다루고 있는데, 작품에 내재된 의미는 적통주의라는 명분론적 논리를 내세워 권선징악이라는 교훈적 윤리를 내세우고 있다. 그리고 충효의 교훈은 담은 작품으로는 〈창선감의록〉과 〈반씨전〉 등이 있다.

이상소설은 중세의 이상적인 삶을 형상화한 소설로 김만중의 〈구운몽〉과 남영로의 〈옥루몽〉이 대표적인 작품이다. 〈구운몽〉은 육관대사의 제자인 성진이 불법을 닦다가 팔선녀와의 희롱한 죄로 양소유로 환생하여 인간세에서 영화로운 삶을 살았지만 인생무상을 느껴 불법에 귀의한다는 내용이다. 이 작품에서 양소유는 유교를, 성진은 불교를, 팔선녀는 도교를 각기 표상하고 있어 유·불·선 세 가지의 인생관이 잘 드러나 있지만, 불교의 제행무상관 또는 공사상이 작품의 바탕이 되어 있다.

〈옥루몽〉은 양창곡이 만국蠻國을 토벌한 공으로 연왕燕王으로 책봉되어 두 명의 처와 세 명의 첩을 거느리고 호화로운 생활을 누리다가 하늘로 올라가 선관仙官이 되었다는 내용이다. 〈구운몽〉을 환골탈태한 작품으로 볼 수 있는 〈옥루몽〉은 구조나 주제, 사상 등에 있어서 〈구운몽〉과 달리 유교사상을 골격으로 하고 불교 및 도교사상을 수용하여, 현실과 인생을 긍정적 시각에서 다루고 있다.

이러한 가정소설과 이상소설에는 중세의 삶과 가치관이 잘 반영되어 있어, 가정의 소중함을 강조함과 현실 속에서 추구하는 초월적인 삶의 태도를 살펴볼 수 있다.

사. 풍자소설

풍자소설은 특정한 인물이나 사회의 결점과 모순 그리고 불합리를 조롱, 익살스러운 모방, 반어법 등 여러 가지 방법으로 비난하거나 때로는 개선하기 위한 의도로 쓴 소설이다. '풍자'는 '웃음'을 동반하는데, 이 '웃음'은 상대를 곤경에 빠뜨리는 부정적 상황을 연출하면서 만들어지는 비판적 웃음이다. 비판적 웃음은 경직된 상황에서 벗어나 좀더 자유로운 삶을 위한 건강한 웃음이기도 하다. 대표적인 작품으로는 연암 박지원의 소설과 박두세의 〈요로원 야화기〉, 그리고 작자미상의 〈배비장전〉, 〈이춘풍전〉, 〈오유란전〉 등이 여기에 속한다.

연암은 당시의 고문을 반박하면서 참다운 문학의 길은 이미 한물 가버린 옛글과 경험을 그대로 따라하는 것이 아니고, 자신의 시대와 경험에 충실하는 데 있을 따름이라고 주장했는데, 이로 인해 당시의 학자·문인들에게 뿐만 아니라 정조의 미움까지도 받았다. 연암은 변화하는 시대를 따라오지 못하는 위정자와 학자들을 작품의 주인공으로 설정하여 비판 대상으로 삼았다. 연암의 풍자소설로는 호랑이가 위선적인 도학자를 꾸짖는 〈호질〉, 양반의 무능력을 비판하고 자아 각성을 촉구한 〈허생전〉, 무위도식하면서 개인적인 이익만 취하는 속물이 바로 양반이라는 〈양반전〉, 얼굴이 못생긴 다리 밑의 거지 광문자를 통해 양반 사회를 풍자한 〈광문자전〉, 똥 퍼는 일이 직업인 예덕선생을 통해 직업 차별에 대한 비판과 천한 일을 하는 사람들의 성실성을 나타낸 〈예덕선생전〉, 무위도식하는 유생을 풍자한 〈민옹전〉, 신선사상의 허황됨을 풍자한 〈김신선전〉, 나라의 인재 등용의 맹점을 비판한 〈우상전〉, 말 거간꾼을 통해 유생들의 위선적 교우를 풍자한 〈마장전〉, 청상과부를 등장시켜 개가 금지의 풍속을 비판한 〈열녀함양박씨전〉 등이 있다.

그리고 〈요로원야화기〉는 서울 양반과 충청도 선비의 대화를 통해 당대의 정치제도에 대한 불만을 토로하고 세태를 풍자했고, 〈배비장전〉은 배비장으로 대표되는 위선적인 인물 또는 위선적인 지배층이나 관인사회를 풍자했다. 〈오유란전〉은 선비의 호색함과 위선을 풍자하여 〈배비장전〉과 맥을 같이 하고, 〈이춘풍전〉은 무능하고 방탕한 남편 때문에 가정이 몰락하지만, 슬기롭고 유능한 아내의 활약으로 가정을 일으킨다는 구성은 남성 중심 사회에 대한 비판이며, 돈으로 벼슬을 사려다가 결국 망한 것에서 매관매직이 성행했던 조선 후기 부패한 사회상을 풍자한 것이다.

아. 판소리

판소리는 우리 문화의 다양한 예술적 성취를 바탕으로 만들어진 우리 민족의 독특한 예술 문화이며 구비서사문학의 한 부분이다. 판소리는 문학과 음악, 그리고 연희의 요소가 두루 가미되어 당시 하층민으로 분류된 예인들에 의해 가창되고 전승되었는데, 대체로 사람이 모인 곳이면 연희되었지만 경우에 따라서는 양반의 뜰에서 연희되기도 했다.

판소리는 '판'과 '소리'의 합성어이다. '판'은 '다수가 동일한 목적으로 필요한 과정을 수행하면서 어우러지는 자리나 그 행위 자체'라는 의미로 받아들이면 '다수의 청중들이 모인 놀이판에서 부르는 노래'라는 의미로 이해된다. 그러나 다수의 청중을 상대로 한 창악에는 판소리 외에도 잡가 등 여러 종류가 있을 수 있다. 이런 이유로 '판'의 의미를 '악조樂調'라고 보아서, '변화 있는 악조로 구성된 노래'라는 의미로 이해하기도 한다.

판소리는 창자 1명과 고수 1명으로 구성된 민속적 연희 양식으로서 국악의 명칭으로 쓰이지만, 한편으로는 국문학의 갈래 명칭으로 쓰이기도 하는데, 이 경우는 판소리의 대본인 판소리 사설을 가리킨다.

판소리는 창[노래], 아니리[사설], 추임새[고수와 청중의 반응], 발림[너름새-창자의 행위]으로 구성되어 있고, 누구나 부를 수 있었던 민요와는 달리 피나는 훈련으로 득음을 이룬 광대가 불렀으므로 전문성을 가진다. 또 판소리의 표현과 수식, 율격이나 구성의 면을 살펴보면 다른 어떠한 구비문학 양식보다 다양함을 알 수 있다. 그리고 판소리의 향유 계층이 매우 다양하다. 서민층에게서 향유되던 판소리가 후대에 중인과 양반층에 이르기까지 폭넓게 향유된 것은 민족 전체가 즐길 수 있었던 고급의 예술이었기 때문이다.

전해져 내려오는 판소리는 〈춘향가〉, 〈심청가〉, 〈홍보가〉, 〈수궁가〉, 〈적벽가〉, 〈변강쇠타령〉, 〈배비장타령〉, 〈옹고집전〉, 〈강릉매화타령〉, 〈장끼타령〉, 〈무숙이타령〉, 〈숙영낭자타령〉 등 12마당인데, 송만재의 『관우희』에는 〈무숙이타령〉과 〈숙영낭자타령〉 대신에 〈왈짜타령〉과 〈가짜신선타령〉을 12마당에 포함시키고 있으나, 현재 전하는 것은 〈춘향가〉, 〈심청가〉, 〈홍보가〉, 〈수궁가〉, 〈적벽가〉의 다섯 마당뿐이다.

II. 한시의 이해

최한선*

　시대는 아침과 저녁이 멀다하게 변하고 있는 무상한 작금, 무슨 구태의연한 한시를 들먹거리느냐는 핀잔을 듣곤 한 지 여러 해가 지났다. 하지만 나는 늘 시면 시이지 영시, 독시, 불시, 한시 등 표현 문자가 무슨 상관인가 라는 생각으로 핀잔을 고소하게 받아 넘겨왔다. 바이런, 예이츠, 하이든의 시는 오래 되었지만 구태스럽다느니 고루하다는 불평을 하지 않으면서 유독 한시에 대해서만 혹독한 폄하를 하는 이유는 도대체 뭘까? 이에는 여러 변명이 있겠지만 나는 한마디로 이해의 부족이 가장 큰 원인이라는 진단을 내린다.
　어떤 이는 평측법平仄法 등 한시의 작시법이 까다롭기 때문이라는 말을 하기도 하거니와 그렇다면 불시나 독시는 작시법이 쉬운 것인지 묻고 싶다. 이해의 부족이라 했는데 진실한 삶의 느낌을 나직이 노래한 시인의 부드럽고 다정다감한 서정의 울림을 공감할 수 있다면 그 표현 문자가 무엇이든 시의 감상에 무슨 불만이 있겠는가?
　한시하면 우리말이 아닌 한자로 지은 어렵고 딱딱하며 틀에 박힌 답답한 시라는, 한자에 무슨 노이로제 같은 것에 걸린 듯 지레 겁부터 먹고 골치 아프게 생각한 사람들, 한자를 쓰면 중세 봉건의 잔재를 지닌 중국의 아류로서 시대에 뒤떨어진 시대착오적이며 몰 주체적 사고를 지닌 사람이라는 편견을 지닌 사람들, 오늘날 우리는 그러한 사고를 지닌 사람들에 의하여 한시에 대한 이야기를 들어왔다. 그러나 그들이 전해준 한자나 한시 이야기는 너무 잘못이다.
　필자는 이 자리를 통해 그간 잘못 가르쳐진 한문학 그 가운데서도 특히 심하게 왜곡된 한시에 대하여 개괄적인 설명을 함으로써 조상이 남겨준 귀중한 문화유산에 대한 그릇된

* 전남도립대학 교수, 고전시가 전공

인식의 교정은 물론 한시가 지니고 있는 다양한 매력에 좀 더 가까이 다가설 수 있는 동기를 부여하고자 한다.

1. 한시漢詩인가 한시韓詩인가

요즈음 자주 물어오는 말 중에 한의학韓醫學이 맞느냐 아니면 한의학漢醫學이라 해야 되느냐이다. 결론부터 말하자면 둘 다 틀린 말이 아니다. 우선 경계할 것은 한韓이란 말이 들어가면 우리 것이고, 한漢이라 하면 중국 것이라는 잘못 고착된 편견을 떨치는 일이다. 한의학을 어떻게 표기하든 간에 중요한 것은 서양학에 대한 학문이라는 뜻임에는 이의가 없을 것이다.

이른바 개화기라 불리는 갑오경장(1894) 이전부터 우리 전통의 치료법에 의하여 병을 다스려 온 치료학을 한의학이라 부른 것인데 어떤 이는 그것이 중국의 민간요법이나 「황제내경」등에 바탕한 것이라 하여 중국을 대변하는 한漢자를 쓰고, 또 어떤 이는 바탕이야 어찌 되었건 우리 식으로 「동의보감」등의 처방에 따라 치료한다는 점을 강조하여 한韓자를 쓰기도 하는데 사실 한의학 또는 한약방이라는 말의 처음 표기는 한漢이었으나 한글 전용이니 중국산 약재에 중금속 함유량이 많아 인체에 해롭다느니 등의 말이 전해지면서 뒤의 표기로써 한韓이란 단어가 등장했음은 아무도 부인치 못할 사실이다. 문제는 대상의 껍데기인 표기가 아니라 그 내용이 알차기를 바라는 마음이다.

그렇다면 한시는 어떻게 표기해야 옳은가? 한 나라의 국문학을 정의할 때 여러 기준 가운데 가장 중요한 잣대는 국어로 표현되어야 한다는 것이다. 국어라 했거니와 우리의 국어가 한글임을 누가 부인하겠는가? 하지만 그럴 경우 한글 창제 이전에 우리는 국어가 없었는가? 물론 있었다. 유사 이래 국어가 없는 민족이 어디 있었겠는가마는 말로 하는 구어口語 보다는 글로 나타내는 문자로서의 국어는 훨씬 적었다고 한다.

우리의 경우 중국인이나 일본인과 말(구어)은 달리 했지만 그 말뜻의 표현은 공통으로 했던 시절이 상당 기간 있었는데 이른바 한자漢字를 통한 표기 방법이 그 것이다. 다시 말해서 한자는 중국에서 만들어진 문자였는데 그것이 동양 각 국으로 전파되어 각 민족의 언어활동에 영향을 미쳤다는 것이다. 한자는 우리 나름의 표현 수단인 한글이 만들어져 반포되기(1446) 이전부터 한글 창제 이후로도 오랜 동안 우리의 사상과 감정을 담아낸 매우 주요한 표현 매체였다.

하지만 우리 조상들은 한자 수입 이후 오래지 않아 우리 민족의 고유한 어운(語韻 말의 감각)에 맞게 한자의 음을 고쳐 읽음으로써 한자를 우리 것으로 만들기에 이르렀다. 다시 말해서 한자는 중국에서 들여왔지만 오래지 않아 그 읽는 방식이 우리식으로 토착화되기에 이르렀다는 말이다. 예를 들면 학學이란 글자를 우리는 '학'으로 발음하지만 중국인들은 쉬에(xué)라 하는 것을 보면 금방 이해가 될 것이다.

조선전기 학자로 이름난 서거정(1420-1488)은 역대 한시의 선집인 「동문선東文選」을 편찬하면서 그 서문에서 "우리나라의 글은 송나라 원나라의 글이 아니며 역시 한나라 당나라의 글도 아닌 바로 우리나라의 글이다"(아동방지문我東方之文 비송원지문非宋元之文 역비한당지문亦非漢唐之文 이내아국지문야而乃我國之文也)라 하여 한시가 곧 우리시임을 천명하였다.

조선후기 실학자로 유명한 정약용(1762-1836) 같은 이도 "나는 조선 사람 이기에 즐거이 조선시를 짓겠노라"(아시조선인我是朝鮮人 감작조선시甘作朝鮮詩)라고 당당하게 외침으로써 한시는 중국시가 아니라 우리시라는 자긍을 보여 그 내용에서 종전의 고답적인 면을 크게 쇄신하였지만 결국 그 표현매체는 한자를 이용하였으니 그의 머릿속에 위치한 한자는 조선어 바로 한국어였음을 알 수 있겠다.

결국 한자는 학學에서 보는 바와 같이 음성적, 청각적인 면에서는 우리말화 되어 우리 고유의 문자로서 위상을 지녔으며 의미적, 시각적인 면에서는 중국과 공통성(학이란 글자는 한국이나 중국에서 배운다는 의미임)을 가짐으로써 중세 동양의 보편적 문화를 창조하고 공유하는데 커다란 기여를 하였다.

이렇게 볼 때 우리 한시는 한자를 이용하여 표현한 한국인의 시라 하겠는바 그 표현 매체에 중점을 두어 한시漢詩라 하든, 그 창작과 향유의 주체를 중시하여 한시韓詩라 하든 둘 다 옳은 표기라 하겠거니와 중요한 사실은 중국인들이 한자로 표기된 시를 한시漢詩라 부르지 않기에 우리가 어떻게 표기하든 그리 걱정할 것은 아니라는 점이다.

2. 한시의 출현

한자는 오랜 역사를 지닌 우리의 문자로서 우리 조상의 혼과 문화를 담아낸 우리식 도구였기에 이를 통한 제반 문자 활동은 고전문학의 한 영역으로서 귀중한 유산이 아닐 수 없다. 따라서 한시 또한 그 표현 매체가 한자라 하여 등한시 하거나 백안시할 것이 아니라 우리의 소중한 문화유산으로서 그 가치를 이해하고 활용해야 할 것이다.

한시는 조상의 아름다운 정서가 대변된 고전문학의 꽃이라 하거니와 산업화 사회의 금속성에 경화硬化된 현대인의 심장에 상큼한 혈맥을 돌리는 촉촉한 감수성이 담긴 서정은 물론 우리가 늘상 잊어버리기 십상인 영혼의 본향本鄕을 일깨어주는 성정의 울부짖음 등 그 내용의 다채로움뿐만 아니라 저 멀리 왕으로부터 사대부는 물론 스님이나 서민 등에 이르기까지 문자를 아는 사람이면 누구나 이를 창작하고 향유하는 등 국민문학으로서 그 당당한 위상을 지닌다.

잘 아는 바와 같이 시는 리듬에 맞춰 읽는 낭독을 전제로 한다. 그렇다면 음성문자가 아닌 표의문자인 한자로 표기된 한시는 어떻게 향유되었을까? 앞서 한자음은 우리식으로 토착화된 우리식 문자라 하였거니와 우리 조상들은 한자의 운소(韻素 리듬의 요소)를 우리 가락화 하는데 성공하였다. 곧 한자음의 선택과 안배에 있어 우리식의 음성 이미지와 청각 이미지를 십분 고려하여 우리의 정서, 우리의 미의식에 맞게 시를 향유하였다.

예컨대 일곱 자(칠언시)로 된 시구의 경우 넉 자 와 석 자로 나누어 독송(낭송)한다든가, 다섯 자(오언시)로 된 시구를 두 자와 석 자로 나누어 읽는 등이 그 것인데 다섯 자의 경우를 보면 이율곡 선생의 〈화석정花石亭〉이란 시에 원수연천벽(遠水連天碧 저 먼 강물은 하늘에 닿아 푸르고) 상풍향일홍(霜楓向日紅 서리 맞은 단풍은 햇빛 닮아 붉구나)이란 시구를 "원수는 연천벽이요, 상풍은 향일홍이라"고 우리식 토를 달아 독특하게 낭송함으로써 한자가 지닌 리듬감의 한계를 멋지게 극복하여 청각적 이미지 실현을 통한 시의 감상에 기여하였다. 이는 다름 아닌 문어체의 딱딱한 정형을 구어체의 자유로운 가락으로 변조시킨 조상들의 시에 대한 감출 수 없는 끼의 발현이요 다감한 감수성이라 하겠다. 어쨌든 한시의 유산은 「동문선」등 여러 선집과 「눌재집」등 수많은 문인의 문집 그리고 「신증동국여지승람」등 숱한 문헌에 풍부하게 실려 전해오는데 그렇다면 이와 같은 한시는 언제부터 생겨난 것일까?

물론 감정을 흥얼흥얼한 노랫말인 구전되었던 시의 출현이야 훨씬 이전의 것이 있었겠지만 중국의 문헌에 나타난 최초의 시는 「서경」〈익직편〉에 나타나는 "제(순임금)가 그리하여 노래를 지었는데 /하늘의 명령을 조칙인양 생각하고/ 때맞추어 하여보세/ 기미를 살펴가며 하여보세/ 하고 이어 또 노래하기를 /다리와 팔이 기뻐하면/ 원수元首도 흥기하여/ 온갖 일이 흥창하리라(제용작가왈帝庸作歌曰 칙천지명勅天地命 유시유기惟時惟幾 내가왈乃歌曰 고굉희재股肱喜哉 원수기재元首起哉 백공희재百工熙哉)라 하겠는데 이는 순임금이 신하 고요에게 준 시 이다. 위에서 보는 바와 같이 이때부터 운자를 붙인 시가 있었음을 알려준다. 하지만 「서경」에 이와 같은 시가 보인다 할지라도 중국시가 구체적으로 나타난 문헌은 「시경」이라 하겠는데 여기에는 삼백 열다섯 편의 시가 실려 전해온다.

우리나라의 경우는 어떠한가? 우리나라 최초의 한시로는 〈공무도하가公無渡河歌〉를 이야기 한다. 이 노래는 흥미진진한 설화와 함께 중국 진나라 사람 최표崔豹가 쓴 「고금주古今注」라는 책에 〈공후인箜篌引〉이라는 제목으로 전해진다. 설화의 내용은 백수광부가 머리를 흐트러뜨린 채 술병을 옆에 차고 세찬 강물을 건너다가 익사하자 그를 만류하지 못한 아내가 공후箜篌라는 악기를 타면서 〈공무도하가〉를 지어 슬픔을 나타낸 뒤 남편을 따라 강물에 빠져 죽고 말았다. 그런 광경을 목격한 곽리자고霍里子高라는 어부가 집으로 돌아와 아내인 여옥麗玉에게 그런 사실을 말해주자 여옥이 공후를 타면서 노래부름으로써 널리 퍼지게 되었다는 것이다

이에 대해 그 작자를 백수광부의 처라 해야 되느니 어부의 아내인 여옥이 맞느니 하면서 작자에 대해 이론이 분분하며 노래 제목에 대해서도 〈공무도하가〉와 〈공후인〉 두 주장이 팽팽하지만 어쨌든 이 노래는 문헌에 전하는 최초인 우리 노래인 것만은 사실인데 노래는 다음과 같다.

    공무도하公無渡河 임이여 물을 건너지 마세요
    공경도하公竟渡河 당신은 끝내 물을 건너려하시군요
    타하이사墮河而死 물에 빠져 죽고 마셨으니
    장내공하將奈公何 당신을 어찌하면 좋을까요?

이렇게 시작한 우리 한시는 고구려와 발해 등 삼국시대와 남북국시대를 거치면서 비록 전하는 작품이 많지는 않지만 점점 그 형식이 세련되어지고 내용 또한 다채로워져 고려와

조선에 이르러서는 우리시로서 격이 높고 훌륭한 작품들이 대거 창작되었다. 결국 한시는 고조선부터 근세에 이르기까지 국문학의 시가 장르의 하나로서 그 소명과 역할을 다 해낸 소중한 유산이라 하겠다.

3. 한시의 작법

한시가 어렵다는 것은 여러 요인 중 그 작시법에도 한 원인이 있다고들 말한다. 그러나 우리의 현대시에도 작시법이 있으며 영시나 불시 등에도 작시에 대한 법칙은 있기 마련이고 보면 이 또한 학습이 전제된다면 그리 어려운 일은 아니라고 생각하기 바란다. 문제는 지레 겁부터 먹고 어려울 것이라는 선입관에서 벗어나지 못하기 때문에 생겨난다.

우선 한시를 짓는 일은 어려울 것이라는 편견을 버리기 거듭 바라면서 한시도 시라는 생각을 할 필요가 있다. 음성문자가 아닌 표의문자(뜻글자)인 한자를 매체로 리듬(운율)이 필수적으로 요청되는 시를 지으려 하다 보니 운율에 대한 세심한 배려는 자연스러운 귀결이 아니겠는가? 한시의 운율은 높낮이 곧 고저高低에 가장 신경을 쓴다. 그래서 수많은 한자를 높낮이로 분류하기에 이른 것이다.

중국인들은 한자를 소리내기 위해서─높낮이의 구분─그 발성법을 크게 네 부문으로 나누었다. 곧 평平(낮은 소리), 상上(올라가는 소리), 거去(높은 소리), 입入 또는 입ㅍ(내리면서 닫는 소리) 등이 그 것이다. 이를 사성四聲이라 하는데 그 발음은 한시가 성했던 당나라 때의 음을 기준으로 하였기에 지금의 중국어 발음과는 같지 않다.

사성을 다시 여러 통通으로 나눈 뒤 그 통에 여러 글자를 배속시켰는바 예컨대 평성에 30통을 두고 있음이 그 것이다.

이를 쉽게 풀어 보이면 낮은 소리인 평성에 속해 있는 30통은 다음과 같다.

동東동冬강江지支미微어魚우虞제齊가佳회灰진眞문文원元한寒산刪 ─ 상평 15개
선先소蕭효肴호豪가歌마麻양陽경庚청靑증蒸우尤침侵담覃염鹽함咸 ─ 하평 15개

이들 30개의 통 안에 각기 여러 글자를 배속시켜 두었는데 예를 들면 동東이라는 통通 안

에 동童통筒동同동銅충忠중中 등 50개의 글자를 배속한 것이 그것이다.

그렇다면 저 많은 한자의 성─높낮이─을 어떻게 다 암기할 수 있을까? 앞서도 말했지만 그리 겁부터 먹을 일은 아니다. 한시를 지을 때 고저를 가장 신경 쓴다고 하였는바 고저를 다른 말로 평측平仄이라고 부르며 평성(낮은 소리) 이외에는 모두 측성(높은 소리)으로 분류한다. 쉽게 말해서 상성, 거성, 입성은 모두 측성─높은 소리─인데 우리말 발음으로 ㄱ, ㄷ, ㄹ, ㅂ 등의 받침을 가진 글자는 대체로 측성 곧 높은 소리에 속하며 ㄴ, ㅇ 등의 받침과 가, 나, 다, 라, 마, 사, 아, 자, 자, 차, 타, 파, 하 등의 소리는 대체로 평성 곧 낮은 소리다.

다시 말하건대 평성은 앞서 말한 바와 같이 30통, 상성은 동董, 종腫, 강講 등 29통, 거성은 송送, 송宋, 강絳 등 30통, 입성은 옥屋, 옥沃, 각覺 등 17통인데 이를 모두 합치면 전체 106개의 통(혹은 운韻)으로 나누어지는데 이 중 최소 평성 30통에 속하는 글자만 외운다면 나머지는 모두 측성이 되므로 평과 측의 고저로 된 한시를 짓는데 큰 어려움이 없게 된다.

한시는 이와 같은 고저로 운율을 맞추었는데 이 외에 운자를 단다는 말을 하거니와 이는 같은 통에 속하는 글자를 대체로 짝수 시행의 끝에 두는 것을 말한다. 그러니까 여덟 줄의 시─율시─가운데 둘째, 넷째, 여섯째, 여덟째 행의 맨 끝에 같은 통에 드는 글자를 두는 것이 그 것이다.

　　　　임정추이만林亭秋已晚 숲 속 정자에 어느덧 가을이 오니
　　　　소객의무궁騷客意無窮 글 짓는 나그네 뜻이 한량 없구나
　　　　산토고윤월山吐孤輪月 산은 외로이 둥근 달을 뱉어내고
　　　　강함만리풍江含萬里風 강은 만 리의 바람을 머금었네
　　　　원수연천벽遠水連天碧 저 먼 강물은 하늘에 닿아 푸르고
　　　　상풍향일홍霜楓向日紅 서리 맞은 단풍은 햇빛 닮아 붉구나
　　　　새홍하처거塞鴻何處去 변방의 기러기는 어디로 가는가
　　　　성단모운중聲斷暮雲中 저무는 구름 속에 소리 끊어지네

율곡 이이李珥(1536-1584)의 〈화석정〉인데 이를 통해 고저와 운에 대하여 알아보자.

　　　○○◇●●─1
　　　●●●○◎─2

```
● ● ○ ○ ●  —3
○ ○ ● ● ◎ —4
○ ○ ◇ ● ● —5
● ● ● ○ ◎ —6
● ● ○ ○ ● —7
○ ○ ● ● ◎ —8
```

위와 같이 여덟 줄로 된 시를 율시律詩라 하며 한 줄에 다섯 자인 것을 오언五言이라고 한다. 그래서 이는 오언 율시라고 부르며 ○은 평성, ●은 측성, ◇은 평성이나 측성 모두 무방, ◎은 같은 통에 속하는 운자의 표시이다.

시는 율시가 기본이며 첫 줄(행)의 두 번째 글자가 평성이면 이를 평기식—평성의 소리로 시작한다는 의미—이라 하고 이를 변격으로 친다. 반면에 첫 줄의 두 번째 글자가 측성이면 측기식—측성의 소리로 시작함—이라 부르며 이를 정격으로 치는데 그 순서는 앞서 보인 평기식과 반대로 구성된다.

1과 2, 3과 4는 평측이 달라야 하는데 이를 점법黏法이라 부르며 1과 4, 2와 3이 같은 구성이어야 하는데 이를 고렴股簾 또는 가위염(운)이라 명명한다. 위의 시는 평성 동東자 통에 속하는 궁, 풍, 홍, 중이 운자이며 짝수 줄 맨 끝에 붙였다.

이와 같은 율시—여덟 줄—를 반으로 자르면 네 줄이 되는데 여덟 줄을 반으로 잘랐다고 하여 절구絶句라 부르며 한 줄이 다섯 자면 오언절구, 일곱 자면 칠언절구라 한다.

```
● ● ○ ○ ◎ —1
○ ○ ● ● ◎ —2
○ ○ ○ ● ● —3
● ● ● ○ ◎ —4
```

이는 오언절구 측기식의 구성도이다. 1은 기, 2는 승, 3은 전, 4는 결이라 부르며 오언의 경우 측기식이 정격이다. 여기서는 운을 홀수 줄인 첫줄에도 달고 있는데 틀리지는 않다.

다음은 칠언율시의 예를 보기로 하자.

독서당일지경륜 讀書當日志經綸 글을 읽을 때면 경륜에 뜻을 두어
세모환감안씨빈 歲暮還甘顏氏貧 안회처럼 가난도 달게 여겼다네
부귀유쟁난하수 富貴有爭難下手 부귀는 다툼 많아 손조차 쓸 수 없고
임천무금가안신 林泉無禁可安身 임천은 주인 없어 내 몸을 맡겼었지
채산조수감충복 採山釣水堪充腹 나물 캐고 고기 낚아 배를 채우고
영월음풍족창신 詠月吟風足暢神 달 읊고 바람 읊어 정신을 펼쳤네
학도불의지쾌활 學到不疑知快活 학문은 의혹 없어 기쁘기 끝없으니
면교허작백년인 免教虛作百年人 백년 인생 헛됨은 면한 듯 하구나

서거정(1489-1546)의 〈독서讀書〉이다.

○○●●◇○◎ － 1
●●○○●●◎ － 2
●●○○◇●● － 3
○●●●◇○◎ － 4
○○●●○○● 　 5
●●○○●●◎ － 6
●●○○○●● － 7
○○●●●○◎ － 8

칠언의 경우 한 줄에서 두 번째, 네 번째, 여섯 번째 글자는 평측이 교체되어야 한다. 그러니까 두 번째가 평이면 네 번째는 측이 되어야 한다는 말이다. 또한 한 줄에서 첫째, 셋째, 다섯째 글자는 평측을 바꿀 수 있는 융통성이 있다. 1에서 평평으로 시작했으므로 2는 측측으로, 3은 다시 평평으로 해야 되는데 이를 가위염(㕛)이라 부른다고 했다. 또한 한 줄의 마지막을 측측측 연속으로 하거나 평평평 연속으로 하는 것을 삼자측 또는 삼자평이라 해서 꺼리며, 한 줄의 네 번째, 다섯 번째, 여섯 번째 등 석 자를 측평측으로 하면 봉요蜂腰-벌의 허리 같이 보임-라 하여 꺼렸으며, 이를 다시 평측평으로 하면 학슬鶴膝-학의 무릎 같이 보임-이라 하여 역시 꺼렸다. 12는 두(頭 머리) 혹은 수首나 기起, 34는 함(頷 턱), 56은 경(頸

목), 78은 미(尾꼬리)라 부른다. 또한 23과 45는 반드시 대를 맞추어야 하는 등 몇 가지 세세한 법칙도 있음을 알아두기 바라며 여기서는 생략한다.

이상에서 설명한 바와 같은 한시는 근체시-당나라 이후에 형성된 시 형식으로 그 작시 법칙이 까다로운 시-의 경우 율시, 절구, 배율排律 등으로 나누며 율시에는 오언율시(40자), 칠언율시(56자)가 있고, 절구는 오언절구(20자), 칠언절구(28자)로 나눈다. 배율은 오언배율과 칠언배율로 나누는데 각 열 줄(행) 이상의 장시를 일컫는다.

한편, 근체시 이전-당나라 이전의 시-의 시는 평측은 잘 맞추지 못하고 운자만 맞추어도 틀리게 보지 않았으니 작시법이 근체시 보다 수월했음은 당연하다. 그래서 이런 시를 고체시라 불렀다.

4. 한시 감상법

앞서 말한 바와 같이 한시는 한시漢詩 곧 중국시가 아니라 한시韓詩, 바로 우리시다. 우리의 조상들은 한시로써 우리의 사상과 감정을 쏟아내곤 했을 뿐만 아니라 그것을 교양의 척도로 삼기까지 했는데 그 기간은 장장 1800년간 이상이었다.

그런데 한시 하면 괜히 어렵다는 선입견을 강하게 지니고들 있는 것 같은데 어떤 일이든 선입견을 갖는다는 것은 바람직하지 못하다는 생각이다. 한시가 물론 그 표현 매체에 있어 우리의 국자(한글)가 아니므로 친숙하지 못하고 까다롭게 느껴질 뿐만 아니라 그 말이 합성해내는 언어감(言語感 뉘앙스)이 쉽게 인지되지 아니한 경우가 허다한 점은 인정해야 한다.

그렇지만 그런 몇 가지 이유로 1800년간 이상이나 축적되어온 수도 많고 작품성도 빼어난 소중한 문학적 집적물을 일시에 폐기처분할 수야 없잖는가? 더구나 그것이 우리의 사상과 감정을 담고 있으며 우리나라 사람이 직접 쓴 것인데 말이다. 백 번 양보하고라도 한자는 근 이천년 동안 우리의 공식적인 의사전달의 매체였음은 아무도 부인할 수 없는 엄연한 사실이므로 표현수단에 따른 이질성으로써 진실된 현상을 덮어둘 순 없다고 생각한다,

뿐만 아니라 한문학은 한국문학의 한 식구로서 당당한 지위를 누리고 있음은 두 말 필요가 없기에 한시에 대한 행여 가질 수 있는 편견일랑 깨끗이 지워버리기를 바란다.

바람이 불고 봄기운이 움틀대는 이맘 때면 누구나 으레 시 한 수 생각나기 마련 아니던

가? 그렇다. 가진 것 넉넉잖고 지위 또한 높지 아니한 우리에게 생각의 높고 자유로움, 상상의 넉넉함 그리고 느낌의 풍요함 따위조차 없다면 삭막하고 재미없지 않겠는가? 그래서 옛 사람들도 자연의 변화, 삶의 씨날에서 느끼고 부대끼는 생각의 파편들을 너울너울 엮어서 시라는 그릇에 담았던 것이겠지. 그것이 설령 한자로 그려져 있다 손치더라도 옥편들고 낑낑 찾아보는 수고쯤이야 파도치는 감동의 진한 맛에 어찌 감히 견줄 수 있을 건가! 마음이 시리도록 외로운 사람들끼리 서로서로 손잡고 가슴 부비며 한시 한 수 감상이나 하세 그려.

한시 감상은 몇 가지 원칙이 있다. 뭐 별 것 아닌데 한 번 들어보자.

- 모르는 어휘를 점령하라.
- 전거나 고사가 있는지 탐색하라.
- 상황을 파악하라.(지어진 배경파악)
- 두 자 또는 석자씩 끊어서 말붙여 보라.
- 두 번째 줄에서 마침표가 찍히도록 말붙여 보라.
- 상징을 벗겨 보라.
- 주제를 생각해 보라

위의 사실도 중요하겠지만 무엇보다도 자신감을 갖고 열심히 읽고 또 느껴 보는 것이 한시 감상뿐만 아니라 문학 감상의 첩경이 아니겠는가?

여기 이백李白의 〈월하독작月下獨酌〉 시를 통하여 감상의 실례를 보기로 한다.

화하일호주 花下一壺酒
독작무상친 獨酌無相親
거배요명월 舉盃邀明月
대영성삼인 對影成三人
월기불해음 月旣不解飮

영도수아신 影徒隨我身
잠반월장영 暫伴月將影
행락수급춘 行樂須及春
아가월배회 我歌月徘徊
아무영령란 我舞影零亂
성시동교환 醒時同交歡
취후각분산 醉後各分散
영결무정유 永結無情遊
상기막운한 相期邈雲漢

花화(꽃) 下하(아래) 一일(하나) 壺호(술병) 酒주(술) 獨독(홀로) 酌작(술따를) 無무(없을) 相상(서로) 親친(친할) 擧거(들) 盃배(잔) 邀요(맞이할) 明명(밝을) 月월(달) 對대(마주할) 影영(그림자) 成성(이룰) 三삼(셋) 人인(사람) 月월(달) 旣기(이미) 不불(아니) 解해(알다) 飮음(마실) 徒도(한갖) 隨수(따를) 我아(나) 身신(몸) 暫잠(잠시) 伴반(짝) 月월(달) 將장(데리고, 함께) 影영(그림자) 行행(할) 樂락(즐길) 須수(모름지기) 及급(미칠) 春춘(봄) 我아(나) 歌가(노래할) 月월(달) 徘배(배회할) 徊회(배회할) 我아(나) 舞무(춤출) 影영(그림자) 零령(떨어뜨릴) 亂란(어지러울) 醒성(술깰) 時시(때) 同동(한가지) 交교(사귈) 歡환(기뻐할) 醉취(술취할) 後후(뒤) 各각(각기) 分분(나눌) 散산(흩어질) 永영(길) 結결(맺을) 無무(없을) 情정(뜻) 遊유(놀) 相상(서로) 期기(기약할) 邈막(멀) 雲운(구름) 漢한(은하수)

우선, 모르는 어휘를 점령했다면, 다음 관련 전거나 고사가 있는지 알아봐야 되는데 여기에는 그런 것이 보이지 않는다. 그러면 이제 상황파악인데 이 시는 제목이 시사하듯 달밤에 홀로 술을 마신다고 했으니 그 분위기나 상황 심정은 쉬이 납득이 갈 것이다. 이제는 두 자 또는 석 자씩 끊어서 말을 붙여 봐야 될 순서이다.

화하花下는 '꽃 아래'로 말이 된다.

이럴 경우, 석 자의 결합을 생각할 필요가 없잖는가? 그렇다면 계속해서 一壺酒를 생각해 보자. '한 병의 술'이라고 석 자가 모여 하나의 말 단위를 이룸을 알 수 있다. 그래서 첫째 줄은 '꽃 아래 한 병의 술'이란 의미가 나오게 되는데 우리말이 어색하므로 다소의 말은 덧보태어 → '꽃밭에 한 병의 술을 가지고'쯤으로 새기면 될 것이다.

두 번째 줄에서 마침표가 찍히도록 해야 하므로 두 번째 줄도 두 자 또는 석 자씩 끊어서 말을 붙여보자. 그러면 독작 → 홀로 따른다, 무상친→서로 아는 사람이 없어서가 되는데 이를 우리말 어순에 맞게 다듬으면 '서로 아는 사람이 없으므로 혼자서 술을 마시네'가 될 것이다. 결국 첫째 줄과 둘째 줄은→꽃밭에 한 병의 술을 가지고 들어가 서로 아는 사람 없기에 혼자서 술을 마시네쯤 새기면 된다. 그런 식으로 위의 시를 새기면

꽃밭에 한 병의 술을 갖고 들어가
아는 사람 없기에 혼자서 마신다네.
잔을 들어 밝은 달을 맞이하니
그림자 생겨서 세 사람이 되었구나.
달은 본디 술 마실 줄 모르고
그림자는 그저 내 몸짓만을 따라하네.
잠시라도 달과 그림자를 벗삼아
봄이 이르러옴을 모름지기 즐겨보세.
내가 노래하니 달도 가기를 머뭇거리고
내가 춤을 추니 그림자는 어지롭게 흩어지누나.
술이 덜 취했을땐 함께 서로 즐겼건만
술에 취하니 그저 각기 흩어져 버렸구나.
영원히 저 인정머리 없는 것과 놀기를 위해
멀리 은하수 향하여 다시 만날 것 기약하네.

5. 대학생 필독 한시

여기서는 그간 대학에서 강의하면서 우리 젊은이들에게 꼭 읽히고 싶었던 한시를 골라 기쁠 때나 슬플 때 늘 같이 하기 바라는 마음에서 소개한다. 어떤 작품은 메마른 마음 밭에 눈물이 핑 돌게 하고 또 어떤 글은 처진 어깨 일으키며 두 주먹에 불끈 힘이 솟게 하는데 수시로 애송하면서 마음의 텃밭을 부지런히 그리고 윤택하게 일구기 바란다.

1. 몽성훤위 夢省萱闈
― 꿈에 뵙는 어머니

이언적 李彦迪(1491―1553)

궁추천리격가산 窮陬千里隔家山―고향 천리 먼 곳 후미진 이 땅에서
몽리의연학발안 夢裏依然鶴髮顏―백발의 어머님을 꿈속에서 뵈올 줄이야
욕헌지감유침측 欲獻旨甘留寢側―맛난 것 드리려고 침상 옆에 있었는데
홀경신와새원한 忽驚身臥塞垣寒―깜짝 놀라 깨어보니 변방 찬 곳 누웠구려

천애견월기점의 天涯見月幾霑衣―변방에서 달을 보며 옷 적신 적 얼마인가
몽혼빈치성침위 夢魂頻馳省寢闈―꿈속이나마 침소로 자주 달려 가 뵌다네
경기유천천막막 驚起籲天天漠漠―놀라 깨어 불러본들 대답 없는 하늘이여
자차성미격현미 自嗟誠未格玄微―내 정성 하늘에 못 미치니 한숨만 나누나

남망천산부만산 南望千山復萬山―남쪽 땅 바라보니 천산 또 만산이니
지빙혼몽견자안 只憑魂夢見慈顏―오로지 꿈 아니면 어찌 어머님 뵈오리까
각래경기의형격 覺來驚起儀形隔―놀라서 깨어보니 그 모습은 아득타만
적막한창효월잔 寂寞寒牕曉月殘―적막한 겨울 창밖에 새벽달만 가물가물

2. 송홍광국영공지임서하 送洪光國令公之任西河
― 홍광국을 임지 서하로 보내며

이용휴 李用休(1708―1782)

인여인상등 人與人相等―사람과 사람은 그 관계 동등한데
관하거민상 官何居民上―관청이 어이하여 백성 위에 있으랴

위기인차명 爲其仁且明 — 어질고 분명한 그대 사람됨으로
능부중소망 能副衆所望 — 백성들 소망을 채워주게나
일립민지혈 一粒民之血 — 한 톨의 낟알도 백성의 피요
일사민지근 一絲民之筋 — 한 줄의 오라기도 백성의 살이라
어차상존심 於此常存心 — 이런 데에 언제나 마음 둔다면
방불부오군 方不負吾君 — 바야흐로 임금 뜻 받듦 아니랴

3. 유차강산 有此江山
―이 강산 여기 있어

차천로 車天輅(1556-1615)

화산북골반삼각 華山北骨盤三角 — 백두대간 정기가 삼각산에 서리고
한수동심출오대 漢水東心出五臺 — 한강수 푸른 마음 오대산서 시작했네
무단세월영웅과 無端歲月英雄過 — 끝없는 세월 타고 지나던 영웅아
유차강산우주래 有此江山宇宙來 — 이 강산 예 있어 우주에 내 왔노라

4. 사청사우 乍晴乍雨
―비오다 볕나고

김시습 金時習(1435-1493)

사청사우우환청 乍晴乍雨雨還晴 — 비오다 개이고 다시 흐리다 개인 날
천도유연황세정 天道猶然況世情 — 하늘도 저렇거니와 사람에 있어서랴
예아변응환훼아 譽我便應還毁我 — 나를 기리는 사람 문득 날 험담하니
도명각자위구명 逃名却自爲求名 — 이름을 숨김은 되레 구함이라네
화개화사춘하관 花開花謝春何管 — 꽃이야 피든 말든 봄이 무슨 상관이랴
운거운래산부쟁 雲去雲來山不爭 — 구름이 오건 가건 산이사 말 없다네
기어세인수기억 寄語世人須記憶 — 한마디 주노니 그대들 기억하게나
취환무처득평생 取歡無處得平生 — 한평생 낙 붙일 곳 이땅엔 없다네

5. 추추음 啾啾吟
―가을의 노래(추추―벌레 울음 소리)

왕양명 王陽明(1472-1528)

지자불혹인불우 知者不惑仁不憂―철이 들면 의혹도 없고 어른 되면 근심도 없거늘
군호척척미쌍수 君胡戚戚眉雙愁―그대 어이 수심으로 양 미간을 찡그리고 있는가
신보행래개탄도 信步行來皆坦道―믿음을 갖고 가노라면 모두가 평탄한 길이거늘
빙천판하비인모 憑天判下非人謨―하늘을 믿고 세상을 보면 사람 꾐에 안 빠진다네
용지즉행사즉휴 用之則行舍卽休―하늘이 써주면 가는 것이요 버리면 쉬면 되거늘
차신호탕부허주 此身浩蕩浮虛舟―이 몸이야 넓은 하늘에 떠 있는 배와 같은 것
장부락락흔천지 丈夫落落掀天地―대장부는 힘차게 천지를 흔들어야 하거늘
기고속박여궁수 豈顧束縛如窮囚―돌아보니 무엇에 얽매여 죄수처럼 살았구나
천금지주탄조작 千金之珠彈鳥雀―천금 같은 구슬로 참새 따위나 잡으며
굴토하번용촉루 掘土何煩用钃鏤―땅 같은 걸 파려고 어찌 보검을 번거롭게 하겠는가
군불견 君不見―그대 보지 못했는가?
동가노옹방호환 東家老翁防虎患―동쪽 집 늙은이 호랑이 근심 막으려고 노력했지만
호야입실함기두 虎夜入室啣其頭―호랑이 밤새 방안으로 들어와 머리를 물었구나
서가아동불식호 西家兒童不識虎―서쪽 집 아이는 호랑이가 무엇인지 알지도 못하고
집간구호여구우 執竿驅虎如驅牛―막대기 들고서 호랑이 몰기를 소 몰듯이 하는구나
치인징열수폐식 痴人懲噎遂廢食―어리석은 사람은 목 막힐까 두려워 먹기를 그만 두고
우자외닉선자투 愚者畏溺先自投―어리석은 사람은 물에 빠질까 겁내다가 먼저 뛰어 든다
인생달명자쇄락 人生達命自灑落―인생이란 철이 들면 아무 걱정 없거늘
우참피훼도추추 憂讒避毀徒啾啾―헐뜯는다고 근심하고 훼방을 피하려고 쓸데없이
　　　　　　　　　　굴지 마라

6. 신뢰 新雷
― 새로 울린 우레 소리

장유병張維屛(1780-1859)

조물무언각유정 造物無言却有情 ― 조물주는 말 없어도 되레 정이사 많아
매어한진각춘생 每於寒盡覺春生 ― 늘상 겨울 지나면 봄 내놓을 줄 안다네
천홍만자안배착 千紅萬紫安排著(着) ― 울긋불긋 온갖 자태 준비를 끝내고서
지대신뢰제일성 只待新雷第一聲 ― 오롯이 기다린 것은 새론 우레 그 소리라네

7. 관산융마 關山戎馬
― 관산에는 전쟁 소리

신광수申光洙(1713-1775)

추강적막어룡냉 秋江寂寞魚龍冷 ― 가을 강 적막하여 어룡도 차갑다는데
인재서풍중선루 人在西風仲宣樓 ― 중선루 갈바람에 서성이는 나그네라
매화만국청모적 梅花萬國聽暮笛 ― 매화 만발한 곳 저녁 날 피리소리 들리는데
도죽잔년수백구 桃竹殘年隨白鷗 ― 남은 생애 죽장 짚고 백구를 따르다니
오만낙조의함한 烏蠻落照倚檻恨 ― 오만 땅 지는 해에 난간에 기대어 한탄함은
직북병진하일휴 直北兵塵何日休 ― 저 북쪽 전쟁이 끝날 기미 없어서라네
춘화고국천루후 春花古國濺淚後 ― 봄꽃 핀 내 조국 눈물로 하직하였으니
하처강산비아수 何處江山非我愁 ― 어느 곳 강산인들 내 근심 아닐손가

8. 산원소매 山園小梅
— 고산 정원의 작은 매화

임포 林逋(967—1028)

중방요락독훤연 衆芳搖落獨喧妍 — 뭇 꽃 떨어진 자리 홀로 뽐낸 매화여
점진풍정향소원 占盡風情向小園 — 풍정으로 가득 찬 작은 정원 향해가네
소영횡사수청천 疎影橫斜水淸淺 — 듬성한 매화 가지는 맑은 물에 비껴있고
암향부동월황혼 暗香浮動月黃昏 — 은근한 향은 둥둥 흘러 달조차 멀미케하네
상금욕하선투안 霜禽欲下先偸眼 — 백학은 내리고파 몰래몰래 엿보는데
분접여지합단혼 粉蝶如知合斷魂 — 흰나비도 그 멋 알고 정신이 혼미하다
행유미음가상압 幸有微吟可相狎 — 다행히 그대를 입안에서 맛볼 수 있으니
불수단판공금준 不須檀板共金尊(罇) — 악기 소리 금 술잔이 필요치 않네

9. 도산월야영매 도산월야영매
— 도산에서 달밤에 매화를 노래함

이황 李滉(1501—1570)

독의산창야색한 獨倚山窓夜色寒 — 홀로 선 산창 앞 밤 공기 차가운데
매초월상정단단 梅梢月上正團團 — 매화나무 끄트머리 달도 참 둥글다
불수갱환미풍지 不須更喚微風至
자유청향만원간 自有淸香滿院間

10. 아조 雅調
— 아름다운 우리노래 : 검은 머리 파뿌리 되도록

이옥 李鈺(1760—1813)

일결청사발 一結靑絲髮 — 한번 풀어 쪽을 진 새파란 머리
상기도총근 相期到蔥根 — 파뿌리가 되도록 변치 말자는 구나

무수유자수 無羞猶自羞—안 그러려고 할수록 더욱 부끄러워
삼월불공언 三月不共言—석 달 동안 그대라고 부르지도 못했구려

11. 족부족시족 足不足是足
―넉넉함이 부족이요 부족이 족이라

송익필 宋翼弼(1534~1599)

오년칠십와궁곡 吾年七十臥窮谷—내 나이 일흔으로 궁곡에 누웠으니
인위부족오즉족 人爲不足吾則足—남들은 부족타 손 나는야 넉넉하네.
조간만봉생백운 朝看萬峰生白雲—아침이면 천봉 만봉 흰 구름이 뭉개뭉개
자거자래고치족 自去自來高致足—멋대로 오락가락 높은 아치(雅致) 넉넉하고,
모간창해토명월 暮看滄海吐明月—저녁이면 창해 위로 밝은 달을 토해내어
호호금파안계족 浩浩金波眼界足—금물결 넘실넘실 보는 맛이 넉넉하고,
춘유매화추유국 春有梅花秋有菊—봄에는 매화 피고 가을에는 국화 피어,
대사무궁유흥족 代謝無窮幽興足—끝없이 갈마드니 그윽한 맛 넉넉하고,
일상경서도미심 一床經書道味深—한 책상 쌓인 경서 도학(道學) 맛이 깊어 있어라,
상우만고사우족 尙友萬古師友足—만고의 벗 숭상하니 스승·친구 넉넉하고,
덕비선현수부족 德比先賢雖不足—덕은 비록 선현보다 부족하달지라도
백발만두년기족 白髮滿頭年紀足—백발이 가득하니 나이티가 넉넉하네

12. 제서림벽 題西林壁
―서림사 벽에 씀 소식

강서성 星子縣 소재 蘇軾(1037—1101)

횡간성령측성봉 橫看成嶺側成峰—가로로는 산을 세로로는 봉우리를 이루어
원근고저무일동 遠近高低無一同—멀고 가까운 등 같은 모습 하나 없네

불식여산진면목 不識廬山眞面目 — 모르겠구나, 여산의 참 모습이여
지연신재차산중 只緣身在此山中 — 몸이 이 산속에 있기 때문일까

13. 대주음 對酒吟
— 술을 대하여

송익필 宋翼弼(1534~1599)

유화무월화향소 有花無月花香少 — 꽃 있어도 달 없으면 꽃향기 줄어들고,
유월무화월색고 有月無花月色孤 — 달 있어도 꽃 없으면 달빛이 외롭지만,
유화유월겸유주 有花有月兼有酒 — 꽃도 있고 달도 있고 술도 겸해 있고 보면
왕교승학시가노 王喬乘鶴是家奴 — 왕자교의 타는 학은 그 바로 내 종일다.

14. 고의 古意
— 옛 생각

장 유 張 維(1587~1637)

백로자백오자흑 白鷺自白烏自黑 — 해오라긴 절로 희고 까마귀는 절로 검고,
반백반흑지두작 半白半黑枝頭鵲 — 반 희고 반 검기는 가지 위의 까치로다
천생만물부형색 天生萬物賦形色 — 하늘이 형형색색 만물을 낳았어도
백흑미가분선악 白黑未可分善惡 — 백과 흑을 선악으로 편가르진 않았었네.
산계문채금불여 山鷄文采錦不如 — 산꿩의 깃털 무늬 비단보다 아름다워
조명청담혹자익 照明青潭或自溺 — 그림자 물에 비춰 제 모습에 반하지만
독련초료점일지 獨憐鷦鷯占一枝 — 어여쁘다! 저 뱁새도 한 가지(枝)차지하여
소요불선수천익 逍遙不羨垂天翼 — 대붕새 부럽잖게 자유 누려 즐긴다네.

15. 잡흥 9수 其二

―인생이란

최유청 崔惟淸(1095―1174)

인생백세간 人間百世間 ― 세상살이 백 년이라지만
홀홀여풍촉 忽忽如風燭 ― 어느덧 바람 앞에 촛불일세
차문부귀심 且問富貴心 ― 묻노니 부귀를 탐내는 맘
수긍사전족 誰肯死前足 ― 어느 누가 죽기 전에 족하다 하리

선부불가기 仙夫不可期 ― 신선은 기약하기 어렵고
세도다번복 世道多飜覆 ― 세상의 일은 엎어진 것 투성이라
료경북해주 聊傾北海酒 ― 모름지기 술이나 한잔 기울이며
호가앙간옥 浩歌仰看屋 ― 큰 소리 노래하며 집마루나 쳐다보세
―후한 北海相인 孔融―坐上客恒滿 樽中酒不空―

16. 시벽 詩癖
―시 쓰는 고질병

매요신 梅堯臣(1002―1060)

인간시벽승전벽 人間詩癖勝錢癖 ― 나는 시 집착이 돈 집착 보다 더 하여
수색간비과기춘 搜索肝脾過幾春 ― 마음 속 시구 찾아 숱한 봄을 보냈노라
낭탁무혐빈사구 囊橐無嫌貧似舊 ― 주머니 속 예전 같잖지만 가난도 싫다않고
풍소유희구다신 風騷有喜句多新 ― 시구에 새로움 있는 걸 좋아 한다네
단장고의마층주 但將苦意摩層宙 ― 각고의 노력으로 하늘에 닿으려 할 뿐
막계종궁섭모진 莫計終窮涉暮津 ― 끝내 저녁 나루터 건널 계획 관심 없다네
시간일생동취자 試看一生銅臭者 ― 일생을 돈으로 생각하려는 자들이야
선타등제역하빈 羨他登第亦何頻 ― 남들의 출세를 부러워함이 얼마나 많은가

17. 쌍연 雙燕
―제비 한쌍

김이만 金履萬(1683~?)

쌍연함충자인기 雙燕銜蟲自忍飢―쌍제비 벌레 물고 주린 배 참으면서
왕래신고포기아 往來辛苦哺其兒―제 새끼 먹이느라 오락가락 수고 많다
간성우익고비거 看成羽翼高飛去―두 날개 다 자라면 높이 날아 가버리니
미필능지부모자 未必能知父母慈―그 어찌 부모 사랑 안다 할 수 있으랴

18. 호접청산거 蝴蝶青山去
―나비야 청산가자

신위 申緯(1769~1847)

백호접여청산거 白蝴蝶汝青山去―흰나비 너도 가자 청산에 가자.
흑접단비공입산 黑蝶團飛共入山―범나비도 무리 지어 함께들 가자구나.
행행일모화감숙 行行日暮花堪宿―가다가다 해 저물면 꽃에 들러 자고 가자
화박정시엽숙환 花薄情時葉宿環―꽃에서 푸대접하거든 잎에서나 자고 가자

19. 죽지사 竹枝詞
―죽지사

이근수 李根洙

양류사사계선귀 楊柳絲絲繫船歸―임 실은 배 실버들로 실실이 맬 제
유서의의낙만의 柳絮依依落滿衣―버들도 정에 겨워 옷에 지더구나
장약사사이단 腸弱似絲絲易斷―여린 것 애끊기 듯 실실이 끊겨
혼경여서서환비 魂輕如絮絮還飛―임의 넋도 솜털 마냥 날아가 버리다니

20. 노인일쾌사 老人一快事
— 노인의 한가지 유쾌한일

정약용 丁若鏞(1762—1836)

노인일쾌사 老人一快事 — 이 늙은이 또 하나의 통쾌한 일은
종필사광사 縱筆寫狂詞 — 미친 듯 바른 말 함부로 적기라네,
경병불필구 競病不必拘 — 어려운 운자에 얽매이지 않으며
퇴고불필지 推敲不必遲 — 퇴고(推敲)는 간명히 지체 안 하지
흥도즉운의 興到卽運意 — 흥이 솟구치면 뜻을 굴리고,
의도즉사지 意到卽寫之 — 굴리다 잡히면 당장에 쓴다네…
아시조선인 我是朝鮮人 — 나야 본디 타고난 조선인 아닌가
감작조선시 甘作朝鮮詩 — 짓는다면 '조선시'를 즐겨 지으리

21. 탄빈초 歎貧抄
— 가난을 한탄하며

정약용 丁若鏞

청사안빈어 請事安貧語 — 가난에 편하리라 작심했건만
빈래각미안 貧來却未安 — 막상 가난하니 편치 못하네
처자문채굴 妻咨文采屈 — 아내의 바가지에 체통 구기고
아뇌교규관 兒餒敎規寬 — 아이들 배고프니 매도 못 들어
화목혼소삽 花木渾蕭颯 — 꽃을 봐도 그저 쓸쓸만 하고
시서총한만 詩書摠汗漫 — 책을 대하여도 심드렁할 뿐

22. 한구편 韓狗篇
　―한국의 개

　　　　　　　　　　　　　　　　　　　이건창 李建昌(1852~1898)

국가오백재 國家五百載 ― 조선조 500년 이어 오면서
양사중진신 養士重縉紳 ― 선비 길러 관직을 중히 여기니
사직여태산 社稷如太山 ― 사직은 태산같이 든든하였고
환해무풍진 環海無風塵 ― 사해는 전쟁 없이 고요 하였네
고관여후록 高官與厚祿 ― 높은 관직 두터운 녹 받는 사람들
환어부이안 豢飫富以安 ― 부귀에 몰리고 안락에 겨워
감심부이로 甘心附夷虜 ― 오랑캐에 빌붙기를 달게 여기어
매국불소난 賣國不少難 ― 나라 팔길 조금도 어려워 않네
역적실찬포 逆賊悉竄逋 ― 역적들 모조리 숨고 달아나
조저방분운 朝著方紛紜 ― 조정이 바야흐로 시끄러운데
하유득차구 何由得此狗 ― 어떡해야 이러한 의구를 얻어
지이헌오군 持以獻吾君 ― 우리 임금님께 갖다 바칠꼬?

23. 이원 離怨
　―이별의 원망

　　　　　　　　　　　　　　　　　　　이옥봉 李玉峯(?~?)

심정용이기 深情容易寄 ― 깊으나 깊은 정을 무슨 수로 부치리까?
욕설갱함차 欲說更含差 ― 말로야 부끄러워 입 도로 다뭅니다.
약문향규신 若問香閨信 ― 내 소식 임 묻거든 부디 일러나 주오
잔장독의루 殘粧獨倚樓 ― 그 화장 빛 바랜 채로 누(樓)에 기대섰더라고.

24. 장가행 長歌行
　―긴 노래

심약 沈約

청청원중규 青青園中葵 — 푸릇푸릇한 남새밭의 아욱잎에는
조로대일희 朝露待日晞 — 햇빛 나와 말려주기 기다리는 이슬 있다네
양춘포덕택 陽春布德澤 — 따뜻한 봄은 은택을 널리 펼치니
만물생광휘 萬物生光輝 — 만물은 생기를 발휘 하였네.
상공추절지 常恐秋節至 — 언제나 두려운 건 가을철이 되어
혼황화엽쇠 焜黃華葉衰 — 붉고 누렇게 꽃과 잎이 시드는 거라네.
백천동도해 百川東到海 — 모든 냇물은 동쪽 바다로 흐르는데
하시부서귀 何時復西歸 — 언제 다시 서쪽으로 돌아오련가?
소장불노력 少壯不努力 — 젊고 힘 있을 때 노력하지 않으면
노대도상비 老大徒傷悲 — 나이 늙어 공연히 서럽게 될 터인데

25. 잡시 雜詩
— 여러 생각을 쓰다

도연명 陶淵明(365~427)

결려재인경 結廬在人境 — 사람 많은 곳에다 움막을 엮었으나
이무거마훤 而無車馬喧 — 수레나 말의 시끄러움이 없다네
문군하능이 問君何能爾 — 그대에게 묻노니 어찌 그럴 수가 있소?
심원지자편 心遠地自偏 — 마음이 먼 데 있으면 땅은 스스로 편벽 된다오
채국동리하 彩菊東籬下 — 동녘 울타리 아래에서 국화를 따다가
유연견남산 悠然見南山 — 유연히 고개 들어 남산을 바라본다네
산기일석가 山氣日夕佳 — 산기는 날이 저물자 더욱 좋아져
비조상여환 飛鳥相與還 — 나는 새들도 어울려 되돌아오는군
차간유진의 此間有眞意 — 이런 가운데 참된 뜻이 살아 있으니
욕변이망언 欲辨已忘言 — 이를 설명하려다가도 어느덧 말을 잊는다네

26. 추야우중 秋夜雨中
― 가을밤 빗소리 들으며

최치원 崔致遠(857―?)

추풍유고음 秋風唯苦吟
세로소지음 世路少知音
창외삼경우 窓外三更雨
등전만리심 燈前萬里心

27. 독작 獨酌
― 홀로 술을 마시며

이백 李白(701―762)

천약불애주 天若不愛酒―하늘이 만약 술을 좋아하지 않는다면
주성부재천 酒星不在天―술별이 하늘에 있지 않을 테고
지약불애주 地若不愛酒―땅이 만약 술을 좋아하지 않는다면,
지응무주천 地應無酒泉―술 샘이 땅에 없어야만 하리라
천지기애주 天地旣愛酒―하늘과 땅도 술을 좋아하니,
애주불괴천 愛酒不愧天―술 좋아하는 것은 하늘에 부끄러울 것 없네
이문청비성 已聞淸比聖―옛부터 맑은 술은 성인에 비겼고
부도탁여현 復道濁如賢―또 탁주는 어진 사람 같다고 일러왔네
현성기이음 賢聖旣已飮―어진 것과 성인 같은 것을 이미 마셔 왔으니,
하필구신선 何必求神仙―꼭 신선되기 바랄 게 무엇 있으리
삼배통대도 三盃通大道―석 잔을 마시면 위대한 도에 통하고.
일두합자연 一斗合自然―한 말을 마시면 자연과 합치되네
단득취중취 但得醉中趣―다만 취중의 위미를 얻은 것이니
물위성자전 勿爲醒者傳―술 안 먹는 자에겐 전할 것도 없는 거네

28. 감로사차혜소운 甘露寺次惠素韻
-감로사에서 혜소의 운에 따라: 개성 오봉산 하

김부식 金富軾(1075-1151)

속객부도처 俗客不到處-속객이 오지 아니한 곳에
등임의사청 登臨意思淸-올라보니 생각이 깨끗하네
산형추경호 山形秋更好-산 모습은 고친 듯 좋아 보이고
강색야유명 江色夜猶明-강물은 밤에 더욱 밝아 뵌다
백조고비진 白鳥高飛盡-온갖 새들 멀리 날아가고
고범독거경 孤帆獨去輕-외롭게 돛단배 둥둥 떠가네
자참와각상 自慙蝸角上-부끄럽구나 달팽이 뿔같은 세상에
반세멱공명 半世覓功名-반 평생 부귀 공명 찾아 나선 일
ㅡㅡㅡㅡ백낙천 對酒ㅡ蝸牛角上爭何事 石火光中寄此身

29. 산중대작 山中對酌
-산속에서의 대작

이백 李白(701-762)

양인대작산화개 兩人對酌山花開-두 사람이 마주 앉아 수작(酬酌)하는데 산에는 꽃 피어 있으니,
일배일배부일배 一盃一盃復一盃-한 잔 한 잔 또 한잔 하게 되네.
아취욕면군차거 我醉欲眠君且去-나는 취해 자고 싶으니 그대는 돌아갔다가
명조유의포금래 明朝有意抱琴來-내일 아침 생각 있거든 거문고를 안고 다시 오게나

30. 석죽화 石竹花
―패랭이꽃

―정습명 鄭襲明(?-1151)

세애목단홍 世愛牧丹紅―세상 사람들 모란을 좋아하여
재배만원중 栽培滿院中―뜰 가득 심어서 키운다네
수지황초야 誰知荒草野―누가 황야에 핀 꽃 알랴마는
역유호화총 亦有好花叢―예쁜 꽃떨기를 갖추었다네
색투촌당월 色透村塘月―투명한 색깔은 촌연못의 달빛 같고
향전롱수풍 香傳隴樹風―향기는 언덕 나무 바람결에 풍겨오네
지편공자소 地偏公子少―땅이 좁아 알아 줄 사람 적으니
교태속전옹 嬌態屬田翁―아름다운 모습을 농부에게 맡긴다오

31. 월하독작 月下獨酌

이백 李白(701-762)

화하일호주 花下(間)一壺酒―꽃 밑에서 한 병의 술을
독작무상친 獨酌無相親―친한 이도 없이 홀로 마시네
거배요명월 擧盃邀明月―잔을 들어 밝은 달을 맞이하니
대영성삼인 對影成三人―그림자를 대하게 되어 세 사람이 되었네
월기불해음 月旣不解飮―달을 본시 술마실 줄을 모르고
영도수아신 影徒隨我身―그림자는 그저 내 몸을 따라다니네
잠반월장영 暫伴月將影―잠시 달과 그림자를 벗하노니
행락수급춘 行樂須及春―즐김에는 반드시 봄철에 어울리게 하여야 하네
아가월배회 我歌月徘徊―내가 노래하면 달은 머뭇거리고
아무영릉란 我舞影凌(零)亂―내가 춤을 추면 그림자가 어지럽게 흔들리네
성시동교환 醒時同交歡―아직 깨었을 적에는 함께 서로 즐기지만
취후각분산 醉後各分散―취한 뒤에는 각기 헤어지네

영결무정유 永結無情遊 — 영원히 맺고 싶어라 忘情의 사귐이여
상기막운한 相期邈雲漢 — 저 멀리 은하수에서 다시 만나 보세나.

32. 방조운백 訪曺雲伯
　— 조운백을 찾아
　　　　　　　　　　　　　　　　　　　— 박순 朴淳(1523—1589)

취수선가각후의 醉睡仙家覺後疑 — 취해 잤던 신선집 깨어보니 이상해
백운평확월침시 白雲平壑月沈時 — 흰구름은 골짝 메우고 달지는 새벽이네
유연독출수림외 儵然獨出修林外 — 재빠르게 살짝 숲 속을 나오려는데
석경공음숙조지 石逕筇音宿鳥知 — 돌길에 지팡이 소리 자던 새들에게 들켰다네

33. 차현오축중운 次玄悟軸中韻
　— 현오스님 시축 가운데의 운자로 차운함
　　　　　　　　　　　　　　　　　　　이지천 李志賤(1589—?)

물외지수시 物外知誰是 — 출가 했다고 누가 옳다고 알아줄 것이며
인간문수비 人間問誰非 — 세속에 있다 하여 누가 그르다고 따져 물으리
고선최진주 姑先催進酒 — 아무튼 우선 어서 술이나 내오게나
연후합언시 然後合言詩 — 취한 후에 바로 시라도 논해 보세나
녹수응무양 綠水應無恙 — 녹수야 당연히 아무 탈 없을테고
청산정불위 靑山定不違 — 청산도 마땅히 어김이 없잖는가
소렴의조권 疎簾宜早捲 — 성근 발일랑 어서 걷어보시게
운세월여미 雲細月如眉 — 비단 같은 구름달 눈썹 같으니

34. 부경 赴京

―서울로 가면서

송시열 宋時烈(1607―1689)

녹수훤여노 綠水喧如怒―녹수는 성이 난 듯
청산묵사빈 靑山黙似嚬―청산은 찡그린 듯
정관산수의 靜觀山水意―조용히 산수의 뜻 헤아리나니
혐아향풍진 嫌我向風塵―풍진으로 가는 나를 미워함일세

35. 초하즉사 初夏卽事
―초여름의 감회

왕안석 王安石(1021―1086)

석량초옥유만기 石梁草屋有彎磯―돌다리와 초가집은 굽이진 강둑에 있고
유수천천도양피 流水濺濺度兩陂―흐르는 물은 찰랑대며 두 연못 넘나드네
청일난풍생맥기 晴日暖風生麥氣―날은 맑고 바람 좋아 보리 싹을 틔우니
녹음유초승화시 綠陰幽草勝花時―녹음처럼 짙은 풀색 봄날보다 곱구나

36. 시아 示兒
―아이에게 주는 글

―육유 陸游(1125―1210)절강성 소흥 사람

사거원지만사공 死去元知萬事空―죽고 나면 원래 만사가 부질없거늘
단비불견구주동 但悲不見九州同―구주의 통일을 보지 못해 안타깝구나
왕사북정중원일 王師北定中原日―군대가 북쪽 중원을 평정하는 그날
가제무망고내옹 家祭無忘告乃翁―제사 때 나에게 알리는 것 잊지 말거라
―――關山月 등으로 알려짐, 금 오랑캐에게 굴욕함을 수치로 여김

37. 추일 秋日
— 가을날

서거정 徐居正(1420-1488)

모재연죽경 茅齋連竹逕 — 초가집은 대숲 길로 이어져 있는데
추일염청휘 秋日艷晴暉 — 가을날의 햇빛은 맑고 또 곱구나
과숙경지중 果熟擎枝重 — 과일 익자 가지는 무겁다 하는데
과한착만희 瓜寒着蔓稀 — 듬성듬성 썰렁한 참외밭 모습
유봉비부정 遊蜂飛不定 — 꿀 따는 벌들 소리 윙윙 거리
한압수상의 閒鴨睡相依 — 한가로운 오리들 맞대고 졸음짓네
파식신심정 頗識身心靜 — 흐뭇이 느끼는 심신의 편안함이여
서지원불위 棲遲願不違 — 물러나 쉬자던 바람 이루었구나

38. 자소년 刺少年
— 젊은이를 풍자함

이하 李賀(791-817)

청총마비금안광 靑驄馬肥金鞍光 — 청백색 말 살찌고 금안장 빛나는데
용뇌입루나의향 龍腦入縷羅衣香 — 용뇌향 먹인 실 비단 옷 향기 고와라
미인압좌비경상 美人狎坐飛瓊觴 — 미인들 가까이서 옥잔을 날리듯 돌리니
빈인환운천상랑 貧人喚云天上郎 — 가난한 사람들 하늘의 도련님이라 부른다
별기고루연벽소 別起高樓連碧篠 — 다른 곳엔 높은 누각 대밭 옆에 서 있는데
사예홍린출심소 絲曳紅鱗出深沼 — 낚싯줄 끝에선 붉은 고기 못속에서 나온다
유시반취백화전 有時半醉百花前 — 어떤 때는 얼큰히 꽃 앞에서 취하는데
배파금환락비조 背把金丸落飛鳥 — 등 뒤에선 금탄으로 나는 새를 떨군다
자설생래미위객 自說生來未爲客 — 평생 나그네 돼 본적 없노라 말하기 일삼고
일신미첩과삼백 一身美妾過三百 — 자기가 거느린 여자가 삼백이 넘는다고
기지촉지종전가 豈知劚(斸)地種田家 — 땅을 파며 농사짓는 집 사정을 어찌 알리요

관세빈최몰인직 官稅頻催沒人織 — 관가의 세금 독촉 잦고 짜놓은 천 빼앗아가네
장금적옥과호의 長金積玉誇豪毅 — 금을 늘이고 옥을 쌓아놓고 부자임네 하는 모습
매읍한인다의기 每挹閑人多意氣 — 늘상 한가한 자들과 어울리기 좋아하네
생래불독반행서 生來不讀半行書 — 평생에 반 줄 글도 읽지 않고선
지파황금매신귀 只把黃金買身貴 — 황금으로 그 몸뚱이 귀하게 다네
소년안득장소년 少年安得長少年 — 젊음이 어찌 언제까지 가겠는가
해파상변위상전 海波尙變爲桑田 — 물결 이는 바다도 뽕밭이 되는 것을
고영체전급여전 枯榮遞傳急如箭 — 시들고 꽃피는 등 바뀜이야 화살 같거늘
천공기긍위군편 天公豈肯爲君偏 — 하늘이 어찌 그대들만 돌보아줄까
막도소화진장재 莫道韶華鎭長在 — 아름다운 저 꽃 언제까지 피울까
백두면추전상대 白頭面皺專相待 — 흰머리 잔주름 그대 곁에 기다리나니

39. 추일우성 秋日偶成
— 가을날 우연히 읊음

정명도 程明道 정호 程顥 (1032-1085)

한래무사부종용 閑來無事不從容 — 한가롭게 살아가니 조용하지 않은 것이 없고
수각동창일이홍 睡覺東窓日已紅 — 잠이 깨어 바라보니 동창에는 붉은 해 떠오르네
만물정관개자득 萬物靜觀皆自得 — 만물을 그윽히 살피니 이치가 저절로 떠오르고
사시가흥여인동 四時佳興與人同 — 사철의 아름다운 기쁨 사람들과 함께 나눈다네
도통천지유형외 道通天地有形外 — 도리는 천지의 형체 바깥까지 통하고
사입풍운변태중 思入風雲變態中 — 생각은 바람과 구름 밖에 노닌다네
부귀불음빈천락 富貴不淫貧賤樂 — 부귀를 좇지 않고 빈천함을 즐기나니
남아도차시호웅 男兒到此是豪雄 — 남아라면 이같아야 큰 남아 일지니라

40. 춘망사 春望詞
― 봄날의 소망을 노래함

설도 薛濤 (768－832)

화개부동상 花開不同賞 ― 꽃이 피어도 함께 즐기지 못하고
화락부동비 花落不同悲 ― 꽃이 져도 함께 슬퍼하지 못하네
욕문상사처 欲問相思處 ― 그대 그리워지는 때 어디인가
화개화락시 花開花落時 ― 꽃이 피고 꽃이 질 때로다.

남초결동심 攬草結同心 ― 풀을 따서 같은 마음의 매듭지어
장이유지음 將以遺知音 ― 내마음 알아줄 님에게 보내고져
춘수정단절 春愁正斷絶 ― 봄시름 그렇게 끊어 버리려는데
춘조부애음 春鳥復哀吟 ― 무정한 봄새가 다시 슬피 우네

풍화일장로 風花日將老 ― 바람결에 꽃잎은 시들어가고
가기유묘묘 佳期猶渺渺 ― 만날 날은 아직도 멀기만 한데
불결동심인 不結同心人 ― 그 님과 마음은 맺지 못하고
공결동심초 空結同心草 ― 한갓되이 풀잎만 맺고 있는가

나감화만지 那堪花滿枝 ― 가득 핀 꽃 가지를 차마 보려니
번작량상사 煩作兩相思 ― 또 다시 님 생각에 젖어만 드네
옥저수조경 玉箸垂朝鏡 ― 구슬같은 눈물이 아침 거울에 떨어지니
춘풍지불지 春風知不知 ― 봄바람은 아는지 모르는지

III. 시의 이해

이 지 엽*

1. 시란 무엇인가

　오늘날 우리가 쓰고 있는 현대시는 잘 알고 있다시피 크게 서정시敍情詩·서사시敍事詩·극시劇詩의 세 가지로 나누어진다. 서정시는 개인의 내적 감정을 토로하는 것으로 근·현대시의 주류를 이루고 있으며, 영어의 lyric poem은 lyre(七絃琴)에 맞추어 노래 불렀던 데서 온 호칭이다. 서사시epic poem는 민족·국가의 역사나 영웅의 사적事蹟과 사건을 따라가며 소설적으로 기술하는 것을 말한다. 극시dramatic poem는 극형식을 취한 운문韻文내지 운문에 의한 극을 말하는데 셰익스피어, 라신, 괴테 등의 희곡이 이에 해당한다.
　산문의 형식을 취하면서 그 속에 시적 사유를 담은 산문시prose poem가 있으며, 또 정해진 규칙에 따라 시어를 배열·구성하는 정형시定型詩가 있다. 또한 그 내용에 따라 도시시, 생활시·종교시·풍자시·전쟁시 등의 호칭도 쓰여지고 있다.
　"시란 무엇인가"에 대한 논의는 끊임없이 이루어져왔다. 아주 다양한 방법으로 자신의 시에 대한 생각을 한 마디씩 언급해 놓았기 때문에 엘리어트는 "시의 정의의 역사는 오류의 역사다"라고 말하기까지 했다.
　동양권에서 공통적으로 쓰이는 '詩'라는 한자의 구조를 보면 '言'과 '寺'의 合字임을 알 수 있다. '言'은 모호한 소리인 '음音'이나 말을 나타내는 '담談'이 아닌 '분명하고 음조가 고른 말'을 뜻한다. '寺'는 '持'와 '志'의 뜻을 가지고 있다. '持'란 손을 움직여 일하는 것을 말

---

* 경기대학교 국어국문학과 교수

하며 '志'는 "우리의 마음이 어떤 대상을 향해서 곧게 나감"을 일컫는다. 그러므로 시라는 말 속에는 "손을 움직여 일한다"라는 뜻을 가지고 있다.

"시 3백 수는 한마디로 생각함에 사악함이 없는 것이다(詩三百 一言而蔽之曰思無邪)."의 공자의 말이나 "시는 뜻을 말로 나타낸 것(詩言志)"의 서경書經의 말에는 교훈적인 입장의 시관이 깊게 배어 있다. 이것은 물론 당시의 시가집 편찬이 아름다운 서정시에 국한되어 있다는 점에서 유래된 것이긴 하지만 우리 시가사에 있어서도 효용론적 입장은 문학의 존재 이유와 그 맥을 같이하고 있었다고 봐야 옳다.

서양에서의 시에 관한 여러 정의들은 대개 다음과 같이 네 가지 입장이 주류를 이룬다.

① 시는 律語에 의한 모방이다(아리스토텔레스)
② 시는 강한 감정의 자연적 발로다(워즈워드)
③ 시는 가르치고 즐거움을 주려는 의도를 가진 말하는 그림이다(시드니)
④ 시는 시인의 정서적 확신이 아니라 그러한 확신을 위협하는 모든 반대개념들과 충돌하는 존재다(워렌)

이 정의들은 각각의 의견들을 대변하고 있다. ①은 모방론적인 입장, ②는 표현론적인 입장, ③은 효용론적인 입장, ④구조론적(혹은 존재론적)입장에서 각각 시를 정의한 것이다. 이들의 시에 관한 정의는 다 옳다. 어떤 입장에서 보느냐에 보느냐의 차이만 존재할 뿐이다. 그렇지만 시를 생각할 때 잊지 말아야 할 것이 있다.

우리에게 있어 시는 시가詩歌에서 시작되었다. 각 시대의 주요 장르, 이를테면 고대가요나 신라의 향가, 고려의 속요, 조선의 시조와 가사 등은 그 명칭 가요歌謠, 가歌, 요謠, 조調에서 보듯 노래로 불려졌다. 노래로 불려진다는 것은 그 길이나 가독성에 있어 분명 읽는 것만을 전재한 작품과는 차이를 보인다. 우리는 이것을 잊고 있다. 이것을 잊고 있다는 것은 시가 갖고 있는 본래적 속성을 잊고 있다는 얘기가 된다. 시라고 쓰고 있는데 그것은 시가 아닐 수 있으며 시 아닌 것을 쓰고 있다는 얘기가 된다. 시에 있어서 리듬이 중요한 이유는 바로 여기서 비롯된다. 산문시를 창작하고 있는 많은 이들이 시의 리듬을 얘기하면 코웃음을 친다. 요즈음 산문시가 아니더라도 특히 젊은 시인들의 작품을 접할 때 이들이 과

연 시의 리듬을 어느 정도 생각하고 쓰는지 의심스러울 때가 많다.

우리는 우리의 근·현대 시문학사에서 최초의 근대자유시 생성을 논하면서 커다란 실수를 저질렀다. 최초의 근대 자유시가 주요한의「불노리」라고 하면서 이는 신체시의 영향이라고 본 것이 바로 그것이다. 이것이 무슨 문제가 되느냐고 묻는 이가 있을는지 모르겠다. 그러나 생각해 보라. 우리가 현재 쓰고 있는 시가 신체시에서 왔으며 그것이 우리 전통장르와는 전혀 상관없는 이국에서 온 것이라는 것을 어찌 수긍할 수 있겠는가. 해방 후 국문학 초창기의 학자들이 한 번 씩 내던진 얘기가 철저한 규명 없이 그대로 수용되면서 우리 현대 시문학은 정체불명의 미아가 되어 있는 것이다. 그러나 사실은 그렇지 않다. 문학의 장르에 대해 조금만이라도 관심을 가져본 사람이라면 장르가 그렇게 무 썰듯 명료하게 썰어져서 이 쪽과 저쪽을 구분할 수 있는 것이 아니라는 것을 쉽게 알 수 있다. 과거 아주 오래 전부터도 있어왔고 지금도 엄연히 존재하는 기저장르의 존재인 '민요'를 통해 우리는 쉽게 이 사실을 확인 할 수 있다. 장르는 살아 있는 역동체다. 그러므로 이제는 그만 쓰고 새로운 것으로 바꾸자 라고 해서 일시에 바뀌지지 않는다. 유기적인 생명체를 지닌 존재다. 주요한의「불노리」라는 작품도 면면을 따져보면 딱히 신체시의 영향이라고 보기가 힘들지만 그 이전의 최초 근대자유시라고 밝혀진 작품들「눈」이나「샘물이 혼자서」은 분명 우리의 전통장르인 사설시조와 평시조의 무의식적 분출이 빚어낸 작품들이었다. 우리의 근대 자유시는 우리의 문학적 전통을 고스란히 이어받고 있었던 것이다. 이 얘기는 뒤집어 생각해보면 시대의 변화에 따라 음악이 분리되기는 했지만 여전히 자유시의 창작원리에는 리듬이 깊숙이 관여하고 있다는 얘기가 된다. 시의 본래적 형태가 노래라고 해서 노래로 돌아가자는 얘기는 분명 아니다. 그렇지만 시의 본질을 얘기하는 데 있어 노래성을 결코 무시해서는 안 된다는 얘기다. 더욱이 21세기는 분화되고 지극히 말초적인 현상으로 치닫던 문학의 현상들이 다시 통합되는 징후를 보여주고 있다. 근래에 와서 시의 형태가 점점 짧아지고 있다는 점도 이와 무관하지 않다. 영상화시대로 넘어가는 전이과정에 우리의 시는 보다 심각한 도전에 직면하고 있는 것이다.

2. 서정시의 장르적 특성

가. 동일화의 원리

오늘날의 시는 대부분이 서정시다. 다음의 시를 보고 어떠한 창작원리를 따르고 있는지를 살펴보기로 하자.

나무 속으로 들어가네.
거기 빽빽한 세월 속에
나를 묻어버리기 위해.

내가 사라진 빈 숲에
푸른 잎들의 울음 메아리 치고
그늘 없는 나의 죽음 나무 속에 있네.

— 채호기,「나의 죽음」부분

유성에서 조치원으로 가는 어느 들판에 우두커니 서 있는, 한 그루 늙은 나무를 만났다. 수도승일까. 묵중하게 서 있었다. 다음 날 조치원에서 공주로 가는 어느 가난한 마을 어구에 그들은 떼를 져 몰려 있었다. 멍청하게 몰려 있는 그들은 어설픈 과객일까. 몹시 추워 보였다.
공주에서 온양으로 우회하는 뒷길 어느 산마루에 그들은 멀리 서 있었다. 하늘 문을 지키는 파수병일까. 외로와 보였다.
온양에서 서울로 돌아오자 놀랍게도 그들은 이미 내 안에 뿌리를 펴고 있었다. 묵중한 그들의, 침울한 그들의, 아아 고독한 모습. 그 후로 나는 뽑아 낼 수 없는 몇 그루의 나무를 기르게 되었다.

— 박목월,「나무」전문

두 작품을 상세히 살펴볼 필요가 있다. 두 작품의 시적 대상은 '나무'다. 그렇지만 이 시적대상을 형상화하는 방법이 다르다. 채호기의「나의 죽음」은 서정자아가 나무속으로 들어가는 것이고, 박목월의「나무」는 서정자아 속으로 시적대상이 들어오는 것이다. 어디로 어떤 것이 들어가든 그 둘은 하나가 된다. 세상이 내게로 걸어들어 오거나 내가 세상 속으로 들어가면 여기에서 詩가 탄생된다.

이처럼 서정시는 자아와 세계의 동일화를 추구하는 데 있다. 서정시의 가장 중요한 특징이다. 동일화를 이루는 것은 자아가 세계로 나아가는 것과 세계가 자아 속으로 들어오는 것으로 나누어진다. 전자를 '투사', 후자를 '동화'라고 말한다.

나. 순간성과 압축성

서정시는 순간적인 장르다. 산문은 축적의 원리를 따르지만 시는 압축의 원리를 따른다. 탑을 쌓아가듯이 쓰는 것이 산문이라면 시는 다 사용한 캔을 프레스기로 압축한 것이 시다. 그러므로 시는 대단히 경제적인 장르다. 시가 짧은 것도 이런 이유에서다. 현대시는 점점 짧아지는 것을 선호하는 방향으로 나아가고 있다. 장르사를 통해서도 이것은 쉽게 증명이 된다.

서정시는 또한 압축의 장르다. 사건의 전말을 따져 그 원인과 결과를 밝히지 않고 단지 인상적인 한 부분만을 그려낼 수도 있다. 시간의 길이와 시행의 길이는 같이 가지 않는다. 백 년이나 천 년을 한 단어로도 축약할 수 있고 아주 순간적인 부분을 수십 행으로도 쓸 수 있다. 중요한 것은 그것이 축적의 원리를 따르는 것이 아니라 압축의 원리를 따르고 있다는 점이다. 압축은 더 이상 줄여지지 않는 길이를 전제로 한다.

시는 고도로 축약된 언어로 짜여져야 한다. 이동주가 주장한 다음의 시관에도 잘 나타나 있다.

> 모든 藝術이 다 그렇듯이 詩도 표현이 있고서야 성립된다.
> 표현 이전의 시는 놓쳐버린 구슬이요 아까운 生命의 遺産이다.
> 다만 詩의 特質은 짧은 형식에 있다.
> 지극히 制限된 規格에 있나니, 詩人의 苦行은 실로 이 제한된 樣式에 있으리라.

3. 시의 운율

가. 운율의 정의

운율韻律은 시에서 음성적 형식 곧 성조, 억양, 강세, 리듬, 음장을 포괄하는 수사적·미학적 효과를 일컫는 용어다. 악센트가 있는 음절의 일정한 배열로서 음악적인 효과를 유발한다. 운율은 높이, 크기, 길이의 세 가지 운율 자질에 의해서 결정된다. 높이는 성대의 진동 속도에 의해 결정된다. 성대의 진동 속가가 빠르면 높은 소리가 생성되고 느리면 낮은 소리가 생성된다. 길이는 조음의 지속 시간에 의해 결정된다. 크기는 강세, 공명도, 높이, 길이 등의 요인들이 복합적으로 작용해서 결정된다. 강세는 조음의 힘을 말하는데, 같은 모음이라도 강세를 받으면 강세를 받지 않을 때보다 더 강한 조음의 힘으로 발음되어서 더 크게 들린다. 같은 조음의 힘으로 발음되더라도 공명도가 큰 소리는 공명도가 작은 소리보다 더 크게 들린다. 그리고 같은 소리가 같은 조음으로 발음되더라도 높게 발음되면 낮게 발음될 때보다 더 크게 들리며, 길게 발음되면 짧게 발음될 때보다 더 크게 들린다. 운율은 말소리의 모든 자질은 물론 휴지와 의미, 분행·분절, 구두점의 종류 및 유무와 심지어 한글과 한자의 시각적 효과까지시와도 불가분의 관계를 갖고 있다. 일반적으로 시의 운율은 리듬을 가리키나 리듬이라는 용어가 혼동하여 쓰이므로 주의가 요망된다.[1] 운율은 곧 운rhyme와 율meter을 지칭하는 개념이다. 따라서 운율은 율격만 가리키는 용어는 아니다. 리듬은 기표의 '반복성'이며 동시에 이 반복성은 소리의 반복을 비롯하여 음절수, 음절의 지속, 성조, 강세 등 여러 상이한 토대에서 이루어진다고 볼 수 있다.

나. 운율의 종류

---

1. 영어의 rhythm(regular repeated pattern of sounds or movements)을 율동이라 번역하여, 이것을 연속적으로 발생하는 사건과 있어서의 대립적 변화, 곧 R. Flower가 말한 것처럼 "파도의 모양과 크기와 속도만큼이나 무한히 다양한 흐름"으로 정의하고 이 율동에 어떤 규칙성이 가해져서 모형화한 것을 meter, 곧 율격이라 하여 엄격히 구분하는데, 우리말의 운율은 이 meter와 소리의 반복인 rhyme(to end with the same sound, including a vowel)을 포괄하는 용어라고 볼 수 있다. 김대행, 「한국시가구조연구韓國詩歌究造研究」(삼영사, 1975) 28~29면, 박철희, 「문학개론文學慨論」(형설출판사, 1975), 132~133면 참조. ()는 영영 사전 참조

앞서 살펴본 바와 같이 보통 운율이라고 하는 것은 '운韻'과 '율律' 두 가지를 아울러서 말하는데, '운'이란 운자의 제한, 즉 압운rhyme을 뜻하고, '율'은 율격meter으로 음절수의 제한을 뜻한다.

영어로는 rhyme 혹은 end-rhyme, 독일어로는 reim, 불어로는 rime이라 하는 운의 기원은 페르시아의 사산조 바이무라왕과 시녀 레이레람의 대화에서 나왔다고 하는데 이들의 대화에는 반드시 묻고 대답하는 말의 끝에 '레이레람'과 '바이무라'라는 말을 붙인 데서 유래되었다고 한다.

시의 리듬은 일정한 자리에 같은 음이나 비슷한 소리를 배열시켜 얻어진다고 할 수 있다. 소리의 이치 선정으로 빚어지는 운율이라 하여 이것을 음위율이라고 한다. 음위율에서 가장 보편적인 자리를 차지하는 것이 압운이다. 압운은 음의 위치, 곧 두頭·요腰·각脚 어디에나 정해진 위치에 비슷한 음을 반복함으로써 이루어지는 음악적 율격으로 시행의 마지막 강세 있는 모음과 그 뒤에 나오는 자음이 행마다 반복되는 것을 말한다.

다소 규칙적인 반복의 시적 운율을 율격meter이라 한다. meter라는 용어는 '측정'을 뜻하는 measure의 희랍어에서 유래되었다. 이러한 율격은 시행에서 구현되는 소리의 현상이라는 점과, 규칙성과 반복성을 갖는다는 점에서 압운과 같다. 그러나 율격은 시간적 질서 위에서 나타나는 일정한 양의 반복이라는 점에서 일정 위치에서 반복되는 규칙성의 압운과는 다르다. 율격은 고조, 장단, 강약의 규칙적 반복이라고 할 수 있다. J.Lotz는 율격을 형성하는 운율의 자질에 따라 율격의 형태는 순수음절 율격과 복합음절 율격의 두 가지로 크게 나누고 있다.

순수음절 율격이란 우리가 흔히 말하는 음수율, 즉 음절 계산의 리듬이다. 음수율은 음절의 수, 곧 자구행을 구성하는 데 사용되는 일정한 수의 규칙을 말한다. 영시에서는 강약 중심의 운율이 사용되지만, 한국시에는 중국의 오언시, 칠언시 그리고 일본의 시행인 하이쿠와 같이 음절수를 율격의 원칙으로 삼고 있다. 음수율은 음절의 수 곧, 자·구·행을 구성함에 일정한 수를 배열하는 법칙 즉 음절시syllabic verse의 율격이다. 한국시의 음수율은 여러 가지가 있지만 4·4조(3·4조)는 그 대표적 율조라고 할 수 있다. 우리말은 첨가어이기 때문에 체언과 용언에 조사나 어미가 붙어서 한 어절이 대개 3음절 내지 4음절로 이루어지고 있기 때문이다. 이 음수율은 고려속요, 경기체가, 시조, 가사, 민요뿐만 아니라 개화기 이후 일본에서 도입되었다는 7·5조는[2] 물론 현대시에 있어서도 운율의 중요한 요소로 작용하고 있다.

복합음절 율격은 음절수와 더불어 어떤 형태의 운율적 자질이 규칙화된 리듬으로 여기엔 고저율과 강약률, 장단율이 있다.

○ 고저율the accentual-syllabic metrical system은 음성률, 성조율격, 평측율격이라고도 불린다. 이것은 소리의 고저pith가 규칙적으로 교체, 반복되는 율격으로서 주로 한시에 사용되어 왔다.
○ 장단율the quantitative metrical system은 길고 짧은 소리가 규칙적으로 교체 반복되는 리듬, 즉 소리의 지속 시간의 양에 의하여 결정되는 리듬이다. 이것은 고대 희랍이나 로마어에서 볼 수 있는 리듬이다.
○ 강약률the accentual metrical system은 악센트만이 측정되는 율격으로 영시에서 주로 볼 수 있는 것이다. 이 율격은 악센트 있는 강한 음절과 악센트 없는 약한 음절의 교체가 규칙적으로 반복되는 리듬의 패턴이다.

그런데 음보율은 조금 복잡하다. 문법의 가장 큰 단위는 문장sentence이다. 음절이 모여서 낱말이 되고, 낱말이 모여서 어절이 되고, 어절이 모여서 문절이 되고, 문절이 모여서 문장이 된다. 이것을 시의 형태면에서 말하자면 음절이 모여서 음보가 되고, 음보가 모여서 행이 되고, 행이 모여서 연이 되고, 연이 모여서 한 편의 시가 된다. 여기서 음보란 음절이 모인 것 또는 행을 이루는 단위로 정의할 수 있다. 물론 음보율이란 이 음보의 수에 의해서 결정되는 율격이다. 다시 말하면 음보의 규칙적 반복이 음보율이다. 서양시의 음보율은 한 단어에 나타나는 강약의 규칙을 중요시하지만, 우리 시가의 경우에는 강약의 어세가 두드러지지 않는 만큼, 호흡군breath group, 통사 관계, 율독에 따르는 시간의 등장성, 의미와 문맥 등으로 구분할 수밖에 없는 실정이어서 영시의 음보foot의 개념과 전혀 다르다. 따라서 음보율은 영시의 강약율meter이 아니다.

음보에 대한 정의는 그러기에 다소 모호하다. 한 시행을 이루는 음보의 구획을 문법적 어구나 논리적 휴지休止로, 롯츠의 개념인 colon처럼 응집력이 있는 구절, 심지어 주관적

---

2. 7은 3·4, 5는 2·3 등으로 가를 수 있기 때문에 결과적으로 전통 음수율의 변형에 지나지 않아 한국 현대시에서 정착될 수 있었다고 보고 있다. 김준오 「詩論」(삼지원, 1997) 138면.

자의로 설정하기도 한다. 통사적으로 배분된 어절이 끝난 다음에 휴지가 와서 3음절 내지 4음절을 휴지의 한 주기로 기대하게 된다. 음보란 이렇게 휴지에 의해서 구분된 문법적 단위 또는 율격적 단위이다. 중요한 것은 휴지가 일정한 시간적 길이마다 나타나는 것이 음절수가 같기 때문이 아니라 율독을 할 때 호흡에서의 같은 시간적 길이 때문이라는 점이다. 다시 말하면 음보는 3음절 내지 4음절을 휴지의 일주기로 하여 동일한 시간 양을 지속시키는 등시성에서 발생한다.

4. 시의 이미지

가. 이미지의 정의

이미지는 직접적 신체적 지각이나 간접적 신체적 지각에 의해 일어난 감각이 마음속에 재생된 것을 말한다. 한 때 지각되었으나 현재는 지각되지 않는 어떤 것을 기억하려고 하는 경우나, 체험상 무방향적 표류의 경우, 혹은 상상력에 의해서 지각 내용을 결합하는 경우나 꿈과 열병에서 나타나는 환각 등의 경우처럼 직접적인 신체적 자각이 아니더라도 마음은 이미지를 생산해 낼 수 있다.[3]

이미지는 형상形象이라는 말로 번역되어 쓰이기도 한다. 형상은 감각적·직관적으로 주어지는 구체적인 상象을 말한다. 반드시 오관五官에 의하여 직접적으로 지각되지 않더라도 뇌리에 생생하게 그려낼 수 있는 것이면 된다. 개념적 사고에 의하여 파악되는 것이 아니라 어디까지나 감각적·직관적인 존재이어야 한다. 예컨대 삼각형의 형상은 그려져 있는 삼각형의 그림 그 자체이어야 하며, '평행하지 않는 세 개의 직선에 의하여 둘러싸인 도형' 등의 개념적 설명이 아니다. 일반적으로 형상은 예술을 성립시키는 데 기초가 되는 것이며, 의도적으로 미적 형상을 만들어내는 것이 예술이라고 할 수 있다. 이 형상이라는 말은 특히 수사학적 용어로서 좁은 의미로 사용되는 경우가 있는데, 그것은 내용이 표현에 의하여 생생하게 감각화된 것을 가리킨다.

관념(觀念, idea)은 사람의 마음 안에 나타나는 표상·상념·개념 또는 의식내용을 가리키는 말

---

3. Allex Preminger, Princeton Encyclopedia of Poetry and Poetics, Princeton University Press, 1965. 363면~370면

인데 이 관념을 육화한 것이 이미지다. 이미지는 다시 말해 '관념의 육화'이다.

하나의 이미지가 하나의 요소가 아니라 하나의 결합이라면, 이미지는 오로지 의식 속에 들어갈 수 있다. 의식 속에는 이미지란 없으며 있을 수도 없다. 오히려 하나의 이미지는 의식의 한 양상이다. 하나의 이미지는 어떤 것이 아니라 하나의 작용이다. 이미지는 어떤 것을 의식하는 것이다.[4]

에이브럼즈는 문학적 용법으로서의 이미지의 정의를 세 가지로 나누어 얘기하기도 한다.

첫째, 한 편의 시나 다른 문학작품 속에서 언급되는 감각과 지각의 모든 대상과 특질을 의미한다. 광의의 개념이라고 할 수 있는데 묘사나 인유, 비유 등을 가리지 않고 문학 작품 속에 나타난 광범위한 감각과 지각의 개념을 포괄하여 모두 이미지로 보는 것이다.

둘째, 시각적 대상과 장면의 요소를 의미한다. 가장 협의적으로 이미지를 국한하는 것이다.

셋째, 비유적 언어 figurative language를 지칭하는데 은유와 직유의 보조관념을 말한다. 가장 일반적인 경우다.[5]

나. 이미지의 기능

그러면 시인은 육화할 필요 없이 관념만을 독자들에게 전하면 될 텐데 왜 구태여 육화의 과정을 거치는가. 이미지가 잘 드러나지 않는 시는 죽은 시가 된다. 루이스 C. D. Lewis는 이미지의 역할을 신선감, 강렬성, 환기력 등에 있다고 보았다.

그 외 이미지는 진정성, 내밀성(응축성, 정밀성) 등에 기여하는 역할을 수행하기도 한다. 진정성은 시의 이미지가 매우 진지한 것이고 정직한 것이어야 하는 점에서 그러하며, 내밀성은 시상이 압축의 형태를 지향하면서 고도로 집중된 정감을 필요로 한다는 점에서 그러하다. 이 외에도 간결성, 평이성, 자연스러움 등을 들 수도 있을 것이다.

---

4. An image can only enter into consciousness if it is itself a synthesis, not an element. there are not, and never could be images in consciousness. Rather, an images is a certain type of consciousness. An image is an act, not some thing. An image is a consciousness of some thing.

5. M.H. Abrams, A Glossary of Literary Terms, (Holt, Rinehart and Winston, 1971) 76-77면 참조

다. 이미지의 종류

시의 이미지는 일반적으로 '언어 발달의 단계'에 맞추어 정신적 이미지mental image와 비유적 이미지figurative image와 상징적 이미지sym-bolic image로 나누어진다. '대상과의 관계'에 따라 상대적 이미지와 절대적 이미지로 나누기도 한다.

정신적 이미지는 언어에 의하여 우리의 마음 속에 떠오른 감각적 이미지를 가리킨다. 여기에서 '감각'은 상당히 중요한 의미를 지닌다. 감각(感覺, sensation)은 빛·소리와 같은 외계의 사상事象 및 통증과 같은 체내의 자극에 의하여 일어나는 의식현상을 말한다. 정신적 이미지는 이들 감각의 종류에 따라 대개 시각적 이미지·청각적 이미지·미각적 이미지·후각적 이미지·촉각적 이미지·기관 이미지·근육감각적 이미지 등으로 세분된다.

1) 시각적 이미지
　　곱아라 고와라 진정 아름다운지고
　　파르란 구슬 빛 바탕에 자지빛 호장을 받친 호장저고리
　　호장저고리 하얀 동정이 환하니 밝도소이다

　　　　　　　　　　　　　　　― 조지훈,「古風衣裳」부분

　　나는 한 잎의 여자를 사랑했네. 물푸레나무 한 잎같이 쬐그만 여자, 그 한 잎의 여자를 사랑했네. 물푸레나무 그 한 잎의 솜털, 그 한 잎의 맑음, 그 한 잎의 영혼, 그 한 잎의 눈, 그리고 바람이 불면 보일 듯한 그 한 잎의 순결과 자유를 사랑했네ㅈㅈㅈㅈㅈㅈㅈㅈㅈ
　　　　　　　　　　　　　　　― 오규원,「한 잎의 여자」부분

2) 청각적 이미지
　　사람도 아무 곳에나 한번만 기분좋게 내리치면
　　참깨처럼 솨아솨아 쏟아지는 것들이
　　얼마든지 있을 거라고 생각하며 정신없이 털다가

"아가, 모가지까지 털어져선 안되느니라"
할머니의 가엾어하는 꾸중을 듣기도 했다.

— 김준태, 「참깨를 털면서」 부분

3) 미각적 이미지

아, 이 반가운 것은 무엇인가
이 히수무레하고 부드럽고 수수하고 슴슴한 것은 무엇인가
겨울밤 쩡하니 닉은 동티미국을 좋아하고 얼얼한 댕추가루를 좋아하고 싱싱한 산꿩의 고기를 좋아하고

— 백석, 「국수」 부분

4) 후각적이미지

여승은 합장하고 절을 했다.
가지취의 내음새가 났다.
쓸쓸한 낯이 옛날같이 늙었다.
나는 불경처럼 서러워졌다.

— 백석, 「女僧」 부분

5) 촉각적이미지

온다던 비가 드디어 두시부터 오신다
꽃잎 바르르 떨고
잎새 함초롬히 입을 벌리고
그 밑의 자벌레 비로소 편편히 눕자.
지구가 한 순간 안온한 꿈에 잠기다.

— 이시영 「웅성거림」 전문

6) 기관이미지

　　찬비 그친 봄날 아침, 흐윽 숨 막혀
　　아득한 하늘 보며 눈감을밖에

— 조창환, 「산수유꽃을 보며」 부분

7) 근육감각적 이미지

　　빛살 예리한 정오, 물이 난도질 당하네
　　잘려진 장력의 근육 주름져 오네
　　살아 생전 외할아버지 같이 고기 굽던 작년
　　그렇군, 뜨거운 여름날이었어
　　지하에서 맴놀이라도 하시는지, 저것 좀 보아

— 송현승, 「물은 뼈를 키운다」 초반부

1.
모시 반바지를 걸쳐 입은 금은방 김씨가 도로 위로 호스질을 하고 있다.
아지랑이가 김씨의 장딴지를 거웃처럼 감아 오르며 일렁인다.
호스의 괄약근을 밀어내며 투둑 투둑 흩뿌려지는 幻의 알약들
아 아 숨이 막혀, 미칠 것만 같아
뻐끔뻐끔 아스팔트가 더운 입김을 토하며 몸을 뒤튼다.
장딴지를 감아 올린 거웃이 빳빳하게 일어서며 일제히 용두질을 시작한다.
한바탕 대로와 아지랑이의 질펀한 정사가 치러진다.
금은방 김씨가 잠시 호스질을 멈추고 이마에 손을 가져가 짚는다.
아 아 정말 살인적이군, 살인적이야
금은방 안, 정오를 가리키는 뻐꾸기 시계의 추가 축 늘어져 있다.

— 김지혜, 「이층에서 본 거리」 부분

라. 상대적·절대적 이미지

이미지는 시적대상이 표상하는 '대상과의 관계'가 어떠한가에 따라 상대적 이미지와 절대적 이미지로 나누어진다. 상대적 이미지는 대상을 가진 시이고 절대적 이미지는 특정 시인의 상상 속에서만 존재하는 이미지다. 그러므로 전자는 보편성에 기대고 후자는 철저하게 개별성에 기댄다. 전자가 진리나 윤리 도덕의 가치관을 존중하고 그 삶의 가치를 전달하는 수단이 된다면 후자는 특정 개인의 시적 세계에만 존재하는 이미지다. 전자가 지속적이거나 집중적이거나 축소적인 이미지 구조를 보여 준다면 후자는 병렬적 이미지 구조를 보여준다.

> 3월三月에도 눈이 오고 있었다.
> 눈은
> 라일락의 새순을 적시고
> 피어나는 산다화山茶花를 적시고 있었다.
> 미처 벗지 못한 겨울 털옷 속의
> 음산함이 남아 있는 바다의 정경
> 일찍 눈을 뜨는 남南쪽 바다,
> 따뜻함과 그리움
> 그 날 밤 잠들기 전에
> 물개의 수컷이 우는 소리를 나는 들었다.
>
> 3월三月에 오는 눈은 송이가 크고,
> 깊은 수렁에서처럼
> 피어가는 산다화山茶花의
> 보얀 목덜미를 적시고 있었다.
> ― 김춘수,「처용단장處容斷章」전문

김춘수 시인이 추구한 '무의미시' 또한 병렬적 이미지의 일종으로 보여진다. 그는 다음과 같은 말을 한 적이 있다.

이미지가 대상을 가지고 있는 이상 대상을 위한 수단이 될 수밖에 없다는 뜻으로는 그 이미지는 불순해진다. 그러나 대상을 잃은 언어와 이미지는 대상을 잃음으로써 대상을 무화시키는 결과가 되고, 언어와 이미지는 대상으로부터도 자유로운 것이 된다. 이러한 자유를 얻게 된 언어와 이미지는 시인의 바로 실존 그것이라 할 수 있다. 언어가 시를 쓰고 이미지가 시를 쓴다는 일이 이렇게 하여 가능해진다. 일종의 방임상태인 것이다.[6]

그는 이미지가 대상으로부터 떠나는 것을 시도한 셈이 된다. 이는 전통적인 시쓰기와는 정면으로 배치된다. 결국 그는 자기논리를 극단으로 몰고 가서 시적 붕괴와 아울러 이미지의 소멸까지 추구하는데 그 핵심에는 일종의 '허무의식'이 자리 잡고 있음을 볼 수 있다.[7]
「처용단장處容斷章」역시 시의 내면에 어떤 관념을 포함하고 있는 것이 아니라, 다만 이미지만을 제시하고 있다.(그는 이를 '서술적 이미지'란 용어로 명명하였다.) "3월의 눈, 라일락의 새 순, 피어나는 山茶花, 겨울 털옷, 남쪽 바다, 물개의 수컷, 우는 소리, 수렁, 산다화의 보얀 목덜미"와 같은 사물들이 필연의 관계를 가지고 의도화 되고 있지는 않다. 다만 서로 어울려 눈 내리는 남쪽 바다의 풍경을 인상적으로 그려내고 있을 뿐이다. 개별 시행들 속의 연계 속에서 어떤 의미를 찾아내려고 하면 십중팔구 실패하고 만다. 어떤 관념으로서의 의미의 고리에 의해 연결된 것이 아니라, '3월 남쪽 바다'에서 받은 인상을 적절히 이미지화 할 수 있는 언어들이 자유롭게 선택되어 있을 뿐이다.

5. 시의 비유比喩

가. 비유의 원리

문득 삶에 놀라
떨리는 마음으로 삶을 쪼개볼 때

---

6. 「김춘수 전집(2) : 시론」, 문장사, 1982, 372면.
7. 박윤우, 김춘수의 시론과 현대적 서정시학의 형성, 「한국 현대 시론사」, 모음사, 1992, 420면.

그 안에 들어 있는 희한한 열매.
삶의 앞뒤의 경계선에서
고루 빛을 뿌리는
사리 같은 것,
그게 은유지.

— 성찬경, 「은유를 사랑한다」 부분

　시를 포함하여 문학의 표현기교 가운데 가장 대표적인 것이 직유나 은유를 포함한 비유比喩라고 말할 수 있다. 왜 가장 대표적이라 말할 수 있는가? 그것은 인간은 언어나 문자를 사용한 이래 사물의 본질에 도달하는 경로를 생각해보면 쉽게 수긍이 가는 문제다. 외부세계의 본질 — 구태여 본질이라고까지 말하지 않아도 좋다. 그냥 간단히 있는 그대로의 상황이나 느낌을 그려낸다고 할 경우를 생각해보자. 이를테면 "사방이 캄캄한 밤, 너무 무서웠다"라는 상황과 느낌을 전달하려고 할 때 실감을 전달하기란 어렵다. 어느 정도 캄캄한 밤이었는지, 무서움의 정도가 어떠했는지가 잘 전달되지 않는다. 그래서 "절벽에 선 것처럼 캄캄한 밤, 그냥 숨이 콱 막힐 듯 무서웠다"로 얘기를 한다면 그 실감이 훨씬 잘 전달될 것이다. 이 말에는 비유의 개념이 이미 들어가 있다. 그러므로 비유는 인간의 의사 소통수단인 언어와 문자의 사용 역사만큼 뿌리 깊은 것이라 할 수 있다. 인용된 작품에서도 우리는 이 점을 잘 알 수 있다. 아무리 그것이 중요하다고 몇 백 번을 말한들 "그 안에 들어 있는 희한한 열매./삶의 앞뒤의 경계선에서/ 고루 빛을 뿌리는/사리 같은 것"이라고 한 번을 말하는 것보다 못하지 않는가.「詩學辭典」에서는 비유를 다음과 같이 정의하고 있다.

　비유란 일정 사물이나 개념 (A)를 뜻하는 술어 (X)로써, 다른 또 하나의 대상이나 개념 (B)를 의미할 수 있도록 언어를 쓰는 과정 또는 그 결과다. 이때 A개념과 B개념의 통합에 의하여 복합개념composite idea이 형성되는 바, 이것이 X라는 말이 표상하는 것이다. 이 경우 A개념과 B개념의 요인들은 각각 X에 의해 상징된 하나의 체계 속에 합쳐져 있으면서도 그들 개념상의 독립성은 보유하고 있다.[8]

---

8. Alex Preminger(ed), Encyclopedia of Poetry and Poetics (Princeton Univ. Press, 1965), 490면

예를 들어 "그의 마음은(A) 푸르다(X)"라는 말이 있을 때 이와 유사한 대상이나 개념을 생각해보면 여러 가지가 있을 수 있다. '사철나무'나 '시월의 하늘'이라고 해보자(B). 이를테면 비유는 '그의 마음(A)'과 '사철나무'나 '시월의 하늘'(B)의 통합에 의하여 '푸르다(X)'⇒ "그의 마음은 사철나무처럼 푸르다"라는 복합개념이 형성된다는 것이다. 그러므로 비유는 '그의 마음(A)'과 '사철나무'나 '시월의 하늘'(B)이 변형, 이동하여 '푸르다(X)'라는 보조 표현 내지 관념이 행사되듯 일종의 언어 운동형태[9] 라고 볼 수 있다.

　　하모니카
　　불고 싶다
　　　　　　　　　　　　　　　　　　　　　　― 황순원, 「빌딩」 전문

　　겨울바람은 생(生)의 뼈를 발라내는 아버지의 슬픔이다
　　　　　　　　　　　　　　　　　　　　　　― 김용범, 「이유」 부분

「빌딩」에서 "빌딩"과 "하모니카"의 관계, 「이유」에서 "겨울바람"과 "아버지의 슬픔"의 관계를 생각해보면 각각의 대상들은 X라는 하나의 체계를 갖는다.

　　'빌딩(A)' 과 '하모니카'(B)의 통합⇒ '네모지다(X)'
　　'겨울바람(A)' 과 '아버지의 슬픔'(B)의 통합⇒ '날카롭다(X)'

아리스토텔레스는 「시학」에서 비유를 네 가지의 유형으로 나누고 있다. 그에 따르면 비유는 유類를 가리키는 말을 종種으로 전용한 경우, 이와 반대되는 경우, 어떤 종種을 나타내는 말을 다른 종種으로 전용한 경우, 유비관계類比關係에 의한 전용 등 네 유형으로 나뉜다.[10]

---

9. 비유라는 말은 원래 희랍어의 metaphora에서 온 것이다. 희랍어에서 meta는 운동 또는 변화를 나타내는 전치사로 쓰인다.
10. 아리스토텔레스는 이 네 유형에 속하는 비유의 예도 들었다. 우선 첫 번째 보기로는 "저기에 내 배가 정지하고 있다"인데 그에 따르면 이것은 닻을 내린 상태에 정지, 곧 정박이 단순한 정지로 표현되어 있다는 것이다. 그리고 두 번째 보기로는 '수많은 공훈'을 든다. 그것은 '만에 달하는 공훈'을 가리킨다는 것이다. 또한 세 번째 보기로는 살육을 "청동의 칼날로 목숨을 길러내며"라든가 "기세 등등한 청동의 배로 물은 쪼개어지고"와 같은 표현을 든다. 마지막 예로는 '선의 이데아'를 '태양'이라고 일컫는 경우를 들고 있다

플라톤의 「국가론國家論」[11] 제6권에는 '선분의 비유Analogy of the Divided Line'가 나오며 제7권에는 '동굴의 비유Allegory of the Cave'[12]가 나온다.

동양의 시학에서도 詩六義라 하여 賦·比·興·風·雅·頌을 들고 있는데 比와 興이 비유에 속한다.[13] 賦는 비유하지 않고 사물을 바로 진술하는 것이고, 比와 興은 얘기하고자 하는 의도를 다른 사람이나 사물에 빗대어 말하는 것이다. 興이 좋은 점을 비유하여 자신의 마음을 일으키는 것에 반하여 比는 그렇지 못한 비유를 말한다. 比가 직유에 가깝다면 興은 은유나 상징에 가깝다고 할 수 있다. 금강경에는 六比喩[14]가 나온다. 공空과 무상無常을 꿈과 환상·물거품·그림자·이슬·번개에 비유하였다. 일체가 존재하는 법法은 꿈夢 가운데 보는 것 같고 환상과 같아서 진실한 것이 아니라는 것이다. 또한 물거품泡 같아서 깨져서 흩어지면 없고, 그림자影 같아서 업장이 가려 참다운 것이 아니라는 것이다. 그리고 풀끝에 달린 아침이슬露 같아서 잠깐 있다가 사라져버리며, 번개電와 같아서 불과 같이 순간에 일어났다가 찰나에 없어진다고 비유하기도 했다.

나. 비유의 종류

11. 소크라테스는 모든 사물 사이에는 명료성明瞭性, 즉 진실재성眞實在性에 단계가 있음을 지적하고, 그에 따라 갖가지 인식의 형식이 조응照應하는 존재의 여러 단계를 고안하려 하였는데, 그 때 감각계感覺界: 可視的世界와 예지계叡智界: 可思惟的世界 사이에 성립하는 유비관계類比關係를 밝힘으로써 이것을 행하였다. 그 유비관계가 선분線分의 비유이다. 즉 존재자存在者는 A—가시적 대상과 B—가사유적 대상으로 나뉘고, A는 a1—사상似像및 영상과 a2—사물事物로, 또 B는 b1—가설假說을 매개媒介로 하여 인식되는 대상(예를 들면,수학적 대상)과 b2—가설을 필요로 하지 않고 인식되는 형상形相 및 이데아로 나눌 수 있다. 이에 대하여 인간적 인식 쪽에서는, a1에 대하여 억측臆測 및 상상이, a2에는 신념이, b1에는 가설적 추리가, b2에는 무가설적無假說的 변증법에 의한 인식이 따른다. 그리하여 이상의 구분사이에는 A:B = a1:a2 = b1:b2의 관계가 성립한다.
12. 제6권에서 선분線分의 비유로, 동굴 안에서 입구 쪽으로 등을 돌리고 한쪽 방향만 볼 수 있도록 머리를 고정시켜 묶은 죄수를 상상하도록 함으로써 상대적으로 구별된 가시적 세계와 가사유적可思惟 세계의 유비類比를 설명하였다. 이때 죄수는 등 뒤에 있는 불빛에 의하여 앞면 벽에 비치는 사람이나 동물의 그림자를 실재라고 생각하게 된다. 이것이 가시적 세계에 대립되는 우리들의 관계인 것이다. 죄수는 석방된 뒤에 불빛에 의해서 생겼던 그림자의 본체를 보게 되더라도 여전히 그림자 쪽을 진실이라고 생각하게 된다. 이를 통하여 철학적 교육은 지하의 박명薄明에만 익숙해진 인간의 혼魂을 분명한 진실재(眞實在: 이데아)의 세계인 가사유적 세계로 이끌고 나아가서, 태양으로 상징되는 가사유적 세계 그 자체를 성립시키는 궁극적 존재(善의 이데아)로 전회轉回시키는 것이라고 설명하였다.
13. 詩六義 중 賦·比·興는 수사법에 해당되고 風·雅·頌는 詩體(장르)로 이해를 하면 된다.
14. 금강경육비유金剛經六比喩는 「금강경」에 나오는 여섯 가지 비유를 말한다. 「금강경」은 모두 6종류의 한역본이 있는데, 번역본에 따라 약간씩 다르다. 보통 육비유는 구마라습이 번역한 한역본에 나오고, 보리유지가 번역한 경전에는 성星·예翳·등燈·환幻·노露·포泡·몽夢·전電·운雲으로 비유하는 구비유가 나오기도 한다.

비유는 의미의 비유와 말의 비유로 크게 나눌 수 있다.

의미의 비유는 단어들이 그 표준적 의미에 뚜렷한 변화를 초래하는 방식으로 사용된다. 한 단어의 표준적 의미는 축어적의미라고 하는데 이는 비유적 의미와는 반대되는 것이다.

의미의 비유 또는 비유적 표현들, 즉 비유법은 표현하려는 대상을 다른 대상에 빗대어 나타내는 표현법으로 직유법直喩法·은유법隱喩法·환유법換喩法·제유법提喩法·대유법代喩法 등이 이에 해당한다.

환유는 표현하려는 대상과 경험상 밀접하게 연상되는 다른 사물이나 속성을 대신 들어 나타내는 표현방법이다. 즉 접촉성에 토대를 두고 한 사물을 다른 사물로 치환하는 표현법으로, 이때 접촉성은 공간적 접촉과 논리적 접촉으로 나눌 수 있다. 예를 들면 '王冠'은 '왕'을 대신하는 것은 전자에 속하며, "나는 벽초 홍명희를 모두 읽었다."에서 '벽초 홍명희'는 '벽초 홍명희의 저서'를 대신하는 것은 후자에 속한다.

제유는 부분과 전체의 관계에 토대를 두고 두 사물을 치환하는 표현법으로 사물의 한 부분으로 전체를, 또는 하나의 말이 그와 관련되는 모든 것을 나타내는 표현방법이다. 예를 들면 "바다에 열 개의 돛이 떠 있다."에서 '돛'은 '배'를 의미하는데, 이는 '배'라는 전체를 '돛'이라는 부분으로 치환한 경우이다. '남자의 계절'이라면 가을을 말한다. 다시 말해 '돛'처럼 상위개념이 하위개념에 의해 나타나기도 하며 '계절'처럼 하위개념이 상위개념에 의해 나타나기도 한다. 재료의 이름이 그 제품을 표시하는 경우도 해당된다.

대유는 사물의 일부나 그 속성을 들어서 그 전체나 자체를 나타내는 비유법이다. "백의의 천사", "요람에서 무덤까지"와 같은 표현 등이 이에 속한다.

말의 비유figures of speech 또는 도식(schemes : '형식'에 해당하는 그리스어에서 유래)은 표준용법에서의 이탈이 기본적으로 단어들의 의미에 있는 것이 아니라 단어들의 배열 순서에 있는 표현법이다. 즉 은유와 기타 생각의 비유처럼 단어 자체의 의미를 변화시키는 것과는 달리 단어들을 잘 배열함으로써 특별한 효과를 얻는 일반적인 언어의 비유이다. 흔히 수사적 표현(修辭的表現, rhetorical figures)으로 얘기되어진다. 이러한 표현법은 수사법상 변화법[15]이라고 한다. 변

---

15. 수사법修辭法은 수사의 방법 또는 기교로 표현방법에 따라 강조법強調法·변화법變化法·비유법比喩法등 크게 3가지로 나뉜다. 강조법은 표현하려는 내용을 뚜렷하게 나타내어 읽는 이에게 뚜렷한 인상이 느껴지게 하는 표현법이다. 과장법誇張法·반복법反復法·점층법漸層法등이 여기 속한다. 변화법은 단조로움을 없이 하여 문장에 생기 있는 변화를 주기 위한 표현법이다. 설의법設疑法·돈호법頓呼法·대구법對句法 등이 여기 속한다. 비유법은 표현하려는 대상을 다른 대상에 빗대어 나타내는 표현법이다. 직유법直喩法·은유법隱喩法·환유법換喩法·제유법提喩法·대유법代喩法 등이 여기 해당한다.

화법은 단조로움을 없이 하여 문장에 생기 있는 변화를 주기 위한 표현법이다. 설의법設疑法·돈호법頓呼法·대구법對句法·교차대구법交叉對句法·액어법zeugma 등이 있다.

　설의법은 대답을 전제로 하는 것이 아니라 수사학적 효과만을 노리는 질문의 형식이다. 질문의 형식이긴 하나 독자들의 대답을 전제로 하지 않는다. 그러므로 설의법은 실제로 대답을 전제로 하는 것이 아니라 수사학적 효과만을 노리는 질문 형식으로, 이미 가정하고 있는 답에 청중이 참여하도록 기회를 주어 직설법보다 더 강한 효과를 얻고자 할 때 쓰는 표현법이라고 할 수 있다. 돈호법은 어떤 추상적 사물이나 현재 존재하지 않는 대상을 마치 현재 존재하는 듯이 그를 향해 직접 부르는 문체를 말한다. 이 표현법은 아주 공식적인 경우나 갑작스런 감정분출 시에 쓰인다. 예컨대, "오! 그대여, 내 사랑을 받아주소서" 같은 표현을 들 수 있다. 설의법이나 돈호법은 시의 밋밋한 흐름에 긴장을 주는 효과적인 방법의 하나이다. 특히 완만한 어조의 흐름으로 시에 새로운 변화를 주거나 강조를 할 때 드물게 사용하면 효과를 거둘 수 있다. 물론 이를 자주 남발하는 것은 좋지 않다.

　대구법은 어조가 비슷한 문구를 나란히 배열하여 문장에 변화를 주는 표현법이다. 시조의 초장이나 중장에서 많이 등장한다. "산에는 눈 내리고 들에는 춘비로다" 등이 그 예인데 흔히 대구는 서로 연관되는 사물끼리 유추되어 해석되는 경향이 있다. '춘'가 '寒雨'라는 기생을 가리키므로 '눈'은 기생외 무리로 해석되는 경우기 그렇다.

　교차대구법은 문장에서 통사구조가 동일한 2개의 어구나 절節이 나란히 연속될 때 서로 대치되는 단어의 순서를 바꾸는 표현법이다. 이 효과는 시의 소리나 두음이 서로 비슷하게 남으로써 더욱 고조된다.

　액어법은 하나의 단어가 2개 또는 그 이상의 단어를 동일한 문법관계로 구속하면서 그 뜻이 경우에 따라 조금씩 달라지는 표현법이다. 즉 하나의 형용사 또는 동사로서 서로 다른 2개 이상의 명사를 수식 또는 지배하는 표현법이다.

다. 치환과 병치

"A는 B다"라는 관계는 A와 B의 관계가 어떠냐에 따라 치환은유와 병치은유로 나뉘어진다.[16] 종전의 은유는 대개 치환의 관계에서 설명되었다. 그러나 현대에 와서 치환으로만 그려낼 수 없는 복잡한 양상이 시에 개입하게 된 것이다. 치환은유epiphor는 어원상 epi(over on·to)와 phora(semantic movement)의 뜻이고, 병치은유diaphor는 dia(through)와 phora (seman-tic movement)의 뜻을 가지고 있다. 따라서 이 둘의 공통된 요소는 의미론적 '운동'인 phora(semantic movement)이다. 그 운동의 양상을 보면 치환은유는 '전이'이고 전이는 유추이며 곧 두 사물의 유사성에 의존한다. 이에 반해 병치은유는 서로 다른 사물들의 '새로운 결합'이며 조합적인 성격을 가진다.

치환은유에는 단순은유, 확장은유, 액자식 은유의 3가지가 있다. 단순은유는 하나의 원관념에 하나의 보조관념이 연결된다. 이에 반해 확장은유는 하나의 원관념에 두 개 이상의 보조관념이 연결된다. 액자식 은유는 액자 소설처럼 은유 속에 또 하나의 은유가 들어가 이중 삼중으로 의미가 중첩되는 경우를 말한다.

우리는 사랑했다 꽃과 같이
불과 같이
바람과 같이
바다와 같이

— 마광수, 「사랑」 부분

'사랑'이라는 원관념에 '꽃', '불', '바람', '바다'의 보조관념이 있다고 해서 이 시가 확장은유로 쓰어진 시는 아니다. 왜냐하면 '우리는 사랑했다'라는 말이 2, 3, 4행에서 생략된 것으로 볼 수 있고, 그렇다면 '사랑'이라는 원관념에 각각의 보조관념이 1 : 1로 연결된 것으로 볼 수 있기 때문에 단순은유에 속하는 것이다. 그러나 이러한 문장구조보다는 이를 판단하는 기준은 무엇보다 보조관념의 상호관계가 어떠냐에 따라서 이다. 다시 말해 '꽃', '불', '바람', '바다'의 관계가 서로 어느 정도 영향을 미치면서 의미의 변용과 확대가 이루어지고 있느냐가 키포인트다. 이 작품을 다음과 같이 고쳤다고 생각해보자.

우리는 사랑했다 꽃과 같이

16. Philip Wheelwright, Metaphor and Reality (Indiana University Press, 1973)

혼불 켜고 어둠을 막아내는 꽃술같이
바람에 날리는 꽃가루 같이
바다에 가 닿는 꽃 이파리처럼

여기서의 보조관념은 '꽃→꽃술→꽃가루→꽃 이파리'로 그 의미가 서로 연관을 맺으면서 전개된다. 확장은유로 바뀌진 셈이다. 확장은유를 잘 활용하면 좋은 시를 쓸 수 있다. 단순은유보다는 확장은유는 그 사유의 전개가 시 전체에 미칠 수 있는 장점을 가지고 있으며 시의 구성을 탄탄하게 만드는 데도 일정 정도 기여를 한다.
액자식 은유는 한용운의 「님의 침묵」에서 볼 수 있다.

황금의 꽃같이 굳고 빛나던 옛 盟誓는 차디찬 티끌이 되어서 한숨의 微風에 날아갔습니다.

치환은유가 거느리는 사유는 자아와 세계의 동일성 추구에 의한 화해의 원리를 담고 있다면 병치은유는 자아와 세계와의 대결의 원리를 전제로 한다. 비동일성의 원리를 따르고 있는 셈이다.
휠라이트는 에즈라 파운드의 다음 시를 병치은유의 예로 들었다.

The apparition of these faces in the crowd;
Petals on a wet, black bough.
— Ezra Pound, 「In a Station of the Metro」 전문

"군중 속의 얼굴들의 모습"(A)과 "비에 젖은 검은 나뭇가지 위의 꽃잎들"(B)의 모습을 유사성에 기초한 것으로 보기는 문제가 있다. 그러기에는 (B)의 묘사가 평범하지 않기 때문이다. 꽃잎이 비에 젖었으니 질 때가 된 것이다. 더욱이 '검은' 나뭇가지가 칙칙하게 느껴진다. 그러므로 (B)는 하루 일에 지치고 힘든 현대인들의 우울한 일상을 그려낸 것이라 볼 수 있다. 병치는 흔히 '낯설게 하기'의 기법과 혼용되면서 현대시의 새로운 기법으로 주목되고있다.

6. 인유와 패러디

가. 인유(引喩 Allusion)

인유(引喩, Allusion)란 저명한 사적事蹟, 전고典故 또는 고인古人의 문사文辭를 인용하여 문장을 꾸미고 문취文趣를 풍부하게 하는 수사법의 한 가지다. 잘 알려진 삶이나 문학에 있는 어떤 인물이나 사건을 가리키는 것으로도 종종 나타나기도 하고, 단순하게 어구, 센텐스, 단락 등이 동원될 수도 있다. 인용을 인용부로 분명히 밝히는 명인법明引法과 인용부가 없이 인용을 밝히지 않는 암인법暗引法 등 두 가지가 있다. 암인법暗引法을 잘못 쓸 경우 표절 시비를 일으키기도 하므로 주의를 요한다.

인유는 보통 고대의 신화, 전설이라든지 고전, 역사, 성서, 고사 등에서 널리 알려진 인물, 스토리, 시구 등을 인용하여 쓰는 경우가 많다. 동서를 막론하고 이 인유는 널리 씌어진 표현법으로서 동양에서 고대 중국의 문헌이라든지 서양에서 고대 그리스와 로마의 신화 및 성경 등은 시와 산문을 막론하고 널리 사용되어 왔다.

그렇지만 인유를 쓰는 것은 언어를 경제적으로 다루어야 하는 시에서 즐겨 쓰는 수사법의 하나로 자리잡아가고 있다. 왜냐하면 인용시에서 보듯 짧은 표현만으로도 이전의 문학작품이 거두었던 많은 양의 분위기와 내용을 일시에 담을 수 있기 때문이다. 단지 한 단어나 몇 구절의 삽입만으로도 분위기나 문장의 내용, 논증의 정확성 등의 효과를 거둘 수 있기 때문이다.

대체로 인유의 원천은 상당히 잘 알려져 있기 마련인데 너무 자주 사용되어, 그들 자체가 지니고 있는 흥미나 가치는 별로 없는 경우도 있다. 이점은 인유를 쓸 때 특히 주의해야 할 점이다. 또 이와는 반대로 너무 알려져 있지 않는 인물이나 작품의 인유 또한 문제가 된다. 잘못하면 사변화私辯化로 떨어질 염려가 있거나 현학적衒學的 혹은 지적유희知的遊戱로 떨어질 가능성이 있기 때문이다. 세계사, 성서, 신화, 기념비적인 작품 등이 인유의 가장 중요한 원천이다. 우리 시문학에 있어 삼국유사 소재의 설화나 역사적 사건, 고전 설화, 사자성어, 한시 등은 인유로 많이 등장되기도 한다.

　인유의 효과는 작가의 관점을 보다 강화하고 예시하는 것이다. 인유는 새롭거나 친숙하지 않은 것을 은유나 직유처럼 독자가 이미 경험한 무언가에 연관시킴으로써 그것을 명확하게 할 수 있다. 게다가 그것은 인간이 역사의 다양한 시기에 겪는 경험이 유사하다는 뜻을 근저에 깔고 있다. 그래서 예를 들어 우리가 어떤 선물을 '트로이의 목마'라고 말하면 우리는 역사를 통하여 반복되어온, 호기심과 탐욕을 이용하여 행하는 속임이 방어를 깨뜨린 일을 생각하게 된다. 끝으로 하나의 인유는 언급하는 일의 중요성을 첨부시킴으로써 그 문학작품의 의미를 보다 깊고, 넓게 할 수 있다. 인유는 그러므로 넓게는 문화적 전통과 맥락을 같이 한다. 문화적 전통이 많은 민족일수록 인유가 풍부해지기 때문이다. 시인이 잡학 박사일 필요는 없지만 문화적 전통에 관심을 가져야 하는 이유도 여기에 있다.

나. 패러디Parody

　패러디Parody는 희랍어의 'parodia(countersong)'라는 명사에서 연원을 찾을 수 있다. 패러디의 문맥상의 본질은 노래를 의미하는 낱말인 'odos'에서 연유하고 'para'는 텍스트들 사이의 대조 또는 상반을 뜻하는 것 외에 일치 또는 친숙의 두 개념을 가지고 있다.[17] 다시 말해 매우 다른 양면성을 가지고 있는 셈이다. 한편으로는 결합을 추구하면서 텍스트의 변화를 가져오려는 문학성을 속성으로 가지고 있으며, 또 다른 한편으로는 분리와 대조를 지향하려는 미적 속성을 지니고 있는 것이다.

　패러디는 일차적으로 다른 사람들의 작품을 모방하는 것으로 나타난다. 그러나 단순한 모방은 흥미를 반감시키므로 여기에 재미성을 가미하는 것으로 나타난다. 특정 작품의 문체나 운율을 모방하여 그것을 풍자적 또는 조롱삼아 꾸민 익살스러운 시를 쓰게 되는 것이다. 어떤 유명 작가의 인기 작품의 자구字句를 변경시키거나 과장하여 풍자의 효과를 노린 경우가 많다. 시라는 장르가 개인 정서의 창조적 분출인 점을 감안하면 가장 중요한 창조의 원천을 남의 작품에 기댄다고 보았을 때 패러디는 문제가 없는 것은 아니다. 그러나 패

---

17. Linda Hutcheon, A Theory of Parody, 김상구·윤여복 역, 문예출판사, 200면.

러디 역시 인유와 마찬가지로 일시에 독자의 생각을 원작의 분위기와 내용 속으로 편승시킬 수 있다는 점에서 부분적인 효과를 얻는 데는 상당히 효율적이다.

문학의 패러디는 결국 ①모방 ②변용 ③골계의 성격을 가진다고 할 수 있다. 단순 모방의 인유와도 그런 점에서 차이가 나며, 그 모방이 일종의 비틀기 수법을 활용하고 있다는 점에서 문학의 자생력을 갖고자하는 일종의 창조행위로 볼 수도 있는 장점을 가지고 있다.

패러디는 벌레스크, 트라베스티, 의사 서사시, 패스티쉬, 표절, 인용, 인유 등과 연관된다.

벌레스크burlesque는 David Worcester가 쓴 용어로 「The Art of Satire」(1940)에서 해학Burles을 low burlesque와 high burlesque로 나눈다. low burlesque는 욕설의 풍자를 말하며 high burlesque는 아이러니를 동반한다고 말한다.

트라베스티Travesty는 저속한 벌레스크의 한 부류로, 어떤 특정 모델을 모방하는 것을 말한다.

패러디와 의사 서사시mock-epic는 둘 다 주제들을 경시하는 데 있어 장엄한 형식을 사용한다.

그런데 패러디가 어떤 특정 작품의 양식을 필요로 한다면, 의사 서사시는 보다 광범위한 동일의 글들을 모방한다. 의사 서사시는 서사시 형식의 지나치게 딱딱한 문체와 정교한 형식을 흉내내어 그것을 일상적인 혹은 시시한 내용에 적용한다. 알렉산더 포프의 「The Rape of Lock」은 이에 대한 대표적인 예로 웅대한 서사시적 시가를 통해 어느 귀족 가문 규수의 도적질을 놓고 미녀들과 귀족청년들이 벌이는 싸움을 내용으로 하고 있다.

다. 패러디의 실례

패러디는 고대 그리스의 풍자시인 히포낙스가 그 시조始祖라고 한다. 히포낙스는 '파행跛行 이안보스'라고 불리는 시형詩型을 창조하여 통렬한 풍자시를 지었다. 그 당시의 국어와 외래어를 자유자재로 구사하면서, 생생하고 간결한 시체詩體로써, 가난뱅이 시인이라고 세상 사람들이 말하는 자기 자신의 생활마저 서슴없이 풍자하는 시를 지었다. 그의 날카로운 풍자는, 그를 조롱한 조각가 두 사람에게 오히려 시로써 역습을 가해 그들로 하여금 자살의 길을 택하게 하였을 정도였다고 전한다.

시각예술에서도 패러디의 사용은 광범위하다. 에로틱한 전통을 아이러닉하게 병치시킨 멜 라모스Mel Ramos의 작품「아주 위대한 오달리스크」(1973년 작)은 앵그르J.A.D. Ingres의「위대한 오달리스크」를 재구성하고 있다.

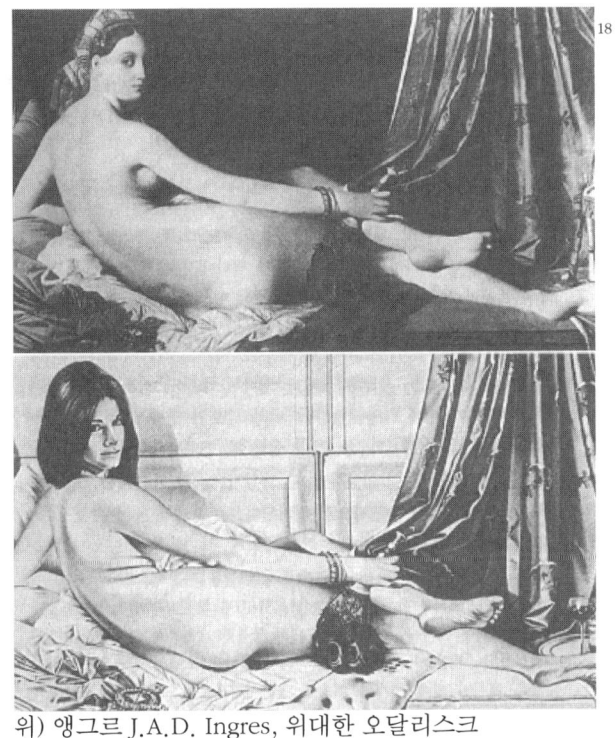

위) 앵그르 J.A.D. Ingres, 위대한 오달리스크
아래) 멜 라모스 Mel Ramos, 아주 위대한 오달리스크

7. 아이러니(Irony, 反語)

가. 아이러니란 무엇인가

아이러니의 사전적 풀이는 "겉으로 드러난 말과 실질적인 의미 사이에 괴리가 생긴 결과"(이상섭)나, "진술된 또는 외면상의 내용과는 상이한 의미, 때로는 반대의 의미를 제시하

---

18. 그림은 Linda Hutcheon, A Theory of Parody, 김상구·윤여복 역, 문예출판사, 81면 참조

여 주는 화술의 한 유형"(김윤식), 혹은 "은폐 또는 주장되는 것과 실제 사이에 차이가 존재하는 경우"(권택명, 최동호, 이명섭)로 얘기되고 있다.

'아이러니'란 말의 유래는 『시학』의 몇 가지 번역에 아리스토텔레스의 '페르페타이아 peripeteia'의 역어로서 나타났다. 이는 '상황의 급격한 역전'을 뜻하는데 극적아이러니 개념으로 발전한 것으로 보인다. 또 다른 일반적인 예는 '변장 dissimulation'의 뜻을 가리키는 '에이로네이아 eironeia'에서 유래되었다. 이 말은 플라톤의 『공화국』에 처음 기록된 말로 '사람들을 속이는, 매끄러운 비열한 방법'과 같은 것을 뜻한 것으로 보인다. 말하자면 위장이나 변장의 뜻을 내포하고 있는 것이다.

고대 희극에는 두 종류의 고정배역 인간유형이 등장하는데, 하나는 에이런 Eiron, 하나는 알라존 Alazon이다. 약하고 세력도 없는 에이런은 약자지만 겸손하고 현명하다. 힘센 알라존에게 겉으로는 지는 것 같지만 능청을 떨어가며 재치있고 재미있는 말로 알라존을 골려주곤 했다고 한다. 관객은 에이런이 하는 말의 실제 뜻을 이해하지만 알라존은 자기가 사실은 놀림당하는 줄도 모르고 위세를 떤다. 아이러니란 말 속에는 "주장과 사실 사이의 괴리"라고 하는 바로 이런 어원적 의미가 포함되어 있다.[19]

「사람」과 「몸」에는 앞부분에 알라존이 각각 등장한다. 「사람」에서 "다 지으시고 마지막 날 제6일에/사람을 지으시다"라는 말은 다른 것들의 흠을 다 보완한 완전자로서의 인간이 마지막에야 완성되었다는 의미로 해석되는 것이 더 보편적이다. 이를 이끌어가는 것은 알라존이다. 그러나 마지막에 가서 "가장 잔인하고 흉물스런 짐승아."라는 에이런이 등장하면서 시는 극적으로 반전된다. 시인은 이 급작스런 반전에 대한 의도를 중간 중간에 암시하여 그 당혹감을 줄이고는 있다. 알라존이 강자인 것처럼 보이지만 그 자만과 우둔함을 일시에 베어버리고 독자들이 기대했던 기대치 또한 일시에 전복시킨다. 「몸」 역시 알라존의 너와 나 구분이 없는 유유함이 마지막에 이르러 "그대여 내 껍데기여"라는 단호한 어조에 시의 분위기는 일시에 경직된다. 이렇듯 알라존은 대부분 상승의 밝고 명랑한 어조를 동반하지만 에이런은 어둡고 감상적인 하강의 어조를 동반한다.

이렇듯 아이러니란 한 마디로 말하면 겉으로 드러난 의미와 실제로 말하고자 한 바가 서로 다르다는 것이다. 예컨대, "너, 정말 잘났어!" 라는 말은 어조에 따라 네가 정말 똑똑하고 명석하다는 얘기도 되지만 너를 비아냥거리며 놀리는 말이 될 수도 있다. 언어적 금기

---

19. 이상섭, 『문학비평용어사전』, 이명섭 편, 에이브럼스, 『세계문학비평용어사전』 참조

가 많았던 옛날에는 일상적 언어 속에도 반어적 표현이 많이 침투해 있었다. 귀한 자식에게 개똥이, 걸뱅이 같은 아명을 지어주는 경우나, 손이 귀한 집안에서는 아기에게 "예쁘다"라고 말하면 안 되고 "그놈 밉상이다"라고 말하는 경우가 종종 있는데 이 경우는 액을 막기 위한 주술적 기능을 담보하기 위해 일부러 반어적으로 말한 경우라고 있다.

일상적인 반어법을 넘어서서 보다 정교하고 지성적인 이중어법을 사용한 문학작품을 만나는 경우가 드물지 않은데, 이를 아이러니라고 부른다. 아이러니는 역설과 더불어 직설적으로는 다 나타내기 어려운 어떤 의미를 드러내는 데 사용되는 문학기법이지만, 역설이 특별한 표현법에 국한되는 데 비해 아이러니는 때로 말하는 사람의 세계를 바라보는 시각까지를 드러낸다는 점에서 훨씬 넓은 개념이다.

나. 아이러니의 여러 가지 유형

1) 언어적 아이러니

가장 일반적인 의미의 아이러니로 '표현'과 '의미'가 상충되는 시적 긴장을 의미한다. 어떤 진술이 동시에 두 가지 이상의 관점과 의미를 지니는 경우를 가리키는 개념인데 이면의 참 뜻을 밝히는 것이 시를 이해하는 지름길이다.

　　북천이 맑다커늘 우장 없이 길을 나니
　　산에는 눈이 오고 들에는 찬비로다
　　오늘은 찬비 맞았으니 얼어잘까 하노라

임제의 이 작품에서 "찬비"는 '寒雨'라는 기생을 가리키는 말과 본래의 '찬비'라는 이중의 뜻을 가지고 있다. 그래서 "얼어잘까"라는 표면상의 뜻은 강렬한 사랑을 나누고 싶은 뜨거움의 표현까지를 내포하고 있다. 언어의 아이러니라고 할 수 있다.

　　이제 새로 꿀 꿈이 없는 새들은
　　추억의 골고다로 날아가 뼈를 묻고

흰 손수건이 떨어뜨려지고
　　부릅뜬 흰자위가 감긴다.

　　오 행복행복행복한 항복
　　기쁘다 우리 철판 깔았네

　　　　　　　　　　　　　― 최승자,「삼십세」부분

　최승자의 시인의 시에서 보게 되는 "오 행복행복행복한 항복"이나 "산다는 것은 결국 싼다는 것인데"(「그릇 똥값」)나, "모든 것은 콘크리트처럼 구체적이고/모든 것은 콘크리트 벽이다"(「그리하여 어느 날, 사랑이여」) 등의 표현들은 비슷한 단어의 병치를 통하여 그 의미의 반전을 시도하는 언어적 아이러니의 표본이라 할만하다.

2) 소크라테스적 아이러니

　소크라테스는 사람들에게 진리를 가르칠 때 이것이 진리다고 곧바로 말하지 않고 짐짓 순진한 체하면서 이것저것 질문을 했다고 한다. 가르치는 자가 오히려 가르침을 받는 자처럼 행동한 것이다. 어리석은 자의 역할을 기꺼이 함으로써 사람들은 소크라테스를 납득시키기 위해 애쓰는 동안 논리적 오류나 잘못된 전제, 불합리한 결론 등등을 스스로 깨닫게 되었다. 이렇게 뛰어난 자가 스스로를 낮은 곳에 위치시켜 깨우침을 주려 한 데서 소크라테스적 아이러니란 말이 생겼다.

　　아버지 어머니는
　　고향 산소에 있고

　　외톨백이 나는
　　서울에 있고

　　형과 누이들은
　　부산에 있는데

　　여비가 없으니

가지 못한다.

저승 가는데도
여비가 든다면

나는 영영
가지도 못하나

생각느니, 아,
인생은 얼마나 깊은 것인가.

— 천상병, 「소릉조小陵調」 전문

천상병 시인의 이 작품에도 소크라테스적 아이러니가 놓여 있다. "저승 가는데도/여비가 든다면//나는 영영/가지도 못하나"라는 자탄의 어조는 모든 것이 물질화되어가고 있는 현실을 겨냥하고 있다. 그런 까닭에 "생각느니, 아,/인생은 얼마나 깊은 것인가."라는 큰 주제도 무리 없이 소화되면서 인생의 적막감을 우리 스스로에게 자문하는 역할을 하고 있디.

3) 외적 아이러니와 내적 아이러니

지적 관찰자가 어떠한 시각을 가지고 세계를 비판하는가에 따라 외적아이러니와 내적 아이러니로 나누어진다고 할 수 있다. 지적관찰자가 비지적 관찰자의 탈을 쓰고 세계를 비판하면 외적아이러니고, 지적 관찰자가 낭만적이거나 겸손한 입장에서 내부를 조명하고 있다면 이는 내적 아이러니다. 전자에서 어리석음이 외부세계에 있다면 후자는 자기 자신의 내부에 있다고 할 수 있다. 낭만적 아이러니나 겸손한 아이러니는 내적아이러니다.

가벼운 교통사고를 세 번 겪고 난 뒤 나는 겁쟁이가 되었습니다. 시속 80킬로만 가까워져도 앞 좌석의 등받이를 움켜 쥐고 언제 팬티를 갈아 입었는지 어떤지를 확인하기 위하여 재빨리 눈동자를 굴립니다.

— 오규원, 「죽고난 뒤의 팬티」 부분

오규원 시인의 이 작품은 어리석음을 자신의 내부에서 찾는 내적 아이러니의 좋은 본보기다. 시적 화자는 그래서 "산 者도 죽은 者의 죽고 난 뒤의 부끄러움, 죽고 난 뒤에 팬티가 깨끗한 지 아닌지에 왜 신경이 쓰이는지 그게 뭐 중요하다고 신경이 쓰이는지 정말 우습기만 합니다."만 하다고 자신을 희화시킨다. 물론 시인은 이를 통해 우리 소시민이 가지고 있는 어리석은 한 단면을 여실히 보여주고 싶었을 것이다.

무금선원에 앉아
내가 나를 바라보니

기는 벌레 한 마리
몸을 폈다 오그렸다가

온갖 것 다 갉아먹으며
배설하고
알을 슬기도 한다.

― 조오현, 「내가 나를 바라보니」

이 작품에도 시적 화자를 비하시키는 표현이 들어 있다. 자신이 "기는 벌레 한 마리"에 불과하다는 고백적 참회는 시인의 신분을 감안하면 가히 충격적이라 할만하다. 더욱이 그 벌레가 하는 짓거리 "온갖 것 다 갉아먹으며/배설하고" 더군다나 금기시된 표현이라 할 수 있는 "알을 슬기도 한다"라는 것까지 서슴없이 뚜벅뚜벅해버리는 것을 보면 충격의 여진이 쉽게 가라앉지 않는다. 그러나 실은 시인의 의도가 우리 모두의 중생을 향하고 있다는 것을 영리한 독자라면 쉽게 간파해낼 수 있다. 우리 모두가 "기는 벌레 한 마리"에 지나지 않지 않는가. 사람이 가지고 있는 욕망과 욕정의 동물적 속성을 시인은 '나의 들여다보기'를 통해 우의적으로 들려주고 있는 셈이다.

4) 구조적 아이러니
이는 신비평에서 논의되는 개념으로 현대시의 복합한 미적기준의 혼융을 지칭한다고 할 수 있다. 특별히 반어적인 말을 사용하지 않아도 작품속의 화자가 하는 말과 작가의 의도 사이의 긴장, 문맥들끼리의 충돌, 등장인물 설정 등 작품 전체를 통해 지속적인 아이러니를 보여주는 경우가 이에 해당된다고 볼 수 있다. 리챠즈가 말한 포괄의 원리, 앰프슨이 말한 애매성ambiguity 등의 복합적 가치기준을 현대시는 가질 수밖에 없다. 그래서 상충 혹은 대립되는 요소가 공존하게 되는 것이다.

> 낡은 서랍 가득 낡은 브래지어가 쌓여 있다
> 어느 야산의 공동묘지처럼
> 구슬피 쌓여 있는 봉분들
> 제 명대로 세상을 누려보지 못하고
> 어느새 황홀하게 망가진,
> 가끔은 한없이 우스꽝스러운
> 욕망의 쭉정이 같은 것들
> 더 이상의 수치심도 없이
> 거실바닥이나 욕실 세면대 위에
> 상스럽게 나앉아 있는
> ……(중략)……
> 흥분시킬 그 어떤 상징도 메타포도 없이
> 골방 구석지기에 천박한 자태로 누워 있는 흉물
> 단 한 번도 희비의 오르가슴에도 도달해보지 못하고
> 생매장당한 내 젊음의 불쾌한 흔적인
> 저 젖무덤들,
> 푹푹 썩어드는 저 황홀한 관짝들.
> ― 이기와, 「내 황홀한 묘지」

이 작품은 시적 화자의 인식이 서로 충돌되는 양상을 보여준다. 이 인식은 "황홀하게 망가진"이나 "욕망의 쭉정이", "젊음의 불쾌한 흔적", "황홀한 관짝들"이라는 이율배반적인 인식에서 비롯되고 있는데 시인의 의도와 나타난 실제의 문맥은 서로 충돌되며 시적 긴장을 불러일으키고 있다.

구조적 아이러니의 중요한 한 유형으로 극적아이러니가 있다. 극적아이러니는 플롯의 역전 또는 반전, 주인공의 행위가 그가 의도한 것과는 정반대의 결과를 낳은 경우, 주인공은 모르고 있으나 독자는 알고 있는 경우 등이 이에 해당된다.

8. 역설 逆說, Paradox

가. 역설의 개념

역설paradox은 고대 그리스어 para(over초월) + doxa(dogma, 윤리, 의견)의 합성어이다. '윤리의 초월' 혹은 '얘기하는 바의 너머'란 뜻을 가지고 있다. 윤리나 얘기하는 바가 아니라는 것이고, 그 너머의 다른 것을 말한다는 뜻이다. 참된 명제와 모순되는 결론을 낳는 역설추론逆說推論을 의미한다. 배리背理, 역리逆理 또는 이율배반=律背反이라고도 하는데, 명확한 역설은 분명한 진리인 배중률排中律에 모순되는 형태로 나타나는 것이 보통이다. 그러니 겉으로 보기에는 모순되고 부조리한 것처럼 보이지만 곰곰 생각해보면 올바른 말이란 얘기가 된다. 어떤 일을 강조하기 위해 흔히 반대로 말하는 경우가 있다. 실제의 생활에서도 이런 경우가 부지불식간에 나타나기도 한다. 기뻐서 눈물을 흘리는 경우를 생각해보라. 너무 기가 막혀 실소를 하는 경우를 생각해보라.

역설은 아이러니와 종종 혼동되지만, 아이러니와는 달리 문장 그 자체에서 상반되는 말이 발견된다. 두 개념이 혼동을 일으키는 이유는 아이러니와 역설이 다 같이 '이것(A)' 말하면서 실은 '이것'과 상반, 모순되는 '저것(B)'을 드러내는 표현법이기 때문이다. 그러나 아이러니가 진술 그 자체에는 모순이 없으나 그 속뜻이 겉으로 말해진 바와 다른 경우라면, 역설은 이미 말 속에 모순을 지니고 있다. 종교적 언술의 경우 진리의 중요성을 강조하고 인상깊게 하기 위해서 종종 역설을 사용하기도 한다. 예컨대, 기독교의 중요한 진리인, "죽으려 하는 자는 살 것이요, 살고자 하는 자는 죽을 것이다."와 같은 말이나, 불가에서 말하는 '색즉시공, 공즉시색' 같은 말들이다.

道可道非常道, 名可名非常名, 無名天地之始, 有名萬物之母, 故常無欲以觀其妙

동양사상을 서양에 소개하는데 크게 이바지 했던 林語堂이 동양문헌 가운데 어느 책보다 먼저 읽어야 할 책으로 꼽은 노자의 도덕경 첫 구절도 역설로 시작된다. 道라고 할 수 있는 것이 '영원한 道'가 아니라는 것이다. 이름 지을 수 있는 것은 '영원한 이름'이 아니라는 것이다.

이런 말들을 들을 때는 단순히 생각하면 말도 안 된다고 느끼기 쉬우나, 처음의 당혹감이 가시고 나서 곰곰 생각해보면 그 말이 너무나 옳다고 하는 것이 오히려 즐거움으로 다가오게 된다. 역설은 보다 빠른 공감과 설득을 가능하게 한다는 점에서 중요한 수사적 장치로 널리 쓰이고 있다.

역설은 산문과 구분되는 시어의 본질이다. 일상적 세계에서는 모순되는 진리가 그 모순을 초극함으로써 보다 차원 높은 세계에서 영원한 진리로 탄생되는 것을 의미한다고 볼 수 있다. 그러므로 경이, 아이러니, 모순 등은 역설이 지닌 본질적 요소들이다.

나. 역설의 종류

휠라이트는 역설이 현대시에 경이감과 신선감을 불러오는 중요한 방법임을 강조하였는데 역설을 크게 表層的 逆說 the paradox of surface, 深層的 逆說 the paradox of depth, 표현과 암시의 역설적 상호작용(the para-doxical interplay of statement and innuendo)으로 구분하였다.[20] 여기서는 흔히 얘기되고 있는 표층적 역설과 심층적 역설, 시적 역설로 구분하여 살펴보기로 하겠다.

1) 표층적 역설

모순어법이라고도 한다. 수식어와 피수식어 사이의 모순이 일어날 때이며, 가장 쉬운 역설의 형태이다. '차가운 불', '필요악', '황홀한 고통' 등 흔히 발견되는 관습적인 모순어법을 말한다. "쓰디쓴 즐거움", "달콤한 슬픔", "다윈은 다윈학파가 아니다.", "나는 아직 기다리고 있을테요, 찬란한 슬픔의 봄을"(김영랑, 「모란이 피기까지는」)이나, "이것은 소리없는 아우성"(유치환, 「깃발」), "빼앗긴 들에도 봄은 오는가" 등도 그 예다. 이 역설은 역설적 의미가 시의 구조로서 존재하지 않고 시행에 국한되어 있다는 점, 논리적 유추로 충분히 설명될 수 있

---

20. P. Wheelwright, The Burning Fountain (Indiana; Indiana Univ. Press, 1954), pp. 70~73

다는 점 등, 비록 진지한 고찰에 의해서 그 모순 되는 의미가 해명된다고는 하나 습관적 어법으로 때 묻은 사물의 의미에 신선한 충격을 준다는 장점을 지니고 있다.

정지용의 시 「유리창」에서 보게 되는 "밤에 홀로 유리를 닦는 것은/외로운 황홀한 심사이어니"라든지 이승훈의 시 「어느 조그만 사랑」에서 보게 되는 "오늘 광화문에서 만난/너는 꽃잎같고/너무 고요해/귀가 찢어질 것만 같고"의 시구절들은 표층적 역설의 표현기법이다.

2) 심층적 역설

역설paradox이 para(over초월)와 doxa(dogma, 윤리, 의견)의 합성어임을 주목할 때 이 본래적 어원에서 나타나는 '초월적인 진리'를 강조하는 경우가 종종 있게 되는데 이런 경우 심층적 역설로 나타나는 경우가 많다. 존재론적 역설이라고 명명되기도 한다. "시간을 정복하는 것은 시간뿐이다"와 같이 형이상학적 깨달음을 담고 있는 경우를 말한다.

종교적 진리를 드러낼 때는 심층적 역설이 많이 쓰인다. 이는, 종교적 진리는 논리적으로 증명할 수 없고 어떤 비약을 동반한다는 점에서, 우리가 일상적으로 사용하는 말의 논리성을 뛰어넘거나 반대로 표현하는 수밖에 없기 때문이다. 논리가 아니라 직관에 의해 말해진 상황의 모순을 극복하게 하는 것이 역설의 언어라면, 이러한 역설은 독자에게 대단히 세련된 언어능력과 함께 깊은 사고력을 요구한다. 만해 한용운의 시들은 대개 역설에 바탕을 둔 시가 많다.

이를테면 한용운의 「님의 침묵」에서 "나는 향기로운 님의 말소리에 귀먹고 꽃다운 님의 얼굴에 눈멀었습니다." 란 구절과 "아아 님은 갔지마는 나는 님을 보내지 아니하얏습니다."란 구절은 대표적인 역설적 표현이다.

3) 시적 역설

시적 역설은 시적 구조 전체에 나타나는 역설, 진술과 관련 상황 사이에 명백한 모순이 나타나는 경우를 말한다. 김소월(진달래꽃)이란 시를 읽을 때 시가 진술하는 상황과 그 말 사이에 분명한 모순이 발견되는 경우를 발견하게 된다. 아이러니와 거의 구별되지 않으며,

보통 아이러니와 함께 나타난다. 단순한 진술로는 다 드러내기 힘든 복합적 정황과 의견은 역설과 아이러니를 통해 효과적으로 표현될 수 있다. 대개 시에서 역설이 발견되는 경우는, 우리가 일반적이고 통념적으로 옳다고 생각하는 것 속에 담긴 모순과 부조리를 시인이 발견했을 경우인데, 일반적 인식의 통념성을 깨닫게 하기 위한 가장 효과적인 수담이 바로 역설과 아이러니가 된다.

> 이 기록을 삭제해도 될까요?
> 친절하게도 그는 유감스런 과거를 지워준다
> 깨끗이, 없었던 듯, 없애준다
>
> 우리의 시간과 정열을, 그대에게
>
> 어쨌든 그는 매우 인간적이다
> 필요할 때 늘 곁에서 깜박거리는
> 친구보다 낫다
> 애인보다도 낫다
> 말은 없이도 일아시 챙겨주는
> 그 앞에서 한없이 착해지고픈
> 이게 사랑이라면
>
> 아아 컴—퓨—터와 썹할 수만 있다면!
> ― 최영미, 「Personal Computer」 후반부

사랑은 때로 비인간적인 면이 많다. 사랑하기 때문에 구속하고, 사랑하기 때문에 상대방에 상처를 주고, 사랑하기 때문에 아파하고, 사랑하기 때문에 헤어지고, 사랑하기 때문에 자살도 한다. 정말 나를 있는 그대로 사랑해주고 나를 구속하지 않는 자유의 사랑이 있을까. 시인은 그게 "Personal Computer"라고 말한다. 그래서 "아아 컴—퓨—터와 썹할 수만 있다면!"이라는 최영미식 도발적이고도 아픈 사랑을 절규한다. 엄청난 역설이 아닐 수 없다.

9. 어조와 화자, 시적 거리

가. 어조

시도 언어 전달의 한 형식이므로 특정의 사물에 대하여 특정의 인물에게 특정의 태도로 하는 말임에 틀림이 없다. 이때 '특정의 태도'는 말하는 사람이 스스로 하고자 하는 말의 내용과 주제에 대한 태도와 듣는 상대에 대한 태도로 나눌 수 있다. 이렇게 한 편의 작품에 드러나는 말하는 사람을 '시적 화자'라고 하며 특정한 태도를 일컬어 '어조tone'라고 한다.

어조tone는 그러므로 한 작가가 이야기의 서술 속에서 소설 내적 요소나 독자들을 향해 가지는 태도의 특성을 의미하는 용어이다. 즉, 작품 속에 드러나는 작가의 '개성적' 특징을 말하며, 목소리voice라는 개념으로 설명한다. 하나의 문학 작품을 읽어갈 때 독자들은 작품 속의 모든 소재를 선택하고 배열하고 묘사하고 표현한, 서술의 어느 면에나 침투해 있는 하나의 존재, 분명한 개성과 도덕적 감수성을 지니고 있는 존재를 인식한다. 이것이 바로 '목소리' 혹은 넓은 의미의 '어조'이다.[21]

어조는 자연 시적 분위기나 정서와 관련을 맺으면서, 한 작품에 선택되어지는 시어와 서술어의 어미에서 드러나기 마련이다. 대개 한 작품에서는 일관되게 나타나지만 한 작품 안에서도 어조가 달라지는 경우가 있다. 주로 시적 자아의 정서에 변화가 생길 때이다. 이를테면 기대감이 실망감으로 바뀐다든지, 체념적 정서에서 의지적 정서로 나아간다든지 할 때, 그런 정서의 변화가 어조에 반영되는 것이다.

한국시의 대표적인 다음 작품들에 나타난 어조는 각각 성격을 달리하고 있다. 어떻게 다른지 생각해보기로 하자.

> 지금 눈 내리고/매화 향기梅花香氣 홀로 아득하니/내 여기 가난한 노래의 씨를 뿌려라.//다시 천고千古의 뒤에/백마白馬 타고 오는 초인超人이 있어/이 광야曠野에서 목놓아 부르게 하리라
>
> — 이육사, 「광야」 부분

---

21. 그러나 어조tone와 목소리voice를 구분하는 경우도 있다. 어조는 제재에 대한 화자의 태도 즉 냉소적, 풍자적인가 등을 말하고 목소리는 청자에 대한 화자의 태도를 말한다. 이를테면 풍선껌 목소리, 권위적 목소리, 객관적 목소리 등이 이에 속한다고 보고 있다. 패트릭 하우웰, 『글을 어떻게 쓸 것인가?』, 경문사, 1985. 참조

나 보기가 역겨워/가실 때에는/말없이 고이 보내 드리오리다.//영변寧邊에 약산藥山/진달래꽃,/아름 따다 가실 길에 뿌리오리다.

— 김소월, 「진달래꽃」 부분

남으로 창을 내겠소.//밭이 한참갈이/괭이로 파고/호미론 김을 매지요.//구름이 꼬인다 갈리 있소./새 노래는 공으로 들으랴오.//강냉이가 익걸랑/함께 와 자셔도 좋소.//왜 사냐 건/웃지요.

— 김상용, 「남南으로 창窓을 내겠소」 전문

이육사 시인의 「광야」와 김소월 시인의 「진달래꽃」은 각각 남성적 어조와 여성적 어조의 대표적 예에 속한다. 남성적 어조는 의지적이고 힘찬 기백을 담은 내용의 전달에 적합하다. 자연스럽게 남성적 어조는 단정적이며 명령형의 종결 어미가 많이 사용된다. 이에 반해 여성적 어조는 주로 높임의 종결 어미가 사용된다. 간절한 사랑이나 기원, 애끓는 정한, 슬픔의 정서 등의 내용을 전달하기에 적합하다. 우리 전통 시가는 대개 여성적 어조의 작품이 많다. 한용운의 「님의 침묵」, 김영랑의 「모란이 피기까지는」 등이 여기에 속한다.

이에 반해 김상용의 「남으로 창을 내겠소」는 남성적이면서도 부드러움을 지니고 있다. 소박하고 겸손하고 친근한 어조를 가지고 있다. 특히 회화조會話調를 삽입하여 자연스러움을 유도하였다.

어조의 종류는 대개 종결어미의 형태에 의해 결정된다. 화자의 사람됨, 신분, 정신 상태 등이 나타날 뿐 아니라, 화자의 청자에 대한 태도와 대상에 대한 태도 등이 드러나는데, 이에 따라 어조는 여러 가지 유형으로 분류될 수 있다. 다음은 편의적인 분류에 지나지 않는다.

1) 시적 자아의 태도에 따른 유형
  ○ 관조적 : 대상을 잔잔히 바라보는 태도
  ○ 교훈적 : 깨우침을 주는 태도
  ○ 낙천적 : 긍정적으로 세상을 바라보는 태도

- 낭만적 : 멋있는 말소리와 태도로 이상적 세계를 나타내는 태도
- 냉소적 : 업신여겨 비웃는 태도
- 독백적 : 혼자 말하는 태도
- 비판적 : 좋고 나쁨, 옳고 그름을 따지는 태도
- 사색적 : 깊이 생각하여 판단하는 태도
- 염세적 : 부정적으로 세상을 바라보는 태도
- 예찬적 : 찬양하는 태도
- 종교적(소망적) : 기원하여 무엇을 소망하는 태도
- 철학적 : 인생의 깊이를 따지는 태도
- 풍자적 : 꼬집어 상대방의 약점을 찌르는 태도
- 해학적 : 대상을 익살스럽게 바라보는 태도
- 회화적 : 그림을 그리는 듯 대상을 객관적으로 제시하는 태도

2) 시적 자아의 감정에 따른 유형
- 격정적 : 솟구치는 열정의 목소리
- 냉정함 : 차가운 목소리
- 힘참 : 호소하는 목소리
- 침착함 : 조용한 목소리
- 기쁨 : 환희의 목소리
- 슬픔 : 애상적 목소리
- 영탄적 : 감동을 소리로 나타낼 때
- 명랑함, 우울함 등

3) 기타 특정 분석 기준에 따른 유형
- 청자의 유무에 따라 : 독백조, 회화조
- 청자에 대한 화자의 태도에 따라 : 권유, 명령, 기원, 예찬, 의문, 간청
- 화자의 인간 유형에 따라 : 아이, 어른, 남성, 여성, 스승, 제자
- 화자의 감정 상태에 따라 : 명랑, 우울, 낙천적, 염세적, 격정적, 관조적

○ 대상에 대한 화자의 태도에 따라 : 냉소적, 친화적, 비판적, 우호적

나. 화자

어조가 시 속의 화자가 독자나 시적 대상에게 말하는 태도를 말한다고 하였다. 시의 '화자'는 흔히 '시적 자아' 혹은 '서정적 자아', '서정적 주체'[22]등으로 불리기도 하며, 화자를 시인과 구별하기 위해 원래 연극의 용어였던 '퍼소나persona'[23]란 용어를 사용하기도 한다. 퍼소나는 고전극에서 배우들이 사용하는 '가면'을 가리키는 라틴어였다. 여기서 극의 등장인물을 지칭하는 "극적 퍼소나dramatis personae"라는 용어가 생겨났다. 결국에는 영어 작품에서 특정의 개인을 가리키는 '퍼슨person'이 유래하게 되었는데, 최근 문학 논의에서 '퍼소나'는 흔히 실화체 시나 소설의 1인칭 서술자, 즉 '나'에 적용되거나, 혹은 서정시에서 우리들의 그의 목소리를 두고 존재하며, 특정한 상황에서 역할을 수행하고 특정의 효과를 가져오기 위해 창조되는 것이라 보는 게 일반적이다. 시적 담화도 일상적 담화나 서사적 담화의 일종으로 보고 화자 논의에서 청자를 포함시키는데 김준오 역시 시를 '담화'의 일종으로 보고 야콥슨의 담화이론에 따라 시의 전달 체계를 화자(시인)와 메시지(텍스트)와 청자(독자)의 수평적 관계로 파악하고[24] 챠트만Chartman의 서사적 전달양식을 원용하여 시의 전달 양식을 다음과 같이 도식화 하고 있다.[25]

---

22. 시 속에 나타난 목소리의 주인공, 즉 '탈persona'로서, 시인과는 구별된다. 시인의 제 2의 자아, 허구적 자아인 것이다. 시인은 서정적 자아를 설정하여 세계에 대한 자신의 태도를 표명한다. 예를 들어 "엄마야 누나야, 강변 살자./뜰에는 반짝이는 금모래 빛.//뒷문 밖에는 갈잎의 노래/엄마야 누나야, 강변 살자."(김소월, 「엄마야 누나야」)에서 서정적 자아는 어린이를 지칭한다. 시인의 과거 체험이라 할지라도 허구적 자아이다.

23. 융C.G. Jung의 분석 심리학에 의하면 인간이 타고난 정신의 세 가지 구성 요소는 그림자shadow, 영혼soul, 탈persona다. 그림자는 무의식적 자아의 어두운 측면, 열등하고 즐겁지 않은 자아의 측면을 얘기한다. 영혼은 인간의 내적 인격이고 탈은 인간의 외적 인격을 말한다. 그는 영혼을 아니마(anima: 몽상, 꿈의 언어, 이성적 자아, 조용한 지속성, 밤, 휴식, 평화, 사고기피, 식물, 다정한 부드러움, 수동적, 선, 통합, 개인적, 비합리적 양상을 지닌다)을 아니무스(animus: 현실, 삶의 언어, 현실적 존재, 역동성, 낮, 염려, 야심, 계획, 사고, 동물 엄격한 힘의 보관자, 능동, 지, 분열, 합리적이고 추상적인 사고, 국가 사회 중심 등 양상을 지닌다.)로 나누고 있다.

24. 야콥슨은 화자(시인)→메시지(텍스트)→청자(독자) 사이의 관계를 골자로 한 수평설을 내세웠다. 그에 의하면 화자 지향(일인칭,'나' 지향)에서, 즉 표현기능에서 나타나는 어조는 감탄, 정조 등의 양상을 띠며, 청자 지향(이인칭, '너' 지향)에서, 즉 능동기능에서 나타나는 어조는 명령, 요청, 권고, 애원, 질문, 의심 등의 양상을 띠며, 화제 지향(탈인칭,그,그녀,그것 지향), 즉 텍스트 지향의 그것은 정보 전달에 적합한 소개, 사고 등의 사실적, 명시적 경향을 띤다고 보고 있다.

25. 김준오, 『시론』, 삼지원, 1997, 187~209면.

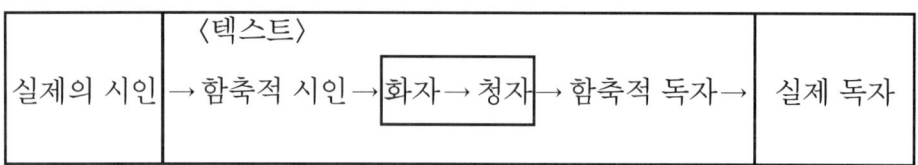

　시적 화자를 염두에 둘 때 필연적으로 시적 화자의 말 건넴에 귀 기울이는 청자를 상정하지 않을 수 없다. 말하자면 함축적 화자의 개념은 필연적으로 함축적 청자의 개념을 발생시킨다. 중요한 것은 이 함축적 청자는 시 그 자체의 한 요소라는 사실이다. 이 함축적 청자는 시가 형식적으로 말을 건네는 어떤 인물, 또는 실제의 어떤 독자와 반드시 일치하지 않는다. 시를 "함축적 화자와 함축적 청자 사이의 거래"라고 한 점은 이를 적시한 말이다.
　시인이 시적 자아를 따로 설정하는 이유는 시인이 표현하려는 주제를 보다 효과적으로 드러내기 위해서 시적 화자라는 대리인을 내세우는 것이다. 그러므로 시적 화자는 시인으로 하여금 자아의 세계를 확대할 수 있도록 도와주는 핵심적 기능을 수행한다. 그 이외에도 시적 자아는 시의 방법론, 즉 기술적 차원에서 ① 시의 통일성을 살려나가는 역할 ② 시의 배경 묘사를 담당하는 역할 ③ 등장 인물에 대한 정보를 제공 ④ 시 속의 시간을 요약해 주는 역할 ⑤ 시적 안정감을 획득 하는 등의 중요한 역할을 수행한다. 그러므로 어조의 사용은 처음부터 끝까지 통일되는 게 중요하다. (시적 화자의 태도변화가 이루어진 경우라면 다르겠지만 그런 경우라도 어조를 너무 다르게 쓰는 것은 독자에게 혼란을 줄 위험을 다분히 내포하고 있어 바람직하지 않다고 생각된다.)

다. 정서적 거리의 문제

　화자가 시적 대상에 대하여 느끼는 감정과 정서의 미적 거리를 '정서적 거리'라고 말한다.
　대상에 대하여 주관적인 감정을 적극적으로 드러냈는가, 대상과 객관적인 거리를 유지하고 있는가, 또는 반감을 가지고 있는가에 따라, 정서적 거리가 가까운 거리, 균제·절제된 거리, 먼 거리로 나뉜다.

　　행여나 다칠세라/너를 안고 줄 고르면//떨리는 열 손가락/마디마디 에인 사랑//손 닿자 애절히 우는/서러운 내 가얏고여.

— 정완영, 「조국」 부분

어두운 방 안엔 /바알간 숯불이 피고,//외로이 늙으신 할머니가/애처로이 잦아드는 어린 목숨을 지키고 계시었다.
— 김종길, 「성탄제」 부분

강나루 건너서/밀밭 길을//
구름에 달 가듯이/가는 나그네.
— 박목월, 「나그네」 부분

위 인용 작품들은 각각 순서대로 정서적 거리가 가까운 거리, 균제·절제된 거리, 먼 거리의 예를 보여준다. 「조국」은 '가얏고'에 서정적 자아의 감정을 이입함으로써 정서적 거리가 가깝게 느껴진다. 「성탄제」는 유년 시절을 담담하게 서술하고 있는 경우로 그 서정적 거리가 적당함을 유지하고 있다. 이에 반해 「나그네」는 화자가 드러나지 않으며 객관적 거리를 유지하고 있는데 「성탄제」보다는 멀게 느껴진다. 시 창작에서는 가까운 거리는 감정이 노출되기 쉽고 먼 거리는 현실과 유리되기 쉽다. 균제·절제된 거리를 유지하는 것이 무엇보다 중요하다.

라. 시점의 문제

시에서는 말하여지는 시점에 따라 1인칭, 2인칭, 3인칭 또는 탈인칭시점 등이 탄생되게 된다. 1인칭은 화자 중심의 말하기 이고, 2인칭은 청자, 3인칭은 화제 중심이 된다. 문법은 이렇듯 화자, 청자, 화제 등의 세 가지 유형의 인물을 구별하는 것이 일반적이다.

1인칭 시점은 정감적(표현적) 기능 즉 전달이 화자를 지향해서 언어의 '정감적' 기능이 우세해지는 경우에 해당되고 2인칭 시점은 사동적(지령적, 능동적) 기능 즉 전달이 청자를 지향하는 경우에 해당되며 사동적 기능이 우세해진다. 3인칭 시점은 지시적(정보적, 표상적) 기능 즉, 전달이 맥락을 지향하여 언어의 지시적 기능이 우세해지는 경우나, 시적(미적) 기능, 관계적 기능이 보다 객관화를 유지하는 데 적합하다.

> 함께 가자 우리 이 길을/셋이라면 더욱 좋고 둘이라도 함께 가자./앞서가며 나중에 오란 말일랑 하지 말자./뒤에 남아 먼저 가란 말일랑 하지 말자./둘이면 둘 셋이면 셋 어깨동무하고 가자./투쟁 속에 동지 모아 손을 맞잡고 가자./열이면 열 천이면 천 생사를 같이하자./둘이라도 떨어져서 가지 말자./가로질러 들판 산이라면 어기여차 넘어 주고,/사나운 파도 바다라면 여기여차 건너 주자./고개 너머 마을에서 목마르면 쉬었다 가자./서산 낙일 해 떨어진다 어서 가자 이 길을/해 떨어져 어두운 길/네가 넘어지면 내가 가서 일으켜 주고,/내가 넘어지면 네가 와서 일으켜 주고,/산 넘고 물 건너 언젠가는 가야 할 길 시련의 길 하얀 길/가로질러 들판 누군가는 이르러야 할 길/해방의 길 통일의 길 가시밭길 하얀 길/가다 못 가면 쉬었다 가자./아픈 다리 서로 기대며.

— 김남주, 「함께 가자 우리 이 길을」 전문

이 시의 화자는 "우리"다. '나'일 수도 있고 '나와 독자'로도 해석이 되지만 어디까지나 시인은 함께 가는 것을 강조하여 "우리"라는 집단화자를 내세우고 있다. 시점이 다중으로 사용되는 경우도 있다. 1인칭과 2인칭, 혹은 1인칭과 3인칭의 시점이 동시에 진행되기도 한다.

10. 시의 구성

가. 삼단 구성

아리스토텔레스『시학』에서는 완결된 문학작품(비극)이란 '시작'과 '중간' '결말'의 세 토막이 상호 균형을 이루며 배분되어야함을 역설하였다. 보통 논문의 경우 서론, 본론, 결론의 형식을 지니는 것과 상통되는 인식이 오래 전부터 있어온 것이다. 소크라테스의 대화법은 물론 변증법에서 통용되는 '테제', '안티테제' '진테제'의 형식도 따지고 보면 이 인식의 또 다른 변용이다. 3단 형식이 우리 시가와 밀접한 관련이 있다는 것은 쉽게 확인된다.

〈전반부〉
生死로는
예 이샤매 저히고
나는 가느다 말ㅅ도
몯다 닏고 가느닛고

〈후반부〉
어느 ᄀᆞ슬 이른 ᄇᆞᄅ매
이에 저에 ᄠᅥ질 닙다이
ᄒᆞᄃᆞᆫ 가재 나고
가논 곧 모ᄃᆞ온뎌

〈낙구〉
아으, 彌陀刹에 맛보올 내
道 닷가 기드리고다.

「제망매가祭亡妹歌」의 경우 10구체 향가로서 그 구성이 전반부 4줄과 후반부 4줄, 낙구 2줄의 형식을 가지고 있다.

삼단 구성이 가장 정제되어 나타난 장르가 시조다.

투박한 나의 얼굴
두툴한 나의 입술

알알이 붉은 뜻을
내가 어이 이르리까

보소라 임아 보소라
빠개 젖힌
이 가슴

Ⅲ. 시의 이해

— 조운, 「석류」 전문

초장·중장·종장으로 구분되는 시조의 형식은 오랜 기간동안 이어져 내려오면서 우리 민족의 정서를 대변하고 있다. 초장은 일으키는 구실을 한다. 얘기하고자하는 내용의 전단계에 해당되는 것으로 배경이나 사물에 대한 표면적 의미를 대부분 보이는 대로 묘사한다. 중장은 전개의 역할을 한다. 초장의 일으킨 바를 이어서 그 내용을 구체화시킨다. 종장은 마무리에 해당되는데 가장 중요한 의미를 대부분 담고 있다. 대부분 주제도 여기에서 심화되어 나타난다. 그런 의미에서 종장은 시조의 핵이라고 불리기도 한다.

나. 사단 구성

삼단 형식이 발전하면 사단이나 혹은 오단(도입, 갈등, 위기, 절정, 파국) 구성이 성립된다. 사단구성은 한시의 절구나 율시에서 보편화된 기起·승承·전轉·결結의 형식이 대표적이다. 기起는 일으키는 것이다. 시상을 일으키는 역할을 수행한다. 소설로 치자면 발단인 셈이다. 시적대상에 대해 첫 인상을 얘기할 수도 있고 가장 특징적인 한 면을 강조하여 얘기할 수도 있으며, 어떤 상황을 가정하여 상상으로 설정할 수도 있다. 승承은 기起를 이어받는 역할을 수행한다. 기起에서 언급된 사물이나 정황을 더 세부적인 묘사를 통해 시상을 전개시킨다. 전轉은 지금까지 흐름의 분위기를 바꾸어주는 역할을 한다. 밋밋한 흐름을 역전시키는 역할을 한다. 결結은 마무리를 하는 것이다. 주제를 명료하게 나타내면서 결론을 내릴 수도 있지만 그보다는 여운을 남기도록 처리하는 것이 더 효과적일 때가 많다.

술병은 잔에다
자기를 계속 따라 주면서
속을 비워 간다

빈 병은 아무렇게나 버려져
길거리나
쓰레기장에서 굴러다닌다

바람이 세게 불던 밤 나는
문 밖에서
아버지가 흐느끼는 소리를 들었다

나가 보니
마루 끝에 쪼그려 앉은
빈 소주병이었다

— 공광규, 「소주병」 전문

다. 일·이단구성

  시의 구성의 가장 보편적인 형태가 삼단과 사단 구성이기는 하지만 실제적으로 시는 아주 다양한 구성을 가지고 있다. 이단 구성도 있을 수 있고 오단 이상의 구성도 있을 수 있다. 심지어 일단 구성도 가능하다. 시는 순간적이면서도 압축적인 장르적 특징을 갖고 있기 때문에 가능한 것이다. 예를 들어 "벌레 먹은 능금 한 알이 뚝 떨어진다!"라는 한 줄의 글에 '내 마음은'이라는 제목을 부쳐보자. 어떤 사물의 가장 특징적인 한 부분을 묘사하는 것으로도 한 편의 시를 창작할 수가 있다.

    밖은 흰 눈꽃 방 안은 황장미꽃 안팎이 훈훈
— 박희진, 「十七字詩抄」 부분

  이 시는 세계에서 가장 짧은 정형시인 일본의 하이꾸 5-7-5의 17자 시를 모방하여 쓴 한 줄 시이다.

    나는 죽음이 이처럼 수많은 사람들을 싱그러운 활력으로 넘치게 하는 것을 본 적이 없다.
— 이시영, 「지하철 정거장에서」 전문

이 시 역시 일단구성으로 된 시다. 이 시는 다음과 대비하여 읽어보면 확연하게 묘미를 느낄 수 있다.

구름은
보랏빛 色紙 우에
마구 칠한 한 다발 장미

목장의 깃발도 능금나무도
부을면 꺼질 듯이 외로운 들길

— 김광균,「뎃상」전문

위의 시는 이단 구성의 예를 보여준다. 1연에서는 석양에 비친 구름을 시각화하고 있다. 2연에서는 1연에 연이은 깃발과 능금나무에 대해 묘사를 하고 있지만 이 풍경들에 서정자아의 외로운 심경을 담아내고 있다. 이단 구성은 대비되는 상황을 설정하여 주제를 명료하게 나타내는 장점을 가지고 있다.

라. 비정형 구성

꽃이보이지않는다. 꽃이香기롭다. 香氣가滿開한다. 나는거기墓穴을판다. 墓穴도보이지 않는다. 보이지않는墓穴속에나는들어앉는다. 나는눕는다. 또꽃이香기롭다. 꽃은보이지않는다. 香氣가滿開한다. 나는잊어버리고再차거기墓穴을판다. 墓穴은보이지않는다. 보이지않는墓穴로나는꽃을깜빡잊어버리고들어간다. 나는정말눕는다. 아아. 꽃이또香기롭다. 보이지도않는꽃이—보이지도않는꽃이.

— 이상,「絶壁」전문

그러나 시는 표면적으로 보여지는 것만으로 이루어지지 않는다. "꽃이 보이지 않는"데도 "香氣가 滿開한다"라고 하는 것은 현실의 세계에서는 불가능하다. 무의식의 흐름으로 이 시는 이루어져 있다. 무의식의 흐름은 시간과 공간을 초월한다. 그러므로 전통적인 구성의 방식을 거부한다. 기승전결이나, 발단—전개—결말 등의 구성 방식이 없다. 구성의 관습적인 틀이 깨어지고 있는 것이다. 무의식의 상태를 그대로 들어내기 때문에 비약과 단절, 병치가 빈번하게 일어난다. 현대시에서 비정형 구성은 점차 늘어나고 있는 추세다. 정형화된 구성방식으로는 드러내고자하는 주제를 제대로 전달하기 어려운 경우 복합적인 효과를 노리기 위해 비정형 구성이 활용되고 있기 때문이다.

11. 시적 묘사와 시적 진술

가. 시적 묘사

> 찬 서리
> 나무 끝을 날으는 까치를 위해
> 홍시 하나 남겨둘 줄 아는
> 조선의 마음이여
> — 김남주, 「옛 마을을 지나며」 전문

시를 구성하는 가장 중요한 두 축인 묘사와 진술의 차이를 이 시는 명료하게 보여준다. '홍시 하나' 까지의 전반부는 묘사이다. 묘사는 가시적, 회화적이다. 그러나 그 다음의 후반부는 진술이다. 진술은 해석적, 고백적이다. 묘사로 이루어진 시는 산뜻하지만 깊이가 덜하고, 진술로만 이루어진 시는 깊이는 있지만 관념적이다. 좋은 시는 말할 것도 없이 양자를 아우르는 것이다. 이 시는 찬 서리 내리는 들녘의 싸늘함 위에 빨간 홍시와도 같은 조선인의 따사함을 얹은 묘사와 진술의 절묘한 조화를 보여준다.

시에 있어서 묘사description와 진술statement은 매우 중요한 두 축이다. 좋은 시는 묘사와 진술의 절묘한 조화에서 탄생된다. 묘사에 치중한 시는 산뜻해서 보기는 좋지만 깊은 맛이 덜하기 마련이다. 묘사는 언어를 회화적인 방향으로 명료화시킨다. 가시可視的, 제시적提示的, 감각적感覺的이다. 그러나 진술은 언어를 사고의 깊이로 체험화시킨다. 사고적思考的, 고백적告白的, 해석적解釋的이다.

우리의 언어생활에 있어서 그 언술 형식은 크게 네 가지로 나누어진다.[26] 설명, 논증, 묘사, 서사가 그것인데, 이것들은 각각 독자적인 성질을 가지며 서로 관련된다.

① 설명 − 비교, 대조, 실례, 분류, 정의, 분석 등을 통하여 주제를 밝히는 형식
② 논증 − 증거에 의한 객관적 논리로 우리를 확인시키는 형식
③ 묘사 − 사물이나 현상이 지닌 성질, 인상 등을 감각적으로 표현하는 형식
④ 서사 − 사건의 의미 있는 시간적 과정을 제시하는 형식

설명은 설득이 아닌 이해가 목표이며 우리가 쓰는 일상적인 언술은 대부분 설명의 형식이다. 논증은 논리적인 호소로 어떤 주장이나 진실을 궁극적으로 자신의 의도대로 현실화하는 것을 목표로 한다. 설명, 논증이 이론적 성향의 언술인데 비해, 묘사와 서사는 감각적, 암시적 성향이다. 시는 묘사를, 소설은 서사를 주된 표현 형식으로 차용한다.

시적 묘사는 설명적 묘사와 암시적 묘사로 나누어 질 수 있다.[27]

설명적 묘사expositional description는 일정한 대상에 대한 정보를 전달하기 위한 묘사이고, 암시적 묘사suggestive description는 정보 전달보다는 특정 사물이나 현상에 대한 의미, 정황 등을 나타내는 묘사다. 시에서의 묘사는 특별한 경우가 아니고서는 암시적 묘사가 주종을 이룬다. 암시적 묘사는 시인의 심리가 투영되었는가 아닌가에 따라 주관적 묘사와 객관적 묘사로 나누어진다.

객관적 묘사나 주관적 묘사의 형태로 각각 다르게 분류되는 작품도 있지만 대부분의 묘사 형태로 된 시에는 이 두 가지 묘사 형태가 섞여 있는 게 보통이다.

묘사형의 시에서 나타나는 가장 큰 문제점은 묘사와 설명이 섞이는 경우이다. 이미 충분한 묘사를 했음에도 장황한 설명을 하여 시적 긴장감을 떨어뜨리며, 의도와는 다르게 강조만 하는 인상을 주기도 한다.

묘사에서 불필요한 수사를 쓰는 경우가 생기는데 이러한 수사는 장식에 지나지 않으며,

---

26. C. Book and R. P. Warren, Modern Rhetoric, 39~216면
27. 설명이라는 언술 형식이 묘사를 차용하면 설명적 묘사가 되고, 서사가 차용하면 서사적 묘사가 되어, 설명이나 서사의 언술 형식의 특성에 종속된다. 시적 묘사는 장르적 특성상 당연히 심상적 특질을 나타낸다. 시에서 묘사와 진술에 관해 폭넓은 관심을 가지고 있는 것은 오규원, 『현대시 작법』(문학과 지성사, 1990)이 대표적이다.

시를 불분명하게 만들뿐이다.

　나. 시적 진술

　　어물전 개조개 한 마리가 움막같은 몸 바깥으로 맨발을 내밀어 보이고 있다
　　죽은 부처가 슬피 우는 제자를 위해 관 밖으로 잠깐 발을 내밀어 보이듯이 맨발을 내밀어 보이고 있다
　　펄과 물 속에 오래 담겨 있어 부르튼 맨발
　　내가 조문하듯 그 맨발을 건드리자 개조개는
　　최초의 궁리인 듯 가장 오래하는 궁리인 듯 천천히 발을 거두어 갔다
　　저 속도로 시간도 길을 흘러왔을 것이다
　　누군가를 만나러 가고 또 헤어져서는 저렇게 천천히 돌아왔을 것이다
　　늘 맨발이었을 것이다
　　사랑을 잃고서는 새가 부리를 가슴에 묻고 밤을 견디듯이 맨발을 가슴에 묻고 슬픔을 견디었으리라
　　아―, 하고 집에 올 때
　　부르튼 맨발로 양식을 탁발하러 거리로 나왔을 것이다
　　맨발로 하루 종일 길거리에 나섰다가
　　가난의 냄새가 벌벌벌 풍기는 움막 같은 집으로 돌아오면
　　아―, 하고 울던 것들이 배를 채워
　　저렇게 캄캄하게 울음도 멎었으리라
　　　　　　　　　　　　　　　　　― 문태준, 「맨발」 전문

　이 시는 묘사 중심으로 이루어져 있다. 그러나 묘사 중심의 시가 갖지 못하는 깊이를 확보하고 있음이 주목된다. 그것은 "저 속도로 시간도 길을 흘러왔을 것이다"라는 시적 진술이 이를 뒷받침하고 있기 때문이다. 1~5행까지의 차분한 묘사는 6행에 이르러 표면의 문제를 떠나 내면의 문제로 향한다. 말하자면 6행은 진술적 표현이자 내면의 공간을 향하게 하는 역할을 수행한다. 시의 흐름은 이 진술적 표현으로 인해 깊이 침잠해 들어가는 느낌

을 갖는다. 하나의 국부적인 문제를 떠나 일반적인 삶의 진리에 관한 시인의 해석이 이 말에는 숨어 있다. 그것을 거부감 없이 자연스레 독자들이 수용하고 있으므로 시인은 소기의 성과를 거둔 셈이 된다. 물론 이 진술적 표현은 앞 5행의 묘사적 표현 때문에 가능한 것이다. 그러므로 묘사가 없는 진술은 죽은 진술이 되기 쉽다. 이런 이유에서 시는 묘사적 표현으로만 쓰는 것은 가능하지만 진술적 표현만으로는 불가능하다. 진술의 구체적 힘은 묘사로부터 받기 때문이다. 앞의 인용시 「옛마을을 지나며」의 "조선의 마음"을 생각해보면 이 점은 쉽게 수긍이 가는 문제다. 그러나 묘사로만 이루어진 시는 보여주는 산뜻함으로 그치기 십상이고 감동의 문제에까지 연결되지 않는 경우가 많다. 진술이 그래서 필요하다.

시적 묘사는 근본적으로 언어를 회화적인 방향으로 가시화하고, 시적 진술은 독백의 양상으로 가청화한다. 시적 진술은 시각적 인식과 맞닿아 있는 묘사와는 달리 청각을 통한 설득과 깊은 관련을 지니고 있다.

시적 진술은 가청적, 고백적, 해석적 성향을 가지므로 관찰을 통한 감지라기보다 관조를 통한 감지적 성향을 지닌다. 시적 진술은 독백적 진술, 권유적 진술, 해석적 진술이 있다.[28] 독백적 진술은 스스로가 시적 대상이 되어 반성하고 기원하는 형태이다. 그러므로 이 진술은 진술하는 주체 중심의 회고와 반성과 기원이 주를 이룬다. 권유적 진술은 자기의 주장을 불특정 개인 또는 다수에게 적극 동조를 요청하는 행태이다. 이 진술은 동조와 참여를 청하는 주체의 주장 중심의 언술이 된다. 독백적 진술이 자기 반성적 성향을 지녔다면 권유적 진술은 타인에게 반성을 촉구하는 성향을 지니고 있다. 해석적 진술은 일정한 시적 대상에 대한 시인 나름의 해석과 비판의 형태로 나타난다. 이 진술은 객체 중심의 탐구와 비판이라는 성향을 갖고 있다.

독백적 진술의 구조를 살펴보면 대체로 두 가지의 시점이 발견된다. 회고적 시점과 기원적 시점이 그것이다. 회고적 시점이 과거를 통한 현재의 반성 형태라면, 기원적 시점은 과거와 현재의 반성을 토대로 한 미래의 삶에 대한 희구 형태이다.

회고적 시점은 독백의 양식 중에서 직, 간접적으로 진술자의 회고가 들어가는 것을 말하는데 회고적 시점이라 한다. 회고적 시점의 특징은 반성을 주로 한다는 점이다. 모든 시는 독백의 성질을 지니고 있다. 시라는 문학 양식이 시인의 체험 그 자체를 형식화한 것이기 때문이다. 그렇기 때문에 대부분의 시는 독백의 양상을 띤다. 회고적 독백이 반성을 초점

---

28. 오규원, 「현대시 작법」 (문학과지성사, 1990) 5장과 6장, 128~207면.

에 둔다면 기원적 시점은 소망을 초점으로 둔다. 기원적 시점의 크게 두 가지의 특징을 지니게 된다. 첫 번째로 희구하는 그 무엇인가를 각각 가지고 있다. 두 번째로 외형상으로는 자기 자신에게 말하는 것이 아니라 제삼자에게 진술하는 형태라는 점이다.

회고적 독백이든 기원적 독백이든 일상적인 행위 속의 독백은 모호하든 산만하든 상관 없이 그저 자기 자신만 알아들을 수 있는 그런 형태이다. 그러나 시 속의 독백은 시적 내용을 효과적으로 전달하기 위한 방법적 차용이다. 그러므로 그 방법적 차용은 엄격할수록 좋다.

독백적 진술이 종국적으로 자기 자신에게 돌아가는 언술의 내용을 갖는데 비해, 권유적 진술은 자가가 아닌 다른 사람의 각성을 유도하는 언술의 내용을 지닌다. 관행적 시점과 비관행적 시점이 있는데 관행적 형태의 권유로는 어떤 단체나 행사의 기념시가 그 전형적인 보기이다. 관행적 형태의 권유는 일정한 단체나 행사가 지향하는 이상이나 목적을 염두에 둔 권유이다. 그러므로 진술자의 주장은 단체나 행사가 지향하는 이상과 합치되는 방향에서 전개된다. 비관행적 형태의 권유는 아무런 구속이 없는 자유로운 주장이 가능하다.

해석적 진술은 시적 대상에 대한 나름의 이해와 비판을 토로하는 행태이다. 시적 대상에 대한 감각적 인식을 가시적으로 제시하는 것이 아니라 직접 토로하는 것이라는 점에서 묘사와 구분되고, 심성적 토로가 일정한 시적 대상에 대한 해석의 토로라는 점에서 스스로 대상이 되어 자기반성을 진술하는 독백적 진술과 구분되며, 또 대상에 나름의 이해와 비판을 들려준다는 점에서 자기의 주장을 제 3자에게 관철시키려 하는 권유적 진술과 구분된다.

해석적 진술도 그 시점을 두 가지로 나누어볼 수 있다. 관조적 시점의 진술과 풍자적 시점의 진술이 그것이다.

관조적인 시점의 해석은 대상에 대한 이해를 지향한다. 관조적 해석은 그 양상은 다양하지만, 일반적으로 존재와 의미의 탐구를 통한 세계에 대한 새로운 인식과 이해를 보여준다.

풍자적인 시점의 해석적 진술은 일종의 시적 논평이다. 관조적인 형태가 비판보다 대상에 대한 의미론적 또는 존재론적 탐구를 통한 세계의 이해와 적극적인 태도를 보여준다면, 풍자적인 형태는 대상 그 자체에 대한 탐구보다 그것에 대한 인간의 태도에 보다 관심이 있다. 그러므로 풍자적인 형태의 진술은 보다 사회적이고, 또 윤리적인 해석을 주로 한다.

Ⅳ. 소설의 이해

이 재 인*

1. 소설이란 무엇인가?

소설에 대한 개념은 시대와 사회와 그 저술자의 시각에 따라 여러 가지 뜻으로 정의되어 왔다. 이는 소설이란 장르가 발생한 이후 시대와 사회적 배경에 따라 소설이 지닌 복합적 의미에서 소설을 발전시키려는 역동적 저술가들의 노력이 있었기 때문이었다.

이러한 저술가들의 노력으로 소설의 개념은 다양하게 성립되었다. ①설화성을 강조하여 소설을 이야기로 보는 시각, ②설화적 성격보다는 역사와 현실이 그보다 더 반영된 반영설, ③인간의 교화에 역점을 두는 교화설이 가장 많이 부상되어 온 개념들이다.

2. 소설의 개념 概念

소설의 개념 첫 단계는 소설을 이야기로 보는 관점이다. 대체로 소설의 이야기는 어느 영역에 한정되지 않는다. 시정의 이야기나 에로틱한 연애 이야기는 물론 한 시대의 흐름까지 짚어 나가는 서사적인 것까지 포함된다. 그런데 소설이란 장르는 허구적 이야기로 인식되었기 때문에 기존 이야기와 질적으로 다르다. 소설에 담긴 내용을 우리는 흔히 스토리라고 하고 100매 이내의 단편 소설을 쇼트 스토리라고 정의한다. 장편소설을 로망이

* 경기대학교 국어국문학과 교수

라고 하는 것도 그 자의字意로 보면 이야기를 뜻하고 있다.

동양에서는 예로부터 소설을 작은 이야기란 말로 정의해 왔다. 『장자』의 〈외물편〉에서 실례를 찾아 볼 수 있다.

> 대체로 작은 낚싯대로 개울에서 붕어새끼나 지키고 있는 사람들은 큰 고기를 낚기가 어렵다. 이와 같은 소설을 꾸며서 그걸 가지고 현縣의 수령守令의 마음에 들려하는 자는 크게 되기 어렵다.[1]

이러한 기록으로 본다면 장자는 소설을 상대방에게 환심을 사려는 재담 정도로 여기고 있음을 알 수 있다. 공자는 소설이란 말을 사용하지 않고 『논어』에서 소도小道라고 하는 말을 쾌도난신快刀亂神의 의미로 사용하고 있다.

> 소도에는 볼만한 것이 있기는 하나 원대한 일을 당해 이를 인용하려면 통하지 않을 염려가 있다. 그러므로 군자는 이런 것을 하지 않았다.[2]

이외에 『한서예문지』에서 반고는 소설의 원형이 시정에 떠도는 이야기, 화자나 작자가 재미있게 꾸며낸 것이라고 정의하고 있다.

> 소설가라는 것은 대개 패관稗官에서 비롯된 것으로써 소설이란 길에 떠도는 이야기와 항간에서 흔히 들을 수 있는 것으로 꾸며서 만들어진 것이다.[3]

위 선현들의 견해는 소설이 이야기를 중심으로 한 픽션의 세계임을 밝혀주고 있다. 소설가들에 해당한 패관, 전기수傳奇叟, 이야기꾼 등으로 불린 이들이 만들어 낸 이야기는 설화성과 허구성을 지니고 있다는 지적이라 할 수 있다.

이덕무는 소설의 제작과정을 다음과 같이 설명한다.

> 중국에서는 시골 훈장들이 한가히 모여 잡담을 나누다가 술과 고기를 먹고 싶으면 한 사

---

1. 夫揭竿累趣渚瀆守鯢鮒 其於得大魚難矣 飾小說以干縣令 其於大達亦遠矣.(『장자』「外物篇」)
2. 孔子曰 雖小道 必有可觀 者焉 致遠恐泥是以君子不爲也.(『論語』「子張篇」)
3. 小說家者流蓋出於稗官, 街談佛巷語 道聽塗說者之 所造也.(『漢書』「藝文志」).

IV. 소설의 이해

람이 소설을 지어 부르고 그것을 베껴 써내고 다시 몇 사람이 그것을 판에 새기어 그대로 두세 편 서점에 내다 팔아 술과 고기를 사서 먹었다고 한다.[4]

이와 같은 선현들의 견해로 보아 소설이란 장르가 설화성을 지닌 이야기임을 알 수 있다. 개화기 신소설 작가로 우리에게 익숙한 이해조는 『화의 혈』에서 소설이 지니고 있는 허구성과 교화적 속성을 아래와 같이 피력하고 있다.

> 기자왈 소설이란 것은 매양 빙공제영憑空提影으로 인정에 맞도록 편집하여 풍속을 교정하고 사회를 경성하는 것이 제일 목적인 중 그와 방불한 사람과 방불한 사실이 있고 보면, 애독하시는 열위 부인, 신사의 진지한 재미가 일층 더 생길 것이요, 그 사람이 회개하고 그 사실을 경계하는 좋은 영향도 없지 아니 할지라. 고로 본 기자는 이 소설을 기록함에 스스로 그 재미와 그 영향이 있음을 밭고 또 바라노라.[5]

'빙공제영'이란 허구에 의존하여 사물의 그림자를 포착한다는 뜻으로 이는 소설의 허구성과 교화성을 동시에 드러내며 강조하고 있는 것이라 할 수 있다.

구미에서도 소설의 설화성과 허구성을 강조하는 견해는 두드러지게 나타난다. 그중에서도 다음에 열거하는 말들은 소설의 속성을 잘 파악하고 있다. 소설이 현실과 비슷하면서도 현실과 다른 허구성을 바탕으로 하는 서사적 허구물임을 설명하고 있다.

- 소설은 증류된 인생이다. (C. 해밀턴)
- 소설은 인생의 해석이다. (W. H. 허드슨)
- 소설이란 무엇인가? 가공적인 이야기다. (앙드레 모르와)
- 소설은 이야기, 즉 캐릭터에 대해 꾸며 놓은 이야기다. (R. P. 워런&C. 브룩스)

위의 설명에서 밝혀진 바와 같이 소설은 허구적인 이야기의 세계다.

소설이란 사실 작가에 의하여 창조된 가공적인 이야기이면서도 허구의 세계라고 할 수 있다. 픽션이란 말은 작가의 주관과 상상력의 작용에 의하여 새로운 또 하나의 세계를 창

---

4. 嘗聞中州村巷學究 開聚談話 即席欲酒肉 則一人呼訴說 一人寫 幾人刻板 居然成二三篇 賣於書肆 沽酒肉以遊云. (李德懋, 『青莊館全書』권5, 「嬰處雜稿」)
5. 이해조, 『화의 혈』후기.

조해 간다는 뜻이다. 리얼리즘과 반리얼리즘의 차이는 있을지언정 소설은 결국 창조적인 허구의 세계라는 것이다. 현실과 사회를 객관적인 안목에서 있는 그대로를 그린다는 리얼리즘 문학도 어디까지나 작가의 주관에 의하여 재구성되어야 하고 질서가 주어져야 하며 통일성이 있는 창조의 세계, 예술의 세계가 되어야 한다. "리얼리즘도 선택이다"라는 말 속에는 곧 문학과 예술의 세계가 현실 그대로의 세계가 아니라 작가와 예술가에 의하여 창조된 환상의 세계요, 가공의 세계임을 뜻하는 것이다.

어떤 사람들은 소설의 초보적인 양상을 스토리, 즉 이야기라고 한다. 몰턴은 "창작 문학의 핵심은 스토리"[6]라고 말했고 포스터도 "소설의 근본적인 양상은 이야기"[7]라고 말했으며 우리나라의 김동리도 이 점을 강조하고 있다.

> 스토리적인 플롯이 어디까지나 내러티브의 형식으로 표현되는 데 서사시의 기본적인 성격이 있다. …… 이것을 우리말로 고친다면 이야기란 말에 해당된다.[8]

인간이 본질적으로 이야기를 좋아하는 것은 "자기 자신의 모순을 이야기로 보충시켜 나가려는 것이 인간성에 내포되어 있기" 때문이라면서 소설의 이야기는 ①구성적인 이야기 plot, ②서술된 이야기 narrative, ③인생의 이야기 character, ④창조적 이야기 fiction가 되어야 한다는 요지의 말을 하고 있다.[9] 그러니까 몰턴이나 포스터나 김동리의 경우처럼 소설의 근본을 스토리에 둔다고 할지라도 이 이야기는 곧 꾸며진 이야기, 픽션이라고 설명할 수밖에 없는 것이다.

그러므로 근대 소설의 특징은 그 허구성에 있다. 한동안 소설을 사회의 거울이요, 시대의 그림이라고 하여 소설의 사실성을 중시한 때도 있었지만 오늘날 소설이 현실 그대로의 복사일 수는 없다. 이는 어디까지나 작가의 주관을 통한 새로운 창조요, 환상을 만들어 내는 것이라는 주장이 지배적이다. 즉 소설은 인생이나 사회의 거울이 아니라 그것을 그 나름대로 굴절시키는 렌즈와도 같은 것이다.

작가를 제2의 창조자라고 부르는 까닭도 바로 여기에 있다. 그런데 문제는 소설에 있어

---

6. R. G. Moulton(本多顯彰), 『The Modern Study of Literature』, 岩波書店, 1957, 382면.
7. E. M. Forster, 『Aspects of the Novel』, Penguin Books, 1970, 27면.
8. 김동리, 『문예학 개론』, 서라벌예대 출관국, 1958, 172면.
9. 김동리, 「소설이란 무엇인가?」, 『소설작법』, 청운출판사, 1965, 10~16면.

서 거짓말로 꾸며진 이야기는 진실성이 있는 '참말 같은 거짓말'이어야 하고 '가공의 진실'이 되어야 한다는 것이다.

모더니즘 소설이 담화적 구조와 이 허구적인 모험을 구가하는 것은 소설이 허구적인 이야기인 데서 오는 현상이다.

다음으로 소설은 인생이나 역사의 반영이라는 견해가 두드러진다. 소설은 꾸며진 허구의 세계라기보다는 내일의 지평을 위해 피어리게 살아가는 현실이나 역사의 반영이며 삶의 총체적 인식에 의한 새로운 지평을 가시화한다는 것이다. 작가는 현실을 반영하고 모방하되 단순한 반영이나 모방이 아니고 현실이나 역사의 총체적 인식과 그 형상화에 의해 소설의 세계를 이루려고 한다.

양계초의 소설론을 수용한 것으로 보이는 신채호는 소설은 '국민의 혼'이라고 전제하여 소설이 민심과 풍속을 드러내고 조절하는 능력을 가져야 한다고 리얼리즘에 근거하여 견해를 보이고 있다.[10] 이광수도 소설은 민족이나 현실의 반영에 주목하면서 그 교화성을 강조하고 있다.[11]

구미에서는 근대 소설의 형성 이후의 반영과 모방이 그 주경향이 되고 있다. 이러한 경향은 프랑스 3대 사실주의 작가인 발자크·스탕달·플로베르 등으로 발흥되었으며 그 중 플로베르의 일물일어설一物一語設이 바로 이 반영과 모방의 주축을 이루고 있다. 다음 예들이 그러한 관점에서 소설을 규정한 것이다. 다음 예들이 그러한 관점에서 소설을 규정한 것이다.

- 소설은 실생활과 풍습과 그것이 써진 시대의 그림이다. (클라라 리브)
- 소설은 실생활의 반영이요, 축도다. (솔로호프)
- 소설은 인생의 회화다. (퍼시 러벅)
- 소설은 현대의 문제적 개인 본래의 정신적 고향의 삶의 의미를 찾아 길을 나서는 동경과 모험에 가득 찬 자기 인식의 여정을 형성한다. (루카치)

---

10. "韓國에 傳來하는 小說이 太半著桑間박의 淫談과 崧佛之福의 快話라. 此亦人心風俗을 敗壞케 하는 壹端이니, 各種 小說을 著出하야 此를 壹端홈이 亦汲汲ᄒ다 云홀지로다 …〈중략〉… 婦孺走卒等 下等社會로 始ᄒ하야 人心轉移 ᄒᄂ 能力을 具혼 者ᄂ 小說이 是니 然則 小說을 是豈易顧홀늬인가." (신채호, 「근년국지소설저자의 결의」, 대한매일신보, 1908, 7~8면.)
11. 이광수, 「여의 작가적 태도」, 『동광』, 1931, 462면.

결국 소설은 인생의 반영이면서 현실과 역사의 새로운 모방으로 볼 수 있다. 바로 근대 이후에 발흥한 소설은 현실 반영을 목표로 하는 리얼리즘이 그 주류를 이루고 있다. 에밀 졸라의 『루공 마카르 총서』라는 대하소설이 제2제정 시대의 사회를 반영하고 있으며 투르게네프의 『부자』도 니힐리즘에 젖어 있는 러시아 제정 말엽의 사회상을 반영하고 있다. 이광수의 『무정』에는 한말의 현실이 반영되어 있고 염상섭의 『삼대』에는 식민지 치하 사회상이 여실히 반영되어 있어 소설에 있어서 시대 반영의 속성을 잘 보여 주고 있다.

소설의 특성은 궁극적으로 인생을 표현하는 예술 형식이다. 다시 말하자면 역사를 반영한다는 것이다. 허드슨도 "문학이란 언어를 매개로 하는 인생의 표현"이며 "소설은 인생의 해석"이요, "소설가의 주제는 곧 인생"이라 말했고 『소설의 이해』에서도 "소설은 이야기, 즉 성격에 대하여 꾸며 놓은 이야기"라고 설명되어 있으며 소설 문학이 묘사하고 표현하고 탐구하고 발견하고 창조하려는 것은 오직 '인생' 그것이라고 설명하고 있다. 흔히 '소설은 인간학'이라는 말을 할 만큼 소설은 총체적으로 인간을 탐구하고 구체적으로 인생을 표현한다.

모리악은 소설의 인생 표현 특성을 다음과 같이 설명한다.

> 소설가는 모든 인간 가운데 가장 신을 닮았다. 그는 신을 모방하는 자다. 그는 산 인간을 창조하고 운명을 구명하고, 사건과 재앙을 짜 올리고 그것을 뒤섞고 종국에로 인도한다. 그것은 끝내 허공 속에서 그려진 인물일까, 아마 그러하리라. 그러나 『전쟁과 평화』의 로스토프와 카라마조프의 형제들은 살아 있는 어느 인간에 못지않은 실재성을 가지고 있다. 그들의 영원한 본질은 우리의 본질과 같이 형이상의 신념이 아니고 현재의 우리가 증인이다. 이들 인물은 약동하는 생명을 가지고 우리 사이에 대대로 전달되고 있다.[12]

이처럼 소설가는 신을 모방하는 자로서 우리의 전 인생을 개괄하는 것이다.

조선 소설, 즉 고소설은 스토리 중심의 소설이었지만 근대 소설은 살아 있는 인간의 모습을 구체적으로 표현하는 캐릭터 중심에 그 특징이 있다. 근대 소설이 인물 묘사, 성격 창조, 심리 표현 등을 주요 특질로 내세우는 이유도 바로 이 점에 있다. 불후의 명작은 반드시 불멸의 인간상을 보여 주고 있으며 뛰어난 고전 작품에는 독창적인 인간의 모습이 생생하게 표현된다.

12. F. Mauria, 『Le Roman du l'artisan du livre』 (김창수 역, 『현대 소설 작법』, 수문사, 1959, 9면.)

세 번째는 교화의 측면에서 소설의 의미를 부여하는 입장이 강하게 나타난다. 원래 동양에서는 예악야어서수藝樂耶御書數의 품격을 갖추고 신언서판의 지례를 갖추어 치정과 예를 아울러 갖추는 것을 덕목으로 여겼다. 소설은 이런 덕목에서 벗어나 흩어지고 음란한 사회나 인간을 바로 하게 하는 감계鑑戒나 교화를 강조해 왔다. 공자가 소설을 쾌도난신과 연관 지어 염려하는 것은 백성을 어지럽힘을 경계한 점이다. 당나라의 소설가 구우는 『전등신화』의 자서自序에 소설의 교화성을 강조하고 있다.

> 나의 글이 세교의 민생에 도움이 되리라고 말하지는 않겠다. 그러나 선을 권장하며 악을 징계하고 옹색하고 곤란한 사람을 애련이 여기는 바가 있어 혹 이런 이야기를 적어낸 사람에게 죄가 안 되고 독자에게는 경계하는 뜻이 있다고 할까.[13]

김시습이 보여 주고 있는 소설관 또한 구우의 그것과 유사한 점이 있다.

> 소설의 내용이 쾌이快異해도 좋고 허탄해도 상관이 없으나 세속의 감인의 요소를 갖추어 있어야 하며 그 중에서도 감인感人이 특히 중요하다.

박은식의 소설관 또한 이러한 계열에 속한다.

> 부 소설자는 감인이 최연심最演深하고 입인入人이 최심最深하야 풍속계급風俗階級 교화 정도에 관계가 심거한지라[14]

그는 소설의 기능을 인정하되 그 역기능 또한 경계하여 『숙영낭자전』의 황당하고 음탐함을 비판하고 소설의 교화성을 강조하면서 『서서건국지瑞西建國誌』를 번역하여 독립 자주를 견고히 해야 한다고 주장했다. 또한 개화기 소설가들도 문학을 세도와 감계 등 소설의 교시적 기능을 강조하고 있다. 이해조는 『화의 혈』의 말미에서 소설의 교화를 강조하고 있다.

---

13. 최현섭, 『한국 소설 교육사 연구』, 대한교과서주식회사, 1989, 22면.
14. 신채호, 앞의 글.

> 소설이란 것은 매양 빙공제영으로 인정에 맞도록 편집하여 풍속을 교정하고 사회를 경성하는 것이 제일 목적인 중 …… 열위 부인, 신사의 진지한 재미가 일층 더 생길 것이요, 그 사람이 회개하고 그 사실을 경계하는 좋은 영향도 없지 아니할지라.

「벽부용」의 말미에서는 권선징악의 효능을 강조하고 있다.

> 이제 세상의 탕자 음부도 또한 이 사실을 보게 되면, 족히 부끄러워 죽을 만한지라.
> 어찌 인세 풍화에 내관계 아니하리오. 권선징악의 보잠을 짓고자 하노라.

이는 소설을 인세 풍화의 교정의 도구로 삼으려는 소설의 교화성을 강조하고 있는 것이다. 안국선도 『공진회』의 「중독자에게」에서 소설의 공감 영역과 교훈적인 기능을 강조하고 있으며 이광수 또한 민족주의를 기저로 한 교화적 전파력에 주목한 바 있다. 카프 계열의 작가들은 이데올로기 전파 도구로써 소설을 사회적 변혁의 수단으로 삼으려고 한다.

구미에서는 플라톤의 『공화국』에서 시인 추방을 내세운 이후 소설의 교화적 기능의 전파를 강조하기도 했으며 루카치 등의 사회주의 리얼리즘에서는 이데올로기의 전파적 기능을 주목하기도 했다.

소설의 개념은 이렇게 허구성과 반영 그리고 교화의 세 측면에서 시대나 상황에 따라 어느 한 쪽을 강조하는 경우도 있으나 이 세 측면은 소설 내에서 통합되어 소설의 예술적 특성을 형성하고 있다.

3. 소설의 기원

소설의 기원은 할머니의 얘기에 있다고 해도 과언이 아니다. 또한 사람들이 살아가면서 생활을 영위하는 가운데 이루어지는 모든 '이야기'에서 소설의 기원을 찾을 수도 있다. 다시 말해 소설은 사람의 생활로 인해 비롯되었다고 해도 좋을 것이다.

소설의 기원 및 형성에 대해서는 여러 가지 견해가 있다. 그중에서도 소설이 고대의 서사시에서 비롯되었다고 보는 견해가 있고 또한 중세의 로맨스에서 시작되었다고 보는 견해가 있는데 이 두 논의가 가장 대표적이며 이와 달리 근대 소설과 현대 소설의 형성을 중심으로 소설 장르의 변이를 보려는 견해도 있다.

가. 소설의 서사시 기원

소설의 근원을 고대의 서사 문학에서 찾아보려는 주장은 무엇보다 소설의 기본적인 특질이 이야기와 서술에 있음을 고려하여 그 근원을 고대의 서사 문학에까지 소급해 올라간다.

소설의 기원을 서사시에 두고 있는 견해로는 몰턴, 허드슨, 루카치 등을 들 수 있다. 우선 몰턴은 『문학의 근대적 연구』[15]에서 "서사시 · 서정시 · 극시 그리고 역사 · 철학 · 웅변은 문학 형태의 여섯 가지 요소다"라고 설명한다. 앞의 셋을 '존재에 플러스하는 창작 문학'이라 하고 뒤의 세 가지는 '존재를 토의하는 토의 문학'이라고 양분한다. 그러면서 서사시에 대해서는 고대의 운문 설화와 근대 소설을 포함하여 그 영역을 확대해서 말하고 있다. 즉, "서사시는 이미 우리가 보아 온 바와 같이 고대의 운문 서사와 근대 소설을 포함"하는 '창조적 서술로서의 서사'인 것이다. 이는 서사시의 영역을 확대하는 것으로 이 논의에 의거하면 자연히 근대 소설의 기원은 서사시에 있게 된다.[16]

이러한 몰턴의 논의를 자세히 소개하면 다음과 같다. 서사시가 비록 당시 표현의 일반성에 의해 운문으로 표현되고 있다고 해도 소설에서 볼 수 있는 어떤 배경에서 인물의 행동에 의해 전개되는 사건이 있고 그것을 시간이나 공간적인 구성에 의해서 서술하고 있다면 소설은 서사시와 동일한 요소로 형성되어 있다는 것이다. 말하자면 소설이 지니고 있는 설화성과 서술의 양식을 이미 고대의 서사시가 갖추고 있어서 그것을 소설의 시작으로 보려는 것이다.

허드슨은 『문학 연구 입문』[17]에서 서사시의 종류를 『오디세이아』나 『일리어드』 같은 고대나 중세 때의 성장의 서사시와 밀턴의 『실락원』과 같이 문예 부흥 시대의 예술의 서사시로 나누고 있다. 그런데 그에 따르면 이들은 아직까지는 서사시일 뿐 소설은 아니다. 소

---

15. R. G. Moulton, 앞의 책, 참조.
16. R. G. Moulton, 앞의 책, 18면.
17. W. H. Hudson, 『An Introduction to the Study of Literature』, London, 1958.

설은 평범한 인물의 일상사를 다룬 인생의 서사시로서 서사시에 포함되지만 서사시 자체는 아니다. 즉, 이는 "스토리적인 플롯이 내러티브의 형식으로 표현된다"[18]는 점에서는 서사시와 동일하지만 주인공이 시정의 범속한 인물이라든지 산문으로 되어 있어 서사시와는 다른 특징을 보여 준다.

루카치는 『소설의 이론』에서 호메로스 시대의 서사시가 "선험적 좌표에 힘입어 총체성이 지배하던 형이상학적 고향 속에서 인간의 영혼이 아무런 문제없이 안주하고 있던 그리스의 역사 철학적 산물"이라 밝히고 있다. 이에 반해 현대의 서사 형식인 소설은 이미 선험적 좌표와 형이상학적 고향을 상실하고 서사시적 총체성의 세계를 다시 찾으려는 고독한 현대인의 영혼이 직면하고 있는 역사 철학적 상황의 산물인 것이다. 따라서 소설은 문제적 개인이 될 수밖에 없는 주인공이 본래의 정신적 고향과 삶의 의미를 찾아 길을 나서는 동경과 모험에 가득 찬 자기 인식에로의 여정을 형상화하고 있는 형식이 된다.[19]

한편 장덕순도 설화 문학의 장르 형성을 연구하는 가운데 설화와 서사시가 완성된다면 소설의 출발이 가능하게 된다고 주장한 바 있다. 그는 『한국문학사』에서 우리의 소설이 서사 문학에서 비롯되었음을 강조하고 있다.

> 13세기에는 정녕 설화 문학이 개화한 시기다. 『삼국유사』도 이 시기에 편찬되었으니 「주신의 꿈」이 비록 신라를 배경으로 했으나 작품의 형성은 13세기로 잡아야 하겠고 의인체 소설들도 모두 이 시대에 창작되었다. 그렇다면 소설은 13세기로 우선 설정할 가능성이 있다고 본다.[20]

「단군신화」나 「동명왕 전설」이 모두 서사적인 신화인 것을 보면 서사시에서 소설이 발생했다고 보는 것도 타당한 의미를 가진다.

나. 소설의 로맨스 기원

---

18. W. H. Hudson, 앞의 책, 108~109면.
19. G, Lukacs(심성완 역), 『소설의 이론』, 심설당, 1985면.
20. 장덕순, 『한국문학사』, 동화출판사, 1977, 184면.

소설의 기원을 중세 로맨스에서 찾아보려는 주장은 티보데를 위시하여 일본의 문예학자 혼마 히사오라든지 우리나라의 백철 등 많은 사람들이 찬동하고 있다. 티보데는 『소설의 미학』에서 소설이란 뜻을 가진 프랑스어 'roman'의 자의字義를 다음과 같이 설명하고 있다.

> 소설은 그 이름이 가리키듯이 승려 문학자의 시대에 라틴어로 써진 정규의 서적에 대해서 세속의 속어로 써진 것을 의미한다. 로망이란 말이 마침내는 이야기를 뜻하게 된 것은 로망어로 기록된 것의 대부분이 이야기였기 때문이다.[21]

즉 스페인어·프랑스어·이탈리아어·프로방스어 등 '중세에 있어서의 속어로 된 이야기'가 곧 소설의 기원이라는 것이다. 그리고 로맨스는 공중 앞에서 낭송하기 위한 언어로서 성지 순례자와 부인이라는 2종의 공중公衆이 그 이야기의 수용자로서 수용자에 따라 소설의 형태나 내용이 달라졌음을 사적인 관점에서 밝히고 있다.

> 2종의 공중은 두 종류의 소설을 산출시켰다. 남성적 양식과 여성적 양식—소설에 있어서의 도리스식과 이오니아식, 무훈시와 기사도 문학이 발생했다. 이것이 뒤에 진실한 의미로서의 로망이 된 것이다.[22]

그리고 티보데는 이 기사도 문학과 로마네스트 문학이 부인들의 살롱 문학이었음을 밝히고 있는데 그것은 흔히 사랑과 모험을 그린 것으로서 『아서왕 이야기』·『샤를르마뉴 이야기』 등이 그것이다. 백철도 "소설의 전신은 로맨스며 이야기다. 이것은 동서 소설의 기원을 찾아보는 데 있어서 우연한 일치를 보이고 있는 점이다"라고 말하면서 동양에서도 소설은 설화와 전설 등 이야기에서 비롯되었음을 밝히고 있다.[23]

이러한 예는 우리나라의 경우 고소설에서 찾을 수 있다. 김시습의 『금오신화』나 조선 소설의 쌍벽을 이루는 남원의 전설과 관련이 깊은 『춘향전』과 김만중의 『구운몽』은 물론 『심청전』·『장끼전』·『흥부전』 등도 로맨스에 속한다고 볼 수 있다.

한편 좀 다른 각도에서 로맨스와 소설의 기원을 설명하고 있는 것도 볼 수 있다. 그것은

---

21. A. Rhibaudet(유경진 역), 『소설의 미학』, 신양사, 1959, 8면.
22. A. Rhibaudet(유경진 역), 위의 책, 11~15면.
23. 백철, 『신고문학개론』, 신구문화사, 1972.

소설의 개연성과 로맨스의 환상성을 구분하고자 하는 논의다. 리브는 로망의 비사실성과 환상적인 이야기의 측면을 소설로부터 구별하고 있다.

> 소설은 사실적 인생과 풍습 그리고 그것이 써진 시대에 대한 표사다 로맨스는 여태까지 일어나지 않은 일 또는 일어날 것 같지 않는 일을 고상하고도 품위 있는 언어로 기술한 것이다.[24]

물론 소설은 실제로 일어난 사실이나 역사를 기술하듯이 그려 나가지는 않기 때문에 소설의 이야기는 허구다. 그러나 허구라는 것과 비사실적이라는 것 사이에는 차이가 있다. 소설은 허구이기는 해도 아리스토텔레스의 표현을 따르자면 '일어날 수 있는' 이야기이기 때문에 사실적 성격을 갖게 된다. 있을 수 있는 일을 그린 것으로 허구이면서 사실적이라는데 소설의 특징이 있게 되는 것이다. 따라서 소설의 개연성은 로맨스가 가지고 있는 환상적이고 전기적인 측면과는 구별되어야 한다.

리얼리티의 표현 방법이란 관점에서 구미 소설의 발전 과정을 살핀 아우에르바흐는 소설의 대상이란 측면에서 일상생활의 개념을 가장 중요한 것으로 파악하고 있다. 그에 의하면 로맨스는 이러한 일상생활을 도외시했는데 이는 로맨스가 가진 역사의식의 결핍 때문이라는 그의 견해를 받아들인다면 일상생활을 정시하지도 또한 투시하지도 못하는 로맨스는 역사의식의 결핍을 보이는 문학 양식으로 정의할 수 있다.[25]

워런의 다음과 같은 로맨스와 소설에 대한 개념도 아우에르바흐의 설명과 일맥상통한다.

> 노벨은 사실적 인생과 풍습, 그리고 그것이 써진 시대에 대한 묘사다. 로맨스라는 것은 여태까지 일어나지 않은 일, 또는 일어날 것 같지 않은 일을 고상하고도 품위 있는 언어로 기술한 것이다.[26]

백철은 노벨을 비허구적인 이야기 형식, 즉 편지·일기·비망록·전기·연대기·역사 등 문헌

---

24. R. Wellek & A. Warren, 『Theory of Literature』, Penguin Books, 1970, 256면.
25. Erich, Auerbach(김우창·유종호 역), 『미메시스』, 민음사, 1987.
26. 백철, 위의 책, 256면.

으로부터 발달한 것이고 로맨스는 서사시의 중세 로맨스의 후계자라고 설명하고 있다. 또한 전자는 좋은 의미로서의 모방을 강조하고 후자는 '세부의 정확성' 같은 것을 무시한다고 덧붙이고 있다.[27]

4. 근대 소설의 형성

가. 근대 소설 형성의 시각

소설이라면 근대 이후의 소설을 지칭하는 것이 보통이다. 루카치의 경우『소설의 이론』에서 소설을 '부르주아 시대의 서사시'로 보아 소설의 발생과 근대 사회의 등장 사이의 관련을 설정하고 있으며 와트 역시『소설의 발생』에서 소설 형식이 근본적으로 리얼리즘에 입각한 형식임을 밝히면서 18세기 초 영국의 사회적 변화가 소설의 발생과 밀접한 관계가 있음을 지적하고 있다.[28] 물론 여기서 근대 사회라는 것이 정확하게 무엇을 지칭하는가를 명확하게 말할 수는 없지만 대개 근대 사회를 구성하는 두 요소로 자본주의와 시민사회의 형성을 들고 있다.

루카치의 견해는 헤겔의 미학을 계승하고 있는 것으로서 근대 시민 사회에 대응하는 대서사 양식은 소설이라는 것이 그 핵심적 내용이다. 루카치는 서사시와 소설이라는 두 장르 간의 근본적인 구별점을 ①그 속에 나타난 세계관 및 주인공의 성격에서 찾고 있다. 그는 서사시의 주인공에 대해서 개인이 아닌 공동체며 따라서 한 개인의 운명보다는 공동체의 운명을 주제로 삼게 되는 점이 서사시의 본질적 특징이며 ②서사시는 이상과 현실이 아직 분열 되지 않은 삶의 총체성이라는 상태를 그리고 있는 반면에 소설은 사회의 광범위한 총체성이 직접적으로 주어지지 않는 시대가 낳은 산물이며 ③서사시의 세계관을 결정하는 가치 체계는 완벽하고 원만하기에 유기적 전체를 구성하고 있으며 그 전체의 어느 한 부분도 그 자체 속에 폐쇄되어 버린 세계를 가질 수 없지만 이 총체성이 깨어지고 삶의 의미가 문제성을 띠게 되면 개인은 외부 세계로부터 소외된 상태에 빠진 채 독자적 세계

---

27. 백철, 위의 책, 228면
28. I. Watt,『The Rise of the Novel』, Penguin Books, 1966, 12~18면.

를 구축하게 된다는 것이다.[29]

루카치의 견해에 비추어 생각할 때 근대 소설이 시민 사회의 성립과 개인주의 사조의 팽창과 그 시대를 같이하여 발생한 것은 결코 우연이 아니다. 소설이 등장하게 된 것은 중세적 세계관에 의해 허용된 총체성을 누리던 구미 사회가 개인주의적 각성을 하게 됨에 따라 이 총체성이 깨어지면서 문학은 소외된 상태에서 자율적 삶을 외롭게 영위하지 않을 수 없는 수많은 개인들을 그 대상으로 삼게 되었기 때문이다. 이러한 그의 견해는 소설의 형성과 발전을 문학적 계통에 의해서라기보다는 역사 철학적 관점에서 설명하고 있는 것이다.

한편 와트는 영국에서 18세기 초 활동한 리처드슨·디포·필딩의 작품을 중요하게 취급하면서 당대의 철학적 기조, 사회·경제 구조의 변화 등을 고찰함으로써 소설의 발생이 어느 한 개인의 공헌에 의한 것이 아니라 18세기 초 영국은 중산층 서민들의 정치·경제적 부상으로 그들의 지적·도덕적 수준에 알맞은 새로운 문학 형식이 요구된 데에 대한 부응이라고 말했다.

또한 더욱이 인쇄술의 발달 및 데카르트를 중심으로 한 새로운 합리주의 철학 사상과 개인주의의 보급은 소설의 발생에 중요한 토대로 작용하게 되었다. 예를 들어 디포의 『로빈슨 크루소』는 그것이 비록 공상적 환경 속에서이긴 해도 철저한 사실주의에 입각하여 현실적 사실과 경제적 개인주의를 숭배하는 주인공의 모험을 다룬 작품으로 새롭게 부상하는 시민 계급의 도덕moral을 잘 표현하고 있다. 와트는 이런 점에서 디포를 근대 소설 선구자의 한명으로 꼽고 있는 것이다.

그런데 와트가 소설의 전통에 있어 당대나 그 이후에 가장 큰 영향력을 행사했던 작가로 꼽고 있는 것은 바로 리처드슨이다. 그는 서간문 형식이란 독특한 형식으로 인간 심리의 미묘한 움직임과 복잡한 양상을 세밀하게 묘사해 냈다. 한편 필딩은 자신을 소설가라기보다는 역사가로 부르면서 사회의 일대 파노라마를 광범위하고 희극적으로 그려냈다. 이 뛰어난 세 작가들의 활동으로 당시 소설은 확고하게 자리 잡게 되었다.[30]

이런 관점에서 근대 소설의 형성을 구미와 우리의 경우로 나누어 보다 구체적으로 살펴보기로 하자.

---

29. G. Lukacs, 앞의 책, 70~88면.
30. I. Watt (전철민 역), 『소설의 발생』, 열린책들, 1988, 17~78면.

나. 근대 소설의 성격

르네상스가 신(神) 본위의 암흑시대의 구속에서 인간성을 해방하였으므로 근대 소설과 가장 가까운 이탈리아의 보카치오의 『데카메론』과 같은 소설에서 근대 소설의 선구적 모습을 보는 문학사가 많다. 그러나 18세기 평민이 종래의 귀족과 승려의 폭압에 항거하고 일어나고 사상적으로는 개인주의·자연주의·평등주의가 일어나면서 엄밀한 의미의 근대 소설이 시작되었다고 볼 수 있다. 왜냐하면 본격적인 근대 소설은 프랑스 혁명이라든지 미국의 독립 및 산업 문명 등을 촉진시킨 자유·평등·개인주의의 산물로 여겨지기 때문이다.

물론 그렇다고 해서 근대 소설의 독자나 작가가 계층적으로 볼 때 기층 민중이었다고 속단하기는 어려울 듯하다. 작가 층은 시민 사회에서 독특한 위치를 담당하게 된 지식인들이었고 수용자들은 상승하는 시민 계층, 내지는 유한 부인들이었다고 보면 정확한 표현이 될 것이다. 하지만 전시대의 기록 문학이 귀족 및 승려 계층의 전유물 이였음을 생각할 때 상당한 보편화를 이룬 것도 사실이다.

근대 소설의 효시를 이룬 작품들을 살피면 먼저 리처드슨의 『파멜라』나 세르반테스의 『돈키호테』를 들 수 있다. 『파멜라』는 창작의 흥미를 모험이나 사건 본위에 둔 것이 아니라 평범한 한 인간 생활의 이야기를 정서적으로 전개하여 진실에 이르도록 진전시켰으며 『돈키호테』는 '욕망의 삼각형'[31]을 실현하는 소설 구조로 이루어져 근대 소설의 면모를 갖추고 있다.

이런 근대 소설의 형성은 조남현이 서양 소설의 발달 과정을 『소설 원론』에서 다음과 같이 도식화하여 설명한 맥락과 일치된다.

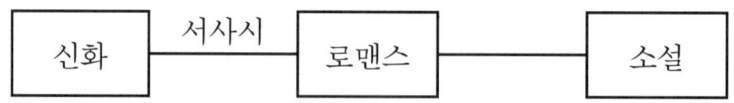

서사시는 보는 이에 따라 신화의 다음 단계에 놓이기도 하고 혹은 신화와 동시대의 단계에 놓이기도 한다. 이들 세 양식 혹은 네 양식의 차이점은 여러 각도에서 그 해명이 가능하다. 우선 주로 어떤 유형의 존재를 주인공으로 설정하느냐는 관점에서 이들 양식 사이

---

31. Rene Girard(김윤식 역), 『소설의 이론』, 삼영사, 1977, 11~61면.

의 차이점을 밝혀 볼 수 있다.³² 신화의 주인공은 신 혹은 신적인 존재이고 서사시의 주인공은 대체로 영웅이며 로맨스의 주인공은 기사騎士의 형태로 나타나는 귀족층이며 소설의 주인공은 어느 계층에 한정하지 않는 필부필부疋夫疋婦라고 말하고 있다.

우리의 경우 근대 소설의 시작이 어디서부터인가 하는 문제는 구미의 경우와는 달리 미묘한 문제를 지니고 있다. 이는 동양사의 전개가 서양사의 그것과는 다른 양상을 띠고 있기 때문이다. 즉, 동양의 근대화 과정은 자체 내의 자생적 발전의 싹이 구미 제국주의의 침략으로 꺾인 채 강요된 근대화 과정을 겪은 측면이 많은 것이다.

구미 근대 소설의 기준을 적용시킬 경우 우리의 조선 소설은 로맨스적인 것으로 규정될 수 있으며 신소설은 그것의 쇠퇴기거나 근대 소설로의 이행기로 규정할 수 있다. 이광수의 『어린희생』(1910)이나 현상윤의 「청류벽」³³은 자아의 각성과 성격의 창조를 보이고 심리 묘사가 조화되어 있음으로 해서 근대 소설이 나타나기 시작한다고 볼 수 있다. 이후 이광수의 초기 단편에 의한 형성기를 지나 김동인·염상섭·현진건의 단편에 이르러 성숙된 근세 소설의 양상을 띠게 된다.³⁴

하지만 소설이란 문학 양상을 서구 근대 소설의 형태로만 고착 시키는 것도 무리가 있다. 소설이란 명칭 자체가 우리의 전통과 뗄 수 없을 뿐 아니라 소설의 내적 요건이기 때문에 중요시대아 한다. 소설과 로맨스의 관계를 논하는 지리에서 언급한 바 있지만 판소리계 소설들은 상당히 근대 소설적 모습을 지니고 있다. 물론 이들은 개인 창작으로 보기 어렵고 얼마 안 되는 레퍼토리가 계속 재창작된 적층 문학이자 일종의 연행물이란 점은 근대 소설의 일반적 성격과는 거리를 지니고 있음을 간과할 수 없다.

결국 우리의 근대 소설의 형성은 내적인 계기와 외적 영향이 복합적으로 작용했다고 보는 것이 좋을 것이다. 복합적이란 말 한마디로 구체적 양상을 설명하기에는 무리가 있지만 이 문제는 우리의 경우만이 아니라 구미 문명권을 제외한 전 세계의 문학 현상과 관련된 문제이기 때문에 이상의 논의로는 속단하기 어려운 면이 있다. 따라서 구미의 문학사에 편중한 현재의 제 성과는 잠정적 성격을 지닌다는 것을 전제할 수밖에 없다.

멀리는 영·정조의 실학사상이 발현된 소설에서 가까이는 20세기 초의 신소설에서 근대 소설의 기원을 찾으려는 것도 이 때문이다.

32. 조남현, 『소설 원론』, 고려원, 1982, 47~48면.
33. 현상윤, 『학지광』10, 1916, 9.
34. 구인환, 『이광수 소설 연구』, 삼영사, 1987.

4. 소설의 주제

소설의 전체 구조를 통해 드러내고자 하는 어떤 중심 사상이나 핵심이 되는 의미를 주제라고 한다.

소설에 있어서의 주제는 소설이 말하고자 하는 그 무엇에 해당되는 것이라고 한다면, 제재는 주제를 낳기 위해 동원되는 재료나 근거라 할 수 있다. 재제가 특수한 상황이나 경우를 일러주는 것이라면 주제는 이러한 제재의 속성을 일반화, 추상화된 뒤에 얻는 것으로 다시 말해 주제는 목적지로, 제재는 목적지에 닿기 위한 효과적인 수단이나 구체적인 과정인 것이다.

주제는 하나의 소설 작품이 스스로 자신을 쌓아 올려가며, 도달하게 되는 그 무엇이다. 그것은 인물과 사건, 플롯, 그에 대한 총체적 핵이다. 핵은 작품 전체를 통해서 주제화되는 삶의 보편·통합적인 해석이기도 하다.

소설에 있어서의 주제는 통일성과 유기성을 유지하는 원동력이 되면서 동시에 소설의 가치 일부를 이루게 된다. 다시 말하면, 소설에 있어 주제는 독자로 하여금 가치 있는 사상이나 어떤 의미를 함축적으로 지각할 수 있게 하여 주는 알맹이인 것이다. 그러나 소설에 있어 주제가 소설체험의 최후 도달점은 아니라는 것에 유의해야 하는데 그 이유는 소설이 주제만을 전달할 목적으로 창작되는 것은 아니기 때문이다. 소설이 언어 예술의 하나로서 그 담긴 의미와 마찬가지로 미적 감동이나 절서 또는 언어 감각적 체험 등이 모두 소설 요소의 하나이다.

5. 소설의 구성

구성을 흔히 '플롯(영 Plot, 독 Fabel)'이라고 한다. 구성은 소설에 있어 기본적인 서까래 혹은 기둥이라 할 수 있다. 이것을 내면적 구조냐, 표면적 구조냐, 하는 발상으로 분류하면 표면적 구조에 해당한다. 표면적 구조라는 입장에서는 아리스토텔레스 이래 이미 많은 이론가들의 논의가 있어 왔다.

  그러나 구성, 즉 플롯은 아주 오래 된 개념이면서도 진정으로 소설에서 플롯이 무엇이냐 하는 문제에 봉착하면 이론가들의 대답은 각양각색일 것이다. 그래서 키어런 이캔은 다음과 같이 말했다.

> 플롯은 하나의 결정적인 감각적 반응을 불러일으키도록 사건을 한정하고 연속화하는 법칙의 집합니다.

이 이론의 경우 사건들을 한정하고 연속화 한다는 것은 곧 사건들을 단순히 일어난 순서에 따라 늘어놓는 것이 아니라 그것들의 가지와 줄기를 쳐서 작품 속에 새로운 순서로 재배열 한다는 말이다. 포스터E.M Forster는 『소설의 양』에서 '플롯은 인과 관계를 강조하는 서술이라'고 말했다. 다시 말하면 소설의 구성은 사건이 연결되어 이루어지지만 제멋대로 이어지는 것이 아니라 주제를 드러내기 위한 긴밀한 인과관계로서 배열된다는 뜻이다. 그러나 무엇이 단순한 이야기story이고 무엇이 짜여진 구성plot인지 우리가 흔히 사용하고 있는 예문을 보자

  ① 왕이 죽고 왕비도 죽었다.
  ② 왕이 죽자 슬픔에 못 이겨 왕비도 죽었다.
  ③ 왕비가 죽었다. 사인을 아는 사람이 하나도 없더니 왕이 죽은 슬픔 때문이라는 것이 밝혀졌다.

예문 ①은 단순한 이야기의 기호 요소이다. 이것이 인물의 형상화와 플롯의 인과 관계가 포함된 구체적인 이야기로 완성되면 ②나 ③처럼 발전하게 된다. 플롯의 발전뿐 아니라 인물의 형상화까지 이루어진 ②와 ③은 왕비의 성격요소까지 드러나기 시작했는데 이처럼 인물과 플롯은 상호간에 긴밀한 연관성을 가진다고 볼 수 있다. 이는 신비를 안고 있는 플롯, 고도의 발전이 가능한 형식이다.

  우리가 왕비를 생각할 때 이것이 이야기에 나오면 '그리고 나서는?' 하는 의문을 갖게 된다. 이것이 플롯에 나오면 '이유는?' 하고 이유를 캔다. 이것이 소설이 갖는 두 가지 형상

사이의 차이점이다. 인물과 플롯은 이처럼 상호 연관성을 가지게 마련이다.

다시 말하여 플롯의 역할 기능을 정리하자면 다음과 같다.

첫째, 인과 관계에 의해 사건이 전개된다.
둘째, 주제를 보다 극대화하기 위한 치밀한 기법이다.
셋째, 소설의 다양한 재미와 정서적 예술미를 형성해 주는 필수요건이다.
넷째, 논리적이며 知的인 예술 행동의 전형적인 구조이다.

이러한 결론을 종합해 보면 소설의 구성 즉, 플롯은 건축물에 비유하는 지붕의 서까래나 기둥의 얼거리에 해당된다고 하겠다. 스콜즈 켈로는 플롯의 유형을 역사적 형태와 전기적 형태로 나누고 있다.

역사적 형태란 하나의 사건에 바탕을 둔 플롯이다. 이에 반하여 전기적 형태란 한 인물의 출생, 생애, 죽음에의 진행과정에서 그 외형을 가져 온 플롯이다. 자서전적 형태의 플롯도 이 전기적 형태에 속한다. 말하자면 역사적 형태가 사건 중심이라면 전기적 형태는 인물 중심이다. 역사적 형태가 단일한 사건을 다룬다면 전기적 형태는 잡다한 사건을 다룬다고 할 수 있다.

또 이스트먼은 팽팽한 플롯과 느슨한 플롯으로 구분했다. 많은 문학 이론가들은 팽팽한 플롯의 구조를 클라이맥스로 갖추고 있는 작품을 가리켜 말한다. 또한 스탠든은 플롯의 구성요소를 갈등의 장점으로 들었다. 웨렌은 발단, 분규, 정점, 대단원, 4단계 구조로 나누고 있다. 프라이타크는 희곡의 구조로 도입, 상승, 정점, 하강, 파국, 5단계를 나누고 있다. 슈토름은 소설 형식의 이론을 희곡의 5단계와 같은 구조를 갖는다고 주장하고 있다.

독일 문예학은 일찍부터 'Novelle'의 꽉 짜인 구조에 관심을 가져 왔다. 티크 Ludwig Tieck은 'Novelle'에 반드시 '전환점'이 있어야 된다고 주장했다. 하이제는 '매 이론 Falkentheorie'을 내세워 티크의 설을 뒷받침했다. 전환점 이론이나 매 이론은 소설에 하나의 클라이맥스가 있어야 됨을 역설하는 이론이라 하겠다. 토도로프는 완전한 플롯은 평형 상태에서 출발하여 비평형으로 그리고 다시 평형으로 돌아오는 구조를 갖는다고 말한다. 즉 소설은 안정 상태에서 시작되고 여기에 어떤 힘이 가해지면 안정 상태는 일단 파괴

된다. 그러면 반대 방향에서 다시 어떤 힘이 가해지면 안정 상태는 일단 파괴된다. 그러나 반대 방향에서 다시 어떤 힘이 가해지면 안정 상태가 회복되는데 이 안정 상태는 처음과는 다른 것이 된다. 즉, 소설은 '평형→비평형→평형'의 플롯 구조를 갖는다고 한다.

팽팽한 플롯이 대단원 없이 정점에서 끝나버리는 경우가 있다. 이것을 '열려진 플롯 open plot'이라고 한다. 말하자면 작가가 결말을 독자에게 제시해 주지 않고 독자의 상상력에 맡겨버리는 경우다. 이와는 달리 결말을 독자에게 제시해주고 완전히 마무리를 짓는 경우를 '닫힌 플롯 closed plot'이라고 한다. 이때는 위에서 이야기한 팽팽한 플롯의 단계들이 완전하게 갖추어지는 것을 의미한다.

우리나라의 소설들은 서구 소설의 이론과 달라 장르에 따른 구조의 차이가 튀어나오지 않는다는 점이 있다. 다만 팽팽한 플롯을 갖고 있는 것이 압축된 단편소설이라는 점으로 인식하고 있지만 장편도 느슨한 플롯이어야만 된다는 논리는 적당하지 못한 것으로 인식되고 있다.

6. 소설의 문체

소설이 언어 예술로서의 가치를 구현하는데 있어 또한 중요한 것이 문체이다. 문체란 영어의 'style'이라는 말로 원래 라틴의 'stilus'라는 말에서 왔다. 이 말의 유래도 밀랍이 발라진 서판 위에 쓰던 뾰족한 필기도구를 의미했었다. 그 후에 이 말은 서법이나 어법을 일컫게 되었다. 그것이 또한 예술 전반에 두루 확산되어 쓰이게 되었다. 이것은 점차 개념화 되어 문학에 있어 특이한 개성, 즉 스타일로 수용되었다. 스타일을 의역하여 작가의 품성이라고 표현해도 지나친 말은 아니다. 인간의 품성이 개개인이 다르듯이 작가마다 문체도 특유의 체취와 향기를 지니게 된다. 우리는 이런 것을 보통 문체로 불린다.

문체에 대한 개념 정리는 언어학적 개념과 문학적 개념으로 나눌 수 있다. 언어학적 정의는 '문체는 언어에 의해 전달된 정보에 의미의 변질 없이 부가된 표현적 정의적 수사적 강세이다.'로 나타낼 수 있는데 이 논리는 리빠또르의 관점에서 본 언어학적 표현, 다시 말해서 언어에 대한 감수성의 여러 사실에 대한 표현 및 감수성에 끼치는 언어 사실의 행위이다.

또한 문학적 문체 개념으로 '문체는 곧 사람이다'라고 주장하는 뷔퐁 같은 사람의 논리이기도 하다. 문체는 천부의 소질이요, 재능, 또는 바로 정신의 외모라고 주장하며 인간의 개성, 영감, 사고 형태의 결정체로 보려는 경향이다. 그러므로 문체는 사실에 있어서 효과적인 문장 구성을 하기 때문에 좋은 글의 본질이 된다. 문학을 개성의 표현으로 보는 낭만주의 입장에서 좋은 글에 도달하는 것은 곧 문체의 습득 여부에 있다. 문체는 주제와 더불어 소설에 있어서 생명력을 가지게 하는 주요소이다. 그렇다면 아름답고 참신하며 정확한 문체의 형성 요인은 무엇인가? 그것은 작가가 지닌 품성에 따라 달라진다. 그 일례로 김동인과 염상섭의 문체는 각각 다르다. 김동인의 문장이 간결체라면 염상섭의 문체는 만연체이다. 그러나 문체에는 시대에 따라 문어체와 구어체로 나뉘며 국한문혼용체, 한글 전통의 문체로 나뉘기도 한다. 한편 이태준의 『문장 강화』에 의하면 간결체, 만연체, 강건체, 우유체, 건조체, 화려체 등이 있는데 그의 문체 분류에는 객관적 기준이 설정 되어 있지 않아 모호한 면도 없지 않다. 가령 만연체의 경우 문장이 얼마나 길어야 하며 수식어가 얼마큼 사용되어야 화려체인가는 확실한 기준이 없다.

문체가 작가의 개성이면 얼굴일진대 독자로 하여금 언어 감각적 체험을 가능케 하는 문체는 여러 가지 방법에 의해 이루어지지만 소설에 있어서는 특히 아래와 같은 요소들이 중요한 몫을 하게 된다.

① 언어의 선택─어느 나라, 어느 지방, 어느 계층의 말을 골라 썼는가.
② 언어의 용법─지시적 용법인가, 함축적 용법인가.
③ 서술의 방법─묘사적인가, 서사적인가, 추상적인가, 구체적인가, 구어적인가, 문어적인가.
④ 문장의 깊이─짧은 호흡의 문장인가. 긴 호흡의 문장인가.

위와 같은 여러 가지 요소들을 통해 소설의 문장은 그 자체로서 간결함, 길게 늘어짐, 부드러움, 강건함, 메마름, 화려함, 또는 여러 가지 언어적 체험을 가능하게 하고 아울러 주제의 형상화를 이루어 내는 것이 소설의 문체이다.

7. 소설의 시점

소설에 있어 '시점'이란 바로 화자가 이야기를 서술하는 방식이다. 다시 말하면 화자가 사건을 어떠한 위치에서 어떻게 보느냐 하는 시각의 문제이다. 또한 시점은 화자가 어느 인물에 초점을 맞추느냐 하는 초점의 문제이기도 하다. 그런가 하면 화자가 작중 인물의 마음속에 어느 정도로 들어가느냐 하는 화자의 능력 문제가 되기도 한다. 그래서 소설가들은 관심사 중의 하나로 시점의 문제를 고민하고 문제시했다.

퍼시 러보크는 『소설의 기술』에서 '복잡한 문제 전체는 시점의 문제'라고 지적했다. 러부크는 소설에 있어 시점의 중요성을 강조한 것이다.

이것은 소설에 있어 시점이 형태를 결정하는 중요한 요소의 하나임을 그는 유념하고 있었던 것이다.

사실 소설의 역사는 참으로 오래 되었지만 시점이란 것을 의식하고 작품에 심혈을 기울였던 것은 그리 오래 되지 않았던 것 같다. 그러나 톨스토이, 괴테, 세르반테스 발자크, 모파상 등은 거의 무의식적으로 시점을 체득하고 작품에 반영한 흔적이 있다. 이러한 가운데서도 헨리 제임스 같은 사람은 시점의 문제를 제기했다. 이에 영향을 받아 이론을 체계화한 사람이 퍼시 러보크였다. 하지만 시점 분류에 관한 소설 이론 가운데 가장 설득력 있는 이론은 브룩스와 워렌의 이론인데 그들은 시점을 네 가지로 분류하여 설명했다.

첫째는 주인공이 자신의 이야기를 하는 경우이며, 둘째는 부수적인 인물이 주인공의 이야기를 하는 경우이다. 셋째는 작가가 외부 관찰자로서 이야기를 하는 경우이며 넷째는 분석적이고 전지적인 작가가 이야기를 끌어나가는 경우이다. 이것을 도표화 하면 아래와 같다.

	사건의 내면적 분석	사건의 외면적 관찰
이야기 속의 등장인물로서의 서술자	① 주인공이 자신의 이야기를 한다	② 부수적 인물이 주인공의 이야기를 한다
이야기 속의 등장인물이 아닌 서술자	④ 분석적이거나 전지적인 작가가 사상과 감정까지 파악하여 이야기한다.	③ 작가가 외부 관찰자로서 이야기한다.

이러한 브룩스와 워렌의 이론은 ①1인칭 주동인물의 시점, ②1인칭 관찰자 시점, ③작가 관찰자 시점, ④전지적 작가 시점 등으로 불린다. 이때 1인칭 주동인물의 시점은 소설 속

의 주인공이 자기 자신의 이야기를 하는 것으로서 인물과 서술의 초점이 일치한다. 이 시점은 심리소설, 서간체소설, 과거 회상식 소설 등에 많이 쓰인다. 이 시점은 독자에게 친밀감을 주기는 하나 객관성의 결여라는 생각을 불러일으킬 수도 있는 시점이다.

8. 소설의 인물

소설에서 '캐릭터'라는 용어는 일반적으로 두 가지 용어로 인식된다. 즉 인물이나 성격에 따라 적용되는데 인물이란 작중에 등장하는 인물로서 그들이 언행 속에 표현되는 양식적 도덕적 기질적 특성을 부여받는 존재이다. 다시 말하면 어느 작품 속에 몇 사람의 인물이 등장하고 있을 때 사용되는 개념이다. 또 성격이란 개개인으로서 각자를 이루는 관심, 감정, 욕망, 도덕적 원칙들의 합성으로 개성화된 개인을 일컫는다.

이처럼 소설은 작품 속의 모든 유기적인 사건과 관련이 있는 중심인물들을 등장시키고 있다. 이 유기적인 사건들 속에서 인물을 보여 줌으로써 독자들의 태도에 커다란 어떤 變化를 일으키게 한다. 다시 말하면 소설의 사건은 그 자체로서 존재하는 것이 아니고 인물들의 움직임을 통해 존재하게 된다. 그래서 인물이란 소설 속에서 행동의 주체라고 한다.

하지만 이 행동의 주체를 얼마만큼 리얼하게 그려나가느냐는 모든 소설가의 성취적 욕구이다. 훌륭한 소설이란 바로 이 인물의 창조에 있다. 독자는 허구 속의 인물을 통하여 경험하지 못한 세계에 접하고 느끼지 못한 것들을 깨닫게 된다. 그것은 사건 속의 인물이 얼마만큼 창조적 성격과 일치하고 있는가에 달려 있다.

소설에 등장하는 인물을 어떻게 분류할 것인가 하는 것은 이론가에 따라 현격한 차이를 보일 수밖에 없다. 여기에서 몇몇 중요한 이론을 살펴보기로 한다.

첫째가 평면적 인물이다. 17세기에는 평면적 인물을 '기질'이라 했다. 어떠한 경우에는 '유형'이라고 했고 어떠한 때에는 '회화'라고 했다. 평면적인 인물의 커다란 이점은 나타나면 독자가 쉽게 알아보고 파악할 수 있다. 아울러 독자가 먼 후일에도 쉽게 이해하고 오래오래 기억할 수 있는 장점이 있다. 평면적 인물은 환경의 변화에 따라 쉽게 변화하지 않기 때문에 독자의 마음속에 쉽게 자리를 잡는다. 우리 소설 가운데『흥부전』은 평면적 인물의 좋은 본보기가 된다. 흥부는 처음부터 끝까지 착한 성품으로 그려진 인물이다. 사악하고 탐욕에 빠진 형이 부모의 유산을 독차지 하여도 그냥 참고 순종한다. 부러진 제비 다리를 고쳐 주고 복을 받아 부자가 되어도 그의 행동은 달라지는 경우가 없다.

또한 황순원의 『잃어버린 사람들』의 곱단이, 『산』의 바우는 숙명적인 미덕을 일관성으로 견지하고 있다고 하겠다. 그리고 『카인의 후예』의 도섭 영감의 그 냉혈성 『불가사리』에서 복코의 음험함, 『무서운 이야기』에 민턱 할아범의 잔인성 같은 부정적인 인간상도 어떤 상황 아래에서건 변함없는 평면성의 인물이다. 평면적 인물은 전형적인 인물로 변화되기 쉬운 성질을 가지고 있다. 또한 개성을 잃고 일반화되기 쉽다는 결점을 가지고 있어서 사실적 공감을 얻기가 어렵다.

평면적 인물은 두 종류의 인물로 나눠지는데 그 첫째가 이끌고 나가는 주인공이요, 둘째가 이에 저항하는 어떤 존재, 즉 절대자이다. 에드윈유어는 이런 인물을 일컬어 '정적인물'이라고 했다.

9. 소설의 문장

문장은 소설에서 화자가 이야기를 전달하는 기술이다. 작가 오영수는 『소설론』에서 문장을 나무를 베는 연장에 비유했다. 알맞은 비유였다. 작가가 아무리 훌륭한 주제와 기발한 이야기를 가지고 있다고 하더라도 소설의 문장이 부실하면 의미 전달을 제대로 할 수가 없다. 좋은 문장은 좋은 소설로서의 구조를 가지고 독자들의 공감을 획득할 수 있게 한다.

소설은 문장을 통해 화자가 이야기를 들려주는 방법이 다양하다. 그러나 대체적으로 소설에는 이야기 시간story time과 서술시간discourst이라는 두 가지의 시간이 존재한다. 두 가지 시간은 각기 다른 차원에서 각각 다른 기능을 보완하면 진행된다.

즉, 이야기 시간을 작중 인물들이 행동하는 구체적 시간을 구성하며 서술시간은 그것을 전달하려는 서술행위를 통해 단어와 문장의 구조로 가시화된다. 소설의 시간적 이중성에서 비롯되는 중요한 특징은 이야기 내용을 알맞게 선택하고 조직하는 기능을 갖는다는 점이다. 서술의 시간은 무한히 계속될 수 없으며 대체로 이야기의 전체 시간보다 짧을 수밖에 없다. 아무리 장편 소설이라고 하더라도 서술의 분량은 20시간 이내의 독서로 끝낼 수 있는 정도이다. 그러나 이야기 내용은 몇 년 몇 십 년 혹은 몇 세대의 시간을 담을 수 있다.

따라서 화자의 선택 및 배열 과정이 불가피하게 된다. 여기서 이야기와 서술의 진행 불일치에 의해 소설적 언어 서술의 독특한 특징이 부각된다.

여기서 분류되는 소설의 서술 양상은 크게 두 가지로 나눌 수 있다.

하나는 시간적 축약이 매우 적은 것으로 흔히 장면, 장면 제시, 보여주기 혹은 묘사로 지칭된다.

가. 장면 묘사

장면 묘사의 서술 대상은 사건의 진행이다. 사건 진행을 묘사함에 있어서 용약하지 않고 되도록 자세하게 모든 것을 서술하는 것을 장면 묘사라 한다. 그러므로 필연적으로 대화와 행동의 묘사가 그 내용을 이루게 된다.

이러한 서술 방법은 자연주의 작가들에 있어서 아주 강조된 것으로 초단위 양식이라는 극단적인 방법까지 개발했다. 장면 묘사는 소설 내의 시간을 흐르게 한다. 예를 들어 풍경을 아무리 자세하게 장황하게 묘사해도 소설 내의 시간은 흐르지 않는다. 그러나 사건 진행을 묘사하면 묘사가 진행되는 순간 소설 내의 시간도 흐르게 된다. 즉 서술 되는 시간이 흐르는 것이다.

주로 대화로 이루어진 헤밍웨이의 『살인자들』이나 독백으로 이루어진 제임스 조이스의 『율리시즈』문장들이 장면 묘사의 대표적인 예가 될 것이다. 오영수의 『고개』를 통해 장면 묘사를 살펴보면 거의 희곡이나 드라마를 보는 것 같은 표현으로 사건 진행을 자세하고도 실감나게 묘사했다. 이런 장면 묘사는 독자들의 흥미를 유발하고 신선한 생동감을 느끼게 해주는 서술법의 기교이다.

정면 묘사 다음으로 설명될 '요약'은 사건 진행을 서술 대상으로 한다는 것에서는 동일하다. 그러나 장면 묘사는 압축하거나 요약됨이 없이 있는 그대로 세세하고 생생하게 서술하는 것이다. 요약은 문자 그대로 요약하여 개괄적이고 뼈대만 서술하는 방식이다. 퍼시 러보조의 장면 중심적 제시 방법과 파노라마적 제시 방법의 분류, 그리고 웨인 부드의 보여 주기와 말하기의 분류에 있어 전자는 모두 장면 묘사를 의미하고 후자는 모두 요약을 의미한다. 바이만은 흔히 중요한 사건, 갈등이 많은 사건은 장면 묘사를 그렇지 않은 사건은 요약으로 표현된다고 했다.

소설은 장면 묘사로만 전체를 구성할 수가 없다. 콩트나 단편에서도 변화가 없어 곤란한 경우가 많지만 장면으로서는 생각 자체도 무리이다.

벤틀리는 장면 묘사는 격정적인 순간에 사용하는 것이 효과적이라고 했다. 또한 소설 구성 전개의 위기나 클라이맥스와 같은 중요한 장면은 필히 장면 묘사로 서술하는 기량이 필요하다고 역설했다.

장면 묘사의 장점이란 독자에게 자세하고 생생한 느낌을 전달해 주는데 있다. 하지만 사건 진행이나 배경에 대해 필요한 설명을 제대로 기술할 수 없다. 독자가 사건 전체를 거시적이며 통시적으로 이해할 수 있도록 하기에 역부족이란 데 결점이 있다. 이러한 장면 묘사의 단점은 '요약'으로 충분히 보완할 수가 있다.

화자이론이나 시점 이론의 입장에서 파악할 때 장면 묘사는 하나의 표현법이다. 슈텐첼은 장면 묘사가 많으면 많을수록 인물적 시점으로 가까이 간다고 지적했다.

이와 반대로 '요약'은 화자의 존재를 더욱 뚜렷하게 부각시키게 됨으로써 요약이 많으면 기록자적 시점으로 가게 된다고 지적했다.

나. 요약

인물의 행동을 서술하고 사건 진행을 보고 한다는 점에서 요약은 장면 묘사와 근본적인 차이가 없다. 소설 내의 시간, 다시 말하면 서술되는 시간이 장면 묘사 때처럼 흐르나 그 흐름이 '서술 시간'보다 짧다는 점이 다를 뿐이다. 장면 묘사가 사건 진행을 세세하고 생생하게 묘사하는데 반하여 압축하고 요약하는 것이 그 특징이다. 장면 묘사가 초단위로 서술해 간다면 요약은 단 몇 마디로 또는 한 시간, 한 달, 몇 십 년을 요약할 수 있다.

시간적 축약이 큰 서술의 요약 서술이다. 요약 서술은 이야기의 진행 방향을 따라 급속히 따라 잡는 양상이다. 그러므로 요약 서술은 사건 진행을 신속히 보고함으로써 정보, 즉 이야기 내용의 질적 밀도를 높이게 된다. 요약 서술의 장점은 사건 진행의 간단명료한 전달이다. 그러니 장면 묘사나 요약 서술은 그 경계가 판에 박은 듯이 명확한 것이 아니다. 좀 더 자세하고도 구체적이면 장면 묘사이고, 간략하고도 압축적이면 요약이다. 그렇지만

이 중간 단계가 많이 존재할 수 있다는 것도 알아야 할 것이다.

소설의 문장은 대체적으로 장면 묘사와 요약 기술로 이루어져 있다. 이 두 가지 요소는 없어서 안 될 주요소이며 기술이나 논평은 부차적인 요소이다. 그렇다고 소설이 장면 묘사로만 이루어질 수도 없고 요약으로만 형성되는 것은 아니다. 중요한 장면은 묘사로 덜 중요한 것들은 요약으로 처리, 서술한다.

요약을 지나치게 많이 사용하면 공감이나 신선감이 저하된다. 내용이 불충실하다는 단점도 지닐 수 있다. 벤틀리는 '요약의 과잉과 장면 묘사의 불충분은 이야기를 희석화시키고 자극성도 또한 없으며 간접적인 것으로 만든다'고 피력했다. 거듭 말하면 벤틀리는 독자의 흥미 유발을 위하여 요약을 많이 사용하지 말 것을 권했다. 또한 디킨즈는 요약을 최소한도 줄이는 게 성공의 비결이라고 했다. 그러나 무조건 장면 묘사만 좋다고 주장하는 것은 아니다. 요약 또한 간결성과 압축성을 갖고 있기 때문에 적재적소에 적절히 사용하면 작품에 변화와 안정감도 주게 된다.

또한 요약이 지나치게 적고 장면 묘사가 많게 되면 독자는 전체를 개관하거나 사건을 거시적으로 바라보지 못하는 답답함도 주게 된다.

퍼시 러보크는 톨스토이가 요약을 그의 소설 『안나카레리나』에 충분하게 사용하지 않음으로써 소설 효과를 상실했다고 지적한 바 있다. 즉 이 말은 장면 묘사만 주로 사용했다는 지적이다.

작품의 서두에 장면 묘사와 요약 중 어느 것을 활용해야 좋은지는 작가나 독자에 따라 다를 것이다. 그러나 필자의 경우에는 생동감이나 구체성을 밝혀 주는 장면 묘사가 훨씬 독자들에게 안정감을 가져다 줄 수 있다고 생각한다. 아울러 흥미도 유발할 수 있다.

다. 기술記述

장면 묘사와 요약은 인물의 행동과 대화로 이뤄진 사건 진행을 서술한 것이다. 그렇다면 기술은 풍경이나 정물을 주로 서술한다. 그래서 외국의 이론가들은 기술을 가리켜 '그림'이라는 명사를 상요하기도 한다. 기술은 등장인물의 외양이나 성격, 사건의 시공간적 배경 사물의 성격 같은 것도 기술할 수도 있다. 기술의 가장 큰 특징이라 할 수 있는 것은

'서술되는 시간'이 흐르지 않는다는 것이다. 기술에 시간이 흐르지 않는다고 주장한 이론가들은 카이저와 래메르트 등이 있다.

라. 논평論評

논평이란 사건 서술과 직접적인 관계가 없는 화자의 발언이다. 작중 인물에 대한 화자(작가) 나름의 견해나 비판에서부터 현실 비판, 인생관 세계관의 평명에까지 화자가 작품과 연관 지어 독자에게 직접 전달하는 화자 발언이다. 논평일 때에는 1인칭 소설에서 보다는 3인칭 소설에서 논평이 더 문제가 된다. 논평을 고찰, 논의, 경구 등 세분할 수 있으나 소설 구조와 창작에 별로 도움이 되지 않는다.

논평은 경구적 성격으로 말미암아 대체로 현재 시제로 표현된다. 논평은 19세기 전반에 많았으나 19세기 후반 이후에는 점점 줄어드는 현상이다. 우리나라 작가들 중에는 김동인의 작품에 논평이 많다.

V. 시나리오의 이해

하 유 상*

1. 영화와 연극

채플린의 「라임라이트」

처음 영화가 있는 그대로를 촬영하는 실사實寫에서 벗어나 극적인 요소를 가지려고 할 때에 전적으로 연극의 힘을 빌었다. 그 당시의 극영화란 단순히 연극을 필름에다 옮긴 것에 지나지 않았다. 그 때문에 유명한 연극은 연극 그대로의 장치에다 연극 배우에 의하여 영화화되게 마련이었다. 셰익스피어의 연극은 몇 번이고 영화화되었다. 「줄리어스 시저」는 네 번, 「리어 왕」은 다섯 번, 「햄릿」은 여섯 번이나 되었다.

아주 초기의 매우 유치한 극영화라고 볼 수 있는 「모자의 묘술」에서는 간단한 배경 앞에 재주꾼이 나타나 여러 가지 모자를 쓰면서 재주를 부렸다. 여기에서 배경은 즉 지금의 세트에 해당하고, 모자는 분장에 해당하며, 재주를 부리는 것은 연기에 해당하고, 그 재주꾼은 연기자에 해당할 것이다.

이와 같이 영화는 애초부터 연극의 모방에서 또는 연극적인 데서 출발했으며 그 영향을 많이 받았다. 그렇기 때문에 영화를 연극의 발전이라고 보는 사람이 많지만, 실상 그 발전은 연극의 부정否定이며, 연극의 지양止揚인 것이다.

* 시나리오·드라마 작가

그런데, 왜 영화가 연극의 젖을 먹고 자랐으면서도 연극을 부정하려는 배신짓을 하게 되는 것일까? 그 이유는 영화와 연극이 본질적으로 다른 점이 있기 때문이다. 마치 그것은 오리가 닭의 품을 빌어 알에서 깨어났지만, 오리와 닭은 그 바탕이 다르기 때문에 어미닭을 떠나 물로 뛰어드는 것과도 같은 것이다. 물론 드라마(연극만을 말하는 것이 아니라 큰 뜻의 모든 극적인 것) 그 자체의 개념은 연극이나, 영화나 같이 될 수 있다.

그러면 연극과 영화의 다른 점은 어디에 있을까?

간단히 말한다면 연극은 관객에게 직접 보여주는 것이고, 영화는 카메라란 기계를 통해서 관객에게 간접으로 보여주는 것이다. 이 기계를 통한다는, 즉 메카니즘에 의해야 한다는 것이 영화의 특징이다. 말하자면 표현 수단이 다른 것이다.

종합예술인 영화는 최고도로 발달한 여러 가지 기계를 조작해서 제작한다. 사진화학, 광학, 전기공학, 음향물리학 등 복잡하고 정밀한 현대과학의 기계조작을 통해서 태어나는 영화는 딴 여러 공업과 마찬가지로 현대산업의 기계가 만들어낸 산물이다. 영화가 다른 예술에서는 볼 수 없는 메카닉하고 비정할 정도의 사실성을 가지고 있는 것은 이 때문이며, 그것은 영화가 갖는 가장 큰 특질이다. 기계를 통한 영화의 표현은 잔학할 정도로 정확한 카메라의 눈(렌즈)에 의해 나뭇가지에 앉은 작은 새의 숨결까지도 뚜렷하게 잡을 수 있다. 여기에 영화만이 갖는 위대한 박진성(迫眞性)—리얼리티의 매력이 있는 것이다.

또 영화의 관객은 여러 장소에서 벌어진 극을 카메라를 통하여 간접적으로 보지만, 연극의 관객은 무대에 벌어진 극을 직접적으로 볼 수 있다.

그러나 연극은 관객의 보는 위치가 고정되어 있지만, 영화의 관객은 보는 위치가 자유롭게 바뀐다. 이러한 카메라 위치의 변화는 곧 관객이 보는 위치의 변화와 같기 때문이다. 프랑스의 작품「파리의 지붕 밑 Sous les toits de Paris」의 첫 장면을 잠깐 동안 보더라도 그 카메라의 위치는 쉴 사이 없이 바뀌고 있다.

1) 멀리 지붕 위의 굴뚝에서 연기가 흔들리고 있다.
2) 점포 처마의 포장 위에나, 길 위에 비가 쏟아진다. 오가는 사람들.
3) 비가 쏟아지는 길. 오가는 사람의 발.
4) 우산을 받은 여자가 걸어간다.

여기에서 카메라의 위치를 말할 것 같으면, 1)은 롱 샷(long shot, 遠寫)이고, 2)는 풀 신(full scene, 全景)이고, 3)은 클로즈 업(close up, 大寫 또는 接寫)이고, 4)는 풀 샷(full shot, 全身 또는 全寫)인 것이다.

그뿐만 아니라 카메라는 주관적인 표현에도 자유로워 관객을 거기에 동화시키는 힘이 있다. 영화의 인물이 맴을 돌다가 어지러워 눈이 돌면, 그가 보는 둘레의 모든 것이 빙빙 돈다. 이런 경우, 관객의 눈은 그 인물의 눈이 되고 둘레가 빙빙 도는 것을 직접 느끼게 되는 것이다. 미국 작품 「세일즈맨의 죽음Death of a Salesman」에서 가난한 세일즈맨이 처자들에게 보험금을 타게 하려고, 자동차 사고를 가장한 자살을 각오하고 차를 달릴 때, 그 차창에 비치는 가로등 불빛이 다이아몬드로 번쩍여 보이는 것은 좋은 보기이다.

영화는 이와 같이 제삼자로서 객관적으로 보는 눈과 당사자로서 주관적으로 보는 눈을 동시에 가질 수 있는 것이다. 아니, 작품에 따라서는 완전히 당사자로서 주관적으로 보는 눈만을 가진 것도 있다. 미국 작품 「호수의 여인Lady in the Lake」은 그런 작품의 하나이다.

이 「호수의 여인」은 주관적 카메라의 본래의 효과인 '직접적인 인상'으로만 일관하려는 특수한 실험영화였고, 모든 영화는 제3자로서 객관적으로 보는 눈과 당사자로서 주관적으로 보는 눈을 동시에 갖고 이루어지는 것이다.

그러나 연극의 관객은 언제나 제3자이며, 무대는 언제까지나 '객관'인 것이다. 지금 남주인공이 방에 앉아 편지를 읽고 있는데, 여주인공이 들어온다고 하자. 이런 경우, 연극은 어디까지나 객관으로서 두 사람의 외면에서 본 것밖에는 표현하지 못한다.

그러나 영화에서는 편지를 읽고 있는 남주인공을 객관적으로 보이고, 다음에 그의 눈으로 보고 있는 편지의 글을 보인다. 그리고 뒤돌아보는 그를 객관으로 보인 다음, 다시 그의 눈으로 거기에 서 있는 여주인공을 보인다.

그러나 다음 순간, 카메라는 여주인공의 눈이 되어, 그 여주인공이 서 있는 위치에서 그녀의 눈높이로 남주인공을 내려다볼 수도 있는 것이다.

영화와 연극의 차이점은 그 연기면에서 살펴볼 때 더욱 확실히 알 수 있다.

필자는 이에 앞서 필자가 겪었던 일을 얘기하고자 한다. 전에 필자는 펜P.E.N클럽 국제대회에 참가하기 위해 일본에 간 일이 있었다. 기왕 간 김에 당시 개봉되고 있는 일본 영화와 개막되고 있는 일본의 각종 연극을 몽땅 보는 데에 모든 시간을 충당했다.

그러던 어느 날, 필자는 일본의 명물인 신생新生 신파극을 구경하게 됐다. 프로그램을 보니 미즈다니 야헤코水谷八重子가 18세 처녀의 여주인공역을 하는 것으로 되어 있었다. 필자는 놀라움을 금치 못했다. 왜냐하면, 미즈다니 야헤코는 그 당시 벌써 70이 넘은 노배우였기 때문이다. 올드팬들은 누구나 기억하고 있겠지만, 그녀가 젊었을 때는 연극계뿐만 아니라 영화계도 주름잡던 유명한 배우였다. 그 극도 옛날에 그녀 자신의 주연으로 영화화된 적이 있었다.

그런데 그 극에서 또하나 재미있는 것은 그녀의 친딸이 그녀의 어머니 역으로 출연하고 있었던 사실이다. 필자는 호기심에 차서 개막을 기다렸었다. 2천여 명을 수용하는 대극장 안은 관광객의 단체입장으로 붐비고 있었다(그 극장은 일본의 관광 코스에 들어 있을 정도로 유명했다).

이윽고 벨이 울리고 막이 올랐다. 무대에 나타난 미즈다니 야헤코는 정말 처녀가 무색할 정도로 아름다웠고, 연기도 지극히 자연스러웠다(신생 신파극은 종래의 신파극과는 달리 연기가 자연스러운 것이 특징이었다). 자기 딸을 어머니로 대하는 데도 조금도 어색하지가 않았다.

그러나 그것은 육안으로 봤을 때의 얘기였다. 오페라그래스(일종의 망원경인데, 극장 입구에서 희망자에게는 돈을 받고 빌려주고 있었다)로 본 필자는 실망의 한숨을 쉬지 않을 수 없었다. 먼 것도 가까이 볼 수 있는 기계 앞에서는 그 늙은 배우의 짙은 분장 뒤의 주름살이 여실히 드러났으며 먼 객석까지 전달하기 위한 과장된 표정이 우스꽝스럽게 보였던 것이다.

마침 놀라는 표정을 지을 때였다. 그녀는 눈을 한 번 감았다가 부릅떴으며, 입도 역시 꽉 다물었다가 크게 벌리는 것이었다. 그 눈과 입의 움직임에 따라 주름살이 여실히 패여 꿈틀거렸다.

필자는 육안과 오페라그래스로 번갈아 그녀의 연기를 지켜 보며, 연극배우와 영화배우의 차이점, 연극연기와 영화연기의 차이점을 실감했던 것이다.

영화배우는 배우의 육체적 조건이 카메라라는 기계를 통해 확대되기 때문에 연극배우 이상으로 육체적 조건이 중요시되지 않을 수 없는 것이다. 연극에서는 설혹 60여 세의 늙은 배우가 20세의 젊은이로 분(扮)할 수 있지만, 영화에선 도저히 불가능한 일이다. 기껏해야 5세 정도가 가능하고, 그 이상 10세 정도도 무리인 것이다. 그러니까 25세의 배우가 20세의 젊은이로 분할 수는 있지만, 30세의 배우가 20세로 분하는 것은 무리가 따른다는 말이다. 이 육체적 조건의 중요도가 잘못 빗나간 것이 미남, 미녀 배우의 출현이다. 또한 극단적으로 발전하여 배우를 오로지 영화의 몽타주를 위한 하나의 물체(소재) 또는 도구처럼 생각하는 경우까지 발생하게 된다.

영화이론가이며 감독이었던 유명한 푸도프킨은 1928년에 발표한 그의 논문 「영화감독과 영화의 재료」에서 영화배우는 하나의 소재 또는 도구에 지나지 않는다고 단언한 적이 있었다. 즉 배우도 세트로 된 집이나, 그 집안에 있는 탁자나 그 탁자 위에 놓여진 꽃병과 같이 영화의 몽타주를 위한 하나의 물체이며, 도구에 지나지 않는다는 것이다.

 이 극단적인 논설은 당시의 영화배우들을 무척 당황케 했으며, 분격케 한 바 있으나, 실상 몽타주의 이론이 휩쓴 그 당시인지라 푸도프킨의 이 이론에 공명한 감독은 뜻밖에도 많았다. 그러니까 영화배우에게서 전적으로 연기를 부정하는 입장이었던 것이다.

 그러나 그 푸도프킨이 1935년에 쓴 「영화배우론」에서는 정반대의 입장에서 영화배우의 인격을 주장하고, 살아있는 인간으로 강조하고 있는 것이다. 마치 자기 비판과도 같은 극심한 변모였다. 앞의 이론을 '배우 도구설'이라고 하며, 뒤의 이론을 '배우 인간설'이라고 한다.

 어쨌든 배우를 도구시한다는 것은 연극배우에게는 있을 수 없는 영화배우만의 수난이었던 것이다.

 그러나 그 이유는 간단하다. 연극배우는 자기 육체로 표현되는 것을 직접 관객에게 보여줄 수 있지만, 영화배우는 자기 육체가 카메라라는 기계를 통해 간접표현되고, 또한 몽타주에 의하여 재구성된 필름의 영상만을 관객에게 보여줄 수밖에 없기 때문인 것이다. 또한 여기에 연극연기와 영화연기의 차이점의 근본 원인이 도사리며 '영화예술은 감독예술'이라는 반면에 '연극예술은 배우예술'이라고 하는 연극배우의 주체성의 근거가 도사리게 되는 것이다.

 푸도프킨이 '배우 도구설'을 주장했을 때, 그는 전적으로 전문배우를 쓰지 않고 영화에는 전혀 문외한인 아마추어를 써서 영화를 만들었다. 그래도 어느 정도의 성공을 거둘 수 있었던 것은 카메라가 가지고 있는 박진감과 몽타주에 의한 컷 구성의 효과성 때문이었다.

 2차 세계대전 후에 이탈리아의 데시카 감독은 「구두닦이」「자전거 도둑」「지붕」 등 일련의 네오리얼리즘 작품에서 아마추어를 배우로 썼지만, 푸도프킨의 경우와는 사정이 다르다. 데시카 감독은 그 작품의 역에 적합한 아마추어를 골라 몇 개월 동안 같이 생활하면서 배우로서의 훈련을 시켜 썼다. 그러니까 촬영할 때는 전문적인 배우까지는 못되었다 해도 아마추어는 면하고 있었던 것이다. 더욱이 데시카는 감독이라기보다는 유명한 배우이다. 훈련의 효과가 컸으리라는 것을 쉽게 짐작할 수 있다.

 카메라가 지금까지 이룩한 영화적 기법은 다양하다. 클로즈업이나 롱 샷 같은 새로운 공간의 발견, 컷 백이나 플래시 백에 의한 시간과 공간의 새로운 연결 등 수두룩하다.

그 가운데서도 가장 연기와 밀접한 관계를 갖게 된 것이 클로즈업이다. 클로즈업은 어느 일부분을 크게 찍는 것이지만, 배우의 경우 대개 얼굴만을 크게 찍는 것을 말한다. 이런 경우, 실제 얼굴의 몇 십 배, 몇 백 배의 크기로 스크린에 비치게 되는 것이다. 그렇기 때문에 살며시 스치는 작은 표정이나 미묘한 눈빛도 훌륭히 잡을 수 있다. 따라서 일정한 거리가 있는 관객에게 전달하기 위하여 과장을 해야 하는 연극연기와는 달리 영화연기는 자연스럽고 섬세하게 해야 하는 것이다.

연극연기는 처음으로부터 순서에 따라서 이루어지지만, 영화연기는 그럴 수가 없다. 촬영의 여건에 따라서 순서가 뒤바뀌는 것이다. 때로는 죽는 연기를 먼저 하고 살아 있는 연기는 나중에 하는 수가 있다. 그 죽는 연기도 감독의 콘티에 따라서 컷(또는 샷)으로 구분되어 단편적으로 해야 하는 것이다. 말하자면 연극연기는 신(장면)의 연기이며, 영화연기는 컷의 연기인 것이다. 영화의 신은 배우의 행동이라기보다도 컷의 누적 또는 합성(合成)으로 이루어지는 것이다.

이것이 바로 몽타주인 것이다. 따라서 연극연기에서는 '지속의 능력'이 요구되고, 영화연기에서는 반대로 '단절의 능력'이 요구되는 것이다.

2. 시나리오와 희곡

영화는 시간과 공간의 비약에도 또한 특징이 있다. 어느 인물이 서울의 우중충한 뒷골목에 있는가 하면, 다음 순간 비행기에 몸을 싣고 구름을 내려다볼 수도 있는 것이다. 또는 지금 열대지방에서 땀을 뻘뻘 흘리던 인물이 다음 순간, 북극지방의 얼음 위에서 썰매를 달리고 있을 수도 있는 것이다.

그러나 연극은 모든 시간과 공간을 무대 위에 집중해야만 한다. 이 집중은 사건의 집중, 인물의 집중이 된다. 이것이 '드라마투루기(극작법)'의 기본이다. 물론 영화도 전혀 같은 장소와 같은 때로 공간과 시간을 집중 안 하는 것은 아니다.

그러나 이런 경우의 집중과 연극의 집중은 뜻이 다른 것을 알아야 한다. 왜냐하면, 영화의 집중은 모든 시간과 공간이 '화면'으로서 표현되지만, 연극은 그것이 '대사'를 통하여 표현되는 것이다. 즉 연극의 관객은 무대 밖의 다른 시간과 공간을 배우들의 말에 의하여 상상할 수밖에 없는 것이다. 따라서 연극을 이루는 바탕이 되는 희곡이 대사가 중심이 되는 것도 무리가 아니다.

연극에서 창밖으로(말하자면 관객에게 보이지 않는 곳이다) 미인이 지나가는 것을 표현하려면 그 대사는 약간 간결할 수가 없다.

"저봐…… 굉장한 미인인데…… 머리를 데미 무어의 고스트 스타일로 틀어 올린 품이 퍽 쌈박해 보여…… 옷도 맵시 있게 입었는데…… 살짝 미소짓는 얼굴이 매력적이야."

이 정도의 대사를 창가에 선 사람에게 시켜야 관객은 창밖의 미인을 알게 될 것이다. 그러나 영화에서는 간단하다. 창가에 선 사람으로 하여금

"저봐!"

하는 한 마디 대사를 시켜 놓고 다음 화면에서 그 미인을 직접 보여주면 되는 것이다.
아니 "저봐!"의 대사를 시키지 않고도 된다. 창가에 서서 창밖을 황홀히 쳐다보는 A. B는 그 A를 이상히 생각하고, 그 눈길을 더듬어 창밖을 본다. 다음 화면이 굉장한 미인이면 그만이다.

「날 보러 와요」

희곡의 대사가 길어지고 설명적이 되기 쉬우며, 시나리오의 대사가 간결하고 직접적일 수 있는 까닭과 말미암음도 여기에 있는 것이다. 이 차이를 더 구체적으로 알기 위해서 2003년 최고의 흥행성적을 올렸을 뿐만 아니라 2003년도 대한민국 영화대상에서 최우수 작품상을 비롯하여 감독상, 남우주연상, 각본각색상, 촬영상, 편집상 등 굵직한 상을 6개나 휩쓴 영화 「살인의 추억」의 시나리오와 그 원작 희곡인 「날 보러 와요」를 보기로 들어 비교해 보자. 먼저 역시 문제작이었던 「날 보러 와요」를 들기로 하자.

벽면에 슬라이드가 비춰진다. 1차 사건부터 5차 사건까지의 사건 현장 사진들이다. 박 형사가 설명을 하고 있고 나머지 형사들과 박 기자가 듣고 있다.

박 형사 이게 일차 사건 현장입니다마는 당시의 그저 단순 살인사건으로 생각한 데다가 피해자가 71살 된 할머니였기 때문에 본격적으로 수사를 벌이지 않았습니다. 이게 이차 사건 현장입니다. 피해자는 김인숙, 25세. 전라로 농수로 안에 버려져 있었지요. 완전히 알몸이란 점이 그 후 일어난 사건들과 다르지요. 시체유기 장소로 보아 이 근처 지리를 잘 아는 놈으로 보입니다. 시체는 범행 장소에서 4미터 가량 옮겨졌고 시체가 잘 감춰진 것으로 봐서 범인이 사전에 답사를 했을 수도 있습니다. 수양 엄마 집에 갔다 오는 길에 당했는데 목이 졸려 죽었고 음부에서 소량의 정액이 검출되었으나 감정이 불가능한 상태였습니다. 수양 엄마한테 스무 살 난 아들이 하나 있는데 그놈 짓이 아닌가 해갖고 데려다가 고생 좀 시켰지요. 3차 이형숙, 20세. 대단한 미인이었는데…… 아까워요. 남자 관계가 복잡했고 맞선 보고 귀가하다가 논둑에서 당했는데 30미터 이상 떨어진 깻잎단 속에 감춰져 있었지요. 스카프로 교살됐고 정액 양성반응이 나왔지만 판정 불능. 음부에 난행 흔적이 있었고 우산이 꽂혀 있었지요. 거들이 머리에 뒤집어 씌워져 있었구요. 아시다시피 이영철이가 용의자로 체포됐었는데 증거 불충분으로 풀려났죠. 4차 강정미, 24세. 이태리제과 종업원이었는데 키가 큰 미인이었죠. 동거하던 남자가 있었는데 사건 날 저녁에 제과점 앞에서 남자가 기다렸어요. 집에 같이 가려구요. 그런데 무슨 일로 말다툼이 나가지고 따로따로 갔대요. 같이 갔으면 일이 없었을 텐데…… 남자가 실종신고를 해서 그 일대를 뒤졌죠. 나중에 시체가 발견된 화신기업 축대부터 그 일대 논바닥을 다 뒤졌는데 못 찾았어요. 봄이 돼서 얼었든 게 녹으면서 시체가 나온 거죠. 허벅지만 조금 남고 다 썩어서 없어졌어요. 참 허무하데요. 머리 부분에 팬티가 씌워져 있었고 목뼈에 스타킹이 걸려 있던 걸로 봐서 역시 교살된 거죠. 이건 아시다시피 며칠 전 일어난 박은숙 사건 현장. 남편이 레미콘 회사 다니데요. 마중 나갈 때 썼던 우산. 이건 남편 주려고 들고 갔던 우산. 그날 비가 그렇게 억수로 쏟아졌는데 언제 올지도 모르는 남편 마중 나간 거 보면 참 좋은 여잔 거 같죠.

위의 글에서 보는 바와 같이 희곡은 공간과 시간을 집중하되 그것이 '대사'로 표현되어 있음을 쉽사리 알 수 있을 것이다.

그러나 시나리오는 공간과 시간의 집중이 화면으로서 표현되는 것임을 2차 사건 장면인 다음 시나리오로 알 수 있게 될 것이다. 또한 실제 피살자의 이름은 '박현숙'인데, 시나리오나 희곡 모두 가명을 쓰고 있다.

　　화면 가득 한 남자 아이의 해맑은 얼굴이 보여진다. 쏟아지는 햇살 아래 서있는 아이는 드넓은 논 저쪽 편을 보고 있다. 푸른 하늘 아래 노랗게 출렁이는 벼들 너머로, 멀리 경운기 한 대가 오고 있다. 점점 커지는 경운기 소리와 함께, 운전하는 노인네와 뒤칸에 올라탄 한 남자의 모습이 보인다. 누런 사파리 잠바에 건달 같은 인상을 풍기는 30대 남자 … 형사 박두만이다.

　　아이를 뚱-하게 바라보던 두만, 갑자기 소리를 꽥 질러 아이를 쫓아버린다. 경운기를 세운 노인은 두만을 안내하여 길 옆 농수로 배수관 속을 보게 한다.

　　뜬금없이 화면에 툭- 등장하는 젊은 여자의 시체. 배수관 어두운 구멍 속에 고스란히 누워 있는 나체의 시신이 실루엣으로 보여진다.

　　농수로 주변에 굴러다니는 쓰레기들 틈에서 깨진 거울 조각 하나를 슥 주워드는 박두만, 내리쬐는 햇빛을 거울에 반사시켜 어두운 배수관 속의 시체를 비춰본다. 반쯤 눈을 뜬 채 죽은 여자의 눈에 햇빛이 들어가 순간적으로 안광(眼光)이 번뜩인다. 반사된 햇빛 조각에 번쩍이듯 드러나는 여자의 맨 살갗 위로 조그만 개미와 날벌레들이 기어가는 모습마저 선명하게 보인다.

　　여전히 평화로운 새 소리와 햇살 아래 하늘거리는 코스모스들. 무덤덤히 보여지는 젊은 여자 박보희의 시체는 뭔가 생경한 느낌마저 준다.

　　언제 꼬여들었는지 동네 꼬마들 대여섯 명이 모여들어 주위를 어지럽히고 있고, 그중 한 녀석은 죽은 여자의 것으로 보이는 브래지어를 주워 휘휘 돌리며 깔깔거린다. 돌멩이를 집어 아이를 향해 던지는 두만, 돌에 맞은 아이는 정강이를 붙잡고 데굴데굴 구른다. 브래지어를 빼앗아 원래 있었던 위치에 대충 휙- 던져놓은 두만.

　　저 멀리 논 너머 큰길에서 순찰차 한 대가 도착하는 모습이 보인다.
　　차에서 내려 이쪽으로 걸어오는 순경 두 명.

박두만. 시체 냄새를 의식한 듯. 바람을 등지고 앉아 담배를 태우기 시작한다. 반쯤 눈을 뜬 채 죽은 여자의 시체와 묘한 표정으로 마주 보는 박두만. 서로의 시선을 맞추듯, 한 동안 들여다본다. 두만의 고개도 시체와 똑같이 옆으로 갸우뚱해진다. 먼발치서 두만을 보고 있던 아이들의 고개도 저절로 따라 기운다.

화면 아래로 조용히 나타나는 자막 : 1986년 10월 23일.

3. 영화와 문학

영화에 비교한 문학의 가장 뚜렷한 특징은 우선 그것이 한 사람에 의하여 씌어지고, 한 사람에 의하여 읽힌다는 점이다. 감상자는 항상 자기방 구석에 틀어박혀 혼자서 작품을 읽는 것이다. 문학의 감상은 항상 이와 같이 고독을 통하여 이루어진다. 그러나 영화는 항상 둘레를 의식하고, 다른 사람과 자기 감정의 밀접한 연대連帶를 느낀다. 만약에 혼자서 영화를 본다면 그 얼마나 재미없고 멋적은 짓이랴!

영화의 감동은 관객 서로의 감정의 연대에 의하여 생겨나는 것으로 슬플 때는 눈에 손수건을 대는 다른 관객의 동작을 본다든지, 또는 다른 사람의 훌쩍거리는 소리나, 한숨 소리를 듣는다든지 하여 자기의 감동을 높일 수 있다. 그리하여 더욱 영화의 내용에 대한 공감을 강하게 하는 것이다. 또한 혼자서 희극 영화를 본다면 아무리 재미있는 내용이라 할지라도 별로 웃는 일 없이 끝날 것이다. 희극의 웃음은 물결과 같은 것이라서 그다지 우습지 않은 때도 계속 번져가는 것이다.

이런 경우, 웃고 있는 사람들의 웃음의 의미는 반드시 똑같지는 않을 것이다. 혼자로서는 소리내어 웃을 일이 못된다 하더라도 둘레 사람들의 웃음에 이끌려 웃는 일이 있으며, 또한 여럿이서 웃는다는 것은 일종의 쾌감을 느끼는 일이기도 하다.

영화의 관객은 작품을 이와 같은 미묘한 감정적 연대를 통하여 보고 있으며, 슬프거나 기쁘거나 항상 자기는 둘레와 연결되어 모두 함께 그것을 경험하고 있다는 것을 스스로 깨닫고 있는 것이다.

영화 감상에는 끊임없이 이와 같은 사회적 공감의 자각自覺이 있는 것이다. 말하자면 영화의 감상은 집단적이며, 협동적이다. 따라서 때때로 드라마가 고조되었을 때에는 박수와 환성이 튀어 나오는 것이다. 이 박수와 환성은 이들의 연대의 표현으로 관객은 그것에 의하여 자기의 감동이 고독한 것이 아니고, 모든 사람에게 공통된 것, 모든 사람속에 자기와 같은 감정이 생기고 있다는 것을 더욱 강하게 느낀다. 그리고 이 느낌이 더욱 작품에 대한 공명을 높이는 것이다.

그러나 문학의 감상은 이와 같은 연대와 공감 의식의 포기를 전제로 하고 성립된다. 자기 혼자라는 의식이 되지 않으면 문학을 감상하지 못한다. 그러기에 문학의 독자는 한결같이 사람이 없는 곳을 찾으며 작자와 자기만의 세계를 가지려고 노력한다. 그리고 그 책을 읽자마자 그 책에 씌어 있는 것은 모두 자기의 말이 되는 것이다.

그런 뜻에서 모든 문학은 혼자의 '푸념'이며 '독백'이다. 주어진 것은 글자뿐이며, 그 글자의 하나하나는 자기의 말로 마음속에서 발음되지 않으면 이해되지 않는다. 글자를 읽는다는 그것은 일일이 자기의 말로서 지껄이는 것에 지나지 않는 것이다.

문학의 감상이란 다른 사람이 쓴 글자를 자기의 말로 바꾸어서 스스로 지껄여 보는 것으로, 그것은 열 사람의 독자가 같은 글에서 열 사람의 저마다 다른 자기의 독특한 대화를 낳는 것에 지나지 않는다. 이러한 대화에 의하여 문학의 체험은 이루어진다. 그리고 이 대화는 요컨대 독자의 독백에 지나지 않는다.

가령, 여기에 파리의 뒷골목 광경을 그린 문학작품이 있다고 하자. 열 사람의 독자가 그것을 읽고, 그 머리에 떠올리는 파리의 뒷골목 광경은 열 사람 모두가 다 틀릴 것이다. 백 사람이나 천 사람이라 할지라도 그 이미지는 마치 그들의 지문이 저마다 다른 것처럼 틀리게 마련이다. 혹 열 사람이 그 파리의 뒷골목에 가 본 적이 있으며, 그곳을 잘 알고 있다 해도 글자를 통하여 생각하는 경우 똑같은 이미지는 떠오르지 않을 것이다.

문학의 독자는 서로 아무런 관련없는 서로 고립된 자기의 독특한 말로 지껄이고 그것에 의하여 남이 모르는 이미지를 떠올리고 있는 것이다. 이런 뜻에서 문학의 감상은 내면적으로 항상 고독한 체험이며, 글을 읽는다는 것은 혼자 중얼거리는 독백이라고 할 수밖에 없다.

영화는 지극히 많은 사람이 동시에 함께 감상하는 예술이지만, 문학은 어떤 한정된 사람들이 저마다 마음대로 다른 시간에 감상하는 예술이다.

영화의 감상은 집단적, 동시적이며, 문학의 감상은 개인적, 비동시적인 것이다. 이 차이는 비단 감상뿐만 아니라 문학의 창작활동에도 나타난다. 문학은 한 사람의 작가에 의하여 씌어진다. 때로는 합작의 특별한 예도 있지만 대개의 경우 혼자서 쓴다.

그러나 영화는 몇 백, 몇 천의 사람들의 분업에서 태어나며, 설비가 되어 있는 공장조직을 필요로 한다. 물론 문학도 또한 현대적인 인쇄공장에서 생산되며, 큰 출판자본을 통하여 시장에 나오니까 그 사이에 꽤 많은 사람의 협력을 필요로 한다.

그러나 이것은 문학 그 자체의 창작은 아니다. 그런 것들의 협력은 문학자가 이미 탄생시킨 예술에다 상품적인 형태를 마련하는 과정에 지나지 않는다. 그런데, 영화의 대규모 분업은 영화예술의 형성 그 자체 때문에 필요한 것이다. 즉 문학가가 혼자서 작품을 쓰는 바로 그 과정에 영화의 분업적 협력은 필요한 것이다.

필자는 지금까지 영화와 문학의 양적·외면적인 차이를 알아보았지만, 지금부터 그 질적·내면적인 차이를 알아보기로 하자.

문학의 구성 요소는 글자이다. 이 글자는 그림글씨象形文字를 제외하고는 현실의 추상으로 실제의 사물과는 얼토당토않은 것이다. 그것은 마치 피아노나 올겐의 키와 같은 것으로, 키의 숫자가 일정하듯이 글자의 숫자도 일정하다. 피아노나 올겐의 키를 누르면 일정한 소리가 나와 이 일정한 소리의 짜맞춤에 의하여 무한의 음악적 체험이 태어난다. 글자도 그와 마찬가지로 일정한 글자를 짜맞춤으로써 여러 복잡한 문학적 체험이 태어난다.

소리에 형상이 없듯이 이 글자에도 형상은 없다. 글자에 의하여 독자가 머리에 떠올리는 것은 모두 무형의 심상心象이며 관념이다. 그리고 이 문학적 심상이나 관념은 사람에 따라 저마다 다르다.

가령, '꽃'이란 글자에 의하여 저마다 독자가 생각해내는 꽃의 형상은 결코 같을 수가 없다. 어떤 사람은 빨간 꽃을, 어떤 사람은 하얀 꽃을, 어떤 사람은 작은 꽃을, 어떤 사람은 큰 꽃을 생각해낼 것이다. 이러한 꽃의 이미지는 모두가 주관적인 혼자만의 것이고, 서로 일치하는 것은 다만 그 '꽃'으로서의 추상적 관념의 성질뿐인 것이다.

가령, 그것은 식물에 속한다든가, 꽃잎을 지니고 있다든가, 좋은 향기가 난다든가 하는 따위는 누구나 구체적인 꽃에서 쉽사리 얻어진 여러 성질의 추상만이 공통인 것에 지나지 않는다.

이런 뜻에서 문학적 형상은 모두 추상적 관념을 짜맞춘 것이다. 그리고 이 사실이 문학의 독자를 영화의 관객들과는 달리 무척 고독하게 만드는 것이다. 독자가 다른 독자와의 연대를 느끼는 데에 무관심할 뿐만 아니라, 도리어 모든 사람과 교섭을 갖지 않으려고 하는 글자의 추상적인 성격이 그 독자에게 요구되는 것이다.

독자는 자기 속으로 틀어박혀 글자를 통하여 스스로의 마음속을 들여다본다. 그리고 글자의 짜맞춤에 의하여 거기에 그 자신의 기억의 만화경을 보는 것이다.

문학은 세계의 모든 사건을 묘사하고 있지만, 독자가 보는 것은 항상 자기의 내면세계이며, 자신의 과거에 경험한 것의 새로운 짜맞춤에 지나지 않는다.

앞서 「영화와 연극」에서도 말한 바 있지만 영화가 메카니즘(기계성)에 의하여 이루어진다는 것도 큰 특징의 하나이다. 기계는 우리들의 생활에 하루도 뺄 수 없는 긴요한 것이다. 만약에 서울시의 전철이나 버스가 정지된다면 천백만의 서울 시민의 생활에 크나큰 지장을 줄 것이다. 전철이나 버스라는 기계가 움직임으로써 우리는 편리한 생활을 할 수 있는 것이다. 그와 같은 역할을 영화가 하고 있다.

영화라는 수단은 정신생활 부면에서의 새로운 기계이다. 그 영화에 대하여 문학은 다분히 수공업적이다. 영화는 단지 많은 사람을 동원할 뿐만 아니라 또한 매우 빨리 사상, 감정을 전달하는 점으로 모든 기계와 마찬가지의 편리를 우리에게 주고 있다.

이것은 가령, 하찮은 영화라도 어쨌든 끝까지 보게 하는 데에 나타나 있다. 어떤 영화라도 하찮으면 하찮은 그 나름대로 관객을 끌고 가는 힘이 있다. 물론 그 배후에는 영화에 의한 전달의 경제성이 숨겨져 있다고 보아야 할 것이다. 관객들은 영화를 볼 때, 최소한도의 에너지만 쓰면 된다. 보고 싶은 대상이나, 듣고 싶은 말을 필요한 만큼의 크기로 보여주고, 들려주게 마련이니까 관객 쪽에서 노력할 필요는 지극히 적다.

그러나 문학의 독자는 일일이 자기 스스로가 이미지를 짜맞추어야만 한다. 이것도 아냐, 저것도 아냐 하고 생각하며 읽어야 한다.

영화가 직선적으로, 유동적으로 관객을 끌고 갈 수 있는 것은 화면이 필요한 대로 이미 선택되었기 때문이다.

그러나 문학의 경우는 글자 그 자체를 보는 것은 아직 문학이 아니고, 그 뜻을 일일이 이해하여 자기 머리 속에 장면을 짜맞춘다는 작업이 독자에게 남겨져 있다. 그래서 문학의 감상은 영화처럼 직선적으로 빠르게 이루어지지 않는다. 멈추기도 하고, 되돌아가기도 하며 이루어지는 것이다.

그런데, 이것을 영화에 대한 문학의 '깊은 사고'로 여기고 있는 사람이 있다는 것은 이상한 일이다. 이와 같이 멈추었다 뒷걸음질쳤다 하면서 나가는 것이 문학의 사상적 심각성의 증명은 아니다.

문학에서도 그런 작품은 결코 좋지 못한 문학이다. 정말 좋은 문학은 역시 숨돌릴 사이도 없이 읽히게 하는 것이다. 생각하며, 생각하며 읽어야 하는 문학은 그만큼 표현력이 부족한 것이다. 표현력의 부족이란 요는 필요한 말이 선택되지 않았다는 것을 뜻한다. 빼어난 문학은 필요한 말만으로 씌어졌기 때문에 간결하고 알기 쉽다.

그러나 이런 뛰어난 표현력은 제일급의 문학자에게만 가능한 것이다. 그리고 제일급의 문학자가 되려면 오랜 세월의 수련이 필요하다.

그런데 영화는 문학자가 오랜 세월에 걸친 수련의 결과로 얻어지는 전달 표현의 경제성이 처음부터 어느 정도 주어져 있다고 말할 수 있다. 그것은 글자를 통하여 자기 스스로 일일이 이미지를 짜맞추어야 하는 노력이 생략되어 있을 뿐만 아니라, 또한 문학자가 혼자 생각하는 데 대하여 영화가 여럿이서 협동적으로 생각하는 것에도 원인이 있다.

문학은 개인예술이고, 영화는 종합예술이다. 그리고 영화의 카메라는 관객의 주의를 마음대로 집중시킬 수 있다. 스크린의 어느 것에 주목해야 하느냐 하는 것은 관객의 역할이 아니라 카메라 쪽의 역할인 것이다.

4. 시나리오와 소설

영화는 관람하기 위하여 존재한다. 영화는 소설과 같이 읽어서 이해하는 것이 아니라, 화면의 흐름을 보고 이해한다. 따라서 시나리오 자체는 글자에 의하여 씌어지지만, 그것은 스크린 위에 표현되는 것이 목적이므로 당연히 시각적이어야만 된다. 바꾸어 말하면 작가는 시나리오를 쓸 때 영화로 될 정경을 머릿속에 그리면서 써야 할 것이며 또한 씌어진 시나리오의 글자는 남이 읽어도 곧 그 정경을 스크린 위의 영상으로 상상할 수 있도록 해야 한다. 시각성이란 영화가 지닌 독자적인 기능을 잊어버리고, 자칫하면 대사만에 의지하여 극적 정감을 높이려는 잘못을 저지르기 쉽다.

최근 시나리오는 그림의 부족이라는 문제에 부딪쳤다. 원래 토키의 힘은 '보이는 힘' 플러스 '들리는 힘'일 것이지만, 보이는 힘이 소홀해져 그 결과 그림의 빈곤에 빠지고 있다.

그런데 들리는 힘보다도 보이는 힘의 편이 몇 갑절 강한 것이므로 이러한 경향은 더욱 신중히 생각해 보아야 할 문제이다. 그림의 빈곤이라고 했지만, 여기에서 말한 그림이란 결코 회화적인 그림을 의미하는 것은 아니다. 영화의 시각적인 표현력을 말하는 것이다. 그 장면 구성이나 화면과 화면의 접속에서 생기는 표현력 같은 것을 말하는 것이다.

그러한 표현력이 생생하게 느껴지는 시나리오야말로 작가가 가장 바라는 것이어야 한다. 한번 읽어서 그림이 떠오르지 않는 시나리오는 어디엔가 영화가 되기 위해서는 약한 데가 있다.

소설의 경우와는 달리 영화에서는 계속적으로 생겨나는 사상事象이 어느 일정한 속도를 지니고 진행된다. 따라서 관객은 낱낱의 사상이 지니는 관념의 깊이를 전적으로 이해하느냐, 못하느냐에 매이지 않은 채로 계속되는 사상을 뒤쫓아야만 하는 것이다.

그렇기 때문에 하나의 사상이 내포하는 관념의 깊이가 관객의 감수성의 템포 이상일 경우, 관객은 그 깊이에 대하여 이해를 못한 채로 새로운 사상에 부딪쳐야 한다. 그리하여 그런 경우가 자주 되풀이되면 부분적으로 쾌락을 얻기 어려운 것은 물론, 드디어는 작품 전체에 대한 흥미를 잃고, 적극적인 감상 의욕마저 포기하게 될 것이다('낱낱의 사상'이란 말이 약간 추상적이라면 이것을 낱낱의 장면, 또는 낱낱의 사건 등의 말로 바꾸어도 된다).

그렇다면 흘러가는 낱낱의 사상에 일정한 속도가 있는 것과 마찬가지로 거기에 담겨지는 관념의 깊이에도 또한 어느 일정한 한도가 있다는 것을 이해할 수 있을 것이다. 이와는 반대로 소설에서는 이 시간적인 것은 문제가 안 된다. 관념의 깊이를 이해하는 속도가 1이든 2이든 때로는 5이든, 그것은 독자 저마다의 자유이다. 자연히 깊이에도 아무런 제한되는 일이 없는 것이다. 그러기에 영화에서는 관념의 깊이를 이해하고 깨친 다음에 흥미와 감명을 받는 소설적 방법이 알맞지 않는 것이다.

반대로 먼저 흥미를 주면서 뒤이어 관념적인 것을 이해시킨다는 순서에 의해야 한다는 사실이 뚜렷해진다.

소설에서는 관념적인 것을 직접 묘사할 수 있으며, 그런 것들을 모아 쌓음으로써 흥미와 감명을 줄 수 있지만, 영화에서는 그와 같은 관념 묘사는 매우 어려운 것이다. 그러니까 결국 흥미로운 사상을 제출하고, 그것의 배치에 의한 암시, 그것의 짜맞춤에 의하여 생기는 관념의 세계를 이해시키는 방법밖에 없다.

작가는 항상 그와 같은 궁리를 해야 한다. 시나리오를 쓰는 데서 그 준비가 필요한 것이다. 물론 여기서 흥미로운 사상이란 비속적·통속적인 의미에서가 아니고, 그 이상의 참다운 흥미인 감명 깊은 것을 말한다.

그러나 여기서 특히 주의해야 할 것은 낱낱의 사상이 단지 이것저것 늘어놓은 것이거나, 겹겹이 쌓아놓은 것이어서는 기대한 만큼의 효과를 거두기가 어렵다는 사실이다. 즉 낱낱의 사상의 평면적 나열이나 무의식적 퇴적으로는 더러 또는 우연히 표면적인 리듬을 형성하는 수는 있어도 진실한 인생의 운율이나 생명의 순조로운 조화를 자아낼 수는 없을 것이다.

낱낱의 사상이 서로 반발하고, 호응하고, 융합하여 거기에 인생의 운율, 생명의 조화를 낳는, 즉 낱낱의 사상의 상극에 의하여 생기는 깊은 관념의 세계를 이해시키도록 구성되어야 한다. 관념적인 것을 직접 묘사하고, 그 모이고 쌓인 것에 의하여 흥미를 줄 수 있는 소설문학과 이것은 매우 성격을 달리하는 것이다. 다른 말로 표현하면 소설은 시나리오(또는 영화)보다도 훨씬 비구성적인 것이다.

그 구체적인 보기로 '한국창작문학상' 수상작인 이청준의 소설 「이어도」를 필자가 시나리오화한 「이어도」의 일부분을 여기에 들어보자.

원래 소설이란 관념적인 것이지만 특히 이 소설은 관념 세계를 다룬 작품으로 몹시 관념적이다. 그 관념적인 상황을 구체적인 영화의 이미지로 형상화하기 위하여 무척 애썼다. 여기 실린 시나리오의 일부분도 그런 대문의 하나이다.

먼저 그 대문의 소설을 보면 다음과 같다.

"…… 하지만 천 기자가 그날 밤 절망을 한 것은 섬을 찾아내지 못한 실망에서가 아니라 오히려 그 섬을 만날 수 있었기 때문이었을 겝니다."

"……"

"선생이 말한 것처럼 천 기자는 취재를 떠날 때도 실상 섬이 실재하리라는 기대는 가지고 있지 않았다는 쪽이 옳을 겝니다. 그리고 그는 그것을 바라지도 않았구요. 그의 취재 목적도 오히려 그와는 정반대였습니다. 그는 누구보다도 섬을 믿고 싶어하지 않았던 사람이니까요. 하지만 천 기자는 막상 그가 바랐던 대로 이 세상엔 정말 이어도라는 섬이 실재하고 있지 않다는 사실이 확인되고 난 순간에 오히려 그 섬을 보게 된 것입니다. 그건 참으로 무서운 절망이었을 것입니다. 그는 섬을 찾지 못해서가 아니라 거꾸로 그 섬을 만났기 때문에 절망을 했을 거란 말입니다."

"……"

"아, 그야 물론 그가 본 이어도 역시 실재의 섬은 아니었겠지요. 오랫동안 이 섬에 살아온 이어도란 원래가 그 가상의 섬이 아니겠습니까. 천 기자가 본 이어도 역시 그런 가상의 섬이었습니다. 하지만 어쨌든 천 기자는 그때 문득 그 이상스런 방법으로 자기의 섬을 보게 되었고, 그래서 그는 오히려 절망을 하고 만 것입니다……. 하지만 그건 참으로 황홀한 절망이었을 겝니다."

"……"

시나리오는 다음과 같다. 이 시나리오에서 '흑백'과 '색채'로 구별한 것은 현재는 흑백으로, 과거는 색채로 표현하기 위해서이다. 왜 그렇게 했느냐 하면, 이 소설의 내용이 암울스런 현실생활에 지친 어부들이 유토피아로 그리워하는 것이 이어도이기 때문에 현재는 암담하게, 과거(대개 이어도에 관련된다)는 화려하게 표현하기 위해서이다.

S#37 다시 술집(흑백)
(양 국장, 술을 벌컥벌컥 마신다.)

양 하지만 천 기잔 막상 그가 바랐던 대로 이어도란 섬이 실재하고 있잖단 사실이 확인되고 난 순간에 오히려 그 섬을 보게 된 겁니다. 그건 참으로 무섭고도 처절한 절망이었을 거요.

선우 국장님은 이어도가 실재한단 말입니까? 뭡니까?

S#38 환상적인 이어도(색채)
(어둠에서 마치 망령처럼 떠오른다. 그것은 마치 천 기자 내부의 심층에서 떠오르는 것 같으며, 쉬르리얼리즘(초현실파)의 그림 같기도 하다.)

양(E) 그야 물론 그가 본 이어도 역시 실재의 섬은 아녔겠죠……. 천 기자만의 자기 섬이었을 테니까.

S#39 환상적인 천 기자(색채)

(역시 어둠에서 그만이 두드러져 보인다. 그는 이어도를 발견하고 처음엔 놀랬으나 차츰 황홀해진다. 그리하여 그는 마치 매미가 껍질을 벗듯이 분리되어 나가 어둠의 바다에 몸을 던지고 결국엔 처절한 절망을 하게 되는 또 하나의 그(分身의 그)가 남는다. (이중노출 촬영과 슬로 모션에 의하여 마치 천 기자의 영혼과 육체가 떨어져 나가는 듯한 표현이면 싶다. 이 장면도 앞 장면처럼 쉬르리얼리즘의 그림 같은 효과를 내야 할 것이다.))

양(E) 어쨌든 그는 문득 그 자기의 섬을 보게 됐고, 그래서 그는 오히려 절망하고 만 거요…….

S#40 다시 술집(흑백)

양(자신도 황홀해져서) 하지만 그건 참으로 황홀한 절망이었을 겁니다.
선우 황홀한 절망……? 참 표현이 멋있군요.(하고 양 국장의 걷잡을 수 없는 논리에 화가 나는 듯 술을 들이킨다.)

필자가 2003년에 출판한 장편추리소설 『꼬리 감추는 여인』은 필자가 창안한 '수필소설'이란 특수한 형식으로 쓴 소설이다. '수필소설'이란 수필과 소설을 절충한 형식인데, 즉 표현하려는 대상에 대한 느낌과 관념, 정서 등을 나타내면서 견실한 스토리텔링으로 재미있게 얘기를 꾸미자는 것이다.

지금 그 『꼬리 감추는 여인』을 시나리오로 각색하려고 구상중인데, 군데군데 관념적인 상념과 감동적인 인상의 대목을 어떻게 구상적이고 감동적인 표현을 할까 궁리중이다. 가령 젊은 소설가인 주인공 S가 고교 시절에 석굴암 본존불에서 느낀 해돋이의 찬란하고도 장엄했던 감동—

S는 지금도 그때의 인상을 뚜렷이 떠올릴 수 있었다. 햇살이 본존불의 이마에 닿자 현란한 빛을 뿌리며 석불이 분홍빛으로, 그리고 진홍빛으로 변했다가 다시 흰빛으로 돌아오는 광경은 아름답다기보다는 차라리 신비로움, 바로 그 자체였다. 이 신비로움을 지켜보는 S의 마음에 깊고 오묘한 인상을 간직하게 하는 것이다.

또한 문학을 좋아하면서 미술을 좋아했던 S는 미술에서 인상파 화가들이 주장했던 이론이 실감으로 받아들여졌다. 모든 것은 눈부시게 찬란한 빛의 교향악이었다. 인상파를 일명 외광파(外光派)라고 일컬은 까닭을 납득할 만하다고 S는 그때 곰곰이 느꼈었다.

그 깊고 오묘한 인상과 찬란하고도 장엄했던 감동을 어떻게 표현할까 하는 따위의 문제이다. 왜냐하면 이때의 인상과 감동이 그로 하여금 석굴암을 소재로 한 소설에 심혈을 기울이게 하며, 또한 거기에서 파생하는 갖가지 사건에 휘말리게 되기 때문이다. 그리하여 S는 더욱 큰 인상과 감동에 맞부딪히게 되는 것이다. (『시나리오의 이론과 실제』, 태학사, 2004, 재록)

Ⅵ. 비평의 이해

이 재 식[*]

　비평이란, 한 편의 시나 소설인 문학작품의 분석적 읽기를 통해 그 가치를 규명하는 작업이다. 따라서 비평은 시, 소설, 희곡, 수필 등과는 다른 성격의 문학 장르이다. 소설이나 시 등이 작가의 체험 도는 경험을 바탕으로 한 대상에 창작의 뿌리를 둔다면, 비평은 이미 글로 완성된 텍스트 자체를 대상으로 하기 때문이다. 그러므로 문학비평을 대상언어에 작용하는 메타언어라고 명명한 롤랑 바르트의 견해처럼 비평 활동은 대상작가 언어와 비평언어의 관계를 고려해야 한다. 비평이란 문학의 유효성을 발견하는 것이 아니라 올바른 가치판단을 내리는 실천적 행위이기 때문이다.
　그러므로 비평이란, 1)판단한다 to judge 2)가치를 평가한다 to evaluate 3)분석한다 to analyse 4)감상한다 to appreciate 5) 결점을 찾는다 to fault-finding 6)칭찬한다 to prais e 7)종류를 나눈다 to classify 8)비교한다 to compare 작업인 것이다.

　이처럼 실천적 행위로서의 비평방법은 역사, 전기적 비평으로부터 언어인식을 바탕으로 시작된 형식주의 비평, 구조주의 비평, 사회·문화비평, 심리주의 비평, 신화·원형비평, 현상학적 비평이나 수용미학 이론 등이 있다.
　우리는 비평론을 통해 문학작품에 대한 폭넓은 이해와 문학을 바라보는 관점을 더욱 깊고 풍부하게 접할 수 있다.

[*] 문학박사

1. 문학비평의 어원과 개념

비평적 안목은 남녀노소 구분 없이 누구에게나 그 능력을 지니고 있다. 가령, 어린아이들도 A는 무엇 때문에 옳지 못하고(나쁘고), B는 어떻기 때문에 옳다(좋다)는 나름대로의 판단 기준에 따라 가치를 평가할 수 있기 때문이다. 그러니까 넓은 의미의 비평은 일정한 기준으로 가치판단을 내리는 모든 행위를 의미한다.

그러므로 넓은 의미의 비평은 문학 뿐 아니라, 음악·미술·영화·연극 등 예술 각 분야와 언론이나 시사평론에도 사용되는 개념이다.

그러나 '문학'으로 그 범위를 좁혔을 때는 작가의 작품을 일반 독자나 전문 독자인 비평가가 가치판단 한다든지, 문학 전반에 대한 심미적 판단을 내리는 행위로 제한된다.

그렇다면, 문학작품의 가치판단 기준이란 무엇인가?

    (1) 문학이란 무엇인가?
    (2) 한 편의 작품이 주는 의미는 무엇인가?
    (3) 한 작가의 위치는 어떠한가?
    (4) 작품의 가치는 어떻게 평가할 것인가?
    (5) 작품구조와 당대 사회구조는 어떤 관련성이 있는가?
    (6) 작가는 작품을 통해 사회에 어떠한 역할을 하는가?

등이 보편적 기준이라 할 수 있다.

비평과 그 개념이 비슷한 유사어로 평론이 있다. 그런데 비평批評이나 평론評論의 평評은 상형문자로써, 파자破字하면 '언言+평平'이므로, 곧 '말을 공평하게 한다.'는 의미 이다. 그리고 '비批'는 '수手+비比'이니 '손으로 치거나 깎는다.'는 뜻이 된다. 따라서 비평은 '말을 공평하게 하되, 사물의 진眞, 악惡, 시是, 비非, 미美, 추醜를 구별하여 평가하는 작업이라는 의미이다.

비평으로 번역되는 크리티시즘criticism의 형용사인 크리티컬critical에는 '비평'과 '위기'라는 두 가지 의미가 함의含意되어 있다. 같은 어원인 크라이시스crisis는 원래 의학용어로 '위기, 위독'이라는 의미이다. 따라서 위기를 의학적으로 보면 병세의 전환점을 의미하고 비평적 측면으로 보면 가치의 불안정 또는 미결상태를 일컫는다. 그러므로 가치의 불안전상태 또는 미결상태를 탈피하고 확실한 가치판단을 해 주는 것이 비평작업이라 할 수 있는 것이다.

그런데 문학작품을 가치 평가하는 비평은 그에 합당한 객관적 기준criterion이 있어야 한다. 그러니까 어떤 작품이 '좋다, 나쁘다 또는 어떤 가치가 있다, 없다'로 평가하기 위해서는 그 이유가 제시되어야 한다는 말이다.

물론 평론가마다 작품의 가치판단에 대한 나름대로의 논거를 제시하지만, 문제는 작품을 바라보는 눈(시각)이 각각 다를 수 있기 때문에 공정성에 대한 객관적 근거제시가 용이하지 않다는 데 있다. 그래서 비평부정론이나 무용론이 제기되기도 한다.

체홉은 비평가를 일컬어 '소꼬리에 귀찮게 달라붙은 파리'로 혹평을 하는가 하면, 1980년대 김원우는 '누가 가장 정확하게 읽고 자신의 독특한 목소리로 한 작품의 가치와 시대적인 위상을 꿰뚫어 볼 수 있는가?'라며 신진 비평가의 평문을 비판하기도 했다. 이런 시비가 끊이지 않는 것은 작품을 바라보는 기준이 평론가에 따라 다소간의 차이를 보이기 때문이다. 그 차이는 어디에서 비롯되는가? 그 사람의 인생관이다. 사람은 누구나 자신의 인생관이 있지만 그 인생관은 마치 각자의 개성처럼 각기 다르기 때문에 그런 인생관들의 잣대에 따라 작품을 평가하는 기준이 달라지기 때문이다.

그러므로 비평가들은 대다수의 사람들이 이해하고 공감대를 형성시킬 수 있는 보편적이고도 객관성이 확보된 비평을 중요한 덕목으로 삼아야 할 것이다.

2. 비평의 특성

비평은 시, 소설, 희곡 등 문학 장르와 성격을 달리하고 있다. 시, 소설이 체험을 바탕으로 한 대상에 근거를 둔다면, 비평은 이미 글로 완성된 작품을 텍스트로 삼기 때문이다.

프랑스의 비평가 바르트Roland Barrthes는 언어학자인 야콥슨Roman jakobson의 대상언어, 메타언어를 원용하여 문학비평을 대상언어object language에 적용하는 메타언어meta language라고 명명하였다. 메타란, 원래 화학용어로써 '사이에, 넘어서, 뒤에'라는 뜻으로 주로 치환의 변화를 의미한 언어이다.

생사 길은

예 있으매 머뭇거리고
나는 간다는 말도
못다 이르고 어찌 갑니까
어느 가을 이른 바람에
이에 저에 떨어질 잎처럼
한 가지에 나고
가는 곳 모르온저
아아, 미타찰에서 만날 나
도 닦아 기다리겠노라.

— 월명사 「제망매가」

신라향가인 이 시를 비평한다면, '어느 가을 날 바람에 떨어지는 낙엽' 같은 객관적 사실이나 지식은 큰 의미가 없다. 오히려 왜 누이를 잃은 슬픔을 자연현상에 빗대어 골육지정骨肉之情을 강조하고 있는가에 있다. 또 죽음에 대한 관조와 순명順命이 불교적 시각으로 전환되는 미적 가치는 어떠한가? 등의 합리적인 사고와 논리적 분석에 있다. 그것은 신라인들이 지녔던 사생관의 뿌리에는 불교적 변증법이 자리 잡고 있음을 추출해 내야하고 그것이 만해 한용운의 시와 어떻게 접목되는지의 해명이 뒤따라야 할 것이다.

이렇게 볼 때 비평은 객관적인 지식이나 진실보다는 작품구조 속의 전후 관계에 대한 논리와 분석에 밀접하게 관련되어 있다고 할 수 있다.

풀이 눕는다
비를 몰아오는 동풍에 나부껴
풀은 눕고
드디어 울다가
날이 흐려서 더 울다가
다시 누웠다

풀이 눕는다
바람보다도 더 빨리 눕는다

> 바람보다 더 빨리 울고
> 바람보다 먼저 일어난다
>
> — 김수영 「풀」 부분

　이 시에서 어떤 독자는 '풀'을 민중의 상징으로 보고, 동풍을 외세의 상징으로 보기도 한다. 그러나 '풀'은 삶의 활동성을 보여주는 상징동력이라는 주장도 있다.
　이처럼 사람들은 각자의 해석에 따라 한 작품을 새로운 상징으로 설명할 수 있다. 이렇게 비평은 객관적 진실보다는 평가하는 자의 주관적 진실에 의존한다. 그래서 누구나 비평을 할 수 있다는 것이다. 그러나 그 주장에 대한 논거와 이유가 제시되어야 하는 까닭은 평가가 객관적이며 설득력 있어야 하기 때문이다. 이런 비평과정에서 허시E.D. Hirsch는 선험적 지식을 위한 분석적 읽기의 '분석'이라는 용어를 해석interpretation과 이해understanding로 구별하고 있다. 즉 이해는 텍스트 의미의 기본적인 파악이고 해석은 파악된 의미를 다시 해설하는 일이라는 것이다. 그러니까 이 말은 해석이란 의미의 이해나 내용을 서술할 때 독자를 의식하면서 전개하는 기술이라는 뜻이다. 그렇다면 문학비평은 작품에 대한 자기의 해석을 남에게 납득할 수 있도록 효과적으로 진술하는 문학 장르라 할 수 있다.

3. 문학비평의 방법론

　현재 논의되고 있는 문학비평은 역사·전기적 비평과 형식주의비평으로 대별할 수 있다.
　비평의 방법에서 문학이론가인 웨렉R. Wellek은 외재적 비평과 내재적 비평으로 나눈 바 있는데, 외재적 비평이 에이브럼즈의 4좌표 중 모방론, 효용론, 표현론이라면, 내재적 비평은 존재론(객관론)에 해당된다.
　비평의 유형은 역사·전기적, 형식주의, 구조주의, 사회·문화적 심리주의, 신화·원형, 현상학적비평 등 여러 유형이 있다. 이 비평방법론들은 주변과학의 이론을 원용하여 이론을 전개한 유형들이다. 즉, 역사·전기적 비평은 역사학에서, 형식주의. 구조주의 비평은 언어학에서, 사회·문화적 비평(사회문화학)은 사회학과 마르크시즘에서, 심리주의 비평은 정신분석학과 심리학에서, 신화·원형비평은 종교학에서, 현상학적 비평(수용미학 이론 포함)은 현상학에서 힘입은 바가 크다.

이 장에서는 형식주의, 신비평, 구조주의 신화·원형비평에 대하여 논의하기로 한다.

가. 형식주의 비평

이 비평방법은 텍스트 자체의 우위성을 옹호하려는 이론으로 문맥적 비평contextual criticism 또는 본질적 비평intrinsic criticism이라고도 한다. 20세기 영국, 미국, 러시아 등에서 영향력 있고 활기 찬 비평으로 자리 잡은 이 방법은 작품의 의미구조에 주목한다.

마르크스주의자들에 의해 문학의 사회성을 강조하던 러시아 형식주의Russian Formalism는 1910에 발흥하여 1930년대에 정치적인 이유로 억제 당한다. 이 이론은 한 때 묻혀 있다가 미국으로 망명한 야콥슨Roman Jakobson이 '언어학'과 '시학'에 끼친 영향이 알려지면서 1950년대 이후 20여 년간 비평이론으로 각광 받았다.

이 이론은 모든 것으로부터 예술은 자율적인 행위이다. 따라서 예술형식이란 예술 자체의 법칙에 의해 설명이 가능하므로 문학연구는 예술고유의 성질에 집중해야 한다는 것이다. 야콥슨은 이를 '문학성'이라는 말로 표현하고 있다. 곧, 문학연구의 대상은 문학이 아니라 문학성이라는 의미이다. 다시 말해 주어진 작품이 문학작품이게 해주는 어떤 것이 연구의 대상이라는 것이다.

야콥슨의 이론에 동조한 비평가들은 문학작품의 문학성이란 근본적인 문제이며 어떤 표현이 작품에 부각되어 나타나느냐에 따라 결정된다는 주장이다. 그러한 표현방식의 하나로 슈클로프스키가 제시한 것이 '낯설게 하기'이다.

슈클로프스키에 의하면 "사물을 인지한다기보다는 사물을 이해하게 하는 것이 독특한 예술의 기능"이라는 것이다.

슈클로프스키에 의해 도입된 또 하나의 전문용어는 '난해하게 하기'이다. 난해하게 하기란, 소설 혹은 시가 미학적 목적을 위해 어려운 단어나 구문을 사용하는가 하면, 전통적 운율을 일탈하거나 병렬 등을 즐겨 쓰는 특성을 일컫는다.

결국 러시아 형식주의자들에 의하면 예술의 가치는 그 자체에 있고 그것은 작품의 자율적 형식에 의해 표현되는데 그 예는 '낯설게 하기' 또는 '난해하게 하기'를 들 수 있다.

결국, 형식주의 비평은 역사주의와 대조되는 방법론이다. 역사주의가 중요시 한 정치·경제·사회·역사를 경시하고 문학의 형식성 즉, 작품 자체의 구조와 해명을 중시하기 때문이다. 따라서 형식주의 비평은 역사주의나 사회 문화적 비평방법으로는 해명하기 어려웠던 작품 자체의 형식적 아름다움을 밝히는데 많은 기여를 할 수 있다. 형식주의 비평은 '모호성, 아이러니, 패러독스, 운율, 이미지' 등 독자적인 비평용어를 통해 작품 자체가 갖는 구조와 의미를 분석하는 이론이다.

○실제 작품분석의 예

① 바람도 없는 공중에 수직의 파문을 내이며 고요히 떨어지는 오동잎은
누구의 발자취입니까.
② 지리한 장마 끝에 서풍에 몰려가는 무서운 검은 구름의 터진 틈으로
언뜻언뜻 보이는 푸른 하늘은 누구의 얼굴입니까.
③ 꽃도 없는 깊은 나무에 푸른 이끼를 거쳐서 옛 탑 위의 고요한 하늘을
스치는 알 수 없는 향기는 누구의 입김입니까.
④ 근원은 알지도 못할 곳에서 나서 돌부리를 울리고 가늘게 흐르는 적
은 시내는 굽이굽이 누구의 노래입니까.
⑤ 연꽃 같은 발꿈치로 가이없는 바다를 밟고 옥 같은 손으로 끝없는 하
늘을 만지면서 떨어지는 날을 곱게 단장하는 저녁놀은 누구의 시입니까.
⑥ 타고 남은 재가 다시 기름이 됩니다.
⑦ 그칠 줄 모르고 타는 나의 가슴은 누구의 밤을 지키는 약한 등불입니까.

— 한용운「알 수 없어요」

이 시를 읽을 때 독자들은 호흡이 달라지는 것을 느낄 것이다. 첫 인상과는 달리 이 시는 '누구의 ~입니까'의 동일한 구문이 반복된다는 점에서 단조로울 것 같으나 사실은 그렇지 않은 기묘함이 있다. 반복에서 시작하여 반복으로 끝난 이 시가 단조로운 폐쇄성과 전혀 무관한 것은 고양된 율동을 명확하게 드러내는 표현으로 예술성을 전제하고 있기 때문이

다. '누구의~입니까'의 반복은 단순한 반복이 아니라 구체화의 과정으로 나아가고 있기 때문에 가능하다. 예술성은 추상적이고 관념적인 것이 아니라 감각적이고 구체적인 것이다.

이런 점에서 「알 수 없어요」는 형식적으로 유기적인 조화를 갖추었다고 할 수 있다. 또 이것은 시인의 독특한 창조적 상상력에서 연유된 것이다. 그 독특한 상상력이란, '오동잎', '하늘', '향기'가 다만 감각의 대상으로만 파악되지 않고 '발자취', '얼굴', '입김' 등과 같은 인식의 수단으로 전환되고 있는 것을 말한다.

시작품을 살아 있는 형식 또는 역동적인 형식이라고 할 때, 이미 그것은 형식과 내용이 유기적으로 연결되어 있는 생명체이며, 그러한 생명체인 한, 시적 표현은 예술성을 얻게 된다. 말하자면, '안'에서 발견되는 것과 '밖'의 형식을 산출해 내면서 '안'의 내용을 자각해 나가는 것이다. 그러기에 시작품의 독특한 형태는 '던져진 형태'가 아니라 '형이 이루어진 형태'이다. 「알 수 없어요」에서 '오동잎'은 실제의 오동잎이 아니라, 그것의 지시적 의미의 와해를 거쳐 재구성된 감각적 이미지이다. 이것은 이 시에서의 '오동잎'과 실제 '오동잎'의 차이가 곧 '형이 이루어진 형태'와 '던져진 형태' 차이를 갖는다는 것을 의미한다. 그러므로 이 시를 올바르게 해석하는 지름길은 그 형形이 어떻게 이루어졌느냐를 명백하게 들어내는 지점에서 시작된다.

이 시는 한용운의 다른 시인 「님의 침묵」과 마찬가지로 배워서 아는 세계가 아니라, 보고 아는 세계이다. 곧 깨달아 아는 자기 인식의 세계인 것이다. 이 시에서 시인은 오직 보여주기만 할 뿐, 독자들에게 자기 인식을 느끼고 깨닫게 유도하는 방법을 취하고 있다. 즉, '누구의 ~입니까'라는 문장구조 자체가 독자적 상상력에 깊이 호소하면서 독자의 체험을 극대화시키는 역할을 하고 있기 때문이다.

그러므로 「알 수 없어요」는 어떤 구체적인 사실을 지시하는 이미지가 아니라 그 자체로 자족적인 이미지이며 공안公案의 이미지라고 할 수 있다. 공안이란, 선불교에서 깨달음의 한 방식으로서 이성적으로는 풀 수 없는 수수께끼와 같은 선문답을 서로 주고받는 가운데 자신도 모르는 사이에 마음의 깨달음을 얻게 한다는 것이다.

이 시의 '누구의~입니까'라는 수수께끼 같은 질문방법은 단순한 의문형이 아니라 그 안의 내포된 의미를 한 없이 탐구하게 하는 '모호성'의 시학으로 발전된다. ⑥의 "타고 남은 재가 다시 기름이 됩니다."라는 구절은 찰라적인 깨달음의 묘체妙諦일 수 있겠으나 시인이 그 깨달음의 의미를 직접적으로 서술하지는 않는다. 그러니까 시인은 체험을 통해서 깨우친 경지를 '타고 남은 재'가 '기름'이 된다는 새로운 존재생성의 이미지를 통해 제시할 뿐이다.

만일, 이 시가 ①~⑤에서 끝났더라면 그것은 시적 표현이 아니라 산문적 의문문에 그치고 말았을 것이다. '오동잎', '하늘', '향기', '시내', '저녁놀'의 표현내용은 다르지만 의문 형태라는 점에서 동일한 구조와 가락이며 그 결과 그것은 '던져진 형태'에 지나지 않기 때문이다. 그러나 ⑥의 존재 때문에 그것은 고도의 상징성과 더불어 시인의 지관적인 깨달음의 경지를 드러내게 된다. 따라서 '오동잎~입김'은 ⑥의 출현으로 인해 단순한 의문형이나 단조성을 벗어나 다양하게 의미 층위를 내포한 '복합성·모호성'으로 탈바꿈되는 것이다. 이런 의미에서 이 시는 간성과 직접성의 계기를 자신 안에 내장하고 있는 시인 셈이다. 제목부터 그것을 암시하고 있기 때문이다.

이상과 같은 내용과 의미를 고려하며 이 시의 구조를 살펴본다.

「님의 침묵」과는 달리 이 시는 ①~⑤가 '기起+승承'의 반복연속체이며, ⑥,⑦이 전轉과 결結로 나타난다. ①~⑤는 동일한 구문의 반복인 동시에 깊은 의미의 반복이다. '오동잎', '하늘', '향기'등은 구체적인 사물에 의해 암시될 수 있는 누군가의 모습이다. 그러나 '오동잎', '하늘', '향기'등은 실재(누구)의 서로 다른 표현이면서도 그것들을 합친 전체는 너무도 크고 오묘하여 인간으로서는 완전히 알 수 없는 어떤 것이 되고 만다. 그만큼 지언은 이 시에 있어서는 그 자체가 아니라 그보다 큰 어떤 것의 상징이 된다. 그렇기 때문에 「님의 침묵」의 '님'과 같이 「알 수 없어요」의 '누구'도 절대자나 조국이라는 단일개념으로 묶어 버릴 수가 없다. '누구'는 단일개념으로 파악된 의미 중의 하나도 아니면서 오히려 보다 큰 종합 속에서 그 전체와 관련되어 있기 때문이다. 그러므로 이 시가 탁월한 '유기체적 통일성'을 성취하고 있다는 평가도 설득력을 얻을 수 있는 것이다. 이 시는 시인이 지닌 불교적 인식의 바탕에서 볼 때, 그것은 수사의 차원을 넘어서 삶의 원리로 이해되기도 한다. 전술한 선험적 지식으로 이 시를 다시 읽는다면 ①~⑤는 단순반복이 아니라 의미를 내포한 점층적 부연임을 발견하게 된다. 즉 '오동잎→하늘→향기→시내→저녁놀'로 고조되는 동시에 '발자취→얼굴→입김→노래→시' 등 점층적으로 전개되고 있기 때문이다. 이런 점층은 ⑥에서 절정에 달하며 ⑦과 같은 자기 개달음으로 수렴·통합되기에 이른다. 그렇다면, 이런 깨달음이 어떻게 행복과 시인의 자기실현행위로 나타날 수 있는 것인가? 작품 「알 수 없어요」의 시적 대상은 표층적 구조만으로는 자연이다. 그런데 그 자연은 단순한 자연이나 인식의 시적 소재로써의 자연이 아니다. 직관에 의해 착상(着想)된 특별한 자연으로써의 그것은 누구를 의미하는 상징이다. 이러한 추론은 그가 자연을 정지태靜止態로 파악하는 것이 아니라 동지태動止態로 변형·확대하고 있다는 데에서 이런 추론은 가능하다.

①~⑤까지는 자연의 외면적 참여를 통해 '누구'를 발견하고 ⑥에 이르러 자연의 내면적 참여를 부각시킨다. 그리하여 ⑦과 같이 '누구'를 마음에서 발견하였고, 그런 의미에서 '나의 가슴'은 본성을 깨달은 지혜에 해당되는 것이다. 이 지혜야말로 역사와 사회를 바라볼 수 있고 통어할 수 있는 혜안인 것이다. 이런 지혜의 눈에 따라 깨달음은 새로운 전기를 맞는데 '나의 가슴은 누구의 밤을 지키는 약한 등불입니까?'의 변용이 그것이다. 또 '그칠 줄 모르며 타는 나의 가슴'은 '누구'가 시대의 밤을 지키는 '등불'이라고 할 때, 이는 사회현상에 대한 자각인 동시에 '자기실현'에 대한 깨달음이다. 동시에 '등불'은 자기 깨달음의 경지에서만 빛나며 자족하는 존재가 아니라 이타행의 존재인 것이다.

더욱 중요한 것은 「알 수 없어요」에는 율동적 세계인식이 배치되어 나타나 있듯 시간적 질서(아침→낮→저녁→밤)가 작품의 굴곡에 보조를 맞추고 있다는 사실이다. 「알 수 없어요」의 세계는 동감에 의한 환상에 있다. 그리고 그 환상은 경험을 뚜렷하게 유기화有機化 하고 하나의 통일된 조직을 부여하는 것이다. 이 시가 독자들에게 지대한 영향을 미치는 것은 감각적이고 구상화 된 경험을 직관함으로써 동감적인 환상 속에 일종의 생명을 깨닫게 되기 때문이다. 생명을 깨닫게 된다는 것은 서로의 생명을 동정과 동감(서정적 긴장)에 의하여 공유하게 된다는 것을 의미한다. 우리는 이 공감적 서정을 통해 진정한 행복의 자기실현이 어떻게 가능한 지를 인식하게 되는데 이것이야말로 이 작품에서 놓쳐서는 안 될 중요한 가치일 것이다.

나. 신비평

신비평new criticism은 형식주의 개념과 혼동될 정도로 유사하며 영,미 비평계에 큰 영향을 미쳤다. 신비평은 1910년 미국의 비평가 스피건J.E.Spingam이 평단의 현학적 아카데미즘에 반발하여 제안한 이론이다.

신비평의 이론은 언어와 밀접하게 관련되어 있다. 이 비평의 주요 개념은 단어의 의미와 상호작용, 비유, 상징 등인 언어적 요소들이 하나의 중심테마 주위에 조직되어 있으며 이 조직이 형성시키는 시의 특징을 '결texture', '긴장tention', '아이러니irony', '패러독스paradox', 로 부르고 이것들은 '다양한 충동과 조화' 내지는 '상반된 세력들의 균형상태'인 하나의 구조 속에서 나타난다고 보고 있다.

'결'이란, 우리 삶 속의 미적 경험 즉, 구체적인 사물의 직접적 촉감에 의하여 경험되는 개념으로써 그런 경험의 가능성은 무한하다. '결'은 결국 '은유'인 것인데 가령, '장미'라고 했을 때 랜섬에게 있어 '어여쁜 아가씨'는 논리적 구조이고 '장미'는 결인 것이다. 또 긴장 tention이란, 밖으로 뻗음extention과 안으로 모임intention이라는 논리학 용어에서 접두사 'ex'와 'in'을 잘라 낸 것이다.

그러므로 이들이 주장한 시란, 안에서 찾아 볼 수 있는 모든 것의 밖으로 뻗음(외연)과 안으로 모임(내포)이 충만히 조직된 몸이라는 것이다. 즉 외연과 내포의 2분법을 받아들이면서도 둘의 뗄 수 없는 결합현상을 '긴장'이라고 한다. 이들의 주장에 의하면 긴장이 없거나 약한 시가 바로 낭만시이며 유행시이고 전달 시라는 것이다. 긴장이 고조된 시가 형이상학 시이며 좋은 시이고 현대시라는 것이다.

다. 구조주의 비평

구조주의비평은 1950년대 프랑스를 중심으로 현대언어학 이론의 모형을 적용하여 문학작품을 엄밀하게 분석하는 비평가들의 활동 방법이다. 이 이론은 현대 언어학의 창시자인 소쉬르(F.de Saussure, 1857~1913)의 방법과 통찰을 문학에 적용하는 방법이다.

구조주의는 어떤 문화현상, 문화적 활동 내지 산물도 결국은 하나의 사회적 혹은 '의미체계'라고 파악하고 있다. 구조주의 연구자들은 각각의 기호는 '시니피앙'(signifiant, 음성이미지)과 '시니피에'(singifie, 개념 또는 의미)로 구성된다고 주장한다. 즉 세 개의 검은 부호 'C-A-T'는 영국인들의 마음속에 시니피에인 cat(고양이)을 생각하게 하는 시니피앙이다. 시니피앙과 시니피에 사이의 관계는 자의적恣意的인 것이다. 한국인이 '고양이'라는 시니피앙을 사용하듯 세 개의 부호가 고양이를 의미하느냐는 문화적이고 역사적인 관습일 뿐이다.

소쉬르는 인간의 말parole에 관심을 갖고 이를 랑그(langue언어)라 했다. 구조주의는 일반적으로 이러한 언어이론을 언어 자체보다는 다른 대상과 행위에 적용하려는 시도이다. 가령 신화, 문학작품, 레슬링경기, 친족관계의 체계, 음식점 메뉴, 유화 등을 기호체계에 관심을 갖는다.

결국, 구조주의는 문학작품 속에 내재된 구조를 밝힘으로써 전체 속에 이루어진 문학의 각 요소들의 관계를 조감하여 작품에 대한 이해를 더욱 깊게 할 수 있다는 이론이다. 그러나 구조주의는 공시적인 관점에 치중하기 때문에 역사적 변화는 도외시하는 경향이 있다. 또 구조주의는 비평에 산정되는 방법론이 추상적이어서 작품의 특수성을 소홀히 다루는 측면이 있는 것도 사실이다.

라. 사회·문학적 비평

사회·문학적 비평은 문학과 사회의 관계에 깊은 관심을 갖는 비평 방법론이다. 문학·사회학자들은 일반적인 문학과 사회의 관련양상에 대한 고찰과 관심을 두고 비평 활동을 하는 것은 바로 그 때문이다. 이런 사회·문학적 비평가 혹은 문학, 사회학자들은, 문학 작품이란 그것이 산출된 당시의 시대적 환경에 의해 그 작품이 드러내 보이는 내용, 가치관, 형식까지 영향을 받는다고 생각하며 작품을 다루고 있기 때문이다.

최초의 현대적 문학사회학자라 할 수 있는 프랑스 문학사가 텐은 「영문학사1863년」에서 문학작품이란 서로 침투하는 세 요인인 '인종·환경·시대의 소산물'이라고 선언하기도 했다.

금세기에 와서 사회학적 접근방법이 가장 두드러지게 나타나는 것은 마르크스주의 비평이다. 마르크스주의는 작가가 사고하고 창작하는 방식을 '경제적·계급적·이데올로기적' 요인들에 관심을 두면서 특히, 작품과 사회적 현실에 초점을 맞추는 이론이다.

이처럼 문학작품의 비평방법론을 사회적 현상과 시대상에 기대어 평가하려는 비평가(연구자)들은, 러시아의 무정부주의자로 유명한 골드만Emma Goldmann 헝거리 출생으로 지라르의 스승이기도 한 루카치Lukacs Gyorgy, 프랑스의 지라르Rene Girard 등이 있다.

결국, 문학사회학 내지 사회·문화적 비평은 문학작품과 시대상황·사회현실과의 밀접한 관계에 초점을 맞추기 때문에 역사적 인식에 바탕을 둔다는 장점이 있다. 그러나 문학작품의 풍요성에 근간이 될 수 있는 문체, 이미지, 상징 등이 문학성 및 예술성의 관건이 된다는 사실을 경시한 것이 단점이라고 할 수 있다.

마. 심리주의 비평

현대문학은 인간정신의 소산인 과학적 실증주의에 의해 증명되기도 한다. 프로이트, 융, 아들러 등의 심리학도 현대의 과학적 합리주의 내지 실증주의의 한 양상이다.

심리주의 비평이란, 프로이트 등의 이론인 정신분석학적 방법을 작가의 창작심리나 문학작품의 해명에 적용하려는 이론이다. 프로이드는 정신분석학의 전제로써 정신생활을 의식적인 것 the conscious과 무의식적인 것 the unconscious으로 구분하고, 언어, 지식, 기억과 같이 쉽게 의식에 환기할 수 있는 것은 전의식 the preconscious이며, 무의식은 자각할 수 있는 잠재적 의식이라고 규정하고 있다.

실제 심리학을 응용하여 분석한 소설로는, 제임스 조이스의 「율리시스」, 울프의 「델러웨이 부인」, 포그너의 「음향과 분노」, 이상의 「날개」 등이 있다.

프로이트가 발표한 인간심리구조에 관한 학설의 내용은 사람의 인격은 이드 ID, 에고 Ego, 슈퍼에고 Super ego로 체계화 된다는 것이다. 이드는 심적 에너지의 원천이며, 그 원천은 성적에너지인 리비도 libido이다. 그러므로 인간의 이드는 리비도를 쾌락원칙으로 욕구충족에 사용하여 소비한다는 것이 심리학의 핵심이다.

오이디프스 콤플렉스는 쾌락원칙에서 현실원리로의 이행移行이나 근친상간에서 가족 외적인 관계로 변하기 때문에 가족이라는 울타리 안에서 사회전반으로 이행한다. 또 이 콤플렉스는 도덕성, 양심, 법률 그리고 모든 형태의 사회적·종교적 권위의 시발점이 되기도 한다.

한편, 프로이드는 무의식에 도달하는 왕도는 '꿈'이라고 주장 한다. 꿈은 본질적으로 무의식적인 소망의 상징적 달성이기 때문이라는 것이다.

우리가 꿈꾸고 있는 동안에도 깨어 있는 자아는 이미지를 검열하거나 메시지를 모으면서 여전히 활동을 한다는 것이다. 이처럼 끊임없는 의미의 응축과 환치는 야콥슨이 인간

언어의 두 가지 기본적인 작용이라고 밝힌 것과 대응되는데, 두 가지 작용이란 여러 의미를 함께 응축하는 메타포(metaphor 비유)와 한 의미를 다른 것으로 환치하는 메토마니(metonymy 환유)를 가리킨다.

결국, 이처럼 심리주의 비평은 다른 방법으로 해명하기 어려운 작가의 창작심리나 독자의 수요반응 등에 대한 해명, 작품의 주제나 상징적 요소에 대한 치밀한 규정 등에 많은 도움을 줄 수 있다. 그러나 예술로서의 문학에 대한 미적 가치 규명에 적절하지 못하다는 단점과 문학을 지나치게 단순화한다는 결함을 지니고 있다하겠다.

바. 신화 · 원형적 비평

신화·원형비평은 문화인류학, 심리학, 비교종교학, 역사, 사회학, 철학, 언어학 등 다양한 학문에 의존하는 비평방법론이다. 이 방법론은 신화의 체계가 문학작품 속에서 한 원형의 패턴으로 존재한다고 믿는 데서 출발한다.

그러니까 원형비평가의 목표는 문학 안의 원형적 패턴들을 밝혀 놓고, 이 패턴들이 문학작품의 형태, 본체 그리고 효과에 어떻게 관계되는가를 밝히는 것이다.

원형비평가 프라이는 "하나의 신화란, 인간을 비인간적인 세계와 동일시하려는 상상력의 단순하고도 원시적인 노력이다. 그 노력의 가장 전형적인 결과는 신에 관한 이야기이다. 신화체계는 문학과 합쳐지고 그것은 설화의 구조적 원칙이 된다."라고 주장한다.

그렇다면 원형이란 무엇인가? 브룩스Cleanth Brooks는 "원형은 원초적 이미지, 집단 무의식의 일부, 같은 종류의 무수한 경험에서 나온 심리적 잔재, 그래서 한 종족에 상속되어 내려오는 반응의 표시"라고 규정하고 있다. 원형비평은 신화의식의 상실을 되찾아 인간 상호간의 연결로 유대를 강화한다는 데 의미를 두지만, 문학작품의 기교나 예술로서의 특징보다는 주제나 소재의 분석적인 방법이라는 점에서 작품의 가치평가로는 취약한 면이 있다. 다음은 이지엽 교수『현대시 창작강의』의 정리된 내용을 소개한다.

원형은 문학을 통해서 매우 자주 반복해서 나타나, 이 결과 전체로서의 문학경험의 한 요소로서 인정될 수 있는 상징[1]을 말한다. 역사나 문학, 종교, 풍습 등에서 수없이 되풀이된 모티프나 테마다.[2] 모티프는 작중인물의 행위를 유발하는 원인인 동기와는 다른 개념이다. 모티프는 대개 화소話素로 번역되는데 이것은 잊혀지지 않는 이야기의 알맹이를 가르킨다.

원형상징은 알아두면 상징으로의 시 창작에 적지 않는 도움을 준다. 휠라이트와 귀에린과 프라이의 원형상징 이론이 대표적이다.

1) 휠라이트의 반복적 상징
휠라이트는 상하, 피, 빛, 말, 물, 원(수레바퀴) 등의 계속적이고 반복적인 상징들에 대해 얘기한다.

● 상하上下의 원형
상上의 관념과 결합되는 이미지들—비상하는 매, 공중으로 쏘는 화살, 별, 산, 돌기둥, 자라는 나무, 높은 탑—성취의 희망을 의미, 선善을 의미
하下의 관념과 결합되는 이미지들—지옥, 심연—무질서와 공허,

● 피의 원형
선과 악의 두 요소로 구성.
긍정적인 면—생을 함축, 마술의 붉은 색, 힘의 상징, 여성의 월경과 관련되어, 탄생을 암시
부정적인 면—사회학적으로는 불길한 의미와 결합. 처녀성의 상실, 금기taboo, 죽음의 상징,

● 빛의 원형
은유적 단계— 가시성visibility을 나타낸다. 사물을 명료하게 인지하게 하며, 지적 공간화configuration를 상징한다.
신화적 단계— 빛과 열의 혼융 단계. 빛은 지적 명료성의 상징이면서 동시에 불의 은유적 내포

---

1 N. Frye, Anatomy of Criticism, 임철규 역, 한길사 1987, 509면.
2 김준오, 『시론(詩論)』, 삼지원, 1997. 2. 215면.

불의 특성 환기 단계— 불(공포의 대상 : 威容, 집중, 연소의 이미지)과 불의 규제된 유형 '불꽃', 지나친 빛과 장님의 관계— 빛과 암흑은 상호보족적 관계이며 이 둘은 전체 세계를 형성.

신성divinity단계— 빛은 바로 '신성'의 상징. 신

● 말의 원형

원시시대 성스러운 명령은 물질적 소요나 혼돈 속에서 상징의 세계를 발견. 거센 바람소리, 포효 등이 그것이며, 원시인들은 바람소리를 모방. '천둥소리'는 성스러운 부름의 청각적 표현

● 물의 원형

정화淨化한다는 특성과 생명을 유지시킨다는 특성이 결합. '순수'와 '새 생명'을 상징(例 : 세례의식)

● 원의 원형

가장 철학적이고 완벽한 형태. 수레바퀴輪는 원의 구체화. 수레바퀴의 살은 태양의 살을 표상. 부정적인 면에서 수레바퀴는 서양에서는 '운명의 장난', 동양에서는 '윤회'를 상징하며 긍정적인 면에서 힌두교의 달마Dhar-ma, 곧 신성의 법칙이며, 불교의 법(例 : 연꽃— 순수고요의 세계, 이때 수레바퀴는 그 축에 연꽃을 가진 것으로 상상되며, 연꽃은 때때로 빛을 투사한다)

2) 귀에린의 모티프

귀에린은 우주, 자연, 인간이 어떻게 세계에 존재하게 되었는가를 중심으로 話素를 창조의 원리, 영원 불멸의 원리, 영웅의 원리 등 세 가지 원리로 제시한다.[3] 창조의 원리는 모든 원형적 모티프 가운데 가장 기본적인 것으로, 모든 신화의 모태가 된다. 우주, 자연, 인간이 어떻게 존재하게 되었는가에 대한 물음과 답변을 내포한다. 영원불멸의 원리는 인간 스스로 자연의 영원한 순환의 광활하고 신비로운 리듬에 종속됨으로써 일종의 영원성을 이룬다는 것이다. 영웅의 원리가 있는데 이것은 변형과 구출의 원형으로 탐색quest, 통과제의initiation, 속죄양scapegoat의 원형적 주제로 나누어진다. 탐색은 영웅의 오랜 여행을 뜻하며, 통과제의는 고립→변형→회귀의 세 단계로 구성된다. 속죄양은 영웅이 국민의 죄를 속죄

---

[3] Guerin, W.L. etc, "mythological and archetypal approaches", A Handbook of Critical Approaches to Literature (Harper & Row, Publishers, 1966)

하고 반드시 희생되어야 한다는 것이다. 이와 같은 원리에 의해 표출되는 이미지와 상징적 의미를 보면 다음과 같다.

- 물— 창조의 신비, 탄생— 죽음— 부활, 정화와 구원, 비옥과 성장, 무의식
  ① 바다— 모든 생명의 어머니, 정신적 신비, 무한, 죽음과 재생, 무시간성과 영원, 무의식.
  ② 강물— 죽음과 재생(세례주의), 시간이 영원으로 흘러들어감, 생의 원환과 전환적 국면, 신성의 육화

- 태양— 물과 하늘의 밀착으로 창조력, 자연의 법칙, 의식(사고, 계몽, 지혜, 정신적 비견), 아버지의 원리(달과 지구는 어머니의 원리), 시간과 인생의 경과.
  ① 떠오르는 태양— 탄생, 창조, 계몽.
  ② 지는 태양— 죽음.

- 빛깔
  ① 흑색— 혼돈, 신비, 미지, 죽음, 악, 우울, 무의식.
  ② 적색— 피, 희생, 격렬한 격정, 무질서.
  ③ 초록— 성장, 감각, 희망.

- 원— 전체성wholeness, 동일성, 무한으로서의 신, 원시적 형식의 삶, 의식과 무의식의 결합, 중국 철학예술의 음양의 원리
  ① 양陽— 남성요소, 의지, 생, 빛, 열.
  ② 음陰— 여성요소, 무의식, 죽음, 어둠, 냉.

- 여성
  ① 위대한 어머니— 착한 어머니, 대지인 어머니로서 탄생, 따뜻함, 보호, 비옥, 생장, 풍요, 무의식.
  ② 고통스런 어머니— 마녀, 여자 요술사로서의 공포, 위험, 죽음.
  ③ 영혼의 친구— 공주, 미인으로서의 영감靈感, 정신적 충만.

- 바람— 호흡의 상징으로 영감, 인식, 영혼, 정신.

- 배— 소우주, 시간과 공간을 통과하는 인류의 항해.
- 정원— 낙원, 무지無知, 상하지 않은 미(특히 여성적 미), 비옥.
- 사막— 정신적 불모, 죽음, 허무주의, 희망결여.

3) 프라이의 순환적 상징

프라이에 의하면 순환적인 상징은 보통 네 개의 주된 양상으로 나뉘어 진다고 말한다. 즉 1년의 4계절(봄, 여름, 가을, 겨울)은 하루의 4시기(아침, 정오, 저녁, 밤), 물의 주기의 4개 측면(비, 샘, 강, 바다나 눈), 인생의 4시기(청년, 장년, 노년, 죽음) 등으로 각각 대응되고 있다는 것이다. 그리하여 그는 장르 발생 이전의 이야기 문학의 네 요소를 갖게 된다고 한다. 임철규 교수는 프라이의 이론을 다음과 같은 표로 정리해 보여준다.[4]

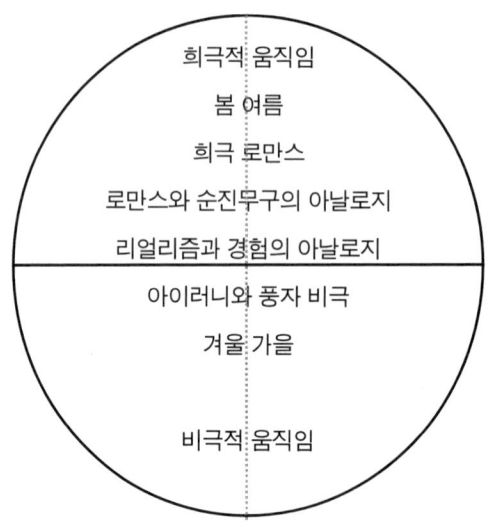

- 봄의 미토스mythos— 희극comedy

새벽, 출생의 단계, 영웅의 탄생, 부활의 소생, 창조의 신화, 아버지와 어머니가 주인공. 문학적 유형으로는 기사담romance의 원형이며, 대체로 음송시dithyrdnabic와 광상시rhapsodic의 원형

---

4 N. Frye, Anatomy of Criticism, 임철규 역, 한길사 1987, 228면

- ●여름의 미토스―로만스

  결정, 결혼 혹은 승리의 단계, 신격화, 신성한 결혼, 낙원 입장의 신화. 신랑과 신부가 주인공. 문학적 유형으로는 희극comedy의 원형이며, 목가시pastoral, 전원시idyll의 원형

- ●가을의 미토스―비극

  황혼, 죽음의 단계, 죽어가는 신, 사고로 인한 사망과 희생, 영웅과 고립의 신화. 배반자와 마녀가 주인공. 문학적 유형으로는 비극의 원형이며, 비가elegy의 원형.

- ●겨울의 미토스― 아이러니와 풍자

  어둠, 해체의 단계, 홍수와 혼돈의 되풀이, 영웅의 패배의 신화, 신들의 몰락의 신화. 사람을 잡아먹는 귀신, 마녀가 주인공. 문학적 유형으로는 풍자의 원형.

결국, 역사·전기적 퇴조와 더불어 과학적 방법론으로 출발한 형식주의는 러시아 형식주의와 미국의 신비평으로 대별할 수 있다. 그러나 형식주의는 언어학 이론의 측면으로 볼 때, 비역사적 비평이라 할 수 있다. 문학 속에 있는 정치적. 역사적. 사회적인 면을 경시하고 문학의 형식성과 같은 작품 자체의 구조 해명에 중점을 두기 때문이다. 반면 사회·문화적 비평은 사회와 경제적 토대를 중요시 한 비평방법론이다. 구조주의 이후 비평방법론은 다양해졌다. 프로이드의 정신분석학에 기초한 심리비평 인류 원형적 심상을 비평에 응용한 신화·원형비평 등이 그것이다.

이런 비평들은 각기 지닌 장점들이 있는 동시에 단점들을 갖고 있다. 따라서 미래의 보다 정확하고 명쾌한 비평을 위해서는 각 이론들의 단점을 다른 이론의 장점으로 보완하여 최선의 비평방법론을 설정하는 작업이 필요할 것이다.

2부 작품

주요한_눈
김소월_바라건대는 우리에게 우리의 보습 대일 땅이 있었더면
이용악_낡은 집
백석_南新義州 柳洞 朴時逢方
이병철_나막신
박인환 木馬와 淑女
이동주_강강술래
박봉우_휴전선
송선영_꽃새암 속에서
이성부_벼
송수권_山門에 기대어
임홍재_청보리의 노래 1
김남천_남매
최명익_張三李四
양귀자_원미동 시인
임철우_그 섬에 가고 싶다

주요한

인경이 운다. 장안 새벽에 인경이 운다.

안개에 싸인 아침은 저 높은 회구름 우에서 남모르게 밝아오지마는 차디찬, 벗은 몸을 밤의 앞에 내어던지는 거리거리는 아편阿片의 꿈속에서 허기적거릴 때, 밤을 새워 반짝이는 빨간 등불 아래 노는 계집의 푸른 피를 빠는 환락歡樂의 더운 입김도 식어져갈, 장안의 거리를 동서東西로 흘러가는 장사葬事 나가는 노래의 가─는 여운餘韻이 바람 치는 긴다리 밑으로 스러져갈 때, 기름 마른 등불이 힘없고 간 한숨소리로 과거過去의 탄식嘆息을 겨워하면서 깜박거릴 때, 꿈 속에서 꿈속으로 웅웅하는 인경소리가 울리어간다. 새벽 고하는 인경이 울리어간다.

눈이 녹는다. 동대문東大門 높은 지붕 우에 눈이 녹는다. 청기왓장 냄새, 낡아가는, 단청丹靑 냄새, 멀리 가까이 일어나는 닭소리에 밤마다 뚝딱이는 도깨비떼들도 아름드리 기둥 사이로 스러졌긴마는, 문門 아래로 기어드는 바람소리는 아식노 저장悽愴한 반향反響을 어둑신한 천정天井으로 보낼 때마다, 아아 무슨 설움으로 가슴 막힌 바람소리를, 들으라 저기 헐어져가는 돌담장에서, 해마다 뻗어나는 머루잎 아래서 바람이 슬프게 부는 피리소리를. 흩어지는 눈에 섞여서 슬픈 그 소리가 나의 마음 속에 부어내린다. 아아 눈이 녹는다. 새파란 이끼우에 떨어지는 눈이 녹는다.

까치가 운다, 장안 새벽에 까치가 운다. 삼각산三角山 나무 수풀에 퍼붓는 눈에 길을 잃고서, 어제 저녁 지는 해 빨간 구름에 표해두었던 길을 잃고서, 눈 오는 장안 새벽을 까치가 울며 간다. 까치가 운다.

아, 인경이 운다. 은은히 일어나는 인경소리에 눈이 쌓인다. 장안에 넓고 좁은 길이 눈에 메운다. 님을 못뵈고 죽은 색시의 설움에 겨운 눈물이 눈이 되어 나린다. 먼저 해 봄바람이 지고 남은 흰 복사꽃이 죄 품은 선녀의 뜨거운 가슴에서 흘러나린다. 안개에 싸인 아침은 저 높은 구름 우에서 남모르게 밝아오지마는, 바람조차 퍼붓는 눈은 장안거리를 가로막고 외로 메운다. 그침없이 끝없이 쌓인다, 쌓인다, 쌓인다…….

바라건대는 우리에게 우리의 보습 대일 땅이 있었더면

김소월

나는 꿈꾸었노라, 동무들과 내가 가지런히
벌가의 하루 일을 다 마치고
석양에 마을로 돌아오는 꿈을,
즐거이 꿈 가운데.

그러나 집 잃은 내 몸이여,
바라건대는 우리에게 우리의 보습 대일 땅이 있었더면!
이처럼 떠돌으랴, 아침에 저물손에
새라 새로운 탄식을 얻으면서.

동이랴, 남북이랴,
내 몸은 떠가나니, 볼지어다,
희망의 반짝임은, 별빛의 아득함은.
물결뿐 떠올라라, 가슴에 팔다리에.

그러나 어쩌면 황송한 이 심정을! 날로 나날이 내 앞에는
자칫 가늘은 길이 이어가라. 나는 나아가리라
한 걸음, 또 한걸음. 보이는 산비탈엔
온 새벽 동무들 저저 혼자……산경을 김매이는.

낡은 집

이용악

날로 밤으로
왕거미 줄치기에 분주한 집
마을서 흉집이라고 꺼리는 낡은 집
이 집에 살았다는 백성들은
대대손손에 물려줄
은동곳도 산호관자도 갖지 못했니라

재를 넘어 무곡을 다니던 당나귀
항구로 가는 콩실이에 늙은 둥글소
모두 없어진 지 오랜
외양간엔 아직 초라한 내음새 그윽하다만
털보네 간 곳은 아무도 모른다

찻길이 놓이기 전
노루 멧돼지 쪽제비 이런 것들이
앞뒤 산을 마음놓고 뛰어다니던 시절
털보의 셋째아들은
나의 싸리말 동무는
이 집 안방 짓두광두리 옆에서
첫울음을 울었다고 한다.

「털보네는 또 아들을 봤다우
송아지래두 불었으면 팔아나 먹지」
마을 아낙네들은 무심코

차거운 이야기를 가을 냇물에 실어보냈다는
그날 밤
저룹등이 시름시름 타들어가고
소주에 취한 털보의 눈도 일층 붉더란다

갓주지 이야기와
무서운 전설 가운데서 가난 속에서
나의 동무는 늘 마음 졸이며 자랐다
당나귀 몰고 간 애비 돌아오지 않는 밤
노랑고양이 울어 울어
종시 잠 이루지 못하는 밤이면
어미 분주히 일하는 방앗간 한구석에서
나의 동무는
도토리의 꿈을 키웠다.

그가 아홉살 되던 해
사냥개 꿩을 쫓아다니는 겨울
이 집에 살던 일곱 식솔이
어데론지 사라지고 이튿날 아침
북쪽을 향한 발자욱만 눈 우에 떨고 있었다

더러는 오랑캐령 쪽으로 갔으리라고
더러는 아라사로 갔으리라고
이웃 늙은이들은

모두 무서운 곳을 짚었다

지금은 아무도 살지 않은 집
마을서 흉집이라고 꺼리는 낡은 집
제철마다 먹음직한 열매
탐스럽게 열던 살구
살구나무도 글거리만 남았길래
꽃피는 철이 와도 가도 뒤울안에
꿀벌 하나 날아들지 않는다

南新義州 柳洞 朴時逢方

백석

어느 사이에 나는 아내도 없고, 또,
아내와 같이 살던 집도 없어지고,
그리고 살뜰한 부모며 동생들과도 멀리 떨어져서,
그 어느 바람 세인 쓸쓸한 끝에 헤매이었다.
바로 날도 저물어서
바람은 더욱 세게 불고, 추위는 점점 더해 오는데,
나는 어느 木手네 집 헌 삿을 깐,
한 방에 들어서 쥔을 붙이었다.
이리하여 나는 이 습내 나는 춥고, 누긋한 방에서,
낮이나 밤이나 나는 나 혼자도 너무 많은 것 같이 생각하며,
딜옹배기에 북덕불이라도 담겨 오면
이것을 안고 손을 쬐며 재우에 뜻 없이 글자를 쓰기도 하며,
또 문 밖에 나가디두 않구 자리에 누어서,
머리에 손깍지 벼개를 하고 굴기도 하면서,
나는 내 슬픔이며 어리석음이며를 소처럼 연하여 쌔김질하는 것이었다.
내 가슴이 꽉 메어 올 적이며,
내 눈에서 뜨거운 것이 핑 괴일 적이며,
또 내 스스로 화끈 낯이 붉도록 부끄러울 적이며
나는 내 슬픔과 어리석음에 눌리어 죽을 수 밖에 없는 것을 느끼는 것이었다.
그러나 잠시 뒤에 나는 고개를 들어,
허연 문창을 바라보든가 또 눈을 떠서 높은 턴정을 쳐다보는 것인데,
이 때 나는 내 뜻으로 힘이며, 나를 이끌어 가는 것이 힘든 일인 것을 생각하고,
이것들보다 더 크고, 높은 것이 있어서, 나를 마음대로 굴려 가는 것을 생각하는 것인데,
이렇게하여 여러 날이 지나는 동안에,

내 어지러운 마음에는 슬픔이며, 한탄이며, 가라앉을 것은 차츰 앙금이 되어 가라앉고
외로운 생각만이 드는 때 쯤 해서는,
더러 나줏손에 쌀랑쌀랑 싸락눈이 와서 문창을 치기도 하는 때도 있는데,
나는 이런 저녁에는 화로를 더욱 다가 끼며, 무릎을 꿀어 보며,
어니 먼 산 뒷옆에 바우 섶에 따로 외로이 서서,
어두어 오는데 하이야니 눈을 맞을, 그 마른 잎새에는,
쌀랑쌀랑 소리도 나며 눈을 맞을,
그 드물다는 굳고 정한 갈매나무라는 나무를 생각하는 것이었다.

나막신

이병철

은하 푸른물에 머리 좀 감아 빗고
달뜨걸랑 나는 가련다
목숨 '수<ruby>壽</ruby>' 자 박힌 정한 그릇으로
체할라 버들잎 띄워 물 좀 먹고
달뜨걸랑 나는 가련다
삽살개 앞세우고 좀 쓸쓸하다만
고운 밤에 딸그락 딸그락
달 뜨걸랑 나는 가련다

목마木馬와 숙녀淑女

박 인 환

한잔의 술을 마시고
우리는 버지니아 울프의 생애와
목마木馬를 타고 떠난 숙녀淑女의 옷자락을 이야기한다
목마木馬는 주인을 버리고 그저 방울 소리만 울리며
가을 속으로 떠났다 술병에서 별이 떨어진다
상심傷心한 별은 내 가슴에 가벼웁게 부숴진다
그러한 잠시 내가 알던 소녀少女는
정원의 초목 옆에서 자라고
문학이 죽고 인생이 죽고
사랑의 진리마저 愛憎의 그림자를 버릴 때
木馬를 탄 사랑의 사람은 보이지 않는다
세월은 가고 오는 것
한때는 고립을 피하여 시들어가고
이제 우리는 작별하여야 한다
술병이 바람에 쓰러지는 소리를 들으며
늙은 여류작가女流作家의 눈을 바라다보아야 한다
······등대燈臺에······
불이 보이지 않아도
그저 간직한 페시미즘의 미래를 위하여
우리는 처량한 목마木馬 소리를 기억하여야 한다
모든 것이 떠나든 죽든
그저 가슴에 남은 희미한 의식을 붙잡고
우리는 버지니아 울프의 서러운 이야기를 들어야 한다
두 개의 바위 틈을 지나 청춘靑春을 찾은 뱀과 같이

눈을 뜨고 한잔의 술을 마셔야 한다
인생人生은 외롭지도 않고
그저 잡지雜誌의 표지처럼 통속通俗하거늘
한탄할 그 무엇이 무서워서 우리는 떠나는 것일까
목마木馬는 하늘에 있고
방울 소리는 귓전에 철렁거리는데
가을 바람 소리는
내 쓰러진 술병 속에서 목메어 우는데

강강술래

이 동 주

여울에 몰린 은어銀魚떼

가아웅 가아웅 수우월래에

목을 빼면 설움이 솟고……

백장미白薔薇 밭에
공작孔雀이 취醉했다.

뛰자 뛰자 뛰어나 보자
강강술래

뇌누리에 테프가 감긴다.
열두발 상모가 마구 돈다.

달빛이 배이면
술보다 독한것

갈대가 스러진다.
기폭旗幅이 찢어진다.

강강술래
강강술래

휴전선

박봉우

　산과 산이 마주 향하고 믿음이 없는 얼굴과 얼굴이 마주 향한 항시 어두움 속에서 꼭 한 번은 천동 같은 화산이 일어날 것을 알면서 요런 자세로 꽃이 되어야 쓰는가.

　저어 서로 응시하는 쌀쌀한 풍경. 아름다운 풍토는 이미 고구려 같은 정신도 신라 같은 이야기도 없는가. 별들이 차지한 하늘은 끝끝내 하나인데⋯⋯우리 무엇에 불안한 얼굴의 의미는 여기에 있었던가.

　모든 유혈流血은 꿈같이 가고 지금도 나무 하나 안심하고 서 있지 못할 광장. 아직도 정맥은 끊어진 채 휴식인가 야위어가는 이야기뿐인가.

　언제 한 번은 불고야 말 독사의 혀같이 징그러운 바람이여. 너도 이미 아는 모진 겨우살이를 또 한번 겪으라는가 아무런 죄도 없이 피어난 꽃은 시방의 자리에서 얼마를 더 살아야 하는가 아름다운 길은 이뿐인가.

　산과 산이 마주 향하고 믿음이 없는 얼굴과 얼굴이 마주 향한 항시 어두움 속에서 꼭 한 번은 천동 같은 화산이 일어날 것을 알면서 요런 자세로 꽃이 되어야 쓰는가.

꽃새암 속에서

송 선 영

살속 뼛속 스며드는
시방은 머흔 하늘.

빛은 저만치 멀고
새 울음도 차가운데,

가지 끝
여린 숨결마다
칼날인가, 서슬 푸른…

굳이 입 깨물어
다소곳 묵도默禱하는,

상기 맵찬 밤에
속의 작업作業은 가이 없이

땀젖어
새기는 뜻이
한 겹씩 매듭을 풀고.

어둠 가면 저 물빛도
남 몰리 짙으리니

발돋움 발돋움 속에

하마 그대 소리결이…

또하나
탄생의 아픔

오, 눈 시린 저 미소微笑를.

벼

이 성 부

벼는 서로 어우러져
기대고 산다.
햇살 따가워질수록
깊이 익어 스스로를 아끼고
이웃들에게 저를 맡긴다.

서로가 서로의 몸을 묶어
더 튼튼해진 백성들을 보아라.
죄도 없이 죄지어서 더욱 불타는
마음들을 보아라. 벼가 춤출 때,
벼는 소리없이 떠나간다.

벼는 가을하늘에도
서러운 눈 씻어 맑게 다스릴 줄 알고
바람 한 점에도
제 몸의 노여움을 덮는다.
저희 가슴도 더운 줄을 안다.

벼가 떠나가며 바치는
이 넓디넓은 사랑,
쓰러지고 쓰러지고 다시 일어서서 드리는
이 피묻은 그리움,
이 넉넉한 힘…….

산문山門에 기대어

송 수 권

누이야
가을산山 그리매에 빠진 눈썹 두어 날을
지금도 살아서 보는가
정정淨淨한 눈물 돌로 눌러 죽이고
그 눈물 끝을 따라가면
즈믄밤의 강江이 일어서던 것을
그 강물 깊이깊이 가라앉은 고뇌苦惱의 말씀들
돌로 살아서 반짝여 오던 것을
더러는 물 속에서 튀는 물고기같이
살아오던 것을
그리고 산다화山茶花 한 가지 꺾어 스스럼 없이
건네이던 것을

누이야 지금도 살아서 보는가
가을산山 그리매에 빠져 떠돌던, 그 눈썹 두어 낱을
기러기가 강물에 부리고 가는 것을
내 한 잔盞은 마시고 한 盞은 비워 두고
더러는 잎새에 살아서 튀는 물방울 같이
그렇게 만나는 것을

누이야 아는가
가을山 그리매에 빠져 떠돌던
그 눈썹 두어 낱이
지금 이 못물 속에서 비쳐 옴을.

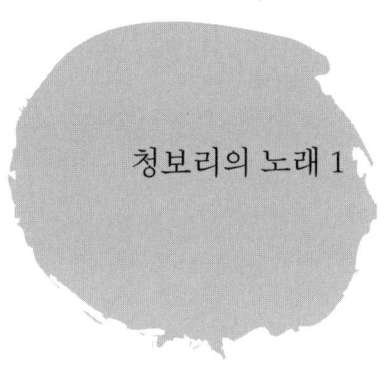

청보리의 노래 1

임 홍 재

보리밭 가에서 조선낫이
목놓아 운다.
작석作石더미 져다 부린
등굽은 아버지의 지게가
부황난 황토구렁에서 따라 운다.

황소가 밀고 간
눈물로 허덕인
황토 영마루 바람꽃 피고
조선 소나무처럼 불거진 목민牧民의
뼈마디 뼈마디에 바람이 분다.

할아버지 동학군東學軍 선두에 서서
죽창 들고 외치던 소리소리.
일어선 분노가
쾅쾅 죽은 역사를 찍을 때
쓰러지던 어둠의 계곡.
어둠에서 다시 빛나던 저 조선낫.

어이 된 것이냐, 어찌 된 것이냐
빈 구렁에 앉아 목놓아 우는 소작인小作人.
육척六尺 무명올이 다 해져도
헤칠 수 없는 향산鄕山의 안개를
어쩌랴, 어쩌랴, 안개에 젖으며

향토병風土病을 앓는 애비여, 애비여.

껄끄러운 까락에 걸려
목청을 잃어버린
피맺힌 우리들의 식도食道
그 속을 넘는 허기에 취해
술래가 된 아이들……
땅두더지는 지금 어느만큼
뼈가 남아 있는가.

아이들아 아이들아
청보리를 밟아라!
밟으면 밟을수록 돋아나는
청보리를 밟아라
죽지 부러진 비둘기가
빼앗긴 혼魂을 부르며 울고 가는
누구나 목민심서牧民心書를 엿듣지 않는 밤.
청보리만 살아서 방을 지키는가.
어둠 속에서 다시 돋는가.

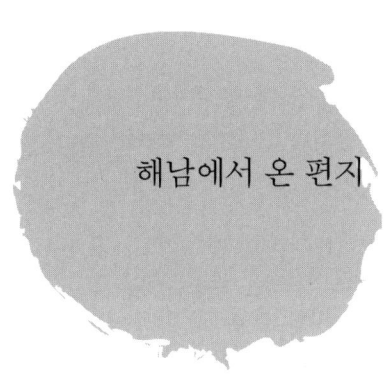

해남에서 온 편지

이 지 엽

해남에서 온 편지

아홉배미 길 질컥질컥해서
오늘도 삭신 꾹꾹 쑤신다

　아가 서울 가는 인편에 쌀 쪼간 부친다 비민하것냐만 그래도 잘 챙겨묵거라 아이엠 에픈가 뭔가가 징허긴 징헌갑다 느그 오래비도 존화로만 기별 딸랑하고 지난 설에도 안와브럿다 애비가 알믄 배락을 칠 것인디 그 냥반 까무잡잡하던 낯짝도 인자는 가뭇가뭇하다 나도 얼릉 따라 나서야 것는디 모진 것이 목숨이라 이도저도 못하고 그러냐 안.
　쑥 한 바구리 캐아 따듬다 말고 쏘주 한 잔 혔다 지랄 늠의 농사는 지민 뭣 하냐 그래도 자석들한테 뜯이란 돈부, 깨, 콩 고추 보내는 재미였는디 너할코 종신서원이라니… 그것은 하느님하고 갤혼하는 것이라는디… 더 살기 팍팍해서 어째야 쓸란가 모르것다 너는 이 에미더러 보고 자퍼도 꾹 전디라고 했는디 달구 똥마냥 니 생각 끈하다

복사꽃 저리 환하게 핀 것이
혼자 볼랑께 영 아깝다야

* 내가 있는 학교의 제자 중에 수녀가 한 사람 있었다. 몇 해 전 남도 답사길에 학생 몇이랑 그 수녀의 고향집을 들르게 되었는데 다 제금 나고 노모 한 분만 집을 지키고 있었다. 생전에 남편이 꽃과 나무를 좋아해 집안은 물론 텃밭까지 꽃들이 혼자 보기에는 민망할 정도로 흐드러져 있었다.

정육점

박주택

완벽한 육체를 이루었던 소는 칼에 찢겨
피에 젖은 갈고리에 걸려 있다, 가끔씩 날파리들이
핏물을 빨다 냉동고 위로 날아가 버리면
몸에서 쫓겨나간 영혼만이 갈고리 주위를 맴돈다
바닥에 핏물을 떨어뜨리는 기억의 몸뚱이
마치 남은 말이라도 쥐어짜듯이 팽팽한 얼룩들을
바닥에 떨어뜨리며 거푸 숨을 몰아 내쉬며
한 방울의 핏빛 눈물을 짜낸다
진열대 속 자동 분쇄기에 가지런히 썰려 있는
살점들, 한 그루 시간의 붉은 잎사귀처럼 서로 몸을
포갠 채 지독한 적막 속에 끼어 들 때
일생을 캐묻듯이 유리의 깃털들이 펄럭인다
한때는 풀의 썩은 내 나는 구두였을 소
게으른 책임을 두 눈 속에 퍼부었을 소
그러나 이제, 시간에게 상속받은 것이 얼룩뿐이라는 듯
붉은 등燈을 바닥에 하나 둘씩 켜 놓는다

신발의 꿈

강연호

쓰레기통 옆에 누군가 벗어놓은 신발이 있다
벗어놓은 게 아니라 버려진 신발이
가지런히 놓여 있다
한 짝쯤 뒤집힐 수도 있었을 텐데
좌우가 바뀌거나 이쪽저쪽 외면할 수도 있었을 텐데
참 얌전히도 줄을 맞추고 있다
가지런한 침묵이야말로 침묵의 깊이라고
가지런한 슬픔이야말로 슬픔의 극점이라고
신발은 말하지 않는다
그 역시 부르트도록 끌고온 길이 있었을 것이다
긷거나 발을 구르면서
혹은 빈 깡통이나 돌멩이를 일없이 걷어차면서
끈을 당겨 조인 결의가 있었을 것이다
낡고 해져 저렇게 버려지기 전에
스스로를 먼저 내팽개치고 싶은 날들도 있었을 것이다
이제 누군가 그를 완전히 벗어 던졌지만
신발은 가지런히 제 몸을 추슬러 버티고 있다
누가 알 것인가, 신발이 언제나
맨발을 꿈꾸었다는 것을
아 맨발, 이라는 말의 순결을 꿈꾸었다는 것을
그러나 신발은 맨발이 아니다
저 짓밟히고 버려진 신발의 슬픔은 여기서 발원한다
신발의 벌린 입에 고인 침묵도 이 때문이다

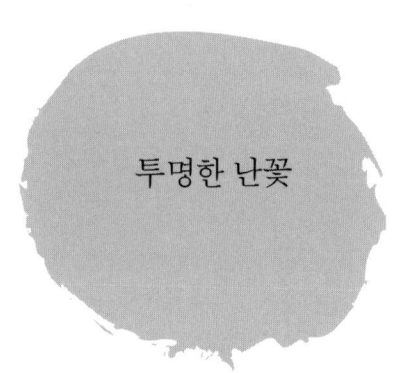

투명한 난꽃

백 수 인

나는 섭씨 43도의 온탕 속에 있을 때 가장 투명해진다. 몸은 따뜻한 물에 녹아 온데간데없고 머리만 바가지처럼 수면 위에 둥둥 떠 있다. 거품을 내며 끓고 있는 것, 이것이 내 몸이다. 물이 내 몸통인가, 내 몸통이 온탕인가. 사람들은 하나 둘씩 내 투명한 몸속에 들어와 더욱 투명해지고 그들의 머리통은 샘물에 담가놓은 수박덩이가 된다. 투명하지 않던 빛깔의 몸들이 함께 섞여 투명하게 부글부글 끓는다. 잠시 후 내 몸속에서는 투명한 목욕탕이 하나씩 걸어 나가고, 다시 세상 빛 알몸들이 하나씩 하나씩 내 몸 속에 들어온다.

햇빛 쏟아지는 거리로 나서면 난 그림자가 없다. 맑은 바람들이 내 투명한 알몸을 거침없이 통과하여 어디론가 불어가면, 그 바람 이 세상 어느 모퉁이 산 그림자 밑에 맑은 꽃 한 송이 피워낼까.

가을의 소리
―사랑 43

최한선

우주율의 깊이로 벌레가 운다
구절구절 인생인 냥 부산히 운다

이맘때면 짠한 것이 한 둘 이랴만
맨 몸으로 구르는 낙엽 속이 아린다

얼마를 울다가 이내 잠들 것인가
떠미는 바람인들 어찌 무심히 불랴

가지 하나 가지고도 행복한 새 울음
가을 속에는 팔만대장경이 있다

남매

김남천

꽹꽹얼은 적은 고무신이「페달」을 드딜려고 애쓸때에 궁둥이는 가죽안장에서 미끄러져서 떠러질듯이 자전거의 한편에 매어달린다. 외인쪽으로 바른쪽으로―구멍나간 꺼먼 교복의 궁둥이가 움직이는대로 날근 자전거는 언 땅우를 골목어구로 기어나간다. 못쓰게된 뼈만 앙상한 경종警鐘은 바퀴가 언땅에 부드칠때마다 저혼자 지링지링 울고,「핸들」을 쥔 푸르덩덩한 터진손은 매눈깔보다도 긴장해진다. 기름말른 자전거는 이때에 이른봄날 돌틈을 기어가는 율목이같이 느리다. 그러나 길이 좀 언덕진곳은 미처 발드디개를 짚을 겨를도 없이 팽팽하게 바람넣은 바퀴가 자갯돌과 구멍진곳을 분간할 나위없이 지처 나려가기도 한다. 심장은 뛰고 가슴은 울렁거린다. 이때에

「남의 쟁골 또 타네?」

하는 고함이 등뒤에서 나면 왈칵 가슴은 물러앉고 정신은 앞뒤를 분간할 겨를조차없다. 앞바퀴를 돌각담에 박으면서 거의 엎으러지듯이 후덕떡 뛰어 내려 돌려다보고 자전거의 주인인 면서기대신에 계향桂香이를 발견하면, 두근거리는 가슴은 좀 가라앉으며 무엇보다 먼점 안심하는 빛이 그의 표정을 스쳐간다. 뛰어내릴 때 부드친 사타구니가 갑자기 쓰려오고, 그의 두눈이 녹초가저서 뎅그렁하니 너머져있는 자전거를 보았을 때, 사슬은 끊어저서 흙바치개 옆에 붙어이쏘, 고무「페달」만 싱겁게 핑핑돌다가 멎는다. 녹슬어서 도금이 군데군데 벗겨진「핸들」은 홱 비틀려저있다. 고물상 몬지구덩이에 박혀있는 항용보는 엿장수의 매상품이다. 봉근鳳根이는 화가 벌컥 치밀었다. 무엇을 짓부시고싶은 마음이 가슴 속에 꿈틀거리지만 그대로,

「왜 이래 남 쟁고배우는데.」

하고 저만큼 대문앞에 서있는 누이의 얼굴을 노려보면서 울듯이 눈쌀을 찌푸리고 말었다.

「너 누구쟁곤데 물어나보고 타네?」

봉근이는 아모 대답도 않고 사타구니의 아픈곳을 부비며 너부러진 자전거를 세웠다. 돌담에 비스듬이 세우고 끊어진 사슬을 집어 차대에 얹고 다시 바퀴를 다리 틈에 끼운 뒤에「핸들」을 바로 잡었다.

「이전 경쳤다. 그게 누구 쟁곤데 닐르는 말은 않 듣구 만날 쟁고만 타더니.」
「차서방네 집에 온 면서기핸데 차서방보고 허가맡았다 뭘. 누는 괜이 민하게 굴어서 사슬끊어딘건 난 몰라. 씽.」
자전거를 끌고 기운이 빠져서 어슬렁 어슬렁 계향이 앞으로 올러간다.
「이색기 차서방한테 허가맡어서? 차서방은 아바지하구 강에 나갔는데.」
주먹을 쥐고 머리를 칠라는 바람에 봉근이는 자전거를 계향이게로 탁 밀어버리고 저만큼 물러뛴다.
「아이구, 얘 이색기.」
겨우 너머질려는 자전거를 부뜰고 남치마자락으로 입을 가리운다.
「색기두 망하겐 군다.」

계향이는 눈으로 봉근이를 노려보면서 어이가 없어서 웃어버린다. 그리고는 목을 돌려 차서방네집을 향하야,
「김서기 쟁고 건사하우, 결단났수다.」
하고 고함을 질렀다.
봉근이는 바자틈에 돌아서서 손으로 언 가시나무가지를 뜯다가 누이의 김서기 부르는 소리에 속이 또 다시 활랑거려 힐끗 누이의 얼굴을 쳐다본채 그대로 꽁문이를 뺌가한다.
「얘 봉근아?」
하고 즐겨서 자전거는 탓으나 뒷감당을 맡아서 치를 담력은 없는, 자기의 동생을 부드럽게 부르면서 계향이는 약간 쓸쓸함을 느끼었다.
「얘 봉근아—쟁곤 내가 말해줄게 집에 들어가서 다랭이 가지구 아버지간데 쫓아가라. 꽁맹이 사냥갔는데 앞강이 사람탈만 하다더라. 오눌은 아마 큰고기잡는대. 주이닙구 빨리. 어서꿰가봐—또 맨세기 나오기전에.」
계향이의 낮은 목소리가 끝나기 전에 봉근이는 고순도치 모양으로 대문안을 향하야 굴러드러가 버렸는데 이윽고 차서방네집에서 고—루뎅 당꼬쓰본을 입고 기성복외투를 김서기金書記하구 차서방의 딸 옥섬玉蟾이가 행길로 나온다.
「남의 하꾸라이쟁골 가지구 왜들 새박드리 새박드리 야단이야 응.」
하면서 김서기는 물고나오든 마코—꽁초를 불붙은 채로 길가에 던진다. 그리고 사슬끊어진 자전거를 바라보고는 춤을 한번 쭉 내터뱉고,
「그거 이전 엿장세한테 팔든가 폐양갖다 박물관에 보관하디. 맨장나으리타시는 구루마

하구는 너무 초라해.」

하고 옥섬이가 깔깔 웃으며 분떠러진 핏기없는 얼굴로 계향을 바라본다

자전거를 받아서 사슬을 빼 짐틀에 놓드니 김서기는 장갑낀 손으로 안장을 툭털며,

「이놈이 이래배두 내 당나귀다. 일갈데 소갈데없이 참 이놈타구 세금두 많이 받았구 뿐나 무심으라구 야단두 엔간하게 쳤다.」

「그리구 또 개색기두 수없이 짖겠구」

「하하 아닌게 아니라」

하고 김서기는 계향이의 말을 다시 받으면서

「이종이 아직 시퍼렇게 절머쓸때 촌동니 어구를 접어들면서 한번 째르릉하구 울리기만하문 개색기는 짖구 닭의색긴 풍기구 고양이색긴 다라나구 아색긴 모여들구 촌체니는 바자틈에서 침을 생겼는데, 이놈이 이전 다―늙어서 이거 이놈 소리두 않나네.」

양쪽쇠가 떠러저 없어져서 종은 손으로 누르면 찌륵찌륵 하기만한다.

「오늘은 또 밸이 끊어졌으니 돈얀 탁실히 잡어먹게 됐군, 그저 이놈이 동네오문 이랬거나 저랬거나 말성이야.」

「이왕이면 팔아서 소주나 사게, 날두 산산한데 한잔 먹구 니불쓰구 낮잠이나 잠세―」

제법 사내투로 반말로 받는 바람에 김서기는 입이 써서 멍하고 섰는 것을 계향이는 다시 한번,

「여보시게 서기네 조카.」

하고 간드러지게 웃었다.

「허 참 아침 흐더분이 잘먹구간다.」

자전거를 끌고 골목을 나가려할때 계향이는 웃으면서 「사랑하는 애인 만낼라 문 쟁고사슬 열게 끊어두 아깝지않네.」

하고 그대로 웃으면서 옥섬이를 바라보았다.

「왜 이건 또 재수在洙가 않 와서 걱정인가?」

서너발자국 가서 김서기는 목을 돌리고 지꺼리는데, 옥섬이는 코만 한번 찡긋하고,

「어떤 사람은 월급봉투두 터는데―」

하였다.

「어이구 아서, 새벽부터 오눌 재수없다.」

「재수가 왜 없어 오눌 공일이니 집에 있을 걸」

셋은 배롤추며 웃고 제가끔 갈러졌다.

「엣춰!」

「아이 차겁다!」

긴 치마자락이 첫치위바람에 팔락거리며 노랑저고리의 자주고름이 종종거름을 치는대로 대문안으로 살어져 없어진다.

어제까지 푸른 강물이 찬바람에 하물하물 떨고 있드니, 오늘아침 치위에 조양천朝陽川은 백양가도白楊街道서부터 천주봉天柱峰밑 저쪽까지 유리짱같은 매얼음이 짝 건너붙었다. 이번 겨울들어 첫치위라 매운바람이 등곬으로 숨어드는 것이 유달리 차갑다. 얼음이 약할듯싶어 아직 강을 타는 사람은 하나도 없었고, 졸망구니 아이들이 새벽에 가상으로 돌아단이며 아물아물 얼음진 품을 발로 디뎌보드니 지금은 그림자조차 간데없다.

계향이와 봉근이의 이붓애비 땜쟁이 학섭學燮이는, 강가에 셋방을 얻어 살면서 매년같이 매얼음진 첫날을 놓치지 않고 꿍맹이와 작살로 고기를 나꾸는데 자미를 붙였다. 이지음 날세가 겨울로 접어들자 몇일을 두고 소주도 덜 마시며 강변에만 정신이 팔려있드니, 간밤에 불은 바람이 잠자리에 맵게 숨어드는 품이 미상불 강을 붙였으리라 짐작되매, 오늘은 이른 새벽 머리를 털며 자리를 나오자 눈을 부비면서 강가로 뛰쳐나갔다. 오늘은 알린알린 기름칠한 거울같이 건너붙은것을 보고 강 한중복판을 발로 쿵쿵 디뎌보면서 얼은품을 시험해보드니, 아침밥도 이럭저럭 쏜살로 작살과 꿍맹이를 쥬비해가지고 차서방과 함께 조양천 웃목으로 올라갔다.

한짝고름이 떠러진 색낡은 검은 두루막이를, 노끈을 이어 칭칭둘러감고, 귀에 다는 양의 털로 귀거리를 끼우고서, 빈다랭이를 든채 강가로 줄다름질처, 내려온 봉근이는 강우를 휘―한번 두루살폈다. 학섭이와 차서방의 그림자를 강우에서 찾어보는 것이다. 그러나 두서너게 수나무 충충백인 외에는 바위와 잎떠러진 가당나무뿐인 가난한 풍경―산밑에 강은 은니불을 깔아놓은듯이 아침해빨에 빛나는데 눈에 보이는 것은 끝없이 줄기뻗은 얼른거리는 비단필, 개색기 한마리 찾어볼수가 없다. 통쾌하게 건너붙은 강을보고 흥분하였든 것도 삽시간 은근히 의심이 복받친다.

응당히 아버지와 차서방은 내눈에 보이는 이 앞가에서 허리를 꾸부러 트리고 꿍맹꿍맹 얼음우를 달리며 고기를 몰고 있을터인데 사람도 간데없고 하늘을 울릴 꿍맹이 소리도 들리지 않는다.

누이가 또 세무서 인ㄷ상하구 놀라구 날 속였나―사실 오늘이 공일이므로 계향이하구 정분난 세무서 윤재수가 대낮에 집에 올것은 정한 이치다. 무슨 일이있는지 이지음은 만내면

잘 웃지도않고 눈만 멀건히 마조보며 한숨들만 쉬었다. 자세한 곡절은 모른다쳐도 금년 열한살밖에 않먹은 봉근이의 상식으론 그들이 돈때문에 그러는 것이라는 단정을 내리울수는 있다. 월급도 몇푼 못받는 인상과 좋아지내는 것을 아버지와 어머니가 싫어하야 가끔 누이와의 새에 충돌이 있는 것을 보아온 터이다. 오늘쯤 나까지 강으로 내보내고 무엇을 의논하든가 그렇지않다 해도 대낮에 문걸고 히히거리고 놀기래도할려고 일부러 꾸민 수단일 것 같기도하다. 싸리까치로 틀은 고기 비눌붙은 초라한 종다랭이—이것을 뎅그렁하니 쥐고섰는 자기가 싱겁기 한량없어,

「제—미 나까타나 불당 못볼라구—」

하고 어른같은 입버릇을 하며 춤을뱉었다. 그리고 휙 발꿈을 돌리려고 하는데 그는 그때에 똑똑히 들었다. 얼음장을 올리고 천주봉을 어트릴듯한 꿍맹이소리가 기관총의 소리같이 연거퍼 공중에 진동하지않는가!

「오! 차서방의 꿍맹이!」

그는 생선잉어같이 펄깍기운을 떨쳐 강가상으로 다름박질쳤다. 꿍맹이는 어디냐? 작살든 아버지는 어디있나? 목을 뽑고 굽어보니 과연 있다, 있다. 강이휘돌아 굽어진 곳에 날근 순사 외투를 입은 차서방이 꿍맹이를 울리며 화살같이 달아나가드니 한번 유달리높게 꿍맹이 소리가 나고 잠시 소리가 멎는때에, 뒤좇아오든 학섭이가 바른손을 버쩍들었다가 긴—작살을 얼음구멍으로 던진다. 이윽고 작살이 얼음에서 다시 나올때에, 봉근이의 두눈은 꺼먼 작살끝이 팔뚝같이 번뜩거리는 생선을 물고있는것을 보았다.

「어—이!」

천주봉이 봉근이의 고함소리를 받아서,

「어—이!」

대답한다. 봉근이는 아버지가 목을 돌리고 자기를 먼발로 바라볼때에 다시 한번,

「어—이!」

소리를 치고 다랭이를 번쩍 들어 보인뒤에 강을 따라 우으로 우으로 뛰어갔다.

얼어붙은 작알과 모래를 밟으며 쏜살로 달려가서 천주봉앞까지 이르도록 차서방과 아버지는 한번도 이쪽을 바라보지않고 냄새맡은 거먹곰같이 어름짱을 굽어살피며 고기를 찾기에만 바빴다. 그러므로 목구멍에서 쇳내가 나는것을 참어가며,

「아버지, 이재 잡은거 머야?」

하고 헐레벌떡어릴때 겨우 아버지는 목만을 이편으로돌린채 마치 봉근이가 떠드는 바람에 모여들은 늦치때가 도망을 친다는듯이 말대신에 험상구진 상통을 지어뵈였다.

봉근이는 핀잔을 맞고나서 숨만 쓸데없이 씨근거리며 그래도 먼발로 본 팔뚝같이 번뜩이든 고기가 늣친가 어핸가 붕언가 알고싶어 어정어정 강가운데로 걸어들아갔다. 얼음은 모라치는 찬바람에 표면이 굳어저서 언 고무신을 대일때마다 물기하나 돌지않고 매츠럽기만 하다.

거울같이 매얼음속으로 모가 죽은 둥근 작알과 물이끼와 모래알이 손에 잡힐 듯이 가까웁게 보이고, 깊은곳으로 갈사록 물은 파란기운을 더할뿐 지척지간과 같이 드려다보았다. 아버지들있는쪽으로 갈사록 이따금 얼음우에는 꿍맹이를 울린자리와 먼곳까지 태맞은 자리가 자저지고 꿍맹이의 자죽이 세네게 함께엉킨가운데에 뚱그렇게 구멍이 뚫렸는데 속에서는 물이 하물하물 올라솟았다. 아까 잡아논 늣치는 바로 그옆에 눈을뜬채로 등허리에 작살자죽과 붉은피를 무친채 아직 꼬리를 파르르 떨면서 가로누어 있었다. 봉근이는 만족한 듯이 한참동안이나 그것을 내려다보다가 춤을 꿀꺽 삼키고 들었든 다랭이에 손가락으로 입을 께어 옮겨 넣었다.

둘러메일만한것도 못되는것을 억지로 무거운것이나 지니는듯이 다랭이를 어깨에 걸치고 나서 그는 약간앞산을 바라보았다. 가당나무숲에서 금방 산비닭이 한마리가 푸드득 날드니 뒤니어 차서방의 꿍맹이소리가 다시 자즈러지게 울려온다. 산비닭이는 산을 넘어 서쪽을 향하야 휘여 돌아 없어진다.

깍지통같이 주어입은 차서방이 신이나서 꿍맹이를 올리며,

「예간다!」

「예간다!」

소리를 질르고 얼음우를 암닭 풍기듯이 뛰어돈다. 그뒤론 무릅까지밖에 않오는 달구지꾼의 더럽힌 회색두루막이를 입은 키가 늘신한 학섭이가, 키가 넘는 작살을 어름속 생선대구리에 겨눈채 꿍맹이를 딸아 이리뛰고 저리뛰고 헤빈덕거린다. 봉근이의 가슴은 갑자기 두방망이질을 하듯이 뛰었다. 그리고 무슨 큰 내기나 할때같이 가슴이 죄여드는것 같았다. 그래서 정신을 잃고 차서방과 학섭이가 콩알뛰듯이 뛰어도는것을 바라보다가 알지못하는 새에 자기도 그쪽으로 달려갔다.

한길이나 될가말가한 맑은 물속에는 어쩔줄을 몰으는 잉어한마리가 가끔 흰배래기를 번득이며 숨을 곳을 못찾어 어름거리고 있다. 그러나 잉어는 머리우에서 연거퍼 울리는 꿍맹이 소리에 어리둥절하야 마름포기를 의지한채 우뚝 서버리고 만다.

「꿍」

하고 얼음을 뚫은 꿍맹이가 슬적빗서기가 무섭게,

「휙」
 소리를 내이며 작살이 물속을 가르고, 그다음순간 잉어는 흰배래기를 하늘로 고춘채 마름폭이에 배키고만다. 쇠로 벼른 작살끝이 잉어 대구리를 끌고 얼음구멍으로 다시 나올때 봉근이는 기쁨에 입이 터져셔 자기 어버지의 얼굴을 우르러본다. 함성을 가위로 오려서는 납으로 부쳐서 물통을 부처가며 김치쪽이나 부친 두부를 손가락으로 집어넣고는 사이다 병에서 소주를 따러마시는 느름뱅이의 땜쟁이 학섭이가 이렇게 재바르게 날뛰는 적을 봉근이는 본적이 없었다. 두팔로 작살을 들고 꿍맹이 소리에 마추어 고기를 찌리든 그긴장한 재주, 그러나 기쁨을 참을수없어 봉근이가 방을 동동구르며 손뼉을 칠 때 학섭이는 다시 가래잎을 깨문듯한 험상구진 얼굴로 봉근이를 쳐다보았다.
「촐랑거리다 물에 빠질라.」
 그러구는 또 아모말도 않하고 얼음짱속을 드려다 보았다.
「한놈은 어대루 갔을가?」
 차서방은 꿍맹이를 집고 봉근이가 생선을 집어 건사하는 것을 보다가 콧물을 찡—풀었다.
「일본집에 가문 오십전은 주겠군.」
 이렇게 혼자말루 중얼거리드니 학섭이와 함께 도망간 고기를 찾으려 다시 허리를 굽으렸다.
 동지가까운 겨울해는 짧았다. 그러나 해가 모우봉暮雨峰우에서 남실거릴 때 학섭이네 일행은 다랭이에 차고도 한껜챙이가 될만큼 많은 고기를 잡었다. 해질 무렵이 되매 강우엔 엄청나게 큰 산그림자가 덮이어 등곬으론 산산한 바람이 숨여들었으나 한짐 잔뜩지고 팔이 굽도록 무겁게 들은 봉근이는 손끝밖에는 시리지 않었다. 몸에서는 더운김이 훈훈히 나고 잔등과 겨드랑 밑에는 땀이 찐득하게 흘렀다.
 그는 앞서서 언덕을 올라오다가 골목을 휘돌아 자기집과 차서방집을 발견하곤 참지 못하야 소래기를 질르며 다름박질을 쳤다.
「고기 한다랑이도 더잡았다. 어—이.」
「옥섬아, 계향아!」
 이렇게 소리소리질르며 자기집 대문안으로 뛰어들어갔다.
 봉근이가 고기다랭이를 토우방우에놓고 세수조랭이에는 깬챙이에 께었든것을 옮겨놓았을때 계향이는 세살난 관수觀洙동생을 안고 웃방에서 나왔고, 어머니는 부엌에서 손에 물을 무친채 뛰어나왔다.
「아이구 이게 왠 고기라니 수탠 잡었다.」

「그러게 내가 나가보라구 않하딘.」
　어머니와 계향이는 입이 버려져서 고기를 내려다 본채 한참동안이나 움직일줄을 모른다.
「더 잡을겐데 꿍맹이소리듣구 남덜두 나와서 고만 조꼼 잡았다.」
　봉근이는 제가잡기나 한듯이 뽐을내는것을 계향이는 웃으면서,
「욕심두, 그럼 남두잡아야지 너혼자만 먹간?」
　하였다.
「테―테 차서방이랑 아바지두 우정 남몰래 잡을라구 웃꼭대기에서 부텀잡아내려 오댔는데 모우봉밑에서 오네께 모두 쓸어 나오는데 그래두 우리가 델 수테 잡아서.」
　이러고들 있을때에 뒤쫓아 차서방과 학섭이가 팔장을 끼고 드러온다.
「왜 이건 보구들만있니, 정 험한건 물에 좀 씻구, 작은건 추려서 한 오십전의 치식 께라. 저녁끼때 넘기전에 어서팔으야 논냥이나 산다.」
　학섭이는 작살을 두루막이섶으로 닦으면서 투덜거리며 서두러대는데 차서방은 꿍맹이를 기둥옆에 세우고 또 한번 코를 찡―풀었다.
「큰거나 팔구 작은건 옥섬이네하구 논아서 찌게나하디 머 걸 다―팔겠오.」
　봉근이는 어이가없어서 옆에 멍하니 서있는데 계향이는 아이를 안은채 아버지를 핀잔주듯 하였다.
「얘가 정신이 나갔구나. 이좀 버리없는데 이게 버리다. 팔아서 쌀을 사두지 술을 사든지 하디 이런 생선을 먹으면 밸이꼴려서 죽는다.」
　차서방도 팔자는 주장이었다.
　어머니는 아모말도 않고 서서 이사람 저사람의 얼굴들만 쳐다보드니, 그대로 부엌으로 들어가서 바가지에 물을 떠가지고 나온다.
「인내우다 내할게 어서 불이나 때우.」
　학섭이는 손을 걸고 고기를 골라서 대강대강 씻기시작한다.
「좀 냄겼다 한잔하야디.」
　둘이는 쭈그리고 앉아서 중얼거린다.
「여부있오. 팔다 남은거 가지구두 술한된 치우겠는데.」
「아니 아마 이좀 이게 귀한물건이돼서 다 팔리리다. 미리좀 내노야디.」
「허리끊어진놈두 댓마리되니 그걸 지지구두 넉근히 술되는 없새겠는데 어서 다―께서 팝세다. 한 오원 벌문 일두구 땟손에 시장치나않게 않 디내리.」
　봉근이는 아모말도 않고 고무신을 마루밑에 벗고 방안으로 드러갔다. 뛰따라서 계향

이도 들어온다. 계향이는 아이를 아랫방에 놓고 혼자서 샛문을 열고 자기방으로 올라가버렸다. 관수는 달랑달랑 거러와서 아랫목에 서서밀거니 눈짝을 바라보고 있는 봉근이의 다리를 부뜬다.

「형이 고기먹어? 고기먹어?」

이렇게 관수는 봉근이를 처다보며 잘 돌아가지않는 혀로 말을 건넨다.

봉근이는 관수의 말도들리지 않는것같다. 아니 지금도 문밖에서 중얼거리고 있는 아버지와 차서방의 말도 들리는것 같지 않다. 갑자기 사지가 노근하여지며 귀와 발고락이 근질근질하고 머리가 횡하다.

지금까지 어깨에 메있든것, 그리고 팔이 휘도록 들었든것—느믈느믈한 피 뚝뚝 흐르는 생선들. 그 많은 잉어와 늣치 그리고 어해와 붕어.

밖에서는 언땅에 물쏟는 소리가 나드니,

「그럼 차서방은 아랫동네루 가우. 내 요릿집하구 려관으루 가볼게. 그리구 파는대로 두붓집으로 오우다.」

하면서 대문밖으로 나가는 기척이 들린다. 아마 고개를 다 께고 썻어가지고 팔려나가는 모양이다.

이윽고 웃방에서 계향이가 담배를 부처물고 연기를 푸—내뿜으며 봉근이 옆으로 내려왔다.

「에나 이거가지구 호떡이나 사머.」

봉근이는 계향이가 쥐여주는 십전짜리를 보고 비로소 정신이 펄각 드는것 같었다. 그는 설음과 분함이 금시에 북바치는듯이 몸이 일시에 북—떨리었다.

십전자리 백통전을 잠시 물그럼이 들여다보다가,

「이까짓 돈.」

하고 방바닥이 뚜러저라고 메어던진다. 그리고는 터저올라 오는 눈물을, 막을길리 없는듯이 펄삭 주저앉으며 엉엉 울기시작한다. 백통전은 방바닥우에 손톱자리만한 자죽을 그리고 그대로 띠그르르 굴어서 방걸레 옆에가 멎는다. 관수가 돈을 따라 그쪽으로 거러가다가 봉근이의 우름소리에 놀래여 이쪽을 처다본다.

「이색기 무슨 버릇이야.」

계향이는 낮이 햇슥해지도록 가슴이 뭉클하였다. 그래서 담배를 내던지고 달려가서 돈을 집어 다시 봉근이의 손에 쥐여주었다. 그러나 봉근이는 누이의 얼굴을 처다보지도 않고 돈을 동댕이처 내던지며 다리까지 버둥거린다.

「그까짓 돈 없이두.」

울음을 섞어서 중얼거리다가 말끝을 덜컥 목구멍으로 삼켜버린다.

「머이 어드레?」

계향이는 말끝을 쫓아가며 다지려든다.

「호떡 않먹어두 산다.」

봉근이의 말이 채 떨어지기전에 무섭게 처다보든 계향이의 바른손은 봉근이의 눈물에 젖은 외인볼을 후려갈겼다.

「이자식 죽어버려라.」

계향이는 땅바닥에 넘어졌다가 다시 이러나 앉아서,

「왜 때려.」

「왜 때려.」

하며 대드는 봉근이를 남겨두고 자기방으로 조급하게 올라왔다. 그리고 이부자리 겐대다 푹 얼굴을 묻고는 소리않게 흑흑 느껴 울었다.

부엌에서 밥을 짓든 어머니는 방안에서 남매끼리 다투는 소리를 송두리채 들을 수는 없었으나 계향이가 봉근이를 뚜들기는 원인이 어데 있는지를 알고 있는 만큼, 계향이의 주먹이 봉근이를 후려치는 소리는 자기의 가슴을 쑤시는게 ᅡ 같이 아프고 뒤니어 엉이 엉이 우는 봉근이의 우름소리에 피는 끌는 숏처럼 설레였다.

아침부터 종일두고 하는 소리와 짓이 자기에 대한 공치사와 지천구뿐이었다. 그래도 아모말않고 내버려두었든이 에미볼을 후려갈기지는 못해 강바람에 빨갛게 핏빛이운 봉근이의 뺨따기에 분푸리를 하고야마는구나. 계향이와 봉근이의 아버지 김일구(金一九)가 죽은뒤 얼마나 자기는 살어갈려고 애를태웠든고. 그때 자기는 겨우 수물여섯살, 계향이는 아홉살이고 봉근이는 세살에나났었다, 아이 둘을 옆에 하나씩끼고 홀몰이된 자기는 할수있는 일이면 뭐든지 하려고 하였다. 광산에가서 굴속에가서 혹은 기계깐에가서 장정과같이 뼈가 가루 되도록 일할생각도 먹었다. 그래서 죽는 한이 있어도 계향이가 가는 보통 학교 이학년은 계속 해다니게 하려고 하였다. 그러나 일자리를 않준건 광산회산가 세상인가 몰라도 자기는 며칠않되서 세상 여편네가 먹는 결심이란 만일 굳건한 용단력이있다면 주검밖에 다할길이 없다는걸 알게되었을 뿐 계향이 — 그때는 봉히(鳳姬)라 불렀건만 — 그의 공부도 가갸거겨에서 끊어지고 쌀밥이 조밥되고 밥이 다시 죽이 되는 한해동안 해보고난것 부다껴보고 생각한 끝이 재가(再嫁)였다. 그때 김학섭이는 말뎅이 금광이 한참 경기가 좋을때라 하루에 손에집

는게 돈이었다. 매일같이 생기는 함석집웅 물수채, 학섭이는 하로 해있을때까지만 어물거리면 돈 이원은 헐하게잡었다. 지금 계향이가 자기를 내무래는 것이 재가한데 있다면 대체 그때의 자기로서 이길아닌 어떠한방향이 남어있었단말이냐. 그때 김학섭이는 게흐름뱅이도 아니었고 술은 않하는 축은 아니었으나 가끔 먹으면 걸걸하게 웃고 애들과 놀다간 씩씩 자버리군 했다. 한푼생기면 쌀보다 소주를 찾게되고 술한잔 마시고 한되사오라고 집안사람과 지트럭거리고 낯도않닥고 검버섯이 돋은채로 쭈그리고 공술잔을 거두려 단니게된것은 말뎅이 광산이 폐광이된뒤 평양을 거처 삼년전 이곳에 온 뒤부터다. 그래도 자기는 기생으로 넣기를 얼마나 반대했을까. 그때 앞집 차서방 딸 옥섬이의 새옷이 부러웠는지, 찾어다니며 노는 젊은 녀석들과 시시닥 거리는 것이 부러웠는지 모르나, 기생 권번에 들어 간다고 서두른것은 애비도 애비려니와 기실은 봉희자신이 아니었든가. 기생허가가 나와서 버젓하게 요리집에 불리우게되는 동안 일년하고도 반년이나 일원오십전씩 월사금을 물고 소리선생이 왔다고는 삼원 검무선생이 왔다고는 오원식—그것을 마련하노라고 쓰인앤들 어찌 애비에게 없었다할가. 지금 돈푼이나 디려나 쌀나 사는 날이 며칠이나 되었길래 벌서부터 서방부터 제놓구 나뿐걸 가리려들구 얼핏하면 애미노릇한게 뭐냐구 지천구가 일수란말이냐.

어머니는 손끝에 물을 젖인채 새—ㅅ문을 열어 제치었다.

「이애가 누구한테 할 분푸릴 못해서 아일때리구 야단이가. 그래 네 에밀 못잡아먹어 아침부터 독이올라서 법석이냐.」 어머니가 성이나서 덜렁거리는 바람에 땅바닥에서 돈을 만지작거리든 관수가 자겁에 놀래어 새—ㅅ문으로 달려가서 어머니에게 매어달리며 집었든 돈을 내어준다. 어머니는 관수를 부둥켜안고 올라와 나지도 않는 젖을 옷섭을 비집고 물려주었다. 안밖을 융으로맨든 때무든 저고리속에서 맥없이 느러진 젖통을 쥐고 힘들여 빠는 소리가 쭐쭐거리며 들린다. 와락 한마디 화를 쏟으면 좀 속이풀릴가 했드니 어머니의 속은 가라앉지 않고 오히려 하구싶은 말이 더 목구멍이 치바치었다. 그느느 목소리를 억지로 나추어 차근차근 이르는 말같이 할려고 애쓰면서

「인젠 네나이두 셀새면 열아홉이야. 그만했으면 세상물게도 알구 집안살림사리두 채잡아 할 나인데 부모가 알으는 말이라믄 역정이나서 한사하구 말대답이다. 애비가 한마디하믄 열이올라서 사흘 나흘 집안사람을 못살게 굴구.」

이렇게 중얼거리면서 그는 우깐 딸의 기색을 살피노라고 말을 멈추었다.

계향이는 울기를 멈추고 이불에서 얼굴을 들고 멍하니 어머니의 말을 귀로 듣는것같다. 그래서 어머니는 다시 일층 목소리를 나추어서 타일르듯이 이야기를 꺼낼려고,

「오눌 일만해두 아침에 내가한말이,」

까지 하였는데 뜻밖에 계향이의 목소리는,
「듣기싫어! 한말 또 하구 한말 또하구.」
하고 말문이 막히도록 쏘아버린다. 어머니는 말을 뚝 끊었으나 오히려 냉정하게 가라앉었다. 오냐 그것이 딸이 에미에게 대하는 태도라면 에미도 또한 이 이상 더 붙잡지 않으리라— 그의 해쓱해지는 낯빛은 이렇게 말하는듯이 잠깐 묵묵히 앉었다가 갑자기 관수가 물고있는 젖꼭지를 쭉 빼고 벌떡이러섰다. 관수가 놀래여 불띠를 뛴듯이 소리를 질르며 울기 시작한다. 어머니의 정신은 그러나 관수의 울음으로 흥클러 지지않고 일어서는대로 와락 새—ㅅ문을 잡어 제치고 웃방으로 올라간다.
「이년!」
이렇게 한번 소리질르기가 무섭게 어머니의 손은 계향이의 머리카락을 덤석 쥐었다.
「두말말구 네맘에드는 서방대리구 맘대루 치탁거리면서 살어라!」
그러나 눈시울이 약간 부어올은 계향이도 비록 머리칼을 잡히기는 하였으나 매섭은 눈초리로 어머니의 얼굴을 낯짝을 뚫어지라고 바라보는품이 예상보다 녹녹할것같지 않었다. 아랫방에서 관수와 봉근이가 달려와서 엉이엉이 울며 두사람을 하나식 부여안고 그새에 끼어선다.
「너는 그래 서방몰르구 이태 살어왔니.」
한참 바라보는 계향이의 빨갛게 피 빛이유 입에서 이말이 튀어나오자 어머니는 정신이 아찔해지는것같었다. 연하야 계향이의 독살오른 목소리가 어머니의 찌그러진 표정을 향하야 조약돌을 던지듯이 튀어나온다.
「애비라구 가갸짤 변변히 가르켜줬단 말인가 밥을 알뜰히 멕여서 남처럼 호사를 시켰단 말이냐. 기생질해서 양식대구 몸팔아서 술멕인게 이붓자식된 큰 죄가 돼서 술독에 넣어 치닥거리 못시켜 죽일년이란말이냐. 할거 다 하구 틈틈히 내 좋은 서방하구 즐기는게 원수가 돼서 술먹었노라구 아우성이오. 술않먹은 건정신이 말쩡하다구 에미애비된 자세루 사람을 졸라대니 나가라든가지 엄매 그늘 밑에서 흔하게 잡은 물고기 한마리 못 먹어본걸.」
홱 뿌리치는 바람에 어머니는 멍하니 잡고섰든 머리카락을 놓치고 좀앞으로 비틀거렸다. 계향이는 치마자락을 쥐고섰는 봉근이를 물리치는대로 방문을 열고 밖을 나갔다. 저녁 산산한 바람이 열오른 얼굴을 차갑게 스치고간다. 귀가씽—하고 다시 열리면서 방안에서 아이들우는 소리가 유난히 요란스럽다. 그는 한참동안 정신을 잃고 선채로 앞산을 바라보았다.

곤하게 들었든잠이 대문에서 두런거리는 말소리로 깨어보니 창문이 훤하니 밝었다. 봉근이는 한번 잠이들면 부둥켜 이르키기전에는 누가 뭐라고 떠들어도 깨지못하는 성미였는데 대문어구에서 웅얼거리는 술치한 아버지의 말소리에 기급을 하야 소스라처 깨난것은 이상스런 일이었다. 전에는 제옆에서 술을 먹으며 노래를 불르고 별짓을 다해도 잠을 깨어본 일이없는데 집이바끼어 잠자리가 달라지고 아버지가 주정을 하려올것을 미리부터 근심하면서 자든때문인가? 엇젰든 그의 신경이 그만큼 아버지의 목소리에 예민해저 있든것만은 사실이었다.

그것도 그럴것이— 어제 저녁 물고기사건으로 어머니와 누이의 싸움이 마루턱가지 버러진채 누이는 생각을 돌리지 않고 그날밤으로 대강한것을 꾸려가지고 봉근이와 함께 이집— 이고을 본바닥기생 명월(明月) 네거릿채두방을 빌려가지고 이사해 버렸다. 방에다 불을 넣고 나서 계향이 누이는 위선 아랫방에 돗자리를 깔고 이러저러한 방치장만 해놓고는 돈변통을 나가는지 기발로어데엔가 도라단니다가 요리집으로 불리워 간모양인데 봉근이는 혼자서 웃간 아렛목에 이불을 펴고 엎데어서 학교서 배운것을 두어장 복습하는 척하다가 누이는 오지않고 이사한것을 모르고있든 학섭이 아버지가 달려와서 집을 부시고 지랄을 치지나 않을가 근심하며 잠을 들었든 것이다. 꿈에도 여러번 주독에 코가 애진검버섯이 돋은 학섭이의 얼굴을 보며 자든터이라, 그리 높지않은 말소리에 이같이 눈이 띠인 모양이다.

밖에서 들린 목소리가 무슨말인지는 몰라도 그것이 아버지의 것임에 틀림 없다는 것을 알었을때엔 그는 약간 몸서리가 치이고 가슴이 두군거리었다.

누이—누이는 아렛방에 들어와서 자고있는가. 만일 누이가 없다면 이봉변을 혼자서 겪지나 않을가하는 생각과 누이가 없으면 욕이나 몇마디 하고 가버릴것이니 오히려 누이가 간밤에 집에 오지않고 좋아하는 「인상」하구 어데서 밤을 샛으면은—하는 두가지 생각이 서로 엉클리어서 머리속에 뒤끌는다.

뒤쪼차 아버지가 대문어구를 돌아 뜰안에 들어서는 발자국소리가 난다.

「이 고약한년같으니 배은망덕하는 년같으니.」

이렇게 혀꼬부라진 소리로 중얼거리드니 쪽저피 잡을려고 파놓은 구멍에 다리가 빠졌는지 쿵하고 넘어지는 소리와 「에익」하며 다시 일어서는 기척이 들린다.

마루에 올라서는 쿵하는 소리를 들을때엔 봉근이는 그대로 있을수가 없어서 이불을 푹 뒤집어썼다. 안으로 건문을 덜강거리며 열라고 야단을 친다. 아랫방에서 낑—하고 잠이깨는 기척이 들린다. 계향이는 낑—하는데 입이 쩔갑쩔갑 씹는자가 또하나 있는것을 보면 아렛방에서 자는것은 계향이 누이뿐이 아닌모양이니 만일 「인상」과 가치 품고 누었다면 아버지와의 이봉변을 어찌 감당할것이냐. 항상 미워하고 말끝마다 욕잘하든 「인상」이 계향이와 품고 누었는것을 다른날도 아닌 오눌이때에 본다면은 검버섯이돋은 학섭이의 얼굴을 호랑이같이 무서워질 것이오 그의 두손은 독수리가 병아리를 채듯 이 두사람을 덥석 쥐고 갈래갈래 찢어버리고 말것이다. 봉근이는 머리우에서 폭탄이 터지는 것을 기대리는 마음이었다.

이윽고 안에서 문여는 소리가 나고 문이 빽ㅡㄱ 소리를 내이며 열리더니 왠일일가, 그뒤에올 화약터지는 소리가 들리지않는다. 한참 문이 열린채로 있드니 뜻밖에 학섭이는 서투른말시로,

「도ㅡ모 시쓰레이 하하 오소레오이데쓰.」

하고 굽실거리는 품이었다. 그리고는 문을 가만히 닫고 다름박질이나 치듯이 뜰을 건너 종종거름으로 대문을 나가버린다.

「하하하 약꼬상 후루에데 이야가라!」

봉근이는 처음에는 자기의 귀를 의심하였다. 그러나 이불밖에 얼굴을 내놓고 아모리 생각하여도 그것은 틀림없는 사실이었다.

「인상」하구 품고있다가 학섭이한테 찢겨 죽는한이 있다처도 봉근이는 아랫방에서 계향이가 몸을 맡기고 있는 사나이가 「인상」이기를 얼마나 원하였을가. 그러나 그는 그때문에 여태껏 아버지 어머니와 충돌하였고 또 이사까지 하게된 학섭이가 매일같이 가치자라고 원하든 식료품가게의 젊은 주인이었다.

물론 계향이가 몸을 맡긴사나이는 봉근이가 아는것만해도 반타는 너너하다 그러나 돈없고 구차한 세무서「인상」ㅡ윤재수하고 좋아재내게된 다음부터는 결코 다른사나이와 잠자리를 가치 하지않었다. 아버지 어머니가 큰돈이 떠러진다고 아모리 졸라도 드를려고 하지않었고 구박이 심하면 심할사록 그는 더욱더욱 완강하게 그들과 싸왔다.

봉근이는 아버지한테 맞고 어머니한테 갈키우면서도 구차한 윤재수와 좋아하며 종시 다른남자에게 몸을 허하지않는 계향이를 볼때에, 무슨 숭고하고 신성한 것을 발견하는것같이 누이를 우르러뵈었다. 평양가서 여학교에 다니다가 방학때마다 도라오는 누구누구의 평판높은 처녀들도 이렇게 신성하고 마음이 깨끗할것같지 않었다. 그는 학교들이,

「깅호ㅡ꽁金鳳根 매부 한다ㅡ쓰? 두다ㅡ쓰?」

할때에도 천연히 속으론「네누이들보다 깨끗하다」고 생각하면서 그는 부끄러움을 느끼지 않었다. 이세상에 사랑도 쥐뿔도 없으면서 돈때문에 명예때문에 얼마나 많은 처녀들이 나이 많고 개기름흐르는 사나이의 첩으로 시집을 가는 지를 봉근이는 잘 알고 있었기 때문이다.

그렇든 계향이가 이것이 웬일일가? 물론 집을 뛰처나왔으나 간죠찾을날을 멀었고 돈한푼 없이 살림을 해갈 차비가 막연해서 화ㅅ김에 먹어논 술기운에 이일을 저지러놓은 것을 봉

근이도 상상할 수 있다. 그러나 그러한 속에서 여태것 부모와 주위와 싸와왔길래 누이는 훌륭하였거든 결국 돈때문엔 몸을 단한번이나마 맡기고 말았다면 어느모를 취할길이 있을 터이냐. 어머니와 다투고 집을 뛰처나오는데 봉근이과 쫓어나온것도 그것을 믿고 딸았든때문이 아니었든가!

봉근이는 모든것이 더러워보였다. 아버지 어머니 누이― 모두가 더럽고 구려보였다. 세상에는 숭고하고 신성한 것은 도모지 찾을 수 없는 것 같았다.

벌써 해가 치밀어 앞으로 한시간이면 학교가 시작될 것이다. 봉근이는 무거운 머리를 들고 맥없이 자리에서 이러났다. 아렛방에서 다시 잠이 들었는지 조용하다. 봉근이는 낯도 씻지않고 아침도 찾어먹을 생각없이 책보를 들고 방을 나섰다.

「얘 조반 않먹구 발세 학교가니?」

대문을 나서려고 할제 이러한 누이의 소리가 들렸으나 그는 들은척도 않아였고 또 듣는것까지도 더러운것 같았다.

골목을 돌아서서 발새ㅅ길을 걸으며 봉근이는 더러운 하수구 속에서 삐어져 나온것같이 마음이 깨끗하고 일신이 가벼웠다.

아렛동리에서 오는 길과 합하는 곳에서 오학년선생의 아들을 맞났다. 그는 봉근이 보다 한학년우인데 몸은 그와 비등하다.

코흘린 자죽이 밝게 난 얼굴을 싱글싱글하며 서너발자국 앞으로 뛰어가면서 홀적 얼굴을 돌리드니,

「깅호―꽁. 매부 몇이든지? 한다―쓰? 두다―쓰?」

하곤 닝금닝금 뛰어간다. 봉근이는 항상 듣는 이말이 지금같이 모욕적으로 자기를 충격한 것을 경험한 적이 없었다. 어적게로부터 오눌아침까지 보아오고 겪어온, 아니 나서 이만큼 자라기까지 경험한 가지가지의 더럽고 추한것들이 함께 뭉쳐서 덩지가되어 그의 얼굴우에 떠러지는 것 같았다.

「깅호―꽁. 매부 한다―쓰? 두다―쓰?」

다시 이렇게 곡조를 부처서 외이면서 선생의 아들은 저만큼 뛰어가고 있다. 봉근이는 더 참을 수가 없었다. 와락 두주먹을 쥐고 모자도 책보도 길우에 집어던지고 뒤를쫓어갔다. 선생의 아들은 여느때와는 달른 봉근이를 보고 겁이나서 다름박질을 치는데 봉근이는 길이고 밭이고 어름이고 분간없이 지금 따르고 있는 것이 누구인지도 잇어버리고 두주먹을 쥔채 죽기를 한하고 자꼬만 쫓어간다.

長三李四

최 명 익

그렇게 분비고 법석이는 정거장 홈의 혼잡을 옮겨 싣고 차는 떠났다. 그런 정거장의 거리와 기억이 멀어 감을 따라 이 삼등 찻간에 가득 실린 무질서와 흥분도 차차 가라앉기 시작하였다.

앉을 수 있는 사람은 앉고 섰을 밖에 없는 사람은 선 채로나마 자리가 잡힌 셈이다.

이 찻간 한 끝 바로 출입구 안짝에 자리잡은 나 역시 담배를 피어물고 주위를 돌아볼 여유가 생겼던 것이다.

— 웬 사람들이 무슨 일로 어디를 가노라 이 야단들인가 —.

혼잡한 정거장이나 부두에 서게 될 때마다 이렇게 중얼거려 보는 것이 나의 버릇이지만 그러나—.

— 이 중에는 남 모른 설움과 근심 걱정을 가지고 아득한 길을 떠나는 이도 있으려니 —.

이런 감상적인 심정으로보다도, 지금은 단시 인산 인해라는 사람 틈에 부대끼는 괴로운 역정일는지 모를 것이다. 그렇다고 지금도 그런 역정으로 주위를 흘겨보는 것은 아니다. 물론 또 아득한 길을 떠나는 사람의 서러운 표정을 찾아 구경하려는 호기심도 없었다. 만일 그런 것이 있다면 방심 상태인 내 눈의 요기꺼리는 되겠지만.

방심 상태라면 나만도 아닌 모양이었다. 긴장에서 방심 상태로, 그래서 사람들은 각기 제 본색으로 돌아가 각각 제 버릇을 회복하게 되는 것이다.

그런 우리들 중에서 모자 대신 편물 목테를 머리에다 감은 농촌 젊은이가 금방 회복한 제 버릇으로 그만 적잖은 실수를 저지르고 말았다. 실수라는 것은, 통로에 섰던 그 젊은이가 늘 하던 제버릇 대로 뱉은 가래침이 공교롭게도 나와 마주앉은 중년 신사의 구두 콧등에 떨어진 것이었다. 물론 그것만도 적잖은 실수겠지만 그렇게까지 여러 사람의 눈이 둥구래서 보게쯤 큰 실수로 만든 것은 그 구두의 발작적 행동이었다.

아닌게 아니라 그 구두는 발작적으로 통로 바닥이 빠져라고 쾅쾅 뛰놀았다. 그러나 그리 매츠럽지가 못한 구두 코라 용이히 떨어질 이가 없었다. 그래 더욱 화가 난 구두는 이번에는 호되게 허공을 걸어차기 시작했다. 그래 뛰어나는 비말의 피해를 나도 받았지만 그 서슬에 어쩔 줄을 모르고 서있던 그 젊은이는 정면으로 뛰어나는 비말을 피하여 그저 뒤로 물러서기만 했다. 그러나 그 젊은이의 동행인 듯한 노인이 제 보꾸러미에서 낡은 신문지를 한줌 찢어 젊은이를 주었다. 젊은이는, 당장 걷어차거나 쫓아 나와 물려는 맹수나 어르듯이 그 구두 콧등 앞으로 조심히 신문지 쥔 손을 내밀어보았다. 그러나 그 구두는 물지도 차지도 않고 도리어 그 손을 피하듯이 움치러 들었다. 그러자 희고 부드러운 종이가 그 구두 코를 닦기 시작하였다. 그런 종이는 많기도 하고 아깝지도 않은 모양이었다.

주위의 사람들은 그 구두가 그렇게 야단할 때보다도 더 의외라는 듯이 수북히 쌓이고 또 쌓이는 종이 무더기를 일 삼아 보게쯤 되었다. 그렇게 씻고 또 씻고 필요 이상으로 씻는 것은 구두보다도 께름한 기억을 씻으려는 듯도 한 것이었다. 아직도 씻는 것은 그 젊은이가 기껏 미안해 하라고 일부러 그러는 것 같기도 하였다. 혹은 그것이 더러워서만 그런다기보다도 더러운 사람의 것이므로 더욱 그런다는 듯도 한 것이었다.

그래서 일 삼아 보고 있던 사람들은 모두 입을 비죽이고 외면을 하고 말았다. 물론 그 젊은이는, 미안 이사의 모욕감으로 얼굴이 빨개져서 천장만을 쳐다보며 이따금 한숨을 지었다. 그 중년 신사와 통로를 격하여 나란히 앉은 당꼬바지는 다소의 의분을 느꼈음인지 그 우뚝한 코를 벌름거리며 흰자 많은 눈으로 연방 그 신사를 곁눈질 하였다. 그러나 그 신사의 눈과 마주치기만 하면 슬쩍 시선을 거두고 한 코를 천장으로 치끼고 마는 것이었다. 그렇게 그 신사의 눈과 마주치기를 꺼려하는 것은 비단 당꼬바지만이 아니었다. 오히려 코가 꽤 한 당꼬바지도 그럴 적에야 —할 정도로 그 신사의 눈은 보기에 좀 불안스럽도록 디룩거리는 눈방울이었다. 일부러 점잖을 빼노라 혹은 노상 호령끼를 뽑내노라 그런지, 그렇지 않으면 혹시 약간 피해 망상광의 증상이 있어 저도 어쩔 수 없이 디룩거리게 되는 눈인지도 모를 것이었다. 어쨌던 척 마주보기가 거북스러운 눈이라 아까 신문지를 주던 곰방대 영감은 담배를 붙이며 도적해 보던 곁눈질을 들키자, 채 불이 당기기도 전에 성냥을 불어 끄리만큼 낭패한 것이었다.

이렇게 되고 보니, 그렇지 않아도 본시부터 이렇다 할 이야기 꺼리가 없어 덤덤하던 우리 자리는 더욱 멋적게 되고 말았다. 그렇다고 누가 솔선해서 그런 침묵을 깨뜨려야 할 책임자가 있을 이도 없는 자리였다.

그러나 그때 당꼬바지 옆에 앉은 가죽 짜 입은 젊은이가 맞은편에 캡 쓴 젊은이에게 —자네 지리가미 가젯나—하여,—응 있어—일부러 끄내까지 주는 것을—이 사람 지리가민 나두 있네—하고 한 뭉치 끄내보이며 코를 풀기 시작하였다. 그래서 캡 쓴 젊은이는 킬킬 웃으면서 맞은 코를 풀어서는 그런 종이가 수북한 통로 바닥으로 던졌다.

그러나 그 옆의 당꼬바지가 빙그레 웃었을 뿐 아무런 반응도 없고 말았다. 내 앞의 신사는 그저 여전히 눈을 디룩거리며 두 세 번 큰 하품을 하였을 뿐이다. 좀 실례의 말이지만 마주앉은 내가 느끼는 그 신사의 하품은 옛말에나 괴담에, 사람을 취하게 하는 무슨 김이나 악취를 뿜는다는 두꺼비의 하품 같은 것이었다.

이런 실례의 말을 해놓고 보면 정말 그 신사는 어딘가 두꺼비 같은 인상을 주는 것이었다. 심심한 판이라, 좀 따져본다면, 앞서도 늘 해온 말이지만, 언제나 먼저 눈에 띠우는 그 디룩거리는 눈, 그 담에는 떡 다물었달 밖에 없이 너부죽한 입, 그리고 언제나 굳은 침을 삼키 듯이 불럭거리는 군턱, 이렇게 두두러진 특징만을 그리는 만화라면 통 안 그려도 무방일 듯한 극히 존재가 모호한 코, 아무리 두꺼비라도 코가 없을 이 없고, 있다면 으례 상판에 있게 마련이겠지만 나는 아직 두꺼비의 상판에서 코를 구경한 것은 없었다. 그렇더라도 두꺼비의 상판은 제법 상판이듯이 그 신사의 얼굴에서도 그 코만은 무방 없이 무방으로 극히 빈약하다기보다 제 존재를 영 주장하지 않고 그저 겸손히 엎드린 코였다. 혹시 그런것이 숨을 쉬기 위해서만 마련된 정말 코다운 코일지도 모를 것이다. 소위 융준隆準이라고, 현재 당꼬바지의 코같이 우뚝한 코는 공연히 남에게 건방지다는 인상을 주거나 좀만 추워도 이내 빨개지기만 하는 부질없는 것일는지도 모를 것이다.

이같이 부질없는 용모 파기를 해가면서까지 그를 흘금흘금 바라보게 되는 것은 아까의 그 실수 사건으로만 그런 것도 아니었다 물론 그의 지나친 결벽성(?)이 우리의 주이를 끌었을 뿐 아니라 반감을 샀던 것도 사실이지만, 그렇지 않더라도 본시가 그는 우리들 중에서 가장 두두러진 존재였던 것이다. 마치 소학생들이 저희 반 애들을 그린 그림에 제일 크게 그려 놓은 급장 모양으로 우리네 중에서는—우리라야 서로 바라볼 수 있는 통로 좌우의 앞 뒤, 네 지리의 오월동주吳越同舟격으로 모여 앉은 사람들이지만—가장 큰 몸둥아리에다 가장 잘 차렸을 뿐 아니라 그 가장 뚱뚱한 배를 흐물거리는 숨소리도 가장 높았던 까닭이었다.

그같이 우리네의 주의를 끌 밖에 없는 그 중년 신사는 몇번째 하품을 하고 난 끝에 제 옆 자리 창 밑에 끼어앉은 젊은 여인의 등 뒤로 손을 넣어서 송기 떡 빛 종이를 바른 넙적한 고량주 병을 뒤져내었다. 차 그릇 뚜껑에 가득 따른 술잔을 무슨 쓴 약이나 벼르 듯하다가 그 번즈레한 얼굴에 통주름살을 그으며 마시었다. 떨리는 손으로 또 한잔을 연해 마시고는 낙타 외투에 댄 수달피 바늘 털에서 물방울이라도 뛰어날 만큼 부루루 몸서리를 치고는 또 그 여인의 등 뒤로 손을 넣어서 궁둥이 밑에서나 빼낸 듯한 편포를 한쪽 찢어 씹기 시작하였다. 풍기는 독한 술내에 사람들의 시선은 또 다시 그에게로 모일 밖에 없었다. 첩첩 입소리를 내며 태연히 떠들고 있는 그의 벗어진 이마에는 금시에 게 알 같은 땀방울이 솟치고 그 가운데 일어선 극히 빈약한 머리털 몇 오리가 무슨 미생물의 첩모睫毛나 같이 나불거리었다. 그렇게 발산하는 그의 체온과 체취거니 하면 우리는 금방 이 후끈한 찻간에 산소 부족을 느끼며 그를 바라보는 동안에 차차 그의 입 노릇이 떠지고 지금껏 누구를 노리 듯이 굴리던 눈방울이 금시에 머무려 해지고 건침이 흐르듯이 입 가장자리가 축처지며 그는 한번 꺼득 조으는 것이었다. 좀 과장해 말하면 미륵불이 연화대蓮花臺에서 꼬꾸라지는 순간 같은 것이었다. 껀뜩, 제 김에 놀란 그 신사는 떡돌에 치우는 두꺼비 꿈에서나 놀라 깨인 것처럼 그 충혈된 눈이 더욱 휘둥구래져서 옆의 여인을 돌아보고는 안심한 듯이 기지개를 키었다. 그리고는 까맣게 잊었던 일이나 생각난 듯이 분주히 일어나 외투를 벗어놓고 지리가미를 두 손으로 맞잡아 썩썩 부비며 변소로 들어갔다.

사람들의 시선은 허퉁하게 비어진 그 자리 저편 끝에 지금까지 그 신사의 그늘 밑에 숨어 있던 듯이 송구리고 앉은 젊은 여인에게로 쏠리었다. 그렇다고 우리가 그 여인을 지금 비로소 발견했다는 것은 아니다. 그러면 또 '화형花形'이나 같이 아꼈다가 그럴 듯한 장면이 되어 지금 비로소 등장시키는 셈도 아닌 것이다. 그 여인은 처음부터 궐녀와 마주앉은, 즉 내 옆자리의 촌마누라와 같이, 무슨 이야기꺼리가 될 만한 아무런 말도 행동도 없이 그저 담배만을 피우고 있었던 것이다.

회색 외투를 좀 퇴폐적으로 어깨에만 걸친 그 여인은 지금 제가 여러 사람의 시선 앞에 놓여 있는 것을 아는지 모르는지 그저 제 버릇인 양 이편 손으로 파아마낸트를 쓸어올려 연방 귀바퀴에 걸치며 여전히 창 밖만을 내다보고 있었다. 내다본다지만 창밖은 벌써 어두어 닫힌 겹유리창에는 궐녀의 진한 자주빛 저고리 그림자가 이중으로 비취어, 해글러 놓은 화로불 같이 도리어 이편을 반사하는 것이었다. 이런 형용은 좀 사치한 것 같지만, 그런 화로불 위에 올려놓은 무슨 백자 그릇 같이 비췬 궐녀의 얼굴 그림자 속에 빨갛게 켜지는 담배불을 불어 끄려는 듯이 그 여인은 동구랗게 모은 입술로 연기를 뿜고 있었다.

그때 이편 문이 열리며, 차표를 보여달라는 선문을 놓고 여객 전무가 들어왔다. 차례가 되어 차장이 어깨를 흔들어서야 이편으로 얼굴을 돌린 여인은 "죠오 샤깽, 짜뽀요."하는 젊은 차장을 힐끗 쳐다보고 다시 외면하면서,

"쓰레노 히동아 못데루노요."

하였다.

"쟈, 쯔레노 히도와?"

젊은 차장이 되묻는 말에 역시 외면한 대로 여인은 이편 손 엄지손가락을 들어 뒷담을 가리키며,

"하바까리."

하였다.

여객전무는 제 차표를 왜 제가 가지고 있지 않느냐고 나무랬다. 그 말을 받아 '그러하농 고안데'하고 젊은 차장이 또 퉁명스럽게 핀잔을 주었다.

그 여인은 홱 얼굴을 돌려 그들의 뒷모양을 흘기고는 눈살을 찌푸리며 돌아앉았다. 불쾌하다기보다 금방 울 듯한 얼굴이었다. 그만 일에 왜 저럴까 싶도록 히쓰테한 태도요 절박한 표정이었다. 그 후에 짐작한 것이지만,—그 자가 제 돈으로 산 차표라고 제가 가지는 것 내가 어떻게 하느냐—고 울며 푸념이라도 하고 싶은 낯빛이었던 것이다.

차표를 뒤져내고, 어감語感만으로도 불안한 '검사'가 무사히 끝나서, 다시 차표를 간직하고 난 사람들은 사소한 흥분과 긴장이나마 치르고 나서 안도하는 낯빛이었다. 그러나 그런 우리네 중에서 유독 말성꺼리가 되어 아직도 그 흥분을 삭이지 못하는 모양인 그 여인의 행색은 더욱 우리의 주의를 끌 밖에 없었다.

—그 신사의 딸일 이는 없고 혹 첩? 내가 이런 생각을 하고 있을 때,

"만주루 북지루 댕겨 보문 돈벌인 색씨 당자가 제일인가 보둔."

당꼬바지가 불쑥 이런 말을 시작하였다. 모두 덤덤히 앉았던 사람들은 마침으로 흥미있는 이야기꺼리가 생겼다는 듯이 시선이 그에게로 몰리자 그의 옆에 앉은 가죽 짜이 그 말을 받았다.

"돈벌이야 작히 좋은가요, 하지만 자본이 문제거든, 색씨 하나에 소불하 돈 천원은 들어야 한다니까."

"이것이라니 아무리 요좀 돈이구루서니, 천환이문 만냥이 아니요."

이렇게 놀란 것은 물론 곰방대 영감이었다. 그러자 아까 그 실수를 한 젊은이가,

"요즘 돈 천환이 무슨 생명 있나요, 웬만한 달구지 소 한 놈에 두 천원을 안헤게 그럽네까."하고 이번에는 조심히 제 발뿌리에다 침을 뱉았다.

"그랜 해두, 넷날에야 원틀루 에미나이보단 소 끔새가 앞셋디될 말인가."

"녕감님, 건 촌에서 밋메누리 감으루 딸 팔아먹던 넷말이구요?……"

우리들은 그의 턱을 따라 새삼스레 그 여인을 유심히 보게 되었다. 나 역시 그 여인의 정체를 짐작할 수 있었다.

여전히 담배를 피우고 창 밖만을 내다보고 있던 그 여인은 그런 말과 시선으로 보이지 않는 채찍을 등곬에 느끼는 듯이 한번 어깨를 훔칫하고 외투를 치켜올리는 것이었다. 아까부터 그 여인의 저고리 도련을 만져보고 치맛자락을 비죽여 보던 촌 마누라는 무엇에 놀라기

나 한 것같이 움추린 손으로 자기 치마 앞을 털었다.

"사람들 벌어먹는 곬이 다 각각이거든."

"각각일 밖에 안 있나."

"어째서."

"각각 저 생긴 데루 벌어먹게 매련이니까 달르지."

"그럼 누군 갈보 장사나 해먹게 생겼던가."

"보구두 몰라."

"어떻게."

"옆에 색씰 척 대리구 가잖아."

"하하하."

"하하하."

가죽 짜과 캡이 이렇게 받고 차기로 떠들고 웃었다.

그러자,

"건 웃음의 말씀이라두, 정말 사실루 사람을 쳐 보문 알거덩요."

당꼬바지는, 이렇게, 자기가 끄낸 갈보 타령이 맹랑하게 시작한 말이 아니었다는 것을 발명이나 하듯이 빈 자리를 턱으로 가리키며,

"이잘 보소그레, 괘애이 저 혼자 점잖은 척하누라구 눈쌀이 끗끗해 앉았어두 상판에 개기름이 번즐번즐한 거이 어디 점잖은 데가 있소."

하였다.

"다들 그러니끼니 그런가부다 하디, 목잔 좀 불량해두, 이대존대라구, 난 첨엔 어니 군주산가 했소."

하는 노인은 고무신 뿌리에 곰방대를 털었다. 그런 노인의 말에 당꼬바지는,

"녕감님두 의대조대나 새나요. 요좀엔 돈만 있으문 군쭈사가 아니라두 누구나 그보다두 뜸떼 먹게 채릴 수 있다우."

하고 껄껄 웃었다.

"그래두 저한테 물어 보소 매라나, ……난……우리 곁은 건…."

이렇게 말끝을 아물지 않고 만 것은 그 실수를 저즈른 젊은이었다. 역시 천장을 처다보는 그는 웬 까닭인지 아까보다도 더 얼굴이 빨개지는 것이었다. 사람들은 또 웬 까닭인지 와하하 웃음을 터뜨렸다.

"아까 미섭습데까?"

싫컷 웃고 난 캡이 이렇게 묻자 또들 웃었다. 그 말을 받아 당꼬바지가 빈정거리는 투로 이런 말을 하였다.

"왈루 미섭긴 정말 점잖은 사람이 미섭다우. 이렇게(역시 턱으로 빈 자리를 가리키며) 점잖은 테 하는 사람이야 뭐 미서울거 있소. 이제 두구 보소. 아까 보디 않았소, 고샐 못 참아서 백알을 먹드니 피꺽피꺽 피께질을 하는 걸 보디. 그런 잔 보긴 지둥미루워두 사궤만 놓문 사람 썩 도쉔다."

이런 시비꺼리의 그 신사가 백알을 먹고 한번 껀뜩 졸은 것은 사실이지만 피께질(딸꾹질)을 한 적은 없었다. 그러나 이렇게 흥을 잡자고 하는 말에는 도리어 사실 이상으로 사실에 가깝게 들리는 말이었다.

"피께질을 했다!"

이번에는 가죽 짜이 이렇게 따지고는 또들 웃었다.

그때 변소에 갔던 신사가 돌아왔다. 제 자리에 돌아온 그는 그 새만 해도 무슨 변화가 생기지 않았나 경계하듯이 이 사람 저 사람의 얼굴을 둘러보며 다시 외투를 입었다. 사람들은 모두 웃음을 거두고 말을 끊고 말았다.

지금껏 이편을 유의했던 모양인 차장이 달려와 차표를 검사하며 아까 한 말을 되풀이하고, '고마리마쓰네'로 나무랬다.

당황한 신사는,

'헤헤 스미마생, 도오모 스미마생'을 노이고 또 노이며 뻘개진 낯으로 계면적다기보다는 비굴한 웃음을 지어보이는 것이었다. 그리고 나서 차표를 다시 속 주머니에다 집어넣으며 그는 누가 들으라는 말인지, 그렇다기보다도 여러 사람이 다 들어달라고 간청이나 하는 듯한 제법 눈웃음을 지어보이며,

"제질, 후둥쯩後重症이 나서 ××× ×××하기만 하디 원 제 씨원히 날오야디요."

하고는 헤헤헤 웃는 것이었다. (作者 註. 아무리 作者가 결벽성을 포기하고 시작한 이 작품이지만 이 ××의 擬音만은 覆字하는 것이 作者인 나의 미덕일 것이다.) 확실히 부드러운 말씨였다. 그리고 사교적은 웃음이었다. 아닌게 아니라 그 신사의 그런 말과 웃음은 여간만 효과적인 것이 아니었다.

"거 정말 급하웬다. 후둥쯩이 정 심한댄, 깐진 네펜네 첫아이 낳기만이나 한 걸이요."

이같이 솔선하여 동정한 것은 당꼬바지였다. 그 말에 다른 사람들도 지금껏 그 남자를 백안시하던 눈에 웃음를 띠우게 되었다.

"건 뭐 병이 아니라 술 탈이니긴, 메칠만 안 자시문 맬하리요."

또 이런 급성적 우정으로 충고한 것은 캡 쓴 젊은이었다.

"그럴래니, 데런 낭반이야 찾아오는 손님으로 관텅 교제루 어디 뭐 술을 안 자실텡 안 자실 수가 있을라구."

곰방대 노인이 이렇게 경의를 표하는 말에,

"아마 그럴 걸이요."

하고 가죽 짜 젊은이가 동의하였다.

이런 동정과 우의를 대번에 얻게 된 그 남자는 몇번 신트림을 하고 나서,

"물론 것두 그렇구, 한 십년 만주루 북지루 댕기멘서 그 추운 겨울엔 호주루 살아 버릇 해서 여게 나와서두 안 먹던 못합네다 가레."

하며 옆에 놓인 고량주 병을 들어 약간 흔들어보고 만져보는 것이었다.

"영업하는 덴 만준가요 북진가요."

"뭐어 안 가본 데 없디요. 첨엔 한 사오년 일선으로 따라당기다가 너머 고생스럽드라니 그 담엔 대련서 자리 잡구 하다가 신경 와서 자식놈들한테 다 밀어기구 난 작년부터 나오구 말았오."

"그 새 큰 일 났갔오 고레."

당꼬바지가 또 묻는 말에,

"뭐 거저……, 그랜 다른 노름 봐서야……."

하며 만지던 술병을 여인의 등 뒤로 밀어넣으려 할 때 지금껏 눈징겨 보고 있던 곰방대 노인이,

"거이 어디 이 녕감두 한 잔 먹어 볼까요."

하며 나앉았다.

"어이 참, 미처 생각을 못해서 실렐 했구만요, 이제라두 한 잔 씩들 같이 합세다."

그래서—이거 원 뜻밖—, 그러구 보니 이 영감 덕이로군—하하하—이런 웃음과 농지거리로 뜻밖의 술판이 벌어졌다.

그 중에 나만은 술을 통 먹지 못하므로 돌아오는 잔을 사양할 밖에 없었다. 그들이 굳이 권하려 들지 않는 것이 여간만 다행한 일이 아니었다. 그러나 그들이 술 못먹는 나를 아껴서보다도, 아무리 사람 좋은 그들이지만 지금껏 말 한마디 참견할 기회가 없이 그저 침묵을 지킬 밖에 없는 나에게까지 그런 우정을 느낄 수는 없을 것이다. 그래서 그들은 나를 경원하게 되는 모양이었다. 또 단순한 경원이라기보다는 자칫하면 좀 전의 이 신사와 같이 반감과 혐의의 대상일는지도 모를 것이었다.

이 뜻밖에 벌어진 술판의 판을 치는 이야기꺼리는 물론 그 남자의 내력담과 사업 이야

기였다.

"……사실 내 놓구 말이디, 돈벌이루야 고만한 노릇이 없쉔다. 해두, 그 에미 나이를 송화가 오죽한가요. 거이 머어 한 이삼십 명 거느릴래문 참 별에별 꼴 다 봅넨다……."

쪽하면 앓아눕기가 일수요, 그래두 명색이 사람이라 앓는데 약을 안 쓸수 없으니 그러자면 비용은 비용대로 처들러가고 영업은 못하고, 요행 나으면 몰라도 덜컥 죽으면 돈 천원 쯤은 어느 귀신이 물러간지 모르게 장비葬費까지 '보숭이'칠을 해서 없어진다는 것이었다.

"앓다 죽는 년이야 죽어서 죽갔소, 그래 건 또 좀 양상이디만, 이것들이 제간엔 난봉이 나디 않소. 제법 미어 죽는다 산다 하다가는 정사합네 하디 않으믄 달아나기가 일수구……."

이렇게 말이 채 끝나기 전에 술잔이 돌아와 받아든 그는,

"이게 다섯 잔 챈가?"

하며 들여다 보는 그 잔은 할 수만 있으면 면하고 싶지만 그러나 우정友情으로 달게 받아야 할 희생 같은 잔인 모양이었다. 그래서 마시기로 결심한 그는 일종 비장한 낯빛을 지으며 꿀꺽 들이키었다. 그리고는 부르르 몸서리를 치자 더욱 붉어진 눈방울을 어둑 크게 치뜨며,

"사람이 기가 멕혀서, 글쎄 이 화상을 찾누라고 자식놈들은 만주 일판을 뒤지구 난 또 여기서 돈 쓰구 애 먹은 생각을 하문 거져 쥑에두……."

이런 제 말에 벌컥 격분한 그는 주먹을 번쩍 들었다. 막 그 여인의 목덜미에 떨어질 그 주먹을 쳐다보는 사람들은 한 순간 숨을 죽일 밖에 없었다. 한 순간 후였다. 와하하 사람들의 웃음이 터지었다. 그 주먹이 슬몃이 내려오고 그 주먹의 주인이 히히히 웃고 만 까닭이었다. 그동안 눈을 꽉 감을 밖에 없었던 나는 간신히 그 여인을 바라보았다.

여인은 제 얼굴 그림자를 통 살라버리도록 담배를 빨아 들이키고 있었다. 그런 주먹의 용서를 다행하게나 고맙게 여기는 눈치는 조금도 찾아볼 수 없었다. 그런 여인의 태도에는 지금의 풍파는 있었던것 같지도 않았다. 하기야 한 순간 실로 한 순간이었지만.

터졌던 웃음 소리는 아직도 허허킬킬 하는 여운으로 계속되었다. 나는 그런 그들의 웃음을 악의로 듣지는 않았다. 오히려 폭력의 중지에 안심하고 학대 일순 전에 놓치는 요술 같은 신사의 관용을 경탄하는 호인들의 웃음이라고 도 할 것이다. 그러나 그런 웃음이 주먹보다도 그 여인의 혼을 더욱 학대하는 것 같은 건 웬 까닭일까.

그때 차는 어느 작은 역에 멎었다. 아까 실수한 젊은이와 곰방대 노인이 내렸다. 그들은 그런 웃음을 채 웃지 못한 채 총총히 내리고 만 것이다. 밤중의 작은 역이라 그 자리에 대신 오르는 사람도 없이 차는 또 떠났다.

"자우간 무던하갔쉐다. 저이 집 식구가 많아두 씩둑씩둑 말성인데 그것들이 어떻게 돌아

먹은 년들이라구."

당꼬바지는 코 멘 소리로 또 말을 시작하였다.

그러나 그 신사는 어느 새 건뜩 졸다가는 눈을 뜨고 눈을 떴다가는 또 졸고 할 뿐 대답이 없었다. 아직도 좀 남은 술병은 마주 앉은 세 사람 사이로 돌아갔다.

"이왕이문 데 색씨 오샤꾸루 한 잔 먹었으문 도오는데."

"말 말게 이제 하든 말 못 들었나."

"뭘."

"남 정든 님 따라 강남 갔다 부뜰레서 생리별하구 오는 판인데 무슨 경황에 자네 오샤꾸 하겠나.""오샤꾸할 경황두 없이 쯔라이 시쓰렝失戀이문 발쎄 죽었지 죽어."

"사람이 그렇게 죽기가 쉬운 줄 아나."

"나아니 와께 나이요. 정말 말이야 도망을 하지 아니ㅎ지 못하리 만큼 말이야 알겠나? 도망을 해서라두 말이야, 잇쇼니 나루 하지 않으문 못 살 고이비도문 말이야, 붙들렸다구 죽여주소하구 따라 올 이가 없거든 말이야, 웅 안그래? 소라야 기미 혀舌라두 깨밀고 죽을 것이지 뭐야, 웅 안그래."

이런 말이 나오자 그 여인은 무엇에 찔린 듯이 해쓱해진 얼굴을 그편으로 돌리었다. 그편에서 지껄이는 사람들을 바라보는 그눈은 지금 그런 말을 누가 했느냐고 묻기라도 할 듯한 눈이었다. 그러나 취한 그들은 그런 여인의 눈과 마주쳐도 조금도 주춤하는 기색도 없었다. 도리어 당꼬바지는,

"거 사실 옳은 말이야, 정말 앗사리한 계집이문 비우쌀 게 도망두 안할걸."

이렇게 그 여인의 얼굴을 보이지 않은 말의 채쩍으로 후려갈기었다.

"자 여서 술이나 마자 먹지 왜 아무 상관 없는 걸 가지구 그럴 거 있나."

가장 덜 취한 모양인 가죽 짜이 중재나 하듯 말하며 잔을 건네었다. 잔을 받아 든 젊은이는 비척 몸을 가누지 못하면 또 지껄이었다.

"가노죠말이야 뎅까노 기루보자 나이까. 왜 우리한테 상관이 없어."

그때 차장 밖에 전등의 행렬이 보이자 차가 멎었다. 금시에 정신이 든 듯한 두 젊은이는,

"우린 여기서 만츰 실례합니다."

"한참 심심ㅎ지 않게 놀았는데요."

"사이나라."

이런 인사를 던지 듯 지껄이며 분주히 나가고 말았다.

새 사람들로 그자리를 메우고 차는 다시 떠났다.

한참 동안 코를 골며 잠이 들었던 그 신사는 떠들석한 통에 깨기는 했으나 아직도 채 정신이 안 나는 모양이었다.
 땅꼬바지는 이야기 동무를 한꺼번에 잃고 가깝한 듯이 하품을 하다가 다음 역에서 내리고 말았다. 내 옆의 촌 마누라도 내려서 나는 그 자리로 옮아 젊은 여인과 마주앉게 되었다.
 그 신사는 시렁에서 손 가방과 모자를 내리었다. 다음 S역에서 내릴 모양이었다. 끌러놓았던 구두 끈을 다시 매고 난 신사는 손수건으로 입과 눈을 닦으며,
 "그래 그만하문 너 잘못 간 줄 알디."
 "……"
 "내가 없다구 무서운 줄 모루구들……어디 싫건들 그래 봐라."
 "……"
 이렇게 혼잣말 같이 중얼거리었다. 여자는 역시 담배만 피우고 있었다. 새로 들어온 사람들은 지금까지의 사정을 모르므로 이런 말에 뛰어들어 한 때 무려를 잊을 이야기거리르 삼으렬 수는 없었다. 이 이상 더 이상 그 여인을 치고 차는 말이나 눈초리도 없이 S역에 닿았다.
 여자를 데리고 내릴 줄 알았던 신사는 차창을 열고 거의 쏟아질 듯이 상반신을 내밀었다. 혼잡한 플홈에서 누구를 찾는지 두리번거리던 그는 고함을 치기 시작하였다. 몇번 부르자 차창 앞에 달려 온 젊은이에게 물었다.
 "네 형이 온대드니 어떻게 네가 왔니."
 "형님은 또 ×××에 가게 됐어……"
 "겐 또 왜?"
 그 젊은이는 털 모자를 벗어 쥔 손가락으로 머리를 극적거리며 난처한 대답을 하는 것이었다.
 "그 새 옥주년이 또 달아나서……"
 "뭐야."
 "옥주년이 또……" "이새끼."
 창틀을 짚었던 손이 번쩍 하고 젊은이의 뺨을 갈겼다. 겁결에 비켜서는 젊은이가,
 "그래두 니여 잽혀서 지금 찾으레……"
 하는 것을,
 "듣기싫다."
 하며 또 뺨을 철석 후리쳤다.
 "정말 찾긴 찾았단 말인가? 어서 이리 둘어나 오날."

들어 온 젊은이는, 빨리 손 쓴 보람이 있어 ××에서 붙들었다는 기별을 받고 찾으러 갔다고 설명하였다. 비로소 성이 좀 풀린 모양, 신사는 여기 일이 바빠서 제가 갈 수 없는 것을 걱정하고 (여인의) 차표와 자리를 내주고 내렸다.

또 차가 떠났다. 차창 밖의 그 신사는 뒤로 흘러가고 말았다. 앉으려던 젊은이는 제 얼굴을 쳐다보는 그 여인의 눈과 마주치자 아무런 말도 없이 그 뺨을 후리쳤다. 여인은 머리가 휘청하며 얼굴에 흩으러지는 머리카락을 늘 하던 버릇대로 귀바퀴 위에 거두어 올리었다. 또 한 번 철석 소리가 났다. 이번에는 여인의 저편 손가락 끝에서 담배가 떨어졌다. 세번째 또 손길이 갔다. 여인은 떨리는 아랫입술을 옥물었다. 연기로 흐릿한 불빛에도 분명히 보이리만큼 손자국이 붉게 튀어오르기 시작하는 뺨이 푸들푸들 경련을 일으키는 것이었다. 하얗게 드러난 앞 이로 옥물은 입 가장자리가 떨리는 것은 북받치는 울음을 참는 모양이었다. 그러나 마주보는 내 눈과 마주친 그 눈은 분명히 웃고 있었다. 그리고 보면 경련하는 그 뺨이나 옥물은 입술로 참을 수 없는 웃음을 억제하는 것같이 보이기도 하였다. 나는 나를 잊어 버리고 그러한 여인의 얼굴을 바라볼 밖에 없었다. 종시 여인의 눈에는 눈물이 어리우기 시작하였다. 한번만 깜박 하면 쭈루루 쏟아지게 가득 눈물이 고였다. 나는 그 눈을 더 마주 볼 수는 없어서 얼굴을 돌릴 밖에 없었다.

"어데 가?"

조금 후에 이런 젊은이의 고함 소리가 났다.

"……"

여인은 대답이 없이 눈물에 젖은 얼굴을 수건으로 가리며 턱으로 변소쪽을 가리켰다. 여인이 가는 곳을 바라보고 변솟문 여닫는 소리를 듣고 또 지금 차가 전속력으로 달리고 있다는 것을 몸으로 짐작하는 그는 비로소 안심한 듯이 담배를 끄내 물고,

"실례합니다."

하고 문턱에 놓인 성냥을 집어갔다. 여인의 성냥이 아까 창으로 내다보던 그 남자의 팔굽이에 밀려서 내편으로 치우쳤던 것이었다.

"고맙습네다. 참 이잰 너무 실례해서―"

성냥을 도로 갖다놓으며 수작을 붙이려 드는 것이었다.

그 젊은이가 이같이 추군추군 말을 붙이는데 댓구할 말도 없었지만 그보다도 나는 어쩐지 현기가 나고 몹시 불안하였다. 잠시 다녀 올 길이지만 지금까지 퍽 지리한 여행을 한 것 같고 앞으로도 또 그래야 할 길손같이 심신이 퍽 피로한 듯하였다.

그런 신경의 착각일까, 웬 까닭인지 내 머리 속에는 금방 변기便器속에 머리를 처박고 입

에서 선지피를 철철 흘리는 그여자의 환상이 선히 떠오르는 것이었다. 따져 보면 웬 까닭이랄 것도 없이 아까 '심심ㅎ지 않게 잘 놀았다'는 그들의 허잘 것 없는 주정의 암시로 그렇겠지만 또 그리고 나야 남의 일이라 잔인한 호기심으로 즐겨 이런 환상도 꾸미게 되는 것이겠지만, 설마 그 여인이야 제 목숨인데 그만 암시로 혀를 끊을 이가 있나 하면서도 웬 까닭인지 머리 속에 선한 그 환상은 지워지지가 않는 것이었다. 더욱이나 아까 입술을 옥물고도 웃어보이던 그 눈을 생각하면 역력히 죽을 수 있는 매진 결심을 보여준 것만 같아서 더욱 마음이 초조해지고 금시에 뛰어가서 열려보고 안 열리면 문을 깨뜨리고라도 보고 싶은 충동에 몸까지 들먹거리기도 하는 것이었다.

지나간 사정을 알 이 없는 새로 들어온 사람들은 물론이요, 그 젊은이까지도 이런 절박한 사정(?)은 모를 터인데 나까지 이렇게 궁싯거리기만 하는 동안에 사람 하나를 죽이고 마는 것이 아닐까—이렇게까지 초조해 하면서도 그런 내 걱정이 어느 정도까지 망상이요 어느 정도까지가 이성적인지 갈피를 잡을 수 없어서 더욱 더 초조할 밖에만 없었다.

이런 절박한 사태(?)를 짐작도 할 이 없는 사람들은, 단순히 때리고 맞는 그 이유만이 궁금한 모양이었다.

"그 왜들 그럽네까."

궁금한 축 중 한 사람이 나 대신 말을 받아 묻는 것이었다.

"거어 머 우서운 일이디요."

하고 젊은이는 싱글싱글 웃으면서

"가따나 그 에미나이들 송화에 화가 나는데, 집의 아바지까지 그러니……, 아바지한테 얻어맞은 어굴한 화풀일 그것들한테나 하디 어데다 하갔소. 그래서 거기……"

하고는 히들히들 웃는 것이었다. 묻던 사람도 따라 웃었.

듣고 보면 더 캐어물을 것도 없이 명백한 대답이었다. 때릴 수 있어 때리고 맞을 처지니 맞는 것 뿐이다.

이런 명백한 현실을 듣고 보는 동안에도 나의 망상은(?) 저대로 그냥 시간적으로까지 진행하여, 지금 아무리 서둘러도 벌써 일은 저즈르고 만 것이었다. 싸늘하게 굳어진 여인의 시체가 흔들리는 마루 바닥에서 무슨 짐짝이나 같이 퉁기고 딩굴르는 양이 눈 감은 내 머리 속에서도 굴러다니는 것이었다.

아아, 그러나 이런 나의 악몽은 요행 짧게 끊어지고 말았다. 그 여인이 내 무릎을 스치며 제 자리로 돌아왔다. 무사히 돌아올 뿐 아니라, 어느 새 화장을 고쳤던지 그 밤에는 손가락 자국도 눈물 흔적도 없이 부우옇게 분이 발려 있는 것이었다. 그리고 당장이라도 직업 의식적인 추파로 내게 호의를 고할 듯도 한 눈이었다. 어쨌던 나는 그 여인이 그렇게 태연히 살아 돌아온 것이 퍽 반가웠다.

"옥주년도 접했어요?"

내가 비로소 듣는 그 여인의 말소리였다.

"그래 너이년들 둘이 트리했든 거로구나."

하는 젊은이의 말도, 지난 일이라 뭐 탄할 것도 없다는 농쪼였다.

"트리야 뭘 했댔갔소, 해두 이제 가 만나두 더 반갑 갔게 말이웨다."

이런 여인의 말에 나는 웬 까닭인지 껄껄 웃어보고 싶은 충동을 거우 억제하였다.

눈길

이청준

1.

"내일 아침 올라가야겠어요."

점심상을 물러나 앉으면서 나는 마침내 입 속에서 별러 오던 소리를 내뱉어 버렸다.

노인과 아내가 동시에 밥숟갈을 멈추며 나의 얼굴을 멀거니 건너다본다.

"내일 아침 올라가다니. 이참에도 또 그렇게 쉽게?"

노인은 결국 숟가락을 상 위로 내려놓으며 믿기지 않는다는 듯 되묻고 있었다.

하지만 나는 이제 내친 걸음이었다. 어차피 일이 그렇게 될 바엔 말이 나온 김에 매듭을 분명히 지어 두지 않으면 안 되었다.

"예, 내일 아침에 올라가겠어요. 방학을 얻어 온 학생 팔자도 아닌데, 남들 일할 때 저라고 이렇게 한가할 수가 있나요. 급하게 맡아 놓은 일도 한두 가지가 아니구요."

"그래도 한 며칠 쉬어 가지 않고…… 넌 해필 이런 더운 때를 골라 왔길래 이잠에는 며칠 좀 쉬어 갈 줄 알았더니……."

"제가 무슨 더운 때 추운 때를 가려 살 여유나 있습니까."

"그래도 그 먼길을 이렇게 단걸음에 되돌아가기야 하겠냐. 넌 항상 한동자로만 왔다가 선걸음에 새벽길을 나서곤 하더라마는…… 이번에는 너 혼자도 아니고…… 하룻밤이나 차분히 좀 쉬어 가도록 하거라."

"오늘 하루는 쉬었지 않아요. 하루를 쉬어도 제 일은 사흘을 버리는걸요. 찻길이 훨씬 나아졌다곤 하지만 여기선 아직도 서울이 천리길이라 오는 데 하루 가는 데 하루……."

"급한 일은 우선 좀 마무리를 지어 놓고 오지 않구선……."

노인 대신 이번에는 아내 쪽에서 나를 원망스럽게 건너다보았다.

하지만 그건 물론 나의 주변머리를 탓하고 있는 게 아니었다. 내게 그처럼 급한 일이 없다는 걸 그녀는 알고 있었다.

서울을 떠나올 때 급한 일들은 미리 다 처리해 둔 것을 그녀에게는 내가 말을 해 줬으니까. 그리고 이번에는 좀 홀가분한 기분으로 여름 여행을 겸해 며칠 동안이라도 노인을 찾아

보자고 내 편에서 먼저 제의를 했었으니까. 그녀는 나의 참을성 없는 심경의 변화를 나무라고 있는 것이었다.

그리고 그 매정스런 결단을 원망하고 있는 것이었다. 까닭없는 연민과 애원기 같은 것이 서려 있는 그녀의 눈길이 그것을 더욱 분명히 하고 있었다.

"그래, 일이 그리 바쁘다면 가 봐야 하기는 하겠구나. 바쁜 일을 받아 놓고 온 사람을 붙잡는다고 들을 일이겠냐."

한동안 입을 다물고 앉아 있던 노인이 마침내 체념을 한 듯 다시 입을 열어 왔다.

"항상 그렇게 바쁜 사람인 줄은 안다마는, 에미라고 이렇게 먼길을 찾아와도 편한 잠자리 하나 못 마련해 주는 내 맘이 아쉬워 그랬던 것 같구나."

말을 끝내고 무연스런 표정으로 장죽 끝에 풍년초를 꾹꾹 눌러 담기 시작한다.

너무도 간단한 체념이었다.

담배통에 풍년초를 눌러 담고 있는 그 노인의 얼굴에는 아내에게서와 같은 어떤 원망기 같은 것도 찾아볼 수 없었다. 당신 곁을 조급히 떠나고 싶어하는 그 매정스런 아들에 대한 아쉬움 같은 것도 엿볼 수가 없었다.

성냥불도 붙이려 하지 않고 언제까지나 그 풍년초 담배만 꾹꾹 눌러 채우고 앉아 있는 노인의 눈길은 어딘지 아득하고 무연스러울 뿐이었다.

너무도 간단하고 무연스러운 그 노인의 체념에 나는 오히려 짜증이 돋았다.

나는 마침내 자리를 일어섰다. 그리고는 그 노인의 무표정에 밀려나기라도 하듯 방문을 나왔다.

장지문 밖 마당가에 작은 치자나무 한 그루가 한낮의 땡볕을 견디고 서 있었다.

2.

지열이 후끈거리는 뒤곁 콩밭 한가운데에 오리나무 무성한 묘지가 하나 있었다. 그 오리나무 그늘에 숨어 앉아 콩밭 아래로 내려다보니 집이라고 생긴 게 꼭 습지에 돋아 오른 여름버섯 형상을 닮아 있었다.

나는 금세 어디서 묵은 빚이라도 불쑥 불거져 나올 것 같은 조마조마한 기분이었다.

애초의 허물은 그 빌어먹게 비좁고 음습한 단칸 오두막 때문이었다. 묵은 빚이 불거져 나올 것 같은 불편스런 기분이 들게 해 오는 것도 그랬고, 처음 예정을 뒤바꿔 하루 만에 다시 길을 되돌아 갈 작정을 내리게 한 것 역시 그러했다. 하지만 내게 빚은 없었다. 노인에 대해선 처음부터 빚이 있을 수 없는 떳떳한 처지였다.

노인도 물론 그 점에 대해선 나를 완전히 신용하고 있었다.

"내 나이 일흔이 다 됐는데, 이제 또 남은 세상이 있으면 얼마나 길라더냐."

이가 완전히 삭아 없어져서 음식 섭생이 몹시 불편스러워진 노인을 보고 언젠가 내가 지나가는 말처럼 권해 본 일이 있었다. 싸구려 가치라도 해 끼우는 게 어떻겠느냐는 나의 말 선심에 애초부터 그래 줄 가망이 없어 보여 그랬던지 노인은 단자리에서 사양을 해 버리는 것이었다.

"이럭저럭 지내다 이대로 가면 그만일 육신, 이제 와 늘그막에 웬 딴세상을 보겠다고……."

한번은 또 치질기가 몹시 심해져서 배변이 무척 힘들어하시는 걸 보고 수술 같은 걸 권해 본 일도 있었다.

노인은 그때도 역시 비슷한 대답이었다.

"나이를 먹어도 아녀자는 아녀자더라. 어떻게 남의 눈에 궂은 데를 보이겠더냐. 그냥저냥 참다 갈란다."

남은 세상이 얼마 길지 못하리라는 체념 때문에도 그랬겠지만 그보다 노인은 아무 것도 아들에겐 주장하거나 돌려받을 것이 없는 당신의 처지를 감득하고 있는 탓에도 그리 된 것이었다. 고등학교 일학년 때 형의 주벽으로 가게가 파산을 겪은 뒤부터, 그리고 마침내 그 형이 세 조카아이와 그 아이들의 홀어머니까지를 포함한 모든 장남의 책임을 내게 떠맡기고 세상을 떠난 뒤부터 일은 줄곧 그렇게만 되어 온 셈이었다.

고등학교와 대학교와 군영 3년을 치러내는 동안 노인은 내게 아무 것도 낳아 기르는 사람의 몫을 못 했고, 나는 또 나대로 그 고등학교와 대학과 군영의 의무를 치르고 나와서도 자식 놈의 도리는 엄두를 못 냈다. 노인이 내게 베푼 바가 없어서가 아니라 그럴 처지가 못 되었기 때문이다. 나는 나대로 형이 내게 떠맡기고 간 장남의 책임을 감당하기를 사양치 않을 수가 없었기 때문이었다.

노인과 나는 결국 그런 식으로 서로 주고받을 빚이 없는 처지였다. 노인은 누구보다 그것을 잘 알고 있었다. 그렇기 때문에 내게 대해선 소망도 원망도 있을 수가 없었다.

그런 노인이었다. 한데 이번에는 웬일인지 노인의 눈치가 이상했다. 글쎄 그 가치나 수술마저 한사코 사양을 해 온 노인이, 나이 여든에서 겨우 두 해가 모자란 늘그막에 와서야 새삼스레 다시 딴 세상 희망이 생긴 것일까.

노인은 아무래도 엉뚱한 꿈을 꾸고 있는 것 같았다. 그것은 너무나 엄청난 꿈이었다.

지붕 개량 사업이 애초의 허물이었다.

"집집마다 모두 도당 아니면 기와들을 얹는단다."

노인은 처음 남의 말을 하듯이 집 이야기를 꺼냈었다. 어제 저녁 때 노인과 셋이서 잠자리를 들기 전이었다. 밤이 이슥해서 형수는 뒤늦게 조카들을 데리고 이웃집으로 잠자리를 얻어 나가 버리고, 우리는 노인과 셋이서 그 비좁은 오두막 단칸방에다 잠자리를 함께 폈다.

어기영차! 어기영…… 그때 어디선가 밤일을 하는 남정들의 합창 소리가 와자하게 부풀어 올랐다. 귀를 기울이고 듣고 있다가 무슨 소리냐니까 노인이 문득 생각난 듯이 귀띔을 해왔다.

"동네가 너도나도 집들을 고쳐 짓느라 밤잠을 안 자고 저 야단들이란다."

농어촌 지붕 개량 사업이라는 것이었다. 통일벼가 보급된 후로는 집집마다 그 초가지붕 개초가 어렵게 되었단다. 초봄부터 시작된 지붕 개량 사업은 그래저래 제격이었다. 지붕을 개량하면 정부 보조금 5만원을 얻는다는 것이었다. 모심기가 시작되기 전 봄철 한때하고 모심기가 끝난 초여름부터 지금까지 마을 집 거의가 일을 끝냈단다.

나는 처음 그런 노인의 이야기를 들었을 때 무턱대고 가슴부터 덜렁 내려앉고 있었다. 노인에 대한 빚 생각이 처음으로 머릿속에 떠오른 순간이었다. 이 노인이 쓸데없는 소망을 지니면 어쩌나. 하지만 나는 곧 마음을 가라앉혔다. 무엇보다도 나는 노인에 대해서 빚이란 게 없었다. 노인이 그걸 잊었을 리 없었다. 그리고 그런 아들에게 섣부른 주문을 내색할 리 없었다. 전부터도 그 점만은 안심을 할 만한 노인의 성깔이었다. 한데다가 그 노인이 설령 어떤 어울리잖을 소망을 지닌다 해도 이번에는 그 집 꼴이 문제 밖이었다. 도대체가 기와도 도당이고 지붕을 가꿀 만한 집 꼴이 못 되었다. 그래저래 노인도 소망을 지녀 볼 엄두를 못낸 모양이었다. 이야기하는 말투가 영락없이 남의 일이었다.

하지만 사실은 그게 오해였다. 노인의 속마음은 그게 아니었던 것 같다.

"관에서 하는 일이라면 이 집에도 몇 번 이야기가 있었겠군요?"

사태를 너무 낙관한 나머지 위로 겸해 한마디 실없는 소리를 내 놓은 것이 나의 실수였다.

노인이 다시 자리를 일어나 앉았다. 그리고 머리맡에 놓아 둔 장죽 끝에다 풍년초 한 줌을 쏘아 박기 시작했다.

"왜 우리 집이라 말썽이 없었더라냐."

노인은 여전히 남의 말을 옮기듯 덤덤히 말했다.

"이장이 쫓아와 뜸을 들이고, 면에서 나와서 으름장을 놓고 가고…… 그런 일이 한두 번뿐이었으면야…… 나중엔 숫제 자기들 쪽에서 사정조로 나오더라."

"그래 어머닌 뭐라고 우겼어요?"

나는 아직도 노인의 진심을 모르고 있었다.

"우길 것도 뭣도 없는 일 아니겠냐. 지놈들도 눈깔이 제대로 박힌 인간들일 것인디…… 사정을 해 오면 나도 똑같이 사정을 했더니라. 늙은이도 사람인디 나라고 어디 좋은 집 살고 싶은 맘이 없겠소. 맘으로야 천번 만번 기와도 입히고 기둥도 갈아내고 싶지만 이 집 꼴을 좀 들여다보시오들, 이 오막살이 흙집 꼴에다 어디 기와를 얹고 말 것이 있겠소……."

"그랬더니요?"

"그랬더니 몇 번 더 발길을 스쳐 가더니 그 담엔 흐지부지 말이 없더라. 지놈들도 이 집 꼴을 보면 사정을 모를 청맹과니들이더라냐?"

노인은 그 거칠고 굵은 엄지손가락 끝으로 뜨거운 장죽 끝을 눌러대고 있었다.

"그 친구들 아마 이 동네를 백 퍼센트 지붕 개량으로 모범 마을을 만들고 싶어 그랬던 모양이군요."

나는 왠지 기분이 쓸쓸하여 그런 식으로 그만 이야기를 얼버무려 넘기려고 하였다.

그런데 그게 오히려 결정적인 실수였다.

"하기사 그 사람들도 그런 소리들을 하더라. 이제 오늘 밤일을 한 저 집 개량 일을 끝내고 나면 이 동네에서 지붕 개량을 안 한 집은 우리하고 저 아랫동네 순심이네 두 집밖엔 안 남는다니까 말이다."

"그래도 동네 듣기 좋은 모범 마을 만들자고 이런 집에까지 꼭 기와를 얹으라 하겠어요."

"글쎄 말이다. 차라리 지붕에 기와나 도당만 얹으랬으면 우리도 두 눈 딱 감고 한번 저질러 보고 싶기도 하더라마는, 이런 집은 아예 터부터 성주를 다시 할 집이라 그렇제……."

모범 마을이 꼬투리가 되어서 이야기가 다시 엉뚱한 곳으로 번지고 있었다. 나는 비로소 다시 가슴이 섬찟해 왔다. 하지만 이미 때가 너무 늦고 말았다.

"하기사 말이 쉬운 지붕 개량이지 알속은 실상 새 성주를 하는 집도 여러 집 된단다."

한번 이야기를 꺼낸 노인이 거기서부터는 새삼 마을 사정을 소상하게 털어놓기 시작했다.

그 지붕 개량 사업이라는 것은 알고 보니 사실 융통성이 꽤나 많은 일이었다. 원칙은 그저 초가지붕을 벗기고 기와나 도당을 얹은 것이었지만, 기와의 하중을 견뎌 내기 위해선 기둥을 몇 개쯤 성한 것으로 갈아 넣어야 할 집들이 허다했다. 그걸 구실로 대부분의 사람들은 성주를 새로 하듯 집들을 터부터 고쳐 지어 버렸다. 노인에게도 물론 그런 권유가 여러 번 들어왔다. 기둥이 허술해서 기와를 못 얹는다는 건 구실일 뿐이었다. 허술한 기둥을 구실로 끝끝내 기와 얹기를 미뤄 온 집이 세 가구가 있었는데 이날 밤에 또 한 집이 새 성주를 위해서 밤일을 벌이고 있다는 것이었다. 노인이 기와 얹기를 단념한 것은 집 기둥이 너무 허해서가 아니었다. 노인은 새 성주가 겁이 나 일을 단념할 수밖에 없었던 것이다.

허술한 기둥만 믿을 수는 없었다.

일은 아직도 낙관할 수 없었다. 나는 불시에 다시 그 노인에 대한 나의 빚만을 생각하고 있었다.

노인도 거기서 한참 동안 꺼져 가는 장죽불에만 신경을 쏟고 있는 듯이 보였다. 하더니 이윽고는 더 이상 소망을 숨기기가 어려운 듯 가는 한숨을 삼키는 것이었다. 그러고는 그 한숨 끝에다 무심결인 듯 덧붙이고 있었다.

"이참에 웬만하면 우리도 여기다 방 한 칸쯤이나 더 늘여 내고 지붕도 도당으로 얹어 버리면 싶긴 하더라만……."

마침내 노인이 당신의 소망을 내비친 것이었다.

"오늘 당할지 낼 당할지 모를 일이기는 하지만, 날짐승만도 못한 목숨이 이리 모질기만 하다 보니 별의별 생각이 다 드는구나. 저런 옷궤 하나도 간수할 곳이 없어 이리 밀치고 저리 밀치다 보면 어떤 땐 그저 일을 저질러 버리고 싶은 생각이 꿀떡 같아지기도 하고……."

노인은 결국 그런 식으로 당신의 소망을 분명히 해 버리고 만 셈이었다. 지금은 아니더라도 적어도 그런 소망을 지녔던 것만은 분명히 한 것이다.

나는 이제 할 말이 없었다. 눈을 감은 채 듣고만 있었다. 노인에 대해선 빚이 없음을 골백 번 속으로 다짐하고 있었다.

"이번에는 면에서도 그냥 흐지부지 지나가 주더라만 내년엔 또 이번처럼 어떻게 잠잠해 주기나 할는지. 하기사 면 사람들 무서워 집을 고친다고 할 수도 없지마는, 늙은이 냄새가 싫어 그런지 그래도 한데서 등짝 붙이고 누울 만한 방 놔두고 밤마다 남의 집으로 잠자릴 얻어 다니는 저것들 에미 꼴도 모른 체하지는 못할 일이더니라."

내가 아예 대꾸를 않으니까 노인은 이제 혼잣말 비슷이 푸념을 계속했다. 듣다 보니 그 노인의 머릿속엔 이미 상당히 구체적인 계획표까지 마련되어 있었던 것 같았다.

"나라에서 보조금을 5만원이나 내주것다. 일을 일단 저지르고 들었더라면 큰돈이야 얼마나 더 들 일이 있었을라더냐……. 남정네가 없어 남들처럼 일손을 구하기가 쉽진 않았겠지만 네 형수가 여름 한철만 밭을 매 주기로 했으면 건너집 용석이아배라도 그냥 모른 체하지는 않았을 것이다……."

흙일을 돌볼 사람은 그 용석이아버지에게 부탁을 하고 기둥을 갈아낼 나무 가대는 이장네 산에서 헐값으로 몇 개를 부탁해 볼 수가 있었다는 것이다.

노인의 장죽 끝에는 이제 불기가 꺼져 식어 있었다.

노인은 연신 그 불이 꺼진 장죽을 빨아 대면서, 한사코 그 보조금 5만원과 이웃의 도움이 아까워서라도 일을 단념하기가 아쉬웠다는 투였다.

하지만 노인은 그러면서도 끝끝내 내게 대한 주장이나 원망의 빛을 보이진 않았다. 이야기의 형식은 어디까지나 과거의 일로서 그런 생각을 해 봤을 뿐이고, 그럴 뻔했다는 말일 뿐이었다. 그리고 그런 식으로 나에 대해선 어떤 형식으로도 직접적인 부담감을 느끼게 하지 않으려는 식이었다. 말하는 목소리도 끝끝내 그 체념기가 짙은 특유의 침착성을 잃지 않은 채였다.

"하지만 다 소용없는 일이다. 세상 일이 그렇게 맘같이만 된다면야 나이 먹고 늙은 걸 설워 안 할 사람이 있을라더냐. 나이를 먹으면 애기가 된다더니 이게 다 나이 먹고 늙어 가는 노망기 한 가지제."

종당에는 그 당신의 은밀스런 소망조차도 당신 자신의 실없는 노망기 탓으로 돌려 버리는 것이었다.

하지만 나는 이제 노인의 내심을 못 알아볼 리가 없었다. 한 마디 말참견도 없이 눈을 감고 잠이 든 척 잠잠히 누워만 있던 아내까지도 그것을 분명히 눈치채고 있었다.

"당신, 어젯밤 어머니 말씀에 그렇게밖에 응대해 드릴 방법이 없었어요?"

오늘 아침 아내는 마당가로 세숫물을 떠 들고 나왔다가 낮은 소리로 추궁을 해 왔다. 그 때 나는 아내에게 그저 쓸데없는 참견 말라는 듯 눈매를 잔뜩 깎아 떠 보였었다. 아내는 그러는 나를 차라리 경멸조로 나무랐다.

"당신은 참 엉뚱한데서 독해요. 늙은 노인네가 가엾지도 않으세요. 말씀이라도 좀더 따뜻하게 위로를 드릴 수 있었을 텐데 말예요."

아내도 분명 노인의 말뜻을 알아듣고 있었던 것이다. 그리고 나보다도 더 노인의 일을 걱정하고 있었다. 노인에 대한 나의 속마음도 속속들이 모두 읽고 있을 게 당연했다. 내일 아침으로 서둘러 서울로 되돌아가겠노라는 나의 결정에 아내가 은근히 분개하고 나선 것도 그런 사연을 모두 알고 있었기 때문이었다. 한다고 그녀들 무슨 뾰족한 수가 있을 수가 있는가.

어쨌든 노인이 이제라도 그 집을 새로 짓고 싶어하고 있는 건 분명했다. 아무래도 알 수 없는 일이었다. 아닌게아니라 나이를 먹으면 노인들은 모두 어린애가 되어 가는 것일까. 노인은 정말로 내게 빚이 없다는 사실을 잊어버리고 만 것일까. 노인의 말처럼 그건 노망기가 분명했다. 그런 염치도 못 가릴 정도로 노인은 그렇게 늙어 버린 것이었다. 하지만 난 노인의 그런 노망기를 원망할 필요는 없었다. 문제는 나의 빚이었다. 노인에 대해 빚이 없다는 사실만이 내게는 중요했다. 염치가 없어져서건 노망을 해서건 노인에 대해 내가 갚아야 할 빚만 없으면 그만인 것이었다.

―빚이 있을 리 없지. 절대로! 글쎄 노인도 그걸 알고 있으니까 정면으로는 말을 꺼내지 못하질 않던가 말이다.

어디선가 계속 무덥고 게으른 매미 울음소리가 들리고 있었다.

나는 비로소 어떤 신념을 굳힌 듯 오리나무 그늘에서 몸을 힘차게 일으켜 세웠다. 콩밭 아래로 흘러 뻗은 마을이 눈앞으로 멀리 펼쳐져 나갔다. 아닌게아니라 아직 초가지붕을 이고 있는 건 노인네의 그 버섯 모양의 오두막과 아랫동네의 다른 한 채가 전부였다.

―빌어먹을! 그 지붕 개량 사업인지 뭔지 하필 이런 때 법석들이지?

아무래도 심기가 편할 수는 없었다. 나는 공연히 그 지붕 개량 사업 쪽에다 애꿎은 저주를 보내고 있었다.

3.

해가 훨씬 기운 다음에야 콩밭을 가로질러 노인의 집 뒤꼍으로 뜰을 들어서려다 보니 아내는 결국 반갑지 않은 화제를 벌여 놓고 있었다.

"이 나이에 내가 살면 얼마나 더 좋은 세상을 살겠다고 속없이 새 방 들이고 기와지붕을 덮자겠냐…… 집 욕심 때문이 아니라 나 간 뒷일이 안 놓여 그런다……."

뒤꼍에서 앞뜰로 발길을 돌아 나서려다 보니, 장지문을 반쯤 열어젖힌 안방에서 노인의 말소리가 도란도란 흘러나오고 있었다.

"날씨가 선선한 봄 가을철이나 하다못해 마당에 채일(차일)이라도 치고들 지내는 여름철만 되더라도 걱정이 덜하겠다마는, 한겨울 추위 속에서나 운 사납게 숨이 딸깍 끊어져 봐라. 단칸방 아랫목에다 내 시신 하나 가득 늘여 놓으면 그 일을 어쩔 것이냐."

이번에도 또 그 집에 관한 이야기였다. 노인을 어떻게 위로한다는 것일까. 아니면 아내는 노인의 소망을 더이상 어떻게 외면할 수가 없도록 노골화시켜 버리고 싶은 것일까.

답답하게 눈치만 보고 도는 그 나에 대한 아내의 원망은 그토록 뿌리가 깊고 지혜로왔던 것이란 말인가. 노인의 이야기는 아내가 거기까지 유도해내고 있었던 게 분명했다. 노인은 이제 그 아내 앞에 당신의 집에 대한 소망을 분명한 목소리로 털어놓고 있었다.

그리고 이젠 당신의 소망에 대한 솔직한 사연을 말하고 있었다. 노인의 그 오랜 체념의 습관과 염치를 방패삼아 어물어물 고비를 지나가려던 내 앞에 노인의 소망이 마침내 노골적인 모습을 드러내 버린 것이었다. 노인의 소망은 이미 짐작하고 있었지만 설마하면 그렇게 분명한 대목까지는 만나게 될 줄을 몰랐던 일이었다. 나는 마치 마지막 희망이 무너진 느낌이었다. 하지만 그 노인의 설명에는 나에게도 마침내 분명해진 것이 있었다. 노인이 갑자기 그 집에 대한 엉뚱한 소망을 지니게 된 당신의 내력이었다. 노인은 아직도 당신의 삶을 위해서는 새삼스런 소망을 지니지 않고 있었다. 노인의 소망은 당신의 사후에 내력이 있었다.

"떠돌아들어 살아오긴 했어도, 난 이 동네 사람들한테 못할 일은 한번도 안 해 보고 살아온 늙은이다. 궂은 밥 먹고 궂은 옷 입고 궂은 잠자리 속에 말년을 보냈어도 난 이웃이나 이 동네 사람들한테 궂은 소리는 안 듣고 늙어 왔다. 이 소리가 무슨 소린고 하니 나 죽고 나면 그래도 이 동네 사람들, 이 늙은이 주검 위에 흙 한 삽, 뗏장 한 장씩은 덮어 주러 올 거란 말이다. 늙거나 젊거나 그렇게 날 들여다봐 주러 오는 사람들을 어찌할 것이냐. 사람은 죽어서 고단해지는 것보다 더 고단한 것도 없는 법인디 오는 사람 마다할 수 없고 가난하게 간 늙은이가 죽어서라도 날 들여다봐 주러 오는 사람들한테 쓴 소주 한잔을 대접해 보내고 싶은 게 죄가 될 거냐. 그래서 그저 혼자서 궁리해 본 일이란다. 숨 끊어지는 날 바로 못 내다 묻으면 주검하고 산 사람들이 방 하나뿐 아니냐. 먼 데서 온 느그들도 그렇고…… 그래서 꼭 찬바람이나 막고 궁둥이 붙여 앉을 방 한 칸만 어떻게 늘여 봤으면 했더니라마는…… 그게 어디 맘 같은 일이더냐. 이도 저도 다 늙고 속없는 늙은이 노망길 테이제……."

노인의 소망은 바로 그 당신의 죽음에 대한 대비에서 비롯된 것이었다.

알 만한 노릇이었다. 살림이 망하고 옛살던 동네를 나와 떠돌기 시작하면서부터 언제나 당신의 죽음에 대한 대비를 게을리해 오지 않던 노인이었다. 동네 뒷산 양지바른 언덕 아래다 마을 영감 한 분에게 당신의 집터(노인은 당신의 무덤 자리를 늘 그렇게 말했다)를 미리 얻어 놓고 겨울철에도 날씨가 좋으면 그곳을 찾아가 햇볕을 즐기고 온다던 노인이었다. 이제 노인은 그 당신의 죽음에 대해서 마지막 준비를 서두르고 있는 것이었다. 나는 아무래도 더 노인의 이야기를 엿듣고 있을 수가 없었다. 발길을 움직여 소리 없이 자리를 피해버리고 싶었.

한데 그때였다. 쓸데없는 일에 공연히 감동을 잘하는 아내마저 아무래도 견딜 수가 없어진 모양이었다.

"전에 사시던 집은 터도 넓고 칸 수도 많았다면서요?"

아내가 느닷없이 화제를 바꾸고 나섰다. 별달리 노인을 달랠 말이 없으니까, 지나간 일이나마 그렇게 넓게 살던 옛집의 기억을 상기시켜서라도 노인을 위로하고 싶어진 것 같았다. 그것은 노인도 한때 번듯한 집 살림을 해 온 기억을 되돌이키게 함으로써 기분을 바꿔 드리고 싶어서이기도 했겠지만 그 외에도 그것은 또 언제나 가난한 살림만을 보고 가게 하는 부끄러운 며느리 앞에 당신의 자존심을 얼마간이나마 되살려내게 할 가외의 효과도 있을 수 있었다. 어쨌거나 나는 일단 자리를 피해야 할 필요가 없어지고 있었.

"옛날 살던 집이야, 크고 넓었제. 다섯 칸 겹집에다 앞뒷터가 운동장이었더라…… 하지만 이제 와서 그게 다 무슨 소용이냐. 남의 집 된 지가 20년이 다 된 것을…….”

"그래도 어머님은 한때 그런 좋은 집도 살아 보셨으니 추억은 즐거운 편이 아니시겠어요? 이 집이 답답하고 짜증나실 땐 그런 기억이라도 되살려 보세요."

"기억이나 되살려서 어디다 쓰게야. 새록새록 옛날 생각이 되살아나다 보면 그렇지 않아도 심사가 어지러운 것을."

"하긴 그것도 그러실 거예요. 그렇게 넓은 집에 사셨던 생각을 하시면 지금 사시는 형편이 더 짜증스러워지기도 하시겠죠. 뭐니뭐니 해도 지금 형편이 이렇게 비좁은 단칸방 신세가 되고 마셨으니 말씀예요…….”

노인과 아내는 잠시 그렇게 위론지 넋두린지 분간이 가지 않는 소리들을 주고받고 있었다. 한동안 그렇게 오가는 이야기를 듣다 보니, 나는 그 아내의 동기가 다시 조금씩 의심스러워지기 시작하고 있었다. 아내의 말투는 그저 노인을 위로하기 위해서가 아니었다. 노인을 위로해서라기보다는 당신의 심기를 점점 더 불편스럽게 해드리고 있었다. 노인에게 옛 집을 상기시켜드리는 것은 노인의 불편스런 심기를 주저앉히기보다 오늘을 더욱더 비참스럽게 느껴지게 만들고 있었다. 집을 고쳐 짓고 싶은 그 은밀스런 소망을 자꾸만 밖으로 후벼 대고 있었다. 아내의 목적은 차라리 그쪽에 있었던 것 같았다.

아내에 대한 나의 판단은 과연 크게 빗나가지 않고 있었다.

"방이 이렇게 비좁은데 그럼 어머니 이 옷장이라도 어디 다른 데로 좀 내놓을 순 없으세요? 이 옷장을 들여놓으니까 좁은 방이 더 비좁지 않아요."

아내는 마침내 내가 가장 거북살스럽게 시선을 피해 오고 있는 곳으로 화제를 끌어들이고 있었다.

바로 그 옷궤 이야기였다. 17,8년 전. 고등학교 일 학년 때였다. 술버릇이 점점 나빠져가던 형이 전답을 팔고 선산을 팔고, 마침내는 그 아버지 때부터 살아 온 집까지 마지막으로 팔아넘겼다는 소식을 들었다. K시에서 겨울방학을 보내고 있던 나는 도대체 일이 어떻게 되어 가는지나 알아보고 싶어 옛살던 마을을 찾아가 보았다. 집을 팔아 버렸으니 식구들을 만나게 될 기대는 없었지만, 그래도 달리 소식을 알아 볼 곳이 있었기 때문이었다. 어스름을 기다려 살던 집 골목을 들어서니 사정은 역시 K시에서 듣고 온 대로였다. 집은 텅텅 비어진 채였고 식구들은 어디론가 간 곳이 없었다. 나는 다시 골목 앞에 살고 있던 먼 친척누님을 찾아갔다. 그런데 그 누님의 말을 들으니 노인이 뜻밖에 아직 나를 기다리고 있다는 것이었다.

"여기가 어디냐. 네가 누군데 내 집 앞 골목을 이렇게 서성대고 있어야 하더란 말이냐."

한참 뒤에 어디선가 누님의 소식을 듣고 달려온 노인이 문간 앞에서 어정어정 망설이고 있는 나를 보고 다짜고짜 나무랐다. 행여나 싶어 노인을 따라 문간을 들어섰으나 집이 팔린 것은 분명해 보였다.

그날 밤 노인은 옛날과 똑같이 저녁을 지어 내왔고, 그날 밤을 거기서 함께 지냈다. 그리고 이튿날 새벽 일찍 K시로 나를 다시 되돌려 보냈다. 나중에 야 안 일이었지만 노인은 그렇게 나에게 저녁밥 한 끼를 지어 먹이고 마지막 밤을 지내게 해 주고 싶어, 새 주인의 양해를 얻어 그렇게 혼자서 나를 기다리고 있었다는 것이었다. 언젠가 내가 다녀갈 때까지는 그 하룻밤만이라도 내게 옛집의 모습과 옛날의 분위기를 자고 가게 해 주고 싶어였는지 모른다. 하지만 문간을 들어설 때부터 집안 분위기는 이사를 나간 빈집이 분명했었다.

한데도 노인은 그때까지 그 빈집을 드나들며 먼지를 털고 걸레질을 해 온 것이었다. 그리고 그때 노인은 아직 집을 지켜 온 흔적으로 안방 한쪽에다 이불 한 채와 옷궤 하나를 예대로 그냥 남겨 두고 있었다.

이튿날 새벽 K시로 다시 길을 나설 때서야 비로소 집이 팔린 사실을 분명히 해 온 노인의 심정으로는 그날 밤 그 옷궤 한 가지로나마 옛집의 분위기를 되살려 나의 괴로운 잠자리를 위로하고 싶었음이 분명했던 것이다.

그러한 내력이 숨겨져 온 옷궤였다.

떠돌이 살림에 다른 가재도구가 없어서도 그랬겠지만 이 20년 가까이를 노인이 한사코 함께 간직해 온 옷궤였다.

그만큼 또 나를 언제나 불편스럽게 만들어 온 물건이었다. 노인에게 빚이 없음을 몇 번씩 스스로 다짐하고 있다가도 그 옷궤만 보면 무슨 액면가 없는 빚 문서를 만난 듯 기분이 새삼 꺼림칙스러워지곤 하던 물건이었다.

이번에도 물론 마찬가지였다. 노인의 방을 들어선 순간에 벌써 기분을 불편스럽게 해 오던 옷궤였다. 그리고 끝내는 이틀 밤을 못 넘기고 길을 다시 되돌아갈 작정을 내리게 한 것도 알고 보면 바로 그 옷궤의 허물이 컸을지 모른다.

아내도 물론 그 옷궤에 관한 내력을 내게서 들을 만큼 듣고 있었다.

아내가 옷궤의 내력을 알고 있는 여자라면, 그 옷궤에 관한 나의 기분도 짐작을 못할 그녀가 아니었다. 아내는 일부러 그 옷궤 이야기를 꺼낸 것이었다. 혹은 바깥에서 내가 두 사람의 이야기를 엿듣고 있는 걸 알고서 하는 소리일 수도 있었다.

나는 어느새 그 콧속을 후비는 못된 버릇이 되살아날 만큼 긴장을 하고 있었다. 생각지도 않았던 곳에서 갑자기 묵은 빚 문서가 튀어나올 것 같은 조마조마한 기분이었다. 노인이 치사하게 그 묵은 빚 문서로 나를 궁지에 몰아넣으려 덤빌 수도 있었다.

―그래 보라지. 누가 뭐래도 내겐 절대로 빚진 게 없으니까. 그래 본들 없는 빚이 생길 리가 있을라구.

나는 거의 기구를 드리듯 눈을 감고 기다렸다.

하지만 다행스러운 것은 아직도 그 무심스러워 보이기 만 한 노인의 대꾸였다.

"옷궤를 내 놓으면 몸에 걸칠 옷가지는 다 어디다 간수하고야? 어디다 따로 내놓을 데가 있는 것도 아니지만, 그걸 어디다 내놓을 데가 생긴다고 해도 그것 말고는 옷가지 나부랑일 간수해 둘 데는 있어얄 것 아니냐."

알고 그러는지 모르고 그러는지 노인은 그리 그 옷궤 쪽에는 신경을 쓰고 있지 않은 것 같았다.

"옷이야 어떻게 못을 박아 걸더라도, 사람이 우선 좀 발이라도 뻗고 누울 자리가 있어야잖아요. 이건 뭐 사람보다도 옷장을 모시는 꼴이지 뭐예요."

아내는 거의 억지를 부리고 있었다.

옷궤에 대한 노인의 집착심을 시험해 보기 위한 수작임이 분명했다.

하지만 노인의 반응은 여전히 의연했다.

"그건 네가 모르는 소리다. 그 옷궤라도 하나 없으면 이 집을 누가 사람 사는 집이라 할 수 있겠냐. 사람 사는 집 흔적으로 해서라도 그건 집안에 지녀야 할 물건이다."

"어머님은 아마 저 옷장에 그럴 만한 사연이 있으신가 보군요. 시집 오실 때 해 오신 건가요?"

노인의 나이가 너무 높다 보니 아내는 때로 그 노인 앞에 손주딸처럼 버릇이 없어지기도 했지만 이번에는 숫제 장난기 한 가지였다.

"내력은 무슨……."

노인은 이제 그것으로 그만 입을 다물어 버리고 말았다. 옷궤 이야기는 더 이상 들추고 싶지가 않은 모양이었다.

하지만 아내도 이젠 그쯤에서 호락호락 물러설 여자가 아니었다. 노인이 입을 다물어 버리자 아내도 그만 거기서 할 말을 잃은 듯 잠시 침묵을 지키고 있더니 이윽고는 다시 공세를 펴기 시작했다.

"하긴 어쨌거나 어머님 마음이 편하진 못하시겠어요. 뭐니뭐니 해도 옛날에 사시던 집을 지켜 오시는 게 최선이었는데 말씀예요. 도대체 그 집은 어떻게 해서 팔리게 되었어요?"

이번엔 또 그 옛날 집 얘기였다. 그 역시 모르고 묻는 소리가 아니었다. 아내는 그 옷궤의 내력과 함께 집이 팔리게 된 사정에 대해서도 모두 알고 있었다 하면서도 그녀는 다시 노인에게 그것을 되풀이시키려 하고 있었던 것이었다. 옷궤를 구실로 그 노인의 소망을 유인해 내려는 그녀 나름의 노력의 연장이었다.

하지만 노인의 태도도 아직은 아내에 못지않게 끈질긴 데가 있었다.

"집이 어떻게 팔리기는…… 안 팔아도 좋을 집을 장난삼아서 팔았을라더냐. 내 집 지니고 살 팔자가 못 돼 그리 된 거제……."

알고도 묻는 소릴 노인은 또 노인대로 내력을 얼버무려 넘기려고 하였다.

"그래도 사정은 있었을 거 아녜요? 그 집을 지을 때 돌아가신 아버님이 몹시 고생을 하셨다고 하던데요."

"집이야 참 어렵게 장만한 집이었지야. 남같이 한 번에 지어 올린 집이 아니고 몇 해에 걸쳐서 한 칸씩 두 칸씩 살림 형편 좇아서 늘여 간 집이었더니라. 그렇게 마련한 집이 결국은 내 집이 못 되고…… 하지만 이제 그런 소린 해서 다 뭣을 하겠냐. 어차피 내 집은 못 될 운수라 그리 된 일을 이런 소리 곱씹는다고 팔려 간 집 다시 내 집이 되어 돌아올 것도 아니고"."

"하지만 그리 어렵게 장만한 집이라 애석한 생각이 더할 게 아녜요. 지금 형편도 그럴 수밖에 없고요. 어떻게 되어 그리 되고 말았는지 그때 사정이라도 좀 말씀해 보세요."

"그만둬라, 다 소용없는 일이다. 이제는 세월이 흘러서 기억도 많이 희미해진 일이고……."

한사코 이야기를 피하려는 노인에게 아내는 마침내 마지막 수단을 동원하고 있었다.

"좋아요. 어머님께선 아마 지난 일로 저까지 공연히 속을 상하게 할까 봐 그러시는 모양인데요. 그래도 별로 소용이 없으세요. 저도 사실은 이야기를 대강 다 들어 알고 있단 말씀예요."

"이야기를 들어? 누구한테서?"

노인이 비로소 조금 놀라는 기미였다.

"그야 물론 저 사람한테지요."

노인의 물음에 아내가 대답했다. 눈에는 보이지 않았지만, 밖에서 엿듣고 있는 나를 지목한 말투가 분명했다. 그렇다면 그녀는 벌써부터 밖에서 엿듣고 있는 나의 낌새를 알아차리고 있었음이 분명해 보였다.

"제가 알고 있는 건 그 집을 팔게 된 사정뿐만도 아니예요. 어머님께서 저 사람한테 그 팔려 간 집에서 마지막 밤을 지내게 해 주신 일도 모두 알고 있단 말씀예요. 모른 척하고 있기는 했지만 저 옷장 말씀예요, 그날 밤에도 어머님은 저 헌 옷장 하나를 집안에다 아직 남겨 두고 계셨더라면서요. 아직도 저 사람한테 어머님이 거기서 살고 계신 것처럼 보이시려고 말씀이에요."

아내는 왠지 목소리가 떨려 나오고 있었다.

"그렇담 어머님, 이제 좀 속 시원히 말씀이라도 해 보세요. 혼자서 참아 넘기시려고만 하지 마시고 말씀이라도 하셔서 속을 후련히 털어놔 보시란 말씀이에요. 저흰 어머님 자식들 아닙니까. 자식들한테까지 어머님은 어째서 그렇게 말씀을 참아 넘기시려고만 하세요."

아내의 어조는 이제 거의 울먹임에 가까웠다.

노인도 이젠 어찌할 수가 없는지 한동안 묵묵히 대꾸가 없었다.

나는 온통 입안의 침이 다 마르고 있었다. 노인의 대꾸가 어떻게 나올지 숨도 못 쉰 채 당신의 다음 말만 기다리고 있었다.

하지만 그 아내나 나의 조바심하고는 아랑곳도 없이 노인은 끝내 심기를 흐트리지 않았다.

"그래 그 아그(아이)도 어떻게 아직 그날 밤 일을 잊지 않고 있더냐?"

"그래요. 그리고 그날 밤 어머님은 저 사람이 집을 못 들어가고 서성대고 있으니까 아직도 그 집이 안 팔린 것처럼 저 사람을 안으로 데려다가 저녁까지 한 끼 지어 먹이셨다면서요?"

"그럼 됐구나. 그렇게 죄다 알고 있는 일을 뭐 하러 한사코 나한테 되뇌게 하려느냐."

"저 사람은 벌써 잊어 가고 있거든요. 저 사람한테선 진짜 얘기를 들을 수도 없고요. 사람이 독해서 저 사람은 그런 일 일부러 잊어요. 그래 이번엔 어머님한테서 진짜 이야길 듣고 싶은 거예요. 저 사람 얘기 말고 어머님의 그날 밤 진짜 심경을 말씀이에요."

"심경이나마나 저하고 별다른 대목이 있었을라더냐. 사세부득해서 팔았다곤 하지마 아직은 그래도 내 발길이 끊이지 않은 집인데, 그 집을 놔두고 그 아그가 그래 발길을 주춤주춤 어정대고 서 있더구나……."

아내의 성화를 견디다 못해 노인은 결국 마지못한 어조로 그날 밤 일을 돌이키고 있었다. 그러나 그 노인의 어조에는 아직도 여전히 그날 밤의 심사가 조금도 실려 있질 않은 채였다.

"그래 저를 나무래서 냉큼 집안으로 데리고 들어갔더니라. 그리고 더운밥 지어 먹여서 그 집에서 하룻밤을 재워 가지고 동도 트기 전에 길을 되돌려 떠나 보냈더니라……."

"그래 그때 어머님 마음이 어떠셨어요?"

"마음이 어떻기는야. 팔린 집이나마 거기서 하룻밤 저 아그를 재워 보내고 싶어 싫은 골목 드나들며 마당도 쓸며 걸레질도 훔치며 기다려 온 에미였는데, 더운 밥 해 먹이고 하룻밤 재우고 나니 그만만 해도 한 소원은 우선 풀린 것 같더라."

"그래 어머님은 흡족한 기분으로 아들을 떠나 보내셨다는 그런 말씀이시겠군요. 하지만 정말로 그게 그렇게 될 수가 있었을까요? 어머님은 정말로 그렇게 흡족한 마음으로 아들을 떠나 보내실 수 있으셨을까 말씀이에요. 아들은 다시 학교로 돌아가는 길이었다 하더라도 어머님 자신은 그때 변변한 거처 하나 마련해 두시질 못하셨을 처지에 말씀이에요."

"나더러 또 무슨 이야길 더 하라는 것이냐."

"그때 아들을 떠나 보내실 때 어머님 심경을 듣고 싶어요. 객지 공부 가는 어린 아들을 그런 식으로 떠나 보내시면서 어머님 자신도 거처가 없이 떠도서야 했던 그때 처지에서 어머님이 겪으신 심경을 말씀예요."

"그만두거라. 다 쓸데없는 노릇이니라. 이야기를 한들 그때 마음이야 네가 어찌 다 알아들을 수가 있겠냐."

노인은 다시 이야기를 사양했다.

그러나 그 체념 기가 완연한 노인의 어조에는 아직도 혼자 당신의 맘속으로만 지녀 온 어떤 이야기가 남아 있을 것 같았다.

나는 이제 더 이상 기다리고 있을 수가 없었다. 아내는 그런 나의 기미를 눈치채고 있었다 하더라도 노인만은 아직 그걸 알지 못하고 있었다. 노인의 말을 그쯤에서 그만 중단시켜야 했다. 아내가 어떻게 나온다 하더라도 내게까지 그것을 알게 하고 싶지는 않을 노인이었다. 내 앞에선 더 이상 노인의 이야기가 계속될 수가 없었다.

나는 이윽고 헛기침을 한 번 하고서 그 노인의 눈길이 닿고 있는 장지문 앞으로 모습을 불쑥 드러내고 나섰다.

4.

위험한 고비는 그럭저럭 모두 지나가고 있었다.

저녁상을 들일 때 노인은 언제나처럼 막걸리 한 되를 가져오게 하였다. 형의 술버릇 때문에 집안 꼴이 그 지경이 되었는데도 노인은 웬일로 내게 술 걱정을 그리 하지 않았다. 집에만 가면 당신이 손수 막걸리 한 되씩을 꼭꼭 미리 마련해다 주곤 하였다.

—한잔 마시고 잠이나 자거라.

그러면서 언제나 잠을 자기를 권하는 것이었다.

이날 저녁도 마찬가지였다.

"그래, 정 내일 아침으로 길을 나설라냐?"

저녁상이 들어왔을 때 노인은 그렇게 조심스런 목소리로 그렇게 한마디 나의 의견을 물어왔을 뿐이었다.

"가야 할 일이 있으니까 가겠다는 거 아니겠어요."

나는 노인에게 공연히 화가 치민 목소리로 퉁명스럽게 대꾸했다.

하니까 노인은 그것으로 그만이었다.

"그래 알았다. 저녁하고 술이나 한잔하고 일찍 쉬거라."

아침부터 먼길을 나서려면 잠이라도 일찍 자두라는 것이었다. 나는 말없이 노인을 따랐다. 저녁 겸해서 술 한 되를 비우고 그리고 술기를 못 견디는 사람처럼 일찌감치 잠자리를 펴고 누었다.

형수님이 조카들을 데리고 잠자리를 찾아 나가자 이날 밤도 우리는 세 사람 합숙이었다. 어쨌거나 이제 위태로운 고비는 그럭저럭 거의 다 넘겨 가고 있는 셈이었다. 눈을 붙였다. 깨고 나면 그것으로 모든 건 끝나는 것이었다. 지붕이고 옷궤고 더이상 신경을 쓸 일이 없어진다. 노인에게 숨겨진 빚 문서가 있을까. 하지만 이날 밤만 무사히 넘기고 나면 노인의 어떤 빚 문서도 그것으로 영영 휴지가 되는 것이다.

─잠이나 자자. 빚이고 뭐고 잠들면 그만이다. 노인에게 빚은 내가 무슨 빚이 있단 말인가…….

나는 제법 홀가분한 기분으로 눈을 감고 잠을 청했다. 술기 탓인지 알알한 잠 기운이 이내 눈꺼풀을 덮어 왔다.

한데 얼마쯤 그렇게 아늑한 졸음기 속을 헤매고 났을 때였을까. 나는 웬일인지 문득 잠기가 서서히 엷어져 가고 있었다. 그리고 아직도 그 어렴풋한 선잠기 속에 도란도란 조심스런 노인의 말소리가 들려오고 있었다.

"그날 밤사 말고 갑자기 웬 눈이 그리도 많이 내렸던지 잠을 잤으면 얼마나 잤겠느냐마는 그래도 잠시 눈을 붙였다가 새벽녘에 일어나 보니 바깥이 왼통 환한 눈 천지로구나……. 눈이 왔더라도 어쩔 수가 있더냐. 서둘러 밥 한술씩을 끓여다가 속을 덥히고 그 눈길을 서둘러 나섰더니라……."

나는 다시 정신이 번쩍 들고 말았다. 어찌된 일인지 노인이 마침내 그날 밤 이야기를 아내에게 가닥가닥 털어놓고 있는 중이었다.

"처지가 떳떳했으면 날이라도 좀 밝은 다음에 길을 나설 수도 있었으련만, 그땐 아직도 그리 처지가 부끄럽고 저주스럽기만 했던지…… 그래 할 수 없이 새벽 눈길을 둘이서 나섰지만, 시오리나 되는 장터 차부까지 산길이 멀기는 또 얼마나 멀더라냐."

기억을 차근차근 더듬어 나가고 있는 노인의 몽롱한 목소리는 마치 어린 손주아이에게 옛얘기라도 들려 주고 있는 할머니의 그것처럼 아늑한 느낌마저 깃들여 있었다.

아내가 결국은 노인을 거기까지 유도해냈음이 분명한 것이었다.
—이야기를 한들 네가 어찌 다 알아들을 수가 있겠냐…….
낮결에 노인이 말꼬리를 한 가닥 깔고 넘은 기미를 아내가 무심히 들어넘겼을 리 없었다.
그날 밤—아니 그날 새벽—아내에겐 한 번도 들려 준 일이 없는 그날 새벽의 서글픈 동행을, 나 자신도 한사코 기억의 피안으로 사라져 가 주기를 바라 오던 그 새벽의 눈길의 기억을 노인은 이제 받아낼 길이 없는 묵은 빚 문서를 들추듯 허무한 목소리로 되씹고 있었다.
"날은 아직 어둡고 산길은 험하고 미끄러지고 넘어지면서도 차부까지는 그래도 어떻게 시간을 대어 갈 수가 있었구나……."
이야기를 듣고 있는 나의 머릿속에도 마침내 그날의 정경이 손에 닿을 듯 역력히 떠올랐다. 어린 자식놈의 처지가 너무도 딱해서였을까. 아니 어쩌면 노인 자신의 처지까지도 그밖엔 달리 도리가 없었을 노릇이었는지도 모른다. 동구밖까지만 바래다 주겠다던 노인은 다시 마을 뒷산의 잿길까지만 나를 좀더 바래 주마 우겼고, 그 잿길을 올라선 다음에는 새 신작로에 나설 때까지만 산길을 함께 넘어가자 우겼다. 그럴 때마다 한 차례씩 가벼운 실랑이를 치르고 나면 노인과 나는 더이상 할 말이 있을 수가 없었다. 아닌게아니라 날이라도 좀 밝은 다음이었으면 좋았겠는데, 날이 밝기를 기다려 동네를 나서는 건 노인이나 나나 생각을 않았다. 그나마 그 어둠을 타고 마을을 나서는 것이 노인이나 나나 마음이 편했다. 노인의 말마따나 미끄러지고 넘어지면서, 내가 미끄러지면 노인이 나를 부축해 일으키고, 노인이 넘어지면 내가 당신을 부축해 가면서, 그렇게 말없이 신작로까지 나섰다. 그러고도 아직 그 면소 차부까지는 길이 한참이나 남아 있었다. 나는 결국 그 면소 차부까지도 노인과 함께 신작로를 걸었다.
아직도 날이 밝기 전이었다.
하지만 그러고 우리는 어찌 되었던가.
나는 차를 타고 떠나가 버렸고, 노인은 다시 그 어둠 속의 눈길을 되돌아선 것이다.
내가 알고 있는 건 거기까지 뿐이었다.
노인이 그후 어떻게 길을 되돌아갔는지는 나로서도 아직 들은 바가 없었다. 노인을 길가에 혼자 남겨 두고 차로 올라서 버린 그 순간부터 나는 차마 그 노인을 생각하기 싫었고, 노인도 오늘까지 그날의 뒷 얘기는 들려 준 일이 없었다. 한데 노인은 웬일로 오늘사 그날의 기억을 끝까지 돌이키고 있는 것이었다.
"어떻게어떻게 장터거리로 들어서서 차부가 저만큼 보일 만한 데까지 가니까 그때 마침 차가 미리 불을 켜고 차부를 나오는구나. 급한 김에 내가 손을 휘저어 그 차를 세웠더니, 그래 그 운전수란 사람들은 어찌 그리 길이 급하고 매정하기만 한 사람들이더냐. 차를 미처 세우지도 덜하고 덜크렁덜크렁 눈 깜짝할 사이에 저 아그를 훌쩍 실어 담고 가 버리는구나."

잠잠히 입을 다문 채 듣고만 있던 아내가 모처럼 한마디를 끼어들고 있었다.

나는 갑자기 다시 노인의 이야기가 두려워지고 있었다. 자리를 차고 일어나 다음 이야기를 가로막고 싶었다. 하지만 나는 이미 그럴 수가 없었다. 사지가 말을 들어 주질 않았다. 온몸이 마치 물을 먹은 솜처럼 무겁게 가라앉아 있었다. 몸을 어떻게 움직여 볼 수가 없었다. 형언하기 어려운 어떤 달콤한 슬픔, 달콤한 피곤기 같은 것이 나를 아늑히 감싸 오고 있었다.

"어떻게 하기는야. 넋이 나간 사람마냥 어둠 속에 한참이나 찻길만 바라보고 서 있을 수밖에야…… 그 허망한 마음을 어떻게 다 말할 수가 있을거나……."

노인은 여전히 옛얘기를 하듯 하는 그 차분하고 아득한 음성으로 그날의 기억을 더듬어 나갔다.

"한참 그러고 서 있다 보니 찬바람에 정신이 좀 되돌아 오더구나. 정신이 들어 보니 갈 길이 새삼 허망스럽지 않았겠냐. 지금껏 그래도 저하고 나하고 둘이서 헤쳐 온 길인데 늙은 것 혼자서 그 길을 되돌아서려니…… 거기다 아직도 날은 어둡지야…… 그대로는 암만해도 길을 되돌아설 수가 없어 차부를 찾아 들어갔더니라. 한식경이나 차부 안 나무 걸상에 웅크리고 앉아 있으려니 그제사 동녘 하늘이 훤해져 오더구나…… 그래서 또 혼자 서두를 것은 없는 길을 서둘러 나섰는데, 그때 일만은 언제까지도 잊혀질 수가 없을 것 같구나."

"길을 혼자 돌아가시던 그때 일을 말씀이세요?"

"눈길을 혼자 돌아가다 보니 그 길엔 아직도 우리 둘 말고는 아무도 지나간 사람이 없지 않았겠냐. 눈발이 그친 신작로 눈 위에 저하고 나하고 둘이 걸어온 발자국만 나란히 이어져 있구나."

"그래서 어머님은 그 발자국 때문에 아들 생각이 더 간절하셨겠네요."

"간절하다뿐이었겠냐. 신작로를 지나고 산길을 들어서도 굽이굽이 돌아온 그 몹쓸 발자국들에 아직도 도란도란 저 아그의 목소리나 따뜻한 온기가 남아 있는 듯만 싶었제. 산비둘기만 푸르륵 날아가도 저 아그 넋이 새가 되어 다시 되돌아오는 듯 놀라지고, 나무들이 눈을 쓰고 서 있는 것만 보아도 뒤에서 금세 저 아그 모습이 뛰어나올 것만 싶어졌지야. 그래서 나는 굽이굽이 외지기만 한 그 산길을 저 아그 발자국만 따라 밟고 왔더니라. 내 자석아, 내 자석아, 너하고 둘이 온 길을 이제는 이 몹쓸 늙은 것 혼자서 너를 보내고 돌아가고 있구나!"

"어머님 그때 우시지 않았어요?"

"울기만 했겠냐. 오목오목 딛어 논 그 아그 발자국마다 한도 없는 눈물을 뿌리며 돌아왔제. 내 자석아, 내 자석아, 부디 몸이나 성히 지내거라. 부디부디 너라도 좋은 운 타서 복 받고 살거라…… 눈앞이 가리도록 눈물을 떨구면서 눈물로 저 아그 앞길만 빌고 왔제……"

노인의 이야기는 이제 거의 끝이 나 가고 있는 것 같았다. 아내는 이제 할 말을 잊은 듯 입을 조용히 다물고 있었다.

"그런데 그 서두를 것도 없는 길이라 그렁저렁 시름없이 걸어온 발걸음이 그래도 어느 참에 동네 뒷산을 당도해 있었구나. 하지만 나는 그 길로는 차마 동네를 바로 들어설 수가 없어 잿등 위에 눈을 쓸고 아직도 한참이나 시간을 기다리고 앉아 있었을 게다……."

"어머님도 이젠 돌아가실 거처가 없으셨던 거지요."

한동안 조용히 입을 다물고 있던 아내가 이제 더 이상 참을 수가 없어진 듯 갑자기 노인을 추궁하고 나섰다. 그녀의 목소리는 이제 울먹임 때문에 떨리고 있었다.

나 역시도 이젠 더 이상 노인을 참을 수가 없었다. 이제나마 노인을 가로막고 싶었다. 아내의 추궁에 대한 그 노인의 대꾸가 너무도 두려웠다. 노인의 대답을 들을 수가 없었다. 하지만 그 역시도 불가능한 일이었다.

나는 아직도 눈을 뜰 수가 없었다. 불빛 아래 눈을 뜨고 일어날 수가 없었다. 사지가 마비된 듯 가라앉아 있는 때문만이 아니었다. 졸음기가 아직 아쉬워서도 아니었다. 눈꺼풀 밑으로 뜨겁게 차오르는 것을 아내와 노인 앞에 보일 수가 없었다. 그것이 너무도 부끄러웠기 때문이었다. 아내는 이번에도 그러는 나를 알고 있었던 모양이었다.

"여보, 이젠 좀 일어나 보세요. 일어나서 당신도 말을 좀 해보세요."

그녀가 느닷없이 나를 세차게 흔들어 깨웠다. 그녀의 음성은 이제 거의 울부짖음에 가까운 것이었다. 그래도 나는 일어날 수가 없었다. 뜨거운 것을 숨기기 위해 눈꺼풀을 꾹꾹 눌러 참으면서 내처 잠이 든 척 버틸 수밖에 없었다.

음성이 아직 흐트러지지 않고 있는 건 오히려 그 노인뿐이었다.

"가만 두거라. 아침길 나서기도 피곤할 것인디 곤하게 자고 있는 사람 뭣하러 그러냐."

노인은 일단 아내의 행동을 말려 두고 나서 아직도 그 옛얘기를 하는 듯한 아득하고 차분한 음성으로 당신의 남은 이야기를 끝맺어 가고 있었다.

"하지만 이것만은 네가 잘못 안 것 같구나. 그 때 내가 뒷산 잿등에서 동네를 바로 들어가지 못하고 있었던 일 말이다. 그건 내가 갈데가 없어 그랬던 건 아니란다. 산 사람 목숨인데 설마 그때라고 누구네 문간방 한 칸이라도 산 몸뚱이 깃들일 데 마련이 안 됐겠냐. 갈 데가 없어서가 아니라 아침 햇살이 너무 눈에 시리더구나. 그때는 벌서 동네 아래까지 햇살이 활짝 퍼져들어 있는디, 눈에 덮인 그 우리집 지붕까지도 햇살 때문에 볼 수가 없더구나. 더구나 동네에선 집집마다 아침 짓는 연기가 한참인디 그렇게 시린 눈을 해 갖고는 그 햇살이 부끄러워서라도 차마 어떻게 동네 골목을 들어설 수가 있더냐. 그놈의 말간 햇살이 부끄러워져서 그럴 엄두가 안 생겨나더구나. 시린 눈이라도 좀 가라앉히자고 그래 그러고 앉아 있었더니라…….”

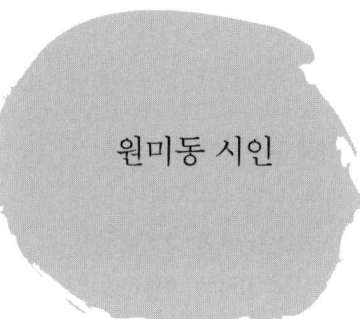

원미동 시인

양귀자

　남들은 나를 일곱 살짜리로서 부족함이 없는 그저 그만한 계집아이 정도로 여기고 있는 게 틀림없지만, 나는 결코 그저 그만한 어린 아이는 아니다. 세상 돌아가는 이치를 다 알고 있다, 라고 말하는 게 건방지다면 하다못해 집안 돌아가는 사정이나 동네 사람들의 속마음까지도 두루 알아맞힐 수 있는 눈치만큼은 환하니까, 그도 그럴 것이 사실을 말하자면 내 나이는 여덟 살이거나 아홉 살, 둘 중의 하나이다.

　낳아놓으니까 어찌나 부실한지 살아날 것 같지 않아 차일피일 출생 신고를 미루다 보니 그렇게 된 것이라 하는데 그나마 일곱 살짜리로 호적에 올려놓은 것만도 다행인 셈이었다. 살아나기를 원하지 않았을 엄마 마음쯤은 나도 이미 알고 있는 터였다. 아버지는 좀 덜 하지만 엄마는 나만 보면 늘상 으르렁거렸다. 꿈도 꾸지 않았던 자식이었지만 행여 낳아봤더니 원수 같은 또 딸이더라는 원성은 요사이도 노상 두고 하는 입버릇이니까 서운할 것도 없었다.

　그것은 뭐 내가 일찌감치 철이 들어서가 아니라, 우리집 사정이 워낙 그러했다. 내가 태어나던 해에 벌써 스물이 넘어 처녀티가 꽉 밴 큰언니에서 중학교 졸업반이던 막내언니까지 딸이 무려 넷이었다. 마흔넷에 임신인지도 모르고 너댓 달 배를 키우다가 엄마는 여기저기 용하다는 점장이들한테 다녀보고는 마침내 낳을 결심을 했었다는 것이다. 모든 점장이들이 '만장일치'로 아들이라고 주장해서였다. 그런 판에 또 조개달고 나오기가 무렴해서였는지 냉큼 숙 빠져나오지 못하고 버그적거리는 통에 산모를 반죽음시켜 놓았다니 나로서는 입이 열 개라도 할말이 없는 형편이다. 그렇지만 실제로는 여덟 살이다, 아홉 살이다 자꾸 이랬다 저랬다 하는 엄마도 과히 잘한 것은 없다. 내가 뭐 뺄셈 덧셈에 아주 까막눈인 줄 알지만 천만에, 우리 엄마는 내가 세 살이 될 때까지도 혹시 죽어주지나 않을까 기다린 게 분명하다.

　내가 얼마나 구박덩이에 미운 오리새끼인가를 길게 설명하고 싶지는 않다. 진짜 하고 싶은 이야기는 그런 따위 너절한 게 아니라 원미동 시인(詩人)에 관한 것이니까. 내가 여러 가지 것을 많이 알고 있다고는 해도 솔직이 시가 뭣인지를 정확히 설명할 수는 없다. 얼추 짐작하기로 그것은 달 밝은 밤이나 파도가 출렁이는 바닷가에서 눈을 착 내려감고 멋진 말을 몇 마디 내뱉는 것이 아닐까 여기지만 원미동 시인이 하는 것을 보면 매양 그렇지도 않은 모양이었다. 우리 동네에는 원미동 시인 말고도 원미동 카수니 원미동 멋장이, 원미동 똑똑이 등이 있다. 행복사진관 엄씨 아저씨가 원미동 카수인데 지난번 전국 노래자랑 부천 대회에서 예선에도 못 들고 떨어졌다니 대단한 솜씨는 못 될 것이었다. 소라 엄마가 원미동 멋장이라는 것은 내가 잘 안다. 그 보라색 매니큐어와 노랑머리는 소라 엄마뿐이니까. 원미동 똑똑이는, 부끄럽지만 우리 엄마이다. 부끄럽다는 것은 남의 일에 간섭이 심하고 걸핏하면 싸움질이나 해대는 똑똑이는 욕이나 마찬가지라는 것을 알기 때문이다.

원미동 시인에게는 또 다른 별명이 있다. 퀭한 두 눈에 부스스한 머리칼, 사시사철 껴입고 다니는 물들인 군용점퍼와 희끄무레하게 닳아빠진 낡은 청바지가 밤중에 보면 꼭 몽달귀신 같다고 서울미용실의 미용사 경자 언니가 맨 처음 그를 '몽달씨'라고 부르기 시작했다. 경자 언니뿐만 아니라 우리 동네 사람이라면 누구나 그를 좀 경멸하듯이, 어린애 다루듯 함부로 하는 게 보통인데 까닭은 그가 약간 돌았기 때문이라는 것이다. 언제부터 어떻게 살짝 돌았는지는 모르지만 아뭏든 보통사람과는 다른 것만은 틀림없었다. 몽달씨는 무궁화연립주택 3층에 살고 있었다. 베란다에 화분이 유난히 많고 새장이 세 개나 걸려 있는 몽달씨네 집은 여름이면 우리 동네에서는 드물게 윙윙거리며 하루종일 에어콘이 돌아가는 부자였다. 시내에서 한약방을 하는 노인이 늘그막에 젊은 마누라를 얻어 아기자기하게 살아보는 판인데 결혼한 제 형집에 있지 않고 새살림 재미에 폭 빠진 아버지 곁으로 옮겨온 막동이였다. 그것부터가 팔불출이짓이라고 강남부동산의 고흥댁 아줌마가 욕을 해쌓는데, 아들이 아버지와 함께 사는 게 왜 바보짓이라는 건지 알 수가 없었다.

그런 몽달씨에게 친구가 있다면 아마 내가 유일할 것이었다. 몽달씨 나이가 스물일곱이라니까 나보다 스무 살이나 많지만 우리는 엄연히 친구이다. 믿지 않겠지만 내게는 스물일곱짜리 남자 친구가 또 하나 있다. 우리집 옆, 형제슈퍼의 김반장이 바로 또 하나의 내 친구인데 그는 원미동 23통 5반의 반장으로 누구보다도 씩씩하고 재미있는 사람이었다. 나는 매일같이 슈퍼 앞의 비치파라솔 의자에 앉아 그와 함께 낄낄거리는 재미로 하루를 보내다시피 하였는데 요즘은 내가 의자에 앉아 있어도 전처럼 웃기는 소리를 해주거나 쭈쭈바 따위를 건네주는 법 없이 다소 퉁명스러워졌다. 그 까닭도 나는 환히 알고 있지만 모르는 척하는 수 밖에. 우리집 세째딸 선옥이 언니가 지난 달에 서울 이모집으로 훌쩍 떠나버렸기 때문인 것이다. 김반장이 선옥이 언니랑 좋아지내는 것은 온 동네가 다 아는 일이지만 선옥이 언니 마음이 요새 좀 싱숭생숭하더니 기어이는 이모네가 하는 옷가게를 도와준다고 서울로 가버렸다. 선옥이 언니는 얼굴이 아주 예뻤다. 남들 말대로 개천에서 용이 났다고 해도 과언이 아닐 만큼 지지리궁상인 우리집에 두고 보기로는 아까운 편인데, 그 지지리궁상이 지겨워 맨날 뚱하던 언니였다.

참말이지 밝히고 싶지 않지만 우리 아버지는 청소부이다. 아침 새벽부터 저녁 늦게까지 남의 집 쓰레기통만 뒤지고 다니는 직업이라 몸에서 나는 냄새도 말할 수 없을 만큼 지독했다. 아버지만이 아니라 밝히고 싶지 않은 것이 또 있다. 큰 언니는 경기도 양평으로 시집가서 농사꾼 아내가 되었으니 상관없지만 둘째 언니 이야기는 말하기가 부끄럽다. 둘째 언니는 처음에는 버스 안내양, 그 다음에는 소시지 공장의 여공원, 그 다음에는 다방에서 일하더니 돈버는 일에 극성인 성격대로 지금은 구로동 어디에서 스물여섯 살의 처녀가 대포집을 열고 있다. 언젠가 한번 가봤더니 키가 멀대같이 큰 남자가 하나뿐인 방에서 웃통을 벗어부친 채 잠들어 있고 언니는 그 옆에서 엎드려 주간지를 뒤적이고 있지 않은가. 그만한 정도로도 나는 일이 되어가는 모양을 알 수가 있었다.

우리 엄마와 청소부 아버지는 딸년들이야 시집 보낼 만큼만 가르치면 족하다고 언니들을 모두 중학교까지만 보냈는데 웬일인지 선옥이 언니만 고등학교를 보냈었다. 그래서 더 골치이긴 하지만. 기껏 고등학교까지 나왔으니 공장은 싫다, 차라리 영화배우가 되는 편이 낫다고 우거지상을 피우던 언니가 김반장네의 콧구멍 같은 가게가 성이 찰 리 없을 것이었다.

이제 겨우 일곱 살짜리가, 사실은 그보다야 많지만 왜 나이많은 떠꺼머리 총각들하고만 어울리는지 이상하겠지만 그것은 결코 내 책임이 아니었다. 단짝인 소라를 비롯하여 몇 명인 친구들이 작년과 올해에 걸쳐 모두 국민학교에 입학해버렸고, 좀 어려도 아쉰 대로 놀아볼 만한 아이들까지 깡그리 유치원에 다니기 때문에 아침밥 먹고 나오면 원미동 거리는 이제 두어 살짜리 코흘리개들밖에 남지 않는 것이다. 설령 오후가 되어도 사정은 마찬가지였다. 끼리끼리만 통하는 아이들이 좀처럼 놀이에 끼워주지 않기 때문에 나는 그만 홀로 뚝 떨어져나와 외계인처럼 어성버성한 아이가 되어버렸다. 우리 동네에는 값이 싼 유치원도 많고 피아노 교습소도 두 군데나 있지만 엄마는 꿈쩍도 하지 않는다. 단칸방에 살아도 모두들 유치원에 보내느라고 아침부터 법석인데 나는 이달 입때껏 유희 한번 제대로 배워보지 못한 것이다. 아버지가 남의 집 쓰레기통에서 지워온 그림책이나 고장난 장난감이야 지천으로 널렸지만 이제는 그런 것들에는 흥미도 없으니 아무래도 나는 어른이 다 된 모양이었다.

몽달씨와 친구가 된 것은 올 봄, 바로 외계인 같던 시절이었다. 형제슈퍼 앞에서 어슬렁거리며 김반장이 언제나 말동무가 되어주려나 눈치만 보고 있는데 바로 내 뒤에 똑같은 자세로 김반장 눈치를 보는 몽달씨가 있었다. 염색한 작업복 주머니에서 꼬깃꼬깃한 종이를 펼쳐들고 내 옆의 빈 의자에 앉은 그가 "경옥아"하고 내 이름을 불렀을 때 정말이지 나는 기절할 정도로 놀랐다. 좀 바보이고 약간 돌았다고 생각했으므로 언젠가는 그가 보는 앞에서도 "헤이, 몽달귀신!"하고 놀려댄 적도 있었던 나였다. 놀라서 입을 쩌억 벌리고 있는 내게 그가 다음에 건넨 말은 더욱 기가 찼다.

"너는 나더러 개새끼, 개새끼라고만 그러는구나……"

나는 눈을 둥그렇게 떴다. 몽달 귀신이라고 부른 적은 있지만 결코, '참말이지 하늘에 맹세코' 그를 개새끼라고 부른 적은 없었다. 그래서 나는 나도 모르게 고개를 마구 저어댔다. 그런 나를 보는지 마는지 그는 계속해서 말했다. 너는 나더러 개새끼, 개새끼라고만 그러는구나……

지금 생각해도 참 어이가 없는 노릇이지만, 세상에 그게 바로 시라는 것이었다. 김반장이 몽달씨에게 시를 쓴다 하니 멋있는 시를 한 수 지어보라고 했다는 것이다. 그 청을 받고 몽달씨는 밤새 끙끙거리며 시를 쓰려 했으나 도무지 마음먹은 대로 되지 않아 어느 유명한 시인의 시를 베껴왔는데 그 구절이 바로 그 시의 마지막이라고 했다.

"에끼, 이 사람아, 내가 언제 자네더러 개새끼, 개새끼 그랬는가?"

김반장은 으레 그럴 줄 알았다는 듯 몽달씨 어깨를 툭 치며 빈정대고 말했지만 나의 놀라움은 쉽게 가시지 않았다. 기억을 못 해서 그렇지 그를 향해 개새끼, 라고 욕을 한 적이 꼭 있었던 것같이만 생각될 지경이었다. 김반장이야 뭐라건 말건 몽달씨는 그날 이후 며칠간은 개새끼 시를 외우고 다녔고 나는 김반장 외에 몽달씨까지도 내 친구로 해야겠다고 속으로 결심해두었다. 시인하고 친구가 된다는 것은 구멍가게 주인과 친구되는 것보담은 훨씬 근사했으니까.

그렇긴 했으나 약간 돈 사내와 오랜 시간을 어울려다닐 만큼 나는 간이 크지 못했다. 게다가 김반장은 마음이 내키면 언제라도 알사탕이나 쭈쭈바를 내놓을 수 있지만 몽달씨는 그런 면으로는 영 젬병이었다. 그는 오로지 시에 대하여 말하고 시를 생각하고 시를 함께 외우자는 요구밖에는 몰랐다. 그에게는 시가 전부였다. 바람이 불면 '풀잎에 바람 스치는 소리' 때문에 가슴이 아프고, 수녀가 지나가면 문득 "열일곱 개의, 또는 스물한 개의 단추들이 그녀를 가두었다"라고 부르짖었다. 그는 하루종일이라도 유명한 시인들의 시를 외울 수 있었다. 그것만이 아니었다. 외운 싯구절만 가지고 몇 시간이라도 대화를 할 수 있다고 그가 말하였다. 그게 바로 시적 대화라도 가르쳐주기도 하였다. 그러기 위해서 그는 밤새도록 시를 읽는다고 하였다. 몽달씨는 밤이 되면 엎드려 시를 외우고, 다음 날이면 그 시로써 말하는 사람이었다.

시를 빼고 나면 나와 마찬가지로 몽달씨도 심심한 사람이었다. 낮 동안에는 꼼짝없이 젊은 새어머니와 한집에서 지내야 하기 때문에 끊임없이 동네를 빙빙 돌면서 시간을 때워나갔다. 내가 김반장과 마주앉아 별로 새로울 것도 없는 이야기를 하다 보면 어느샌가 슬쩍 다가와 약간 구부정한 허리로 의자에 주저앉곤 하는 몽달씨는 나보다 훨씬 강렬하게 김반장의 친구가 되었으면 하는 소망을 품고 있는 것처럼 보였다. 우리들은 제법 뜨거운 한낮 동안 각기 편한 자세로 앉아 신문을 읽거나 졸거나 하는 무료한 시간을 보내다가 막걸리 손님이라도 들이닥치면 몽달씨와 나는 재빨리 의자를 비워주곤 김반장이 바삐 설치는 모양을 우두커니 바라보곤 하였다. 김반장은 몽달씨가 시가 어쩌구 하며 이야기를 꺼내기라도 할라치면 대번에 딴소리를 해서 입막음을 하기 때문에 몽달씨도 김반장 앞에서는 도통 시에 대한 말을 입에 올리지 않았다. 대신에 내가 원미동 시인의 '시적 대화'를 끊임없이 듣는 형편이었다.

그때까지만 해도 몽달씨보다는 김반장과 함께 있는 것이 더 좋았었다. 김반장이 그 커다란 손바닥으로 내 엉덩이를 철썩 치면서 "어이, 경옥이 처제!"하고 불러주면 기분이 그럴싸해서 저절로 웃음이 비어져나왔고 가끔 가다 오토바이 뒷자석에 앉아 함께 배달을 나가기라도 할라치면 피아노 배우러 가던 계집애들이 손가락을 입에 물고 부러워 죽겠다는 듯이 나를 바라봐줬었다. 김반장은 말많은 원미동 여자들 누구하고도 사이좋게 지내면서 야채에다 생선까지 떼어다 수월찮게 재미를 보는 것을 잘 아는 고흥댁 아주머니도 "선옥이가 인물만 좀 훤할 뿐이지 그 집안 꼬라지로 봐서 김반장이면 횡재한 거야"라면서 은근히 선옥이 언니를 비아냥거렸다. 홍, 나는 고흥댁 아주머니의 마음도 알아맞힐 수 있다. 선옥이 언니보다 한살 많은 딸이 하나 있는데 인물이 좀 제멋대로인 것이 아줌마의 속을 뒤집어놓은 것이다. 그러면서도 지난번엔 김반장 같은 사위나 얼른 봐야 될 것 아니느냐는 은혜 할머니 말에는 가당찮게도 코웃음을 쳤었다.

"요새 시상에 뭐 부모가 무슨 상관 있답뎌? 그래도 갸가 보는 눈이 높아서 엥간한 남자는 말도 못 꺼내게 하요잉. 저기 은행 대리가 중매를 넣어왔는디도 돌아보도 않습디다. 전문학교일망정 대학물도 일 년 남짓 보았고 해서, 아는 게 아주 많다요."

그런 말을 들을 때마다 나는 목구멍이 근질거려서 견딜 수가 없었다. 왜 목구멍이 근질거리는가 하면 나는 또 다른 비밀을 하나 알고 있기 때문이었다. 이것은 정말 특급 비밀인데 만약에 이 사실을 고흥댁 아주머니가 알았다가는 어떻게 수습이 되는지 내가 더 걱정인 판이다.

복덕방집 딸 동아 언니가 누구와 좋아지내는가는 아마 나밖에 모르는 일일 것이다. 지난 봄이 소라네 집에 놀러갔다가 우연히 알게 된 사실로 소라조차도 영 모르고 있으니 나 혼자만 꿍꿍 앓다 말아야 할 것이긴 하지만, 그날 이후 복덕방 식구들만 만나면 내가 더 안절부절이었다. 여태까지 누구에게도 털어놓지 않은 말이라 좀 망설여지긴 하지만 아이, 할 수 없다, 이야기를 꺼냈으니 털어놓을 밖에. 동아 언니는 소라네 대신설비에서 소라 아빠의 일을 거들어주는 노가다 청년하고 연애를 하는 판이다. 그것도 보통 사이가 아니다. 지난 봄날, 소라네 집에 갔다가 소라가 보이지 않아 무심코 모퉁이를 돌아나와 옆구리 창으로 가게를 기웃 들여다보니 그 두 남녀가 딱 붙어앉아서 이상한 짓을 하고 있지 않은가. 동아 언니는 그렇다치고 청년은 땀까지 뻘뻘 흘리면서 언니의 머리통을 꽉 껴안고 있었는데 좀 무섭기도 하였다.

이야기가 괜히 옆으로 흘렀지만 아뭏든 선옥이 언니가 김반장 같은 신랑감을 차버린 것은 좀 아쉬운 일이기는 하였다. 김반장이야 아직도 미련을 버리지 못하고 있는 터이라 나만 보면 지금도 언니가 왔는가를 묻기에 여념이 없었다. 허나 선옥이 언니는 처음 떠날 때도 그랬지만 요사이 한번씩 집에 들를 적에도 형제슈퍼 쪽은 쳐다보지 않는다. 어떨 때는 "어휴, 저 거지발싸개 같은 자식"이라고 욕도 막 내뱉는데 어떻게 알았는지 이모네 옷가게로 심심하면 전화질이라고 이를 갈았다. 가만히 눈치를 보아 하니 선옥이 언니도 요새 새 남자가 생긴 것 같고 전과 달리 아무데서나 속옷을 훌렁훌렁 벗어던지며 옷을 갈아입는데, 그 속옷이 요사무사하게 생겨서 내 눈을 달뜨게 하곤 했다. 좀 만져라도 볼라치면 언니는 내 손을 탁 때려버렸다.

"어때, 이쁘지? 경옥이 넌 이런 것 처음 보지? 이거, 모두 선물 받은 거다."

끈으로 아슬아슬하게 꿰매놓은 저런 팬티 따위를 선물하는 치도 우습지만 그것을 자랑하는 언니는 더욱 밉상이어서 그럴 때면 속도 모르는 김반장이 불쌍해지기도 하였다.

몽달씨가 있음으로 인하여 김반장의 주가가 더 올라가는 점도 있었다. 나야 어린애니까 형제슈퍼의 비치파라솔 아래서 어슬렁거려도 흉볼 사람은 없지만 동갑나기인 몽달씨가 하는 일도 없이 가게 근처를 빙빙 돌면서 어떨 때는 나와 같이 쭈쭈바나 쪽쪽 빨고 있으면 오가는 동네 어른들마다 혀를 끌끌 찼다.

"대학 다닐 때까진 저러지 않았대요. 저도 잘은 모르지만 학교에서 잘렸대나봐요. 뭐 뻔하죠, 요새 대학생들 짓거린. 그리곤 곧장 군대에 갔는데 제대하고부턴 사람이 저리 됐어요. 언제나 중얼중얼 시를 외운다는데 확 미쳐버린 것도 아니고, 아주 죽겠어요."

몽달씨 새어머니 되는 이가 김반장에게 하소연하는 소리였다. 형제슈퍼 단골인 그녀는 "아주 죽겠어요"가 입버릇이었다.

"내 체면을 봐서라도 옷이나 좀 깨끗이 입고 나다니면 좋으련만, 아주 죽겠어요."

말이 났으니 말이지 그 옷차림은 형제슈퍼의 심부름꾼 복장으로 딱 걸맞았다. 종일 의자에서 빈둥거리기도 지겨운지라 우리는 곧잘 가게 일도 마다않고 거들었다. 우리 둘이서 기껏 머리를 짜내어 하는 일이란 게 고무호스로 가게 앞에 물을 뿌려주는 정도였다. 포장이 덜 된 가게 앞길의 먼지 제거를 위해서나 여름 땡볕을 좀 무디게 하는 방법으로는 그 이상도 없어서 김반장도 우리의 일을 기꺼이 바라봐주곤 일이 끝나면 기분이란 듯 요구르트 한 개씩을 던져주기도 하였다.

그러다 차츰차츰 몽달씨 몫의 일이 하나 둘 늘어갔는데 가게 앞 청소나 빈 박스를 지하실 창고에 쟁이는 일 혹은 막걸리 손님 심부름 따위가 그것으로, 몽달씨가 거드는 일이 많으면 많을수록 김반장은 더욱 의젓해지고 몽달씨는 자꾸 초라하게 비추어지는 게 나에겐 참으로 이상한 일이었다. 김반장도 그걸 모르지는 않았을 것이다. 그래서 언젠가는 아주 정색을 하고 몽달씨 어깨를 꽉 껴안더니 이렇게 말하기도 하였다.

"자네 같은 시인에게 이런 일만 시키려니 미안하이. 자네는 확실히 시인은 시인이야. 언제 바쁘지 않을 때는 정말이지 자네 시를 찬찬히 읽어봄세. 이래뵈도 학교 다닐 때 위문편지는 내가 도맡아 써주곤 했던 실력이니까."

그러면 몽달씨는 더욱 신이 나서 생선 잘라주는 통나무 도마까지 깔끔히 씻어내고 널부러져 있는 채소들을 다듬고 하면서 분주히 설치는 것이다. 하지만 이제껏 몽달씨의 시노트를 읽어본 적이 없는 김반장이었다. 몽달씨가 짐짓 아직 자기 시는 읽을 만하지 못하니 유명한 시인들의 시나 읽어보지 않겠느냐고 구깃구깃 접은 종이를 꺼낼라치면 김반장은 온갖 핑계를 다 대서라도 줄행랑을 치면서 그가 보지 않은 틈을 타 머리 위에 대고 손가락으로 빙글, 동그라미를 그려보였다. 그것도 모르고 몽달씨는 언제라도 김반장에게 들려줄 수 있도록 꼬깃꼬깃한 종이 쪽지들을 호주머니마다 가득 넣어가지고 다녔다. 그때쯤엔 나도 몽달씨의 시적 대화에는 질려 있어서 덩달아 자리를 피했고 김반장을 따라 머리 위에 손가락으로 동그라미를 그려댔다. 약간, 아니 혹시는 아주 많이 돈 원미동 시인은 그래도 여전히 형제슈퍼의 심부름꾼 꼬마처럼 다소곳이 잔심부름을 도맡아가지고 있었다.

분명히 말하지만 보름 전쯤 그 사건이 일어날 때까지만 해도 나는 김반장이 내 세째 형부가 되어주길 은근히 바라고 있었다.

농사짓는 큰형부는 워낙이 나이가 많아 늙은 아버지 같아서 싫었고 둘째 언니야 아직 공식적으로는 처녀니까 별 볼 일 없는데다 형부다운 형부는 선옥이 언니가 결혼해야 생길 터이니 기왕이면 김반장 같은 남자가 형부가 되길 바란 것이었다. 하기야 네째 언니도 시방 같은 공장에 다니는 사내와 눈이 맞아서 부쩍 세수하는 시간이 길어지긴 하지만 그래봤자 앞차가

두 대나 밀려 있으니 어림도 없었다. 선옥이 언니와 김반장이 결혼하면 누가 뭐래도 나는 형제슈퍼에 진득이 붙어 있을 수 있는 자격을 갖게 되는 셈이었다. 기분이 내키면 삼백 원짜리 빵빠레를 먹은들 어떠하랴. 오밀조밀 늘어놓은 온갖 과자와 초콜렛과 사탕이 모두 내 손아귀에 있다, 라고 생각하면 어쩔 수 없이 나는 흐물흐물 기분이 좋아졌다.

그런데 정확히 열나흘 전의 그 일로 인하여 나는 김반장과 형제슈퍼의 잡다한 군것질감을 한꺼번에 포기하였다. 모르긴 몰라도 이런 나의 처사는 백번 옳을 것이었다. 그 사건의 처음과 끝을 빠짐없이 지켜본 유일한 목격자는 나 하나뿐이었지만 그렇다고 내가 본 것을 누군가에게도 늘어놓지는 않았다. 웬일인지 그 일에 관해서는 입도 뻥긋하기 싫었다. 그런 채로 나 혼자서만 김반장을 형부감에서 제외시켜버렸던 것이다. 또 하나, 아주 용기를 필요로 하는 일이었지만 그 날 이후에는 김반장이 내 엉덩이를 철썩 두들기며 어이, 우리 경옥이 처제 어쩌구 할 때는 단호하게 그를 뿌리치고 도망나와버리곤 하였다. 물론 그가 내미는 쭈쭈바도 받아먹지 않았다.

그 사건은 초여름밤 열시가 넘어서 일어났다. 그날은 낮부터 티격태격해대던 엄마와 아버지의 말싸움이 저녁에 이르러서는 본격적으로 시작되었었다. 네째 언니는 야간 조업이 있다고 늘상 열두시가 다 되어야 돌아오는 처지라 만만한 나만 엄마의 분풀이 대상이 되어서 낮부터 적잖이 욕설도 들어먹었던 차였다. 싸우는 이유도 뭐 그리 대단한 게 아니었다. 아버지가 쓰레기 속에서 주워온 십팔금 목걸이를 맥주 네 병으로 맞바꾸어 간단히 목을 축이고 돌아왔노라는 말을 내뱉은 뒤부터 엄마의 잔소리가 시작된 게 원인이었다. 새삼 길게 이야기할 것도 없고 요지는 맥주 네 병으로 홀라 마셔버리느니 지 여편네 목에 걸어주면 무슨 동티가 날까 봐 그랬느냐는 아우성이었다. 엄마가 지금 손가락에 끼고 있는, 약간 색이 변한 십팔금 반지도 아버지가 주워온 것인데 짜장 목걸이까지 세트로 갖출 뻔한 것을 놓쳐서 엄마는 단단히 약이 올랐다. 그러던 말싸움이 저녁에 가서는 기어이 험악한 욕설과 아버지의 손찌검으로 이어지길래 나는 언제나처럼 슬그머니 집을 빠져나와 비어 있는 형제슈퍼의 노천의자에 앉아 있었다. 가끔씩 있는 일로서 멀지 않아 아버지는 엄마를 케이오로 때려눕힌 뒤 코를 골며 잠들어버릴 것이다. 그 다음엔 눈물 콧물 다 짜낸 엄마가 발을 질질 끌며 거리로 나와 경옥아!를 목청껏 부를 판이었다. 그때나 되어 못 이기는 척 들어가 잠자리에 누워버리면 내일 아침의 새날이 올 것이 분명하였다.

집에서 나온 것이 아홉시쯤, 그래서 김반장도 가겟방에 놓은 흑백 텔레비전으로 저녁 뉴스를 시청하느라고 내가 나온 것도 모르고 있었다. 장가들면 색시가 컬러텔레비전을 해올 것이므로 굳이 바꿀 필요 없다고 고물 텔레비전으로 견디어내는 김반장의 등허리를 흘낏 쳐다보고 나는 신발까지 벗고 의자 위에 냉큼 올라앉았다. 잠이 오면 탁자에 엎드려 한숨 졸고 있어볼 생각으로 나는 가물가물 감기는 눈을 비비며 이리저리 몸을 뒤척이고 있었다. 거리는 그날따라 유난히 한산했고 지물포나 사진관도 일찌감치 아크릴 간판에 불을 켜둔 채였다. 우리정육점은 휴일인지 셔터까지 내려져 있었다. 그 옆의 서울미용실은 경자 언니가 출퇴근을 하기 때문에 아홉시만 되면 어김없이 불을 꺼버린 채였다. 형제슈퍼에서 공단 쪽으로 난 길은 공터가 드문드문 박혀 있어서 원래 칠흑같이 어두웠다. 한 블록쯤 가야 세탁소가 내비치는 불빛이 쬐끔 새어날 뿐이고 포장도 안 된 울퉁불퉁한 소방도로 옆으로는 자갈이며 벽돌 따위가 쌓여 있었다.

바로 그때 공단 쪽으로 가는 어두운 길에서 뭔가 비명 소리도 같고 욕지기를 참는 안간힘 같기도 한 소리가 들려왔다. 아니, 그때 나는 비몽사몽 졸음 속에서 헤매고 있었기 때문에 정확하게 어떤 소리를 들은 것이 아니었다. 이제 생각하면 그 순간에는 분명 잠에 흠뻑 취해 있었음이 분명하다. 그럼에도 불구하고 그 소리를 들었던 것처럼 생각된 것은 꿈속에까지 쫓아와 악다구니를 벌이고 있는 엄마와 아버지의 모습을 보고 있었던 탓인지도 몰랐다. 하여간 허공을 가르는 비명 소리가 꿈속이었거나 생시였거나간에 들려왔던 것은 사실이었다. 움찔 놀라며 눈을 떴을 때는 이미 누군가가 어둠을 뚫고 뛰쳐나와 필사적으로 가게를 향해 덮쳐오는 중이었다. 그리고 그 뒤엔 덫에서 뛰쳐나온 노루새끼를 붙잡으러 온 것이 확실한 젊은 사내 둘이 가쁜 숨을 몰아쉬며 쫓아오고 있었다.

공교롭게도 나는 불빛에서 약간 비껴난 쪽의 의자에 앉아 있었기 때문에 그들의 눈에 띄지 않았다. 더욱 공교로웠던 것은 마침 가게 주변엔 아무도 없었다는 사실이었다. 때에 따라서는 비치파라솔 밑의 이 의자로는 턱도 없이 모자랄 만큼의 사람들이 왁자하게 모여 막걸리 타령을 벌이는 경우가 종종 있었다. 대개는 일을 끝내고 돌아가는 공사장의 인부들이었다. 그 사람들이 아니더라도 동네 사람 몇몇이 자주 이 의자에 앉아 밤바람을 쐬기도 했는데 그날은 아무도 없었다. 갑작스런 사태에 놀라 어리둥절하는 사이 도망자는 곧장 가게 안으로 들어가버렸고 뒤쫓아온 사람 중의 하나는 가게 앞에, 또 하나는 마악 가게 속으로 들어가는 중이어서 나는 그들의 모습을 비교적 자세히 볼 수 있었다.

"야, 이 새꺄! 이리 못 나와!"

가게 안으로 쫓아들어가면서 소리치고 있는 사내는 빨간색의 소매 없는 런닝셔츠를 입고 있어서 땀에 번들거리는 어깨죽지가 엄청 우람하게 보였다.

"깽판 치기 전에 빨리 나오란 말야!"

가게 앞에 서서, 씩씩 가쁜 숨을 몰아쉬며 이마의 땀을 훔치고 있는 사는 두 개의 옷저고리를 한 손에 거머쥐고 있었다. 그도 당연히 런닝셔츠 바람이었지만 소매가 달린, 점잖은 흰색이었으므로 빨간 셔츠에 비해 훨씬 온순하게 보여졌다.

도대체 무슨 일일까. 호기심을 이기지 못한 나는 가게 옆구리의 샛문을 통해 안을 들여다보았다. 그새 사내의 발길에 채여버린 도망자가 바닥에 엎어져 있었고 김반장이 만약을 위해 사내 주변의 맥주박스를 방안으로 져나르면서 뭐라고 소리치고 있었다.

"김형, 김형…… 도와주세요."

쓰러진 남자의 입에서 이런 말이 가느다랗게 흘러나온 것은 그 순간이었다. 그와 동시에 빨간 셔츠의 사내가 다시 쓰러진 자의 등허리를 발로 꽉 찍어눌렀다.

"이 새끼, 아는 사이요? 그러면 당신도 한번 맛 좀 볼 텐가?"

맥주병을 거꾸로 쳐들고 빨간 셔츠가 소리질렀다. 김반장의 얼굴이 대번에 하얗게 질려버렸다.

"무, 무슨 소리요? 난 몰라요! 상관없는 일에 말려들고 싶지 않으니까 나가서들 하시오."

그때 바닥에 쓰러져 버둥거리던 남자가 간신히 몸을 비틀 일어섰다. 코피로 범벅이 된 얼굴이 슬쩍 드러나보였는데 세상에, 그는 몽달씨임이 분명하였다. 그러고 보니 빛 바랜 바지와 물 들인 군용 점퍼 밑에 노상 껴입고 다니던 우중충한 남방셔츠가 틀림없는 몽달씨였다. 아까는 워낙 눈깜짝할 사이에 가게 안으로 뛰어들었기 때문에 얼굴을 볼 겨를이 없었다.

"이 짜식, 어디로 토끼는 거야! 너 같은 놈은 좀 맞아야 돼."

흰 이를 드러내며 빨간 셔츠가 으르렁거렸다. 순간 몽달씨가 텔레비전이 왕왕거리고 있는 가겟방을 향해 튀었다. 방은 따로이 바깥 쪽으로 난 출입구가 있었기 때문이었다. 그러나 몽달씨보다 더 빠른 동작으로 방문을 가로막아버린 사람이 있었다. 바로 김반장이었다.

"나가요! 어서들 나가요! 싸우든가 말든가 장사 망치지 말고 어서 나가요!"

빨간 셔츠가 몽달씨의 목덜미를 확 나꾸어챘다. 개처럼 질질 끌려나오는 몽달씨를 보더니 밖에 있던 흰 런닝셔츠가 찌익, 이빨 새로 침을 뱉어냈다. 나는 재빨리 불빛이 닿지 않는 구석을 몸을 피했다. 무섭고 또 무서웠다. 저렇게 질질 끌려가는 몽달씨를 위해서 내가 해야 할 일이 무엇인지 알 수가 없었다. 도무지 가슴이 떨려 숨도 크게 쉬지 못할 지경이었는데도 김반장은 어지러진 가게를 치우면서 밖은 내다보지도 않았다.

두 명의 사내 중에서도 빨간 셔츠가 훨씬 악독한 게 사실이었다. 녀석은 몽달씨의 머리칼을 한 움큼 휘어감고서 마치 짐짝을 부리듯이 몽달씨를 다루고 있었다. 끌려가지 않으려고 버둥거리다가는 사내의 구둣발에 사정없이 정갱이며 옆구리가 뭉개어졌다. 지나가던 행인 몇 사람이 공포에 질린 얼굴로 그들을 지켜보았다. 구경꾼들이 보이자 빨간 셔츠가 당당하게 외쳐댔다.
"이 새끼, 너 같은 놈은 여지없이 경찰서로 넘겨야 해. 빨리 와!"
불 켜진 강남부동산 앞에서 몽달씨가 최후의 발악을 벌여 놈의 손아귀에서 빠져나왔다. 그러나 이내 녀석에게 머리칼을 붙잡히면서 부동산 옆의 시멘트 기둥에 된통 머리를 받쳤다. 쿵. 몽달시의 머리통이 깨져나가는 듯한 소리에 나는 눈을 감아버렸다. 숨이 막힐 것만 같았다. 행복사진관과 원미지물포만 지나고 나면 또다시 불빛도 없는 공터가 나올 것이므로 몽달씨를 구해낼 시기는 지금밖에 없다. 몽달씨가 악착같이 불켜진 가게 쪽으로만 몸을 이끌어 갔기 때문에 길 이쪽은 텅 비어 있었다. 몇몇 사람들이 있기는 하였지만 그들은 섣부리 끼어들지 않고서 당하는 몽달씨의 처참한 꼴에 혀만 끌끌 차고 있었다.
"빨리 가, 이 자식아! 경찰서로 가잔 말야!"
빨간 셔츠가 움켜쥔 머리칼을 확 나꾸어채면 몽달씨는 시멘트 바닥에서 몸을 가누지 못해 정말 개처럼 두 손을 바닥에 짚고 끌려갔다.
"왜 이러세요…… 내게 무슨 잘못이…… 있다고……"
행복사진관의 밝은 불빛 앞에서 몽달씨가 울부짖으며 사내에게 잡힌 머리통을 흔들어대다가 녀석의 구둣발에 면상이 짓밟히기 시작하였다. 마침내 나는 내달리기 시작하였다. 두 주먹을 불끈 쥐고 녀석들 곁을 바람같이 스쳐 나는 원미지물포로 뛰어들었다. 가게는 텅 비어둔 채 지물포 주씨 아저씨는 아랫목에 길게 누워 텔레비전을 보느라 바깥의 소동은 까맣게 모르고 있었다.
"깡패가, 깡패가 몽달씨를 죽여요!"
주씨 아저씨는 그 우람한 체구에 비하면 말귀를 빨리 알아듣는 사람이었다. 벼락같이 뛰어나와 마침 자기 가게 앞을 끌려가고 있는 몽달씨의 꼴을 보고는 냅다 소리를 질렀다.
"죄가 있으모 경찰을 부를 일이제 무슨 일로 사람을 이리 패노? 보소! 형씨, 그 손 못 놓나?"
투박한 경상도 말이 거침없이 쏟아져나오자 녀석도 약간 주춤했다.
"아저씨는 상관 마쇼! 이런 놈은 경찰서로 끌고가야 된다구요."
"누가 뭐라카노. 야! 빨리 경찰에 신고해라. 당신네들이 사람 뚜드려가며 경찰서까지 갈 것 없다. 일분 안에 오토바이 올 테니까."
"이 아저씨가…… 이 새끼, 아는 사람이요?"
"잘 아는 사람이니 이카제. 이 착한 청년이 무신 죄를 졌다꼬 이래 반 죽여놨노? 무슨 일이라?"

그제서야 빨간 셔츠가 슬그머니 움켜진 머리칼을 놓았다. 몽달씨가 비틀거리며 주씨 곁으로 도망쳤다.
"아무 잘못도…… 없어요…… 지나가는 사람 잡아놓고…… 느닷없이 때리는데."
더듬더듬, 입 안에 괴어 있는 피를 뱉어내며 간신히 이어가는 몽달씨의 말을 듣노라고 주씨가 잠시 한눈을 판 것이 잘못이었다. 멀찌감치 서서 구경을 하고 있던 사람들 중에서 누군가가 소리쳤다.
"어어, 저봐요. 저 사람들 도망쳐요!"
정말 눈깜짝할 사이였다. 벌서 공단 쪽 길로 튕겨가는 모양으로 발자국 소리만 어지럽고 녀석들은 어둠 속으로 파묻혀버린 뒤였다.
"빨리 가서 잡아야지 저런 놈들 그냥두면 안 돼요!"
언제 왔는지 김반장이 발을 구르며 흥분하고 있었다. 금방이라도 잡으러갈 듯 몸을 솟구치는 꼴이 가관이었다.
"소용없어, 저놈들이 어떤 놈이라고."
"세상에, 경찰서로 가자고 그리 당당하게 굴더니 도망치는 것 좀 봐."
"그러니까 그냥 닥치는 대로 골라잡아 팬 거군. 우린 그것도 모르고 정말 도둑이나 되는 줄 알았지 뭐야."
"여기는 가게들이 많아 환하니까 어두운 곳으로 끌고 가서 작신 팰려고 수작을 벌였군."
"그래요, 아까 보니까 저 윗길에서 이 총각이 그냥 지나가는데 불러놓고 시비드라구요. 아휴, 저 총각 너무 많이 맞았어. 죽지 않은게 다행이야."
"그럼 진작에 말하지 그랬어요?"
"누가 이 지경인 줄 알았수? 약국에 가는 길에 그 난리길래 무서워서 저쪽으로 돌아갔다가 약 사갖고 와보니 경찰서 가자고 여태도 패고 있던걸."
모여섰던 사람들이 저마다 한마디씩 떠들어대기 시작했다. 조금 아까까지도 텅 비어 있다시피한 거리였는데 언제 알았는지 이집저집에서 쏟아져나온 사람들이 웅성거리며 피투성이가 된 몽달씨를 기웃거렸다. 참말이지 쥐어뜯긴 머리칼하며 길바닥을 쓸고온 옷 꼬락서니, 그리고 피범벅이 된 얼구까지가 영락없이 몽달 귀신 그대로였다.
"무신 놈의 세상이 이리 험악하노. 이래가꼬는 사람이라 할 수 있겠나?"
주씨가 어이없어하는데 또 김반장이 냉큼 뛰어들었다.
"그러게 말입니다. 하여간 저놈들을 잡아넘겼어야 하는건데…… 좀 어때? 대체 이게 무슨 꼴인가. 어서 집으로 가세. 내가 데려다 줄께."

김반장이 몽달씨를 부착해 일으켰다. 세상에 밸도 없지, 그 손을 뿌리치지 못하고 몽달시는 김반장의 부축을 받으며 집으로 갔다.

몽달씨를 다시 보게 된 것은 그로부터 꼭 열흘이 지난 며칠 전이었다.

그 열흘간을 어떻게 보냈는지는 설명하기도 귀찮을 정도였다. 몽달씨와 더불어 다닐 때는 몰랐지만 막상 그가 없으니 심심해서 미칠 지경이었다. 하루가 꼭 마흔 시간쯤으로 늘어난 느낌이었다. 때때로는 형제슈퍼의 의자에 앉아 있은 적도 있었지만 이미 김반장과는 서먹한 사이가 되어버려서 그다지 자주 찾지는 않았다. 그날밤, 내가 몰래 가게 안을 훔쳐보고 있은 줄을 모르는 김반장만큼은 예전과 다름없이 굴고 있기는 하였다.

"경옥이 처제, 요새는 왜 뜸해? 선옥이 언니 서울서 오거든 직방으로 내게 알리는 것 잊지 마라. 그러면 내가 이것 주지"

김반장이 쳐들어보이는 것은 으레 요깡이었다. 껍질에는 영양갱이라고 쓰어 있는 이백원짜리 팥떡인데, 그것을 죽자사자 먹고 싶어하는 것을 아는 까닭이었다. 그러나 흥, 어림도 없지. 선옥이 언니가 오게 되면 김반장의 비겁한 행동을 미주알고주알 일러바쳐서 행여 남아 있을지도 모를 미련까지도 아예 싹둑 끊어버리게 하자는 것이 내 속셈이었다. 어찌된 셈인지 선옥이 언니는 한 달 가까이 집에는 콧배기도 내비치지 않고 있었다. 얼마 전에 서울에 다녀온 엄마 말로는 양품점이 한 달에 두 번 노는 데는 집에는 올 생각않고 왼종일 쏘다니다 밤늦게서야 기어들어온다는 것이었다. 게다가 이모가 받아본 전화 속이 남자들만도 서넛이 넘어서 양품점 전화통이 종일토록 불나게 울려대는 통에 지간 년은 저한테 걸려오는 전화받기도 바쁜 형편이라 했다. 엄마를 쏙 빼닮아 말본새가 거칠기 짝이 없는 이모가 바가지로 퍼부었을 선옥이 언니의 흉보따리를 잔뜩 짊어지고 온 엄마의 마지막 결론은 갈 데없이 원미동 똑똑이다웠다.

"선옥이 고년, 이왕지사 바람든 년이니까 차라리 탤렌트나 영화배우를 시키는 게 낫겠읍디다. 말이사 바른 말이지 인물이야 요즘 헌다하는 장미희보다 낫지……"

"미쳤군, 미쳤어. 탤렌트는 누가 거져 시켜주남. 뜨신 밥먹고 식은 소리 작작 해!"

그렇게 몰아붙이면서도 아버지는 으레 흐흐흐 웃고 마는 게 예사였다. 딸 많은 집구석에 인물 팔아 돈 버는 딸년 하나쯤 생긴다 해서 나쁠 것도 없다는 웃음이 분명했다.

"서울 사람들은 눈도 밝지. 선옥이가 명동으로 나갔다 하면 영화 배우해보라고 줄줄이 따라다닌답니다. 인물 좋은 것도 딱 귀찮다고 고년이 어찌 성가셔 하는지……"

엄마도 참, 입술에 침도 안 바르고 고홍댁 아줌마한테 이렇게 주워 섬기는 때도 있다. 그러면 여태도 동아 언니 콧대가 하늘 높은 줄 모르게 솟아 있다고만 믿는 고홍댁 아주머니도 지지 않고 딸자랑을 쏟아놓았다.

"우리 동아는 요새 피아노도 배우고 꽃꽂이학원도 다닌다고 맨날 바쁘다요. 시방 세상은 그 정도의 신부 수업인가 뭔가가 아주 필수라 한다드만."

엄마도 엄마지만 고흥댁 아주머니 말은 듣기가 거북하였다. 대신설비 노가다 청년한테 시집가면 피아노는 커녕, 호박꽃 한송이 꽂을 일도 없을 것이니까. 어른들은 알고 보면 하나밖에 모르는 멍텅구리 같을 때가 종종 있는 법이다. 그 사건 이후, 김반장에 대한 이야기만 해도 그렇다.

"김반장 그 사람 참말이제 진국은 진국인기라. 엊그제만 해도 복숭아 깡통 하나 들고 몽달 청년한테 가능갑드라. 걱정도 억시기 해쌓고, 우찌됐건 미친놈한테 그만큼 정성들이는 것만 봐도 보통은 아닌 기 맞다."

지물포 주씨가 행복사진관 엄씨한테 하는 말이었다. 세 살 많다하여 어김없이 형님으로 받드는 엄씨가 고개를 끄덕이며 맞장구 치는 것을 보고 있으면 내 속이 터질 것만 같았다. 그렇지만 이상하게도 그 밤의 일을 속시원히 털어놓을 수가 없었다. 그러고 보면 이 김경옥이야말로 진국 중에 진국인지도 모른다.

몽달씨가 자리 털고 일어난 이야기를 하려다가 또 다른 쪽으로 새버렸지만 몽달씨야말로 진짜 이상한 사람이었다. 오후반인 소라가 등교 준비를 해야 한다고 서둘러 저희집으로 가버린 때니까 정오가 조금 지나서였을 것이다. 집으로 가다말고 문득 형제슈퍼 쪽으로 돌아보니 음료수 박스들을 차곡차곡 쟁여놓는 일에 땀을 뻘뻘 흘리고 있는 몽달씨가 보였다. 실컷 두들겨맞고 열흘간이나 누워 있었던 사람이라 안색은 차마 마주보기 어려울 만큼 핼쑥했다. 그런데도 뭐가 좋은지 히죽히죽 웃어가면서 열심히 박스들을 나르고 있는 게 아닌가. 그것도 김반장네 가게에서. 아무리 눈을 크게 뜨고 보아도 몽달씨가 분명했다. 저럴 수가. 어쨌든 제 정신이 아닌 작자임이 틀림없었다. 아무리 정신이 좀 헷갈린 사람이래도 그렇지, 그날밤의 김반장 행동을 깡그리 잊어버리지 않고서야 저럴 수가 없다는 게 내 생각이었다.

잊었을까. 그날밤 머리의 어딘가를 세게 다쳐서 김반장이 자기를 내쫓은 부분만큼만 감쪽같이 지워진 것은 아닐까. 전혀 엉뚱한 이야기만도 아니었다. 텔레비전에서도 보면 기억상실중인가 뭔가로 자기 아들도 못 알아보는 연속극이 있었다. 그런 쪽의 상상이라면 나를 따라올 만한 아이가 없는 형편이었다. 내 머릿속은 기기괴괴한 온갖 상상들로 늘 모래주머니처럼 빽빽했으니까. 나는 청소부 아버지의 딸이 아니라 사실은 어느 부자집의 버려진 딸이다, 라는 식의 유치한 상상은 작년도 못 되어 이미 졸업했었다. 요즘의 내 상상이란 외계인 아버지와 지구인 엄마와의 사랑, 뭐 그런 쪽의 의젓한 것이었다. 아뭏든 나의 기막힌 상상력으로 인해 몽달씨는 부분적인 기억상실증 환자로 결정되었다. 그렇다면 이제는 확인할 일만 남은 셈이었다. 오래 기다릴 필요도 없었다. 나는 김반장네 가게일을 거들어주고 난 뒤 비치파라솔 밑의 의자에 앉아 뭔가를 읽고 있는 몽달씨에게로 갔다. 보나마나 주머니 속에 잔뜩 들어 있는 종이조각 중의 하나일 것이었다. 멀쩡한 정신도 아닌 주제에 이번엔 기억상실증이란 병까지 얻어놓고도 여태 시 따위나 읽고 있는 몽달씨 꼴이 한심했다.

"이거, 또 시에요?"

"그래, 슬픈 시야. 아주 슬픈……"

몽달씨가 핼쑥한 얼굴을 처들며 행복하게 웃었다. 슬픈 시라고 해놓고선 웃다니. 나는 이맛살을 찡그리며 몽달씨 옆에 앉았다. 그리고 아주 낮은 목소리로 물었다.

"이제 다 나았어요?"

"응. 시를 읽으면서 누워 있었더니 금방 나았지."

금방은 무슨 금방. 열흘이나 되었는데, 또 한번 몽달씨의 형편없는 정신 상태에 실망했다.

"그날밤에 난 여기에 앉아서 다 봤어요."

"무얼?"

"김반장이 아저씨를 쫓아내는 것……"

순간 몽달씨가 정색을 하고 내 얼굴을 쳐다보았다. 예전의 그 풀려 있던 눈동자가 아니었다. 까맣고 반짝이는 눈이었다. 그러나 잠깐이었다. 다시는 내 얼굴을 보지 않을 작정인지 괜스레 팔뚝에 엉겨붙은 상처 딱지를 떼어내려고 애쓰는 척했다. 나는 더욱 바싹 다가앉았다.

"김반장은 나쁜 사람이야. 그렇지요?"

몽달씨가 팔뚝을 탁 치면서 "아니야"라고 응수했는데도 나는 계속 다그쳤다.

"그렇지요? 맞죠?"

그래도 몽달씨는 못 들은 척 팔뚝만 문지르고 있었다. 바보같이. 기억상실도 아니면서…… 나는 자꾸만 약이 올라 견딜 수 없는데도 몽달씨는 마냥 딴전만 피우고 있었다.

"슬픈 시가 있어. 들어볼래?"

치, 누가 그 따위 시를 듣고 싶어할 줄 알고. 내가 입술을 비죽 내밀거나 말거나 몽달씨는 기어이 시를 읊고 있었다. ……마른 가지로 자기 몸과 마음에 바람을 들이는 저 은사시나무는, 박해받는 순교자 같다. 그러나 다시 보면 저 은사시나무는 박해받고 싶어하는 순교자 같다……

"너 글자 알지? 자, 이것 가져. 나는 다 외었으니까."

몽달씨가 구깃구깃한 종이 쪽지를 내게로 내밀다. 아주 슬픈 시라고 말하면서. 시는 전혀 슬픈 것 같지 않았는데도 난 자꾸만 눈물이 나려 하였다. 바보같이, 다 알고 있었으면서…… 바보 같은 몽달씨……

(* 소설 속에 인용된 시는 순서대로, 김정환, 이하석, 황지우씨의 작품임.)

그 섬에 가고 싶다

임 철 우

겨울 해는 짧다.

뒷산 등성이 너머로 여린 빛살을 우려내며 꼴깍 해가 기울고 나면, 밤은 늘상 도둑고양이처럼 재빠르고도 날렵한 걸음으로 찾아들었다.

저녁밥을 먹고나서 할머니가 타악 타악 성냥을 그어 호롱불을 당기면 연시빛으로 이윽히 밝아오는 방안.

흐릿한 호롱불 아래서 누나와 형은 방바닥에 배를 깔고 엎드려 숙제를 하고, 할머니는 바느질 상자를 끌어 내렸다.

"할마이. 내가 해주까?"

나는 얼른 일어나 할머니에게서 실패를 받아 들고 바늘 귀에 실을 꿰어 드렸다.

"어이구, 우리 철이 놈이 벌써 어른이 다 되었구나야. 눈어둔 할마이 걱정을 다 해줄 지도 알고."

흡족한 듯 흐으 웃음을 흘리며 손바닥으로 내 엉덩이를 토닥토닥 두드려 주고는, 할머니는 할아버지의 두툼한 솜바지를 촘촘히 누벼가기 시작한다.

다시 심심해진 나는 뜨뜻한 아랫목에 드러 누웠다. 할아버지는 저녁상을 물리자마자 동회당으로 나가셨다. 유난히도 길고 지루한 겨울 저녁이면 어른들은 동회당 방안에 모여앉아 이런 저런 이야기로 시간가는 줄을 모르는 것이다.

휘이이이.

장짓문 밖엔 바람소리가 스산했다. 맵차고 옹골스런 냉기를 품은 바람.

바람은 언제나 마을 뒷산 너머 북쪽에서부터 불어왔다. 뒷산 잔등을 타고 넘어 숨가쁘게 내달려 온 그 바람은 이내 마을 집집의 지붕 위로 뛰어 다니며 쪼르르 미끄럼을 타기도 하고, 뒤란 감나무를 흔들어 몇 남지 않은 마른 이파리들을 우수수 떨구어내기도 했다.

담쟁이 넝쿨을 장난스레 잡아 당겨보다가, 쇠똥이 깔린 고샅길 위엣 달음박질을 치기도 하고, 우물가에서 빈 두레박을 떽데구르 굴리기도 하면서 한바탕 저 혼자 맘껏 소란을 피우다 가는, 그것도 싫증이 날 즈음이면 마침내 선착장을 지나 바다로 뛰어 내려가 파도를 불러 일으켜 대면서, 바다 저편 캄캄한 어둠 속 어딘가를 향해 숨가쁘게 달려 나아가 버리고 하는 거였다.

문 밖 바람소리에 귀를 열어둔 채 나는 누워 천정을 응시했다. 문풍지 사이로 새어 들어온 바람결에 흐릿한 불빛이 흔들릴 때마다, 쥐오줌 자국이 선명한 낡은 천정과 벽지가 너울너울 그림자를 그리다가 멈추곤 했다.

불현듯 나는 쓸쓸해졌다. 어머니의 얼굴이 천정 쥐오줌 얼룩 위로 소롯이 떠올랐다.

어머니를 본 지가 벌써 여러달 전이었다. 이번엔 왜 이리 오래도록 오시지 않는걸까. 읍내 군청에 다니시던 아버지가 광주로 전근을 가신 건 작년 여름이었다. 어머니와 큰형, 큰누나 그리고 동생도 함께 광주로 옮겨갔다. 광주는 굉장히 크고 아주 먼 곳이라고 했다.

어머니랑 아버지는 어째서 나랑 작은형, 작은누나, 이렇게 셋만 데려가지 않았을까. 이젠 나 같은 녀석 따윈 까맣게 잊어 먹어 버리신 걸까. 나 같은 아이일랑 영영 여기 내버려 둔 채 다시는 찾아오지 않으려는 것인지도 몰라……. 문득 콧속이 맹맹해지면서 목구멍이 싸아하니 아려왔다. 어머니도 밉다. 아버지도, 큰형, 큰누나, 그리고 동생 녀석도 모두 모두 욕심꾸러기들이다……. 기어코 핑글, 눈물이 괴어 올랐다.

나는 할머니 몰래 슬그머니 돌아누워 손가락을 입 속에 넣었다. 손가락을 빤다고 할머니는 야단이었지만, 나는 어머니 생각이 나서 문득문득 외로워질 때면 그렇게 늘 손가락을 빨곤 했다.

다시금 바람소리가 되살아 나고 있었다. 장독대의 고추장 단지가 뚜껑을 들먹거리고, 덩달아 장짓문 고리도 달그락거리는 소리를 내었다.

"춘례야, 그거 뒤적이지 말고 그냥 둬라이. 익을라면 한참 멀었응께."

"참말, 아직도 아까 그대로네."

화로 속을 이리저리 쿡쿡 찔러보다말고 누나는 부젓가락을 내려 놓았다. 아까 할머니는 고구마 몇 알을 꺼내와서 화로 안에 묻어 두었던 것이다.

"할마이 옛날 얘기 하나만 해 주라이. 으응?"

작은 형이 연필을 놓고 할머니 곁으로 조르르 기어왔다.

"숙제 안하고 또 그 이야기여?"

"흐응, 벌써 다 했단 말여. 재밌는 이야기 조까 해 주라이."

"그래 그래. 나도 해 줘."

작은누나랑 나도 질세라 어리광을 부리며 할머니의 무릎을 서로 차지하려고 기어갔다. 그래도 할머니는 항상 나랑 작은형에게만 양쪽 무릎을 내어 주시는 것이다. 춘례 너는 다 컸

웅께 안돼, 그러시면서.

"가만 있거라. 그라믄 오늘은 또 무신 이야기를 해 줄까나."

할머니는 도리없이 바느질감을 옆으로 슬그머니 밀쳐 내고 말했다.

"무서운 도깨비 얘기 말고. 할마이, 재밌는 거."

"나는 슬픈 이야기가 젤 좋드라. 꽃이랑 뻐꾹새 이야기 같은거."

춘례 누나가 손바닥으로 턱을 고인 채 할머니를 말똥말똥 올려다 본다.

"오냐, 그러믄 오늘은 동백꽃 이야기를 해 주마. 에미끼미 동네에 살았던 아주 불상한 여자 이야기여."

"에미끼미. 그거이 누군디라우?"

"저어기, 에미끼미 동네 대밭 끄트머리 집 있지야? 옛날 일정시대에 그 집에서 젊은 내외가 살았더란다……."

할머니의 이야기 실꾸리가 술술 풀리어 가기 시작했다.

우리 마을과 화포리 사이엔 이삼십 호 가량의 작은 마을이 있는데, 거기가 바로 에미끼미였다. 그 마을에 젊은 내외가 살았다. 남편이 멸치 어장에 나다니며 잡일을 해 주고 벌어온 푼돈으로 근근히 살아가고 있었는데, 어느 핸가 바다에 나갔다가 태풍을 만나 죽을 고생 끝에 겨우 돌아온 남편이 덜컥 반신불수가 되어버렸다.

살림은 더없이 궁핍해졌고, 아낙은 생각다 못해 행상을 다니기 시작했다. 행상이라고 해야 육지에서 받아온 싸구려 옷가지들을 머리에 이고 동네방네 돌아다니며 파는 정도였다.

때로는 가까운 다른 섬에도 다니고, 청산도·소안도·보길도·노하도·금당도·고금도 같은 먼 섬까지도 돌아 다녔다. 그럴 때는 여덟 살 난 아들은 남편 곁에 남겨두고, 다섯살짜리 딸아이만 등에 업은 채 며칠씩 나갔다 돌아오곤 했다.

옷값 대신 쌀이나 보리, 참깨, 콩, 팥, 녹두 따위를 주는 대로 받아서, 그걸 장에 나가 팔아오기도 하고, 바다농사가 제 철에 맞는 겨울철까지 외상을 깔아주기도 하면서, 아낙은 그런대로 고냥고냥 걱정을 피해 나갈 수 있었다.

그런 어느날, 낯선 섬 마을을 돌아다니다가 한적한 길가에 앉아 어린 딸아이의 똥을 누이던 아낙은 우연히 아이의 한쪽 엉덩이에 생겨난 이상한 반점 같은 걸 찾아내었다. 엄지손톱만한 크기의 그 암갈색 반점은 마치 상한 호박처럼 말랑말랑하고 진물이 질걱거렸다.

처음엔 무슨 부스럼이겠지 하고 무심히 여겼는데, 날이 가고 달이 가면서 그것이 조금씩 커져가는 거였다. 묵은 된장의 흰 더께를 발라보고, 송장넝쿨을 짓찧어 붙여보기도 했지만,

그 이상한 반점은 엉덩이 반쪽을 거의 다 차지할 만큼 넓어졌다.
 언젠가 녹동 포구를 들르게 되었을 때, 아낙은 그곳 진료소를 찾아가 아이의 엉덩이를 까 보여 주었다. 의사는 한참이나 고개를 갸웃거렸다. 그리고는 아이의 발가벗긴 몸뚱이에서 뭔가를 꼼꼼히 찾아내려 애쓰는 눈치더니, 바늘처럼 생긴 작은 침을 꺼내와서는 엉덩이의 반점을 여기저기 몇번씩 콕콕 찔러 보곤 하는 거였다.
 놀랍게도 아이는 전혀 울지 않았다. 날카로운 바늘 끝이 박히는 줄조차 아예 모르고 있는 눈치였다. 아무래도 소록도에 있는 진료소를 찾아가 보는 게 좋겠소. 의사는 소독약으로 제 손을 꼼꼼히 씻어내며 어두운 표정으로 꼭 그 한마디만 해 줄 뿐이었다. 소록도라는 말에 아낙은 가슴이 덜컹 내려 앉았다. 녹동 포구 앞 지척에 떠있는 섬이 소록도였다.
 아낙은 온몸을 덜덜 떨어대면서, 나룻배를 타고 소록도로 건너갔다. 진료소에서 차례를 기다리는 동안 아낙은 무섭고 흉칙한 몰골을 한 환자들을 여럿 보았다. 안 그래도 문둥이가 유난히 흔하던 시절이었다. 갈퀴처럼 안으로 굽은 손가락, 밋밋하니 내려앉은 코, 불에 덴 듯 흉칙하게 일렁거리는 얼굴 살점에다가 눈썹도 없는 문둥이들이 서넛 혹은 대여섯명 씩 떼거지를 지어 몰려 다니며, 아무 집 마당으로나 불쑥불쑥 들어와 노골적으로 협박질을 하며 동냥을 다니던 때였다. 문둥이들이 마시고 간 우물 물을 먹거나 문둥이들의 눈을 잠시만 들여다보아도 병이 옮는다는 소문이 퍼져있을 지경이었다.
 소록도 진료소의 의사 역시 녹동 포구의 그 의사와 비슷한 방식으로 진찰을 했다. 그리고는 무슨 검사를 더 정확히 해봐야 한다면서, 딸아이의 엉덩이 바로 그 자리에서 팥알만큼의 살점을 떼어내더니, 보름 후에 다시 찾아오라고 말하는 거였다.
 아낙은 이미 더 이상 아무 것도 의심할 수가 없었다. 아이를 들쳐 업고 그 무서운 섬을 빠져나오는 그녀의 눈앞은 별안간 먹통처럼 깜깜해져 버리고 말았다. 소록도 앞 바다가 얼핏 끝도 시작도 없는 막막한 벌판처럼 보였다. 풀 한 포기 나무 한 그루 살지 않는 아득한 사막으로만 보였다.
 아낙은 그길로 배를 타고 에미끼미 마을로 돌아왔다. 마당에 들어섰을 때, 앉은뱅이가 된 남편은 부엌으로 기어나와 아궁이 속에 솔가지를 넣어 불을 지피고 있었고, 그 곁에서 거지꼴을 한 아들이 날무우를 우적우적 씹고 있었다.
 아낙은 그날부터 자리에 쓰러져 누워버렸다. 몇날 밤을 꼬박 지새우며 이리 뒤척 저리 뒹굴, 눈두덩이가 복어 꼬락서니가 되도록 남편 몰래 혼자 울고 또 울었다.
 아아, 내 딸이 문둥이라니. 알고보니 이건 자식이 아니라 철천지 원수가 태어난 모양이로구나. 이럴 수가 있단 말인가. 아낙은 이를 앙다물로 몸부림을 쳤다. 하늘을 수백번 원망하고, 저주받은 자신의 팔자를 수천 수만번 한탄하였다.

문둥이 떼가 나타났다는 소문이 얼핏 스치기만 해도 집집마다 대문 방문을 꼭꼭 닫아 걸고 숨어버리던 마을 사람들의 모습이 떠올랐다. 만에 하나, 딸아이가 그 몹쓸 병에 걸렸다는 사실이 알려지는 날에는 아낙의 식구들은 고향땅에 발을 붙이고 살 수가 없을 거였다. 그들 부부는 물론이려니와 어린 아들까지도 문둥이 취급을 당할 건 뻔한 일이었다.

이 일을 어찌해야 할꼬. 대관절 내가 전생에 무슨 대죄를 지었기에 하느님이 이리도 엄청난 해꼬지를 하신단 말인고. 아아, 기구하고 박복하기 그지없는 이년의 팔자여……머리를 쥐어 뜯던 아낙은 불현듯 입술을 악물었다. 마침내 뭔가 무섭고도 독한 결심을 그녀는 했던 것이다.

마지막 날 밤, 아낙은 한숨도 붙이지 못했다. 품안에 고이 잠든 어린 딸아이를 몇 번씩 들여다보고 또 들여다보며 울고 또 울고, 고막껍질 같은 작은 손이며 발을 수 없이 쥐어보고 또 어루만졌다.

이윽고 새벽이 왔다. 아낙은 식구들 몰래 아이를 업고 조용히 집을 빠져 나왔다. 언제나처럼 행상을 나선 줄로 남편은 여길 터였다.

유난히도 안개가 자욱한 날이었다. 아낙은 꿈결처럼 몽롱한 안개의 숲을 더듬거리면서 허청허청 마을을 빠져 나왔다. 품속에서 엿가락 하나를 꺼내어 손에 쥐어 주었더니, 아이는 좋아라고 깨르륵 웃음을 터뜨렸다. 목이 컥컥 막혀오고, 고갯 길을 오르는 발길은 천근만근이었다.

고개 마루에 올라서서 아낙은 또 한 번 뒤를 돌아다 보았다. 지렁이처럼 구불구불 돌아나간 산 모퉁이 끝자락으로 마을은 아련히 숨어버리고, 천지는 어디나 솜뭉치 같은 안개만 뭉실뭉실 엉켜 흐르고 있었다.

거기서부터 아낙은 길을 벗어나 왼편 산비탈을 거슬러 오르기 시작했다. 공동묘지로 가는 길이었다.

아가야. 이것이 이 독허고 몹쓸 어미랑 함께 마지막으로 가는 길이여. 하염없이 줄줄 흘러내리는 눈물을 아낙은 아이 모르게 손등으로 연신 훔쳐내며 걸었다. 자꾸만 걸음이 느려지고 허둥거렸다.

'야아, 꽃. 저그, 꽃. 엄니.'

문득 아이가 등뒤에서 팔을 흔들며 소리쳤다. 아낙은 고개를 들었다. 정말, 골짜기 너덜겅에 아름드리 동백나무 한 그루가 가지마다 선연하게 붉은 꽃송이를 가득히 매달고 안개 속에 서 있는 게 보였다. 아낙은 동백꽃을 아름 꺾어 등에 업힌 아이에게 안겨 주었다.

'와아, 이뻐 꽃. 이뻐. 이뻐!'
까르르륵, 행복에 겨운 함박웃음을 터뜨리며 아이는 춤추듯 움쭐움쭐 몸을 흔들었다.
아낙은 말라붙은 잡초 덤불을 헤치며 공동묘지의 맨 위쪽까지 올라갔다. 인적이 드문 응달진 골짜기여서, 일부러 누가 찾아 올라오기 전에는 아무도 모를 장소였다. 여기 저기 흉하게 헐벗은 등을 드러낸 해묵은 무덤들. 함부로 파헤쳐진 흙더미 틈으로 거무튀튀하게 삭아 가고 있는 뼛조각들이 이따금 발에 밟혔다.
누군가 묘를 이장해 갔거나, 아니면 새로운 묘 자리를 찾다가 그만 두었는지, 군데군데 깊게 파 놓은 흙구덩이가 보였다. 아낙은 그 중 한 구덩이 앞에서 아이를 내려 놓았다.
'악아. 여그서 엄니랑 조끔만 쉬었다 가자이. 우리 둘이서 저 속에 한번 들어가보까?'
'으응, 엄니랑 두리."
먼저 구덩이 속으로 뛰어 든 아낙은 팔을 뻗어 딸아이를 받아 내렸다. 구덩이는 아낙의 가슴 높이에 차도록 제법 깊었다. 포대기를 바닥에 편 다음 아낙은 아이를 품에 안고 비좁은 바닥에 웅크려 누웠다.
'자아, 우리 애기 줄라고, 엄니가 엿 가져왔다이. 이거 묵어라.'
수건에 싸온 마지막 엿가락을 쥐어주자, 아이는 또 까르륵 웃었다. 아낙은 아이를 꼬옥 껴안고 가슴이 터질 듯한 설움과 울음을 억지로 삼키고 또 삼켰다. 구덩이 속은 뜻밖에 아늑하고 포근했다. 머리 위를 스치는 바람도 닿지 않고, 멀리 바다 기슭의 어지러운 파도 소리도 들리지 않았다.
어느 새 아이는 팔에 얼굴을 묻은 채 잠이 들었다. 아낙은 몸을 일으켜 구덩이 밖으로 간신히 기어 나왔다. 마지막으로 내려다본 딸아이의 모습. 아이는 한손엔 빨다 만 엿가락을 꼬옥 움켜 쥐고, 다른 손으로는 동백꽃 가지를 그러안은 채 아무 것도 모르고 곤히 잠들어 있었다.
아아, 잘 있거라이. 불쌍한 내 자석아. 이 짐승만도 못헌 죄많은 어미일랑 영영 잊어불고, 뒤돌아 보지 말고 고이고이 저 세상으로 잘 가거라이. 모든 걸 네 타고난 업보라고 여기고, 부디부디 요 다음 세상에서는 복되고 귀한 몸으로 다시 생겨나꼬, 못다 누린 목숨을 열배 백배 누리고 살거나. 불쌍하고 가엾은 내 딸아…….
마침내 아낙은 참고 참았던 통곡을 와악 쏟아내면서, 미친 듯 골짜기를 허둥지둥 도망쳐 내려오기 시작했다.

"그 담에는 어뜨케 됐어 할마이? 그 애기는 혼자 남아서 어찌 되었으까라우?"

춘례 누나가 문득 숨이 차서 헐떡이며 물었다. 뭔가 잔뜩 겁에 질려 금방 울음이라도 터질 듯한 기색이었다. 작은형은 어느새 곁에서 세상 모르고 곤히 잠들어 있는 참이었다.

할머니는 바느질에만 눈길을 둔 채로 무심히 대답했다.

"으응, 사나흘 뒤엔가 즈그 어미가 공동묘지로 다시 찾아 올라가 보았등갑드라. 가서 보니께. 영낙없이 잠이 들어있는 것 맨키로, 허리를 꼬옥 웅크린 채로 숨이 끊어져 있드란다. 즈이 어미가 따서 준 동백꽃을 그러안고 말이여. 그런디 세상에, 그 어린 것이 그 동안 저 혼자 구덩이 밖으로 기어 나올라고 얼매나 흙을 긁어대고 몸부림을 쳤었는지, 열 손가락 손톱이 죄다 흙이랑 피 범벅이 돼서 홀렁 뒤집혀 있더라지 뭣이냐. 에이그, 쯔쯔쯔쯔."

그때였다. 갑자기 춘례 누나가 엉엉울음을 터뜨리기 시작했다. 할머니가 깜짝 놀라 달랬지만, 누나의 까닭모를 울음은 좀처럼 멎지 않았다.

"이런, 이 생각없는 할미가 어린 것한테 못헐 이야기를 했구나 원, 춘례야. 어서 뚝 그치란께 그러냐. 그건 아주 오래 전의 일이란 말이여. 괜찮다. 저 봐라, 네 동생 철이는 저렇게 아무렇지도 않잖냐. 으응?"

화로 안에서 고구마 익어가는 냄새가 구수하니 피어나고 있었다. 마당을 달려다니는 바람 소리가 스산했다.

울먹이던 누나도 잠이 들었다. 나는 머리 끝까지 이불을 뒤집어 썼다. 불현듯 등골이 오슬오슬 추워오면서 몸이 가늘게 떨려오기 시작했다. 눈을 감으면 아까 이야기 속의 무시운 영상이 끊임없이 지워지고, 지워졌다간 다시 이어졌다.

어느결엔가 나는 꿈을 꾸었다. 내 엉덩이 한쪽이 흐물흐물 썩어 들어가는 꿈. 하얀 옷을 입은 의사가 피범벅이 된 시뻘건 손으로 바늘을 쥔 채 마구 뒤쫓아오는 꿈. 나를 등에 업은 어머니가 에미끼미 고개 너머 공동묘지를 향해 마구 달음질쳐 올라가는 꿈……안돼, 가지마, 엄마. 나는 팔을 마구 휘저으며 허우적거렸다.

"악아, 왜 그러냐. 어디가 아픈 거여? 으응?"

눈을 떠보니 할아버지와 할머니가 무척이나 걱정스런 얼굴로 내려다보고 있었다. 새벽이었다. 내 몸은 온통 식은땀으로 흥건하게 젖은 채 무섭게 와들와들 떨리고 있었다. 이빨을 앙다물었지만, 그래도 다닥다다닥 이상한 소리가 났다. 나는 다시 깊은 잠 속으로 까마득하게 굴러 떨어져 내렸다.

그렇게 꼬박 이틀 동안이나 나는 앓아 누워 있었다. 수없이 이어지는 꿈, 꿈. 이따금 헛소리를 내지르며 눈을 떠보면, 귓전에선 한 동안 그 꿈 속에서 줄곧 나를 떠나지 않던 어린아이의 울음소리가 빙빙 맴을 돌았다.

나는 구덩이 안에 혼자 누워 있었다. 머리 위로 캄캄한 밤하늘이 보였다. 둥글고 작은 그 밤하늘엔 맑게 빛나는 별들이 떠 있었다. 한 손엔 엿, 다른 손엔 꽃다발을 안은 채, 어머니를 부르고 또 불렀다. 아무리 불러도 내 목소리만 우렁우렁 울릴 뿐, 아무도 대답하지 않았다. 엄마, 엄마아……꿈이었다.

"철아, 어서 눈 좀 떠 봐라이. 나다. 내가 왔어."

누군가 몸을 흔드는 기척을 느끼며 나는 설핏 눈을 떴다. 아, 거기 놀랍게도 어머니의 동그란 얼굴이 나를 내려다보며 환히 웃고 있는 게 아닌가.

내 손을 꼭 쥐고 있는 한 없이 보드랍고 따스한 어머니의 손. 나리꽃을 닮은 어머니의 향그러운 살 내음……. 아직도 꿈을 꾸고 있는 것만 같아서 난 눈만 껌벅거렸다.

"나다. 어미란 말이여, 철아. 내가 이렇게 왔는디도 아무렇지도 않어?"

웃음을 머금은 어머니의 음성이 다시 또렷하게 들려 왔다. 그러나 나는 순간 어머니 쪽을 외면한 채 획 돌아 눕고 말았다. 그러자 까닭모를 서러운 울음이 봇물처럼 한꺼번에 와 터져나오기 시작했다.

"으마마, 가엾은 내 아들. 어린 맘에도 서운한 정이 한껏 쌓였던 게로구나. 그래 그래, 어미가 잘못했다이. 인제부터는 우리 철이랑 준이랑 춘례랑 온 신구들이 함께 모여서 오래오래 살 것이여. 울지마라 응?"

어머니는 내 뺨에 얼굴을 부비며 웃으셨다.

"아암. 올 가을에는 우리 식구 모두 광주로 이사를 가기로 했단다. 그것 때문에 느이 엄니가 내려 온 거여. 할아부지랑 이 할마이도 다 같이 갈란다. 철이는 참말 좋겠다. 앞으로는 광주에서 학교를 댕기게 되었으니 말여. 안 그러냐 춘례야?"

할머니가 내 엉덩이를 토닥거리며 말했다. 그 놀라운 이야기에 나는 귀가 번쩍 열리는 것 같았다.

하지만 어째서일까. 눈물은 자꾸만 흘러 나오는 거였다.

3부 각론

공종구_ I. 관념적 로맨티스트의 농촌계몽, 그 의미와 한계

김병국_ II. 근대 자유시 이해의 지평

김성수_ III. 허준의 『잔등』에 대하여

노규호_ IV. '東窓이 붉갓느냐…'의 작자와 창작 배경

김동근_ V. 기호의 논리와 시적 상상력

백수인_ VI. 식물성 언어와 울음의 정서

이재복_ VII. 현대시와 패러디

박주택_ VIII. 상호텍스트성과 패스티쉬 비판

강연호_ IX. 디지털 시대와 느림의 시학

이상숙_ X. 북한 시에 나타난 '진달래' 이미지

I. 관념적 로맨티스트의 농촌계몽, 그 의미와 한계
―이광수의 『흙』바로 읽기

공종구*

1. 문학텍스트, 어떻게 읽을 것인가?

이 글의 대상은 춘원 이광수의 장편 소설 『흙』이다. 그리고 이 글이 감당해야 할 과제는 이광수의 『흙』에 나타난 농촌계몽의 의미와 한계를 살펴보는 작업이다. 이 과제를 수행하기에 앞서 문학텍스트는 무엇이며, 문학텍스트의 의미를 어떻게 해석할 것인가 하는 문제들에 대한 개략적인 윤곽부터 제시하는 게 순서일 듯싶다.

누가 뭐래도 문학은 '언어예술'이다. 음악이나 조각과 달리 문학은 언어를 표현수단으로 작가의 사상이나 감정을 드러내는 예술양식이기 때문이다. 한편 문학은 상상력을 토대로 그 당대의 시대정신이나 사회 구성원들의 보편적인 욕망을 반영하는 사회적 생산물이기도 하다. 사정이 이러하다면 문학텍스트는 당대의 시대정신이나 사회 구성원들의 보편적인 욕망을 언어적인 구조물을 통해 반영하는 상상적 실천으로 규정해볼 수 있겠다. 가장 소박한 수준의 문학적 담론에서는 당대의 시대정신이나 사회 구성원들의 보편적인 욕망을 '내용'이라 하고 언어적인 구조를 '형식'이라 한다. 따라서 제대로 된 문학연구에서 형식과 내용은 둘이 아니라 하나가 되어야 한다. 사정이 그러함에도 불구하고 그 둘을 분리해서 형식과 내용이라는 서로 다른 개념으로 명명하는 이유는 그렇게 분리해서 부르지 않으면 문학텍스트를 설명할 방법이 없기 때문이다. 그러니까 분리가능해서 분리하는 게 아니라 설명의 편의 때문에 분리하는 것이다. 그렇다면 문학텍스트의 의미는 어떻게 해석할 것인가?

* 군산대학교 국문학과 교수

이 질문에 대해서는 그 동안 크게 세 가지의 관점이 주도권을 다투어 왔다. 가장 전통적인 관점, 그러니까 문학 텍스트의 해석 공동체에 가장 먼저 등장한 관점은 작가의 의도를 문학 텍스트의 의미로 파악하는 관점(역사·전기 비평)이었다. 이 관점에 의하면 문학텍스트의 의미는 하나가 되어야 한다. 창작주체로서의 작가의 의도는 하나여야만 하기 때문이다. 그런데 문학텍스트의 의미는 실제로 독자들마다 다르기도 하고, 심지어는 동일한 독자라도 독서의 환경이나 조건에 따라서 다르기도 하다는 점에서 이 관점은 심각한 도전에 직면한다. 이와 대척적인 지점에 독자들의 해석을 문학텍스트의 의미로 파악하는 관점(독자반응비평이나 수용미학)이 등장한다. 문학텍스트의 의미와 관련된 이론의 역사에서 보면 가장 최근에 등장한 이 관점에 의하면 문학텍스의 의미는 극단적으로 독자들의 수만큼이나 많을 수도 있다는 형식논리가 성립된다. 하지만 실제로는 전혀 그렇지가 않다. 문학텍스트의 구조 자체나 해석공동체의 해석규범이 텍스트 해석의 수를 일정하게 한정하기 때문이다. 그리고 마지막으로 텍스트의 구조 자체에서 문학 텍스트의 의미를 찾으려 하는 관점(구조주의나 형식주의)을 들 수 있다. 문학텍스트를 자족적인 실체로 접근하는 이 입장은 문학텍스트의 의미 생산에 매우 중요한 요소로 기능하는 텍스트 바깥의 지점들을 전혀 고려하지 못한다는 한계로부터 자유로울 수 없는 문제를 지닌다.

지금까지의 설명을 통해서 알 수 있는 바와 같이, 문학텍스트의 의미 해석과 관련된 세 가지의 관점들은 모두 나름대로의 설득력과 타당성을 지니고 있다. 하지만 모든 이론이나 방법론의 일반적인 운명처럼, 그 세 관점들이 지니는 설득력이나 타당성들은 부분적일 수밖에 없다. 창작주체로서의 작가가 존재하지 않는 문학텍스트는 존재할 수조차 없고, 그리고 작가의 의도 또한 없지 않을 수 없다는 점에서 문학텍스트의 의미를 작가의 의도에서 찾고자 하는 관점은 충분한 의미를 지닌다. 또한 '독자가 읽어주지 않는 문학텍스트란 하얀 종이 위에 찍힌 검은 활자'에 불과할 뿐이라는 수용미학의 명제를 빌리지 않더라도 문학텍스트의 해석은 결국 독자의 해석을 통해서 완성된다는 점에서 문학 텍스트의 의미를 독자의 해석에서 찾고자 하는 관점 또한 해석 공동체의 시민권을 확보하는 데 조금도 문제가 되지 않는다. 그리고 작가의 의도나 독자의 해석이 구체적으로 실현되는 물리적인 장소는 다름 아닌 문학텍스트라는 점에서 구조주의나 형식주의 비평 또한 충분한 존재 이유를 지닌다. 그런 점에서 문학텍스트의 의미를 해석한다고 하는 작업의 핵심은 꼼꼼한 문학텍스트 읽기를 통해 작가의 의도를 밝혀내는 일이라 할 수 있다.

사정이 이러하다면 올바른 문학 텍스트 해석을 위해서 요구되는 전제는 크게 두 가지이다. 먼저 대상 텍스트를 정치하게 분석하고 해석할 수 있도록 대상 텍스트를 꼼꼼하게 읽는 작업이다. 문학 연구는 문학텍스트에 대한 연구이기 때문이다. 문학연구의 중심은 항상 그리고 언제나 텍스트(작품) 자체여야 한다는 사실에 대해서는 아무리 강조해도 지나치지 않다. '백문이불여일독', '읽고 또 읽을 것'. 문학연구의 제 1공리이자 명제로 삼아야 할 화두이다. 다음으로는 텍스트의 생산과 관련된 주변의 컨텍스트를 면밀하게 섭렵하는 작업이다. 문학텍스트는 추상적인 진공상태에서 발생하는 게 아니다. 구체적인 사회·역사적인 존재로서의 창작주체인 작가의 언어적 실천행위의 결과인 문학 텍스트에는 그 작가의 개인적인 생애나 사상, 그리고 그 작품이 쓰인 당대의 시대상황이나 사회·역사적 배경 등이 반영될 수밖에 없다. 따라서 텍스트를 꼼꼼하게 읽는 작업과 텍스트 주변의 컨텍스트에 대한 면밀한 섭렵, 이 두 가지의 작업은 올바른 텍스트 해석을 위한 기본의 기본, 건축공사로 비유하면 정지작업과 기초공사에 해당된다. 서구의 최신 문학이론이나 방법론 또는 난삽한 개념이나 용어 등은 이 두 가지 작업 이후의 문제이다.

2. 관념적 로맨티스트로서의 이광수와 이광수의 문학

식민지 조선의 근대소설 지형도를 작성하는 과정에서 춘원 이광수와 횡보 염상섭 두 사람은 기념비적인 작가로 평가받을 정도로 중요한 비중을 차지한다. 그러한 문학사적인 평가에 대해서는 이제까지 별다른 이의가 없어 보인다. 하지만 존재와 세계를 바라보는 시선의 깊이와 넓이, 문체의 밀도나 구성의 체계 등과 같은 문학적 평가에 관한 한 이광수는 당시 대중적인 인기와는 상관없이 염상섭에 비해 항상 높은 평가를 받아오지 못한 것이 저간의 사정이었다. 왜 그러할까? 치밀한 리얼리스트(염상섭) / 관념적 로맨티스트(이광수)라는 대립쌍을 통해서 이 문제에 접근해보고자 한다.

알려져 있다시피 이광수는 1892년생이고 염상섭은 1897년생이다. 나이로만 치자면 이광수가 다섯 살이나 많다. 그럼에도 불구하고 거의 같은 시기에 발표한 『흙』(1932)과 『삼대』(1931)를 비롯한 많은 작품들을 비교해보면 알겠지만 존재와 세계를 바라보는 시선의 깊이와 넓이에서 염상섭은 이광수에 비해 훨씬 어른스러워 보인다. 왜 그러한 차이가 생겨났을까? 이 문제에 대한 답을 구하는 작업은 『흙』에 대한 친절한 해설을 목적으로 하는 이 글의 관심 범위는 물론이고 필자의 능력을 훌쩍 벗어나는 일이다. 때문에 그저 소박한 심정적인 추정의 수준에서 성장환경이나 기질상의 차이에서 온 것이겠거니 하고 짐작만 할 수 있을 따름이다. 다만 그러한 차이를 토대로 두 사람의 작가적 정체성을 '염상섭 : 치밀한 리얼리스트 / 이광수 : 관념적인 로맨티스트'로 규정하여 『흙』의 해설과 관련하여 도움이 될 만한 이야기는 좀 해 볼 수는 있을 것 같다.

먼저 존재와 세계를 파악하는 시선이라는 맥락에서 두 작가를 비교해보면 이광수는 매우 단순하고 단선적이다. 그에 비해 염상섭은 상대적이긴 하나 매우 입체적이고 치밀한 편이다. 이광수 소설에 등장하는 주요 인물들의 내면을 지배하는 욕망의 동기는 주로 '이념'이나 '주의'에 관한 것이 많다. 그 이념이나 주의 또한 대단히 거창할 뿐만 아니라 관념적인 구호 수준에 머무르고 있는 것들이 대부분이다. 그리고 이들은 거의 이상주의자의 면모를 지니고 있을 뿐만 아니라 매우 충동적이고 감상적이다. 반면 염상섭의 소설에 등장하는 주요 인물들의 내면을 지배하는 욕망의 동기는 많은 연구자들의 지적처럼 '돈'과 '성'에 관한 것들이 대부분이다. 그리고 그들은 대단히 냉정하고 치밀하고 영악하고 타산적이다. 아주 거칠게 요약한다면 이광수 소설의 주요 인물들이 이념과 주의에 목숨을 거는 인간형이라고 한다면, 염상섭 소설의 주요 인물들은 돈과 성에 목숨을 거는 인간형들이라고 할 수 있다.

폭력적인 단순화의 혐의를 무릅쓰고, 근대소설을 리얼리즘 소설로, 그리고 리얼리즘 소설을 보통 사람들의 살아가는 이야기 양식으로 규정했을 때, 이광수의 소설은 본격적인 리얼리즘 소설과는 상당한 거리가 있다. 우선 무엇보다도 이광수 소설에서는 근대 자본주의 현실세계에서는 경험하기 쉽지 않은 관념형의 인물들이 서사를 이끌어나가는 중심인물들로 등장하기 때문이다. 근대 리얼리즘 소설과 관련된 이광수 소설의 취약점을 더욱 부각시키는 요소는 주요 인물들이 이념이나 주의를 선택하게 되는 과정이나 동기 또한 전혀 설득력이 없이 관념적이고 충동적이라는 점이다. 부분적으로 이광수 소설의 중심인물들은 초월적인 능력을 지닌 고대 영웅소설에서의 주인공들과 강한 친족성을 형성하고 있다.

이와 같이 존재와 세계를 바라보는 시선이나 인식 지평이 단순하고 단선적이다 보니까 이광수의 소설에는 모순과 부조리로서의 인간존재의 본질에 대한 깊이 있는 성찰이나 예리한 통찰은 보이지 않고 있다. 이광수 소설은 또한 '들끓는 욕망의 용광로'로서의 인간존재들이 자신들의 존재 증명이나 인정 투쟁을 위해 이합집산을 거듭하며 벌이는 이전투구의 구체적인 실상에 대해서도 깊이 있는 천착도 보이지 못하고 있다. 다만, 이광수는 자신의 소설을 통해 인간존재와 사회현실을 자신의 섣부른 이념이나 관념에 의해 주관적으로 재단하고 평가할 뿐이다. 이광수 소설에 등장하는 존재와 세계가 철저할 정도로 윤리적인 이분법의 세계로 분할되거나 재단되는 것도 모든 것을 자신의 해석적인 전유에 의해 주관적·주정적으로 주조하는 관념적인 로맨티스트로서의 이광수의 세계인식과 밀접한 관련이 있어 보인다.

3. 윤리적 이분법의 세계

관념적 로맨티스트로서의 이광수의 세계관은 30여 편 정도에 이르는 장편소설의 구조에 중요한 변수로 기능한다. 이광수가 일반 독서 대중들의 폭발적인 인기를 한 몸에 받으면서 정열적으로 발표한 장편소설들의 대부분이 '윤리적 이분법의 척도로 재단된 세계'라는 점이야말로 세계관과 구조 사이의 구조적 상동성을 극명하게 보여주는 대표적인 사례이다.

이광수 소설의 서사를 추동하는 인물들은 절대선의 의지로 부장된 긍정적인 세력과 절대악의 의지로 무장된 부정적인 세력들로 확연히 구분된다. 이광수 소설에는 그 중간의 점이지대가 별로 보이지 않는다. 온갖 상충하는 분열증적 욕망들로 인한 갈등과 고투를 존재론적 조건으로 하는 근대적 주체들의 불행한 의식에 비추어 볼 때 이광수 소설은 과장과 왜곡, 그리고 단순화의 혐의로부터 결코 자유롭지 않아 보인다. 그런 점에서 이광수 소설은 동화적 상상력이 지배하는 고대 설화의 세계나 영웅소설의 서사와 닮은 점이 적지 않아 보인다.

이광수 소설의 플롯 또한 고대 영웅소설들의 플롯과 많이 닮아 있다. 기본적으로 이광수의 소설의 플롯은 고대 영웅소설의 그것처럼 악의 세력/선의 세력의 대결 구도를 중심축으로 형성되어 있기 때문이다. 플롯의 전개 과정 또한 이광수 소설은 악의 세력들의 음모와 박해로 인해 선의 세력들이 수난을 당하다 마지막에 이르러 전혀 예상치 못한 우연이나 천우신조의 도움을 받아서 문제를 해결하거나 아니면 악의 세력들이 선의 세력에 감동·감화를 받아 절대선의 세계로 백기 투항하는 형국으로 끝나는 고대 영웅소설의 전형에서 크게 벗어나지 않고 있다. 그 과정 또한 서사의 진행과정이나 현실세계의 논리에 비추어 보아서도 전혀 설득력이 없어 보인다. 뿐만 아니라 서사의 진행 계기들이나 결말 부분에서의 낙관적인 전망이나 해피엔딩 또한 느닷없을 정도로 충동적이고 갑작스럽다.

근대소설을 리얼리즘이라고 했을 때 리얼리즘 미학의 핵심 규율은 현실에서 출발하라, 현실을 객관적으로 그려라, 현실을 냉정하게 그려라, 현실을 비판적인 시각에서 그려라 하는 것이다. 하지만 이광수의 소설은 거의 대부분 아쉽게도 구체적인 현실에서 자신의 관념이나 주장을 이끌어내는 게 아니라 역으로 자신의 관념이나 주장이 현실세계를 압도·재단하는 측면이 매우 강하다. 바로 이 부분이야말로 이광수의 소설이 리얼리즘 미학으로부터의 심각한 일탈이라는 문제를 지니게 될 수밖에 없게 만드는 근본적인 이유라고 생각한다. 이 글에서 본격적인 해설의 대상으로 소환하고자 하는 『흙』 또한 예외가 아니다. 예외가 아니라기보다는 이광수 소설의 그러한 문제점을 가장 전형적으로 보여주는 대표적인 작품이 바로 『흙』이 아닌가 생각한다.

이광수 소설의 대부분 서사구조들처럼 이 작품의 서사구조 또한 극명할 정도의 이분법적 대립의 구도를 바탕으로 하고 있다. 그 이분법적 대립 구도의 핵심 축은 '허숭을 정점으로 하는 긍정적인 세력 / 김갑진을 정점으로 하는 부정적인 세력'으로 구획할 수 있다. 허숭을 정점으로 하는 긍정적인 세력들은 허숭을 제외하고는 유순, 맹한갑, 작은갑 등 농민들로 구성되어 있다. 이들은 하나같이 일신의 영위와 영달보다는 대의와 공동체적 가치에 헌신하는 이타적인 존재들이라는 특성들을 공유하고 있는 인물들이다. 허숭만 하더라도 보성전문 졸업 후 고등문관 시험에 합격하여 변호사 자격증을 취득한, 그 당시 세속의 기준으로 보더라도 입신양명에 성공한 인물이다. 게다가 그는 당시 조선의 부호인 윤참판의 막내인 정선과 결혼하여 물질적으로도 풍요로운 미래가 약속된 전도양양한 젊은이이다. 그러나 그는 그 모든 현세의 부귀영화와 권세를 등지고 자신의 이상을 실현할 수 있는 대안적인 공간으로 정한 살여울로 내려간다. 자신을 무시하고 자신을 대의를 폄하하는 정선과의 불행한 결혼생활로 인한 번민과 갈등이 빌미가 되기도 하지만 보다 더 근본적으로는 농촌 계몽에 대한 자신의 이상 실현을 포기할 수 없기 때문이다. 반면 갑진을 정점으로 하는 부정적인 세력은 정선, 이건영, 정근 등 고등교육을 받은 상류 계층의 지식인 집단들로 구성되어 있다. 이들은 일본 또는 미국 유학생 출신으로 식민지 조선을 위해 일하기보다는 철저할 정도로 자신의 일신상의 안일과 영달만을 추구하고자 하는 출세 지향적인 인물들이다. 당시 식민지 조선 사회의 상류 계층에 속하는 이들이 하는 일이란 애오라지 팔난봉과 파락호를 방불케 할 정도의 엽색행각과 방탕 뿐 다른 일이란 관심 밖이다. 한마디로 이들은 타락한 부르조아 속물의 전형들이라 할 수 있다.

서사의 전개는 허숭의 헌신적인 농촌 계몽 사업과 그것을 끊임없이 방해하는 적대적인 세력들의 ―아내 정선과 김갑진과의 불륜, 정근의 음해와 무고 공작, 아내 정선의 몰이해와 질투― 갈등과 대립을 축으로 형성된다. 이 부분이 서사의 거의 대부분 비중을 차지한다. 그러다가 서사의 결말에 이들이 허숭의 인격과 대의에 감동·감화를 받아 회개하고 회심하는 것으로 종결된다. 그런데 문제는 이 두 세력 사이에 중간의 점이지대가 존재하지 않고 있다는 점, 그리고 결말 부분에서의 정근과 갑진의 회심 부분 또한 긴밀한 서사의 내적인 계기나 동기부여가 결여되어 있다는 점이다. 한마디로 리얼리티가 없다는 점이다. 왜 그러한가? 이에 관해서는 농촌 계몽의 관념성과 허구성을 설명하는 다음 절에서 상술하기로 한다.

4. 농촌계몽의 관념성과 허구성

『흙』은 이광수가 동아일보 편집국장으로 재직(1926.11-1933.08)중이던 1932년에 동아일보에 291회(1932.4.12-1933.7.10)에 걸쳐 연재한 장편 농민소설이다. 이 작품에 대해서는 그 동안 숱한 논의가 있어 왔다. 그 숱한 논의들 가운데 그 동안 이 작품의 지배적인 해석 코드로 동원되었던 키 워드들은 '민족주의 문학', '계몽주의 문학', '농민문학' 등이었다. 문제는 이 소설을 통해서 드러내고자 한 이광수의 민족주의 의식이나 농촌 계몽의 성격이다.

앞서 말한 바와 같이, 이광수가 이 작품을 『동아일보』에 연재하기 시작한 것은 1932년 4월 12일부터이다. 이 작품의 연재가 1932년에 시작되었다라고 하는 사실은 이 작품의 심층적인 의미망을 탐색하는 데 매우 중요한 요소로 기능한다. 왜 그러한가? 이와 관련하여 무엇보다도 세 가지 사실을 지적할 필요가 있다.

먼저 이 해는 브나르도 운동이 본격적으로 진행되기 시작한 시기이자 이광수가 『동아일보』의 편집국장 신분으로 재직 중이던 시기라는 점을 들 수 있다. 사회주의 계열의 적색 농민 조합이 확산되는 것에 맞서 민족주의 계열의 농촌 계몽 운동으로 출발한 브나로

드 운동은 이 작품이 발표되던 1932년경이면 본격적인 국면에 접어든다. 당시 조선일보와 더불어 브나로드 운동의 구심체 역할을 했던 동아일보의 편집국장으로 재직 중이었던 이광수는 이러한 시대의 대세를 외면할 수 없었을 것이다. 다음으로 이 해는 우가키 카즈나리宇垣一成가 식민지 조선의 총독으로 부임한 시기라는 점을 들 수 있다. 1932년에 식민지 조선의 총독에 부임한 우가키는 취임사에서 시정의 핵심 목표로 물심안정주의를 내세운다. "우가키의 물심 안정주의는 농촌 진흥운동과 보통교육 확충으로 나타났다. 농촌 진흥운동의 목적은 조선인의 생활수준의 향상에 있었고, 그 궁극적 목적은 세계공황으로 대타격을 입은 일본 경제의 구매력 있는 시장을 조선에 조성하기 위해서였다."[1] 그리고 마지막으로 이 시기는 일제가 1931년 만주사변을 계기로 본격적인 대륙침략 전쟁에 나서면서 식민지 조선을 대륙침략의 병참기지이자 교두보로 삼으면서 전시동원체제로 재편하기 시작한 시기라는 점을 들 수 있다. 당시 부르조아 민족주의 우파의 대표적인 지식인으로서 1922년 귀국 후 『민족개조론』 발표를 기점으로 서서히 체제 내화의 길로 접어들던, 그리고 자기 현시욕이 상당한 강한 기질의 이광수로서는 이러한 시대상황으로부터 자유로울 수 없었을 것이다.

　이 작품은 이와 같이 직접적으론 브나로드 운동과 같은 동아일보사 중심의 농촌 계몽사업, 그리고 간접적으론 우가키 총독의 식민지 지배정책의 일환인 농촌진흥운동 및 만주사변을 계기로 돌입한 본격적인 전시동원체제라는 사회·역사적 맥락과의 긴밀한 조응 속에서 발표를 시작한 작품이다. 이 작품의 발생 배경이자 동인으로서의 이러한 사회·역사적 맥락은 이 작품의 구조적인 특성과도 밀접한 관련을 맺고 있는데 그게 바로 이 작품의 핵 사건으로 기능하는 농촌 계몽운동의 관념성과 허구성이다. 이 작품은 한마디로 당시의 브나로드 운동이나 농촌진흥운동을 외면할 수 없었던, 아니 적극적으로 관여하고 싶었던 이광수가 소설이라는 상상적인 매개물을 통해 자신의 농촌 계몽 의지를 관념적으로 투사시킨 작품이라고 할 수 있다. 다시 말해 이 작품은 당시 식민지 조선의 구체적인 농촌 현실에 바탕을 두고서 형성된 게 아니라 책상 위에서 관념적으로 주조된 자신의 농촌 계몽의지를 살여울이라는 상상적인 허구의 공간을 통해 투사시킨 결과물이라고 할 수 있다. 이 작품이 태생적으로 관념성과 허구성이라는 한계로부터 자유로울 수 없는 이유는 바로 거기에 있는 것이다. 서사 구조의 차원에서 이 작품의 이야기를 추동하는 주인공인 허숭의 농

---

1. 호사카 유우지,『일본제국주의의 민족동화정책 분석』,제이앤시,2002,118면.

촌 계몽 운동으로의 헌신적인 투신, 정선과 백선희의 동참, 김갑진의 검불랑으로 이농, 그리고 정근의 개과천선 등 이 작품의 주요 모티프로 기능하는 사건들이 하나같이 서사의 내적인 계기나 동기가 부족하여 서사의 밀도가 떨어지게 하는 것도 이 작품의 태생적인 한계인 관념성과 밀접한 관련성이 있다. 또한 관념성과 관련된 이 작품의 한계는 한국 최초의 근대 장편이라는 문학사적인 평가를 받고 있는 『무정』을 비롯한 이광수의 대부분 장편들이 안고 있는 구조적인 문제이기도 하다.

한편, 관념성으로 인한 『흙』의 구조적 문제에 대해서는 그 어느 누구보다 이광수 본인이 정확하게 인식하고 있었던 것으로 보인다. 1부 45회분 연재를 마치고 단군 유적 답사를 위해 연재를 일시적으로 중단하면서 발표한 작가의 "오늘날 조선의 사람과 흙을 그리려 하는 나에게는 수십 년 도회 생활만 하고 농촌을 등졌던 나에게는 반드시 많은 느낌과 재료를 얻으리라고 믿는다"라는 말에서 이 작품을 연재하는 과정에서 농촌 생활의 경험 부족으로 인해 이광수가 느낀 창작의 어려움을 어렵지 않게 확인할 수 있기 때문이다. 이 작품의 관념성에 대해서는 이광수 본인 말고도 김동인이나 홍효민 등 당시 문단의 동료들 또한 다투어 지적하고 있다. 당시 이광수의 문학을 자신이 극복해야 할 커다란 산으로 느끼면서 식민지 조선의 신문학 영토를 개척해나갔던 김동인의 "조선 농촌이라는 데 대해서 이만치 인식이 적은 삭자가 이 작에서 주인공 허숭으로 하여금 농촌 계발에 활동하게 한데 이 작품은 출발부터 미흡한 점이 있다. 도회인이 책상머리에 앉아서 상상으로 생각하는 조선 농촌의 고민과 현실과의 새에는 상당한 어긋남이 있지 않을까"[2]라는 지적이나 당시 농촌 문학에 상당한 관심을 가지고 있었던 카프 계열의 비평가인 홍효민의 "여기에 춘원작 『흙』이란 상당한 지수를 소비한 장편소설도 그 실은 춘원이 의도하는 바 귀농운동을 이러케하였으면 어떨까(?) 하는 문제를 제시함에 지남이 없는 것이다"[3]라는 지적들은 모두 『흙』이 지닌 관념성의 문제를 겨냥한 것들이다.

한편 농촌 계몽 운동의 관념성 이외에 이 작품이 안고 있는 또 하나의 문제는 농촌 계몽 운동의 이데올로기적 허구성이다. 거시적인 맥락에서 브나로드 운동의 뿌리는 그 연원을 소급해 올라가면 3.1운동 이후 일제의 식민 당국과 부르조아 민족주의 우파 세력들 사이에 타협의 결과로 주어진 문화통치나 문화적 민족주의에 가 닿는다. 당시 일제의 식민 당국은 3.1운동을 계기로 무단통치 방식이 지니고 있었던 문제를 정확하게 인식하면서 식민

2. 김동인,「춘원연구」,김치홍 편저,『김동인평론전집』,삼영사,1984,167면.
3. 홍효민,「귀농운동의 관념화」:『흙』의 제구성의 양상,『인문평론』,제14호,79면.

통치 방식의 방향 전환을 모색할 수밖에 없는 상황에 처하게 된다. 또한 윌슨의 민족자결주의의 허구성을 정확하게 간파하는 과정에서 약소 민족의 비애를 절감한 부르조아 민족주의 우파 세력들은 일제로부터의 해방과 독립은 오로지 우리 민족의 주체적인 역량과 투쟁 밖에 없다는 사실을 인정하지 않을 수 없게 된다. 하지만 당시 우리 민족의 실력이나 역량으로 볼 때 정치 투쟁과 같은 운동 방식은 시기 상조로 판단한 부르조아 민족주의 우파 진영에서는 현실적인 대안으로 문화 운동이라는 점진적인 독립 방안을 구상하게 된다. 이러한 상황에서 일제의 식민 당국은 문화운동을 통한 민족주의 운동을 전개할 수 합법적인 공간 제공을, 그리고 부르조아 민족주의 우파 진영에서는 그에 대한 화답으로 무장 투쟁이나 테러를 통한 과격한 정치 투쟁의 포기를 서로 주고받는 타협의 결과로 주어진 게 바로 1920년대 문화적 민족주의의 본질이라고 할 수 있다. 한마디로 1920년대 문화적 민족주의의 본질은 일제의 부당한 식민 지배에 대한 저항의지를 담보로 교환한 체제 순응적인 온건한 운동이라고 할 수 있다. 그리고 '준비론'이나 '실력양성론' 등은 바로 당시 문화적 민족주의 운동의 구체적인 방법으로 제시된 운동 노선들이다. 문화적 민족주의 운동 노선이 농촌 계몽 운동의 방향에서 진화된, 따라서 문화적 민족주의 노선의 연장선상에 있는 브나르도 운동은 아주 거칠게 요약하면, 근본적으로 체제 순응적인 지향을 크게 벗어날 수 없었던 운동으로 평가할 수 있다. 이 작품에서 허숭이나 백선희가 살여울에 정착한 후 농민들을 대상으로 계몽과 교화의 대상으로 실시한 구체적인 내용들— 문맹퇴치, 위생사상보급, 생활개선 운동, 협동조합을 통한 경제생활 합리화—이 일제 총독부의 농촌 진흥 운동 내용과 크게 다르지 않다는 점을 보아도 브나로드 운동에 대한 그러한 평가는 조금도 무리가 아니라고 생각한다. 브나로드 운동의 한계와 관련된 이광수의 농촌 계몽 의지의 이데올로기적 허구성은 다음과 같은 대목에서 분명하게 확인된다.

    숭이가 정선을 기다리는 제일 플랫폼에서는 군대를 송영하는 제이 플랫폼 광경이 잘 건너다보였다. 정선이가 탄 열차가 경성 역에 들어오기를 기다려서 북으로 향할 군대 열차는 정선의 열차보다 십 분 가량 먼저 정거장에 들어왔다.
    열차가 정거장에 들어올 때에 송영 나온 군중은 깃발을 두르며 반자이를 부르고 중국 사람의 것과 비슷한 털모자를 쓴 장졸들은 차창으로 머리를 내밀고 화답하였다. 송영하는 군중이나 송영받는 장졸이나 다 피가 끓는 듯하였다. 이 긴장한 애국심의 극적 광경에 숭은 남 모르게 눈물을 흘렸다. 고향과 사랑하는 사람들을 두고 나라를 위하여 죽음의 싸움터로 가는 젊은이들, 그들을 맞고 보내며 열광하는 이들. 거기는 평시에 보지 못할 애국, 희생, 용감, 통쾌, 눈물겨움이 있었다. 숭은 모든 조선 사람에게 이러한 감격의 기회를 주고 싶다고 생각하였다. 전장에 싸우러 나가는 이러한 용장한 기회를 못 가진 제 신세가 힘없고 영광 없는 것 같이도 생각되었다.

인용문면을 통해서 확인할 수 있는 사실은 본격적인 대륙 침략을 통한 15년 전쟁(일본에서는 1931년 만주사변에서 1945년 종전까지의 기간을 15년 전쟁이라고 부른다)의 시발인 만주사변의 전장에 출전하는 장졸들을 환송하는 자리인 출정식 장면에 대한 이광수의 내면풍경이다. 일제의 식민지 지배 역사에서 1931년의 만주사변은 매우 중요한 의미를 지니는 사건이다. 이 사건을 계기로 본격적인 대륙침략 전쟁을 발판을 마련한 일제는 식민지 조선의 모든 부문을 대륙침략의 전지기지이자 병참기지로 영토화하는 정책을 시행해나가기 때문이다. 그 과정에서 혹독해진 경제적 수탈과 사상 탄압으로 인해 식민지 조선 민중들의 생활고는 더욱 악화되고 지식인들의 활동공간은 더욱 위축된다. 이와 같이 1931년의 만주사변은 일제의 식민지 조선 지배 정책이 야만의 얼굴을 드러내기 시작하는 결정적인 변곡점을 형성할 정도로 당시 식민지 조선 사람들에게는 좋지 않은 사건이었다. 그럼에도 불구하고 이광수는 허숭이라는 대리인을 통해 만주사변에 직접 출정하지 못한 자신의 처지와 신세를 만단하고 있다. 이러한 이광수의 모습에서 우리는 1922년 상해로부터 귀국한 이후에 발표한『민족개조론』에서부터 그 징후를 보이기 시작한 친일에의 지향이 본격적으로 드러나 일제 말기 " 소학교를 졸업한 사람은 전부 지원병 검사를 받도록 하여야 할 것입니다. 이러하여서 조선에 징병제도가 하루바삐 실천되도록 촉진하여야 할 것입니다. 우리 자제가 전부 징병되는 날이 우리가 완전한 황국신민이 되는 날임을 뇌고牢固하여야 합니다"[4]라는 전시동원체제하에서의 황국신민화론을 주장하면서 식민지 조선의 청년들에게 징병을 독려하던 이광수의 모습을 선취할 수 있는 것은 결코 과잉해석이 아니라고 생각한다.

---

4. 이광수,「성전 3주년」,김병걸 · 김규동 편,『친일문학작품선집1』,실천문학사,1986,87면

II. 근대 자유시 이해의 지평

*김 병 국

1. 시의 형식, 내용과의 조화

　이 글은 중세의 정형시와 현대의 자유시의 어름에 있는 근대시의 한 형식을 살펴보는 데 그 목적이 있다.
　우리가 문학성을 논의함에 있어서 작가가 처한 당대 사회 현실을 고려해야 하고, 형식과 내용의 짜임을 통해 드러나는 미적 특질을 살펴야 한다. 그러나 전체적인 조망을 하기 위한 전 단계로 여기서는 시가의 형식을 중심으로 하여 논의를 전개해 나가고자 한다. 구체적으로는 시의 형식이 시인의 감성 내용을 얼마만큼 적절하게 드러내고 있는지에 관심을 갖는다. 그래서 이 자리에서는 굳이 근대의 개념을 밝히려 하지 않으며, 근대의 시점을 논의의 대상으로 삼지도 않는다. 주로 소월을 비롯한 몇 시인의 몇 작품이 그 논의의 주 대상이 된다.

2. 근대기 자유시의 두 지향

　일반적으로 고전시가를 정형시라고 한다. 일정한 양식적 틀이 있기 때문이다. 이 틀은 율律로 결정되며, 이 율律은 나름의 일정한 형식을 갖는다.

* 건양대학교 문화영상학과 교수, 고전시가 전공

落日은 西山에 져서 동해로 다시 나고
ᄀ을에 이운 풀은 봄이면 플으건을
엇덧타 最貴한 人生은 歸不歸를 ᄒ는이 (이정보)

이 작품은 4음보를 그 율律로 하고 있으며, 그 율이 3회 반복되는 것이 보다 큰 율律이다. 곧 4음보 3행의 형식을 가진 시조이다. 이 작품만이 이러한 형식을 갖는 것이 아니라, 시조라고 하는 모든 작품은 이러한 외형적 형식을 갖는다. 이러한 외적 형식의 속에서 작품 내적으로 독자적인 시상의 전개를 통해 내적 형식을 이루게 되는데, 이것은 작품의 주제와 긴밀한 관계를 갖는다.

이 시조는 초·중장과 종장의 이항 대립 구조로 이루어져 있다. 초장은 '하루'를 주기로 '지고, 나는' 운행을 계속하는 태양을 형상하고 있으며. 중장은 초장과 문장 구문상으로 동일한데, '일년'을 주기로 하여 지고 피는 자연의 이치를 반복하는 풀을 형상하고 있다. 즉 생명성에 있어서, 초·중장은 회귀성을 가진 자연물을 형상하고 있는 것이다. 그런데 종장은 가장 귀한 존재로 인식되고 있는 인생의 불회귀성을 형상함으로써 이 시조 전체적으로는 이러한 유한한 인생에 대한 애상을 형상화하고 있다. 이러한 이항 대립구조가 만들어내는 평행선은 생명성에 있어서 이 두 부류(태양·풀-인생)가 영원히 합치될 수 없다는 주제를 드러내고 있으니, 이것이 이 시조가 갖는 내적 형식이다.[1] 작품의 내적형식은 개별 작품 속에서 작자가 나름대로 독창적으로 만들어 낼 수가 있는 것이다.

조선 후기에 일어난 동학과 중국을 통해 들어온 천주교, 그리고 다양한 경로로 이 땅에 들어온 서구 문명 등은 이 땅의 오랜 이념이었던 성리학에 새로운 충격을 준 세계관들을 지니고 있었다. 이들은 문학에 있어서도 변화를 주었으니, 특히 20세기 초에 들어온 서구의 문예사조는 기존의 문학에 큰 영향을 주었다.

정형시인 고전시가는 한편으로 새로운 시대의 시형식인 자유시[2]의 형성에 일정한 영향을 준다.

이 당시 자유시로의 지향은 두 가지 방향에서 진행되었다고 본다. 자유시라는 말은 정형시에 대립하여 생겨난 것으로 이러한 의미에서 볼 때 자유시는 정형시의 형식으로부터

---

1 외적구조와 내적구조에 대한 자세한 설명은 졸고, "시조 품격론 서설"(『반교어문연구』 제4집, 1992) 참고.
2 근대시 또는 근대 자유시 형성과정에 대한 연구사는 정우택의 「한국 근대 자유시 형성과정과 그 성격」(성균관대 박사학위논문, 1998), 3쪽 ~ 9쪽 참조.

자유로워진 시라고 볼 수 있다. 그러나 자유시는 정형시의 형식을 파괴하면서 생겨난 것이긴 하지만, 그렇다고 하여 무형식의 시를 의미하는 것은 아니다. 각개의 작품들이 각각 자유로이 나름의 시형식을 만들어가는 시라는 보다 발전적인 의미를 외면해서는 안 된다.

우리가 자유시의 율격을 자유율自由律이라고 한다면, 이 자유율은 기존의 정형률에서 벗어나는 자유스러움을 의미하면서, 동시에 작품마다 자유로이 나름의 율격을 창조해 나가는 것을 의미한다. 우리의 근대기 자유시는 다만 정형률에서 벗어나 말 그대로 자유롭게 지어지는 방향과 이와는 달리 나름의 새로운 율격을 자유로이 창조해 나가는 방향, 이 두 가지 방향으로 진행되었음을 확인할 수 있다. 이 논문에서는 후자의 측면에서 논의를 진행해 나가고자 한다.

3. 새로운 율격의 창조를 위한 탐색

새로운 율격을 창조해나간 작가들로 최남선, 이광수, 주요한, 김억, 김소월 등을 들 수 있다. 이들은 자수율을 기본으로 하면서 조사措辭를 통한 이미지의 구축을 통해 나름의 시 세계를 형상화해 나갔다.

최남선과 이광수는 새로운 시의 율격을 염두에 두면서 유독 자수에 매달린 경향을 보이고 있다. 여러 논자들이 언급했듯이, 최남선의 〈해에게서 소년에게〉(『少年』, 1908. 11. 1)를 보면 각 연에 있어서 각 행의 자수를 맞추고 있음을 볼 수 있다. 이러한 상황은 이광수도 마찬가지이다. 〈님나신 날〉(『靑春』 4호, 1915. 1)을 보게 되면 육당의 〈해에게서 소년에게〉의 형식과 같다.

최남선과 이광수에 의해 시도된 신체시는 비록 그 시적 형식이 내면화되지는 못했지만, 그리고 실패한 시형식이라는 비판이 전혀 잘못이라고 할 수는 없지만 이들의 이러한 노력이 후일 진정한 자유시 형성에 이어졌다는 점에 있어서 나름의 시사적 의의를 갖는다고 할 수 있다. 창가와 신체시 이후 근대시의 경향에 대해 김용직은 다음과 같이 언급하고 있다.

김억과 주요한에 의해 담당된 초기 한국의 민요조 서정시에는 분명히 긍정적으로 평가
될 수 있는 史的 의의가 내포되어 있다. 흔히 우리는 唱歌·新體詩 다음을 이은 한국 근대시

의 국면을, 계몽주의 목적의식에서 탈피하고자 한 순수시의 자리라고 일컫는다. 아울러 이 무렵의 우리 시는 창가·신체시의 엇비슷한 정형성에서도 벗어나야 했다. 한 마디로 한국 근대시의 본격화로 제기된 두 개의 현안은 시 자체의 독자적, 미적 확보와 형태 해석에 있어서 정형성·자수율의 지양·극복이었다. 그런데, 초창기에 있어서 한국 근대시는 이와 같은 현안의 문제에 어느 정도 기능적으로 대처를 했다. 상징주의 시와 시론의 수입·수용을 축으로 한 시의 예술성 추구가 전자의 테두리에 속하는 일면이었다. 그리고, 후자의 단면으로 생각되는 것이 「泰西文藝新報」, 「創造」, 「廢墟」 등을 통해서 줄기차게 전개된 詩作의 산문화 경향이었다.[3]

김용직은 근대시의 경향 중에 하나가 정형성·자수율을 극복하기 위한 산문화의 경향이라고 말하고 있지만 나름의 자수율을 유지하면서 나름의 새로운 율律의 창조를 통해 시의 형식과 내용을 유기적 통일체로 엮어 독특한 시세계를 구축하고자 하는 노력이 지속되고 있었던 것이다. 이러한 노력을 한 대표적인 이가 바로 안서岸曙 김억金億이다.[4]

안서는,

　　詩想만이 詩歌가 아니외다. 그것은 빗갈만이 꼿이 아닌 것이나 마찬가지외다. 꼿에는 色彩 이외에 잡을수도업고 볼수도업는 아름다운 芳香이 잇는 것을 니즐수가업습니다. 그와마찬가지로 詩歌에는 쯧밧게 쯧이잇고 말밧게말이 잇습니다. 그것은音律과內容과의 渾然히調化된곳에서 늣길수잇는 暗示그것이외다.[5]

라고 하고, 또

　　實際로 어떠한約束으로써 言語를 制裁統一하야 調和시켜노흐면그곳에는 무어라말할수업는言語그자신의本質美가 찬란한光彩를놋습니다. 이것은말할것도업시가튼言語에서 內容으로는意味를 그리고形式으로는音調美를찾자는데 지내지아니하는것이외다. 그러나便

---

3 김용직, "〈먼 後日〉, 그 구조의 특성과 사적 의의",『김소월연구』(수정쇄, 새문사, 1986) I-27쪽.
4 안서 김억의 시론의 가치를 재발견하여 논한 것으로 남정희 선생의 「김억의 詩形論」(泮橋語文研究 제9집, 泮橋語文學會,1998)이 있다.
5 김안서,『격조시형론소고(1)』,〈동아일보〉1930. 1. 16~26, 28~30『안서 김억 전집』(박경수편, 한국문화사, 1987) 5권,

宜上이러케內容이니形式이니하야서 갈나서말할수는잇습니다만은 選擇된말에는결코意味와音調를두가지로난호아노흘수가업습니다. 그것은어대까지든지 서로써날수업는둘이면서하나이요 하나이면서둘이외다.[6]

라고 하여 시가에 있어서 형식(음률)과 내용(內容)의 조화를 추구했다.[7]

율律에 있어서 자수를 기본으로 한 시 창작은 육당과 춘원에 이어 주요한朱耀翰에게도 보인다.

〈샘물이 혼자서〉

샘물이 혼자서
춤추며 간다
산골작이 돌틈으로

샘물이 혼자서
우스며 간다
험한 산길 꼿사이로

하늘은 말근데
즐거운 그 노래
산과 들과 울니운다.

(『學友』1919. 1)

주요한의 이 시 역시 각 연에 있어서 행의 자수율을 일정하게 하고자하는 의도가 분명히 드러나 있다.

〈봄은 간다〉

6 김안서, 「격조시형론소고(2)」, 《동아일보》 1930. 1. 16~26, 28~30, 같은 책, 같은 권
7 그리하여 안서는 '어떠한 調의 形式이 우리의現下의思想과感情을 담아줄수가있는가하는問題'(「격조시형론소고(1)」)에 대하여 고민을 했으며, 궁극적으로 '격조시형(格調詩形)'을 만들어내기에 이르렀다.

밤이도다
봄이다

밤만도 애달픈데
봄만도 싱각인대

날은 쌔르다
봄은 간다

깁은 싱각은 아득이는데
저—바람에 식가 슮히 운다

검은 니 써돈다
종소리 빗긴다

말도 업는 밤의 설음
소리 업는 봄의 가슴

쏫은 썰어진다
님은 탄식흔다

(『태서문예신보』, 1918. 11.30)

    이 시에서 김억은 각 연의 길이를 달리하면서도 각 연에서 행의 길이를 맞추고자 하는 의식적인 시도를 하고 있다.
    그러나 주요한과 김억의 시는 최남선이나 이광수의 신체시가 보여주는 형식적 특성과는 다른 모습을 보여 주고 있으니, 시행이나 연을 구성함에 있어서 보다 세심한 시적 형상화의 면을 띄고 있다고 할 수 있다.
    이들의 전통을 이어서 나름의 독특한 시세계를 구축한 시인이 바로 김소월이다.

4. 소월의 시 형식

소월의 작품은 오랜 세월 동안 많은 독자를 확보해 오고 있다. 그 만큼 많은 우리나라 사람들의 정서에 공감을 주는 시세계를 구축했다고 보여진다. 소월은 정서의 내용만큼이나 그에 걸맞은 시의 형식을 창조하는 데 세심한 노력을 기울인 시인이다.[8]

여기에서는 소월의 세 편의 시를 대상으로 소월이 어떻게 새로운 율律의 시형식을 창조하였는지 그 구체적인 사실을 밝히고자 한다.[9]

우선 〈먼 後日〉, 〈진달래꽃〉, 〈山有花〉 세편의 시를 고찰의 대상으로 삼는다. 그 이유는 이들 세 작품들은 모두 3음보 2행을 기본적인 형식으로 하고 있지만 각각 한 연이 2행, 3행, 4행으로 나뉘어져 있는데, 이러한 행의 배열은 시인의 철저한 시의식에 의한 것이라고 보여지기 때문이다.

이 작품들은 다음과 같다.

〈먼 後日〉

먼훗날 당신이 차즈시면
그때에 내말이 『니젓노라』

당신이 속으로 나무리면
『뭇척그리다가 니젓노라』

그래도 당신이 나무리면

---

[8] 김소월 시의 연구사적 검토는 심선옥, "김소월 시의 근대적 성격 연구," (성균관대 박사학위논문, 2000. 6.) 참조.
[9] 권선아 선생은 『김소월시연구』(성균관대 석사, 1992)에서 소월의 시를 대상으로 소월이 일정한 율격에 의지하면서도 의도적 띄어쓰기와 행구분을 통해 나름의 리듬을 생성하고 있는데, 그 리듬이 시의 내용과 긴밀한 연관을 갖고 있다는 사실을 치밀하게 규명하고 있다. 아울러 소월시에 있어서 행단위와 연단위의 구문병치와 양행걸침이 갖는 의미를 밝히고 있는데, 주목할 만한 성과를 얻었다고 생각한다.
이 연구에서도 소월이 시도한 이러한 방법들-특히 의도적인 행구분으로 만들어진 리듬이 각각의 시에 있어서 의미와 어떻게 맺어지고 있는지(곧 시적 형식이 시적 내용을 어떻게 내면화하고 있는지) 하는 점을 밝히고 있는 것이나 도달한 결론은 서로 다른 것이다. 서로 한 영역을 밝혔다고 생각한다.

『밋기지안아서 니젓노라』

오늘도 어제도 아니닛고
먼훗날 그째에 『니젓노라』

(『開闢』8월호, 1922)[10]

〈진달내쏫〉

나보기가 역겨워
가실째에는
말업시 고히 보내드리우리다

寧邊에 藥山
진달내쏫
아름짜다 가실길에 쑤리우리다

가시는거름거름
노힌그쏫츨
삽분히즈려밟고 가시옵소서

나보기가 역겨워
가실째에는
죽어도아니 눈물흘니우리다

---

10 이 작품은 1920년 7월에 나온 『학생계』 창간호에 처음 발표되었다가 1922년 8월에 나온 『개벽』 26호에 수정, 게재되었다. 김소월 자신의 최종적인 수정본이라는 점에서 이 작품을 대상으로 검토한다. 이하 같음.

(『진달래꼿』, 賣文社刊, 大正14年(1925))[11]

〈山有花〉

山에는 꼿픠네
꼿치픠네
갈 봄 녀름업시
꼿치픠네

山에
山에
픠는꼿츤
저만치 혼자서 픠여잇네

山에서우는 적은새요
꼿치죠와
山에서
사노라네

山에는 꼿지네
꼿치지네
갈 봄 녀름업시
꼿치 지네

(『진달래꼿』, 매문사, 1925)

　앞에서 언급하였듯이 〈먼 後日〉, 〈진달래꼿〉, 〈山有花〉 이 세 작품은 한 연이 2행, 3행, 4행으로 나뉘어져 있지만, 다음에서 확인되는 바와 같이 이들 모두 3음보 2행을 기본적인

---

[11] 이 작품은 1922년 7월에 나온 『개벽』 2주년기념임시호에 처음 발표되었으며, 현재의 모습으로 개고되어 다시 실린 곳은 1925년 매문사에서 나온 자신의 시집 「진달내꼿」이다.

형식으로 하고 있다. 〈먼 後日〉은 '잊었노라'에서, 〈진달래꽃〉은 '보내드리우리다·뿌리우리다·흘리우리다'의 '우리다'와 '가시옵소서'의 '~ㅂ소서'에서, 〈山有花〉는 '픠네·잇네·라네·지네'의 '~네'에서 그 '율(律)'의 기본을 확인할 수 있다.

〈먼 後日〉

먼훗날 당신이 차즈시면
그째에 내말이 『니젓노라』

당신이 속으로 나무리면
『뭇척그리다가 니젓노라』

그래도 당신이 나무리면
『밋기지안아서 니젓노라』

오늘도 어제도 아니닛고
먼훗날 그째에 『니젓노라』

(6 · 4조)

〈진달래꽃〉

나보기가 역겨워 가실째에는
말업시 고히 보내드리우리다

寧邊에 藥山 진달내쫏
아름 짜다 가실길에 뿌리우리다

가시는거름거름 노힌그쫏츨
삽분히즈려밟고 가시옵소서

나보기가 역겨워 가실째에는
죽어도아니 눈물흘니우리다

(7・5조를 주조/5・4조, 8・5조)

〈山有花〉

山에는 꼿픠네 꼿치픠네
갈 봄 녀름업시 꼿치픠네

山에山에 픠는꼿츤
저만치 혼자서 픠여잇네

山에서우는 적은새요
꼿치 죠와 山에서 사노라네

山에는 꼿지네 꼿치지네
갈 봄 녀름업시 꼿치 지네

(6・4조를 주조/4・4조, 5・4조, 7・4조)

  위에서 보는 바와 같이 3음보 2행의 시를 각각 행 구분을 달리 해서 표현하고 있으니, 〈먼 後日〉은 3음보 2행으로 그대로 드러냈고, 〈진달래꽃〉은 3행으로, 〈山有花〉는 4행으로 행 구분을 하여 표현하였다. 이와 같이 기본적으로 같은 시 형식을 각각 달리 표현한 데에는 작가의 명확한 의도가 있다고 보아야 한다. 곧 그것은 그 시 속에 표현된 시인의 정감과 긴밀한 관계를 갖는다.[12]

12 안서는 자유시에 있어서 행 바꿈을 통해 감흥의 효과를 높일 수 있다는 생각을 하고 있었다. 아래는 그 내용이다.

    한데 나는 이機會에 七五調의詩形이 破格으로 얼마나 使用되어 적지아니한效果를나타내엇는가하는것을 보여드리겟습니다.

    平壤에大洞江은
    우리나라에
    곱기로 웃듬가는가람이지요

〈山有花〉, 〈먼 後日〉, 〈진달래꽃〉의 순으로 살펴보겠다.

〈山有花〉는 '산에 핀 꽃'이란 의미의 4연으로 된 시이다. 그리고 이 시에서는 제목에서도 드러나듯이, 산과 꽃이 이미지와 의미 형성의 중심을 이루고 있다. 매 연의 처음에 '山'이라는 말이 반복적으로 드러나고 있다. 이 시는 제목에서도 그렇지만 시 속에 '山'이라는 말과 '꼿'이라는 말이 유독 많이 나타나고 있다. 시인은 이 말을 강조하고 있는 것이다.

이 시 속에서는 여러 가지 대립적인 요소들이 나타나 있다. 우선 꽃이 '피'고'지'는 현상이 대립되어 있고, 꽃이 피고 지는 '갈 봄 여름'과 그런 현상이 없는 '겨울'이 대립되어 있으며, 또한 '갈 봄 여름 없이 피고 지는 많은 꽃들'과 '저만치 혼자서 피어 있는 꽃'이 대립되어 있다. 그리고 이러한 대립을 포용해주는 것이 바로 산이다. 이들은 모두 산 속에 있는 것이므로.

일반적으로 이 시는 계절의 순환을 나타내고 있다고 인식되고 있으나, '갈 봄 녀름업시 꼿치 네'와 '갈 봄 녀름업시 꼿이지네'에서 알 수 있듯이 이 시에서는 꽃이 계절에 상관없이 피고 지는 현상을 나타내고 있는 것이다. 피었다가는 지는 수많은 꽃들 중에 시인은 '저만치 혼자서 피어 있는 꽃'에 유독 관심을 두고 있는 것이다. 그것은 "山에서우는 적은새요/ 꼿이 죠와 山에서 사노라네"로 나타난다.

그리고 소월이 '저만치 혼자서 피어 있는 꽃'에 유독 관심을 두는 이유는 그의 시론을 편 「시혼詩魂」에서 확인할 수 있다.

> 적어도 平凡한가운데서는 物의 正體를보지못하며, 習慣의 行爲에서는 眞理를보다더 發見할 수없는것이가장어질다고하는우리사람의일입니다.[13]

이는 일상적으로 피었다가 지는 꽃들보다는 '저만치 혼자서 피어 있는 꽃'에서 꽃에 대

三千里가다가다 한가운대는
웃득한 三角山이
솟기도 햇소

와가튼 것은 말할것업시 七五調를 여러가지形式으로利用하야 輕快하게印象의感興을준것이외다. 이것을만일 그대로純全한七五調形에밧구어놋는다하면 반듯이 그러한感興은 적어질것이외다.
(김안서, 「격조시형론소고(5)」, 〈동아일보〉, 1930.1. 16~26, 28~30 앞책 같은 곳)
13 김소월, 「詩魂」, 『開闢』 59호, 1925. 5

한 바른 모습과 진리를 발견할 수 있다고 보기 때문이다. 그러면 '저만치 혼자서 피어 있는 꽃'에서 시인이 성찰한 것은 무엇인가? 그것은 '고독'이며, 거기에서 오는 '슬픔'이다.

> 都會의밝음과짓거림이그의文明으로써 光輝와勢力을다투며자랑할째에도, 저, 깁고어둠은山과숩의그늘진곳에서는외롭은버러지한마리가, 그무슨슬음에겨윗는지, 수임업시울지고잇습니다, 여러분. 그버러지한마리가오히려더만히우리사람의情操답지안으며 난들에말라벌바람에여위는갈째하나가오히려 아직도더갓갑은, 우리사람의無常과變轉을설워하여주는살틀한노래의동무가안이며, 저넓고아득한난바다의쒸노는믈썰들이오히려더조흔, 우리사람의자유를사랑한다는啓示가안입닛가.[14]

위의 글에서 알 수 있듯이 소월은 '도회의 밝음과 짓거림'보다는 '깊고 어두운 산과 숲의 그늘진 곳'에 있는 '버러지 한 마리'와 '난들에 말라 벌바람에 여위는 갈대 하나' '아득한 난바다의 뛰노는 물결들'에 더 관심의 시선을 보내고 있다. 그것들에서 '우리 사람의 정조'를 발견할 수 있고, '우리 사람의 無常과 變轉을 설워함'을 느낄 수 있으며, '우리 사람의 자유를 사랑한다는 계시'를 받을 수 있기 때문이다.

그러므로 '저만치 혼자서 피어 있는 꽃'은 인간 존재에 대한 소월 나름의 성찰의 결과이며, 이에서 이와 같은 감정을 느끼는 것이다. 그러면 소월이 이러한 '정조·서러움·자유'에 깊이 애착을 갖는 이유는 무엇인가.

> 우리는寂寞한가운데서더욱사뭇처오는歡喜를經驗하는것이며, 孤獨의안에서더욱보드랍은同情을알수잇는것이며, 다시한번, 슬픔가운데서야보다더거륵한善行을늣길수도잇는것이며, 어둡음의거울에빗치어와서야비로소우리에게보이며, 살음을좀더멀니한, 죽음에갓갑은산마루에섯서야비로소사름의아름답은 쌀내한옷이生命의봄두던에나붓기는것을볼수도잇습니다. 그럿습니다. 곳이것입니다. 우리는우리의몸이나맘으로는 日常에보지도못하며늣기지도못하든 것을, 쏘는그들로는볼수도업스며늣길수도업는밝음을지어바린어둡음의골방에서며, 사름에서는좀더도라안즌죽음의새벽빗츨밧는바라지우혜서야, 비로소보기도하며늣기기도한다는말입니다.[15]

---

14 김소월, 「詩魂」, 앞책.
15 김소월, 「詩魂」, 앞책.

소월은 적막 속에서 환희를 경험하고, 고독 안에서 보드라운 동정을 인지하며, 슬픔 속에서 거룩한 선행을, 죽음에 가까운 곳에서 삶의 아름다움을 느낄 수 있겠기 때문이다. 이러한 점에서 "김소월의 시세계가 구현하고 있는 비극미는 일반적으로 말해지는 비관주의나 체념과는 구별된다. 님과의 이별에서 오는 상실의식 내지 결핍의식은 현실의 폐쇄된 구조와 한계를 넘어서고자 하는 동경과 갈망을 생성하기 때문이다. 김소월의 시에서 이러한 동경과 갈망은 님의 부재와 님의 상실로서의 현실의 한계를 넘어 님과의 합일을 실현하는 '위대한 사랑'을 지향하고 있다."[16]는 정우택의 지적은 적절한 것이다.

〈산유화〉에 있어서 꽃과 새, 고독과 슬픔, 그로부터 소월이 추구하는 환희와 부드러운 동정을 포용하고 있는 것이 바로 〈산유화〉에 나오는 '산'이며, 그러한 점에서 이 산은 이 시에 있어서 의미 형성의 중요한 기반이 된다. 그래서 〈산유화〉 이 시는 형태적으로도 산의 모양을 하고 있는 것이다.

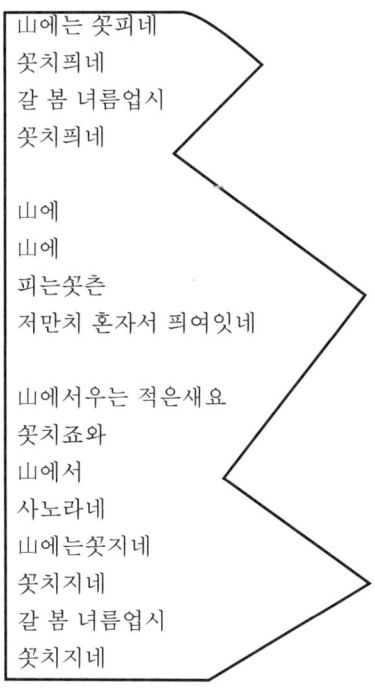

〈산유화〉가 3음보 2행의 기본 율조 속에 6·4조를 주조로 하고 있으나 2연과 3연에서 4

---

16 정우택,「한국 근대 자유시 형성과정과 그 성격」, 성균관대 박사학위논문, 1998.

·4조, 6·4조, 5·4조, 7·4조 등 다양한 음수율이 구사된 것은 이러한 시형태를 이루기 위한 소월의 의도된 배열이 아니었나 생각해 본다.[17]

이러한 시각적 시형식의 추구는 뒤에 등장한 신동엽(申東曄)의 시에서도 나타난다. 그의 시 〈껍데기는 가라〉가 그렇다.

〈껍데기는 가라〉

껍데기는 가라.
四月도 알맹이만 남고
껍데기는 가라.

껍데기는 가라.
東學年 곰나루의, 그 아우성만 살고
껍데기는 가라.

그리하여, 다시
껍데기는 가라.
이 곳에선, 두 가슴과 그 곳까지 내논
아사달 아사녀가
中立의 초례청 앞에 서서
부끄럼 빛내며 맞절할지니

껍데기는 가라.
漢拏에서 白頭까지
향기로운 흙가슴만 남고
그, 모오든 쇠붙이는 가라.   (1967. 1)

---

[17] 한 10여년 전이라 기억된다. 비교문학회의 한 발표회에서 어느 외국인 학자는 소월의 〈산유화〉를 〈산유화가〉와 비교하여 발표하면서 소월의 〈산유화〉의 시 형태가 '山'의 모양을 하고 있다는 주장을 하였다. 당시 그 모임에 참석했던 분들은 여기에 큰 공감을 하지 않았으나, 필자는 많은 자극을 받았었다. 최근 이 논문을 쓰면서 이 글을 찾으려고 당시 논문집을 찾아 보았으나 찾을 수가 없었다. 혹시 그 분이 당시 발표했던 내용을 논문으로 발표하지 않았는지 모르겠다. 지금으로서는 그 분의 이름조차 기억할 수 없다.

이 시는 조선 후기 반봉건 반일제를 외치며 우리 것을 옹호하여 일어난 동학의 그 민중들의 순수한 마음을 읊고 있다. 즉 참여시인으로 활동하던 그는 그 당시 민중을 억압하는 모든 제약을 껍데기로 민중들의 순수한 마음을 알맹이로 인식하여 민중들의 그 순수한 마음을 기리고 있다. 시인은 이 시 속에서 드러내고 있는 이러한 감정을 시 형식을 통해서도 드러내고 있으니, 다음과 같다.

〈껍데기는 가라〉

[껍데기는 가라.]
四月도 알맹이만 남고 ⟶ 알맹이
[껍데기는 가라.]

[껍데기는 가라.]
東學年 곰나루의, ㄱ 아우성만 살고 ⟶ 알맹이
[껍데기는 가라.]

그리하여, 다시
[껍데기는 가라.]
이 곳에선, 두 가슴과 그 곳까지 내논 ⎫
아사달 아사녀가   ⎬ 알맹이
中立의 초례청 앞에 서서   ⎪
부끄럼 빛내며 맞절할지니   ⎭

[껍데기는 가라.]
漢拏에서 白頭까지   ⎫
                     ⎬ 알맹이
향기로운 흙가슴만 남고 ⎭
[그, 모오든 쇠붙이는 가라.]

위에서 보는 바와 같이 1연에서 1·3행의 '껍데기는 가라'라는 말이 가운데 2행인 '四月의 알맹이'를 싸고 있으며, 2연에서도 1·3행의 '껍데기는 가라'라는 말이 가운데 2행인 '東學年 곰나루의, 그 아우성'을 싸고 있다. 즉 1연과 2연에서는 시각적으로 '껍데기는 가라'의 구가 껍데기를 이루고 있고 '四月의 알맹이'와 '東學年 곰나루의, 그 아우성'의 구가 알맹이를 이루고 있는 것이다. 껍데기와 알맹이를 시의 형식을 통해서 표현하고 있음을 확인할 수 있다.

이러한 현상은 3연과 4연에서도 마찬가지이다. 비록 그 형태를 달리 하고 있지만 그 의도는 변함이 없다. 3연의 둘째 행과 4연의 첫째 행에 '껍데기는 가라'라는 말이 있다. 그러나 3연의 마지막 구에 이 말이 없다. 그러나 없는 것이 아니다. 그것은 4연의 마지막 행 '그, 모오든 쇠붙이는 가라'에 함축되어 있는 것이다. 여기에서는 '껍데기'가 '쇠붙이'로 대치되어 구체화되어 있다. 그리하여 '두 가슴과 그 곳까지 내놓고 혼례를 올리는 아사달 아사녀'와 '漢拏에서 白頭까지 향기로운 흙가슴'의 알맹이를 싸고 있는 것이다.

다음으로 〈먼 後日〉을 살펴보겠다. 이 시는 3음보 2행의 형식을 갖고 있다. 이 시에서 시인은 '니젓노라' '무척 그리다가 니젓노라' '밋기지 안아서 니젓노라'라고 말하고 있으나 그것은 '먼훗날'의 일이다. 즉 지금은 님과의 헤어짐이 '밋기지 안'으며, '무척 그리'워 하는 상황인 것이다. '오늘도 어제도 아니닛고' 있는 것이다. 뜻밖에 헤어진 님에 대한 진한 그리움을 여실히 드러내고 있다. 즉 이 시는 반어적 표현으로 이루어져 있다. 먼훗날 님이 나를 찾으면 잊었다고 말하겠다는 표현에는 서정자아의 주관이 강하게 작용하고 있다. 현재의 서정자아의 심정과는 달리 님은 먼훗날에도 나를 찾지 않을 수 있겠기 때문이다. 〈먼 後日〉은 1연부터 3연까지 님의 행위와 나의 말이 병치되어 진행된다. 그러다가 4연에서는 님의 행위가 없어지고 나의 말만 남게 된다. 즉 마지막에 님의 존재가 없어진 것이다. 반어로 이루어진 이 시는 님의 부재가 상당 기간 또는 영원히 해소되지 않을 것이라는 느낌을 받게 한다. 그러기에 님에 대한 그리움은 더 강해지고, 그로 인한 슬픔은 더 깊어지는 것이다. 그리고 그러한 주제는 이 시가 갖고 있는 결코 서로 만나지 않는 2행의 형식 곧 '평행선'의 형식으로 나타나 있다. 이 시에 있어서는 이렇게 볼 수 있다.

〈진달래꽃〉은 3음보 2행의 형식을 3행으로 분단해 놓았다. 한 연의 행 길이를 보면, 3행이 제일 길고 그 다음은 1행과 2행 순이다. 형태적으로 1행이 2행보다 긴 불안정한 호흡은 3행의 긴 호흡으로 인하여 안정을 찾아간다. 〈진달래꽃〉의 이러한 형식은 작품의 불안정과 안정의 혼합적 정조情調를 반영하는 것이다. 흔히 〈진달래꽃〉의 정조를 '哀而不悲'라고 한다. '悲'는 아무 거침없이 드러나는 슬픔이고 '哀'는 마음 속에서 한 번 걸러서 나오는 슬픔, 전통적인 의미로는 지나치지도 모자라지도 않은 적절한 슬픔을 의미한다. 그러므로 〈진달래꽃〉의 이러한 3행 형식은 〈진달래꽃〉에 드러난 서정자아의 정조情調와 관련된다.

〈진달래꽃〉은 1연, 2연, 4연의 '가실'에서 알 수 있듯이 님과의 이별이 과거나 현재 상황이 아니라, 미래의 상황이다(그 시간적 거리는 분명하지 않지만). 사랑하는 님이 떠나 갈 때, "말업시 고히 보내드리우리다(1연)" "아름짜다 가실길에 쑤리우리다(2연)" "삽분히즈려밟고 가시옵소서(3연)" "죽어도아니 눈물흘니우리다(4연)"에서 보이듯이, 시적 화자는 님을 말없이 고히 보내드린다고 한다. 눈물조차 흘리지 않는다고 한다.

그런데 과연 그럴까. 이 시적 화자의 이러한 태도에는 한 가지 전제 조건이 있다. 그것은 바로 1연의 제1행과 제2행이다. 바로 "나보기가 역겨워/ 가실째에는"이라는 말이다. 이 말이 성립될 때에만 뒤따라 나오는 시적 화자의 말이 효력이 있는 것이다. "나보기가 역겨워/ 가실째에는"이라는 표현은 1연과 4연에 걸쳐 두 번 나온다. 흔히 양괄식 또는 쌍괄식 구성이라고 한다. 그러나 같은 표현이라고 해서 그 표현이 담고 있는 의미가 같은 것은 결코 아니다. 4연의 표현에는 보다 간절함이, 두려움이 진하게 배어 있다. 첫 번 째 시적 화자 자신이 한 전제의 말을 혹시 님이 주의해서 듣지 못하지는 않았는가 하는 염려로 인하여 마지막에 다시 그 말을 반복하고 있는 것이다. 그저 단순한 반복이 아닌 것이다. 여기에 '아니'는 시안詩眼이다. 이 말로 인하여 이 시는 생명력이 넘쳐나고 있는 것이다. 시 속의 모든 시어는 다 제 자리가 있다는 말은 바로 이와 같은 말을 두고 하는 것이다.

또한 이상의 세 편이 나아간 방식과는 다른 방향에서 소월은 새로운 율律을 창조해 냈는데, 그의 〈가는 길〉에서 이것을 확인할 수 있다.

〈가는길〉

그립다
말을 할까
하니 그리워

그냥 갈까
그래도
다시 더한番………

저산에도 가마귀, 들에 가마귀,
서산에는 해진다고
지저귑니다.

압강물, 뒷강물,
흐르는 물은
어서 따라오라고 따라가쟈고
흘너도 년다라 흐릅듸다려.

(『진달내꼿』, 매문사, 1925)

이 시는 1연과 2연은 3음보 1행으로, 3연은 3음보 2행으로, 4연은 3음보 3행으로 점차적으로 행이 증가하는 구성을 이루고 있다.

이 시의 1연과 2연에 대해서는 송명희 교수의 탁월한 해석이 있다.

> 이 작품의 기본적 율격도 역시 7·5조의 3음보 율격인데, 그 연 처리가 특히 주목된다. 제1연과 2연에서의 3개의 행으로 해체, 분단된 3음보는 그리운 사람에 대하여 말하고 싶은 심정과 그냥 갈까 망설이는 주저의 심리를 보다 실감있게 나타내며, 운율상으로도 완만성을 보여 3음보를 한 행으로 처리하였을 경우보다 주저와 망설임을 나타내는 데는 훨씬 효과적이다. 그리고, 그 주저를 통하여 화자는 자신의 그리움을 보다 강렬하게 배가시킨다.[18]

즉 김소월은 1연에서 '그립다 말을 할까 하니 그리워'라는 의미적으로 이어진 행을 '그립다/ 말을 할까/ 하니 그리워'라는 방식으로 분단하여 행바꿈을 함으로써 '끊어질 듯 이어지는 호흡'을 만들어 내고 있다. 이는 2연도 마찬가지이다. 이러한 호흡의 율律은 님에게 사랑을 고백할까 말까라고 망설이는 시인의 내적 심리상태를 드러내고 있는 것이다. 3연의

[18] 송명희, 소월시의 운율과 의미, 『김소월연구』(수정쇄, 새문사, 1986), I-63쪽.

산과 들의 까마귀의 지저귐과 4연의 강물이 연달아 흐르는 모습은 시간의 빠른 흐름을 나타내고 있어 의미적으로 시인의 망설임으로 인한 불안한 심리상태를 증폭시키고 있는데, 3연과 4연에서의 점층적인 행의 증가는 이러한 시인의 증폭된 불안심리를 형식으로 보여주는 것이다.

고전의 품격용어에 '청신淸新'이라는 말이 있다. 이것은 보통 사물에 대한 객관적 인식을 바탕으로 새로운 형상 방법을 통해 지어진 시를 두고 이른 말이다.[19] 소월의 〈산유화〉, 〈먼後日〉과 〈진달래꽃〉 그리고 〈가는 길〉은 고전적 품격용어를 빌어 평한다면, '청신淸新'이라고 하겠다.

5. 새로운 율律의 창조를 기대하며

이상에서 김소월의 몇 편의 시를 위주로 하여 시의 내용이 어떻게 시의 형식에 반영되고 있는지, 또는 시의 형식이 시의 주제를 어떻게 내면화하고 있는지를 살펴보았다.

이와 같이 근대기의 몇 시인들은 시를 창작함에 있어서 자기 나름대로의 새로운 시의 율律을 찾으려고 노력하였고, 아울러 시의 형식을 탐구하려는 정신이 매우 치열했음을 확인할 수 있다. 오늘날의 시인들은 근대기 시인들의 새로운 '시의 율律'을 창조하고자 하는 지향보다는 율律로부터 자유로워지고자 하는 지향을 계승한 듯하다. 새로운 '시의 율'을 창조하고자 하는 모습이 현대 시인들에게서는 쉽게 눈에 띄지 않는다고 한다면 너무 섣부른 판단인가?

<참고문헌>

김열규·신동욱 편, 김소월 연구, 새문사, 1986.

김열규·신동욱 편, 최남선과 이광수의 문학, 새문사, 1986.

최진원,『송강단가의 풍격』,『한국고전시가의 형상성』(증보판), 성균관대 대동문화연구원, 1996.

[19] 김병국, 품격 淸新灑落의 미적 특질,『도남학보』(도남학회, 2000.12) 제18집 참조

심선옥,『김소월 시의 근대적 성격 연구』, 성균관대 박사학위논문, 2000. 6.

정우택,『한국 근대 자유시 형성과정과 그 성격』, 성균관대 박사학위논문, 1998. 6

조창환,『김소월시의 운율론적 연구』, 서울대 박사학위논문, 1986

권선아,『김소월시연구』, 성균관대 석사학위논문, 1992.

남정희, "김억의시형론", 반교어문연구 제9집, 반교어문학회, 1999

김병국, 품격 청신쇄락의 미적 특질,『도남학보』제18집, 도남학회, 2000.12

III. 허준의 『잔등』에 대하여

김 성 수*

1. 글을 시작하며 — 허준과 그의 문학

   1930년대 중반부터 작품 활동을 시작한 허준(許俊, 1910~?)은 동시대의 최명익과 더불어 지식인의 내면의식을 소설의 언어로 탐구하는 데 관심을 기울여 온 작가이다. 특히 허준은 지식인의 내면에 잠재된 허무의지나 고독의 실존적 감각을 섬세하게 묘사해 내는 능력을 보유한 작가로 평가되는데, 그의 작품에는 실상 이 사항을 좀더 깊이 있게 연구하기 위한 마땅한 '장편'이 없고, 또 작품의 양도 풍족하지 못한 한계를 지니고 있다는 점을 아울러 지적하면서 논의를 시작하는 것이 좋을 듯하다.

   「잔등殘燈」이전, 그러니까 해방 이전에 창작된 허준의 작품으로는 심리주의 계열의 작품으로 분류되는 데뷔작 「탁류」(1936), 그리고 「야한기」(1938)와 「습작실에서」(1941) 세 편 정도에 불과하다. 해방 후 월북하기 전까지 허준이 남겨 놓은 작품은 1946년에 발표된 「잔등」을 포함하여 「한식일기」(1946), 「속·습작실에서」(1947), 「임풍전林風典씨의 일기—조선호텔의 「일야」(1947), 「평때저울」(1948), 「역사」(1948) 여섯 편 정도만 알려져 있을 뿐이다. 1935년 시「모체母體」를 〈조선일보〉에 발표한 이후, 소설로 방향을 전환하여 1936년에 내놓은 사실상의 데뷔작이 단편 「탁류」라고 할 때 허준은 과작의 작가라고 할 수 있다.

   주지하듯이 1935년 무렵은 한국 근대문학의 황금기에 해당되는 시기이다. 김유정이나 이상 등의 요절 작가라고 해도 그 문학 세계를 가늠해 볼 수 있는 만큼의 작품량은 유지하고 있다. 물론 작품의 양이 질을 보장해 주는 것은 아니지만 한 작가의 작품 세계를 충분히

* 연세대학교 학부대학 교수

이해하기 위해서는 어느 정도의 작품양은 필요하다. 그런 의미에서 월북 이후의 작품 및 활동을 포함하여 '허준 문학'에 대한 전반적인 검토가 요청된다.

　허준의 소설이 관심을 끄는 이유는, 한국 근대문학사의 원형질과도 같은 리얼리즘과 모더니즘의 관계, 그리고 그것의 미학적 방법론이자 사상인 '문학적 근대성' 논의와 깊이 연루되어 있기 때문이다. 다시 말해 허준의 소설은, 한국 근대문학 논의의 중심축인 문학의 정치적 역할, 혹은 현실성의 구현이라는 역사적 당위론(리얼리즘으로 포괄할 수 있을) 속에서 상대적으로 관심이 적은 모더니즘의 서사 미학을 새로운 관점에서 되돌아보게 한다는 점에서 의미가 있다.

　허준의 작품에 대해서는 1930년대의 안함광[1]과 백철[2]을 비롯하여, 정태용[3], 김윤식[4], 권영민[5], 서경석[6], 채호석[7], 권성우[8] 등의 연구가 있는데, 작가론과 작품론에서 앞으로 더 많은 연구가 이루어질 필요가 있다. 허준에 대해서는 알려진 사항이 많지 않은 편인데, 동시대의 시인 백석의 시 「허준」을 통해 어느 정도 그 면모를 유추해 볼 수 있다. 그가운데 한 부분을 읽어보자.

　　　그 맑고 거룩한 눈물의 나라에서 온 사람이여
　　　그 따사하고 살틀한 볕살의 나라에서 온 사람이여

　　　눈물의 또 볕살의 나라에서 당신은
　　　이 세상에 나들이를 온 것이다
　　　쓸쓸한 나들이를 단기려 온 것이다

　　　　　　　　　　　　　　　　　　(「허준許俊」1·2연)

위의 시는 백석이 1940년 「문장」에 발표한 작품 가운데 일부분으로, 개인사가 잘 알려져

---

[1] 안함광, 「인상에 남는 신인문학-「탁류」와 「전락자」에 대하여」, 〈조선일보〉, 1936. 2. 1~15.
[2] 백철, 「금일 창작의 최고봉-신인 허준의 「탁류」를 천함」, 〈조선일보〉, 1936. 2. 20. 이 글에서 백철은, "조선 작가에서는 전연 볼 수 없다고 하야도 과언이 아닌 무거운 인생 철학이 품위를 가하고 있다"고 허준의 작가적 역량을 평가한다.
[3] 정태용, 「현금 창작단의 동향」, 「신천지」, 1949. 1.
[4] 김윤식, 「소설의 내적 형식으로서의 '길'」, 「한국 근대 리얼리즘 작가 연구」, 문학과 지성사, 1988.
[5] 권영민, 「해방 직후의 민족문학운동 연구」, 서울대출판부, 1986.
[6] 서경석, 「미군정기 소설의 현실인식」, 「해방 공간의 민족문학 연구」(김윤식 편), 열음사, 1988).
[7] 채호석, 「허준론」, 「한국학보」, 1989. 가을.
[8] 권성우, 「허준 소설의 '미학적 현대성' 연구」, 「한국학보」, 1993, 겨울.

있지 않은 허준의 면모를 어느 정도 엿볼 수 있게 해 주는 작품이다. 방랑적 기질을 소유한 백석의 입장에서 어느 누구보다도 동병상련의 삶과 문학적 역정을 공유한 허준의 영상이 "볕살의 나라에서" "이 세상에 나들이를 온" 사람으로 조용히 인화되고 있다. 어떻게 보면, 해방 직후 '조선문학가동맹'에 가담하여 서울시 지부 부위원장으로 활동한 정치적 행보와는 이질적인 허준의 문학 세계가 여러 모로 백석의 실존과 오버랩된다는 점에서 위의 시에 묘사된 허준의 영상은 일정한 공감을 갖게 한다.

김기림과 박태원 등의 1930년대 모더니스트들과 유사한 정치적 코스를 밟아가면서도, 다른 한편으로 이상李箱의 문학처럼 내면 탐구와 자의식 분석이라는 분위기를 연상시키는 허준의 작품 세계는 「습작실에서」(또는 「속·습작실에서」)와 「잔등」에서 읽을 수 있듯이 해방 정국의 문학사에서 매우 특이한 사례로 기록될 만하다. "보다 진정한 의미에서의 근대주의자"[9]로, 또는 정치적 실천과 준별되는 '미적 현대성'을 문학적으로 구현해내며 "최명익이 그려낸 자의식의 내면 풍경이 더욱 허무주의적인 경향으로 자리잡고 있는"[10] 것이 허준 소설에 대한 대체적인 평가이다. 어떤 면에서 이런 특징은 '소시민적 세계관'(채호석)으로부터 '고독의 사상'(권성우)에 이르기까지 다양한 스펙트럼으로 허준의 소설을 평가하는 근거가 되기도 한다. 한국 근대문학사에서 흔치 않은 허준 소설의 '내면 탐색과 지향의 서사' 혹은 '미적 현대성의 탐구 정신'은 이른바 이상 세열의 모더니즘적 계보를 이으면서도 그와는 또 다른 독자적 입지를 개척해 낸 것으로 평가할 수 있다. 동시기의 최명익과 더불어 허준의 작품에 대한 본격적 탐구가 이루어져야 하는 이유는 여기에서 찾을 수 있다. 그런 점에서 정치성과 문학성이 한국 근대문학사에서 어떻게 만나고 갈라지는지에 대한 문학적 사례를 허준의 작품은 하나의 전범으로 보여준다.

그렇다면 허준의 소설은 어떤 점에서 문제적인가? 그의 대표작으로 평가되는 「잔등」을 중심으로 이에 대한 실마리를 찾아보려는 것이 이 글의 목적이다.[11] 이를 위해 먼저 「잔

---

9 김윤식, 「한국현대문학사」, 일지사, 1976. 188쪽.
10 권영민, 「한국현대문학사 1」, 민음사, 2002, 490쪽.
11 허준의 「잔등」을 다루는 이 글은 필자가 일본의 동경 외국어대학에 연구생으로 유학했던 1996년, 조선어문학과 대학원의 세미나에서 발표한 소론을 토대로 보충된 것이다. 따라서 이 글에는 당시 필자의 지도 교수였던 사에구사 도시카쓰(三枝壽勝) 선생님의 조언이 도움이 되었음을 밝혀 둔다. 이를테면, 작품 속에 나오는 '만돌린'이란 단어는 무엇을 뜻하는가? 악기인가, 아니면 어떤 모양새를 빗댄 표현인가? 필자의 이 질문에 사에구사 선생님은 아마도 '빈대'가 아니겠냐는 대답을 해 주었는데, "그래도 자그마한 목간[錢湯]에서 목욕을 하고 위선 옷의 만돌린이라도 털어놓고 내려온 우리였으니…", "지금 막 변소에 갔다가 일어서자니까 만돌린(강조: 필자)이란 놈이 제절로 둘룽둘룽 떨어져 내려오지 않소 글쎄"라고 말하는 장면의 문맥에 비추어 볼 때 타당한 설명이라고 생각한다. 또, 작품에 나오는 러시아말에 대한 뜻

등」[12]의 서사적 특성과 의미에 대해 생각해 보자.

2.「잔등」의 서사적 특성과 의미—귀향모티프의 한 형식

　신화나 서사시 혹은 근대적 소설 형식을 형성하는 가장 두드러진 모티프 가운데 하나는 '길 떠나기'이다. 미노타우로스에게 희생양으로 바쳐진 소녀들을 구하기 위해 여행(모험)을 떠나는 테세우스 신화로부터 불경을 구하기 위해 여행에 나서는 중국 고전『서유기』의 이야기 세계, 영웅의 시련과 성취 과정을 화소語素로 하는 한국 고전소설의 영웅담도 '길'이라는 공간 위에서 벌어지는 드라마를 서사의 기본틀로 하고 있다. 뿐만 아니라 이인직의『혈의 누』, 이광수의『무정』같은 우리 근대소설에서도 주인공들은 새로운 학문과 사상이라는 현대적 '경전'을 찾아 일본으로, 미국으로 유학의 길을 떠난다. 아내가 위독하다는 급전을 받고 귀국길에 오르는 염상섭의『만세전』도 길의 서사를 골격으로 한 이야기이다.
　그런데, 영웅이나 지식인의 '이향離鄕'은 어떤 고귀한 목표를 찾으려는 여행인 반면, 민중들의 그것은 고통스런 현실을 피해 더 낳은 삶을 찾아 떠나는 속성을 가지고 있다. 간도로, 일본으로, 러시아로, 더 멀리는 하와이나 멕시코까지 가지 않으면 안 되었던 일제 강점기 아래의 민중들의 이향은 귀향을 예정한 여행이 아니라, 다시 돌아올 기약도 할 수 없는 쫓겨남, 즉 "유리遊離의 길"(20쪽)로 '탈향脫鄕'의 서사를 구성한다. 그런 의미에서 일제 강점기의 조선 지식인과 민중의 '길 떠나기' 모티프는 그 출발부터가 사뭇 다른 것이었다. 이를테면 지식인의 여행이나 유학이 '나라 찾기'를 위한 숭고한 목적의 도정인 경우가 많다면, 민중의 탈향은 쫓겨남 그 자체일 뿐 그 이상도 그 이하도 아니었기 때문이다.[13]

이 필자가 가지고 있는「잔등」텍스트에 기입되어 있는데, 이것도 세미나에서 강의한 사에구사 선생님의 번역을 받아 옮겨 적어 놓은 것이다. 적지 않은 면에서 이 글은 세미나에서 필자가 사에구사 선생님과 세미나 참석자들과 나눈 '대화'에 빚지고 있음을 밝혀둔다.
12 이 글에서는 1946년 〈乙酉文化社〉판「잔등」(『한국 근대 단편소설 대계』(영인본), 태학사, 1988을 텍스트로 삼는다.
13「잔등」에서는 다음과 같은 대목이 이 점을 잘 보여준다. "살 만한 자리란 자리는 다 빼앗기고 발 들여놓을 흙, 붙은 데도 없어서, 고국을 떠나 산도 없고 물도 안 보이는 광랑한 회색 벌판에 서서, 밭을 갈고 농을 이르키고 혹은 미천한 직업을 찾아서 헤메이는 사람들의 간절한 그리움"(19쪽)이나, "그들도 일본 집단개척에 전지를 빼앗기고 살던 데를 앗기운 사람들의 일족에 지나지 못하였다. '만척에 강제수용을 당하고 北安에 온 지 오 년짼데 오는 첫해는 이걸 또 호미를 쥐고 낫을 잡고 어떻게 땅을 파자고 하나 하고 생각하니 어떻게 을시년 같지 않을 수가 있었겠나. 한해 가고, 이태 가고, 삼년이 가니, 인제는 억지로 정 붙이려던 제 생각도 절로서 잊어버리고 아무 일도 없었던 것처럼 살아오는 것 아닌가."(21쪽).

그렇다면, 해방을 맞은 1945년 이후의 한국 근대소설에서 두드러지게 나타나는 서사의 구조는 어떤 모습인가. 일제 강점기에서의 친일 행적에 대한 지식인들의 자기비판, 해방기의 모순된 사회 구조에 대한 현실 비판, 잃어버린 조국과 고향으로 회귀하는 이른바 '귀향 소설'이 해방기의 두드러진 소설 유형이라고 할 수 있다. 이 점에서 이 시기 소설의 주제와 형식은 현실이라는 내용을 충실하게 반영한 결과라고 말할 수 있다. 소설이 현실과 이상 사이의 정치·사회적 역학 관계에 대한 소망을 문자 행위를 통해 드러내는 장치라고 할 때, 해방된 정국에서 문학이 맡아야 할 기능과 역할은 한국 사회의 현실을 개선하고 비전을 제시해주는 일이었다. 작품을 통해 작가는 보다 소망스런 인간의 삶에 대한 관심을 표명해야 하는 것이다. 그런 의미에서 해방과 함께 만주나 일본 등 해외에서 귀환하는 동포의 모습이 작가들의 주된 창작 모티프로 포착된 것은 단순히 소재 차원만을 넘어서 문학적 소명의 양상을 띠는 문제였다. 고향을 등졌던 조선 민중들의 환향還鄕은 상처받고 찢겨진 정신과 육체의 회생을 기약하는 전제이며, 새로운 희망에의 길 찾기였기 때문이다. 이 시기의 작품들은 이 점을 핍진하게 보여준다.

이 시기의 상황을 리얼하게 그리고 있는 작품들은 의외로 많다. 이를테면 계용묵의 「별을 헨다」의 주인공은 만주에서의 고통스러웠던 삶을 청산하고 귀국하지만, 삼팔선 이북의 고향으로 돌아가지 못하는 상황을 묘사한다. 징용 나간 남편이 돌아오기만을 기다리지만 대신 돌아온 것은 유골뿐으로, 이후 개가하기까지 아내의 신산한 삶을 그린 최인욱의 「개나리」, "인제 해방이 됐으니까 병도 물러가겠지. 고향에 돌아가 개나 몇 마리 구해 먹고 하든 그만한 병줄 쯤이야 설마 안 떨어질라꼬?"라며, 해방이 되면 병도 나을 것으로 믿었지만 남편의 유골을 안고 귀국한 여인이 고향에 돌아가지 못하고 방공호로 파인 굴속에서 생활한다는 김동리의 「혈거부족」 등의 작품들은 해방이 되어 귀국했음에도 고향에도 가지 못하고 매일 매일을 비참하게 살아가는 귀향민들의 모습과 삶을 생생하게 그리고 있다.

그러나 일제 강점기의 탈향에 대응하는 해방 직후의 귀향 모티프는 새로운 변화에의 기대와는 달리 고통스런 현실로 다가온다. 그것은 해방이 되었어도 너무도 많은 모순과 갈등이 현실적 과제로 남겨져 있음을 의미하는 것이기도 하다. 김동인의 「반역자」에서 보이는 맹목적 비판의 시니시즘, 채만식의 「민족의 죄인」에서 읽을 수 있는 친일 청산의 어려움, 「맹순사」나 「미스터 방」에 나타나는 현실의 아이러니, 최정희의 「풍류잽히는 마을」에서 보이는 전도된 가치 등이 난마와도 같은 해방기의 모습을 잘 보여주고 있다.

어떤 시대와 상황에서도 문학은 사회에 대응하는 인간의 내면과, 사회를 향한 주체의 진지한 성찰을 조건으로 한다. 이런 각도에 초점을 맞추고 있는 해방기의 소설들로는 채만식의 「민족의 죄인」과 「역로」, 지하련의 「도정」 등과 함께 허준의 「잔등」과 「속·습작실에서」를 들 수 있다. 그 가운데에서 특히 이 글에서 논의하려는 「잔등」은 다른 어떤 작품보다도 귀향 모티프를 중심으로 기차선로를 따라 이어지는 1인칭 화자 '나₹僕'의 담담한 관찰 속에서 해방과 그 분위기 속에서 느껴지는 인간의 모습을 진지하게 성찰하고 있는 작품으로, 해방에 따른 탈향자들의 귀환 양상 및 의식을 철로 주변의 구체적 묘사와 함께 성찰적 화자를 통해 섬세하게 그리고 있다.

3. '고독한 자아'와 '만남'의 두 유형

가 '고독한 자아'의 세계 인식 — 소년과의 만남

「잔등」은 허준이 해방 이후에 쓴 첫 작품으로, 화가인 1인칭 화자 '나₹僕'가 해방이 된 다음, 친구인 '방方'과 함께 만주의 장춘(즉 '新京')에서 회령과 청진을 거쳐 서울로 돌아가는 과정에서 겪는 몇 가지 에피소드와 만남의 사건을 심으로 구성된 중편 분량의 소설이다. 귀향의 동반자 '방'과 회령서 엉겁결에 헤어지고, 다시 청진 역 근처에서 우연히 만나 떠나게 되기까지의 이야기가 「잔등」의 주요 서사로, 소설의 서사를 구성하는 '귀향 모티프'[14]는 그 심리적 여로를 '장춘→회령→청진→서울'로 상정하고 있다. 그러나 화자 '나'의 실제 여로는 회령에서 청진까지로 설정되어 있다. 내용 면에서는 크게 두 가지 만남의 사건을 중심으로 「잔등」의 이야기가 전개된다. 소년과 할머니와의 만남이 그것이다.

화자 '나'는 뱀장어를 잡고 있는 소년을 우연히 발견하고, 그를 만나 이런저런 이야기를 나누는 한편, 그 소년의 모습에서 강렬한 생의 희망을 갖기도 하지만, 어떤 '위원회'의 일을 도우며 정치적 광기에 이용당하는 소년에게서 생의 비애를 느끼기도 한다. 또한 '나'는 일제 강점기 하에서 남편과 자식을 모두 잃어버렸지만, 장터에서 국밥을 팔며, 굶주림에

---

14 허준의 실제 고향은 평북 용천(龍川)이지만, 그가 〈조선일보〉의 기자로 일한 적이있고, 해방 정국에서 '조선문학가동맹' 측의 서울시지부 부위원장과 '문학대중화운동 위원회' 위원을 역임했다는 점에서 지리적 의미의 고향보다는 '서울'이라는 현실적 공간이 화자(작가 자신)에게는 포괄적으로 귀향의 종착점이 될 수 있다.

허덕이는 일본 여인(자신의 자식과 함께 투옥된 잔류 일본인 '가도오'의 처)과 그 아이들에게 국밥을 말아주는 할머니의 존재를 통해 "인간 희망의 넓고 아름다운 시야를 경험"한다. 실제로는 화자가 도달해야 할 최종 목적지는 서울임에도, 사실상 귀로의 종착지는 청진의 정거장 근처 장터 국밥집에서 종결된다. 화자가 다시 서울을 향해 떠나면서 국밥집 할머니의 비극적인 가족사와 따뜻한 온정을 가슴 깊이 느끼는 한편, 그 할머니로 인해 방관자적이며 제3자적인 나에서 '새로운 나'로 거듭나는 내용이「잔등」의 주요 이야기이다.[15]

우선 이 작품은 해방의 감격을 느끼며 귀향하는 다른 소설들(예컨대 김동리의「혈거부족」이나 계용묵의「별을 헨다」)과는 달리 귀향하는 사람들의 모습에 대해 그다지 희망의 시선을 주지 않는다. 다음과 같은 부분을 보자.

> 나도 저들과 같이 두서너 가지 색별하여 갈라놓을 수 없는 감정의 열렬한 몇 부분을 가진 한 사람에 틀림없을진대 이 모진 연인으로 말미암아 물불을 가리지 못하게 하는 열광적인 환희와 동시에 일층 이상 정도의 초조와 불안과 그리고 얄궂은 체념을 동반하는 위구를 품지 아니할 수는 없는 노릇이었다.
> 「어떻게 하자는 웃음이며 어디와서 머무를 맴도리야.」
> 나는 여러 번 역증이 나던 버릇으로 막연히 이런 소리를 가슴속에서 다시 불러일으키며 方이 장춘에서 가지고 온 증명을 들고 소련병에게 교섭하는 것을 보고 있었다.[16]

'나'는 환호하는 그들과 어느 정도 유사한 감정을 갖고 이해도 하지만, 진심으로 동정과 위안의 마음을 그들에게 보내지 않는다. 흥분된 감격보다는 오직 냉철한 시선으로 담담하게 바라볼 뿐이다. 다만 '나'는 "일층 이상 정도의 불안과 초조와 얄궂은 체념을 동반하는 위구를 품지" 않을 수 없다. '나'가 그들에 동화하지 못하고 방관자적이며 비판적인 시선을 갖는 이유는 고착된 '고독감'과 체념을 동반할 정도의 '위구심', 즉 일종의 니힐리즘으로 포괄되는 지식인의 방관적 회의주의 때문이다. 이러한 '나'의 고독감은 거의 생래적인 것인데, 정거장 근처를 걸어가는 두 소련 여군을 보고 "따라가고 싶으리 만큼의 고혹적인 독고감獨孤感"을 새삼스럽게 느낀다거나, 그들로 인하여 "층 일층 홀로 혼자되는 독고감을 내 흉저에 깊이 앉히어 놓"는 것을 느낀다. 그렇다면 이러한 '독고감', 즉 '고독감'은 어디

---

15 이 과정에서, 작가가 화자를 통해 설핏 드러내는 러시아에 대한 우호의 감정('露人觀'으로 표현되어 있다)은 이후 허준의 정치적 행보를 엿보게 하는 단서로 포착된다.
16「잔등」, 10-11쪽.

에서 오는 것일까. 이 고독의 감정은 허준의 다른 작품에서도 자주 발견되는 핵심 사안으로, 작가의 세계관과 문학 세계의 특징을 뚜렷하게 보여주고 있다. '방'의 성격과 대조하여 '나'의 성격을 서술하는 장면에서 그 증거를 찾을 수 있다.

> 나를 체념을 위한 행동자라 할 수 있다면, 그(방-필자)는 관찰과 행동을 앞세운 체관자라 할 수가 있을 것 같다. 내 항상 뿔랭크를 수행하는 찌푸린 궁상한 얼굴 대신에 항심恒心이 늘 배어나오는 것 같은 잔 광파가 흐늘거리어 마지 않는 그 눈 언저리가 이를 증명하였다.
> 그가 교제적인 것과 내가 고독적인것, 그가 원심적인 것과 내가 돌발적이요 발작적인 것, 그가 행동적이요 내가 답보적인 것―이 곳에도 이 음양陰陽의 원리가 우리의 여행을 비교적 순조롭게 하는지도 알 수 없는 일이었다.[17]

이렇게 묘사된 화자(작가 자신)의 성격은 이 작품만이 아니라 해방 이전의 「탁류」, 「습작실에서」와 해방 이후에 쓴 「속·습작실에서」에서도 공통적으로 나타난다. 바로 이 부분이 작가의 의식을 밝히는 데 중요한 단서가 된다. 「탁류」와 「습작실에서」의 몇 장면을 읽어보자.

> 몸이 곤하면 곤할수록 어쩐 일인지 한쪽으로 맑아 가는 정신에 힘은 해결 못한 채 묻어 놓은 과거의 수많은 생각―사회, 개인, 생명, 시간, 생, 사, 같은 이런 어즈러운 문제의 썩어진 뒤꼬리를 물고 그의 가슴에 파도를 일으키는 것이었다.
> 그리고 새삼스러이 다시 해결할 것도 없고 또 해결할 수 있는 것도 아니로되 그것은 또 모두가 의지意志라고 하는 한 큰 무덤에 입을 막아 넉넉히 고이 매장할 수가 있었던 것이었다. 왜 그러냐하면 대상을 가지지 아니한 의지 그것이라 하는 것은 결국은 또 무의지에 지나지 않는 것이니까.
> 그러면 그 의지는 왜 대상이 없었는가. 대상이 없지 아니하다면 그럼 의지를 벌이었던 것인가. 그렇지도 아니하다면 그런 것에는 관계도 없는 운명運命에 대한 깊은 인식이 자기에게 이러한 결심을 주었던 것인가. 그렇다. 그 결심―그 청명관이가 내게 가치價値에 대한 판단력을 거부하였고 그럼으로 나는 무능력 한줄을 알았고 나는 인생에 해태懈怠한 사람인줄을 알지 않았는가. 그것을 안다고 하는 것은 얼마나 무서운 일이냐! 그리고 대체 사람이 이것과 저것을 분명히 색별色別하여 알면서 또 동시 그 구별점이 모호해 가는 그런 허무를 사람은 어떻게 하여야 하겠느냐!

17 「잔등」, 8쪽.

(『탁류』)

    정말 홀로 혼자 되는 것이 좋아서 그랬던지, 그렇지 아니하면 나 혼자라고 하는 의식 속에 놓여 있기를 원함이어서 그랬던지, 어쨌든 고독이라 하는 것이 그처럼 사치한 물건인 것을 알게 된 것은, 나와 같은 청춘에 있어서는 여간한 은근한 기쁨이 아니었습니다.

(『습작실에서』)

    사람이 고독한 것은 그것만으로 옳은 것이요, 또 옳게 사는 사람은 고독한 것이 당연한 법이라고 생각하게까지 이르른 그때의 내 생각조차도, 사실은 나만으로 안 것일 수 없으리라는 추억은 도무지 나를 쓸쓸하게 하여서 못 견디게 하는 겁니다.

(『습작실에서』)

"몸이 곤하면 곤할스록 엇전일인지 한쪽으로 맑어가는 정신"은 "육신이 흐느적흐느적 하노록 피로했을 때만 정신이 은화처럼 맑"다고 한 이상李箱의 아포리즘을 연상시킨다. 대상을 가지지 아니한 의지, 이것과 저것을 '색별色別'(이 말은 주체와 타자를 일정하게 떼어놓고 생각하는 '심리적 거리'의 의미로, 허준의 소설에서 매우 독특하게 사용되고 있다)하면서도 그 구별점이 모호하다는 것은 결국 화자 자신이 대상에 대한 분명한 인식에 이르지 못했다는 뜻이고, 그것은 결국 초조와 불안, 그리고 얄궂은 체념을 동반한 위구, 즉 의심함과 다르지 않다. 이와 같은 자아를 소유하고 있는 사람에게서 타자, 혹은 타자의 행위에 대한 동조와 지지, 더 나아가 사회에의 참여를 기대하기란 어려운 일이다. 「잔등」 이전의 작품에서 자주 언급되고 있는 이 '고독'의 문제는 실상 백석白石이 동류 의식을 가지고 있었듯이 작가인 허준 자신이 해결해야 할 가장 큰 화두였을 것이다. 거기에 일제 강점기의 식민지 시대를 살아가는 지식인 특유의 불안의식과 허무주의가 자의식의 또 다른 동인動因으로 작용했을 것이다. 따라서 이 화두를 해결하지 않고서는 타자에의 관심, 사회에의 진정한 참여를 기대할 수는 없는 것이다. 그런 의미에서 적어도 「잔등」은 1946년 무렵의 허준이 지니고 있었던 심리적 태도를 우회적으로 보여주는 작품이라고 할 수 있다.

요컨대 '고독'은 「잔등」의 핵심어 가운데 하나이면서 허준 소설의 전체의 핵심 사안에 해당한다.[18] 위의 예문에서도 알 수 있듯이 허무주의적 성격과 함께 철저한 사색 정신과 회의적 태도가 강하게 노정되고 있고, 이런 의식을 소유하고 있는 주인공의 번민과 자의식은 「탁류」 이후에도 「잔등」의 화자 '나'에게로 이어져 재생되고 있다. 「잔등」 이전에 이 점을 뚜렷하게 보여주는 상징적 장치가 '습작실'이다. 이 '습작실'로 상징되는 허준 소설의 공간은 이상의 '볕 안 드는 방'의 이미지와 마찬가지로 밖과 차단되어 있는 '나만의 공간'이다. 그러나 허준의 소설에 나타나 있는 '습작실'은 이상의 방과는 달리 폐쇄되어 있는 것처럼 보이면서도 언제든 마음만 먹으면 문을 열고 밖으로 나갈 수 있는 가능성을 내포한 공간이라는 점에서 차이가 있다. 어떻게 보면 이 점이 허준 소설의 미적 현대성 속에 잠복해 있는 '정치적 성향'의 한 가지 특징이라고 할 수 있다. 여기서 정치적 성향이란 이를테면 '방'의 내부에 칩거하거나 침잠하는 태도가 아니라 방의 바깥인 거리의 현실을 향해 걸어나갈 수 있는 태도의 가능성으로 이해할 수 있을 것이다.[19]

「잔등」을 분기점으로 이 고독의 문제는 대자적 관심으로 나아가려는 조짐을 보인다. 그러나 이 고독의 문제는 여전히 강력한 자장磁場을 형성하며 '나'를 휩싸고 돈다. 청진을 한 정거장 못 간 수성 역에서 내려, 청진으로 걸어 들어가는 도중에 만난 소년에게서 받은 '나'의 두 가지 인상에서도 이 문제는 반복되어 나타난다. 뱀장어를 잡는 소년을 보고서 '나'는 다음과 같이 느낀다.

    소년과 함께 마주 앉아서 반말지거리를 하며, 그 아무 것도 섞이지 아니한 검은 눈동자를

---

18 이 부분에 대해서는 「잔등」을 '고독의 사상'으로 읽는 권성우의 앞의 글을 참고할 것.
19 이 점에서 1941년에 발표한 「습작실에서」와 1948년의 「속·습작실에서」는 작가의식의 변모를 대비시켜 이해할 수 있는 단서를 제공해 준다. 일상의 현실에 일정한거리를 두고 고독을 즐기는 화자의 의식을 그린 「습작실에서」로부터, 화자가 수난의세월을 살아온 한 혁명가의 고매한 삶을 매개로 "나태와 무위"에 몸을 맡겨 왔던 자신의 삶을 성찰하는 「속·습작실에서」는 작품 제목에서도 알 수 있듯이 변화된 작가 의식을 잘 보여준다. 물론 이런 의식의 변화를 반영론의 시각에서 추상적인 것에 불과한 것으로 이해하느냐, 아니면 미적 현대성의 시각에서 진정한 자기성찰의 계기를 보여주는 것으로 해석하느냐는 입장에 따라 달라질 수 있다. 이 글은 물론 후자의 시각에서 「잔등」을 해석하는 입장인데, 이에 대해서는 「잔등」의 〈서문〉에서 정치적 태도와 분리시켜 미학적 태도를 분리시키고 있는 작가 자신의 발언과 여계시켜이해하는 것이 좋을 듯하다. 작가는 〈서문〉에서, "너의 문학은 어찌 오늘날에도 흥분이 없느냐. 왜 그리 희열이 없이 차기만 하냐, 새 시대의 거족적인 열광과 투쟁 속에 자그마한 감격은 있어도 좋을 것이 아니냐고를 하는 사람들이 있는데는 나는 반드시 진심으로 감복하지 아니한다. 민족의 생리를 문학적으로 감득하는 방도에 있어서, 다시 말하면 문학을 두고 지금껏 알아오고 느껴오는 방도에 있어서 반드시 나는 그들과 같은 방향에 서서 같은 조망을 가질 수 없음을 아니 느낄 수 없는 까닭이다."고 밝히고 있다.

마주보고 앉아 있었으면 하는 욕망밖엔 아무 것도 아니었다. 언어는 내가 소년에게 건너놓고 싶은 한 미약한 인대靭帶에 불과하였다. 만일 이 인대가 없어도 되는 것이라면 반말지거리의 대화인들 도리어 우리에게 무슨 필요가 있으랴. 소년이 가진 여러 가지 가슴이 쩌엉해 들어오는 감촉에 부딪힐 처소에만 놓여있을 수 있다면, 잠자코 묵묵하게 앉아서 건너다보고만 있음이 더 얼마나 훌륭한 일이겠기에! [20]

마가을('늦가을'이라는 뜻의 북한 방언)의 따사로운 햇볕 속에서 '나'는 소년의 감각적이며 군더더기 없는 건강한 모습에 '부질없는 희망'을 투사해 보고 싶어한다. 그러나 보안대 위원회의 '김 선생' 지시에 따라 잔류 일본인을 감시하고, 선두에 서서 보안대의 일을 하는 소년을 본 '나'는 충격을 받게 되고, "소년으로 말미암아 머리 속에 켜진 아주 꺼지지 아니하려는 현황한 불길들"에 시달린다. 이것은 「탁류」에서의 '현철'이나, 「습작실에서」의 '남목'과 마찬가지로 철저히 주관적 사유로 대상을 바라볼 뿐 타자와의 의식적 교류를 통해 대자화하는 데까지는 아직 이르지 못하고 있는 '나'의 의식을 보여준다. 따라서 소년과의 만남은 해방 이전까지 작가 자신이 가지고 있었던 의식의 한 편향을 드러내 주는 장치로 파악할 수 있다.

나. '고독한 자아'가 나아간 길 — 할머니와의 만남

'허무감'으로 표상되는 자기 존재에 대한 절망과 그로부터 생겨나는 고독감으로 인해 "만나기도 처음이요, 보기도 처음인 덩실덩실 벌레와 같이 뒹구는 음분淫奔한 늙은 창부 무릎 위에, 몸과 마음과 돈과 아쉬운 것 없이 다 맡기고, 나를 건져 달라고 하던"「탁류」의 '현철', '습작실'로 상징되는 자아의 폐쇄된 공간을 한 발짝도 벗어나지 못해 '엘리건트한' 사람으로 불리는 「습작실에서」의 주인공 '남목'과 동일한 의식을 가지고 있는 화자 '나'는 소년과의 만남을 경유하여 새로운 국면을 맞게 되는데, 그 계기가 '할머니'와의 만남이다. 청진 역 근처의 국밥 파는 할머니와 만난 사건은 삶과 인간을 바라보는 '나'의 인식을 결정적으로 변경시킨다.

부질없는 말로 이가 어째 안 갈리겠습니까 — 하지만 내 새끼를 갖다 가두어 죽인 놈들은

20 『잔등』, 31-32쪽.

자빠져서 다들 무릎을 꿇었지만은, 무릎 꿇은 놈들의 꼴을 보면 눈물밖에 나는 것이 없이 되었습니다 그려. 애비랄 것 없이 남편이랄 것 없이 잃어버릴 건 다 잃어버리고 못 먹고 굶주리어 피골이 상접해서 헌 너즐 때기에 깡통을 들고 앞뒤로 허친거리며, 업고 안고 끌고 주추끼고 다니는 꼴들 — 어디 매가 갑니까. 벌거벗겨 놓고 보니 매 갈 데가 어딥니까.[21]

젊어서 남편을 잃고 어렵사리 아이를 키웠지만, 그 아들은 사회주의 운동에 몸을 던지고, 이후 투옥되어 해방을 얼마 남겨놓지 않고 죽는다. 할머니 인생의 가장 쓰라린 비극을 가져다 준 대상(제국주의 일본)에 대한 원한 대신 국밥장사를 하며 타인에게 보여주는 할머니의 태도는 인정이나 온정의 의미를 훨씬 넘어서 대자적 사랑 혹은 인도주의적인 경지에까지 육박해 나가는 한 계기를 보여준다. 이런 할머니의 태도는 아들과 함께 사회주의 운동을 하다 잡혀간 '가도오'라는 일본인의 아내와 가족들을 대하는 태도에서 한층 심화되면서, 동시에 '나'가 "하염없는 너그러운 슬픔"으로 인식하는 계기를 가져다준다.

피난민도 형지 없이 어려웠고 일본사람들도 과연 눈을 거들떠 보기 싫게 처참하지 아니함이 없었으나 생각하면 이것을 혁명이라 하는 것이었다. 혁명은 가혹한 것이었고 또 가혹하여도 할 수 없을 것임에 불구하고 한 개의 배장사를 에워싸고 지나쳐 간 짧막한 정경을 통하여, 지금 마주앉아 그 면면한 심정을 토로하는 이 밥장사 할머니에 이르기까지 그것이 어떻게 된 배 한 알이며, 그것이 어떻게 된 밥 한 그릇이기에, 덥석덥석 국에 말아줄 마음의 준비가 언제부터 이처럼 되어 있었느냐는 것은 나의 새로이 발견한 크나큰 경이가 아닐 수 없었다. 경이보다도 그것은 인간 희망의 넓고 아름다운 시야를 거쳐서만 거둬들일 수 있는 하염없는 너그러운 슬픔 같은 곳에 나를 연하여 주었다.[22]

무개차 위의 사람들을 방관자적 태도, 즉 "애꿎은 제삼자의 정신"으로 바라보는 데에서 나아가, '나'는 국밥 파는 할머니와의 만남을 통해 "오래간만에 막히었던 가슴이 뚫려져 내려가는 활연함"을 느끼면서, "내 가슴속에 고유하니 본성으로 잠복해 있는 내 구슬픈 제삼자의 정신"을 불러일으킨다. 그렇다면 귀환하는 동포의 모습을 '애꿎은 제삼자의 정신'으로 보는 화자의 태도나, 할머니의 모습을 '구슬픈 제삼자의 모습'으로 바라보는 시

21 「잔등」, 81쪽.
22 「잔등」, 89-90쪽.

각의 차이는 과연 무엇인가? 특히 '잔류 일본인'[23]에 대한 할머니의 호의를 응시하는 '나'의 태도와 관련하여 이 부분은 「잔등」의 궁극적 의미를 천착하는 데 매우 긴요한 계기를 제공해 준다.[24]

'나'는 어떤 구상 중의 그림을 위한 사생첩 두 권과 일기를 귀환의 여정 속에서도 잊지 않고 간직하고 있는 성격의 소유자이다. 대상을 객관적으로 관찰하는 도구인 사생첩과, 자신을 들여다보는 일종의 내면경內面鏡인 일기를 쓰는 '나'가 방관자적인 태도로 귀향자 군상을 바라본다면, 할머니의 모습과 태도에서는 휴머니즘이라고 해도 좋을 인간 행위의 궁극적 가능성을 발견하게 되는 것이다. 소년과의 만남을 경유하여, 할머니의 비극적 가족사를 통해 '나'는 인간에 대해 새로운 인식을 하게 되는데, '구슬픈 제삼자'의 의미로 표현된 것이 그것이다. 물론 그렇다고 하여 「잔등」에서 인간의 정신과 행위에 대한 '나'의 새로운 인식이 완벽하게 구현된 것은 아니다. 변화의 한 계기로서 그 가능성만이 국밥 파는 할머니를 통해 마지막 장면에 암시되어 있을 뿐이다.

> 방은 이 땅이 우리들 여정의 절반이라고 하였지마는, 설혹 지내온 것이 절반이 못 된다 하더라도, 이 이상 고생스러운 험로를 몇 갑절 더 연장해 나간다 하더라도 나로서는 이외의 더

[23] 해빙 이후 '잔류 일본인'의 산류나 노일 문제를 소재로 삼은 작품으로는 염상섭의 「첫걸음」(『신문학』, 1946. 11. 나중에 『解放의 아들』로 제목이 바뀜)이 있다. 표면으로만 보면 이 작품은 「잔등」의 귀향 모티프와 다소 유사한데, '(반쪽) 일본인'의 문제를 다룬 「첫걸음」은, 해방 이후에 씌어진 염상섭의 첫 작품으로, 해방이 되자 만주의 안동에서 신의주로 들어온 '준식'(일본 이름은 '마쓰노'. 조선인 아버지와 일본인 어머니 사이에서 태어난, 반은 조선인이고 반은 일본인인 인물)이라는 인물의 도일(渡日)을 둘러싼 문제를 다루고 있다. 「잔등」을 중심으로 이 시기의 '잔류 일본인' 문제는 향후 폭넓은 논의가 필요하다. 염상섭의 「첫걸음」에 대해서는 신형기의 『해방기 소설 연구』(태학사, 1992), 172-173쪽을 참조할 것.
[24] 특히 이 부분의 해석이 어려운 것은 다음과 같은 점 때문이다. 이를테면 채호석은 "인간 희망의 넓고 아름다운 시야를 거쳐서만 거둬들일 수 있는 하염없는 너그러운 슬픔"(「잔등」, 90쪽)에 대해 작가의 세계관 문제와 연결시켜, 화자의 이와 같은 인식은 "일종의 인도주의적인 것으로 그것이야말로 세계를 바라보는 소시민적 세계관"으로 해석하고 있다. 채호석의 지적에 의하면 그것은, "역사적이며 계급적인 현실 그 자체를 소시민적 무계급으로 바라보았을 때"(채호석, 앞의 논문, 237쪽) 가능하다는 것이다. 또, 화자 '나'가 "바라보고 기억에 남는 처참한 장면이 왜 한결같이 일본인 잔류자의 비참함에만 국한되어 있는가 하는 사실"(위의 글, 237쪽)도 현실에 대한 소시민적 세계관으로부터 발로된 작가 의식의 한계로 비판된다. 그러나 권성우의 견해처럼, 이 부분을 반영 이론이나 리얼리즘의 관점을 벗어나 읽게 되면 그 해석은 사뭇 달라질 수 있다. 즉 "정치적인 차원과 그 층위가 구별되는 문학의 자율적인 면모와, 정치적인 차원의 근대성을 비판·극복할 수 있는 문학적 노력을 우리 문학의 '근대성'"(권성우, 앞의 글, 36쪽)이라고 할 때 허준 소설은 모더니즘 문학의 계보 위에서 미적 자율성의 시각으로 해석해야 할 필요가 있다. 즉 「탁류」에도 잘 나타나 있듯이, 주인공의 허무주의적인 성격이나 사색적이며 회의적인 태도가 「잔등」의 '나'에게서도 그대로 이어지고 있기 때문이다. 이와 같은 인물의 의식과 성격은 매우 근대적인 것으로, 이상(李箱)의 「날개」와 같은 예를 통해서도 확인할 수 있는 사항이다. 이 점에서 '나'의 인물 성격에 대한 분석은 모더니즘 소설의 인물에 대한 해석 시각이나 '미적 근대성'의 차원에서 이루어져야 적절한 평가가 가능해 질 수 있다.

색다른 의미를 찾기는 어려운 일일 듯하였다.²⁵

귀향의 여정에 나타나 있듯이 '나'는, 서울까지의 여정으로 미루어 청진은 절반밖에 안 되는 곳이지만 여행은 사실상 거기서 끝이 났다고 판단한다. 왜냐 하면 국밥집 할머니를 통해 '나'는 먼 곳의 잔등처럼 어슴푸레하게나마 인간의 고귀한 정신을 체험할 수 있었고, 그로 인해 '나'의 존재는 이전과는 다른 방향으로 전이해 나갈 수 있게 되었기 때문이다. 마치 깨달음을 얻은 뒤의 당나라 유학길이 원효에게 더 이상 의미 없는 행위인 것과 같은 이치이다. 사실상 귀향 여정은 청진에서 끝이 난 것이다. 따라서 더 이상의 여행은 '나'에게 의미가 없게 된다. 나머지는 잉여의 공간이자 시간에 불과할 뿐이다. 귀로의 과정에서 만난 할머니의 존재를 통해서 화자인 '나'는 인간과 사회와 역사를 바라보는 의식의 새로운 '눈'을 발견하게 된 것이다. 「잔등」의 서사와 주제의 핵심은 이 부분에 밀착되어 있다.

4. 마무리 ─ 「잔등」의 문학사적 의미

「잔등」은 전형적인 귀향 모티프를 서사로 채택하고 있는 작품으로, 해방 정국에서의 흥분과 광기, 냉철한 시선으로 일상과 거리를 둔 지식인의 자기성찰 및 일본인 잔류자에 대한 처리 문제 등 해방 직후 '북쪽'(회령─청진)의 상황에서 나올 수 있는 주요 이슈들을 서사의 세목들로 배치하고 있다. 거기에 지식인 화자 '나'의 렌즈로 당겨 포착한 인간 군상들의 묘사를 통해 "냉정한 자기정리가 해방 공간을 객관적으로 바라보는 하나의 방법일 수 있음"²⁶을 이 작품은 의식의 파노라마로 보여준다. 이와 같은 일련의 작품 상황은 「잔등」의 전체 의미를 압축하여 제시하고 있는 마지막 장면을 통해 재확인할 수 있다. 마치 영화의 라스트신을 방불케 하듯이, 달리는 열차에서 뒤를 돌아보며 "할머니의 그 정갈한 모습"을 생각하는 '나'의 마지막 모습에 대한 묘사는 인상적 여운을 남기는 문장의 아름다움과 함께 「잔등」의 주제를 집약해 보여주고 있다.

지금껏 차 꼬리에 감추이어 보이지 아니하였던 정거장 구내의 임시사무소며 먼 시그널의

---
25 「잔등」, 102쪽.
26 권영민, 『한국현대문학사 2』, 민음사, 2002, 63쪽.

둥들이 안계眼界에 들어오는 동시에, 또한 그지들의 거리마저 차차 멀리 떼어놓으며 우리들의 차가 그 긴 모퉁이를 굽어 돎을 따라 지금껏 염두에 두어보지도 아니하였던 그 할머니 장막의 외로운 등불이 먼 내 눈앞에서 내 옷깃을 휘말리는 음산한 그믐밤 바람에 명멸하였다. 그리고 그 명멸하는 희멀금한 불빛 속에서 인생의 깊은 인정을 누누이 이야기하며 밤새도록 종지의 기름불을 조리고 앉았던, 온 일생을 쇠정하게 늙어온 할머니의 그 정갈한 얼굴이 크게 오버랩되어 내 눈앞을 가리어 마지 아니하였다. 그 비길 데 없이 따뜻한 큰 그림자에 가리어진 내 눈몽아리들은 뜨거이 젖어들려 하였다. 그리고 웬일인지를 모르게 어떻게 할 수 없는 간절한 느꺼움들이 자꾸 가슴 깊이 남으려고만 하여서 나는 두 발뒤꿈치를 돋울대로 돋우고 모자를 벗어들고 서서 황량한 폐허 위 오직 제 힘 뿐을 빌려 퍼덕이는 한 점 그 먼 불그늘을 향하여 한없이 한없이 내 손들을 내어 저었다.[27]

한국어 문장이 도달할 수 있는 아름다운 가능성을 보여주는 위의 대목에 잘 나타나 있듯이, '나'는 "그 비길 데 없이 따뜻한 큰 그림자"의 형상을 통해 '존재 전이'의 상황을 체험하며 사라져간다. 이 점에서 「잔등」은 허준의 문학 세계를 한층 성숙하게 변경시켜 가는 결정적 계기를 확보한 작품이라는 점과 함께, 해방 직후의 귀환 장정과 일본인 잔류자 문제를 구체적으로 언급한 사례에 해당된다는 점, 그리고 한국 근대문학에서 쉽게 만날 수 없는 '북쪽'의 지리적 공간, 북방 인물들의 정서, 북쪽 방언이 불러일으키는 말의 묘미를 느끼게 해 준다는 점에서 그 문학사적 의미를 찾을 수 있다.

요컨대 「잔등」은 허준의 해방 이전의 세계 인식, 즉 허무적이고 고독한 제3자로서의 '방관 정신'으로부터 해방 이후 현실의 접점을 유지하면서 서서히 구체성을 획득해 나가는 계기를 정밀하게 보여주는 작품이라고 할 수 있다. 정치적·사회적 현대성에 의해 신념의 선취만으로 미적 현대성을 초과하는 해방기의 여타 작품들과 비교할 때 「잔등」은 서사적 구성과 문체 및 주제 탐구의 방식에서 우리 소설의 수준을 한 단계 끌어올린 성과를 일구어 낸 작품으로 평가할 수 있을 것이다.

---

[27] 「잔등」, 103-104쪽.

IV. '東窓이 볼갓느냐…'의 작자와 창작 배경

노 규 호[*]

1. 문제 제기

시조 '東窓이 볼갓느냐…'의 작자는 누구이고, 지어진 배경은 어디일까? 일설에는 약천 남구만이 현재의 동해시 망상동에 귀양 왔을 때 지은 것이라는 주장이 있다. 동해시는 이에 근거하여 관내의 망상동 약천문화마을에 남구만의 사당을 새로 짓고, 이와 관련한 갖가지 문화 사업을 대대적으로 완수하였거나 지속하고 있다. 그러나 그 실상을 들여다보면, 해당 지역의 유지들 중에서도 그 진위(眞僞)에 관심을 가지며 의문을 품는 이들이 많다. 대표적 관심사와 의문을 가려 적시하면 다음과 같다.

○ 남구만은 어떤 인물인가?
○ 이 곳으로 귀양 온 것은 사실인가?
○ 남구만이 '東窓이 볼갓느냐…'라는 시조를 지은 것은 맞는가?
○ 시조를 망상에서 지었다고 하는 근거는 무엇인가?
○ '東窓이 볼갓느냐…'의 표기가 책마다 다른 것 같던데….
○ 이 시조의 주제는 권농인가, 아니면 정치 풍자인가?

이러한 기본적인 의문이 아직도 유효한 관심사가 되는 이유는 무엇인가? 시조 '東窓이 볼갓느냐…'는 작품 자체로 널리 알려진 바와 달리, 그 연구 성과가 매우 미흡하기 때문이

[*] 한중대학교 한국어문학부 교수

다. 필자는 이에 위의 의문점들에 답하는 것으로, 남구만과 그의 시조로 알려진 '東窓이 볼갓느냐…'의 연구에 새로운 전기를 마련하고자 하며, 본고는 그러한 작업의 일환으로써 의미를 갖는다.

2. 남구만은 어떤 인물인가?

남구만(南九萬)의 자는 운로(雲露)이며, 호는 약천(藥泉) 또는 미재(美齋)라고 한다. 인조 7년(1629) 외가댁이 있던 지금의 충청 북도 충주(忠州)에서 태어났으며, 어린 시절엔 고향인 충청 남도 홍성(洪城)에서 지내기도 하였다. 서인(西人)의 거두(巨頭)였던 송준길(宋浚吉)의 문인으로 효종 7년(1656)에 별시문과 을과로 급제하였고, 숙종37년(1711)에 천수(天壽)를 누리고 졸(卒)하였다.

관운(官運)은 타고난 바가 있어 이조 정랑, 안변 부사, 전라도 관찰사, 함경도 관찰사, 대사성, 이조 판서, 형조 판서, 도승지, 대사간, 대제학, 한성 좌윤, 병조 판서, 우의정, 좌의정, 영의정 등 요직을 두루 거치지 않은 것이 없을 정도이다. 그럼에도 불구하고 그가 생존한 시기는 파란만장한 붕당(朋黨)의 극점(極點)으로 줄곧 서덜 같은 길을 걸어야만 하였다.

그의 문집으로는 34권 17책으로 엮어진 필사본(筆寫本)『藥泉集』이 있다. 이『藥泉集』(卷第二)에 실려 있는 '飜方曲'편에는 자신이 직접 지었다고 전하는 시조 '東窓이 볼갓느냐…'를 한역(漢譯)한 내용이 실려 있어, 이 작품을 이해하는 데 긴요한 단초를 제공해 주고 있다.

선생의 묘지는 원래 남양주시(南楊州市)의 불암산 밑 화접동(花蝶洞)에 있었는데, 지금은 이장(移葬)이 이루어져 용인시 모현면 초부리 하부곡 마을에 안치되어 있다.

숙종 15년(1689)에 있은 기사환국(己巳換局)은 희빈(禧嬪) 장(張)씨의 소생 윤(昀)을 원자(元子)로 삼는 과정에서, 이를 옹호하는 남인(南人)과 반대하던 서인(西人) 사이에 벌어진 정치적 암투이다. 남구만은 비록 온건파인 소론(少論)의 신분으로 영의정의 자리에 있었지만, 그 영도(領導)로서 노론(老論)과 함께 한 책임을 지고 파직을 당하여 강릉으로 적거(謫居)되는 신세가 되었는데, 바로 이 1년 정도의 귀양 생활 중 망상(望祥)에서 그의 시조 '東窓이 볼갓느냐…'가 지어지게 되었다는 주장이 있다.

3. 망상(望祥)에 적거(謫居)한 것은 사실인가?

　남구만의 문집인 『藥泉集』속의 문학 작품들만 분석하여 본 결과로는 그가 망상 지역에 적거(謫居)했었다는 구체적인 사실을 발견할 수 없다. 다만, 남구만이 살던 시대에는 망상이 강릉대도호부(江陵大都護府)의 속지(屬地)였기 때문에, 강릉 적거(謫居)의 기록은 우선 그 가능성을 열어 놓는 것이다.

　앞에서도 언급한 바와 같이 남구만은 원자 정호(元子定號)와 관련하여 벌어진 기사환국(己巳換局)의 정쟁(政爭) 속에서 강릉(江陵)으로 적거(謫居)되게 된다. 이러한 사실은 몇몇 자료를 통하여 확인할 수 있다.

　최석정(崔錫鼎)[1]이 올린 〈진정소(陳情疏)〉를 보면, 다음과 같은 기록이 보인다.

> 남구만은 신의 스승이오며……예를 들어 설명하자면, 역적 견(堅)[2]의 세력이 왕성할 때에 상소를 올려 극언으로 항쟁하다가 남해로 귀양을 갔고, 무진년(戊辰年)에는 이조 판서로서 쫓겨날 때에 연대(筵對)를 청하여 항쟁하다가 경원에 귀양 간 바가 있으며, <u>기사년(己巳年)에는 또 강릉에 귀양을 가옵더니</u>, 갑술년 당국한 뒤로 백천 공격이 집중하는 속에서 다행히 대륙(大戮)을 면하옵고, 마침내 아산으로 귀양을 당하온 바…중략…[3]

　밑줄 친 부분을 보면 기사환국(己巳換局) 당시 남구만이 강릉에 유배된 것은 분명하다. 아울러 이러한 사실은 남구만이 직접 지은 한시(漢詩)의 시제(詩題) 등에서도 자주 나타

---

1 최석정은 지천(遲川) 최명길(崔鳴吉)의 손자로 남구만의 제자이다. 사실 남구만은 최명길의 제자가 되기 때문에 최석정을 몹시 아껴주었으며, 이러한 관계로 최석정 또한 사부일체(師父一體)의 마음으로 남구만을 섬겼던 것이다. 두 사람 모두 소론(少論)의 영도(領導)였다.
2 당시 집권당인 남인(南人)의 영수로, 영의정의 위치에 있었던 허적(許積)의 서자(庶子) 허견(許堅)을 이름. 유부녀를 욕보이는 등 방탕한 생활을 하였으며, 숙종6년(庚申,1680) 서인(西人) 김석주(金錫冑)가 허견이 福昌君·福善君·福平君 등과 역모를 꾀한다고 고변(告變)함으로써 주살(誅殺)당함. *이 三福事件으로 許積을 비롯한 남인들이 실각을 하게 되는데, 이것이 그 유명한 '庚申大黜陟'임.
3 金秉坤, 『李朝黨爭史話』(崔南善 校閱), 三中堂, 1967, 605~606쪽 참고. *밑줄은 필자가 편의상 표시한 것이며, 이하(以下) 같음.

난다.『藥泉集』(卷第二 目錄)에 보면, 그 지인(知人)들인 이경략(李景略), 최석정(崔錫鼎), 박태보(朴泰輔)가 송별시(送別詩)를 지어 줌에, 여기에 남구만이 일일이 화답(和答)한 '〈謫江陵次諸人〉(四)'이란 시가 있는데, 이 시제에서도 '적강릉(謫江陵)'이라는 표현을 직접 드러낸 예가 보이며, 이 네 작품의 본문을 기록한 곳에서도 또한, '四月二十日. 承 恩謫江陵. 李白川景略·崔安東錫鼎·朴甥泰輔賦詩送行. 次諸人韻'이라는 제목을 따로 붙이며 '적강릉(謫江陵)'이라고 쓰고 있다.

또한 그가 지은 한시 〈路聞李相公季周葬〉에서도 강릉 적거(謫居)의 사실이 더욱 분명하게 드러난다. 작품을 인용하면 다음과 같다.

　　　松澗相公葬砥平　藥泉病客謫臨瀛
　　　情深匍匐嗟縈絏　淚下漣洏漫濕纓
　　　世豈可無憂國祭　人誰復有善交嬰
　　　仍思海島孤魂泣　終禮如公死亦榮

자신이 병든 몸으로 강릉에 적거하게 되었음을 '藥泉病客謫臨瀛'라고 표현한 것이다. 이렇듯 강릉 유배의 사실은 의심의 여지없이 확인하게 되었다. 다만, 우리는 그가 강릉 중에서도 현재 동해시의 속지가 된 망상에 적거한 적이 있느냐가 주된 관심사인데, 이상의 기록들이 그 의문까지 풀어주지는 못한다는 점이다.

역시 그의 문집인『약천집』을 보면, 기행문학으로서의 '유기(遊記)' 작품들도 많이 보인다. 그러나 중앙(中央)에서 좌천(左遷)되어 삼척(三陟) 부사(府使)를 지낸 바 있는 성암 김효원(金孝元)과 미수 허목(許穆)이 각기 〈頭陀山日記〉와 〈頭陀山記〉 같은 걸출한 작품을 남기고 있는 데 반해, 남구만은 이 고장과 관련지을 수 있는 작품을 단 한 편도 남기고 있지 않기에, 그 자취를 더듬는 데 애로가 되고 있다.

그렇다면, 끝내 남구만이 망상에 적거하였는지를 밝힐 수 없는 것일까?

그가 강릉 적거 당시인 기사년(己巳年)에 제자인 최석정(崔錫鼎)과 그의 아들에게 보낸 편지에서, 좀더 발전적인 사실을 발견할 수는 있다. 그 내용의 일부를 인용하면 각각 다음과 같다.

答崔汝和(己巳七月七日)

頃者得承問書. 仰審色憂未已. 不克還官. 方用奉慮. 又聞已得遞職.……因得疾十數日沈綿. 繼而率來賤息得痢在垂絶中. 以至今日. 尙未分死生. 素患難固是難事. 至於喪戚疾病則尤有不能不撓心者. 未知古人雖遇此等境界. 亦泰然行將去. 無所累其靈臺聊. <u>此地古稱淸境. 而今經一夏則處於大海大嶺之間. 若無山氣則必有海氛. 無一日淸明. 薰蒸濕熱. 爲瘴痢溫毒之病. 老少之溝此疾者十之六七. 且俗好巫鬼. 妖惡之事. 無處無之. 大不如北路之淸肅</u>.……4

寄兒(己巳五月十五日)

十三日<u>因三陟便</u>見汝書. 審知坡州竟不淑. 天乎天乎. 此何故也.……<u>吾則年已過六. 壽於世</u>. 更無爲之人. 死生之不自重如此. 汝則有吾在. 宗祀又將絶. 而觀汝自保. 殊無全生之道. 而病又深入骨髓. 吾若命道尤惡. 不能速盡. 而見汝疾病之添加. 則當其時雖欲求死. 亦何可得也. 近日亦能服藥否. 多少便忙不具.5

위의 두 서찰(書札)은 모두 기사환국(己巳換局)의 화(禍)를 입고 그가 강릉에 적거할 때 쓴 것이다.

앞의 최석정에게 보낸 답장에서는 밑줄 친 내용을 통하여, 그가 부처(付處)된 곳은 '예전에는 맑고 깨끗한 곳[淸境]이라고 하였지만, 지금은 산과 바다의 온갖 나쁜 기운만 가득하여 하루 종일 청명할 때가 없으며, 학질 등으로 노소(老少)가 가릴 것 없이 고생한다고 하고, 또한 미신을 숭배해 굿판이 끊이질 않아 저 북로(北路) 지역의 맑고 고요한 분위기와는 사뭇 다르다.'고 하였으니, 어찌됐든 그가 부처했던 곳은 강릉부 북쪽보다는 삼척에 가까운 남쪽 망상 권역이라는 느낌이 들게 하는 대목이다. 뒤의 아들에게 보낸 편지 중 밑줄 친《因三陟便》에서는 삼척 인편에 너의 편지를 보게 되었다는 구체적인 문구로 보아, 여기에서도 그가 부처(付處)하고 있던 지역이 당시 강릉 권역 중에서도 삼척과 가까운 곳이었다는 시사를 받게 된다.

《增修臨瀛誌》에도 이와 관련한 기록이 보인다.

在府南十里申石. 藥泉南相國. 肅廟己巳. 承譴豚荒于玆州. 越明年蒙宥而還. 州之人士. 相與愛慕不諼. 建祠宇望祥面深谷. 谷有藥泉故也. 其後辛酉. 以朝禁毁撤. 純廟辛酉. 因其舊

---

4 『藥泉集』(卷第三十二) '書'참고.
5 『藥泉集』(卷第三十四) '書'참고.

地. 復設祠宇. 金宗鼎·權譈. 移模眞像奉安. 朴侍郎有記文. 哲宗丁卯(*乙卯로 보아야 할 것임).移建于申石里. 輔國李若愚. 製奉安文. 朴相國晦秀. 撰上樑文. 徐相國有薰. 撰講堂文. 曺判書錫元. 書申石書齋四字. 金參議宗虎. 作實記. 高宗戊辰十二月. 因朝令毁撤. 影幀還安于本 宅.[6]

여기에 보면, 특히 박시랑(朴侍郎)이 지은 '기문(記文)'이나 참의(參議)를 지낸 김종호(金宗虎)의 약천사 관련 '실기(實記)' 등을 찾아보는 것이 급선무일 것 같은데, 아직 공개하고 있지 않아 본 논고에서는 참고하지 못하였다. 아울러, 당시 지인(知人)들이 남구만에게 보낸 서찰(書札)이나, 그의 후손(後孫)과 후학(後學)들이 써놓았을 제문(祭文), 묘지명(墓地銘), 행장(行狀) 등을 면밀하게 관찰한다면, 의외의 소득도 얻게 되지 않을까 기대해 본다.

결론적으로 약천집이나 지금까지 동해시를 통해 소개된 문헌만으로는 남구만이 동해시 망상동(望祥洞)에 적거(謫居)하였던 것이 사실인지 밝힐 수 없다.

4. 남구만이 '東窓이 볼갓느냐…'라는 시조를 지은 것은 맞는가?

실제로 고시조 작가 규명 문제는 애매한 부분이 많다. 《(珍本)靑丘永言》등의 가집(歌集) 속에 간단하게 기록된 것 이외에 별다른 근거를 찾기가 어렵기 때문이다. 시조는 고려 말에 발생하였다고 하나, 실제로 전하는 시조집 속에는 고려 중엽의 인물은 물론 삼국 시대의 인명까지 보인다. 나름대로 문집이나 다른 문헌에 방증(傍證)할만한 기록이 보이지 않는 한 이러한 애매성은 난제(難題)로 남을 수밖에 없다.

시조 '東窓이 볼갓느냐…'는 누가 지었을까? 결론적으로 그 진실은 아무도 모른다. 다만, 《(珍本)靑丘永言》이 엮어진 이래로 여러 가집에 남구만이 지은 것이라고 작품 밑에 간략하게 부기(附記)되어 있기에, 우리는 현실적으로 그것을 믿을 수밖에 없다.

대표적인 가집(歌集) 속에 보이는 실례를 몇 가지만 예시하기로 한다.

---

[6] 《增修臨瀛誌》(全): 동해시사편찬위원회, 『東海市史』, 동해시, 2000, 164쪽에서 재인용. *남구만 선생이 망상 약천 마을에 부처(付處)했던 사실을 확인할 수 있는 자료로는 이 외에도 '판각으로 남아 있는 유일한 고증 자료로 현재 죽전 마을의 김 참의공의 후손 댁에 참의공의 자필서액이 있다'고 한 약천연구회의 안내문이 있음.

○南九萬字雲路號藥泉 孝廟朝登第官至領相奉朝賀《(珍本)靑丘永言》
○南九萬字雲路號藥泉孝廟朝登第肅廟朝官至領相《(朴永弴 所藏本)海東歌謠》
○南九萬字雲路號藥泉 孝宗朝登科官至領相諡文忠宜寧人《瓶窩歌曲集》
○南九万字雲路號藥泉宜寧人 孝宗朝丙申文科甲子□□□□奉朝賀諡文忠《歌曲源流》

    위에 인용한 기록들은 남구만이 지었다고 하는 시조 '東窓이 볼갓느냐…'의 아래 그의 약력을 간략하게 소개한 것으로, 그 내용을 보면 '남구만의 자는 운로요 호는 약천인데, 효종 연간에 과거에 급제하였고, 숙종 연간에 벼슬이 영의정에 이르렀으며, 퇴임한 후에도 그 공로를 인정받아 계속 녹봉을 받았고, 죽은 뒤에는 문충이라는 시호를 받았으며 본관은 의령이다.' 라는 뜻인데, 이 점에서 모두가 대동소이(大同小異) 하다.
    이러한 몇 예들이 남구만이 이 시조를 지었다고 믿을 수 있는 유일한 근거이다. 문제는 앞에서도 지적하였지만, 가집 속의 이러한 기록들이 전적으로 신빙(信憑)할 수 있는 것은 못 된다는 점이다. 참고로 말하면, 이『약천집』에는 '번방곡(翻方曲)'이라는 제명 아래 '東窓이 볼갓느냐…'라는 작품을 포함하여 모두 11수의 시조를 한역(漢譯)하여 실어 놓은 것이 있다. 남구만의 시조에 대한 관심을 엿보게 하는 대목이다. 그러나 이렇듯 시조에 관심을 보인 남구만임에도 불구하고, 정작 그 자신이 지었다고 전하는 시조에 대하여 본인은 물론 그의 지인들조차 단 한 마디 언급도 없으니, 이것이 작자 규명(糾明)에 있어서 우리를 난감하게 하는 또 다른 요인(要因)이다.
    의심을 하자면 이런 추론도 가능하다. 남구만은 시조에 대한 관심이 깊어, 전래(傳來)의 시조 중 11수를 가려 한역(漢譯)하였다. 그 중에는 시조 '東窓이 볼갓느냐…'도 끼어 있었다. 가객(歌客) 김천택(金天澤)은 이들 작품 중에서 작자가 밝혀지지 않은 '東窓이 볼갓느냐…'라는 시조를 그의 시조집인《청구영언》속에 기록하면서, 많은 다른 작품들의 처리 방식과 다름없이, 적당히 약천 남구만 소작(所作)이라고 부기(附記)하였다. 또는 남구만은 기사환국으로 강릉의 변방 지역에 적거하는 신세가 되었다. 이 곳 사람들은 뒤에 시조로 바뀐 '東窓이 볼갓느냐…'와 내용상 일치하는 민요로서의 농요(農謠)를 부르고 있었다. 남구만은 권농가요(勸農歌謠)로서 시대에 가당함이 있다고 생각하여, 시조(時調) 양식으로 편곡(編曲)하고 그것을 한역(漢譯)도 하였다. 이러한 생각은 순전히 소설적 상상에서 출발한 것이지만, 추론의 한 두 예가 되지 말라는 법도 없다.

고전 문학의 특성상 작자 규명의 문제는 모든 장르의 고민이 아닐 수 없다. 시가(詩歌) 쪽에서는, '고구려 때의 작품으로 전하는 〈黃鳥歌〉는 정말 유리왕의 작품인가? 신라 향가(鄕歌)의 작자라고 전하는 이름들은 내용상 가탁(假託)한 것이 아닐까?', 소설 쪽에서도 '최초의 한글 소설이라고 하는 〈홍길동전〉은 허균의 작이 분명한가?' 등의 의문이 꼬리를 물고 있다.

우리는 이러한 애매한 사실들을 열거함으로써, 역설적(逆說的)으로 그 애매함에서 벗어날 수 있는 단서를 확인하게 된다. 고전의 세계는 '현재까지'라는 테두리 속에서만 사실을 발견할 수 있을 뿐,[7] 진리는 항상 그 주위를 맴돌고 있다는 점이다. 이것은 패배주의적인 발상이 아니라, 진리 탐구를 위한 학문적 노력을 전제로 한 담론(談論)이다. 그런 점에서 필자의 현재적 결론은 진실을 탐구해 가는 단계에서 제기한 또 하나의 전제일 수밖에 없다는 점을 분명히 하고자 한다.

바로 이러한 한계 속에서 시조 '東窓이 불갓ᄂᆞ냐…'는 남구만의 작품일 수밖에 없다. 다행인 것은 시조가 가집 등에 기록되기 전까지는 구전(口傳)되었다고 보아야 할 것인데, 남구만의 생존 시기와 최초의 시조집이라고 하는 《(珍本)靑丘永言》이 엮어진 시기가 다른 작품들에 비하면 시간적으로 매우 가까운 거리에 있기 때문에, 이것 또한 다소나마 우리를 안도하게 한다는 사실이다. 다만, 남구만이 지었다는 것과 망상에서 지어졌다는 것이 반드시 등식(等式)일 수 없다는 점은 계속 과제로 남는다.

5. 시조를 망상에서 지었다는 근거는 있는가?

만약 '현재까지'라는 조건 속에서 시조 '東窓이 불갓ᄂᆞ냐…'를 남구만이 지은 것으로 받아들인다면, 그는 과연 이 시조를 어디에서 지었을까? 또는 그 배경은 어디일까? 이것은 앞에서 살핀 '3. 망상(望祥)에 적거(謫居)한 것은 사실인가?'에 대한 분명한 진실 규명과 함께 문학 외적인 문헌(文獻) 및 민속학적(民俗學的) 연구에 기대를 거는 수밖에 없다. 혹시 이 작품의 발생지를 명명(命名)하기 위하여 조급하게 서두른다면, 그것은 '헌화로(獻花路)'

[7] 최근 익산 미륵사지 석탑의 해체·복원 작업 중에 발견된 〈사리봉안기(舍利奉安記)〉의 기록을 통해 다시 점화된 〈서동요〉의 배경설화 논란과 작자 문제는 대표적인 예가 될 수 있다.

를 작명(作名)하는 과정에서 비약(飛躍)을 현실화시킨 경험과 유사한 것이 될지 모른다.

강릉시는 지역 문화사업의 일환으로, 7번 국도 금진항 북쪽 절벽 해안(海岸) 도로에 '헌화로(獻花路)'라는 이름을 붙였다. 이것은 순전히 어림짐작으로 이루어진 소설적 설정이다. 신라 향가 〈獻花歌〉의 배경 설화를 바탕으로 명명된 이 '헌화로'는 실상 누구도 그 사실을 장담할 수 없으나, 반대로 어느 누구도 꼭 아니라고 할 수 없는 학문적 상황에서 설정된 것으로, 다분히 학문적 진실과는 거리가 있는 시정(市政) 차원의 업적(業績)인 셈이다. 『三國遺事』에 실린 〈獻花歌〉의 배경 설화를 보면, 〈헌화가〉가 지어진 후 다시 이틀간의 여정이 진행된 뒤에 〈海歌〉가 지어진 것으로 되어 있다. 그러나 거꾸로 〈해가〉 터는 삼척시 해변에 조성되어 있고 헌화가 발상지라고 명명된 〈헌화로〉는 강릉시 해변에 조성되어 있으니, 참으로 난감한 일이다. 필자는 가끔 삼척(三陟)의 해안 도로를 지날 때면, 만약 〈헌화가〉가 사실적인 배경을 전제로 지어진 것이라면, 차라리 그 배경은 이 곳이 아니었을까 하고 이곳 저곳 추정하여 보기도 한다.

동해시는 이웃 강릉시의 전례를 타산지석(他山之石)으로 삼는 지혜를 보여야 한다. 최소한 이 작품 '東窓이 볼갓ㄴ냐…'가 다른 지역에서 지어졌다는 새로운 주장이 우리를 충격으로 몰지 않도록 하는 학문적 확신을 담보(擔保)한 연후에야 그 발상지 주장을 조심스럽게 내세울 수 있을 것이다.

6. '東窓이 볼갓ㄴ냐…'의 표기는 어떤 것이 옳은가?

우리에게 익히 알려진 남구만의 시조 '東窓이 볼갓ㄴ냐…'는 앞에서도 언급한 바대로 여러 가집(歌集)에 두루 기록되어 전하고 있다. 그 중 여기에 참고한 네 편의 가집은 실제 조선조 시조집을 대표하는 것이다. 그 표기는 대동소이(大同小異)하지만, 중장(中章)이 약간 차이를 보이고 있어 그 실례를 인용한다. 혹간 인용 가집 중 이본(異本)이 있어 그 차이가 있을 때에는 학계에서 이미 진본(眞本) 내지는 최선본(最先本)으로 규명된 것을 활용하기로 한다.

○ 쇼칠 아히는 여태아니 니러느냐《(珍本)靑丘永言》
○ 쇼칠 아희는 지금아니 니러느냐《(朴永嘩 所藏本)海東歌謠》
○ 쇼칠 아희는 至今아니 이러는냐《甁窩歌曲集》
○ 쇼티는 兒孩놈은 샹긔아니 니럿느냐《歌曲源流》

이것은 사소한 차이이기는 하나, 중·고등 학생들이 배우는 교과서는 물론 최근에 간행된 시조집 등에서도 서로 다른 표기가 눈에 띄게 나타나고 있는 것으로 보아, 적절한 시정(是正)이 있어야 할 것이다.

이 외에도 여러 편의 가집(歌集)들이 전하고 있는데, 기록상 표기가 약간씩 차이가 있지만 위에 인용한 예문의 범위를 크게 벗어나지 않는다는 점 등 때문에 여기에서는 일일이 열거하지 않기로 한다.

그러면, 이것들 중에서 어떤 것을 원본(原本)으로 설정할 것인가? 현재로서는 가장 먼저 엮어진 《(珍本)靑丘永言》의 기록이 그 표기나 의미 해석에 있어서 이렇다 할 결점이 발견되고 있지 않기 때문에, 원본(原本)으로 확정하는 데 큰 무리가 없다고 본다. 더구나 남구만의 문집인 『藥泉集』에도 그 한역가(漢譯歌)만 실려 있을 뿐, 이 시조가 그 자체로 실려 있지 않은 점 등을 상고할 때 다른 대안은 없다는 생각이다.

이상의 논의가 설득력이 있는 것이라면, 앞으로 우리가 남구만의 시조로 공식적으로 통용(通用)할 작품 표기는 《(珍本)靑丘永言》에 실려 있는 기록이어야 한다고 제안한다.

줄글로 씌어 진 원문을 初·中·終 삼장(三章)으로 나누고, 다시 띄어쓰기 원칙에 맞게 표기하면 다음과 같다.

東窓이 볼갓느냐 노고지리 우지진다
쇼 칠 아히는 여태 아니 니러느냐
재 너머 스래 긴 밧츨 언제 갈려 ᄒᆞ느니[8]

현재 약천문화마을의 '약천사(藥泉祠)' 앞에 세워진 '남구만 선생 시조비'에서도 이러한

[8] 南坡 金天澤 編,《靑丘永言》, 朝鮮珍書刊行會, 1948, 50쪽 참고.

기준을 토대로 글자를 새긴 것 같은데, 실제로는 약간 차이를 보이고 있어 그 시정을 요구한다.[9]

7. 이 시조의 주제는 권농(勸農)인가, 정치 풍자(政治諷刺)인가?

이 시조 '東窓이 볼갓ᄂ냐…'는 어떤 의도에서 지어졌을까? 남구만은 남달리 시조(時調)를 사랑한 사람이라는 추측이 가능하다. 그가 지었다고 전하는 시조 작품은 비록 이 한 편이지만, 시조를 한역(漢譯)한 것이 11편[10]이나 되는 것만 보아도 시조에 대한 관심이 남달랐음을 확인할 수 있다.[11]

그러면, 시조는 어떤 기능과 효용성이 있는 지 먼저 알아보자. 마음이 고요할 때는 송영(誦詠)이 어울리지만 흥(興)이 고조되면 노래가 나오게 되는 것이며, 그래서 수신(修身)이 몸에 밴 이성적 도학자(道學者)에게는 송영이 주가 될 수 있지만, 일반 서민에게는 노래가 더 어울린다. 그런 점에서 말로 할 것을 노래로 하면 어린이나 일반 대중에게는 교육적으로 더 효과적일 것이라는 것도 짐작하기 어렵지 않다.[12] 퇴계 이황(李滉)이 〈陶山六曲〉을 지·학(志·學)으로 나누어 짓고, 아동들로 하여금 시간 있을 때마다 외워 부르도록 하였다[13]는 기록을 참고하면, 이러한 주장은 더욱 설득력을 갖는다. 남구만의 시조를 일단 권농가(勸農歌)라고 단정한다면, 그것이 왜 한시가 아닌 시조로 지어져야 했는지도 이런 점에서 명백하여 진다. 곧, 독농가(督農歌)로서의 이 작품은 농민들을 작품의 향유 주체로 설정하고 지은 것이기에, 한시가 아닌 시조로서의 기능이 필요하였다는 추론(推論)이 가능한 것이다.

9 바위에 새겨진 표기가 《(珍本)靑丘永言》과 다른 부분이 있어 다음과 같이 바로잡는다. *볼가ᄂ냐(×)→볼갓ᄂ냐(○), 아힉난(×)→아힉는(○).
10 여기에는 정몽주의 '이 몸이 주거 주거 일백 번 고쳐 주거…', 이항복의 '鐵嶺 노픈 峯에 쉬어 넘는 저 구름아…', 효종의 '靑石嶺 지나거냐 草河溝 어듸미오…'와 같이 우국충정(憂國衷情)을 노래한 작품은 물론, 황진이의 '무 음이 어린 後니 ᄒ는 일이 다 어리다…', 작자 미상의 '물은 가쟈 울고 님은 잡고 울고…', '어제런지 그제런지 속절업슨 밤 기던지…' 등 연정(戀情) 시조가 한역(漢譯)되어 있기도 하다.
11 『藥泉集』(卷第二) '翻方曲' 條 참고.
12 金大幸, 『詩歌詩學硏究』, 이화여자대학교 출판부, 1991, 15~54쪽 참고.
13 〈陶山十二曲跋〉에 나오는 "作爲陶山六曲者. 二焉. 其一言志. 其二言學. 欲使兒輩. 朝夕習而歌之."를 참고.

우리 선조들은 한시는 송영(誦詠)할 수 있으나 가창(歌唱)할 수는 없으므로, 가창의 욕구가 있을 때에는 시조(時調)를 빌리지 않을 수 없었다. 한문은 진서(眞書)라고 숭상하고 국문은 언문(諺文)이라고 폄하(貶下)하며, 한시를 시(詩)라 일컫고 국문 시가는 속가(俗歌)나 속요(俗謠)라고 천하게 여겼던 조선조 사대부 양반들임에도 불구하고, 그들이 시조를 즐겨 마지않았던 이유는 바로 여기에 있었다.

그러면, 이러한 사실을 퇴계 이황(李滉)의 〈陶山十二曲跋〉과 서포 김만중(金萬重)의 『西浦漫筆』에 실린 글을 빌려 각기 확인하여 보도록 하자.

사물을 대하고 시간의 변화를 감지하며 성정에 느끼는 바가 있을 때에 그것을 시로써 표현하여야 하는데, 한시는 송영은 가능하나 가창하지는 못하므로, 부득이 가창하고자 하면 우리의 시가인 시조로 표현할 수밖에 없다. 그것은 우리 나라 사람들의 언어 습관이 그럴 수밖에 없기 때문이다.[14]

지금 우리 나라의 시문(詩文)[15]이라고 하는 것은 자기네 언어를 버리고 남의 나라 언어를 흉내내서 지은 것이다. 설령 아주 비슷하게 잘 지었다고 해 보았자 앵무새가 따라하는사람의 말에 지나지 않는다. 그럼에도 불구하고, 마을의 아이들과 아낙네들이 순 우리 가락에 얹어 그들의 성정을 그대로 드러내는 우리의 시가(詩歌)를 저속(低俗)하고 천박(淺薄)하다 하니, 참으로 그 문학적 진실성을 논한다면 선비나 벼슬아치들이 짓는 '시부(詩賦)' 따위와는 함께 논할 것이 못되는 것이다.[16]

우리는 조선조 중기와 후기를 대표하는 두 문인(文人)·학자(學者)의 견해를 통하여 우리 나라 고유 시가 문학으로서의 시조(時調)의 기능과 효용성을 더욱 실감나게 확인할 수 있었다. 즉, 양반 사대부들이 지은 한시(漢詩)는 단순한 의미 전달은 가능하지만, 예술적 성정(性情)의 표현에서는 나름대로 한계가 있었던 것이고, 일반 서민들에게 이 한계는 더더욱 넘을 수 없는 산(山)이 되었던 것이다.

---

14 〈陶山十二曲跋〉의 "凡有感於性情者. 每發於詩. 然今之詩. 異於古之詩. 可詠而不歌也. 如欲歌之. 必繁以俚俗之語. 蓋俗音節不得然也."를 참고.
15 여기에서의 '시문(詩文)'은 문학으로서의 한시(漢詩)와 한문(漢文)을 뜻함.
16 『西浦漫筆』에 나오는 "今我國詩文. 捨其言而學他國之言. 設令十分相似. 只是鸚鵡之人言. 而閭巷間樵童汲婦咿啞而相和者. 雖曰鄙俚. 若論眞贗. 則固不可與學士大夫所謂詩賦者同日而論"을 참고.

앞에서도 언급한 바와 같이 남구만이 지었다고 하는 '東窓이 불갓누냐…'는 《(珍本)靑丘永言》에 처음 실린 이래, 여러 가집(歌集)에 전재(轉載)되어 전하는데, 그 해석 방식은 대체로 두 가지 측면으로 요약된다. 하나는 독농가(督農歌)·권농가(勸農歌)로 보는 것이요, 다른 하나는 정치적 실정(失政)을 우회적으로 비유한 풍자시(諷刺詩)로 보는 관점이다. 전자를 기준으로 이 작품을 살피면, 그것은 우리 지역 농민들에게 근면·성실한 자세로 부지런히 농사일에 힘쓸 것을 권하는 것으로, '農事之天下大本也'를 표방하는 중농주의(重農主義)가 나라 경제의 근간이었던 당시로서는 작자의 애민정신(愛民精神)이 잘 반영된 작품이라고 할 것이다. 그 해석도 그저 사전적 의미를 부드럽게 처리하여, '먼동이 트고 종달새가 지저귀니, 새벽인 줄 알겠구나. 이 집 저 집 장정들아, 이 바쁜 춘경기(春耕期)에 겨울잠 자듯 하면. 고개 너머 저 넓은 밭농사를 제 때에 해결할까.'라고 풀이하면 될 것이다.

후자를 기준으로 이 작품을 살피면, '東窓'은 임금이 계시는 궁궐을, '노고지리'는 고천자(告天子)의 의미인 조정의 간신배를, '쇼'는 정직한 백성을, '아희'는 지방 수령으로서의 목민관(牧民官)을, '재 너머 스래 긴 밧'은 난마(亂麻)처럼 얽힌 험난한 국사(國事)를 비유한 것으로 보아, '임금이 계시는 궁궐은 이미 간신배들의 소굴인데. 지방의 벼슬아치들마저 복지부동(伏地不動) 눈치만 살피면. 저 많은 백성들은 누가 먹여 살리나.' 정도로 해석하면 무난할 것이다.

그러나, 후자의 경우 '東窓'이 임금이 계시는 궁궐을 상징한다고 볼 근거가 부족하고, 만약 그렇다고 하더라도 이 작품이 동해시의 망상(望祥)에서 지어진 것이 분명하다면, 궁궐은 위치상 '東窓'이 아니라 '西窓'이 되어야 한다는 아이러니가 존재한다. 그리고 사실 여기에 나오는 '쇼'나 '아희' 등의 시어(詩語)들이 우리 고전의 특징으로 볼 때 고도의 정치적 상징어가 되기 어렵다. 그 실례를 몇 가지만 들어 본다.

東窓이 旣明커늘 님을 끽야 보뇌오니
非東方卽明이오 月出之光이로다
脫鴛衾 推鴛枕ᄒ고 輾轉反側 ᄒ노라

— 時調·無名氏 所作

綠楊 芳草岸에 쇼머기ᄂᆞ 아희들아

압냇고기와 뒷냇고기를 다 몰속 자바내 다라치에 너허주든 네 쇠궁치에 언저다가 주렴
우리도 밧비 가는 길히니 못가져 갈가 ᄒ노라

— 時調·無名氏 所作

綠楊芳草岸의 소먹이ᄂ 아희들아
人間榮辱을 아ᄂ다 모로ᄂ다
人生百年이 풀씃희 이슬이라
三萬六千日이 긔 아니 草草하냐
— 중 략 —

— 歌辭 〈牧童歌〉·任有後 所作

위에 인용한 내용 중 밑줄 친 부분들을 상고하면, 그것들은 우리 고전 시가에서 장르를 넘나들며 상투적으로 쓰이는 시어(詩語)라는 것이 직감적으로 드러난다. 이러한 표현은 아마도 민요(民謠)에서도 많이 보일 것이라는 짐작이 가는데, 그런 면에서 더더욱 정치적(政治的) 상징어로 쓰일 가능성은 희박해 지는 것이다.

얼핏 생각하면 시조는 외형적으로 한시만큼이나 짧기 때문에, 함축성(含蓄性)이 강한 상징시가 될 듯도 하지만 실제는 그렇지 않다. 시조는 한시와 달리 완만한 가락에 가창(歌唱)되었기 때문에, 상징적 요소가 들어갈 자리를 노랫가락이 대체한 것이다. 실제로 쉬운 뜻의 용어나 표현도 가락 위에 올려 늘어뜨리면, 듣는 사람은 그 의미를 좇아 파악하는 것이 어려워진다. 하물며 여기에 한시(漢詩)처럼 함축성이 강한 상징어가 다반사로 들어간다면, 그것은 이미 시조가 갖는 문학으로서의 대중성이 상실되는 것이다.

이런 여러 사실과 함께 시조가 조선 후기의 유행가조(流行歌調)였음을 생각한다면, 이 작품의 창작 의도는 별 어려움 없이 해결되는 것이 아닐까? 실제로 정치 풍자 시조라고 할 수 있는 것들 중에 그 속내를 겉으로 드러내지 않은 고도의 상징시는 존재하지 않는다. 그런 점에서 이 작품은 당시의 우리 고장 사람들에게는 일전에 농촌에서 즐겨 불렀던 "새벽종이 울렸네. 새 아침이 밝았네. 너도나도 일어나 새마을을 가꾸세.……"로 시작하는 〈새마을 노래〉와 같은 역할과 기능을 하였다고 보는 것이 당위적(當爲的)일 것이다.

이 작품에 이어서 지어진 존재(存齋) 위백규(魏伯珪)의 〈農歌九章〉을 비롯한 여러 편의 권농시조(勸農時調)와 운포(耘逋) 정학유(丁學游)의 〈農家月令歌〉를 중심으로 한 권농가

사(勸農歌詞)가 다량으로 창작된 점, 그리고 실학사상과 함께 각종 농서(農書)들이 집중적으로 제작되었음을 참작할 때, 굳이 이 작품을 다른 각도에 집착하여 해석하려는 시도는 무리가 있으며, 문예비평가들을 곤혹스럽게 하는 '의도적 오류'의 함정에 빠질 가능성이 있다.

또한, 지은이 자신인 약천 선생이 그의 문집인 『藥泉集』(卷第一) '翻方曲'에서 이 작품을 "東方明否 鸚鴣已鳴 飯牛兒胡爲眠在房 山外有田壟畝闊 今猶不起何時耕"라고 한역(漢譯)하였고, 더구나 제주(濟州) 목사(牧使)까지 지낸 당대의 보기 드문 음악 전문가인 병와(甁窩) 이형상(李衡祥)까지도 "東方欲曙未 鶴鶊已先鳴 可회牧豎輩 尙耽短長更 上平田畝長 恐未趁日耕"[17]과 같이 권농에 초점을 맞추어 한역(漢譯)한 것을 보면, 더 이상의 논의는 의미가 없다고 할 것이요, 후자는 시 해석상 그 가능성을 열어 두는 것으로 만족하는 것이 옳을 듯 하다.

그런 점에서 필자는 최근 '藥泉祠' 앞뜰에 세워진 '남구만 선생 시조비'의 기단부(基壇部) 오석(烏石) 삼면(三面)에 새겨진 정치 풍자적 시평(詩評)과는 그 견해를 달리 함을 밝힌다.

8. 맺음말

본 논고의 대상은 대체로 남구만과 그의 시조로 전해지는 '東窓이 볼갓느냐…'에 대해서 우리가 갖고 있는 평이한 문제들이었다. 그러나 이러한 기본적 문제들에 대하여 우리는 분명한 진실을 담보하고 있지 못한 것이 사실이다. 이것은 피해서는 안 될 학문적 책임이다.

남구만 선생을 선양하기 위해 약천연구회가 주체가 되어 지금까지 이루어낸 외형적 성과는 지역 문화사업의 한 귀감이 될 만하다. 화강암 석재로 새로 보수한 약천샘〔藥泉井〕, 약천 선생이 해돋이 구경을 하였을 것이라고 가정한 보름재 정상 서편에 세운 약천정(藥泉亭), 선생의 학문과 유덕(遺德)을 기렸던 옛 노곡서원(魯谷書院) 자리에 웅장하게 다시 세운 약천사(藥泉祠)와 약천사 앞뜰에 세운 남구만 선생 시조비(時調碑), 사래 긴 밭〔長田〕 터에 세운 자연석 등이 그것이다.

이러한 여러 노력에도 불구하고 아쉬움으로 남는 것은 그것이 거의 외형적 사업에 치중

---

17 李衡祥의《芝嶺錄》〈督農課〉에 실려 있음.

되고 있다는 점이다. 아무리 성능이 좋은 컴퓨터도 운영 프로그램인 소프트웨어가 부실하다면 제 역할을 못하는 이치이다. 필자가 앞에서 진술한 논지가 옳은 것이라면, 약천사(藥泉祠) 앞뜰에 세워진 남구만 시조비(時調碑)의 시평(詩評) 등은 서둘러 사업을 추진한 오류로 지적될 수 있다. 철저한 검증 없는 경솔한 사업 추진은 자칫 과유불급(過猶不及)의 우(愚)를 범할 수도 있기 때문이다.

지금부터라도 사계(斯界)의 뜻 있는 인사와 학자들의 관심을 진작시키고, 또한 학문적 절차와 고증이 병행되어, 국민 시조 '東窓이 볼갓ᄂ냐…'의 진실에 한 걸음 다가갈 수 있게 되기를 기대해 본다.

<참고 자료>
한역시(漢譯詩)와 원 시조(原時調) 11首

1. 此身死復死 百死又千死 白骨爲塵土 魂魄復何有 向君一片丹心 到此猶未已
이 몸이 주거 주거 일백 번 고쳐 주거 백골이 진토 되여 넉시라도 잇고 업고
님 향흔 일편단심이야 가실 줄이 이시랴

2. 咸關嶺高復高. 夜宿曉去寒雲飛 孤臣寃淚欲附汝 願帶爲雨長安歸 長安宮闕九重裏 儻向君前 一霏霏
鐵嶺 노픈 峯에 쉬여 넘는 저 구름아 孤臣 寃淚를 비 사마 씌여다가
님 계신 九重深處에 ᄲᅳ려 볼가 ᄒᆞ노라

3. 靑石嶺已過 九連城何許 胡風寒又寒 陰雨苦復苦 誰能畵我此行李 遠寄君王處
靑石嶺 지나거냐 草河溝 어듸미오 胡風도 ᄎᆞ도 출샤 구즌비는 무스 일고
뉘라서 내 行色 그려내여 님 계신듸 드릴고

4. 朝天路草塞 玉河舘人空 大明崇禎今何在 三百年事大至誠如夢中
朝天路 보믜단 말가 玉河關이 븨단 말가 大明 崇禎이 어드러로 가시건고
三百年 事大誠信이 ᄭᅮᆷ이런가 ᄒᆞ노라

5. 東方明否 鸕鴣已鳴 飯牛兒胡爲眠在房 山外有田蕪畝闊 今猶不起何時耕

東窓이 볼갓ᄂ냐 노고지리 우지진다 쇼 칠 아히ᄂ 여태 아니 니러ᄂ냐
재 너머 ᄉ래 긴 밧츨 언제 갈려 ᄒᄂ니

6. 誰謂余爲老 老者乃能如此됴 看花笑自發 把杯興還多 只此春風亂白髮 渠自生來吾奈何
뉘라셔 날 늙다 ᄒᄂ고 늙은이도 이러ᄒᆫ가 곳 보면 반갑고 盞 잡으면 우음 난다
春風에 흣ᄂᄂ 白髮이야 낸들 어이 ᄒ리오

7. 吾心旣云醉 事事皆成癡 月沈到三更 豈是人來時 風鳴葉落聲 猶復浪驚疑
ᄆ음이 어린 後니 ᄒᄂ 일이 다 어리다 萬重 雲山에 어닉 님 오리마ᄂ
지ᄂ 닙 부는 ᄇ람에 힝혀 ᄀᆫ가 ᄒ노라

8. 何曾妾無信 乃與君相欺 深夜遠來意 而君諒不知 鳴風落葉本無情 渠自爲聲妾何爲
내 언제 無信ᄒ여 님을 언지 속엿관듸 月沈 三更에 온 뜻이 젼혀 업늬
秋風에 지ᄂ 닙 소리야 낸들 어이 ᄒ리오

9. 新情苦未洽 夜夢幸無礙 衷情未盡訴 悠焉失所在 嗟我夢眞皆一般 只待霎時看
ᄭᅮᆷ으로 差使를 삼아 먼 듸 님 오게 ᄒ면 비록 千里라도 瞬息에 오련마ᄂ
그 님도 님 둔 님이니 올ᄶᅩᆼ 말ᄶᅩᆼ ᄒ여라

10. 征馬啼欲去 佳人啼欲留 夕陽落已盡 客路千里悠 佳人且收淚 吾魂消幾流
ᄆᆯ은 가쟈 울고 님은 잡고 울고 夕陽은 재를 넘고 갈 길은 千里로다
져 님아 가는 날 잡지 말고 지는 히를 잡아라

11. 昨聊今聊迷不記 白雲山中古寺裏 與君相見曾似夢 此地何幸更相從 終然不定後會期 妾人於 玆益傷悲
어제런지 그제런지 속졀업슨 밤 기던지 그날 밤 버혀 내여 오늘 밤 닛고라져
오늘이 래일이 되여 모릭 새다 엇더ᄒ리
―『藥泉集』「卷第一」'翻方曲'

V. 기호의 논리와 시적 상상력
― 李 箱의 『烏瞰圖』 다시 읽기

김동근*

1. 『烏瞰圖』를 다시 읽는 이유

한국 현대시문학사에서 李箱만큼 끊임없이 비평적 쟁점을 제공해온 시인을 찾기는 어렵다. 李箱과 그의 시는 우리 문학사에서 가장 풀기 어려운 수수께끼였던 셈이다. 그는 28세의 젊은 나이로 요절한 비극적인 천재 시인이었으며, 최초의 다다이스트이자 전통 시단의 이단아였다. 이상은 그의 문학적 재주와 성과가 언어의 유희나 숫자의 장난에 불과한 것인지, 아니면 전통 문법을 초월한 상징과 은유의 의미를 갖는 것인지를 수수께끼처럼 우리에게 남겨두고 떠나버렸다.

흔히, 李箱의 시적 세계는 불안과 공포의 세계이며, 그 불안과 공포가 독해의 난해성을 초래하였다고 말해진다. 『오감도』를 "공포의 기록"[1]이라거나, 李箱 문학의 근저에 "만인의 신이 있다고 믿었던 19세기에서 자신만의 신을 찾아야 했던 20세기 모던 시대, 자기 나라를 빼앗기고 남의 나라 지배를 받아야 했던 식민 시대, 자기 부모를 떠나 큰아버지 집에서 큰어머니의 냉대를 받아야 했던 이질감"[2]이 자리하고 있다는 견해들은 아마도 모든 연구자들이 동의해온 李箱 시에 대한 보편적 결론일 것이다. 그러나 결론에 이르는 과정, 즉 李箱의 시 텍스트에 대한 분석과 해석은 연구자에 따라 전혀 다른 양상을 보이거나 혹은 상충되기까지 한다. 이러한 요인은 李箱의 시가 수학과 건축학의 원리를 시인의 자의식

---
1 김윤식, 「이상 문학과 지방성 극복의 과제」, 『문학사상』 300호(문학사상사, 1997. 10.), p.110.
2 권택영, 「투영된 자아를 통한 고백」, 위의 책, p.147.
* 전남대학교 교수

과 결합시키고 있을 뿐만 아니라 당대를 풍미했던 다다이즘, 쉬르리얼리즘, 모더니즘 등의 영향성을 고스란히 담보하여 난해한 수수께끼처럼 구성되어 있기 때문이라 생각된다.

문학 텍스트에 대한 비평적 접근은 해석과 평가를 근간으로 삼는다. 그러나 고도의 문학적 해석과 평가가 텍스트 수용의 가장 본질적이고 최종적인 단계임에는 틀림없지만, 한편으로는 텍스트 자체의 의미에서 가장 멀어지는 단계일 수도 있음을 간과해서는 안 된다. 따라서 필자는 李箱 시에 대한 도구적 해석보다는, 작시 논리에 초점을 두고 시적 기호체계를 분석함으로써 그 본질에 접근하고자 한다. 이는 李箱의 시, 특히 그의 시적 정수로 평가받는 『오감도』가 언어기호의 기의에 우선하여 기표 중심의 텍스트로 구성되어 있다는 나름대로의 판단에 근거한다. 따라서 이 글은 이러한 분석과 아울러 라캉의 정신분석이론에 근거한 해석적 의미를 도출하는 방향으로 전개될 것이다.

2. 기호의 논리로 읽는 『烏瞰圖』의 의미

『오감도』는 1934년 《조선중앙일보》에 7월 24일부터 8월 8일까지 연재하다 독자들의 비난에 의해 중단된 총 15편의 연작시 표제이다. 이 시편들의 작시 논리와 텍스트 의미를 본격적으로 논하기 전에, 우리는 李箱이 왜 '鳥瞰圖'가 아니라 '烏瞰圖'를 시제로 취했는가 하는 해묵은, 그러나 본질적인 문제에 대해 다시 한 번 생각해 볼 필요가 있다. 이 문제에 대한 해명이야말로 『오감도』의 본질을 이해하는데 중요한 시사점을 제공하기 때문이다.

이에 대해 이승훈은 이어령의 견해를 빌어 '烏瞰圖'란 까마귀와 같은 눈으로 인간들의 삶을 굽어본다는 뜻이라 하여, 암울하고 불길한 까마귀를 통해 부정적인 생의 조감을 예시하는 시적 분위기를 나타내려는 의도로 해석하고 있다.[3] 그러나 이러한 견해는 李箱 시의 텍스트체계를 근거로 하여 도출된 해석이라기보다는 '烏'자의 뜻, 즉 기의에 대한 선입견이 작용한 해석이라 생각된다. 왜냐하면 텍스트 『오감도』가 드러내는 의미는 전체적인 체계에 의해서 조직되어 있으며 문자나 숫자, 더 나아가 문장의 의미까지도 해체되어 있다고 보이기 때문이다.

반면, 김윤식과 이정호의 '烏瞰圖'에 대한 설명은 '까마귀'라는 기의를 전제하지 않고, 획

---

3 이승훈 편, 『李箱문학전집1』(문학사상사, 1989.), p.18.

수 하나를 빼낸 기호의 왜곡 형태로 본다는 점에서 앞의 견해와 그 맥을 달리하고 있다. 김윤식은 '鳥瞰圖'가 총천연색의 세계라면 '烏瞰圖'는 1획을 제거하여 추상화한 흑백의 세계임을 주장하고 있으며,[4] 이정호는 이상이 새 조鳥자와 까마귀 오烏자 사이의 기표로서의 차이를 보이면서 이 시의 제목을 통해 "시인인 작가가 의미를 부여하는 것이 아니라 독자가 의미를 찾으라는 폭탄 선언"[5]이라고 말한다. 『오감도』의 제목이 글자의 의미를 떠나 기표를 왜곡시킨 형태로 붙여졌다는 이들의 주장은 상당한 설득력을 갖는다. 이러한 현상은 이상의 시 텍스트 내에서도 수시로 보이고 있기 때문이다.[6] 그럼에도 불구하고 이들의 설명에는 어딘지 미흡함이 남아 있다. 그것은 이들의 논의 과정 어디에도 기표 왜곡의 동기에 대한 구체적인 설명이 전제되어 있지 않기 때문일 것이다.

이에 필자는 李箱이 '鳥'를 '烏'로 변형시킨 동기를 이 글자들이 원래 상형문자로서의 기표였다는 점에서 찾고자 한다. 새가 나는 모습을 상형한 '鳥'자에서 의도적으로 탈각된 부분은 새의 눈동자에 해당한다. 그렇다면 '烏'는 눈동자가 없는 새, 즉 '눈먼 새'가 된다. 결국 『오감도』에서의 '烏'는 본래의 기표라기보다는 변형된 기표인 것이며, 따라서 그 기의 역시 '까마귀'라는 본래의 기의보다 '눈먼 새'라는 변형된 기의로 해석되어야만 마땅할 것이다. 앞을 보지 못해 날아야 할 방향을 잃어버린 눈먼 새에게 세상은 어떤 모습으로 인식될까? 그것은 그야말로 암흑천지일 것이며, 불안과 공포의 대상일 것이다. 이는 『莊子』 山木篇의 한 구절을 차용해서 쓴 『시제5호』 2행 "翼殷不逝 目不大覩(날개가 커도 날지 못하고 눈이 커도 볼 수 없다)"를 통해서뿐만 아니라, 李箱이 직접 쓴 권두언의 다음의 말에서도 분명하게 시사되고 있음을 발견할 수 있다.

더듬거리면서 겨우 여기까지 왔네 그려. 이렇게 캄캄해서야. 이젠 아주 글렀네. 무서워서 한 발자국인들 내놓을 수 있겠는가?[7]

이런 하소연처럼, 세상을 온전하게 바라보지 못하는 눈은 결국 자의식의 세계만을 바라

---

4 김윤식, 앞의 글, p.107.
5 이정호,「〈오감도〉에 나타난 기호의 이상한 질주」,「문학사상」300호(문학사상사, 1997. 10.), p.170.
6 「시제4호」에서 숫자판을 뒤집어 놓은 것이나, 「시제5호」에서 《莊子》의 '翼殷不逝 目大不睹'의 한 구절을 '目不大睹'로, 「街外街傳」에서 '奢侈'를 '侈奢'로 바꾸어 놓은 것 등은 모두 기표의 왜곡에 해당한다. 이상의 이러한 수법을 조남현은 「실험과 모순의 텍스트, 그 안팎」,(「문학사상」300호)에서 '아나그램(anagram)을 통한 기교 부리기'로 명명한 바 있다.
7 김윤식 편,「李箱문학전집3」(문학사상사, 1989), p.203.

보게 될 것이고, 그러기에 그 자의식 세계의 조감도는 비틀리고 뒤집히고 색채와 질감을 잃어버린 채, 마치 暗射地圖와 같이 선과 면과 무수한 기호의 '오감도'로 그려질 수밖에 없지 않겠는가. 필자는 李箱의 이러한 상상력이 건축학이나 시각예술에 대한 그의 지식과 만난 지점에서 우리가 그토록 난해하게 여기는『오감도』의 작시 논리와 의미 해석의 비밀을 찾고자 하는 것이다.

시의 제목에 담겨져 있는 이와 같은 창작 의도를 전제하고『오감도』총 15편의 텍스트를 검토해 보면, 제1호에서 제8호까지 8편은 기표 왜곡의 아나그램anagram, 즉 글자 수수께끼의 기법이 그 작시 논리로 작용하고 있음을 뚜렷하게 확인할 수 있다. 李箱의 문학적 글쓰기에 대해 조남현은『종생기』를 분석하는 자리에서 '아나그램을 통한 기교 부리기'라 하여, 진실한 기록보다는 멋진 기록으로 남기기 위해 여러 가지 기교를 구사하였다고 평가한 바 있지만,[8] 필자는『오감도』를 체계화하고 있는 아나그램에 의한 담론 방식이 기교 이상의 구성원리이자 시적 의미를 형성하는 핵심 의미자질로 작용하고 있다는 점에 주목할 필요가 있다고 본다.

우리가 익히 알고 있다시피『오감도』의 텍스트체계는 전통적인 시 창작 방법으로부터 완전히 벗어나 있다. 즉, 여타의 시에서 은유적 이미지를 형성해 내는 유사성의 원리는 물론이려니와, 역설paradox과 반어irony적 의미를 유추케 하는 상반성의 원리도 찾아보기 어렵다. 여기에는 오직 기호적 논리에 의한 대칭과 병치, 나열만이 있을 뿐이며, 이러한 기호들을 시각적으로 조합하여 구도적 의미를 파생시키고 있는 것이『오감도』이다. 그러므로『오감도』의 시적 의미는 그 기호들로 구도화된 텍스트체계 속에서 부유하고 있는 것이며, 육체의 눈이 아니라 자의식의 눈으로 그려낸 시각예술이란 점이 바로『오감도』의 텍스트성textuality이라 할 수 있겠다.

13人의兒孩가道路로疾走하오.
(길은막다른골목이適當하오.)

　　第1의兒孩가무섭다고그리오.
　　第2의兒孩도무섭다고그리오.
　　第3의兒孩도무섭다고그리오.

---
8 조남현, 앞의 글, p.143.

第4의兒孩도무섭다고그리오.
第5의兒孩도무섭다고그리오.
第6의兒孩도무섭다고그리오.
第7의兒孩도무섭다고그리오.
第8의兒孩도무섭다고그리오.
第9의兒孩도무섭다고그리오.
第10의兒도가무섭다고그리오.

第11의兒孩도무섭다고그리오.
第12의兒孩도무섭다고그리오.
第13의兒孩가무섭다고그리오.
13人의兒孩는무서운兒孩와무서워하는兒孩와그렇게뿐이모였소.
(다른事情은없는것이차라리나았소.)

그中에1人의兒孩가무서운兒孩라도좋소.
그中에2人의兒孩가무서운兒孩라도좋소.
그中에2人의兒孩가무서워하는兒孩라도좋소.
그中에1人의兒孩가무서워하는兒孩라도좋소.

(길은뚫린골목이라도適當하오.)
13人의兒孩가道路로疾走하지아니하여도좋소.

―『시제1호』전문

『시제1호』를 대상으로 지금까지의 연구들이 가장 관심을 가졌던 부분은 아마 '13'이란 숫자의 정체에 대해서였을 것이다. 그만큼 '13'의 의미도 다양하게 해석되어 왔는데, ①최후의 만찬에 합석한 기독 이하 13인(임종국), ②위기에 당면한 인류(한태석), ③무수한 사람(양희석), ④해체된 자아의 분신(김교선), ⑤당시의 13도(서정주), ⑥시계 시간의 부정, 시간의 불가사의를 희화한 것(김용운·이재선), ⑦이상 자신의 기호(고은), ⑧불길한 공포(이영일), ⑨성적 상징(김대규), ⑩원시적 자아로의 분화(정귀영) 등이 그것이다.[9] 그러나 이러한 해석들은 한결같이 텍스트 외적 요인들에 기대어 그 의미를 규정하고 있다는 점에서 다분히 해석의 오류를 범할 위험성을 내포하고 있다. 물론 모든 시작품이란 독자를 향해 열려 있는 것이기에, 어느 정도의 자의적인 해석이 불가피하거나 또는 마땅할 수도 있다. 그러나 그렇다하더라도 텍스트체계 자체의 의미구조에 대한 정밀한 분석이 선행되고 난 이후에야 그러한 의미 부여도 가능하다 할 것이다.

그렇다면 『시제1호』의 텍스트체계 내에서 '13'이란 기호는 어떤 의미를 갖는 것일까? 우선 수학적 상상력의 측면에서 그 의미를 해명해보자. '13'은 1과 자신 외에는 어떠한 공약수도 갖지 못한 素數이다. 소수는 다른 자연수에 의해 나누어지지 않는다는 점에서 전일성을 갖지만, 구태여 이를 나누려하면 원점으로 회귀하고 만다는 점에서 불안한 숫자인 것이다. 이러한 점은 '11' 역시 마찬가지이다. 또한 '11'은 계량단위의 묶음인 10진법으로부터, '13'은 시간단위의 묶음인 12진법으로부터의 잉여 기호로써 불안감을 고조시킨다는 점에서도 일맥상통하는 숫자이다. 여기에서 우리는 『시제1호』의 숫자 배열이 1에서부터 13까지 일괄적으로 연결되어 있지 않고 10과 11사이가 분리되어 있음에 주목할 필요가 있다. '第11의兒孩'부터 '第13의兒孩'까지가 새로운 연으로 구분되어 있다는 점은 무엇 때문인가? 그것은 분명 이런 불안한 숫자 기호를 통해서 고조된 불안감을 시각적으로 강화하고자 하는 창작 의도로 볼 수밖에 없는 것이다.

다음으로, 이 시가 언어적 문법에 의해 '씌어'졌다기보다는 자의식의 문법에 의해 '조합'된 아나그램의 기호체계라는 측면에서 그 의미를 도출해보자. 텍스트 내에서 열 세 차례나 반복되고 있는 "第○의兒孩가무섭다고그리오."는 서로 다른 의미를 숨기고 있는 아나그램 기호이다. '兒孩'는 지시 대상으로서의 '무서운 아이'일 수 있으며, 반면 말하는 주체로서의 '무서워하는 아이'일 수도 있다. 그리고 이러한 아나그램이 성립하기 위해서는 결국 '무서운 아이'와 '무서워하는 아이'가 동일인이어야만 한다. 이처럼 대상으로서의 아이와 주체로서의 아이가 동일인으로써 시적 화자의 자의식 세계를 표상하는 존재라는 점을 전제하였을 때 "~가무서운兒孩라도좋소."/"~가무서워하는兒孩라도좋소.", "13人의兒

---

9 이는 '13인'의 의미에 대한 기존의 견해들을 이승훈이 「이상의 대표시 20편은 무엇인가?」(『문학사상』 1985. 12, pp.357~358.)에서 개괄한 것으로, 이승훈은 '13인'을 상징적 속성을 띠지만 그러나 완전한 문학적 상징이 아닌 기호와 상징의 중간 개념으로 파악하여, 그것이 어떤 지시적 의미를 나타내기보다는 후반의 '아해'와 결합되어 불안을 표상한다고 보았다.

孩가道路로疾走하오."/"13人의兒孩가道路로疾走하지아니하여도좋소."와 같은 이질적이고 대립적인 모순어법의 기호체계가 왜 가능한 것인지, 그리고 그 의미가 무엇인지를 명확하게 알 수 있다. 자의식의 기호들로 조직된 이러한 텍스트를 만약 언어적 문법에 따라서만 해석하려 한다면 이 시는 당대의 독자들에게 철저하게 배척당하였던 것처럼 황당한 말장난에 불과하고 만다. 우리는 이 시를 李箱이 자신의 불안 심리를 고도의 기호적 논리에 의해 의미화한 텍스트로 받아들여야 할 것이며, '13人' 역시 실제의 인물이 아니라 해체되고 파편화된 시적 자아의 모습을 보여주는 의도된 기호로 읽어야 할 것이다.

> 싸움하는사람은즉싸움하지아니하던사람이고또싸움하는사람은싸움하지아니하는사람이었기도하니까싸움하는사람이싸움하는구경을하고싶거든싸움하지아니하던사람이싸움하는것을구경하든지싸움하지아니하는사람이싸움하는구경을하든지싸움하지아니하던사람이나싸움하지아니하는사람이싸움하지아니하는것을구경하든지하였으면그만이다.
>
> ―『시제3호』전문

이 시는 마치 복잡한 수수께끼처럼 얽혀 있지만, 자세히 보면 역시 아나그램의 모순어법으로 구성되어 있음을 알 수 있다. 여기에서 '싸움'과 관련된 사람은 '싸움하는 사람', '싸움하지 아니하는 사람', '싸움하지 아니하던 사람' 등의 기호로 등장한다.[10] 싸움에는 어떤 것이 있는가? 육체적이고 실제적인 싸움이 있는가 하면, 정신적이고 내면적인 싸움―그것이 질병과의 싸움이든 자의식과의 싸움이든―이 있다. 그러므로 '싸움하는 사람'은 다시 '몸으로 싸우는 사람'과 '정신적으로 싸우는 사람'이라는 두 개의 기호로 분할될 수 있다. 따라서 이 네 개의 기호들에 관계하는 의미작용을 그레마스의 기호 사각형[11]에 대입시켜보면,『시제3호』의 기호체계가 전도된 현실에 대한 부정적인 자의식을 드러내고 있는 텍스트임을 알 수 있다. 전도된 현실 속에서 모든 존재들은 결국 서로가 서로를 '구경'하는 아웃사이더일 수밖에 없다는 페이소스가 바로 이 모순어법의 최종적인 의미인 것이다.

---

10 이에 대해 이승훈은 앞의 책 p.23에서 '싸움하는 사람', '싸움하던 사람', '싸움하지 아니하는 사람', '싸움하지 아니하던 사람' 등 4명이 나온다고 해설하고 있지만 이는 잘못된 것이다. 이 시 어디에서도 '싸움하던 사람'이라는 표기는 찾아 볼 수 없다.
11 그레마스는 의미소 S1과 S2를 연접과 이접이라는 이중적 관계에 결합하여 의미 작용의 기본 구조를 기호 사각형으로 설명한다.(A. J. Greimas, 김성도 역,「의미에 관하여-기호학적 시론」, 인간사랑, 1997, pp.180~182참조.)

3. 기하학적 상상력과 '거울'모티프

『오감도』의 이러한 아나그램 기호들은 수열의 개념이나 기하학적 상상력과 어우러지면서 독자들에게 더욱 더 난해한 텍스트로 다가선다. 李箱은 수학과 건축학에 대한 자신의 지식을 시 창작 과정에 과감하게 적용시킴으로써 그야말로 그의 천재성을 유감없이 보여준 시인이라 할 수 있다. 이러한 시 창작기법은 관습적인 언어문법을 완전히 해체하는 데서부터 출발하는 것인데, 이를 문예미학의 측면에서 말한다면 다다이즘의 영향이라 할 것이고, 시 양식의 측면에서 말한다면 구체시 형태의 실험이라 할 수 있다.

20세기 초 서구 유럽의 예술계에는 미래파, 입체파, 다다이즘, 초현실주의 등 아방가르드운동이 풍미하고 있었다. 이들은 앞선 경향에 대한 대체 방식으로 등장했다기보다는 동시적으로, 그러면서도 서로 유사성과 차이점을 보이면서 제1차 세계대전을 전후한 시기 유럽의 사회 문화적 분위기를 대변하고 또한 거기에 도전하였다. 1916년 트리스탄 차라에 의해 발표된 다다dada 선언문은 예술과 문학에 대한 강한 부정 정신을 드러내면서 "파괴에 대한 위대한 부정"을 그들의 이념으로 선택하였음을 공표하고 있다. 특히 다다이스트들은 말과 문자의 관계, 그리고 시각적 표의문자로서의 알파벳에 대해 재인식하고자 하였다. 즉 그들은 문자로 이루어진 글 자체가 강력한 '시각매체'로서 자신들이 소리치고 사랑하고 숨 쉬는 생생한 목소리를 반영할 수 있음을 증명해 보였던 것[12]이다. 이러한 서구의 다다이즘이 우리 시단에 소개된 것은 일본에서 '딜레탕트적인 향락주의', '허무주의' 또는 '현실주의'라는 이름으로 수용 과정을 거치고 난 1920년대 중반 고한용高漢容에 의해서였다.[13] 원래의 다다이즘이 허무와 파괴 그 자체로 끝나는 것이라면, 한국 초기문학론에 등장하는 다다이즘론에서는 허무와 파괴를 주장하면서도 그 자체에 하나의 문학적 가치와 의미를 부여하였으며,[14] 이를 창작 과정에서 실천적으로 보여준 시인이 바로 李箱이다.

12 김민수, 「시각예술의 관점에서 본 이상 시의 혁명성」, 권영민 편, 「이상문학연구60년」(문학사상사, 1998.), p.192.
13 고한용은 1924년에 「다다이즘」(「개벽」 1924. 9.)과 「Dada」(〈동아일보〉 1924. 11. 27.) 등의 글을 통해 서구 다다운동의 발단과 의의를 소개하였다. 이와 때를 같이하여 김기진이 〈조선일보〉 11월 24일자에 「본질에 관하여」를, 무이잔보(無爲山峰)가 같은 일자 〈동아일보〉에 「다다? 다다!」를 발표하여 다다이즘에 대한 개념적 논의를 이어갔다.
14 천소화, 「한국 쉬르레알리즘 문학연구」(성심여대 석사논문, 1982), p.2.

20년대 국내에서 출현한 초기 다다풍의 시가 지닌 한계를 넘어서 30년대 초 이상이 도달한 일련의 시들은 어떤 의미에서 서구의 다다이스트들조차도 미처 실현하지 못한 철저함을 보여 준다. 특히 이상의 시는 '내용을 지닌 사고'를 위한 전달체로서라기보다는 '구체적 재료'로서 언어를 사용하여 '분석될 뿐만 아니라 하나의 구조로 재창조될 수 있는' 새로운 언어를 만들어 내고, 다시 언어가 그래픽 이미지와 대립됨으로써 소위 '동시적 운동효과'와 더 나아가 '의미의 의미'가 계속적으로 지연되면서 파생되는 '해체미학의 다중성'을 허용했던 것이다.[15]

위의 지적처럼 李箱의 시가 서구의 다다이스트들조차 실현하지 못한 철저함을 보여줄 수 있었던 요인은 무엇일까. 필자는 그 요인을 수학과 건축학에 대한 그의 소양에서 찾고자 한다. 다다이즘은 서구 유럽에서 발상을 보인 시기와 거의 동시에 한국에 들어왔고, 더구나 구체시 양식은 서구에서도 실질적으로 1950년대에야 정착되었으니 이상이 서구 구체시를 모델로 하여 창작에 임하였으리라고는 생각하기 어렵다. 서구의 다다이스트 중에서는 슈비터스가 문자나 숫자 자체를 어떠한 소리 또는 개념적 내용을 갖지 않는 구체적 오브제concrete object로 보아 '조형미'와 '논리적으로 일관된 시'를 추구한 바 있지만,[16] 구체시로서의 이러한 작시 논리와 다다의 이념인 '부정의 변증법'을 텍스트로 통합시켜내는 점에 있어서는 李箱이 오히려 앞서 있다 하겠다. 그것은 『오감도』로 대표되는 李箱의 시가 단순한 기호놀이나 아나그램에 그치지 않고 수학과 건축학의 논리를 토대로 하여 현실세계를 부정함과 동시에 자의식세계를 구도화해 내는 데 성공하고 있기 때문이다.

나의아버지가나의곁에서조을적에나는나의아버지가되고또나는나의아버지의아버지가되고그런데도나의아버지는나의아버지대로나의아버지인데어쩌자고나는자꾸나의아버지의아버지의……아버지가되느냐나는왜나의아버지를껑충뛰어넘어야하는지나는왜드디어나와나의아버지와나의아버지의아버지와나의아버지의아버지의아버지노릇을한꺼번에하면서살아야하는것이냐
—『시제2호』전문

15 김민수, 앞의 책, p.198.
16 Kurt Schwitters, 「Logically Consistent Poetry」, in Hans Richter, Form, No.3, 1966, pp.147~149.

이 시는 '나'와 '아버지'라는 언어기호를 무한수열의 원리에 의해 배열한 텍스트이다. 그리고 이러한 배열이 가능하기 위해서는 아버지의 존재성에 대한 부정이 전제되어야 한다. '조을적에'는 바로 아버지의 존재에 대한 부정의 기호이다. 아버지의 존재를 부정함으로써 '나'의 자의식은 곧 아버지를 "껑충뛰어"넘어 "아버지의아버지의‥‥‥아버지"가 되고 마는 무한수열의 강박관념을 형성하게 된다. 여기서 우리가 주목할 것은 언어기호들이 선형적으로 배열되어 있지만 그 기호들에 의한 텍스트의 의미작용semiosis은 동심원을 이루도록 하여 기하학적 상상력의 일단을 보여준다는 점이다. 즉, '아버지'와 '아버지의 아버지'가 '나'라는 작은 원을 둘러싸고 있는 동심원체계로 의미의 수렴과 확산을 동시에 반복함으로써 결국 '나'는 수많은 존재성의 "노릇을 한꺼번에" 할 수밖에 없는 불안한 상태에 있게 되는 것이다.

『오감도』에서 이러한 기하학적 상상력이 가장 구체화되어 드러난 경우가 바로 '거울'모티프의 텍스트들이다. 李箱이 거울모티프를 이용한 '자기 비춰보기'의 시를 다수 창작하였음은 우리가 익히 알고 있는 바이다. '창'이 외부 즉 세계를 내다보는 열려진 통로라고 한다면, '거울'은 닫쳐지고 한정된 공간이며 자기 반추의 기재이다. 거울을 통해서 평면은 다면체가 되고, 공간은 또 다른 입방체의 공간을 생성하게 되며, 우리는 주체가 아닌 타자로서의 자신과 맞서게 된다. 이런 점에서 거울은 李箱의 기하학적 상상력을 텍스트에 실현시키는데 가장 적절한 모티프였을 것이다.

숫자판의 역상 형태로 구성된『시제4호』는 거울모티프 자체를 텍스트의 총체적인 기호체계로 옮겨놓은 작품이다. 그리고 그 말미에는 "以上 責任醫師 李 箱"이라는 문구가 기재되어 있다. 이는 무엇을 의미하는가? 정상적인 숫자판을 인식하는 자신을 '책임의사'라 한다면, 동시에 거울에 비친 역상 형태의 전도된 숫자판을 인식하는 자신은 곧 자의식의 병을 앓고 있는 '환자'임을 암시한다. 따라서 이를 라캉의 정신분석이론에 기대어 해석한다면 숫자판 아래에 환자의 용태를 표시한 "診斷 0:1"은 곧 李箱 자신의 '타자성:주체성'에 대한 진단을 의미하는 셈이며, 0과 1사이의 숫자(2~9)는 자의식의 욕망을, 대각선을 이루며 양 끝단으로 이동하는 점(·)의 궤적은 욕망과 그 성취 사이에 가로놓인 간극 즉 '결핍lack'[17]을 드러내는 기호라 할 수 있다. 이렇게 보면 '거울'이야말로 부조리한 현실로부터 스스로 눈

---

17 라캉에 의하면, 실재계는 상상계적 이미지나 상징계의 언어로 조직되거나 재현된 듯 보이지만, 그것은 항상 잘못 된 재현이며, 따라서 재현 불가능한 '결핍'의 상태로 남아 있다. 즉, 현실이 상상계적이거나 상징계적이라면, 실재계는 현실로부터 상실된 것이다.(민승기,「라캉의 타자」,「현대시사상」29호, 고려원, 1996, pp.164~165 참조)

을 감은 채 자의식의 눈을 통해 조감하는 '鳥瞰圖' 자체인 지도 모른다.

『오감도』에서 거울을 모티프로 하여 기하학적 상상력을 실현시키고 있는 텍스트는 이 외에도 『시제8호 해부』와 『시제10호 나비』, 『시제15호』가 있다. 이 시들은 숫자시였던 『시제4호』의 텍스트 의미를 문자기호를 통해 재현하고 있다고 보인다.

    爲先痲醉된正面으로부터立體와立體를爲한立體가具備된全部를平面鏡에映像시킴. 平面鏡에水銀을現在와反對側面에塗抹移轉함. (光線侵入防止에注意하여) 徐徐히痲醉를解毒함. 一軸鐵筆과一張白紙를支給함. (試驗擔任人은被試驗人과抱擁함을絶對忌避할것) 順次手術室로부터被試驗人을解放함. 翌日. 平面鏡의縱軸을通過하여平面鏡을二片에切斷함. 水銀塗抹二回.
    ETC아직그滿足한結果를收得치못하였음.

— 『시제8호 해부』 일부

    내가缺席한나의꿈. 내僞造가登場하지않는내거울. 無能이라도좋은나의 孤獨의渴望者다. 나는드디어거울속의나에게自殺을勸誘하기로決心하였다. 나는그에게視野도없는들窓을가리키었다. 그들窓은自殺만을爲한들窓이다. 그러나내가自殺하지아니하면그가自殺할수없음을그는내게가르친다. 거울속의나는不死鳥에가깝다.

— 『시제15호』 일부

『시제8호 해부』는 '平面鏡'을 통해 인간 본질의 의미를 진단하고 있으며, 의학적 임상의 수법을 시도한다는 점에서 『시제4호』와 매우 흡사한 텍스트체계를 갖추고 있다고 할 수 있다. 이 두 작품은 상호텍스트적 관계inter-textuality를 형성하면서 시인의 자의식을 지배하고 있는 불안과 공포를, 그리고 시적 자아에 내재하고 있는 주체성과 타자성의 대립을 거울을 통해 현시하고 있는 것이다. 그리고 그 대립의 끝은 『시제15호』에서 '自殺'이라는 죽음의식에 이르게 되고, 죽음으로부터의 탈출을 매개할 수 있는 '들窓'은 존재하지 않는다. '들窓'은 오직 자살을 위해 있을 뿐이다. 『오감도』 총15편의 텍스트 중에서 이와 같이 기하학적 상상력을 토대로 한 '거울'모티프의 텍스트는 4편에 불과하지만, 『오감도』의 작시 논리가 가장 뚜렷하게 부각되어 있다는 점에서, 또 『오감도』 이외의 작품들에서도 꾸준히 제기되고 있다는 점에서 이야말로 『오감도』를 존재하게 하는 구조적 지배소dominant[18]라 할만하다.

지금까지 필자는 李箱의 『오감도』가 어떤 작시 논리에 의해 구성되어 있는가, 그리고 그 텍스트 의미가 무엇인가를 살펴 왔다. 李箱의 시는 인간 李箱 자체가 텍스트이며, 그의 삶의 저변에 시대와 현실과 죽음에 대한 공포가 짙게 자리하고 있기에 『오감도』의 세계는 '공포의 기록'이라는 점에 지금까지의 모든 연구가 합의하여 오고 있음이 사실이다. 그러나 문학은 언어기호로 구성된 실체로서의 텍스트이기에 텍스트 내적 체계에 대한 분석과 해석을 통해 그 의미가 산출되어야함도 또한 분명한 사실이다. 따라서 이 글은 『오감도』가 언어기호의 기의에 우선하여 기표들의 맥락과 이들의 시각적 효과에 의해 구도화된 텍스트라는 점을 전제하면서 시 창작의 논리적 유형과 기호작용의 의미를 밝혀 보았다는 데 의의를 둔다.

---

[18] 이는 무카로프스키의 용어로, 텍스트 속에서 계속 움직이며 다른 요소들의 방향을 지시하고, 다른 요소들과 관계를 맺어 시작품에 통일성을 부여하는 요소를 지배소(dominant)라 한다.(J. Mukarovsky, 「Standard Language & Poetic Language」, Linguistics & Literary Style, ed. D. C. Freeman, 1970, pp. 40~56 참조.)

VI. 식물성 언어와 울음의 정서
― 이수복론

백 수 인*

1. 머리말

　이수복은 박재삼朴在森, 이동주李東柱 등과 함께 1950년대 한국의 서정시를 대표하는 서정시인으로 널리 알려져 왔다. 그는 민요적 정서를 바탕으로 한 섬세한 한국적 서정의 세계를 '한恨의 미학'으로 승화시켰다는 점에서 김소월金素月의 시를 계승한 시인으로 평가되기도 한다.

　시인 이수복은 이처럼 우리 시단에서 긍정적 평가를 받아 왔으나, 이는 어디까지나 단편적인 평문이나 간략한 소개에 의한 평가일 뿐 지금까지 그에 대한 본격적인 비평이나 학문적 연구 성과는 미미한 편이다.[1] 따라서 시인 이수복의 문학적 성과에 대한 논의는 전기적 사실로부터 시작하여 시학적 특성을 해명하는 것이 바람직할 것으로 판단된다.

　이수복의 문학적 생애는 미당과의 관련 속에서 해명되는 것이 적확한 접근이라고 생각한다. 또한 그의 시학적 특성은 이미 평가되었듯이 '서정성'에 초점이 있다. 그의 시가 지니는 '서정성'은 언어적 형식으로는 '식물성 언어', 내용적 특질로는 '울음'이 주는 반향에서 비롯되는 것으로 보인다. 그러므로 이 글은 이러한 관점에서 그의 전기적 사실을 술회하고, 그의 시학적 특성인 '서정성'을 해명하는 데 목적을 두고자 한다.

---

1 이수복에 대한 학위논문은 아직 없고, 문호성의 연구("이수복 시의 텍스트성", 한국문학이론과 비평 12집, 한국문학이론과 비평학회, 2001)가 유일하다. 그러나 이 연구조차도 이수복의 시학적 특성을 해명한 것이라기보다 시에서의 '텍스트성'을 소개하는 텍스트로 삼았을 뿐이다.

* 조선대학교 교수

2. 미당과 이수복

'봄비'의 시인으로 잘 알려져 있는 이수복은 1924년 전라남도 함평咸平에서 태어났다. 그는 일찍이 목포 문태중학을 졸업한 후 서울대학교 예과豫科를 마쳤다. 졸업 후 광주에 생활 터전을 마련하여 살면서 시 창작 공부에 열중하였다. 이 무렵 '수피아여자고등학교' 영어 교사로 있던 그는 1952년 봄 조선대학 교수로 부임해 온 시인 미당 서정주와 만나게 된다. 이수복은 20대 후반의 문학청년이었고, 미당은 30대 후반의 중견 시인이었다. 이 때 맺은 두 사람의 인연은 문단에서 보기 드문 아름다운 사제 관계가 되었다. 미당은 그의 자서전에서 이수복과의 인연을 다음과 같이 회고하고 있다.

> 내가 光州에서 生死未判 중에 나자빠져 있던 1952년 겨울로부터 1953년 봄까지 동안에 顯承 다음으로 내 삶을 도와 준 친구는 이곳 詩人 李壽福이다. 그는 이때 아마 須皮亞 女子高等學校란 데에서 訓長 노릇을 하고 있었던 것 같은데, 학교에나 나가는지 안나가는지 모를 정도로 오전이나 오후나 잠깐 잠깐씩 그는 내 옆에 나타나서 내 엉덩이에 날마다 끊임없이 그 마이신 注射침을 놓고 있었다. (중략) // "………. / 홍치마 자락에 내린 / 하늘 비췬 누님의 눈물……" // 꼭 이렇던가 다르던가 잊었지만, 이 비슷한 게 그 뒤 몇 해 뒤에 내가 現代文學 誌에 처음 추천했던 그의 詩의 한 구절이고, 또 내가 지금도 외고 있는 몇 개 안되는 이 나라 現代詩 구절 가운데 하나다. 이건 동백꽃을 두고 쓴 것이고, 또 李壽福 그의 고향이 全南 咸 平이었다는 것을 들었으므로, 그 뒤 동백꽃을 보면 문득 그의 이 구절을 기억해 내고 아울러 함평이나 그런 언저리를 생각하고, 내게 그때 마이신 注射침을 이어서 꽂고 있던 것은 이 언 저리의 '하늘 비췬' 그런 눈물이었을 거라고 생각하는 습관이 생겼다.[2]

이러한 술회에서도 엿보이듯이 미당은 이수복의 인간적 면모와 아울러 그의 문학 세계를 아끼고 사랑하고 있음을 알 수 있다. 시 구절을 외울 정도로 이수복의 시적 재능을 높게 평가했을 뿐만 아니라, 돈독한 인간관계를 의미 깊게 여기고 있었던 것이다. 미당은 "문예" 1954년 3월호에 시 '동백꽃', "현대문학" 1955년 3월호와 6월호에 '실솔'과 '봄비' 등 이수복의 작품 3편을 추천하였다. 이후 이수복은 '무등부'(현대문학, 1955.9), '무덤과 나비'(현대문학, 1956.6), '꽃상여 엮는 밤'(1957. 12), '외로운 시간'(현대문학, 1958.6), '모란송'(1958. 8), '소곡'(현대문학,

2 서정주, "광주에서", 서정주문학전집 제 3권(일지사, 1972), 332-333쪽.

1958.11), '황국미음'(현대문학, 1959.1) 등의 작품을 잇달아 발표하여 50년대 문단에 주목을 끌었다. 이 무렵 발표한 작품 중 '무등부'를 보면 그가 미당을 얼마나 큰 스승으로 존경하고 따랐는가를 짐작할 수 있다.

    한 백년을 살아가보듯이
    無等山을 떠나서
    한 백리쯤 걸어나와 돌아다본다

    가리고 가리우는 참 많은 山들은
    너그러이 굽어보는
    맑은 이마를…….

    永遠이란 가까이서는
    매양 平凡할 따름
    우리들의 視力은 그만큼 쩌른 것이다.

    저 無等보다 더 큰 가슴의 詩人이신
    서정주님은
    저 無等 기슭에 없는듯기 가리워서
    옛 스님네의 끼치신 조촐한 내음새도 가려모우며,

    '靑山이 그 무릎 아래 芝蘭을 기르듯이'
    血屬들의 어지러운 세월들 안에서도
    넘치도록 꽃향들을 길러오시더니라.

    한 천년을 살아가보듯이
    無等山을 떠나서
    한 천릿길 돌아나와 그 님의 詩를 외우자.

    註 : 未堂 徐廷柱님은 六·二五 동란 중에 光州 무등산 기슭에서 한 해 남짓한 세월들을 보

내신 일이 있다.

—'無等賦' 전문

이 시에서 "無等보다 더 큰 가슴의 詩人"이라고 표현한 것을 두고 '찬양'이 지나치다는 평도 있으나, 범대순의 지적처럼 이 시에서 읽을 수 있는 이수복의 정신은 "자연인 산보다 시인을 더 높이 구하고 있는 것"으로 이해하는 편이 좋을 듯하다. "그의 시 '동백꽃'이며 '실솔' 그리고 '봄비'가 자연을 제목으로 하고 있지만 실은 심층에 인생을 담고 구하고 있음을 알 수 있다."는 그의 평가가 옳다고 여겨지기 때문이다.[3]

이수복은 미당이 광주를 떠난 후, 50년대 후반 몇 학기 동안 조선대 문학과에 출강한 적이 있다. 이 무렵 그는 미국 유학을 결심하였으나, 뜻을 이루지 못했다.[4] 가정 사정으로 미국 유학을 포기할 수밖에 없었던 그는 1963년에 조선대학 국문학과 3학년에 편입하여 1965년에 졸업하게 된다.

3. 식물성 언어로 빚어낸 서정의 깊이

이수복은 대표적인 과작寡作의 시인이다. 등단한지 15년이 된 1969년 봄에 현대문학사에서 낸 "봄비"가 그의 첫 시집이자 마지막 시집이고, 여기에는 그 동안 쓴 작품 중 34편만을 골라 실었다. 사실 그는 1954년 첫 작품 '동백꽃'을 발표 한 이후 1986년 작고하기까지 32년 동안 겨우 133편의 작품만을 발표했다. 그렇지만 그의 문명文名은 널리 알려져 있다. 그 이유는 우리 시문학사에서 나름의 개성적 영역을 개척해 냈기 때문일 것이다. 조연현이 지적한대로 그의 시적 특징은 "섬세한 감성이 한국적인 정감을 통하여 형성된 조용한 정신의 능력"에 있다고 할 것이다.[5] 이와 같은 그의 시적 특질 때문에 그의 대표작이라고 할 수 있는 '봄비'가 70년대 이후 최근까지 고등학교 '국어', '문학' 등의 교과서에 실릴 수 있었을 것이다.

3 서정주, "광주에서", 서정주문학전집 제 3권(일지사, 1972), 332-333쪽.
4 서정주, 앞의 글, 333쪽. "한 칠팔 년쯤 전엔가 李壽福이 서울 온 길에 나를 찾아와서 '美國 사람들이 공부를 하러 오라고 하니 얼마 동안 가 배우고 올까 합니다.' 하더니만, 그 뒤 얼마 뒤엔가 또 만났더니 '妻子를 맡길 데가 있어야지요? 외국 유학은 자식들代로나 미루기로 했습니다.' 하고, 아주 누그러져 피식 웃었다."
5 조연현, "序文", 이수복 시집 봄비(현대문학사, 1969), 8쪽.

이 비 그치면
내 마음 강나루 긴 언덕에
서러운 풀빛이 짙어오것다.

푸르른 보리밭길
맑은 하늘에
종달새만 무에라고 지껄이것다.

이 비 그치면
시새워 벙글어질 고운 꽃밭 속
처녀애들 짝하여 새로이 서고

임 앞에 타오르는
香煙과 같이
땅에선 또 아지랑이 타오르것다.

— '봄비' 전문

  이 작품은 봄비가 그치면 펼쳐질 생동하는 자연의 아름다운 정경을 배경으로 되살아오지 않는 임에의 그리움과 슬픔을 암시적으로 표현하고 있다. 온화하고 잔잔한 분위기에서 아름다운 풍경과 슬픈 감정을 어울리게 하여 독자로 하여금 미묘한 감정을 느끼게 하는 작품이다. 봄비가 그친 뒤에 올 봄날의 아름다운 풍경을 부드러운 안개가 감싸고 있는 한 폭의 수묵화에서처럼 슬픔의 그림자가 아늑하게 드러난다. 이 시의 특징은 슬픔의 감정을 강렬하게 드러내지 않고 죽은 임에 대한 그리움을 시간의 흐름 속에서 잘 다스려 내어 잔잔히 가라앉게 하는 감정 절제에 있다. 이와 같이 그의 시는 전반적으로 동양적 정서를 부드러운 운율로 담아내는 전통적 서정시의 전형을 보여 준다.[6]

  그의 시가 전통적 서정시라는 평가의 바탕에는 몇 가지의 요인이 있다. 첫째는 7·5조의

---

6 백수인, 대학 문학의 역사와 의미(국학자료원, 2003), 36-37쪽.

음수율과 3음보격의 민요조를 들 수 있다.[7] 위에 예시한 '봄비'를 비롯해서 초기작에서 이러한 전통적 운율이 구현되고 있으나, 전반적으로는 이러한 정형적 운율에는 크게 집착하지는 않았다. 둘째로 섬세한 감성을 드러내고 있는 점이다. 그의 섬세한 감성이란 예시한 작품에서 보면 '봄비'가 내리는 정경에서 비롯되는 상상에서 비롯된다. '강나루 언덕', '보리밭의 종달새', '꽃밭 속 처녀애'와 같이 형상화된 시적 대상이 그것이다. 이러한 섬세한 감성은 그의 작품에 드러나는 전반적 특질이다. 셋째로 한국적인 정감을 한의 미학으로 승화시킨 점이다. 이 시에 드러나는 형상들은 실재하는 것이 아니라 마음속에 이루어질 관념이다. 이 시의 배경이 되는 '강나루 긴 언덕'은 화자의 마음을 은유한 것이기 때문이다. 그 마음의 정조는 '슬픔'이고, 그것의 원인은 '향연'이 암시하는 바와 같이 임과의 사별에 있는 것이다.

　이와 같은 그의 상상력은 자연에 대한 관조적이며 친화적 태도를 드러내는 특징을 갖고 있다. 이러한 그의 전통적 서정의 근원은 한 마디로 식물성 언어에 있다고 할 수 있다. 그의 시집 "봄비"에 수록된 작품에서 차례로 몇 편을 열거해 보면, 그의 시적 대상이 식물이거나 대상을 식물 이미지로 바꾸고 있음을 볼 수 있다.

　　　蟋蟀: 능금나무, 으능잎사귀
　　　외로운 時間: 山菊花
　　　石榴
　　　모란頌(Ⅰ)
　　　모란頌(Ⅱ)
　　　小曲: 百合꽃
　　　눈을 감고: 茶紅 분꽃
　　　葡萄
　　　거울: 水仙
　　　꽃씨
　　　무서움: 紅桃나무
　　　和解: 石榴꽃

[7] '봄비'의 7.5조는 김소월의 음수율에 닿아 있다. 7.5조가 일본의 리듬에서 도입되었다는 주장이 있지만, 이는 전통적 율조인 3.4조를 밑바탕에 깔고 있다고 볼 수 있다. 특히 음보의 측면에서 3음보는 민요의 전통을 계승한 율조이다. 그러나 이러한 율조는 초기작의 몇 편의 바탕에 드러날 뿐, 그의 시에서 지속적으로 구현되는 운율은 아니다.

이처럼 그의 서정 세계는 식물성 언어에 닿아 있음을 알 수 있고, 이는 자연의 이미지를 생산하는 장치로 보인다. 즉 이수복의 시적 기교는 다양한 비유와 상징 등을 동원하여 자연 이미지 특히 식물성 이미지를 창조해냄으로써 깊이 있는 서정을 표출하는 데 있다고 하겠다.

    冬柏꽃은
    훗시집간 순아누님이
    매양 보며 울던 꽃

    눈 녹은 양지쪽에 피어
    집에 온 누님을 울리던 꽃.

    홍치마에 지던
    하늘 비친 눈물도
    가녈피고 씁쓸하던
    누님의 한숨도
    오늘토록 나는 몰라……

    울어야던 누님도 누님을 울리던 冬柏꽃도
    나는 몰라
    오늘토록 나는 몰라…….

    지금은 하이얀 촉루(髑髏)가 된
    누님이 매양 보며 울던 꽃
    빨간 冬柏꽃.

                            —'冬柏꽃' 전문

  이 시의 화자는 '동백꽃'이라는 대상에서 누님의 이미지를 읽고 있다. 그것은 '훗시집간 누님'의 울음과 결합된 이미지 때문이다. 텍스트에 흐르는 시간은 1연:과거, 2연:과거, 3

연:과거-현재, 4연:과거-현재이다. 이러한 시간적 상황에서 화자의 행위는 과거에 누님이 동백꽃 곁에서 울었던 체험을 상기 시키고 있지만, 누님과 동백꽃이 지닌 슬픔의 의미를 '오늘토록' 모른다는 사실을 진술하고 있다. 이런 측면에서 볼 때 이 시의 핵심은 마지막 연에 집중된다. 화자가 처해 있는 현재 상황에서의 누님과 동일시된 '빨간 동백꽃'은 '하이얀 髑髏'가 되어 있다. 촉루는 해골의 다른 표현이다. 따라서 '봄비'에서 '향연'이 유명을 달리한 부재의 임을 암시하듯, '동백꽃'에서는 '촉루'라는 시어가 죽음의 정서를 환기한다. 즉 이 텍스트에서 주인물인 누님은 화자가 오늘토록 알 수 없는 눈물과 한숨을 간직한 채 이미 유명을 달리하고 있음을 넌지시 암시하고 있는 것이다.

"이 텍스트를 지배하는 이미지는 '붉음'의 시각적 이미지와 연결된 눈물인데, 누이의 눈물을 붉음의 이미지로 환원시켜 표현한 것은 서러움의 강도를 예시하는 것이다. '홍치마에 지던 눈물'과 쓸쓸하던 누님의 한숨'을 '나는 모르는 채 세월을 보내야 했던 회한의 정서가 집약"되어 있는 것이다.[8]

'冬柏꽃'은 시적 대상인 '동백꽃'을 통해 드러내는 누님에 얽힌 정한의 스토리를 담고 있다. 일종의 서술시 narrative poem인 셈이다. 원래 서술시는 "감각적 이미지에 의존하기 보다 인간의 행위나 생생한 삶의 모습에 의하여 인간적 의미나 감정을 표현"하는 것이 일반적이다.[9] 그렇지만 이수복은 이러한 서술시에서도 이미지를 통해 서사하는 방식을 취하고 있는 점이 특징이다.

4. 울음과 은둔의 정서

일반적으로 그의 시의 특성을 '한국적 정서'와 '한의 미학'에 있다고 한다. 이러한 평을 얻는 데에는 그의 시가 울음과 은둔의 정서를 표출해 내고 있기 때문이다.

○ 누님이 매양 보며 울던 꽃(동백꽃)
○ 하늘도 울고 / 땅도 울고…부두에서 울고…(창)
○ 누룩먹은 꿈들이 / 꽃이 운다.(꽃의 出帆)

[8] 문호성, "이수복 시의 텍스트성", 한국문학이론과 비평 12집(한국문학이론과 비평학회, 2001), 143-
[9] 김준오, 시론(삼지원, 1982), 92쪽.

○ 베옷입고 숨어 울어…애처로이 숨어 울어(꽃喪輿 엮는 밤)

○ 마음이 뽑아보는 우는 보검(寶劍)에(모란頌 I)

위의 예시에서 보듯이 그의 시적 정조는 '울음'이 지배적이다. 그런데 이러한 울음이 소리 내어 우는 통곡이 아니라, 소리 없이 남몰래 홀로 우는 나직한 울음이다. 그에게서의 울음은 항상 은둔의 정조와 결합되어 나타난다. 가령 '동백꽃'에서의 누님의 울음이나, '꽃喪輿 엮는 밤'에서의 정조가 그러하다. 이러한 애상의 정조는 반드시 우는 행위로만 구현되는 것이 아니라 '서러움', '슬픔' 등 관념적인 시어로 드러나는 경우도 허다하다. 또한 "돌아간 아버지가 쪼아 세운 / 돌때 끼는 石燈에다 / 불 혀 놓고, 들어 와 묻은 / 쏘와 안에 不在……."('가을에')처럼 애상의 정조를 암시적으로 드러내는 경우도 많다.

전기적이고 역사주의적 측면에서 본다면 이러한 그의 정조는 그의 성품과 밀접한 관계가 있는 듯하다. 문단의 주변에선 그를 겸손하고 고결한 인간의 보편적 가치를 담백하고 소탈한 자신의 인생과 시를 통해 실현해 보여주었다고 한다. 범대순은 그의 죽음과 생전의 모습을 다음과 같이 회고하고 있다.

> 이수복의 죽음은 봄비처럼 조용히였다. 그는 기독교 신사였지만 장례식은 교회가 아닌 방림동 허름한 자기 집에서 없는 듯 행해졌다. 그의 명성에 비해 조문객들도 별로 없었다. 알 만한 사람들의 조문도 보이지 않았다. 출상하는 날 아침 어떤 분의 기도가 있었고 추모사가 있었고 가벼운 흐느낌이 있었다. 그리고 망월동 입구에서 왼편으로 제3묘원 한자리 인사없는 이웃들 옆에 묻혔다. 세상의 관례를 벗은 너무 초라한 장례식이었다.
>
> 생전 이수복의 생활은 그의 죽음처럼 아쉽고 조용한 것이었다. 혼자 생각하고 혼자 시 쓰고 혼자 책 읽고 그리고 혼자 산책하는 것이 전부였다. 가끔 후학이 찾아가면 그는 언제나 서쪽 작은 자기 방에 앉아 있었다. 당신의 시 봄비처럼 조용하고 다수운 사투리로 그는 말했다.[10]

그는 봄비처럼 세상에 왔다가 봄비의 흔적 같은 시편들을 남겨 두고 봄비처럼 떠났다. 그러나 조용한 성품의 그도 시대에 대한 자신의 소회를 담은 시 한 편을 남겼다. 젊은 학생들의 항거로 독재정권을 무너뜨린 1960년 4월혁명 직후 "현대문학" 8월호에 발표한 다

---

10 범대순, 앞의 글.

음의 작품이 그것이다.

>붉게 붉게 피는
>꽃들을 대할 제면
>이글이글 타오르는
>아침 해를 대할 제면
>가뭇없이 슬어지는 내 꼴을 본다.
>
>꼭 하나뿐인 목숨을 터쳐
>푸르디 푸른 목숨으로 바꿔
>미천한 나한테 자유를 준……
>저 거룩한 불길 앞에서
>隊列 앞에서.
>
>―'四月 以後' 전문

화자는 아름다운 꽃이나 희망에 찬 아침 해를 대할 때면 목숨을 던져 혁명을 이룩해낸 젊은 청년학도들을 생각해 낸다. "꼭 하나뿐인 목숨을 터쳐 / 푸르디 푸른 목숨으로 바꿔 / 미천한 나한테 자유를 준……" 젊은이들을 생각하면서 자유를 위해 행동하지 못한 지식인의 고뇌를 고백하고 있다. 과묵한 시인의 사회를 향한 처음이자 마지막 발언이었다.

VII. 현대시와 패러디

이 재 복*

1. 고갈의 위기와 패러디의 재발견

90년대 이후 패러디의 문제는 우리 사회 문화 전반으로 급격하게 확산되기에 이른다. 여기에는 우선 20세기를 지배해온 거대 이념의 해체라는 '패러다임의 전환' 문제가 자리하고 있다. 거대 이념은 그 강력한 이데올로기성으로 인해 선택과 배제, 주체와 소외의 변증법을 확산시킴으로써 중심이나 본질에 대한 환상을 발생시켜 왔다고 할 수 있다. 중심이나 본질에 대한 환상은 결과적으로 세계에 대한 닫힌 체계와 구조를 공고히 하는데 기능적으로 작용하면서 끊임없이 자족적이고 자기방어적인 담론을 생산해 왔다고 할 수 있다.

그러나 구소련과 동구권의 몰락은 단순한 사회주의의 몰락이라는 차원을 넘어 체계와 구조 일반의 해체라는 차원으로 그 의미가 확대되어 나타난다. 이것은 그동안 배제되고 소외 받아온 주변부적인 것들이 귀환하면서 새롭게 담론을 형성한다는 것을 의미한다. 패러디의 부상 역시 이러한 맥락으로 볼 수 있지만 그것은 '재발견'의 의미가 강하다. 패러디는 아리스토텔레스의 『시학』에 등장한 이래[1] 지금까지 인류 사회 문화 양식을 형성하는데 일정한 토대를 제공해온 것이 사실이다. 인류의 역사가 계승과 비판 혹은 차이와 반복에 의한 패러디의 역사라고 해도 과언이 아닌 이유가 바로 여기에 있다.

이러한 존재론적인 지위를 부여받아온 패러디가 그동안 배제되고 소외되어 온 것은 순수한 영혼의 형식과 자율적이고 창조적인 것을 신성시하는 리얼리즘과 모더니즘 이데올

---

1 아리스토텔레스, 천병희 옮김, 『시학』, 문예출판사, 2002, 31-61쪽 참조.
* 한양대학교 한국언어문학과 교수

로기 때문이라고 할 수 있다. 리얼리즘과 모더니즘으로 대표되는 근대의 미학은 주체의 자율성을 강조함으로써 패러디에 의한 생산 행위를 은폐하는 이중성을 보여 왔다고 할 수 있다. 근대 미학의 이러한 이중적인 태도는 복제나 복사, 표절에 대해 보인 과장되고 히스테리컬 한 반응을 통해 잘 드러난다. 근대 미학의 순수성에 대한 경도는 분화와 분리라는 근대적인 생산 이데올로기와도 밀접한 관련을 가진다. 또한 그것은 다른 계층과 자신들을 차별화하려는 근대 부르주아지의 이데올로기와도 밀접하게 관련을 가진다고 할 수 있다.

하지만 근대 미학은 이미 그 안에 모순을 내포하고 있기 때문에 일정한 조건의 변화에도 곧 와해되고 마는 허약함을 드러낸다. 후기 자본주의 사회가 도래하면서 근대 미학의 순수성은 해체되고 그 자리에 탈경계와 상호관계성을 표방하는 혼성 미학이 자리하게 된다. 순수성의 해체는 자연스럽게 패러디에 대한 재발견으로 이어진다. 이것은 표면적으로 보면 단순히 패러디에 대한 재발견이 되지만 그 이면을 들여다보면 여기에는 근대적인 생산양식의 고갈이라는 의미가 숨어 있다.[2] 고갈에 대한 불안은 이미 근대에도 하나의 징후로서 드러났지만 그것이 본격적으로 표면화된 것은 후기 자본주의의 문화논리와 기술 복제 시대의 미적 논리가 영향력을 행사하기 시작한 20세기 중반 이후라고 할 수 있다.

이 시기에 오면 테크놀로지가 미학의 토대로 작용하면서 근대적인 차원의 미에 대한 아우라가 해체된다. 아우라가 사라진 이후 테크놀로지의 용이성과 기능성에 의한 복제, 짜집기, 베끼기 같은 표피적인 미학이 그 자리를 대신하기에 이른다. 여기까지 오면 패러디는 근대적인 양식의 고갈에서 오는 불안을 해소해줄 새로운 구세주의 지위를 부여받게 된다. 모든 미적 행위가 패러디라는 이름으로 통용되면서 '의미의 영점화'가 아니라 '예술의 영점화'[3]로 귀결된다. 하지만 이때의 미는 근대적인 심미성의 개념을 말하는 것이다. 따라서 예술의 영점화는 비심미성(아이스테지스 aesthesis)[4]의 개념까지 포괄하는 그런 미의 개념은 아니다.

최근 멀티미디어에 의해 생산된 다양한 문화 양식 사이에서 행해지는 패러디의 양상은 근대적인 미적 개념으로는 포괄할 수 없는 복잡성을 드러낸다. 이 사실은 다양한 문화 양식에 대한 패러디의 과정을 통해 생산되는 최근의 우리시의 복잡성을 말해주는 것으로 볼 수 있다. 최근 우리시를 둘러싸고 전개되는 이러한 양상들이 고갈을 넘어 소멸의 징후인

---

2 Barth, John, The Literature of Exhaustion, Atlantic(August), 1967, 98-133쪽.
3 아놀드 하우저, 최성만, 이병진 역, 『예술의 사회학』, 한길사, 1983, 411-418쪽.
4 최문규, 「'소통의 물질성'과 심미적 예술의 새로운 코드화」, 『문학동네』, 1995년 여름호, 26쪽.

지 아니면 또 다른 쇄신내지 생성의 징후인지 그 의문에 대한 답은 패러디에 있다. 패러디는 시대에 따라 또는 시인, 독자에 따라 그 의미가 끊임없이 변화하는 열린 텍스트성을 지향하기 때문에 그것에 대한 탐색은 우리 시의 미래에 대한 전망을 가능하게 할 것이다.

2. 패러디의 개념과 범주에 대한 혼란

최근 우리 문학 및 문화 현상 전반을 아우르는 개념으로 빠르게 부상한 패러디는 그 관심에 비해 그것이 내포한 문제의식에 대해서는 심도 있는 논의가 부족하다고 할 수 있다. 패러디의 개념에 대한 정의는 대개 린다 허천Linda Hutcheon이나 마가렛 로즈Margaret A. Rose, 프레드릭 제임슨Fredric Jameson의 이론에 의지하거나, 공자의 '술이부작述而不作' 개념이나 서거정, 유희재, 이규보, 이인로, 정약용 등의 문집에서 '용사用事'와 '환골탈태換骨奪胎', '점철성금點鐵成金', '점화點化', '습용 도습襲用 蹈襲' 등의 개념을 패러디에 견주어 사용하고 있다.⁵

서양의 패러디와 동양의 용사등의 개념은 모두 오랜 역사적인 맥락을 지니고 있다. 이 사실은 두 용어가 역사의 흐름 속에서 변화에 노출되어 있는 열린 의미 구조를 지니고 있다는 것을 말해준다. 패러디는 고대 희랍부터 현대(후기르네상스 이후)를 거쳐 후기모던, 포스트모던 시대로 이어지면서 '코믹한 모방과 변형', '파라트라고디아paratragoedia' → '우수꽝스러운 전도·몇 단어를 바꾸어 시를 뒤집는 것·벌레스크burlesque·절망의 조소·이중의 목소리·예술적 혹은 선동적 모방' → '반해석·논쟁과 왜곡·희극적인 것 그러나 카니발적이고 진지한 위반·리얼리티에 대한 비판· 비정상적인 것· 힘 지향성 그리고 차이의 결핍· 비지배적인 것· 상호텍스트적인 것 그러나 때때로 생경한 것· 텍스트의 변형· 모던하고 풍자적인 것· 차이를 둔 반복· 무정부적인 것· 비정상적이고 비연속적인 세계의 제시' → '메타픽션/상호텍스트적이고 희극적인 것· 복합적이고 희극적인 것· 희극적/유머러스한 것'등으로 그 개념이 변화한다.⁶

이러한 시대에 따른 패러디 개념의 변화는 그만큼 이 용어가 다양하게 변이될 수 있는 여지를 그 안에 내재하고 있다는 것을 의미한다. 이 변화의 맥락에서 보면 패러디는 텍스트와 텍스트 혹은 텍스트 자체 내에서 일어나는 모든 모방과 상호작용관계를 포괄하는 개

---
5 정끝별, 『패러디의 시학』, 문학세계사, 1997, 31쪽
6 이미란, 『한국현대소설과 패러디』, 국학자료원, 1999, 13-15쪽 참조.

념임을 알 수 있다. 패러디의 개념이 곧 혼란과 혼돈의 역사적인 문맥을 지니고 있기 때문에 그것을 체계화하는 일은 거의 불가능에 가깝다고 할 수 있다. 린다 허천이나 마가렛 로즈, 프레드릭 제임슨 같은 현대의 대표적인 패러디 이론가들에게도 그것은 일정한 부담으로 작용하고 있다. 린다 허천은 페러디를 '비평적 차이를 둔 반복'[7]으로 정의한다. 그의 이러한 정의는 다분히 중립적인 것으로 그것은 현대 패러디 작품에 대한 보다 광범위한 적용과 효과의 범주를 허용해 주려는 의도가 숨어 있다.

비평적 거리를 강조한 허천과는 달리 로즈는 패러디를 '희극적 효과를 내면서 이전에 형성된 문학적 언어를 비평적으로 인용한 것'[8]으로 정의한다. 그녀의 정의의 특징은 '인용'을 강조하고 있다는 점이다. 이에 대해 허천은 '모든 패로디가 인용이라고는 생각하지 않는다'[9]고 하여 그녀의 정의를 비판한다. 그가 볼 때 인용은 비평이 개입되지 않은 차원을 의미하는 것이다. 비평적 거리를 허용하면서 연속성이 명기된 방법으로 작용하는 것을 패러디라고 정의한 그의 관점에서 볼 때 이것은 패러디를 단절의 한 양식으로 본 것에 지나지 않는다. 프레드릭 제임슨은 패러디를 린다 허천과는 다른 관점에서 접근한다. 그는 패러디의 모방의 대상이 존재한다는 점은 인정하면서도 허천의 정의와는 달리 모방에는 동기가 없다고 말한다. 여기에서 그의 '공허한 패러디'로서의 패스티쉬pastiche의 개념이 등장하는 것이다. 그의 이러한 관점은 개인적인 경험과 이데올로기의 종언 이후 스타일의 개혁이 더 이상 가능하지 않은 후기 자본주의 소비사회의 심미적 딜레마를 반영한다고 할 수 있다. [10]

패러디에 대한 개념의 혼란과 입장 차이는 동양의 용사에 대한 개념에서도 그대로 드러난다. 용사에 대한 개념이 다르고 통일되어 있지 않을 뿐만 아니라 전거를 사용하는 방법 또한 시인에 따라 시편들에 따라 각기 다르다. 가령 용사법 중의 대표적인 형태인 정용正用, 반용反用, 차용借用, 암용暗用의 경우에도 전거에 대한 시인의 태도에 따라 용사법이 각기 다르게 선택되고 또 활용된다. 특히 용사의 쓰임이나 효용에 대해 첨예한 대립을 보인다. 용사는 경제적인 상황 제시, 극적 효과 증대, 실용적 사유 활용, 심상 혹은 의미에 복합성 수용 등의 순기능적 측면을 강조하는 경우[11]와 의미가 불분명한 것, 수박 겉핥기식으로 인용한 것, 너무 많이 끌어 쓴 것, 판에 박은 듯한 전고, 과도한 옛사람의 이름 차용 및 인용

7 린다 허천, 김상구·윤여복 옮김, 『패로디 이론』, 문예출판사, 1992, 36쪽.
8 Rose, Margaret, Parody/Metafiction, Lodon:Croom Helm, 1979, p.59.
9 린다 허천, 위의 책, 70쪽.
10 F. Jamson, 할 포스터 편, 윤호병 역, 「포스트모더니즘과 소비사회」, 『반미학』, 현대미학사, 1993, 176-197쪽 참조.
11 劉若愚, 이장우 역, 『중국시학』, 대만문화공사, 동화출판공사, 1984, 188-209쪽.

등을 사용할 때는 소통에 장애를 일으킨다고 하여 그것의 역기능적인 측면을 강조하는 경우[12]가 대립한다.

패러디 개념에 대한 혼란은 범주 설정의 혼란으로 이어질 수밖에 없다. 패러디의 범주를 어디까지 인정할 것인가? 이 문제는 결국 패러디와 유사한 속성을 지닌 다른 형식들과의 구분을 어렵게 하여 차이에 의한 개념의 정체성을 확립하는데 장애를 일으킨다. 패러디의 개념과 범주 설정의 혼란은 연구자들에게 일정한 부담으로 작용해 논의의 초점을 제대로 잡을 수 없게 한다. 이 말은 패러디 연구가 심화·확대의 차원이 아니라 단순한 동어반복과 외연확장 차원으로 전개되고 있다는 것을 의미한다. 패러디에 관한 대표적인 연구서인 정끝별의 『패러디의 시학』(1997)[13], 김준오 편의 『한국 현대시와 패러디』(1996)[14], 고현철의 『현대시의 패러디와 장르 이론』(1997)[15]등에서도 이러한 양상은 그대로 드러난다.

정끝별의 『패러디의 시학』은 그녀의 박사논문인 『한국 현대시의 패러디 구조 연구』(1996)를 수정 보완한 것으로 패러디 연구에 한 장을 열어놓은 저서로 평가할 수 있다. 이 저서의 미덕은 패러디 연구에 대한 나름대로의 자의식과 동서양의 패러디 이론을 상세히 소개하고 그것에 입각해 한국 현대시를 분석하고 있다는 점이다. 그녀는 한국 현대시의 패러디 양상을 크게 전통장르, 비문학장르, 서구문학 수용, 한국 현대시간의 교류의 차원에서 유형화하고 있다. 이러한 그녀의 분석은 그 정치함에 비해 그것을 객관적으로 통어할 수 있는 통시적인 시각의 확보에 실패함으로써 패러디가 한국 시사 혹은 한국 문학사에서 어떤 위치를 점하고 있는지 그것을 제대로 보여주지 못하고 있다. 김준오 편의 『한국 현대시와 패러디』는 모두 12명의 연구자들이 참여해 패러디에 대한 다각적인 모색을 하고 있는 저서이다. 패러디 시학에 대한 모색, 문학사적인 의의, 고전과 현대를 아우르는 한국 시에 나타난 패러디적인 제양상에 대한 고찰 등 패러디에 관한 다양한 문제의식들을 포괄하고 있지만 하나의 집중화되고 구체적인 흐름 없이 논의가 전개됨으로써 동어반복과 통일성 없는 해석 층위에서 오는 혼란을 야기하고 있다. 고현철의 『현대시의 패러디와 장르이론』은 전통구비 장르와 대중문화 장르에 초점을 맞춰 논의를 전개하고 있다. 패러디 연구의 여러 층위 가운데 장르에 초점을 맞춤으로써 논의의 집중화라는 미덕을 확보하고 있다. 하

---

12 이병한 편저, 『중국 고전시학의 이해』, 문학과지성사, 1992, 179쪽, 이규보, 『백운소설』.
13 정끝별, 『패러디의 시학』, 문학세계사, 1997.
14 김준오 편, 『한국 현대시와 패러디』, 현대미학사, 1996.
15 고현철, 『현대시의 패러디와 장르이론』, 태학사, 1997.

지만 전통구비 장르와 대중문화 장르 사이의 연속성에 대한 논의가 이루어지지 않음으로써 통시적인 시각 확보에 실패하고 있다. 또한 장르론적 시각만이 가지는 특수성과 구체성이 제대로 드러나지 않음으로써 패러디에 대한 일반 논의와 그 변별점을 찾기가 어렵다.

패러디 연구가 가지는 이러한 혼란은 그것을 하나로 통어할 수 있는 이론적인 개념이나 맥락을 확보하는 것이 무엇보다 중요하다는 것을 말해준다. 이런 점에서 패러디가 성립되기 위한 조건을 탐색하는 것은 그 나름의 의의를 가진다고 할 수 있다. 패러디는 패러디되는 대상과 패러디스트 그리고 독자에 의해 성립된다. 이때 중요한 것은 패러디 주체의 대상에 대한 인식 태도이다. 패러디 주체가 대상에 대해 어떤 인식 태도를 보이느냐에 따라 패러디의 양상이 달리 드러나기 때문이다. 한국 현대시는 패러디 주체의 대상에 대한 인식 태도가 시대에 따라 각기 다르게 드러나기 때문에 이러한 관점으로 접근하는 것이 패러디에 대한 개념의 혼란을 막고 집중화된 논의를 위해 그 나름의 의미가 있다고 할 수 있다.

3. 한국 현대시와 패러디 주체의 변모 양상

가. 원전에 대한 숭배와 정예주의

패러디 연구의 중요한 목적 중의 하나는 과거와 현재의 소통이라고 할 수 있다. 이 소통은 과거 텍스트와 현재 텍스트 간의 대화를 전제로 하지만 그것의 양상은 단순한 인용의 차원을 넘어 구조적인 차원까지 이른다. 과거 텍스트와 현재 텍스트의 소통 구조는 유비적인 관계에 놓인다. 과거든 현재든 패러디의 소통 구조는 패러디되는 대상과 패러디스트 그리고 독자와의 관계 속에서 이루어진다. 따라서 과거의 소통 구조에 대한 이해는 현재의 소통 구조의 이해 혹은 그 이상의 의미를 지닌다.

과거 텍스트의 패러디적인 소통 구조는 '용사' 개념으로 드러난다. 용사는 "경서나 사서 또는 제가의 시문이 가지는 특징적인 관념이나 사적을 2,3의 어휘에 집약시켜서 원관념을 보조하여 관념의 소생이나 관념배화에 원용하는 일종의 수사법"[16]이다. 용사를 일종의 수사법으로 정의하고 있지만 그것은 "시의 구성 원리의 하나로서 인유적 기능에 제한되지

---

16 최신호, 「초기 시화에 나타난 용사이론의 양상」, 『고전문학연구』 제1집, 한국고전문학연구회, 1971, 117쪽.

않"을 뿐만 아니라 그것은 "시 창작의 제일의적 방법"이나 "작품 전체를 지배"[17]하는 방법으로 기능하는 시 전반을 포괄하는 개념이다. 이 사실은 용사에서 패러디스트의 역할과 의미를 강조하고 있는 것으로 볼 수 있다. 패러디스트에 대한 강조는 "용사에 얽매이지 않고 자유자재로 활용할 것을 주장"[18]한 강가나 진석승의 예나 "전거의 사용이 요령을 얻으면 비록 작은 일이라도 큰 성과를 거둘 수 있다"[19]고 한 유협의 예에서도 찾아볼 수 있다.

이러한 일련의 예들은 용사에서 패러디스트의 전거에 대한 인식 태도를 반영하고 있는 것으로 볼 수 있다. 여기에서 강조하고 있는 것은 전거에 대한 일급의 수용 태도이다. 그것은 '환골탈태換骨奪胎'에 잘 드러나 있다. 하지만 환골탈태는 본질주의적이고 근원주의적인 모방론이다. 전거에 대한 절대적인 신뢰를 바탕으로 모방이 이루어짐으로써 패러디 정신의 토대가 되는 비평적 거리 확보가 제대로 드러나지 않는다. 전거에 대한 회의와 비판을 통한 재해석의 과정을 거치는 것이 아니라 전거에 대한 이해와 해독의 차원에만 머물러 있기 때문에 진정한 패러디 정신을 구현하는 데는 한계가 있다고 할 수 있다. 또한 우리의 고전시가는 대부분 전거의 대상을 중국의 고전에서 찾고 있다는 점에서도 그것은 일정한 한계를 드러낸다고 할 수 있다. 전거의 대상이 되는 이러한 중국의 고전 혹은 고사故事는 '지식에 속하는 것이지 체험에 속하는 것은 아니다.

> 故事를 알아야 詩를 지을 수도 있고 詩를 읽을 수도 있다는 것이 作詩의 用事論이며 讀詩의 用事論이었다. 이러한 用事論은 우리의 시문학에서 漢詩가 주류를 형성하는 과정을 무리없이 수용하게 하였던 것이다. 여기서 '用事'의 '事'가 우리의 시문학에서 우리의 시정신을 계발하는 데 부정적인 요인으로 작용하였다는 진단을 가능하게 한다. 왜냐하면 그 '事'란 것이 삶을 가능하게 하고 인간의 의식을 깨이게 하는 체험적인 事物이 아니라 관념적으로 익혀서 얻어진 知識의 事物이었기 때문이다. 그러므로 … (중략) … 시정신은 詩 속의 事物은 故事의 구속에 안주하게 하였던 결과를 빚었던 것이다. 이러한 결과는 漢詩라는 詩法的 形式性의 모방뿐만 아니라 詩想의 모방마저 요구했던 것이다.[20]

용사가 시적 체험을 불가능하게 하고 있다는 지적은 그것의 근대적인 의미로서의 미적

---

17 강명관, 「고전시학과 패러디」, 『한국 현대시와 패러디』, 현대미학사, 1996, 295쪽.
18 이병한, 위의 책, 197쪽.
19 유협, 『文心雕龍』
20 윤재근, 『시론』, 둥지, 1990, 515쪽.

인 지위를 인정받고 있지 못하다는 것을 말한다. 근대적인 차원의 미aesthetic란 '감각하는(되는)것the feeling · the felt, 지각하는(되는)것the perceiving · the perceived, 이해하는(되는)것the understanding · the understood), 판단하는(되는)것the judging · the rudged을 결합하여 이루어지는 창조 행위 그 자체인 것'²¹이다. 인간의 체험을 실현하는 감각·인지·이해·판단 등이 부재함으로써 시정신의 토대인 창조 행위는 일정한 한계를 지닐 수밖에 없다.

그러나 용사와 관련해서 더 중요한 문제는 "패러디스트가 백과사전적이어야 하고 많은 학식과 교양을 갖추어야 한다는 정예주의"²²라고 할 수 있다. 패러디스트의 이러한 정예주의는 독자에게도 똑같이 적용된다는 점에서 문제적이라고 할 수 있다. 이 사실은 용사의 소통 구조가 소수 엘리트층에 국한되어 실현되었다는 것을 말해준다. 용사에서 전거의 대상이 되는 것이 경서나 사서 또는 제가의 시문이라는 것은 패러디스트에게 그것은 유희나 쾌락의 대상이 아니라 진지하게 받아들여야 할 삶의 경전이자 도덕이나 윤리적인 지표 같은 것이라고 할 수 있다. 삶과 지식 혹은 삶과 예술이 분화되지 않은 상황에서 그것에 대해 비판적인 거리를 유지한다는 것은 거의 불가능한 것이다. 용사 전반에 대한 이러한 소통 구조와 관련하여 김준오 교수는 매우 시사적인 발언을 하고 있다.

> 용사의 시론에서 주목되는 것은 이 용사론이 작시법뿐만 아니라 독시법까지 내포하고 있는 점이다. 학식이 시창작을 지탱하는 보조역이라고 했을 때 원전을 원용하는 용사의 기법은 바로 학식의 문제가 된다 하겠다. "시를 배우면 군자와 더불어 말할 것이 있다(學而 有以言與君子)는 것은 단순히 모방론이나 시가 지배계층의 계급적 장르라는 계급적 의미만을 함축하지 않는다. 이것이 비록 인격수양을 겨냥한 것이지만 작시법과 동시에 독서법을 시사한 것으로 재해석되어야 한다. '시를 배운다'의 행위는 작시와 시 감상을 분명히 포괄하고 있기 때문이다. 상호텍스트성은 작가와 텍스트의 관계뿐만이 아니라 독자와 텍스트 사이의 관계도 포함한다. 상호텍스트성은 텍스트이 조건, 저자의 창조적 기능보다는 오히려 독자의 텍스트 지각능력, 해독 능력에 관심을 초점화한다.²³

그의 발언의 요체는 1) 용사론이 작시법과 독시법을 동시에 내포한다는 점, 2) 원전을 원용하는 용사의 기법이 학식의 문제가 된다는 점, 그리고 3) 상호텍스트성에서 독자의 텍스

21 윤재근, 앞의 책, 46쪽.
22 김준오, 「문학사와 패러디 시학」, 『한국 현대시와 패러디』, 현대미학사, 1996,.34쪽.
23 김준오, 앞의 글, 33쪽

트 지각능력, 해독능력이 저자의 창조력보다 더 초점화 된다는 점 등이다. 그의 이러한 주장은 크게 문제 될 것이 없다. 다만 한 가지 문제가 있다면 그것은 용사에서 저자의 창조 능력과 독자의 텍스트 지각능력과 해독능력을 인격수양의 한 방법으로 간주하고 있지 않다는 점이다. 이 둘을 분리해서 본다는 것은 삶과 예술을 분리해서 보는 근대적인 사고방식에서 기인한다고 할 수 있다.

용사에서 저자보다 독자를 더 강조하는 것은 그것이 갖는 상호텍스트성의 차원으로 보면 당연한 것이다. 하지만 여기에서의 상호텍스트성이란 저자의 전거에 대한 학식과 교양의 테두리 안에서 결정된다는 점에서 일정한 한계를 드러내는 것이 사실이다. 또한 저자에 의해 용사된 것을 독자가 지각하고 해독할 때도 이에 대한 학식과 교양이 필요하다는 사실은 독자의 지위를 강조하고 있는 현대적인 패러디의 소통구조에서 볼 때도 일정한 한계를 가질 수밖에 없다는 것이다. '태양 아래 새로운 것이 없다'지만 그것은 언제나 패러디스트와 독자의 지각능력과 해독능력이 전제될 때에만 의미가 있는 것이다.

나. 자기동일성의 추구와 민족 이데올로기

한국 현대시의 패러디 소통 구조는 원전에 대한 숭배와 경외감의 약화 과정으로 이해해도 무방할 것이다. 개화기를 거쳐 근대로 접어들면서 패러디의 대상은 동양의 경전으로부터 벗어나 민요, 설화, 무가, 판소리 같은 전통적인 민중의 양식 등으로 다양화되기에 이른다. 패러디의 원전이 경전에서 민요 등 민중 예술 양식으로 바뀐 데에는 양식사적인 차원을 넘어서는 시대사적인 차원의 문제가 강하게 작용하고 있다. 이것은 원전의 선택에 패러디스트의 의식이 강하게 투영되어 있다는 것을 의미한다.

패러디의 원전으로 대중적인 양식을 선택하게 된 것은 자기동일성을 추구하려는 패러디스트의 의식 때문이라고 할 수 있다. 패러디의 원전으로 민요가 즐겨 사용된 시기는 개화기와 식민지 시대이다. 여기에는 민요개작 운동이나 시조부흥 운동과 같은 민족주의적인 문예부흥 운동이 영향을 미친 것이 사실이다. 이 시기는 개화와 보수, 외세와 민족 세력 간의 헤게모니 싸움이 첨예화된 그런 때이다. 헤게모니 싸움에서 승리하기 위해서는 당시 민중들의 의식을 지배할 수 있는 양식이 필요했던 것이다.

개화구국기, 특히 1900년대는 당시에 유행하던 유흥민요의 내용을 비판하고 이 내용을 새롭게 개작해야 한다는 이른바 민요개작운동이 한 흐름을 형성하고 있었다. 『대한매일신보』에 1908년 4월 10일에 발표된 금혜금金琴의 『가곡개량歌曲改良의 의견』은 이를 대표하는 주장이다. 그리고 『대한매일신보』 국문판에 민요 개작의 실제 작품들이 실려 있다. 민요개작운동은 이미 있는 유흥민요의 사설 내용을 비판하고 시대적 사명을 고취하는 내용으로 바꾼 것이다.[24]

"개화구국기"로 지칭되는 이 시기 민요는 외세와 민족 세력 모두에게 패러디의 대상으로 존재한다. 외세는 '유흥민요'를 통해 당시 민중과의 동일성을 추구하려고 하였고, 이에 비해 민족 세력은 '유흥민요'를 패러디한 작품을 통해 당시 민중과의 동일성을 추구하려고 하였다. 양 세력은 각각 추구하려는 목적은 달랐지만 민요를 패러디하여 그것을 달성하려고 한 점에서는 동일하다고 할 수 있다. 특히 '유흥민요'를 패러디한 민족 세력들의 개작한 작품들은 유흥적이고 애정편향적인 것에서 벗어나 위기의식을 고취시키고 그 대안을 마련하려는 패러디스트의 의도를 강하게 드러내고 있다고 할 수 있다.

민족 세력이 보여주었던 이러한 민요에 대한 패러디스트의 태도는 그대로 식민지 시대의 시인들에게로 이어진다. 1920·30년대 민요시를 창작한 주요한, 김억, 김소월, 홍사용 등이 바로 그들이다. 이들의 민요시에는 개화기에 비해 목적 의식이 겉으로 드러나지 않지만 이들이 쓴 시론에는 민요시 창작 의도가 드러나 있다. 이들이 내세운 창작 의도는 '외국문학의 전제에서 벗어난 국민적 독창문학'과 '조선 사람된 개성을 지닌 문학 즉 조선혼 혹은 조선심을 담은 문학'[25]이다.

'조선혼', '조선심'이라는 것이 관념성을 벗어나지 못한 애매한 말이긴 하지만 이들이 민요시를 창작하게 된 이유가 자기동일성 추구를 통한 민족 이데올로기를 강화하려는 것임을 알 수 있다. 이들의 동일성 전략은 소월에 의해 일정한 성취를 이루었다고 볼 수 있다. 민요를 직접 차용한 『巷間愛唱명쥬딸기』나 『팔베개 노래조』, 변형된 민요 형식에 설화를 차용한 『접동새』, 『산유화』 등이 대표적인 작품이다. 『접동새』는 서북지방(황해도, 평안도, 함경도)에 널리 회자되던 의붓어미와 전처 소생의 남매 사이의 갈등과 그로 인한 죽음을 모티프

24 고현철, 위의 책, 44쪽.
25 고현철, 앞의 책, .54-57쪽.

로 하는 설화를 원텍스트로 하고 있다. 그러나 설화를 차용하고 있지만 그것의 이야기 형식을 그대로 가져오지 않고 그것을 민요의 형식으로 변형시켜 형상화하고 있다. 이 사실은 자기동일성 추구를 통한 민족적 이데올로기의 강화를 드러내는 것으로 볼 수 있다. 접동새의 설화를 촉나라로 돌아갈 수 없는 망제의 혼의 환생이라는 중국의 설화가 아닌 의붓어미와 전처 소생의 남매 사이의 형제애를 다룬 서북 지방의 설화를 모티프로 하고 그것을 민요의 형식에 담았다고 하는 점이 바로 그것이다. 『산유화』는 '산유화가'라는 이름으로 백제로부터 전승되어 오던 우리의 옛 노래로 그것은 민요, 한시, 설화 등으로 다양화게 변형되어 그 존재성을 형성해 왔다.[26] 다양한 형식으로 재창작되고 향유되어온 '산유화가'를 현대시의 형식으로 새롭게 재구해 냄으로써 전통에 기반 한 집단적인 원형심상의 구현이라는 점에서 민족적인 아이덴티티를 드러내고 있는 것으로 볼 수 있다. 이러한 소월 시의 미학적 성과에 대해 정끝별은

> 현대시에 민요의 양식적 특성을 차용함으로써 현대시에 전통 율격을 접목시키고, 소재 수용의 다변화를 이룩했다는 데서 찾아볼 수 있다. 뿐만 아니라 독자의 능동적인 공백 메꾸기를 유도하는 시적 애매성을 획득한 점에서도 찾아볼 수 있다. 또한 설화의 차용에서 비롯되는 알레고리를 효과적으로 활용하여 현실에 대한 우회적 내용을 용이하게 하고, 민중적 정서와 공감에 기대어 대중적 독자의 저변 확보에 기여하고 있다는 점도 간과할 수 없는 부분이다. 소월 시의 모방적 패러디야말로 그의 시가 오늘날까지 대중적 친화력을 유지할 수 있었던 중요한 요인인 셈이다.[27]

라고 평가하고 있다. '소월 시의 모방적 패러디'를 높이 평가하고 있는 그녀의 주장의 근거는 충분히 납득이 가지만 정작 중요한 원인 하나를 간과하고 있다. 오늘날까지 계속되고 있는 소월시의 대중적인 친화력은 민요(원전)에 대한 시인(패러디스트)의 뛰어난 해석에 있는 것이다. 주요한, 김억, 홍사용 등 민요시를 쓴 시인들과는 달리 그는 민요를 단순한 잣구와 같은 운율의 형식 차원에서 해석한 것이 아니라 그것을 우리의 몸에서 자연스럽게 생성되는 호흡의 차원에서 해석하고 있다. 변형된 민요 형식에 설화를 차용한 시로 평가받고 있는 『산유화』를 보면

---

26 김기현, 「산유화가의 전승과 교섭 양상」, 『어문논총』, 21집, 1987, 97쪽.
27 정끝별, 위의 책, 97쪽.

山에는 꼿피네
꼿치픠네
갈 봄 녀름업시
꼿치픠네

山에
山에
피는꼿츤
저만치 혼자서 픠여잇네

山에서우는 적은새요
꼿치죠와
山에서
사노라네
山에는꼿지네
꼿치지네
갈 봄 녀름업시
꼿치지네[28]

에서처럼 이 시는 7·5라는 잣구에서 벗어나 6·4, 6·4, 4·4, 6·4, 5·4, 7·4, 6·4, 6·4 등으로 자연스러운 호흡을 통해 생성되는 리듬을 만들어내고 있다. 이것은 이 시가 드러내는 리듬이 단순히 7·5조라는 잣구의 변형으로 볼 수 없다는 것을 말해준다.

   시의 리듬을 호흡에 맞춤으로써 독자와의 공감을 극대화 할 수 있었던 것이다. 원전에 대한 이러한 해석이야말로 그의 시의 자기동일성이 오늘날까지 대중적 친화력을 유지할 수 있었던 가장 중요한 요인인 셈이다. 이것은 민요라는 패러디의 원전의 본질적인 속성이 어디에 있는지를 정확히 간파해낸 패러디스트로서의 그의 일급의 감수성을 드러내는 것으로 볼 수 있다. 또한 이것이 바로 그를 주요한, 김억, 홍사용뿐만 아니라 김기진, 김동환, 양우정, 정노풍, 권구현 등 계급주의 및 계급주의와 민족주의를 통합한 중도주의 계열

[28] 김소월, 오하근(편), 『원본 김소월전집』, 집문당, 1995.

의 민요시를 창작했던 시인들과도 차별화되게 하는 점이라고 할 수 있다.

다. 비평적 거리의 확보와 풍자의 날

패러디의 대상이 된 민중 예술의 양식 중에서 70년대에 접어들어 새롭게 부상한 것은 판소리이다. 민요나 설화에 비해 판소리와 무가가 부상한 것은 70년대 이후 한국 사회의 복합성을 반영하고 있는 현상이라고 할 수 있다. 판소리는 극과 서사의 양식이 결합된 것으로 민요의 서정, 설화의 서사와는 장르적인 성격이 다르다고 할 수 있다. 서사에 극이 결합됨으로써 현장성과 운동성이 강화되는 효과를 창출하기에 이른다. 이것은 70년대의 산업화와 유신체제라는 모순 된 개발독재의 파시스트적인 속도성과 복합성을 드러내는데 이 양식이 효과적이라는 것을 말해준다. 또한 70년대는 민중의 개념이 새롭게 발견되고 재정립된 시기이며 민족문학론, 민중문학론, 노동문학론 같은 리얼리즘 문학론이 대두된 시기이기도 하다.

이러한 70년대적인 상황은 개화기나 식민지시대의 민중적인 예술 양식의 출현 때와는 사회·문화적인 토대가 다르다고 할 수 있다. 이질적인 동서양의 사상과 삶의 양식의 충돌과 카프의 생경한 이념성과 제한적일 수밖에 없는 민족주의의 표출 등은 당시 사회를 비판적인 거리를 두고 보기에는 그 조건이 성숙되지 않은 시기였다고 할 수 있다. 사회에 대한 비판적인 거리가 확보된 상태에서 그 사회의 총체적인 모습을 담아낼 수 있는 양식 또한 출현하는 것이다. 이런 점에서 김지하가 들고 나온 '담시譚詩'의 양식은 시대적인 의미를 가진다고 할 수 있다.

첫째 대목

해결사 水山이라는 놈이 서울 장안에 살았것다.
사시미 칼로 다짜고짜 사람 배때기를 허벅지 엉덩이를 푹푹 쑤시고 돈 받아 먹는 해결
사 수산이라는 놈이 서울 장안에 살았는데
서울 장안에서도 그중 밤도깨비 득시글득시글 영동
영동에서도 그중 칼도깨비 왁시글왁시글 신사동 영동시장 두 얼품에

온갖 나이트클럽 디스코클럽 싸롱에 캬바레하며

… (중략) …

그리 한창 삐까삐까 광내며 설치다 그만 한탕한 것이 된코에 걸려 수갑 철커덕 차
버렸다.

어허 그놈 잘되었다 그 모진 놈 잘되었다

허벌나게 콩밥 한참 씹어돌리게 생겼다.

잘되긴 똑 잘되었으나

한편 가만히 생각해보니 그놈 인생이 참으로 가련쿠나

… (중략) …

여봐라 세상사람들아

이 수산이란 놈 족복하며 이놈 살아온 내력을 굽이굽이

시시콜콜 고부살타구까지 어디 한번 이 광대놈 사설로 들어봐라[29]

   그의 대표적인 담시 중의 하나인 『대설·南』이다. 그러나 『五賊』과 『대설·南』으로 대표되는 그의 담시를 '판소리시'[30]로 부르는 것은 무리가 있어 보인다. 그것은 담시가 "판소리 사설과 비교할 수 없을 정도로 그 길이가 짧고, 행과 연갈이를 의식하여 쓰여 졌으며, 실제적인 가창법(창법과 아니리) 등을 명시하고 있지 않다는 점"[31]에서 그렇다는 것이다. 하지만 외화·내화로 짜여 진 전체 구조라든가 외설스럽고 잡스러운 어법과 풍자적이고 해학적인 형상화 방식 등은 판소리의 양식과 다르지 않다고 할 수 있다. 이런 점에서 보면 담시는 판소리 양식을 기본 골격으로 해서 민요, 설화, 민담, 탈춤 등이 혼합된 장르라고 할 수 있다.

   이러한 사실은 판소리가 가지는 혼합 장르적인 특성을 더욱 강화시켜 줌으로써 담시의 혼성적인 담론성을 극대화하는데 하나의 동인으로 작용한다. 그가 판소리를 비롯해 다양한 민중적인 양식이 혼합된 장르를 선택한 것은 그것에 대한 호의를 넘어서는 강한 애정이 있었기 때문이다. 즉 그는 '원전의 고유성과 의도를 왜곡·조롱한 것이 아니라 그것을 우월적인 기준으로 삼아 당대의 사회·정치적 의미를 부각시키려고 한 것'[32]이다. 이런 점 때문에 그의 시는 강한 풍자성을 드러낸다. 하지만 원전이 가지는 풍자성과 패러디 그 자체

---

29 김지하, 『대설 ·南』, 창작과비평사, 1982, 28-31쪽.
30 고현철, 위의 책, 112쪽.
31 정끝별, 위의 책, 127쪽.
32 이순옥, 「풍자와 패러디」, 『한국 현대시와 패러디』, 현대미학사, 1996, 195쪽.

를 해독하는 것은 독자이다. 독자의 해독 능력에 따라 풍자의 성공 여부는 결정되기 때문이다. 독자의 입장에서 보면 패러디스트(시인)가 구현해 내는 풍자는 권력을 가진 자와 가지지 못한 자, 부를 가진 자와 가지지 못한 자, 지위가 높은 자와 낮은 자의 위치를 전도시킴으로써 유쾌한 웃음과 함께 카타르시스적인 쾌감을 체험하게 한다.

70년대 담시로 대표되는 민중 예술 양식의 패러디는 80년대로 오면 무가가 그 자리를 대체한다. 이것은 80년대의 정치·사회적인 상황이 깊이 개입한 결과다. 80년의 중심에는 5·18이 있었고, 시인들은 부채의식에 사로잡혀 죽은 혼들을 달래줄 수 있는 대중 예술 양식인 무가를 불러낼 수밖에 없었던 것이다. 진혼은 '무가의 주술성'[33]에 의해 그 존재성이 드러날 수 있다. 이때 주술은 아이러니한 의미를 띤다. 현실이 주술의 세계 같고 주술의 세계가 현실 같은 상황이 펼쳐지는 것이다. 80년대의 대표적인 진혼시인 하종오의 『씻끔굿』, 『오월굿』, 고정희의 『사람 돌아오는 난장판』이나 『마당굿을 위한 장시』를 보면 진혼의 형식이 잘 드러나 있다. 특히 연희성이 강한 고정희의 작품들은 죽음을 통해 새로운 삶이 드러나는 과정이 현실감 있게 제시됨으로써 진혼에 대한 리얼리티를 획득하고 있다.

> 홍도깨비 …… (중략)
> 에라, 빌어먹을!
> 도깨비 신세 이 판국에
> 족벌 따져 무엇하리
> 엎어진 물 썩을 때까지
> 깨진 그릇 던져두고
> 시월 상달 달 밝은 밤
> 우리 함께 놀아보세—
> (청도깨비 깨끼리로 홍에게 다가가 마주보며 짐걸이—고기잡이—멍석말이—곰사위—여닫이—깨끼춤을 추다가 중앙에 자리를 잡고 발림.)
>
> 청·홍도깨비 설죽인 놈 다 죽이고
> 되살아나는 놈 능지처참하고
> 미쳐버린 놈 앞장 세우고

---

[33] 고현철, 「80-90년대 상황과 시적 지향」, 『국어국문학』 제33집, 1996, 208쪽.

반항한 놈 재갈 물려(장고 — 쿵떡)

벌려보세 벌려보세
도깨비잔치 벌려보세
(도깨비잔치 좋을 시고. [추임새])

땅따먹기 돈따먹기
외팔이 불러 놀아보세
시월 상달 달 밝은 밤에
니캉 내캉 미쳐보세[34]

이처럼 『還人祭』와 『사람 돌아오는 난장판』에 드러나는 사설에는 타령조와 주술조 같은 일정한 곡조와 판소리에서 볼 수 있는 추임새와 발림이 있다. 시가무詩歌舞가 있는 흥겨운 굿판의 광경이 눈앞에 펼쳐지고 있는 듯할 정도로 동적인 리얼함이 있다. 슬픔의 감정보다는 어우러짐에서 오는 흥겨움이 먼저 느껴진다. 서로 서로 어우러지다보면, 다시 말해 고통을 고통으로 즐기다보면 슬픔의 감정이 일정한 순화 작용을 일으키면서 보다 큰 생의 감각을 체험하게 될 것이다. 이 생의 감각에 대한 체험이란 결국 산 자의 몫 아닌가?

그녀가 벌이는 '난장판'(굿판)은 우리가 흔히 말하는 '카니발'과는 같으면서도 다르다고 할 수 있다. 크게 보면 둘 다 억압적인 것으로부터의 해방을 겨냥하지만 카니발에는 그녀의 시에 드러나는 삶과 죽음의 경계를 무너뜨리고 여기에 도사리고 있는 원과 한을 즐겁게 넘어서는 '신명'의 의미가 엿보이지 않는다. 일단 카니발에는 죽은 자를 불러내어 산 자와 즐긴다는 의미가 들어있지 않다. 삶과 죽음을 분리하는 서구적인 문화 전통에서는 당연한 것이라고 할 수 있다. 또한 카니발은 원과 한 같은 슬픔보다는 기쁨을 배경으로 거느리고 있을 뿐만 아니라 유희에 행사의 주목적이 있다고 할 수 있다. 그러나 그녀가 벌이는 굿판은 삶의 비애로부터 출발하며 이것을 즐겁게 풀어내는데 그 주된 목적이 있는 것이다.

이런 맥락에서 그녀가 보여주고 있는 원과 한은 프로이트 류의 정신분석학에서 말하는 트라우마로 해명할 수 없는 그 무엇이라고 할 수 있다. 서구의 정서로 포괄할 수 없는 원과 한을 풀어내기 위한 다양한 양식들이 만들어지면서 우리의 예술은 형성되어 왔다고 볼

---

34 고정희, 『초혼제』, 창작과비평사, 1983, 124-126쪽.

수 있다. 그녀가 '굿' 혹은 '마당굿'이라는 우리의 양식적인 토대 위에서 자신의 시적 상상력과 표현력을 개진하고 있다는 것은 정서적인 유대라는 측면에서 주목할 만한 것이라고 할 수 있다. 사회·역사적인 의식이 강한 시에서 발견할 수 있는 관념의 생경함이 그녀의 시에서는 굿의 양식 안으로 들어오면서 많이 상쇄되고 있을 뿐만 아니라 일정한 생명력까지 얻고 있다. 이렇게 된 원인 중에는 무엇보다도 그녀의 『초혼제』시편이 가지는 리듬을 들 수 있을 것이다. 특히 초혼제 제4부 『還人祭』와 제5부 『사람 돌아오는 난장판』의 리듬은 우리의 생의 리듬과 닮아 있다.[35]

고정희와 하종오의 무가라는 패러디의 원전에 대한 선택은 80년대의 지배적인 권력에 대한 죽음을 선고한다는 차원을 넘어 우리의 근대에 대한 죽음을 선고하고 있다고 할 수 있다. 식민지와 개발독재로 점철된 우리의 근대가 5·18이라는 피의 상징적인 사건을 통해 종말을 맞이했다는 점을 제의적으로 보여주고 있는 것이다. 이것 역시 김지하가 보여준 담시를 통한 카타르시스처럼 진혼의 시적 양식을 통해 낡고 부정한 근대적인 권력 및 제도에 대해 죽음을 선고함으로써 독자들에게 카타르시스를 제공하고 있다고 볼 수 있다.

라. 자기 반영성과 주체의 해체

90년대에 들어서면서 80년대까지 이어져온 원전에 대한 재현가능성에 대한 인식은 본격적으로 재현에 대한 위기, 재현 거부, 재현 불가능성으로 바뀌기 시작한다. 이제 표현할 수 없는 것의 표현으로서의 숭고미는 사라지고 생산자로서 모던 예술의 아우라도 불필요한 것이 된다. 이러한 재현 불가능성 속에서 예술이 선택할 수 있는 길은 기존 이미지들에 대한 노골적인 몰수와 인용, 발췌, 누적, 반복이거나[36] 예술로서 예술을 이야기하는 자기 반영의 양식에 대한 탐닉이다.

예술의 자기 반영성은 메타적인 형식으로 드러난다. 다시 말하면 메타성은 시가 현실을 반영하는 것이 아니라 시가 바로 현실을 형성하는 자기 반영적인 미학인 것이다. 이러한 자기 반영성은 이미 차이를 내포한 반복, 비평적 아이러니의 거리를 지닌 패러디가 잉태하고 있는 속성이다. 메타성은 이러한 반복과 비평적 모방을 통해서 시장르와 관련된 자

---
35 졸고, 「초혼제 별사」, 『타자비평』 4호, 2003.
36 김성곤, 『포스트모던 소설과 비평』, 열음사, 1993, 23쪽.

기 반영적 예술 비평 형식의 의미를 획득하게 되는 것이다.[37] 우리 시에서 자기 반영성의 문제는 '시론시'라는 이름으로 드러난다. 90년대에 들어와 유행처럼 번지고 있는 시론시는 "적의 부재라는 시대인식과 연관되어 새로운 세계와 스타일은 이미 모두 시도되어 더 이상 독창적인 것, 스타일상의 개혁이 불가능해졌다는 시인들(특히 일부 시인들)의 고갈 의식"[38] 을 반영하고 있다.

이러한 고갈의식은 이미 80년대 황지우, 박남철, 장정일, 장경린, 오규원 등의 시에서도 드러난다. 황지우의 『도대체 시란 무엇인가』, 『심인』, 오규원의 『용산에서』, 『버스정류장에서』, 장정일의 『길안에서의 택시잡기』, 박남철의 『지상의 尺度』같은 시에 잘 드러나 있다. 자기 반영성의 문제는 90년대의 시론시 이외에도 만화, 영화, 대중가요, 탐정소설, 공상과학소설, 사진, 광고 등 대중예술을 패러디하는 시에서도 잘 드러난다. 유하로 대표되는 대중예술을 패러디한 시에는 대상에 대한 반영보다 자기 반영이 더 우세한 양상을 보인다. 그의 시가 대중문화에 대한 향유이면서 동시에 비판이라는 패더디적인 문맥을 거느리고 있는 것이 바로 그것을 잘 말해준다. 시가 이렇게 자기 반영성을 드러낼 수밖에 없는 이유를 박남철은 "이 世上 위에는 尺度가 없"(『지상의 尺度』)기 때문이라고 말한다. 그의 이 말은 중심성의 상실과 연결되며, 이것은 곧 모방할 수 있는 어떤 대상도 세상에는 존재하지 않는다는 것을 의미한다. 만일 시인이 모방할 수 있는 대상이 있다면 그것은 바로 자기 자신 밖에 없다는 사실을 암시하고 있는 것이다.

모방 대상이 자기 자신 밖에 없다는 것은 모방 대상이 부재하다는 것이 아니라 그 모방에 어떤 내적 동기도 없다[39]는 것을 의미한다. 아무런 풍자적 충동이나 희극적인 요소도 찾아 볼 수 없는 혼성모방pastiche이 발생하는 것이다. 시가 이렇게 혼성모방의 단계까지 이르면 그것은 패러디적인 주체 혹은 시적 주체의 소외가 아니라 소멸로 보아야 할 것이다. 시적 주체란 누구인가?가 아니라 시적 주체는 존재하는가? 하는 문제 의식이 대두하게 되는 것이다. 여기까지 오면 시적 주체는 '시를 쓰지만 무엇을 하는지 모르는'(이승훈의『그는 그가 무엇을 하는지 모른다』) 아이러니한 상황이 벌어지는 것이다. 시적 주체는 소멸하고 남는 것은 텅 빈 모방의 흔적뿐이다. 주체의 소외가 모더니즘 미학을 표상한다면 이러한 주체의 소멸은 포스트모더니즘 미학을 표상한다고 할 수 있다.

37 박남훈,「패러디와 메타성」,『한국 현대시와 패러디』, 1996,, 74쪽.
38 김준오, 위의 책, 38-39쪽.
39 이승훈,「포스트모더니즘 시론」, 세계사, 1991, 254쪽.

주체가 소멸하면 패러디의 대상은 존재하지만 패러디스트와 대상 사이에는 어떤 내적 동기도 필연성도 부재한 세계가 탄생하는 것이다.

> 내 누님같이 생긴 꽃아 너는 어디로 훨훨 나돌아 다니다가 지금 되
> 돌아와서 수줍게 수줍데 웃고 있느냐 새벽닭이 울 때마다 보고 싶었다
> 꽃아 순아 내 고등학교 시절 널 읽고 천만번을 미쳐 밤낮 없이 널 외
> 우고 불렀거늘 그래 지금도 피 잘 돌아가고 있느냐 잉잉거리느냐 새삼
> 보아하니 이젠 아조 아조 늙어 있다만 그래두 내 기억 속에 깨물고 싶
> 은 숫처녀로 남아 있는 서정주의 순아 난 잘 있다 오공과 육공사이에서
> 민주와 비민주 보통과 비보통 사이에서 잘도 빠져 나가고 있단다 그럼
> 또 만나자 꽃나비꽃아[40]

이 시는 서정주의 『국화 옆에서』, 『娑蘇 두 번째의 편지 斷片』, 『復活』과의 상호텍스트성을 보여준다. 하지만 이 텍스트들과는 어떤 내적인 연관성도 동기도 없이 구성되어 있다. 즉 원전에 대한 모방 동기가 없다. 동기가 없다는 것은 모방되는 텍스트를 비판하거나 풍자하려는 의도가 없음을 암시한다. 이 시를 시인의 전두환 및 5공 찬양의 논리로 해석하여 그것에 대한 희화화로 볼 수도 있지만 그것은 지나친 확대 해석이라고 할 수 있다. 이러한 해석이 가능하려면 "서정주의 순아 난 잘 있다 오공과 육공사이에서/민주와 비민주 보통과 비보통 사이에서 잘도 빠져 나가고 있단다"가 '의식적적으로 앞선 작품이나 앞선 형식을 끌어들여 그것을 희화시키거나 전복시켜 다른 얘기를 하려는 의도'가 내재해 있어야 하지만 여기에는 그것이 부재하다. 이 시는 '앞선 작품들을 단순히 섞어 놓은 평면적 구도'[41]를 드러낼 뿐이다.

이것은 패러디의 부재 혹은 텅 빈 패러디를 암시하는 것이다. 프레드릭 제임슨이 말하는 패스티쉬의 미학이 탄생하는 것이다. 패스티쉬는 패러디와는 다른 시적 효과를 준다. "패스티쉬란 남들의 작품을 어떤 신념 없이, 그러니까 무작위적으로 혹은 우연의 논리에 의해 모방"하는 것으로, "이런 기법이 환기하는 것은 총체성에 대한 갈망이 와해되는 포스트모더니즘의 세계관, 혹은 주체의 소멸에 대한 미적 반영"[42]이다.

40 박상배, 「희시 3」, 『문학과비평』, 1990, 가을호.
41 권택영, 「패러디·패스티쉬 그리고 독창성」, 『현대시사상』, 1992년 겨울호, 188쪽.
42 이승훈, 『모더니즘시론』, 문예출판사, 1995, 162쪽.

패러디의 양상이 여기까지 이르면 우리 시의 고갈의식 또한 극단에 이르게 된다. 패러디의 자기 반영성으로 드러나는 고갈의식은 시의 죽음이라는 불안으로 연결되고, 그것이 다시 우리 문화·문명 전반으로 번지면 우리 시 전반에 대한 종말론적 비관론은 걷잡을 수 없이 확산될 수 있다. 이 비관론은 곧 패러디 미학의 존립 근거와도 맞물려 있다는 점에서 그 안에 또 다른 문제의식을 내재하고 있다고 할 수 있다.

4. 결론

근대적인 양식에 대한 고갈 의식이 확산되면서 우리 사회·문화 전반의 새로운 중심 개념으로 대두한 패러디는 시의 위기 혹은 갱신과 관련하여 일정한 문제의식을 제공하기에 이른다. 근대적인 창작 주체의 순수성과 자율성을 강조하는 미학은 테크놀로지가 급속하게 발달하면서 혼성과 복제를 강조하는 미학이 새롭게 대두하게 된다. 이 과정에서 근대의 대표적인 순수와 자율성의 미학의 하나인 시 역시 일정한 변모 양상을 드러낸다. 시 양식은 시대에 따른 변모가 다른 양식에 비해 크지 않은 것이 사실이다. 그것은 시가 외부 대상이나 현실보다는 개인의 내면을 중시하는 고백이나 독백의 양식으로 규정되어 왔기 때문이다.

이런 식의 규정은 시의 고갈을 심화시키는 쪽으로 작용해 왔다고 할 수 있다. 시를 고백이나 독백으로 규정함으로써 다른 다양한 장르 및 양식과의 상호작용을 통한 새로운 변모와 재창조의 가능성을 배제하거나 약화시키기에 이른다. 하지만 시의 양식은 고백이나 독백으로 규정할 수 없는 개방성과 상호작용성을 이미 그 안에 가지고 있다고 할 수 있다. 패러디의 문제가 부상하면서 시의 이러한 특성들이 드러나게 된 것이다. 시의 고백성과 독백성은 그것이 어떤 특수한 형식이라기보다는 보편적인 인간의 정서적인 형식이라고 할 수 있다. 이것은 곧 시의 고백성과 독백성이 시대를 초월하여 시적 주체들에 의해 상호작용하고 있다는 것을 의미한다.

우리시의 경우 이러한 시의 특성을 잘 말해주는 것 중의 하나가 바로 용사론이다. 전거가 될 만한 경서나 사서 혹은 제가의 시문을 차용하여 텍스트를 창작하는 용사론은 상호텍스트성의 한 전범이라고 할 수 있다. 용사는 전거에 대한 패러디스트의 수용 태도에 따라 텍스트의 양상이 달라질 수 있다고는 하지만 이것은 텍스트에 대한 정예주의를 벗어나지 못하고 있다는 점에서 패러디와는 거리가 있다고 할 수 있다. 차이에 의한 반복이 패러디의 개념을 규정하는 것이라면 용사는 '차이'의 차원에서 일정한 한계를 드러낸다고 할 수 있다. 이 차이는 근대적인 양식으로서의 시와 근대 이전의 양식으로서의 시 사이의 차이를 반영하는 것으로 볼 수 있다.

우리 근현대시에서의 패러디는 식민지와 분단 그리고 개발독재와 이념과 운동의 시대를 관통하면서 독특한 형식을 창출해내고 있다. 1920·30년대 시에서는 그것이 자기동일성의 추구라는 민족적인 이데올로기의 형식으로 드러나고, 분단 이후 1960~80년대를 거치면서 그것은 체제에 대한 강한 저항의 형식으로 드러난다. 이런 점에서 근대의 모순이 첨예하게 드러난 이 시기의 시는 세계에 대한 부정과 풍자라는 패러디의 정신이 잘 구현되어 있는 것으로 볼 수 있다.

하지만 90년대에 들어서면서 사정은 달라진다. 본격적으로 재현에 대한 위기, 재현 거부, 재현 불가능성의 문제가 제기되면서 표현으로서의 숭고미는 사라지고 생산자로서 모던 예술의 아우라도 불필요한 것이 되기에 이른다. 된다. 이러한 재현 불가능성 속에서 우리 시가 선택할 수 있는 길은 기존 이미지들에 대한 노골적인 몰수와 인용, 발췌, 누적, 반복이거나 시로서이 시를 이야기하는 자기 반영의 양식에 대한 탐닉이다. 이 자기고백적인 시는 근대적인 양식의 고갈을 극단적으로 반영하고 있는 것으로 볼 수 있다.

패러디에서 부정과 풍자의 정신이 소멸하면서 이것이 곧 창작 주체의 소멸로 이어지면서 시의 위기 혹은 죽음의 문제가 한층 예각화되기에 이른다. 그러나 패스티쉬의 출현이 곧 시의 위기나 죽음으로 이어진다고 보는 것은 지나친 비관론이다. 시의 위기나 죽음의 문제는 90년대 이후 줄곧 제기되어 왔지만 그것이 어떤 결말을 보여준 것은 아니다. 시는 이 시대의 감각에 맞게 새롭게 그 모습을 바꾸면서 여전히 존재하고 있는 것이 사실이다. 시에서 패러디의 문제가 부상하는 것도 아우라의 상실과 기술복제 시대라는 이러한 사회 역사적인 맥락과 밀접하게 관련되어 있다. 시의 사회 역사적인 맥락성은 이것이 시의 소멸을 넘어 또 다른 갱신의 이유를 내재하고 있다는 점에서 의의를 지닌다고 할 수 있다.

참고문헌

강명관,「고전시학과 패러디」,『한국 현대시와 패러디』, 현대미학사, 1996, 295쪽.

고정희,『초혼제』, 창작과비평사, 1983, 124—126쪽.

고현철,「80—90년대 상황과 시적 지향」,『국어국문학』제33집, 1996, 208쪽.

고현철,『현대시의 패러디와 장르이론』, 태학사, 1997.

권택영,「패러디·패스티쉬 그리고 독창성」,『현대시사상』, 1992년 겨울호, 188쪽.

김기현,「산유화가의 전승과 교섭 양상」,『어문논총』, 21집, 1987, 97쪽.

김성곤,『포스트모던 소설과 비평』, 열음사, 1993, 23쪽.

김소월, 오하근(편),『원본 김소월전집』, 집문당, 1995.

김준오 편,『한국 현대시와 패러디』, 현대미학사, 1996.

김지하,『대설·南』, 창작과비평사, 1982, 28—31쪽.

김지하,『오적 — 김지하 담시 전집』, 솔, 1993,

린다 허천, 김상구·윤여복 옮김,『패로디 이론』, 문예출판사, 1992, 36쪽.

박남철,『지상의 인간』, 문학과지성사, 1997.

박남훈,「패러디와 메타성」,『한국 현대시와 패러디』, 1996, 74쪽.

박상배,「희시 3」,『문학과비평』, 1990, 가을호.

아놀드 하우저, 최성만, 이병진 역,『예술의 사회학』, 한길사, 1983, 411—418쪽.

아리스토텔레스, 천병희 옮김,『시학』, 문예출판사, 2002, 31—61쪽 참조.

오규원,『오규원 시전집 1·2』, 문학과지성사, 2002.

劉若愚, 이장우 역,『중국시학』, 대만문화공사, 동화출판공사, 1984, 188—209쪽.

유협,『文心雕龍』

윤재근,『시론』, 둥지, 1990, 515쪽.

이미란,『한국현대소설과 패러디』, 국학자료원, 1999, 13—15쪽 참조.

이병한 편저,『중국 고전시학의 이해』, 문학과지성사, 1992, 179쪽, 이규보,『백운소설』.

이순옥,「풍자와 패러디」,『한국 현대시와 패러디』, 현대미학사, 1996, 195쪽.

이승훈,『모더니즘시론』, 문예출판사, 1995, 162.쪽

이승훈,『포스트모더니즘 시론』, 세계사, 1991, 254쪽.

이재복,「초혼제 별사」,『타자비평』4호, 2003.

정끝별,『패러디의 시학』, 문학세계사, 1997, 31쪽

장정일,『길안에서의 택시잡기』, 민음사, 1997.

최문규,「'소통의 물질성'과 심미적 예술의 새로운 코드화」,『문학동네』, 1995년 여름호, 26쪽.

최신호,『초기 시화에 나타난 용사이론의 양상』,『고전문학연구』제1집, 한국고전문학연구회, 1971, 117쪽..

프레드릭 제임슨, 할 포스터 편, 윤호병 역,『포스트모더니즘과 소비사회』,『반미학』, 현대미학사, 1993, 176—197쪽 참조.

하종오,『벼는 벼끼리 피는 피끼리』, 창작과비평사, 1997.

황지우,『새들도 세상을 뜨는 구나』, 문학과지성사, 1983.

Barth, John, The Literature of Exhaustion, Atlantic(August), 1967, pp.98—133.

Rose, Margaret, Parody/Metafiction, Lodon:Croom Helm, 1979, p.59.

VIII. 상호텍스트성과 패스티쉬 비판

박 주 택[*]

1. 머리말

　시인은 자신의 경험과 사유를 바탕으로 시를 생산한다. 언어로 된 미적 구조물인 시는 그러나 그것으로 시는 완성되지 않는다, 독자의 시선과 관심이 시 속에 시선과 입김을 불어 넣을 때 비로소 시는 완성된다. 시의 총체성은 시인, 텍스트, 독자가 정신적인 교류를 지속하는 상동성相同性을 가질 때 잠에서 깨어난다. 이런 의미에서 작품들은 생산의 주체를 통해서뿐만 아니라 그것을 소비하는 주체를 통해—작자와 독서 대중의 상호 작용을 통해서—중재될 때에야 하나의 성격을 갖는 역사를 획득할 수 있다.[1] 축적된 기억을 순간적으로 보여준다는 점에서 시는 주관적이면서도 중층적이다. 또한 시는 고유한 내적 법칙과 기호의 충돌로 이루어진 총체성의 집합으로 랑그와 빠롤의 단호한 이율배반인 동시에 창조성 자체이다.[2] 시가 미적 경험의 생산적 측면 못지않게 수용의 미적 측면과 소통의 미적 측면이 강조되는 것도 시가 지니고 있는 이러한 애매성曖昧性과 미정성未定性 때문이다. 따라서 시인의 창조적 인식과 독자의 기대 지평이 혼융되었을 때 시는 열린 형식과 내용으로 자신의 존재를 현현顯現하며 영혼과 대화하며 아름다운 세계의 문을 열 수 있을 것이다.
　시 교육 역시 상호 소통적 측면에서 출발하여야 한다. 시를 시인의 전유물로 생각하거

---

42 야우스는 미적 쾌락의 경험을 생산적 미적 경험, 수용적 미적 경험, 소통적 미적 경험으로 범주화 하며 텍스트와 독자 사이의 상호작용을 강조한다. 로버트 C. 홀럽, 최상규 역,『수용미학의 이론』, 예림기획, 1999, pp.83-127 참조.
43 앙리 메쇼닉, 조재룡 역,『시학을 위하여』, 새물결, 2004, pp.37-8.

[*] 경희대학교 교수

나 시를 일방적으로 해석하는 것은 바른 방법이 아니다. 시 교육은 시가 지니고 있는 심미적 세계뿐만 아니라 그 속에 움트고 있는 상상력과 손을 잡게 하여 텍스트에서 부딪치는 동일성과 부정성을 통해 의식 경험을 확대시킬 수 있어야 한다. 그러나 의식 경험의 확대는 텍스트를 심미적으로 '감지하는 이해'와 '성찰하는 해석'이 열려진 지평을 향해 나아갈 때 가능하다. '감지하는 이해'가 고정하고 억압된 자신의 의식을 부단히 형성해가는 진행 지평이라면 '성찰하는 해석'은 그런 자아의 성찰과 확인인 후행 지평이다. 이에 따르는 시 교육은 자아 발견적이며 세계관과 신념을 확충하는 계기가 되며 정신과 상상력을 자유롭게 해방시킴으로써 지적, 정서적, 인격적 확충을 기하여 인간형성에 이바지 한다.[3] 이렇듯 시 교육은 수용자의 창조적 능력인 '읽기'와 '반응' 그리고 나아가 이를 바탕으로 한 '쓰기'에 중심을 두고 장을 논의해야 하며 담론과 이데올로기 실천태인 시를 문화의 한 현상 속에서 포괄적으로 논의를 전개할 수 있어야 한다. 이 점에서 시 교육은 시를 바르게 분석, 해석할 수 있는 능력을 갖추도록 이론 습득과 쓰기의 실천이라는 제 측면을 고루 갖추어야 하는 종합적인 학문 영역이라는 것을 인식하고 있어야 한다.[4]

다시 말해 '시의 고유한 영역'과 '시의 외적인 영역'이 서로 길항하거나 교합하는 과정과 결과를 포괄할 때 보다 구체적이고 유의미한 효과를 창출한다. '시의 고유한 영역'이란 시 문학사, 시문학 이론, 시창작의 검토와 실제, 시 텍스트 생산자와 수용자의 관계 형성, 시관의 형성과 가치 창출 등을 포함하여 궁극적으로는 인간에게 끼칠 수 있는 영향까지를 범주 안에 포함한다. 이 영역은 미적, 인지적, 실천적 제 측면을 제고하는 한편 자아를 발견하고 공동체적 인식을 실현하는 데 이바지한다. '시의 외적인 영역'은 시를 형성하고 있는 사회 문화적 현실을 가리키는 것으로 미디어 매체, 인접 예술, 자본과 역사적 조건 등이 시 속에 어떻게 반영되고 활용되는가를 가리킨다. 시의 생산 조건을 형성하는 이 영역은 사회 문화와 교섭하여 그것을 내면화하고 실천하는 과정을 보여줌으로써 시가 세계와 통합하여 바람직한 역사와 문화를 구현한다는 것을 보여준다.

이와 같이 시 교육은 시의 '고유한 영역'과 '시의 외적인 영역'을 체험하고 육화하는 내면화 과정이다. 이 과정은 실재 세계의 경험과는 달리 정서적 인식을 추구하며 시의 의미를 창출하는 비판적이고도 주체적인 시 읽기를 수행하여야 한다. 이는 시 속에 내면화된 정보 파악 능력, 상상력과 정서적 태도, 인식적 능력으로 시적 문법이나 시적 관습, 시 텍

---

[1] 구인환 외, 『문학교육론』, 三知院, 1998, pp.174-180.
[2] 윤여탁, 『시교육론 II』, 서울대학교 출판부, 2003, pp.20-1.

스트를 둘러싸고 있는 사회적, 문화적 조건 등과 상호 작용을 하는 구성적 읽기를 통해 구체화된다.[5] 결국 읽기―반응―쓰기의 과정은 타자의 세계를 탐색하여 자기화 과정에 이르는 도정이다. 이 미적 자각과 실천의 도정은 그러나 철저한 과정과 결과를 통해 합목적으로 얻어져야 한다.

본고는 시가 이론과 실천, 계승과 창조, 삶과 문화의 고양 등을 정합하며 '미학적 세계' 뿐만 아니라 '인간학'에 밀접하게 상관하고 있다는 점을 염두에 두고 탈근대의 중요한 담론으로 떠오른 상호텍스트성intertextuality과 패스티쉬pastiche를 중심으로 언어활동의 조건이자 실천인 글쓰기écriture[6]에 대해 살펴보고자 한다.

2. 연구사 검토 및 문제 제기

일찍이 〈論語〉에서 인격 수양의 바탕을 강조하고 이치를 궁구하여 시가 도에 이르게 한다거나 예로부터 실용적 공리성을 배제한 글 읽기와 시 쓰기를 본업으로 한 독서 작시 계급이었던 선비 정신의 고절을 강조하고 있다는[7] 점은 시가 인간의 존엄을 수호하며 삶을 가치 있는 것으로 꾸려가도록 자각하는 인문 교양적 태도를 지니고 있음을 시사해준다. 시를 정신과 수사의 통일체로 보고 이를 통해 조화를 겸비한 군자를 이상으로 삼은 것[8]도 바로 이러한 의미에서다. 시를 읽고 반응하고 쓰는 행위란 결국 〈사고→언어〉〈언어→사고〉의 양방향의 정보 전환 과정의 일부이며 본질적으로 의사소통 행위이자 문화 행위이기 때문에 '인간은 시와 관련하여 무엇을 하는가'의 차원으로 시선을 돌리는 일은 중요하고 시급한 일이다.[9] '인간학'과 유리된 시란 언어 속에 갇힌 진공 상자와도 같다. 그 속에는 숨이 살지 못한다. 우주와 교합하는 숨결이 살지 못한다.

이점에서 의미의 집합체인 시 텍스트를 생산하고 수용하는 것은 열림과 소통이라는 정신의 지경地境을 개척하는 것임에 틀림없다. 본질과 인식의 질서이자 절대 정신에 도달할

---

3 유성호,『현대시 교육론』, 도서출판 역락, 2006, pp.30-2.
4 언어활동 속에서 의미, 형식의 생산. 또한 언어활동의 근본적인 역사적 실천이자 문학성의 조건으로서 독서의 연속이다. 앙리 메쇼닉, 앞의 책 p.193 참조.
5 김은전,「시의 본질과 문학교육」, 김은전 외,『현대시 교육의 쟁점과 전망』, 도서출판 월인, 2001, pp.12-23.
6 유협, 김민나 편역,『文心雕龍』, 살림, 2005, p.226.
7 김창원,『시 교육과 텍스트 해석』, 서울대학교출판부, 2005, p.20.

수 있는 원리로서 시는 삶의 구체적 장소이자 진화의 궤적이다. 이에 따라 사유나 의지, 예지와 신념과 같은 정신적 보고이자 존재의 낙원인 시를 '읽고' '반응하고' '쓴다'는 것은 인간, 영혼, 자연, 우주 등과 같은 생명 운동과 밀접한 상관을 이루는 전체성의 측면에서 파악할 수 있어야 한다.

개별 텍스트 내에 다른 텍스트가 침투되는 변형을 통해 텍스트의 통일체를 분쇄하여 그것으로 재정립을 조정하고 이동하는 과정을 만드는 텍스트와 상호텍스트성[10]은 스펙트럼이 넓어 패러디parady와 명시적이거나 묵시적인 모방pastiche에 이르기까지 온갖 형태로 나타난다.[11] 다시 말해 언어적 혼동을 이루며 텍스트 해석을 확장하고 있는 상호텍스트성은 그 자장 안에 텍스트가 지니고 있는 자율성을 넘어 '반복과 차이' '모방과 위반'이라는 '무정부적 복수성의 시학'을 펼쳐 보인다. 탈근대의 시학으로까지 떠오른 상호텍스트성에 관한 이제까지 연구를 살펴보면 대략 다음과 같다.

이승훈은 상호텍스트성이 나타날 수밖에 없는 조건들 가운데 제도나 억압으로부터 벗어나려는 심리적 태도와 경계를 해체하고자 하는 전환적 전망 의식이 숨어 있다고 보고 새로운 기법에 대한 미학적 검토가 필요함을 역설한다.[12] 김욱동은 크리스테바가 제창한 상호텍스트성이 바흐친, 토도로프, 블룸, 주네트, 바르트, 푸코 등과 깊은 관련을 맺고 있다고 분석한 뒤 움베르토 에코의 『장미의 이름』이 다른 텍스트들로 짜여진 직물이라는 것을 밝히며 이 작품이 셰익스피어, 토마스 만, 제임스 조이스, 엘리엇 등의 텍스트와 결합되어 있다고 진단한다. 그는 또한 상호텍스트성이 '주체의 죽음' '저자의 죽음'과 밀접하게 연관되어 있음을 정치적 변혁의 가능성을 상정하는 역동적인 힘으로 파악한다.[13] '다수의 시'로 확장되는 블룸의 영향 관계 이론에 주목하며 상호텍스트성과 해체시론과의 상관성을 밝히고 있는 윤호병은 상호텍스트성이 시/시인과 시/시인의 대화, 선先텍스트와 후後텍스트의 관계, 텍스트와 사회적 텍스트와 상호 연관해 있음을 명시적으로 보여주며[14] 손진은은 상호텍스트성이 등장하게 된 계보학을 검토하며 김소월, 박목월, 김종삼 「往十里」가 많은 시간의 편차에도 동일한 제목으로 씌어졌다는 점에 착안하여 김소월의 「往十里」가 박목월

---

8 줄리아 크리스테바, 김인환 역, 『시적 언어의 혁명』, 東文選, 2000, p.240.
9 김욱동, 『문학을 위한 변명』, 문예출판사, 2002, pp.129-150.
10 이승훈, 『해체시론』, 새미, 1998, pp.65-75.
11 김욱동, 『포스트 모더니즘』, 민음사, 2004, pp.179-225.
12 윤호병, 『아이콘의 언어』, 문예출판사, 2001, p.204.

과 김종삼의 시에 미치고 있는 영향 관계와 변용 양상에 주목하고 있다.[15] 문혜원 역시 전후의 대표적인 현실주의 시인인 조향 시가 자기 반영적 메타시적 성격을 띠고 있으며 다른 인접 예술과의 접합 관계를 통해 다양한 기법 활용과 의미를 산출하고 있다고 진단한다.[16]

김준오는 패러디가 후기산업사회의 재생산 방식에 대응하는 문학적 양식으로 과거 원전들의 고유성과 관습적 규범들을 고의로 파괴하는 '문화적 전략'이며 '문제적 복제 형식'이라 주장하며 오규원, 황지우, 장정일 시에 나타난 자본주의적 징후를 분석한다.[17] 구모룡은 패러디가 위기와 고갈을 반영하고 있다고 진단하며 그 이면에 숨어 있는 환멸, 불안, 상실 등을 지적해낸 뒤 패러디가 전통 시학이 지닌 본질주의와 형이상학을 해체하고 열림의 시학을 지향한다고 주장한다.[18] 이형권은 김춘수 시에 나타난 패러디의 다양한 양상을 심도 있게 분석하며 김춘수의 시가 그림, 음악, 영화, 설화 등을 수용하여 그것을 어떻게 변용시키고 어떻게 기획하고 있는가를 밝히며 김춘수의 시가 기대지평의 전경화된 '미학적 목적'을 충족시키는 실험주의자와 기교주의자로서의 면모를 갖추고 있다고 역설한다.[19] 패러디 시학에 대해 깊이 있게 천착한 정끝별은 패러디가 용사用事, 희작戱作, 희문戱文, 희시戱詩 등의 개념을 포함하는 고전시학에서부터 발생하고 있다고 보고 이상, 서정주, 김수영, 김지하 시 등에 나타난 패러디 양상을 다양하게 분석한다.[20] 고현철 역시 신경림 시에 나타난 민요와 무가 양상에 대해 언급하며 시의 지형도에 그려져 있는 패러디의 기능에 주목한다.[21]

이상에서 살펴본 바와 같이 텍스트와 텍스트의 접합을 통해 규범화된 예술 형식에 새로움을 불어넣고 있는 상호텍스트성은 전통 시관이나 낭만주의 시관이 지배하고 있던 '독창성의 미학'을 전복시키며 새로운 미적 혁명을 이루며 '전환적 전망'을 보여준다. 그럼에도 불구하고 시가 지니고 있는 진실성과 윤리성, 독창성과 위의성威儀性과 같은 시 본래의 특성과는 거리가 있어 보인다. 이 점에서 본질로서의 시 정신을 되새겨 보는 일은 중심 상실의 시대에 참다운 '반성과 성찰'의 계기가 될 것이다.[22]

13 손진은,「시 往+來의 상호텍스트성 연구」, 한국어문학회, 2002, pp.363-387.
14 문혜원,「조향 시의 상호텍스트성 연구」, 국어국문학, 2002, pp.305-329.
15 김준오,『도시시와 해체시』, 문학과 비평사, 1992, pp.155-175.
16 구모룡,「패러디 시학의 이데올로기」, 한국문학논총, 1996, pp.57-178.
17 이형권,「김춘수 시의 작품 패러디 연구」, 한국언어문학회, 1998, pp.131-151.
18 정끝별,『패러디 시학』, 문학세계사, 1997, pp.19-62.
19 고현철,「신경림 시의 장르 패러디 연구」, 한국문학논총, 2006, pp.337-360.
20 박주택,「문제는 다시 시정신이다」, 현대시, 2005, 1월호, pp.44-55.

3. 탈근대의 미학과 전복顚覆의 시학

옥타비오 빠스가 텍스트 속으로 흘러 들어오는 영감, 무의식, 우연성, 계시 등은 언제나 타성他性의 목소리로 그것은 상이한 언어의 결정체이다[23]라고 한 것은 텍스트가 다른 텍스트의 해석이며 재생으로 텍스트가 순수 생산물로 홀로 독립할 수 없다는 것을 보여준다. 독창성과 창조성에 도전하며 텍스트를 모자이크나 짜깁기의 형태로 파악하는 상호텍스트성은 언술에 언술이 끼어드는 바흐찐의 다성 이론[24]에 힘입은 바 크다. 텍스트는 이제 기성품ready-made들의 조립이다. 따라서 텍스트는 유기적인 것이 아니라 집합적이다. 새롭고 전위avangarde적인 이데올로기를 지니며 개념에 대한 근본적 도전을 하고 있는 이러한 시들은 편집과 인용이 극대화된다.[25] 이처럼 상호 텍스트성은 원텍스트와 다른 텍스트에서 차용한 발화들이 서로 가로지르고 중화하여 텍스트를 변모시키는가 하면 텍스트 언어들의 교환과 중화를 통해 언어적 혼동을 이루며 텍스트를 배가시킨다.

> 어떠한 텍스트일지라도 과거 인용문의 새로운 뒤섞임이다. 하나의 코드, 공식, 운율적인 모델들, 사회적 언어의 조각 등이 그 텍스트 안으로 들어오고 그 안에서 재분배된다. 왜냐하면 텍스트 둘레와 그 앞에는 언제나 언어가 있기 때문이다. 상호 텍스트성은 어떠한 텍스트의 조건일지라도, 원천이나 영향력의 문제로 환원될 수 없다. 그 상호 텍스트성은 좀처럼 기원의 위치를 밝혀낼 수 없는 익명적 공식들의 일반적인 장이다. 그것은 무의식 혹은 자동적 인용들이 인용부호 없이 주어진 것이다.[26]

이 같은 바르트의 견해는 상호 텍스트성이 관계의 집합이자 해석에 의해 재구성되고 독자의 반응과 기대들의 복잡한 문제와 상관하고 있음을 일깨워 준다. 전통적인 문학 규범

---

21 옥타비오 빠쓰, 윤호병 역,『진흙 속의 아이들』, 현대미학사, 1995, pp.190-191.
22 토도르프, 김동윤, 김경온 역,『비평의 비평』, 1999, p.118.
23 김준오,『도시시와 해체시』, 문학과 비평사, 1992, pp.162-9.
24 Roland Barthes,『Theory of the text』, 1981, p.39. 바르트는 텍스트를 '독자지향(readerly)의 텍스트'와 '작가 지향의 (writerly) 텍스트'로 분류한다. 전자가 읽는 텍스트로 단순히 글을 읽고 수동적 소비자로 남겨두는 텍스트라면 후자는 쓰는 텍스트로 독자를 더 이상 소비자로 남겨두지 않고 텍스트의 생산자로 만든다. 다시 말하자면 독자가 활성화되고 사실상 텍스트의 생산자가 된다. 또한 바르트는 텍스트가 단일 의미로 환원될 수 없는 복수과 다원성을 지니고 있다고 말한다. 결국 '작가 지향의 쓰는 텍스트'란 독자가 자신을 기능시켜 기의의 마술과 글쓰기의 즐거움을 가까이 할 수 있도록 해준다. 알.웹스터 지음, 라종혁 역,『문학 연구 입문』, 도서출판 동인, pp.163-192 참조.

혹은 정전canon 텍스트들의 이데올로기를 전복시키기 위해 사용된 상호텍스트성은 작자의 음성이 서로 교차하는 이중의 목소리double-voice를 갖는다는 점에서 대화적dialogic이다. 바르트가 텍스트를 한 의미 또는 '하나의 모델'로 통합시키고 압축시키는 해석과 비평에 신랄한 비판을 가한 것도 시가 완결된 것이 아니라 완성을 향해가는 의미체라는 것을 염두에 두었기 때문이다. '텍스트를 끌어 모으고, 통합시키는 대신에 부서뜨리고 분리시키'며 텍스트의 닫힘과 정지를 깨기 위해 시적 법칙을 새롭게 열어주는[27] 상호텍스트성은 이처럼 전통적인 텍스트 개념이 노출되기를 기다리는 '분명한 의미가 은폐되어 있는 장막'이라고 규정하는 전통적인 텍스트 개념을 폐기한 채 텍스트가 허용하는 방식으로 독자가 창조적으로 텍스트를 재구성하여 텍스트를 해방시켜야 한다고 주장한다.

이로 인해 '시인 중심 접근법'을 강조하며 텍스트를 시인의 상상력과 창조성의 산물로 보는 전통시관과는 달리 상호텍스트성은 시인을 텍스트의 생산자로 보지 않으며 반드시 텍스트와 동일시하지도 않다는 차이를 보인다. 시인은 텍스트에 기여하는 하나의 허구일 뿐이지 언술 주체는 언어라는 것이다. 텍스트를 여러 담론들로 구성된 네트워크로 파악하고 다층성과 다양성multiplicity를 지닌 의미체로 파악하는 바르트의 주장은 독서에 있어서도 마찬가지 반응을 보인다. 독서는 한 측면을 이해하고 특권화 할 뿐 그것을 중심적인 의미로 받아들일 때는 오류를 범할 수 있다는 것이다. 독자를 텍스트의 일부로 간주하는 이 같은 견해는 독자가 텍스트의 다양한 의미들과 약호codes에 관계할 때 비로소 텍스트는 완성을 향해 간다는 것을 뜻한다. 텍스트를 고정된 실체가 아니라 대화dialogic의 장으로 파악하는 바르트는 텍스트가 개방적인 복수의 장일 때 텍스트는 정전화된 작품뿐만 아니라 영화와 그림, 대중 문학까지 폭넓게 포괄할 수 있다고 주장한다.[28]

기표와 기의의 무관적인 자율성을 주장하며 불확실한 텍스트만을 생산한다는 상호텍스트성은 부르주아 이데올로기 미학인 제도 예술에 저항하며 기성품ready-made의 예술을 텍스트 안에 교차시켜 놓으며 패스티쉬나 패러디, 인유 등의 메타언적 성격을 띤다. 바로 이 점으로 인해 상호텍스트성은 '탈근대 미학의 전위성'과 '근대 미학적 전복성'을 동시에 지

25 앤 제퍼슨, 데이비드 로비, 김정신 역, 『현대문학 이론』, 1995, pp.163-183.
26 알 웹스터, 앞의 책, pp.51-8. 예컨대, 80년대의 해체시에서 황지우나 박남철의 시는 바르트가 말하는 텍스트 속에 현실이나 사회적 문화적 사실(fact)들이 직접 개입하는 상호텍스트성의 특징을 보여준다. 그들에게 시는 이제 근엄한 숭고성을 지니고 있지 않다. 그들의 시에 신문, 도표, 광고 문안, 악보 등이 개입하는 것은 시대를 알리고자 하는 징후가 도사려 있다. 즉 언어에 대한 불신과 사회 문화적 현실에 대한 비판이 잠복되어 있다. 유하, 장정일, 함민복의 시 역시 만화, 포르노 영화, 무협소설 등을 시 속에 끌어들여 사회의 병리적 현상을 폭로한다.

니며 시에 대한 근본적 성찰을 제시해 주고 있다.

가. 상호텍스트성과 기원의 부재

텍스트는 폐쇄적인 구조에 만족하지 않는 투쟁의 장場이다. 텍스트는 과정과 실천 속에 완성되는 것이지 그 자체의 완성물은 아니다. 텍스트는 다른 텍스트와의 교차점에 위치하며 환원 불가능한 복수태를 구현한다. 그러나 텍스트의 복수태는 내용의 모호성이 아니라 기표들의 입체적인 복수태로 텍스트는 공존이 아니라 거대한 입체 음향 속을 가로지르는 통과이자 횡단이다. 따라서 아주 진보적인 해석이라 할지라도 그것은 해석이 아니며 폭발이며 분산이다. 그것은 인용부호를 붙이지 않은 인용이다.[29] 상호텍스트성은 주체(시인 또는 텍스트)를 해체하면서 글쓰기를 강조한다. 이러한 기반에는 바르트를 비롯하여 데리다, 라캉, 푸코, 들뢰즈와 같은 탈구조주의자들의 공략에 말미암은 바 크다. 계몽과 이성은 이들에게 있어 억압된 이념에 불과하다. 그들은 텍스트 개념을 무력화시키며 우연과 전복, 분열과 단절, 환상과 허구 등과 같은 탈중심적 개념을 텍스트에 부가한다. 다른 텍스트를 텍스트 속에 끌어 모으며 매다 언어적 성격을 띠고 있는 상호텍스트성은 이처럼 중심이 붕괴되고 전체로서의 통합이 사라진 해체적 사유에서 비롯한다. 이로 인해 시는 무의미와 허무주의적 경향, 분열적 사고와 탈역사적 성향, 언어 및 형식과 장르의 해체, 꿈과 환각과 같은 환상적 세계의 경도, 미학적 대중추수주의와 유희, 단절과 우연을 바탕으로 한 미학 등의 추세로 이어진다.[30] 다음의 시를 보자.

1
폭포는 아무 데나 있지 않다
폭포는 아무 데도 있지 않다
폭포는 고매한 절벽을 선호한 때문에
폭포는 그토록 急落을 사랑한 때문에
아무 데나 있지 않다

---

27 롤랑 바르트, 김희영 역, 『텍스트의 즐거움』, 東文選. 2002, pp.42-3.
28 오세영, 『문학과 그 이해』, 국학자료원, 2003, pp.61-74.

웃으며 웃으며
수수만년을 웃으며 망설임이라곤 없다
폭포는 한번 또 웃고
회고라고는 없다
오늘도 어제도 그 전전날도
회고라고는 없다 내일도 모레도 그 다음다음도
여전히 회고라고는 없이 회고이다 또 회고이고
혁명이고 회고이다 하여
승천이고 회고이다

2
혁명이 없으니 추락을 낳았지
또렷한 정신이 없으니 급박한 낙하를 낳았지
사랑이지 사랑이지
마지막
사랑을 낳았지

3
나는 폭포를 사랑하고
폭포보다는
폭포를 사랑한 이유를 더 사랑하고
그보다는 다시
폭포를, 폭포를 더더욱 사랑하고
절벽을 사랑하고
절벽 위의 절벽을 사랑하고
사랑의 낙차를
더 더 사랑하고

4

폭포에
폭포에
무지개를 보았니?
보았니?
오, 무지개를 단
한없는 추락을 보았니?

폭포는 아무 데나 있지 않다.

―장석남,「瀑布―곧은 소리는 곧은 소리를 부른다」전문

   사랑의 의미를 되새겨 보고 있는 장석남의 시「瀑布」(2005)는 김수영의 시「폭포」(1957)[31]를 원전으로 삼고 있다. 그러나 장석남의 시는 김수영 시의 형식과 내용뿐만 아니라 주제, 수사, 어법, 전개 방식 등이 동일하게 닮아 있다. 김수영 시에서 보이고 있는 '곧은 소리는 곧은 소리를 부른다' '고매한' '정신' '절벽' 등이 그대로 장석남의 시에서 차용되고 접합되는가 하면 수사적 표현에 있어서도 '폭포는 곧은 절벽을 무서운 기색도 없이 떨어진다'가 '폭포는 아무 데나 있지 않다'로 변용되고 '금잔화도 인가도'가 '오늘도 어제도'로 변주되는 양상을 보인다. 또한 '곧은 소리는 곧은 소리이다 곧은 소리는 곧은 소리를 부른다'의 비교적 긴 호흡의 어법은 '여전히 회고라고는 없이 회고이다 또 회고이고 혁명이고 회고이다 하여 승천이다'로 변화를 일으키고 있으며 '높이도 폭도 없이 떨어진다'라는 하강적 이미지는 '급박한 낙하와 한없는 추락'이라는 표현으로 변주되고 있다. 그런가 하면 '혁명' '회고' '사랑' 등과 같이 김수영 시에 빈도 높게 나타나는 시어들은 김수영 시의 다른 텍스트를 가로지르며 대화적 복수태를 이룬다. 텍스트의 복수성plurality을 드러내며 원텍스트의 이미지를 재현하고 있는 이 시는 이런 의미에서 과거의 현전이자 현존이다.

   상호텍스트성은 기호론적 체계, 이데올로기적 구조, 사회적 제도와 인식론적 단절을 꾀하는 비판적 기획을 통해 해방과 열림의 세계를 지향한다. 그러나 상호텍스트성이 지위,

---

29 폭포는 곧은 절벽을 무서운 기색도 없이 떨어진다//규정할 수 없는 물결이/무엇을 향하여 떨어진다는 의미도 없이/계절과 주야를 가리지 않고/고매한 정신처럼 쉴 사이 없이 떨어진다//금잔화도 인가도 보이지 않는 밤이 되면/폭포는 곧은 소리를 내며 떨어진다//곧은 소리는 소리이다/곧은 소리는 곧은/소리를 부른다//번개와 같이 떨어지는 물방울은/취할 순간조차 마음에 주지 않고/나타(懶惰)와 안정을 뒤집어놓은 듯이/높이도 폭도 없이/떨어진다// 김수영,「폭포」전문

계급, 권력, 담론과 같은 전체주의적인 것에 대항하는 것이라 해도 동일하지 않는 주체가 끝없이 기표의 미끄러짐과 유희를 통해 오히려 글쓰기의 시뮬레이션(원전의 실재를 모방하는)의 세계에 안주하며 오히려 상호텍스트성이 비판하고 있는 대상들에 대한 계몽적 신념으로 전락해버리지는 않았는가를 생각해 보아야한다. 이점에서 프레드릭 제임슨이 다국적 자본주의 시대의 문화 생산자들이 "이제 전 지구적 문화라는 상상적인 박물관에 저장된 가면과 목소리를 통하여 말하는 언급이며 죽은 스타일의 흉내"[32] 라는 말은 매우 의미심장한 말이다.

이제 글쓰기는 글쓰기를 낳게 하는 담론과 떼려야 뗄 수 없는 관계가 되어 버렸다. 더구나 문화가 문학을 지배하고 있는 현재 상황을 고려할 때는 더욱 그렇다. 예컨대 다양한 인접 예술을 접면inter-face시켜 정태적인 상상력을 활성화하고 기호들을 하나의 단일한 통합 체계integrated system of signs로 묶어낸 것은 분명 그 자체 의의가 있다. 특히 오늘날 다양하게 시도되고 있는 문화 콘텐츠와 접목된 문학의 양상은 경계를 허물어뜨리고 감각의 상호작용을 통해 문화의 상호작용을 꾀한다는 면에서 다차원적이고 다문화적이다. 이로 인해 환경과 조적의 변화에 따라 인간 의식이 적응하는 인간의 확장을 가져다주기도 하고 문자 언어에서 영상 언어로 변화함에 따라 감각의 변화가 정신의 변화를 수반하여 새로운 집단 무의식을 형성할 수 있다. 그러나 이러한 변화는 근본적으로 문자성을 약화시킬 가능성이 높다. 따라서 여기서 필요한 문제의식은 문화 속에서 문학 교육은 무엇인가 하는 물음이다.[33] 이 점에서 문학이 문화의 정보, 지식의 기반을 이루고 있고 게임, 영화, 만화 산업의 스토리 제공자로서 시장 경쟁력 이데올로기의 역할을 맡고 있다는 의미에서 '문학은 무엇이 될 수 있는가'[34]에까지 이르렀다.

이와 같이 오늘의 문화 상황과 문학 논리에 대한 관계와 양상들은 문학의 위기이자, 해방의 조건이다. 다시 말해서 시의 매혹 조건이자 공포의 조건이다. 이 안에서 문학은 삶과 죽음의 가능성을 새롭게 탐문할 수 있다. 문학이라는 주체의 실체가 있고 그 외부에 문학적 조건이 있는 것이 아니라, 문학 자체에 이미 그런 조건의 일부가 되어버렸기 때문이다. 그러나 새로운 문화적 양상과 기획들이 문학에 대해 적대적일 뿐이라는 인식과 다른 문화

---

30 Fredric Jameson, postmodernism, duke univ, 1991, pp.17-18. 오세영, 앞의 책, 재인용, p.72.
31 이남호, 「맥루한과의 불편한 대화-전자시대의 문화와 문학」, 임상원, 김민환, 유선영 외 『매체 역사 근대성』, 나남 출판, 2004, pp.83-117.
34 이광호, 『움직이는 부재』, 문학과 지성사, 2001, pp.11-30.

매체들과 문학을 일종의 서열 관계로 이해하는 오만이 사라지지 않는 한 그것은 공포의 조건일 수밖에 없다.[35] '문학'과 '문화'는 각각의 독립된 실체가 아니다. 문학은 문화적인 활동의 일부이며 문화를 변화시키는 요인이다. 따라서 문학이 자기 갱신 가능성을 재문맥하고 미적 근대성을 실현하기 위해서는 문학성의 공간을 탈개념화 하고 '문학의 미래와 전망에 대한 반성과 비판적 성찰'이 필요하다. 이 '반성과 성찰'은 문학을 둘러싼 상황들에 대한 반성이자 문학의 내부의 반성들을 포함한다. 문학 교육에 있어 문학의 본질과 문학의 역할이 선행되어야 한다. 문학의 내용, 문학의 형식, 문학의 작용태로서 문학의 현상들이 밝혀질 때 문학 교육은 가능해진다. 문학을 고정된 대상으로 바라봄으로써 문학의 역동적인 작용력을 활성화시키지 못하고 지식의 차원으로 폐쇄시킨다든지 문학을 과장적으로 강조하는 목적성의 오류 등을 범한다든가[36] 하는 것은 바람직한 교육이 아니다. 또한 문학을 지나치게 담론이나 문화 현상에 가둬두는 것은 올바른 태도가 아니다. 문학은 인간의 가치 있는 경험을 미학적으로 완성시켜 삶의 정신의 다양성 속에 탑재된 정신의 양상을 보여준다. 그 속에서 우리는 삶을 관찰하고 응시함으로써 삶의 진폭을 넓혀갈 수 있을 것이다.

시 교육은 교수와 학습이 개념적 지식 위주보다는 작품text을 통해 읽기와 쓰기가 균형을 이루어 상상력과 심미력 그리고 올바른 인격적 태도가 함양될 수 있어야 한다. 텍스트에 다른 텍스트를 끼어 넣어 혼종시키는 몽타주 기법은 인접성을 띠며 현실의 타락을 타락된 언어로 보여준다. 여기에는 우연, 단절, 비약, 불연속, 반역, 분산, 차이, 분열, 파열과 같은 불확정한 반미학적 논리가 내재되어 있을 뿐 영혼과 정신의 내면화, 심미성과 진실의 발현, 언어의 탐구 및 실현이라는 문학의 본질적 측면과는 거리가 있다. 화자의 주체적 음성이 혼성을 이룬 채 시적 문법을 파괴하고 있는 상호텍스트성의 시는 형식을 통해 의미를 확산시키고는 있지만 시적 진실성이라는 측면에서 미적 규범과 가치가 자리 잡고 있지 못하다.

이런 점에서 시가 지니고 있는 '시정신'을 강조하는 것은 매우 중요하다. '시정신'이란 작품 생산자뿐만 아니라 시를 생산하게 된 모든 것을 포함하기 때문이다. 수용자 측면에서 읽기란 단순히 읽기에 그치는 것이 아니라 텍스트 내부에 참여함으로써 텍스트는 완성된다. 텍스트가 다른 텍스트와 연관 지으며 의미를 형성하기도 하며 문학 외적 텍스트와도 연관을 갖기 때문이다. 따라서 작품을 생산하는 글쓰기의 주체는 물론 글읽기의 주체

---

[35] 이광호, 앞의 책, p.26.
[36] 구인환 외, 앞의 책, p.110.

역시 시가 지니고 있는 본질적 가치들에 대한 확고한 인식이 자리 잡고 있어야 한다. 기법이나 형식의 확장이 시적 본질의 전부는 아닐 수 있으며 비록 그것이 작품의 창조성과 진기성에 공헌하여 실험과 전위라는 미적 근대성의 일부를 구성하고 있다하더라도 그것 자체가 절대화되어서는 안 된다. 시는 수많은 개별적 문학사와 문학 요소의 전체 맥락 속에서 점검될 때 보다 더 시성詩性에 대한 해명이 이루어질 것이다. 시는 기본적으로 창조성의 산물이자 독창성을 기반으로 한다. 따라서 시가 창조성과 독창성을 상실할 때 그것은 시의 성격을 상실하게 되는 것과 다름없다. 창조성과 독창성을 상실할 때 손끝으로 쓰는 흥분만이 작용할 수 있기 때문이다.

4. 패스티쉬와 주체의 파열

문학비평, 문화연구, 정치사회학, 역사기술 등의 다양한 영역에서 영향을 끼쳐 온 탈구조주의post-structuralism는 안정된 텍스트 내재적 구조를 강조한 구조주의에 비해 텍스트가 유동적이라는 점을 강조하며 텍스트는 하나의 의미 안에 갇혀 있는 것이 아니라 조건과 맥락에 따라 의미가 다르게 검출된다고 주장한다. 즉 구조주의가 텍스트를 정복하여 그 비밀을 열려고 하는 데 반해 탈구조주의자는 언어적 또는 무의식적 힘들은 결코 정복할 수 없는 것들이기 때문에 그러한 욕망이 헛된 것이라고 말한다. 탈구조주의자들에게 있어 '지시어'는 '지시 대상'을 떠나 떠다니고 있으며 기호적인 것은 텍스트가 실제 말하고 있는 것과 스스로 말하고 있다고 생각하는 것 사이의 차이를 제시할 뿐 텍스트로 하여금 무엇을 '의미'하도록 강요하는 것을 거부한다.[37] 이 같은 견해의 바탕에는 텍스트가 창조적인 측면에서 상실이자 왜곡이며 의미의 공백으로 불확실한 가변체라는 인식이 깔려 있다. 탈창조, 탈중심, 붕괴, 해체, 분산, 차이, 불연속성, 소멸, 탈신비, 새로운 돌연변이 등은 바로 이들이 가리키는 목록들로 이들은 텍스트의 질서와 총체성을 회복하는 문제에 대해 허위이고 기만이라고 말한다. 획일적인 전체주의적 사고를 해체하고 그 해체한 것을 재구성하고자 하는 것으로 텍스트의 기원을 삼는 탈구조주의는 삶과 예술의 경계에 도전하고 장르의 한계성을 극복하고자 글쓰기의 변화를 시도한다. 이는 언술 행위 자체가 '텅 빈 과정'이라

---

37 레이먼 셀던, 현대문학이론연구회 역, 『현대문학 이론』, 문학과 지성사, 2004, pp.157-158.

는 것을 그리고 저자가 더 이상 글쓰기의 근원이 아니라는 글쓰기의 '기원 부재'를 말해준다. 이에 따라 저자라는 개념은 이제 설 자리가 없으며 다양한 문화에서 온 글쓰기들을 배합하며 조립하는 조작자, 또는 남의 글을 인용하고 베끼는 필사자가 존재할 뿐이다. 텍스트가 기호들의 짜임으로 이루어진 '상호텍스트'이기 때문이다. 따라서 텍스트를 해독한다는 것 역시 더 이상의 의미가 없다. 글을 쓰는 '나'가 종이 위에 씌어진 '나'에 불과하듯 '독자'도 글쓰기를 이루는 모든 흔적들을 모으는 '누군가'일 뿐이다. '독자'는 그의 일시적인 충동이나 기벽, 욕망에 따라 텍스트를 자유롭게 넘나들며 '해체하는 자'이기 때문이다.[38]

탈구조주의의 이러한 성향은 패스티쉬pastiche와 밀접하게 상관한다. 패스티쉬는 시가 이 더 이상 새로움을 구가할 수 없다는 시 자장 내의 고갈 의식과 허무 의식과 언어의 해체와 장르적 개념의 전복을 통해 새로운 글쓰기의 욕망이라는 이중적 태도를 갖는다. 그러나 패스티쉬는 여러 원전을 선택하여 텍스트의 구성 원리에 맞게 재조직하고 재배열한다는 점에서 혼성 모방적이며 풍자를 드러내고 있지 않다는 점에서 중성 모방이다. 즉 시 텍스트에 다른 시 텍스트를 빌려오는 것은 물론 다른 텍스를 인접 장르를 빌려오는 것을 포함하여 시인 자신을 텍스트로 옮겨오는 자기 반영적self-reflexivity 메타시meta-poetry를 포함하여 텍스트의 겹침과 섞임을 통해 모방과 변형이라는 탈중심의 해체적 글쓰기를 보여준다.

　　바다가 문 닫을 시간이 되어 쓸쓸해지는 저물녘
　　퇴근을 서두르는 늙은 우체국장이 못마땅해 할지라도
　　나는 바닷가 우체국에서
　　만년필로 잉크 냄새나는 편지를 쓰고 싶어진다
　　내가 나에게 보내는 긴 편지를 쓰는
　　소년이 되고 싶어진다

　　나는 이 세상에 살아남기 위해 사랑을 한 게 아니었다고
　　나는 사랑을 하기 위해 살았다고
　　그리하여 한 모금의 따뜻한 국물 같은 시를 그리워하였고
　　한 여자보다 한 여자와의 연애를 그리워하였고
　　그리고 맑고 차가운 술을 그리워하였다고

---

38 롤랑 바르트, 김희영 역,『텍스트의 즐거움』, 東文選. 2002, p.10.

밤의 염전에서 소금 같은 별들이 쏟아지면
바닷가 우체국이 보이는 여관방 창문에서 나는
느리게 느리게 굴러가다가 머물러야 할 곳이 어디인가를 아는
우체부의 자전거를 생각하고
이 세상의 모든 길이
우체국을 향해 모였다가
다시 갈래갈래 흩어져 산골짜기로도 가는 것을 생각하고
길은 해변의 벼랑 끝에서 끊기는 게 아니라
훌쩍 먼 바다를 건너가기도 한다는 것을 생각한다

그리고 때로 외로울 때는
파도 소리를 우표 속에 그려 넣거나
수평선을 잡아당겼다가 놓았다가 하면서
나도 바닷가 우체국처럼 천천히 늙어갔으면 좋겠다고
생각한다

—안도현,「바닷가 우체국」부분

    안도현의 시「바닷가 우체국」(2003)은 백석의 시「南新義州 柳洞 朴時逢方」(1948)[39]을 원전으로 삼아 화자의 쓸쓸한 심회와 희원을 유장하게 노래한다. 일인칭 화자의 고백적 진술, 행의 길이와 이에 따른 어사 등은 이 시가 백석의 시를 재조직하고 있음을 여실히 보여준다. 공간에 있어서도 백석 시에 등장하는 '어느 木手네 집 헌 삿을 깐 한 방'이 안도현의 시

[39] 딜옹배기에 북덕불이라도 담겨 오면/ 이것을 안고 손을 쬐며 재우에 뜻 없이 글자를 쓰기도 하며, 또 문 밖에 나가디두 않구 자리에 누워서,/ 머리에 손깍지 벼개를 하고 굴기도 하면서/ 나는 내 슬픔이며 어리석음이며를 소 처럼 연하여 쌔김질하는 것이었다/ 내 가슴이 꽉 메어 올 적이며,/ 내 눈에 뜨거운 것이 핑 괴일 적이며,/ 또 내 스스로 화끈 낯이 붉도록 부끄러울 적이며,/ 나는 내 슬픔과 어리석음에 눌리어 죽을 수 밖에 없는 것을 느끼는 것이/ 었다./ 그러나 잠시 뒤에 나는 고개를 들어,/허연 문창을 바라보든가 또 눈을 떠서 높은 턴정을 쳐다보는 것인데/이 때 나는 내 뜻이며 힘으로, 나를 이끌어 가는 것이 힘든 일인 것을/ 생각하고,/ 이것들보다 더 크고, 높은 것이 있어서, 나를 마음대로 굴려 가는 것을 생/ 각하는 것인데./ 이렇게하여 여러 날이 지나는 동안에/ 내 어지러운 마음에는 슬픔이며, 한탄이며, 가라앉을 것은 차츰 앙금이 되/ 어 가라앉고,/ 외로운 생각만이 드는 때 쯤 해서는/ 더러 나줏손에 쌀랑쌀랑 싸락이이 와서 문창을 치기도 하는 때도 있는데,/ 나는 이런 저녁에는 화로를 더욱 다가 끼며, 무릎을 꿀어 보며,/어니 먼 산 뒷옆에 바우 섶에 따로 외로이 서서,/ 어두어 오는데 하이야니 눈을 맞을, 그 마른 잎새에는/ 쌀랑쌀랑 소리도 나며 눈을 맞을,/ 그 드물다는 굳고 정한 갈매나무라는 나무를 생각하는 것이었다. -백석,「南新義州 柳洞 朴時逢方」부분

에서는 '바닷가 마을'로 그려지는가 하면 백석 시의 화자가 슬픔에 차 재 위에 '글짜를 쓰는' 행위는 안도현의 시의 화자가 종이에 '편지를 쓰'는 것으로 겹쳐진다. 또한 백석 시가 '나는 내 슬픔이며 어리석음이며를 소 처럼 연하여 쌔김질하는 것이었다/ 내 가슴이 꽉 메어 올 적이며,/ 내 눈에 뜨거운 것이 핑 괴일 적이며,/ 또 내 스스로 화끈 낯이 붉도록 부끄러울 적이며,/ 나는 내 슬픔과 어리석음에 눌리어 죽을 수 밖에 없는 것을 느끼는 것이/ 었다.'라며 자신의 심회를 끊어질 듯 이어질듯 유장하게 풀어갈 때 안도현의 시는 '나는 이 세상에 살아남기 위해 사랑을 한 게 아니었다고/ 나는 사랑을 하기 위해 살았다고/ 그리하여 한 모금의 따뜻한 국물 같은 시를 그리워하였고/ 한 여자보다 한 여자와의 연애를 그리워하였고/ 그리고 맑고 차가운 술을 그리워하였다고'라며 인칭, 어조, 어사, 운율, 이미지 등이 백석 시와 섞이는 이중의 목소리를 보인다. '싸락눈'이 '별'로 '생각하는 것이었다'는 '생각한다'로 '갈매나무'는 '우체국'으로 혼성을 이루는 것 역시 이를 반증하는 것이라 하겠다.

이처럼 패스티쉬는 원전을 기호화하여 또 다른 기호의 미적 이미지를 만들어 낸다. 모방적 결합을 통해서만이 그 의의를 얻고 있는 패스티쉬는 '주체의 소멸'과 '저자의 죽음'과 관계한다. 분열, 유희, 우연, 해체, 부재, 분산, 조합, 기표 등을 거느리며 무정부적인 텍스트의 세계를 보여주며 고갈의 문학[40]의 한 양상으로 더 이상 새로움을 창조할 수 없다는 인식에기반하는 패스티쉬는 예술의 형식과 기법이 역사 속에 존재한 채 반드시 변화하고 기법적으로 첨단을 걷는 것이 작가의 가장 하찮은 속성이기도 하지만 본질적인 것이 될 수 있다는 믿음에서 출발한다.[41]

이 점에서 패스티쉬는 상호텍스성의 범주와 묶이며 패러디와 밀접한 상관성을 갖는다.[42]

---

[40] '고갈'이란 형식들의 소진 혹은 가능성의 탕진을 뜻한다. 많은 예술가들이 오랜 세월 동안 예술 매체와 장르 그리고 형식에 대한 기존의 정의에 도전해왔다는 것은 자명한 사실로 매체 간 혹은 복합매체 예술의 모든 영역은 전통에 도전하는 예에 해당되는 것으로 이는 필연적 절망을 불러오지는 않지만 예술의 고갈에서 새로운 형식에 도전한다. 존 바드,「고갈의 문학」, 김욱동 편,『포스트 모더니즘의 이해』,문학과 지성사, 1990, p.103 참조.
[41] 존 바드,「고갈의 문학」, 김욱동 편, 앞의 책, p.105.
[42] 패스티쉬는 패러디뿐만 아니라 인유, 키치와도 밀접한 상관성을 이룬다. 이들 모두가 다른 텍스트를 끌어다 텍스트의 방편으로 삼기 때문이다. 패러디는 널리 알려져 있는 텍스트를 모방하여 변형시킨 것으로 모방적 인유라고도 부른다. 패러디는 풍자와 조롱의 성격의 사회문화사적 맥락과 깊은 연관을 지니고 있다. 이로 인해원전을 해석하고 변형하는 시인의 창작 원리를 엿볼 수 있는 재미와 함께 색다른 주제와 기법으로 변환(transference)되는 과정과 결과에 대해서도 흥미를 자아낸다. 문체나 운율, 어조 등을 차용하여 변형시켜 골계미를 드러내고 있는 패러디는 탈근대적 담론의 중요한 시학으로 규정되고 있다. 인유(allusion)는 널리 알려진 신화, 고전, 역사, 인물, 사건 등을 텍스트 내에 인용하여 비유하는 구성 원리를 지닌다. 지적 유희가 지나쳐 현란한 수사적 스타일로 함몰될 가능성도 있지만 인유의 효과는 텍스트의 의미를 강화시키며 튼실한 구조의 미학을 생산하는 데 있다. 주제적 의미를 강화하거나 시 속에 배치되어 있는 시어에 자세한 주석을 붙임으로써 시를 한층 더 돋보이게 만들면서 전거, 참조, 각색, 융합 등의 의미를 내포하는 배합과 조화의

그러나 패스티쉬는 기존 텍스트를 모방하지만 동기가 없다는 점에서 풍자를 목표로 하는 패러디와는 다른 차이를 보인다. 패스티쉬와 패러디는 모두 모방과 관련이 있으며 다른 텍스트의 스타일상의 특색들을 흉내 내고자 하지만 그러나 패러디는 특이성과 기벽성을 이용함으로써 원본을 조롱하는 모방을 만들어낸다. 즉 패스티쉬는 패러디[43]와 마찬가지로 스타일의 모방하기는 하나 패러디가 품고 있는 숨어있는 동기나 풍자적 충동 혹은 웃음을 찾아볼 수 없다는 점에서 패스티쉬는 공허한 패러디이며 유머 감각을 상실한 패러디이다. 그러나 패스티쉬와 패러디는 모방의 언어라는 점에서 죽은 언어이다[44] 또한 주체의 파열을 통과하는 진리의 탕진이다.[45]

예술은 벤야민이 말한 바 과거의 예술은 아우라의 예술auratic art었다. 그러나 몽타주, 꼴라주 기법이 사용되고 있는 예술은 미학적 내부에 창조적 파괴 과정을 강화시키며 아우라의 상실을 가져다주었다. 오늘날 결국 후기자본주의 문화논리에 종속된 경향은 대중문화/고급문화라는 이항 대립체계를 무너뜨리며 영화, 가요, 광고, 패션, 팝아트, 텔레비전, 비디오 기타 매체 이미지를 동원하여 예술의 즐거움을 맛보게 만들었다. 이러한 것들은 결코 미학적 선택이 아니며 그것은 단지 경제적, 사회적 구조의 문화적 측면일 따름이며 기업 자본주의와 관료적 국가의 공식적 손을 뻗친 시장 권력의 논리적 연장일 따름이다.[46] 이처럼 오늘날의 시는 정치와 경제 그리고 문화의 자장 내에서 복속된 채 시 자체의 자율성과 미적 독립성을 보장받지 못한다. 독창성과 진실성 그리고 주관적 의식의 총체적 개념이었던 창조성과 텍스트와 주체의 동일성은 새로운 도전에 직면해 있지[47]만 그러나 다음과 같은 지적은 글쓰기의 기원과 본질을 밝히고 있다는 점에서 주목을 요한다.

미를 지닌다. 일종의 용사(用事)라 할 수 있는 인유는 미학적 대중주의를 추수하는 키치(kitch)와도 밀접하게 상관한다. 키치는 저급, 싸구려, 조악의 의미를 포함하며 세속주의적이면서도 탈신비적 태도를 지향한다. 후기 산업사회의 징후를 적실하게 보여주는 키치가 진지, 숭고, 엄숙에 대항하며 보여주고자 하는 것은 헛것, 환상, 가짜 등이 진실, 실재, 본질을 압도하는 일상과 세속이다. 패러디, 인유, 키치 이들 모두는 새로운 세계를 그려낼 수 없다는 허무의식에서 고안되었다.
43 패러디는 포스트모더니즘에 있어 가장 핵심적인 것으로 예술의 유일성과 소유권이라는 자본주의적 개념에 도전한다. 또한 패러디는 재현의 '정치성'을 지니며 가치와 규범을 문제 삼는 형식으로 과거에 대한 수정 작업이자 다시 읽기이다. 그것은 재현물에 대한 기존의 가정들을 '탈규범화'하며 '알레고리적 충동(allegorical impulse)을 미학적으로 건설한다. 그러나 패러디는 패스티쉬, 표절, 인용, 인유와 연관되면서도 초점의 제한이 있다는 점에서 이들과 구별된다. 린다 허천, 장성희 옮김 『포스트모더니즘의 이론과 전략』, 현대미학사, 1998, pp.155-175. 린다 허천, 김상구,윤여복 옮김, 『패러디 이론』, 문예출판사, 1993, p.72 참조.
42 프레드릭 제임슨, 「포스트모더니즘과 소비사회」, 김욱동 편, 앞의 책, pp.244-246.
43 줄리아 크르스테바, 김인환 역, 앞의 책, pp.218-219.
46 데이비드 하비, 구동회, 박영민 역 『포스트 모더니티의 조건』, 한울, 2005, pp.41-91.
47 린다 허천, 「포스트모더니즘 시학」, 김욱동 편, 앞의 책, p.163.

텍스트는 새로운 의미들의 발생기일 뿐 아니라 문화적 기억의 축전기이다. 텍스트는 그 이전의 문맥의 기억을 보존하는 능력을 가지고 있다. 이러한 기능이 없다면 역사학은 존재할 수 없었을 것이다. 왜냐하면 선행시대의 문화(그리고 더 넓게 말해서 그 삶의 상)는 불가피하게 우리에게 조각들로 전수되기 때문이다. 텍스트는 통합적 의미의 본질적 기호이다. 그 속에서 텍스트는 해석을 획득하고 그 속에서 통합되는 문맥들의 총화는 텍스트의 기억이 된다. 텍스트에 의해 창조된 이 의미 공간은 이미 형성된 문화적 기억과의 관계 속으로 들어간다. 이럴 때 텍스트는 기호적 삶을 획득한다. [48]

시를 읽고 쓴다는 것은 그것을 통해 현실의 다른 원리를 깨닫고 발견과 행복한 생명의 길로 나아간다. 그러나 패스티쉬는 모방과 결합을 통해서만 그 의의를 얻는다. 이를 통해 우리가 얻을 수 있는 것은 진실을 가장한 모방 나아가 창조를 가장한 표절이다. 이러한 시는 삶을 근원적으로 이해하고 통합하는 전체성으로서의 진실을 담을 수 없다. 시는 진실성을 담지할 때 그 위의威儀를 얻는다. 시의 본질은 기법적 실험이나 형식의 새로움 측면 못지않게 시가 지니고 있는 창조적 근엄성을 간직한 채 삶과 영혼을 밝히며 역사와 사회의 시대정신을 구축해 온 정신사적 측면이 강하다. 인간의 깊이 있는 영혼을 탐험함으로써 현실 속에 내재해 있는 진실의 측면을 도드라지게 만드는 데 시의 궁극적인 목적이 자리할 때 시는 자신의 길에서 삶의 의미를 발생시키고 기억을 축적시킬 수 있을 것이다.

따라서 시 교육은 세련된 언어 감각의 형성이 시 교육의 한 목표가 되며 시의 음악성과 구조를 통한 정서적 위안감 그리고 시적 감동을 통하여 혹은 시인의 감동을 독자의 감동으로 내면화함으로써 내적인 충일감을 체험할 수 있으며 상상력과 체험을 확대시킬 수 있어야 한다.[49] 이에 따라 시 교육의 대상은 시적인 것을 당대의 문화적 지평에서 인지하고 해석하여 현재적 경험으로 수용하는 과정 전체로 시적 상상력과 말의 뜻의 변형 과정에 대한 이해력, 그리고 문화에 대한 사전 능력 등 시를 둘러싼 전과정이 되어야 한다. 시 교육은 이를 바탕으로 텍스트에 알맞은 구체적이고 다양한 교육 방안이 마련되어야 한다. 시는 인문학적, 문화적, 자산으로 삼아야 하는 지적 과제를 요청받고 있고 경험과 형성 기능을 제고하기 위해서는 근대가 고안한 기획들에 대해 '비판과 자각'을 통해 갱신과 재발견

---

48 유리 M 로트만, 유재천 역, 『문화 기호학』, 문예출판사, 1998, pp.39-40.
49 구인환 외, 『문학 교육론』, 앞의 책, pp.266-268.

의 경험을 할 수 있기 때문이다. 인간이 그동안 공들여 축적해왔던 중심적 가치들은 이제 폐기되어 버릴 위기의 시대에 살고 있다. 이러한 때 시 교육의 본래적 좌표는 우리로 하여금 '교양'의 함의를 가장 구체적으로 경험하면서 시에 대한 인지기능과 시를 통한 통합을 가장 구체적으로 확장해갈 것이다.[50]

5. 맺음말

시 교육은 어느 특정 사조나 이론을 집중해서 편협적으로 보여주는데 있지 않다. 그것은 다양한 이론과 시들을 감상하고 이해하고 평가하는 능력을 배양하여 직접 쓰는 데까지 이른다. 뿐만 아니라 시 교육은 인접 학문과의 연계성에서 파악하는 폭넓은 시야가 필요하다. 문학 자체의 문학사, 시사뿐만 아니라 문학에 영향을 미칠 수 있는 여러 학문과 사회문화적 현상에 이르기까지 광범위하고도 밀도 있게 연구하여 그것을 실천의 과정에 옮기는 일이 필요하다. 시 교육이 시의 변화 양상에 대한 생성과 변화를 살피며 시인과 독자가 만나는 상호 의사소통을 통해 텍스트를 더욱 풍부하게 할 때 나아가 시적 문화의 향수를 통해 사회 문화에 대한 비판적 인식과 인문적 체험을 폭넓게 경험할 때 시는 자신의 본질에 보다 더 충실할 수 있을 것이다. 그것은 시가 고정된 것이 아니라 언제나 역동적으로 움직이는 다의적 구조를 가진 사유의 결집체이며 시 교육은 이러한 것에 발판을 두고 시와 문화의 상호성 속에서 생산과 분배 그리고 소비가 이루어져야 하기 때문이다. 이 과정에서 시 텍스트가 사회 문화 텍스트와 역동성 있게 교섭하여 시의 본질을 다르게 구성할 것임은 물론이다. 이러한 관점에서 상호텍스트성과 패스티쉬 역시 시적 본질이 무엇인가 염두에 두어야 할 것임은 물론이다.

상호텍스트성은 텍스트에 다른 텍스트를 조합하고 변형함으로써 텍스트를 확장시키는 대화적이며 다원적인 음성을 지닌다. 시인을 텍스트 중심으로 보지 않고 허구로 보는 상호텍스트성은 독서에 있어서도 독자를 텍스트의 일보로 간주한다. '주체의 죽음' '저자의 죽음'과 맞물리면서 전위성과 아방가르드적 예술의 형태를 띠고 있는 상호텍스트성은 텍

---

50 유성호는 '교양'의 경험이라는 관점에서 시교육의 좌표를 이성적 사유를 매개로한 계몽적 역할, 타자의 시선을 통한 부단한 자기 검색, 지각의 갱신을 통한 사물의 재발견, 자기 형성적 주체의 형성, 비판적 사고 능력 제고 등으로 설정하고 있다. 유성호, 『현대시 교육론』, 앞의 책, pp.81-8 참조.

스트를 투쟁의 장으로 놓고 우연과 전복, 환상과 허구 등과 같은 탈중심적 개념을 텍스트에 부가한다. 기호론적 체계, 이데올로기의 구조, 사회적 제도와 인식론적 단절을 꾀하는 비판적 기획을 통해 해방과 열림의 세계를 지향한다. 그러나 상호텍스트성은 시가 지니고 있는 본질적인 측면인 창조성, 독창성, 진실성, 심미성, 보편성, 영원성 등을 외면하며 기법적인 형식의 파괴와 실험성을 강조하고 있다는 점에서 죽은 스타일을 흉내 내며 미묘한 손맛만을 추구한다는 비판을 면하기 어렵다.

시가 더 이상 새로움을 구가할 수 없다는 시 내부의 고갈의식과 언어의 해체와 장르의 전복을 통해 새로운 글쓰기의 욕망이라는 이중적 태도를 보이는 패스티쉬는 여러 텍스트를 선택하여 구성 원리에 맞게 재조직하는 혼성 모방이며 풍자를 드러내지 않는 면에서 패러디와 구별되는 중성 모방의 형태를 취한다. 패스티쉬는 인유, 키치와도 밀접한 상관성을 이루고 있는 패스티쉬는 모방과 다른 텍스트와의 결합을 통해서만이 그 의의를 얻는다. 그러나 패스티쉬는 상호텍스트성이 그렇듯이 진실을 가장한 모방 더 나아가 표절(plagiarism)로까지 의심을 받을 수 있다. 시는 진실성을 담지할 때 그 위의를 얻을 수 있으며 시의 본질은 인간의 내면을 탐구하여 삶과 영혼을 밝히며 시대정신을 표현해 온 정신사적 측면이 강하다. 이런 점에서 패스티쉬는 주체의 파열을 통과하는 진리의 탕진이라는 비판에 직면하기도 한다.

상호텍스트성과 패스티쉬는 탈구조주의적 산물로 텍스트를 해체함으로써 새로운 미학을 세우고자 하는 의지를 지닌다. 텍스트가 지니고 있는 창조성과 독창성 대신 모방과 짜깁기를 통해서 텍스트의 복수성을 꾀한다. 그러나 그들 자신도 인정하듯이, 그들 자신의 욕망은 결국엔 실패로 끝나게 될 운명을 갖고 있다. 왜냐하면 그들이 아무 것도 의미하고 있지 않다는 인상을 우리에게 주려면 그들은 아무 말도 하지 않아야만 하는데 그들의 견해를 주장하는 것부터가 비극의 종말을 암시해주고 있기 때문이다.[51]

시가 잃어버린 윤리나 도덕을 요구하는 것은 무리이다. 또한 사회 문화적 정보와 지식이 시 속에서 배태할 것이라는 믿음 역시 헛된 것일 수 있다. 그러나 그렇다하더라도 시는 인간의 정신 속에서 탄생한 것이므로 정신 속에 포함되어 있는 가치들에 관심을 기울여야 한다. 시가 지니고 있는 미학적 측면뿐만 아니라 시가 지니고 있는 정신사적 측면도 동시에 고려될 때 보다 인문적 가치는 고양될 수 있을 것이다. 그것은 교양으로서 도덕과 윤리

---

51 레이먼 셀던, 현대문학이론 연구회 역,『현대문학 이론』, 앞의 책, pp.157-158.

이면서 사회와 역사를 지탱하는 힘으로서의 책무이기도 하다. 시 교육은 시의 이해와 감상 능력을 길러주며 언어 발전과 문화 창조에 공헌할 때 시적 본질은 보다 더 공고해 질 수 있다. 자기 주체의 형성 경험으로서 시 교육이 읽기―반응―쓰기의 구체적이고도 실천적인 과정을 통해 시적 본질과 특성, 미적 구조와 상상력, 삶의 총체적 심화 등을 체계적으로 지평을 넓혀갈 때 인간은 보다 더 인간다워질 수 있을 것이다. 시 교육이 시에 대한 본질적 기능뿐만 아니라 미적 구조에 대한 인식을 바탕으로 의미 생산자로서 텍스트를 전환시키는 작품(work)수용의 내면화 과정을 가질 때 '인간학'은 비로소 자기 동일성을 가질 수 있을 것이다.

IX. 디지털 시대와 느림의 시학

강 연 호[*]

1. 디지털 시대의 역설

　우리는 지금 인터넷, 컴퓨터, 멀티미디어 등으로 대표되는 첨단 과학 문명과 정보의 홍수 속에서 살고 있다. 그 동안 인간이 이룩해온 과학의 발달이나 기술의 혁명, 정보의 교류 등은 참으로 놀라운 것이었으며 이에 따라 삶의 방식 역시 이전과는 크게 달라졌다고 하겠다. 변화 자체도 획기적이지만 그 속도 역시 엄청나다고 할 수 있다. 어쩌면 변화의 심도보다 오히려 속도 자체에 우리들의 일상이 마구 휩쓸려가고 있는지도 모른다. 이와 같은 현상들은 모두 삶의 물적 질적 수준을 높이기 위한 시도로부터 결과된 것이라 하겠는데, 그렇다면 우리는 이제 과거에 비해 생활의 여유와 풍요, 그리고 안락을 더 얻게 된 것일까. 한마디로 말해 우리는 이제 더 행복해진 것일까. 이러한 질문과 사유를 통해 현재 우리들 삶의 양상을 짚어보는 것도 의미가 있을 것이다.

　우리 시대 삶의 양상을 특정의 용어 한두 마디로 뭐라고 규정하는 것은 쉽지 않은 일이다. 그렇지만 우리 삶의 획기적인 변화와 그 속도, 그리고 다양한 면모를, 이전 시대의 그것과 뚜렷이 구분하면서, 이 모두를 한데 아우를 수 있는 용어 중의 하나로 '디지털Digital'을 들 수 있지 않을까 한다. 디지털이라는 용어야말로 인터넷, 컴퓨터, 멀티미디어 등의 과학 문명과 정보의 홍수 속에서 살고 있는 우리 시대의 모습을 포괄한다고 할 수 있다.

　여기서 디지털이라는 용어의 원론적 개념을 파악하기 위해서는, 그 상대어라고 할 수 있는 '아날로그Analogue'의 의미도 함께 살펴보아야 할 것이다. 단순하게 사전적으로 비교하

[*] 시인, 원광대학교 교수

면, 아날로그와 디지털은 둘 다 어떤 물질이나 시스템 등의 상태를 일정하게 표시하는 용어이다. 다만 아날로그가 연속적으로 변화하는 물리량으로 나타낸다면, 디지털은 단속적인 숫자나 문자 등의 신호로 표시한다는 차이가 있다. 어원상으로 보면 구분은 더 분명해지는데 아날로그의 어원은 그리스어로 '아날로지아Analogia'에서 왔으며, '유사한, 비슷한' 등의 의미가 있다. 즉 자연처럼 연속적으로 이어지는 물리현상과 유사하다similar to nature는 뜻을 갖는다. 이에 반해 디지털은 '손가락'을 뜻하는 라틴어 디지트digit에서 온 말로서, 아날로그에 비해 분명하게 1, 2, 3 하는 식으로 대상을 셀 수 있다는 의미를 갖는다. 손가락을 접었다 폈다 하는 움직임으로 대상을 헤아리는 방식은 바로 0과 1의 두 숫자만으로 신호를 표시하는 디지털의 체계를 잘 보여준다. 아날로그가 연속하는 곡선 그래프의 형식을 갖는다면 디지털은 단속적인 막대 그래프의 모양으로 나타난다고 두 개념을 설명하기도 한다.

물론 이러한 원론적 설명보다는 차라리 우리가 일상에서 사용하고 있는 기기들의 몇 가지 예에서 둘 사이의 차이를 살피는 것이 보다 손쉬운 이해가 될 것 같다. 원형의 숫자판 위에 바늘이 돌아가는 시계와 LCD 패널에 숫자로 나타나는 시계는 아날로그와 디지털을 각각 대표한다. 뒤통수가 튀어나와 공간을 많이 차지하고 화질도 선명하지 않은 브라운관 TV와, 완전평면에 두께가 얇으며 고화질인 LCD나 PDP TV 역시 양자의 차이를 말해준다. 이밖에 LP레코드와 CD, 필름카메라와 디지털카메라, 가정용 유선전화와 무선휴대폰전화 등도 각각 아날로그와 디지털의 차이를 쉽게 보여주는 기기들이다.

컴퓨터로 대표되는 첨단의 과학문명은 지금 아날로그 시대를 디지털 시대로 점차 편입시키고 있다. 한 마디로 디지털이 아날로그를 대체하고 있는 것이다. 그렇지만 그 실상을 들여다보면 디지털 기술의 향상은 아날로그를 구식으로 몰아붙이거나 폐기시키는 쪽으로 가는 게 아니라, 오히려 연속적으로 이어지는 자연의 물리현상을 얼마나 더 근접하게 표시할 수 있는가의 방향으로 나아간다. 결국 디지털은 아날로그를 대체하면서도 아이러니하게도 아날로그가 되고자 하는 속성을 지닌다고 하겠다.

이와 관련하여 영화 얘기를 잠시 해보는 것도 좋을 듯하다. 영화는 요즘과 같은 멀티미디어 중심의 문화 현상 속에서 특히 폭발적인 대중적 관심을 얻고 있는 분야이기 때문이다. 새로운 세기의 출발이자 새로운 밀레니엄의 시작이라고 다들 호들갑을 떨었던 2000년을 전후하여 개봉된 일련의 영화들은, 우리에게 디지털 시대를 실감하게 하는 영화적 상상력을 풍성하게 제공해준다. 미래사회를 가상으로 한 SF 영화인 『매트릭스』(1999)나 『바이센터니얼 맨』(1999), 『A. I.』(2001), 그리고 최근의 『아이, 로봇』(2004) 등이 그것인데, 이 영화들은 모두 인간과 컴퓨터 혹은 인간과 로봇의 공존, 갈등, 충돌 등을 소재로 하고 있다. 이중에서 특히 어마어마한 상업적 성공을 거두면서 속편과 3편까지 제작된 『매트릭스』는, 제목이 뜻하는 가상공간 속에서 인공지능으로 무장한 컴퓨터 시스템과 인간 사이의 대결을 그리고 있다. 그리고 나머지 영화들은 모두 겉모습뿐만 아니라 감정까지도 인간과 닮은 로봇을 등장시키고 있다. 『바이센터니얼 맨』이나 『A.I.』가 인간과 로봇의 따스한 감정의 교류를 메시지로 담고 있다면, 이에 반해 『아이, 로봇』은 인간과 로봇 사이의 충돌과 대결을 그리고 있다는 점이 다를 뿐이다. 이러한 미래사회의 상상력은 물론 그리 새로운 것이 아니라 이전부터 이미 소설이나 영화의 주요 소재가 되어왔던 것들이다. 한 예로 SF 매니아들이라면 누구나 보았을 영화인 『블레이드 러너』(1982)를 들 수도 있을 것이다. 이 영화 역시 미래 사회를 가상하여 진짜 인간과 기계 인간의 대결을 우울하게 그려낸 바 있다.

  인간 사회의 미래가 이 영화들처럼 흘러갈지 어쩔지는 알 수 없다. 하지만 우리는 이 작품들을 통해 한결같이, 컴퓨터나 기계인간과 같은 디지털 체계와는 다른, 인간다움의 감정이나 인간성의 가치, 그리고 인간적인 삶의 속성을 소중히 여기고 지키려는 메시지들을 만나게 된다. 심지어 영화 속에 등장하는 컴퓨터나 로봇들조차 인간의 감정이나 가치, 혹은 삶의 방식을 따르고자 열망하기도 한다. 가령 『바이센터니얼 맨』에서 기계인간은 인간과의 사랑을 위해 스스로 기계로서의 영생을 버리고 수명이 한정된 인간의 운명을 따른다. 『A.I.』에서 주인공인 로봇 소년은 진짜 인간이 되어 잃어버린 엄마의 사랑을 되찾고자 긴 여정을 시작한다.

  우리의 설화적 상상력 속에서, 인간이 되고 싶은 동물이나 귀신 등의 모티브를 담은 이야기는 이미 동서고금에 걸쳐 이미 익숙한 바 있다. 그런데 위의 미래 영화들은, 인간이 되기를 꿈꾸고 인간처럼 살기를 바라거나 혹은 그로 인해 인간과 갈등을 겪는 대상을, 예전처럼 설화 속의 동물이나 귀신으로 설정한 게 아니라, 이제 컴퓨터나 로봇으로 바꾸어 상정하고 있는 셈이다. 이러한 상상력의 변화는 그만큼 우리들의 삶과 세계가 디지털 시대 속에 성큼 들어와 있다는 것을 새삼 인식하게 해준다. 0과 1의 두 숫자만으로 이루어진 2진법의 체계라고 단순화되는 디지털식 사고 속에서도, 컴퓨터는 여전히 인간처럼 사유하고자 하며, 로봇 역시 인간답게 살기를 꿈꾸고 있는 것이다. 그렇다면 조금 과감하게 표현해서 디지털은 언제나 아날로그를 꿈꾼다고 할 수도 있지 않을까.

물론 디지털과 아날로그는 이렇게 대조되기만 하는 것은 아니다. 어느 경우에는 두 용어의 합성어이며 양자의 적절한 조화를 추구하는 개념을 가진 '아날로지탈Analogital'이라는 말이 쓰이기도 한다. 또한 '머리는 디지털, 가슴은 아날로그'라는 식의 문구도 있는데, 이 표현 역시 머리는 정확하고 냉철한 이성으로 사고해야 한다는 것과, 그러면서도 가슴은 인간다운 뜨거운 열정을 가져야 한다는 조화의 의미를 담고 있다. 그렇지만 과학 문명의 발달과 변화 속에서 우리가 흔히 인간적 삶의 황폐화를 지적할 때, 흔히 디지털과 아날로그를 대비시키면서, 아날로그식 삶과 문화를 꿈꾸거나 향수에 젖곤 하는 것도 사실이다. 이처럼 디지털 시대 속에서 아날로그를 꿈꾸는 것, 그 자체가 바로 디지털 시대의 역설이 아닐 수 없다.

2. 빠름과 망각, 느림과 기억

이 자리에서 장황하게 디지털 시대를 설명하는 것은 물론 그것이 지금 우리 삶에 가져온 엄청난 변화와 속도 때문이다. 이전 시대와는 확연하게 달라진 이러한 삶의 양상을 뭐라 규정할 수 있을까. 한 철학자에 의하면 이는 "디지털 시대의 존재론적 정서는 불안을 내포한 가벼움"[1]이라고 표현된다. 우리는 지금 확실히 아날로그 시대의 끄트머리에서 디지털 시대의 무지막지한 진군을 주춤거리며 목도하고 있는 상황에 처해 있는 듯싶다. 그런데 왠지 그것은 딱 꼬집어 말할 수 없는 불안을 동반하고 있다. 왜 그럴까.

아날로그에 비해서 디지털이 갖고 있는 장점은 무엇보다도 그 속도와 정확성에 있는 것처럼 보인다. 디지털로 대표되는 오늘날의 과학 문명과 정보 교류의 속도가 얼마나 빠른지, 또한 그것이 아날로그에 비해 얼마나 더 효율적이고 정확하게 계량화하는지, 아울러 그 결과가 인간의 삶에 얼마나 큰 혜택을 주고 있는지는 새삼 강조하지 않아도 될 듯싶다. 이전 시대에 비해 우리 삶은 분명 더 여유롭고 풍요로워진 면이 적지 않을 것이다. 그렇지만 바로 이런 디지털의 속도와 정확성이 무조건 긍정적인 것만은 아니다. 속도에서 벗어나 있는 사유와, 정확성이라는 계량화를 벗어난 구체적 질감의 획득까지 디지털이 무조건 담보해주지는 못하기 때문이다. 특히 초고속, 최첨단 등으로 규정되는 과학 문명과 정보

---

1 김상환, 「문화와 정보 사회: 기술, 언어, 실재에 대하여」, 『철학사상』 제 10호, 서울대학교 철학사상연구소, 2000. p.97

화의 물결 속에서 너나없이 속도에 몰입하는 경향은 충분히 지적될 필요가 있다. 우리 삶을 더 여유롭고 풍요롭게 하는 게 아니라 오히려 더욱 바쁘고 고달프게 몰아세우고 있다는 것, 그것이 디지털 시대가 갖고 있는 불안의 한 요소가 아닐까.

오늘날과 같은 속도 중심의 사회에서 남들보다 빠르게 앞서나간다는 것, 혹은 시간을 다투는 정보 인프라를 선점한다는 것 등은 매우 중요한 일이다. 그 중요성을 간과하면 아마 개인이건 국가건 간에 금방 시대에 뒤떨어지거나 남들보다 뒤처지게 될지 모른다. 그래서 더 나은 삶을 위해 다들 속도에 몰입하고 있는 게 사실이다. 하지만 그 결과 우리 삶은 정말 행복해진 것일까. 우리는 너무 열심히 속도에만 전적으로 매달리고 있는 것은 아닐까. 그래서 정작 더 중요한 삶의 가치를 놓치고 있는 것은 아닐까. 우리는 심지어 노는 것도 여행도 휴가도 운동도 속도전으로 해치우려는 경향이 있다. 더 빨리 가서 더 빨리 보고 더 빨리 반응하고 더 빨리 정보를 얻고 더 빨리 돌아와 더 빨리 다시 일에 매달린다. 그야말로 속도가 속도를 무턱대고 가속시키기도 한다.(XT, AT, 286, 386, 486, 팬티엄 등 우리가 사용하는 컴퓨터의 진화과정은 그 가속도의 전형적인 사례이다. 가정마다 들여놓은 최신 컴퓨터의 사양을 생각해보자. 과연 그 전문가급 빠르기의 기능을 한 10%정도나 사용하고 있을까?)

속도가 능사인 것만은 아니다. 속성이나 즉석은 대개 졸속을 낳기도 한다. 느림이나 기다림은 시간의 낭비가 아니며 오히려 그 느림과 기다림의 시간 자체가 우리 삶의 여유이며 발효라고 생각할 수는 없는 것일까.

실생활의 이러저러한 예에서 이러한 발상의 전환을 생각해볼 수 있을 텐데, 그 중의 한 예로서 통신문화를 들어보는 것도 좋을 듯싶다. 멀리 떨어진 사람들끼리 서로 소식을 교환하는 통신 역시 아날로그 방식과 디지털 방식으로 나누어 볼 수 있다. 아날로그 방식은 전통적인 편지 교환의 방식으로서 이 소통과정에는 편지지, 편지봉투, 주소지, 우표, 우체통, 우편배달부, 우체국 등이 필요하며 무엇보다 며칠간의 시간이 소요된다. 그렇지만 무선 휴대폰과 인터넷의 발달은 아날로그 방식인 편지문화를 약화시키고, 대신에 문자메시지나 전자 메일이라는 디지털 방식으로의 급격한 변화를 가져왔다. 전달하고자 하는 내용을 화면에 입력하고 버튼을 누르기만 하면 순식간에 상대방의 전화나 컴퓨터 화면 속에 그 내용이 나타나는 시대가 되어버린 것이다. 특히 어려서부터 이미 디지털식 소통 체계에 익숙해져 있는 요즘의 젊은이들에게 케케묵은 구식의 소통 방식인 편지 쓰기란 아마 환영받기 어려운 일일 것이다. 하지만 사람과 사람 사이의 소통이 그렇게 무미건조한 디지털식의 속도만 강조되어야 하는 것일까. 다음의 시 작품은 이에 대한 진지한 사유를 보여준다.

> 아름다운 산책은 우체국에 있었습니다
> 나에게서 그대에게로 편지는
> 사나흘을 혼자서 걸어가곤 했지요
> 그건 발효의 시간이었댔습니다
> 가는 편지와 받아볼 편지는
> 우리들 사이에 푸른 강을 흐르게 했고요
>
> 그대가 가고 난 뒤
> 나는, 우리가 잃어버린 소중한 것 가운데
> 하나가 우체국이었음을 알았습니다
> 우체통을 굳이 빨간색으로 칠한 까닭도
> 그때 알았습니다. 사람들에게
> 경고를 하기 위한 것이겠지요
>
> 이문재, 『푸른 곰팡이─산책시』 전문

이 시편이 갖고 있는 전언을 이해하는 것은 그리 어렵지 않다. 이 시에 의하면 인간의 전통적 통신 수단의 하나인 편지는 단순히 안부나 소식을 상대방에게 전달하는 효용만을 갖는 게 아니다. 그 전달 과정 자체가 상대방을 향한 간절함과 그리움의 발효 기간이었다는 것이다. 어쩌면 젊은 시절 누구나 써보았을 연애 편지를 생각해보면 이 시적 상상력은 충분히 공감이 될 것이다. 색깔 고운 편지지와 봉투를 마련하기 위해 문구점에서 얼마나 오래 머뭇거렸던가. 생각을 가다듬고 문장을 다듬어 정성들인 글씨로 담아내기 위해 얼마나 많은 파지를 냈던가. 편지지를 곱게 접어 봉투를 봉한 뒤 우표를 붙이고 우체통에 넣기까지 우리는 또 얼마나 많이 망설였던가. 거기서 끝나는 게 아니라 우체통의 편지가 수거되어 우체국에서 지역별로 분류된 후, 정해진 주소지에 배달이 되는 며칠의 시간은 또 얼마나 지루하고 더디게 흘러갔던가. 아마 그 편지의 상대방 역시 우체부로부터 편지를 받아 봉투를 개봉하고 접힌 편지지를 펼쳐 사연을 읽어가는 시간 내내 가슴이 쿵쿵 두근거렸을 것이다.

지금의 디지털식 통신 방식으로 보면 이러한 지체와 더딤과 지루함의 시간은 그야말로 낭비적이고 소모적이며 전근대적인 시간이 아닐 수 없다. 그렇지만 시인의 상상력은 오히려 그 느림과 기다림이 바로 서로간의 사랑과 그리움의 발효라고 말하고 있는 것이다. 가볍게 만나 순식간에 사랑을 고백하고 또 헤어지는 일도 손쉬운 요즘의 풍조 속에서, 이와 같이 느리고 지루한 발효의 시간이 의미하는 바는 오히려 소중하다.

돌부처는
눈 한번 감았다 뜨면 모래무덤이 된다
눈 깜짝할 사이도 없다

그대여
모든 게 순간이었다고 말하지 마라
달은 윙크 한번 하는 데 한 달이나 걸린다

이정록, 『더딘 사랑』 전문

  삶의 시간이 언제나 같은 속도로 일정하게 흘러가지 않는다는 것은 누구나 알고 있는 사실이다. 어쩌면 돌부처가 마모되어 모래무덤으로 변하는 데 걸리는 시간이 그야말로 '눈 깜짝할 사이'일 수도 있다. 그런데 윙크 한번 하는 데 한 달이나 걸리는 달의 사랑이라니! 초승-상현-보름-하현-그믐을 순환하는 달의 모습을 윙크로 표현한 시인의 상상력도 재미있지만, 이를 통한 전언은 자못 우리를 숙연하게 만든다. 윙크 한 번에 한 달이 걸리는, 이 너무 더디고 굼뜬 느림의 사랑법은 어쩌면 요즘 세대들에게는 그야말로 복장 터질 일인지도 모르겠다. 하지만 이런 사랑의 방식이야말로 요즘의 부박한 연애 풍속도에 비하면 더없이 필요한 덕목이며 경종이 아닐 수 없다. 느리고 더디지만 그만큼 깊고 그윽하게 발효하는 사랑이라면, 어찌 모든 게 순간이었다고 쉽게 말할 수 있겠는가.

우리에게도 잘 알려져 있는 외국작가인 밀란 쿤데라Milan Kundera는 자신의 소설 『느림La lenteur』을 통해, 느리고 한가로운 관조와 여유가 사라져버린 오늘날의 현실을 특유의 가벼우면서도 철학적인 유머로 날카롭게 지적하고 있다. 그에 의하면 느림의 한가로운 즐거움은 게으른 빈둥거림과 다르며, 그것은 마치 신의 창(窓)들을 관조하는 행복이라고 한다.

그는 너나할 것 없이 속도에 몰입하고 있는 오늘날의 멋대가리 없는 세상에 대한 탄식과 비판을 이렇게 담아내고 있다.

어찌하여 느림의 즐거움은 사라져버렸는가? 아, 어디에 있는가, 옛날의 그 한량들은? 민요들 속의 그 게으른 주인공들, 이 방앗간 저 방앗간을 어슬렁거리며 총총한 별 아래 잠자던 그 방랑객들은? 시골길, 초원, 숲속의 빈터, 자연과 더불어 사라져버렸는가?[2]

그는 또한 이 책에서, '느림의 정도는 기억의 강도에 정비례하고, 빠름의 정도는 망각의 강도에 정비례한다'는 '실존 수학의 방정식'을 제시하고 있다.[3] 느림―기억, 그리고 빠름―망각의 이 방정식은 금방 증명된다. 우리가 무엇인가를 기억하고자 돌이키다 보면 자연스럽게 발걸음은 느려지게 마련이다. 반면에 무엇인가를 빨리 잊고자 하면 자기도 모르게 발걸음이 빨라진다. 이처럼 느림과 기억, 그리고 빠름과 망각이 쌍을 이루고 있는 게 사실이라면 오늘날의 속도는 우리를 점점 망각으로 내몰고 있기도 한 것이다.

3. 발효의 시간과 삶의 의미

이 글의 서두에서 이미 시계의 모양을 들어 디지털과 아날로그를 구분한 바 있다. 둥근 숫자판에 시침 분침 등의 바늘이 있는 시계와, LCD 패널에 숫자만 깜박거리는 시계가 그것이다. 아날로그 시계는 원을 그리면서 바늘이 돌아가며 시간이 표시되기 때문에 과거와 현재와 미래가 한 자리에 공존한다. 우리가 하루 일과를 원형의 숫자판을 통해 가늠해보는 것도 이 때문이다. 하지만 디지털 시계는 깜빡깜빡 명멸하는 숫자를 통해 현재만 보여준다. 디지털 시계 속에서는 지나간 시간을 돌이키고 앞으로 다가올 시간을 가늠하는 것이 그리 용이하지 않다. 다만 현재만이 분명하게 표시되고 있는 것이다. 속도에 몰입하는 지금 우리의 삶은 이처럼 현재에만 집착하여 삶에 대한 더 중요한 사유를 정작 망각하고 있는 것인지도 모른다. 이러한 속도에의 몰입에 대한 경종으로 다음 작품을 읽을 수 있다.

2 밀란 쿤데라, 김병욱 옮김 「느림」, 민음사, 1995, pp.7-8
3 같은 책, p.48

등에 지고 다니던 제 집을
벗어버린 달팽이가
오솔길을 가로질러 가고 있었습니다.
나는 엎드려 그걸 들여다보았습니다.
아주 좁은 그 길을
달팽이는
움직이는 게 보이지 않을 만큼 천천히
그런 천천히는 처음 볼 만큼 천천히
건너가고 있었습니다.
오늘의 성서였습니다.

정현종, 『어떤 성서』 전문

달팽이는 세상에서 움직임이 가장 느린 생명체로 흔히 언급된다. 하지만 이 작품에서 달팽이의 움직임은 '오늘의 성서'가 되고 있다. 달팽이의 그야말로 '그런 천천히는 처음 볼 만큼 천천히'를 거울삼아야 한다는 것, 이 작품의 단순하면서도 소중한 전언은 바로 여기에 있다. 이 시대의 중요한 관심사 중의 하나가 이른바 웰빙의 삶인데, 웰빙이란 바로 바쁜 속도에서 벗어나 느리게 심심하게 살자는 말이 아니던가. 앞서 말했듯이 빠름은 망각과 쌍을 이루고, 느림은 기억과 쌍을 이룬다. 한 마디로 바쁘면 돌이킬 겨를이 없는 것이다. 느리고 심심해야 기억을 돌이키고 진정한 삶에 대한 사유를 시작할 수 있는 것이다.

우리는 또한 속도가 낳은 음식문화인 패스트푸드를 떠올릴 수도 있다. 패스트푸드는 말 그대로 빠르고 즉석이고 간편한 현대인의 음식문화를 대변하지만, 바로 그 때문에 자연상태가 아니라 이미 반쯤 조리되어 냉장 보관되다가 즉석에서 만들어진다. 따라서 그 시간이 지나면 맛이나 효용, 영양 등이 금방 떨어지며, 곧바로 먹지 않으면 쉽게 변질되거나 부패하기 마련이다. 반면에 웰빙의 삶에서 강조하는 음식들은 대체로 자연상태의 신선함을 갖고 있거나 조리과정에서 숙성과 발효의 시간이 필요하다. 이른바 슬로우푸드를 대변하는 발효 음식들의, 다소 밋밋하지만 은근한, 그리고 오랜 세월 속에서도 결코 물리지 않는 맛의 깊이는 이처럼 속도에서 비켜서 있는 데서 나오는 것이다.

부패해가는 마음 안의 거대한 저수지를
나는 발효시키려 한다

나는 충분히 썩으면서 살아왔다
묵은 관료들은 숙변을 내게 들이부었고
나는 낮은 자로서
치욕을 나의 것으로 받아들였다
이 땅에서 냄새나지 않는 자가 누구인가
수렁 바닥에서 멍든 얼굴이 썩고 있을 때나
흐린 물 위로 떠오를 때에도
나는 침묵했고
그 슬픔을 나의 것으로 받아들였다
나는 한때 이미 죽었거나
독약 먹이는 세월에 쓸개가 병든 자로서
울부짖음 대신 쓴 거품을 내뿜었을 뿐이다
문제는 스스로 마음에 뚜껑을 덮고 오물을 거부할수록
오물들이 더 불어났다는 사실이다
뒤늦게 나는 그 뚜껑이 성긴 그물이었음을 깨닫는다

물왕저수지라는 팻말이 내 마음의 한 변두리에 꽂혀 있다
나는 그 저수지를 본 적이 없다
긴 가문 날 흙먼지투성이 버스 유리창을 통해
물왕저수지로 가는 길가의 팻말을 얼핏 보았을 뿐이다
그 저수지에
물의 법이 물왕의 도가
아직도 순환하고 있기를 바란다
그 저수지에 왕골을 헤치며 다니는 물뱀들이
춤처럼 살아 있기를 바란다
그리고 물과 진흙의 거대한 반죽에서 흰 갈대꽃이 피고
잉어들은 쩝쩝거리고 물오리떼는 날아올라

발효하는 숨결이 힘차게 움직이고 있음을
내 마음에도 전해 주기 바란다

최승호, 『발효』 전문

 과학적으로 볼 때 효모나 세균 등의 미생물이 에너지를 얻기 위하여 유기 화합물을 분해하는 과정을 발효 또는 부패라고 한다. 그런데 시간의 흐름 속에서 악취를 풍기고 유독 물질이 발생하는 부패와 달리, 발효는 오히려 시간에 의해 맛의 깊이가 더해지는 결과를 얻는 과정이다. 이 작품은 '충분히 썩으면서' 살아왔던 삶의 치욕과 슬픔으로부터 벗어나고자 하는 화자의 바람을 담고 있다. 화자는 '숙변'과 '오물'로 상징되는 부패의 삶을, 저수지의 온갖 생물들처럼 '발효하는 숨결이 힘차게 움직이고 있'는 삶으로 바꾸고자 희원한다. 이러한 발효의 삶은, 시적 정황은 물론 다르지만, 이 글의 앞에서 읽었던 시에서 편지가 배달되는 시간을 발효의 시간이었다고 표현한 것과 상통하는 바가 있다.

 느리게 산다는 것은 삶의 의미에 대해 질문하고 사유하며 관조한다는 것이기도 하다. 우리는 흔히 인간과 동물을 구분하면서 인간다움의 의미와 가치에 대해 자부심을 갖곤 한다. 그래서 간혹 그렇지 못한 사람들에 대해서는 '짐승 같은 X' 혹은 '짐승만도 못한 X' 등의 관용적 욕설을 퍼붓기도 한다. 하지만 사실 어찌 보면 동물들은 인간보다 더 절실한 삶을 살다 가는지도 모른다. 위의 시에서 물뱀, 잉어, 물오리떼 등의 발효하는 삶은 충분히 인간에게 반면교사이다. 인간과 같이 삶의 의미에 대해 질문하고 사유하지 않는 것처럼 보인다고 해서 그들을 미물이라고 간단히 규정해버릴 수만은 없는 것이다.

절구통만한 먹이를 문 개미 한 마리
발 밑으로 위태롭게 지나간다 저 미물
잠시 충동적인 살의가 내 발꿈치에 머문다
하지만 일용할 양식 외에는 눈길 주지 않는
저 삶의 절실한 몰두
절구통이 내 눈에는 좁쌀 한 톨이듯
한 뼘의 거리가 그에게는 이미 천산북로이므로
그는 지금 없는 길을 새로 내는 게 아니다
누가 과연 미물인가 물음도 없이

> 그저 타박타박 화엄 세상을 건너갈 뿐이다
> 몸 자체가 경전이다
> 그렇지 않고서야 어찌 저렇게
> 노상 엎드려 기어다니겠는가
> 직립한다고 으스대는 인간만 빼고
> 곤충들 짐승들 물고기들
> 모두 오체투지의 생애를 살다 가는 것이다
>
> 그 경배를 짓밟지 마라
>
> 강연호, 『개미』 전문

인간을 제외한 자연의 생명체들은 시간을 제어하거나 거역하지 않는다. 그들은 인간의 눈으로 보면 정말 미물처럼 미욱하게 여겨지기도 하며, 겨우 좁쌀 한 톨 만한 먹이를 물고 타박타박 세상의 삶을 건너갈 뿐이다. 하지만 그러한 일생 자체가 인간에게 삶의 의미를 제시해주기도 한다. 대부분 기어다니거나 엎드려 사는 곤충들 짐승들 물고기들은 어찌 보면 모두 '오체투지의 생애'를 살다 가는 것이다. 몸 자체가 경전인 그들의, 삶에 대한 그 절실한 경배를 어떻게 짓밟을 수 있다는 말인가. 자연은 우리에게 늘 경종이며 경계이다. 인간 역시 오래 전 아날로그식 삶의 방식이 주류를 이루었던 시절에는 그렇게 자연법 속에서 자연의 시간에 순응하는 삶을 살았을 것이다. 하지만 과학의 발달, 기술의 혁명, 정보 교류의 홍수 속에서 우리는 점점 자연과 삶에 대한 외경을 잃어버린 것이 아닐까. 앞서 언급한 몇몇 영화에서 그려져 있듯이, 첨단 과학 문명과 정보가 넘치는 미래 사회의 모습이 어째서 대체로 부정적이거나 음울한 풍경을 띠고 있는지 되새겨볼 필요가 있다. 진정한 디지털 시대의 역설은, 바로 시간을 늘이거나 단축시키고 제어한다며 온갖 법석을 떨면서, 사실은 진정한 삶의 시간은 점점 놓치고 있는 우리들 일상 속에 있는 것인지 모른다.

4. 느림의 시학

우리는 그간 얼마나 더 행복해졌는가. 이러한 질문을 다시 제기하면서 글을 마무리할 필요가 있을 것 같다. 흔히 문학은 인생과 삶의 기록이라고 하는데, 그렇다면 이 질문에 대한 사유와 성찰의 기록이라고도 할 수 있다. 더 정확히는 삶의 결핍과 꿈꾸기의 기록이 문학일 것이다. 요즘과 같이 TV, 비디오, 컴퓨터, 영화 등의 영상 문화가 주류를 이루고 있는 오늘날, 활자문화의 중심으로서 읽거나 쓰는 수고를 요구하는 문학의 입지는 그리 넓지 못하며 그 미래 역시 밝지 않은 것처럼 보인다. 하지만 문학은 꿈을 추구하기 때문에 그 존재 이유가 설명될 수 있다. 인간의 삶을 제약하는 모든 속박과 억압으로부터 일탈을 꿈꾼다는 것, 그것이 비록 불가능하다 하더라도 꿈꿀 수 있다는 것 자체가 따분한 인간의 삶을 풍요롭게 한다.

꿈이여, 하고 소리를 내면
꿈은 소리가 되었다.
꿈이여, 하고 그림을 그리면
꿈은 그림이 되었다.
꿈에다 음률을 붙인다.
꿈에다 색칠을 한다.
꿈은 유행가가 된다.
팝송이 된다.
샹송이 되고 칸쪼네가 되고
재즈가 되고 클래식이 된다.
꿈은 빨강이 되고 파랑이 되고
하양이 되고 까망이 되고
연두색이 되고 하늘색이 되고
또 회색이 된다.
꿈에다 구멍을 낸다.
꿈의 밑창을 뺀다.
이제, 꿈은 허전하다.
그래서 꿈은 꿈
그래도 꿈은 꿈.

홍영철,『꿈 곁에서』전문

한 시인이 이미 노래했듯이 꿈 속에서는 무엇이든 할 수 있고 무엇이든 된다. 그렇지만 꿈은 깨고 나면 정말 허전하다. '그래서 꿈은 꿈'일 뿐이다. 하지만 바로 그렇기 때문에, 꿈에서 깨어 현실이 허전하면 허전할수록, 꿈은 다시 우리를 유혹한다. 현실의 결핍이 없다면 어찌 우리가 꿈꿀 수 있었겠는가. '그래도 꿈은 꿈'인 것이다. 꿈의 부질없음과 그래도 꿈을 포기하지 못함의 거리가, 다시 말해 꿈과 현실과의 거리가 우리로 하여금 사유하고 성찰하게 한다.

읽거나 쓰는 수고를 요구하는 문학은 그야말로 구식의 아날로그의 체계라고 할 수 있겠다. 디지털 시대의 전면적인 진군 앞에서 문학의 입지는 얼핏 점점 초라하게 변질될지도 모른다. 문학을 포함하여 모든 예술 영역들은 앞으로 수없이 많은 자기 혁신이 필요할 수도 있다. 그렇지만 꿈과 현실 사이의 거리를 통해 삶에 대한 성찰을 제기하는 역할만은 어떤 경우에도 포기할 수 없는 본질로서 지켜져야 할 것이다. 이러한 성찰은 종종 문학의 엄숙주의와 혼동되곤 한다. 그러나 유희로서의 문학이나 권위에 대한 조롱을 담고 있는 작품들 역시 그 유희나 조롱을 통해 엄숙주의를 비판하는 것이지, 이를 통한 삶의 성찰을 비판하는 것은 아니다. 오히려 엄숙주의로 포장된 거짓의 삶을 들춰낸다.

이런 점에서, 오늘날과 같은 디지털 시대에 예술이 가상과 현실을 판별하고 완충하는 작용을 할 것이며, 그 핵심에 시적 감수성이 작용하리라는 지적[4]은 충분히 음미할 필요가 있다. 특히 느리고 더디며 천천히 시간을 들여 사유하는 방식인 문학은 오늘날과 같이 속도와 망각에 몰입하는 디지털 시대의 항체로서 작용할 수 있다. 그 중에서도 가장 느린 장르이며 천천히 음미하는 장르로서 느림의 시학이 존재하지 않을까. 느림의 시학은 그 느림의 속도를 통한 발효의 독서 과정이기도 하다. 시간의 속도에서 비켜나 있는 이 구식의 아날로그 체계는 우리로 하여금 천천히 어슬렁거리며 사유하게 한다. 그때 느림은 기억의 강도만이 아니라 삶에 대한 성찰과도 정비례할 것이다.

---

4 최동호,「하이테크 디지털 문화와 현대시의 존재 전환」,「디지털 문화와 생태시학」, 문학동네, 2000, p.82

X. 북한 시에 나타난 '진달래' 이미지[1]

이상숙*

1. 서론

이 글은 북한 시에 나타난 진달래 이미지를 고찰하는 것을 목표로 한다. 진달래는 우리 시문학에서 매우 강한 상징성을 가진 소재이다. 시조時調와 한시漢詩에서 주로 망국亡國의 한恨이나 죽음으로 갈라지는 이별의 상징으로 원용되었던 진달래는 현대시에서도 상징적 소재로 활용된다. 고전시가에서 보이는 한과 이별의 의미가 현대시에도 그대로 재현되거나 변주되는 과정을 통해 '진달래' 이미지에 부여된 상징성은 더욱 강화되었다. 김소월의 「진달래꽃」은 '진달래' 이미지의 강력한 현대적 변용일 뿐 아니라 진달래 이미지의 현대적 의미와 상징으로 고착되었다. 김소월 이후의 시에서 '진달래'가 사용될 때는 그 누구도 김소월의 '진달래' 이미지에서 자유로울 수 없다. 시인이 의식하든 하지 않든 김소월의 '진달래'는 시의 창작과 분석, 감상의 제 과정에 개입되며 새로이 쓰여진 시의 '진달래'는 김소월 '진달래'의 차용과 변주 혹은 부정으로서 인식된다. 이는 T.S 엘리어트의 문학적 전통에 대한 기본적 정의의 한 범례凡例가 될 만하다. 강한 상징성을 가진 특정 문학적 소재가 확보하는 의미 영역과 문학적 파급력은 스스로 이미지 체계를 구축하고 유기체처럼 확대되고 변주된다. '진달래'의 강한 이미지가 동시대의 시인과 시에, 그리고 독자의 감상에 영향을 끼치는 것은 물론 새로운 시대의 새로운 시인과 시에서 같게 혹은 다르게 차용되고 변주됨으로써 스스로의 생명력을 확보한다.

---

[1] 이 글은 『통일정책연구』7권 2호 (통일연구원, 2008. 12.)에 게재된 논문 「'진달래' 이미지의 변화와 그 의미: 북한 시에 나타난 '진달래'를 중심으로」를 이 책의 편찬 의도에 맞추어 정리하여 재수록한 것임.
* 경원대학교 교양대학 교수

분단 초기의 남북한 문학은 분단 이전까지의 문학, 즉 고전문학과 초기의 현대문학을 공유한 것으로 볼 수 있는데 현재에 드러나는 이질성과 현격한 차이는 '진달래' 이미지에서도 다르지 않았다. 고전시가에서부터 형성된 견고한 전통적 이미지 체계를 가진 '진달래'로 드러나는 시적 의미와 활용 양상은 현저하게 달라 보인다. 그 차이가 어디에서 오는 것인지를 설명할 수 있다면 남북 문학의 차이를 주제나 이론 체계, 이념과 문학의 거리와 같은 통어하기 힘든 대명제의 부담에서 벗어나 이미지와 의미, 이미지 구축의 과정과 활용 등 좀 더 문학적 차원에서 비교하고 대조하는 일도 가능할 것이다. 이 글의 목표가 북한 시에 나타난 진달래 이미지 구축의 과정을 구명하는 것이지만 후속 연구를 위해 또 하나의 목표를 설정한다면, 북한 시와 남한 시의 비교 대조를 통해 우리 시 이질성과 동질성이라는 난제를 설명하는 하나의 관점을 확보하는 것이다.

　이 글에서는 북한 시에 나타난 '진달래' 소재 시편과 그에 대한 북한의 평가를 소개할 것이다. 엄호석의 1957년 평론집 『김소월론』[2]에 실린 김소월의 「진달래꽃」에 대한 평가와 1959년 『조선문학통사』[3]가 말하는 박팔양의 「진달래」, 2006년 북한의 언어학자 김영황이 『민족문화와 언어』에서 평가하는 김정일의 가사 「진달래」가 주된 대상이며, 여기에 '진달래'를 소재로 한 다른 북한 시편과 일반 독자가 투고 시편 또한 연구의 대상에 포함시켰다. 최근 북한 시에서 '선군先軍'의 소재로 부각되는 '진달래' 이미지를 설명하기 위해 『조선문학』, 『청년문학』, 『문화어 학습』 등의 문예지와 학술지는 물론이고 『금수강산』, 『조선여성』 등의 일반 잡지에 실린 '진달래' 관련 기사도 참조하였다.

　1950년대 후반에 쓰여진 엄호석의 평론, 『조선문학통사』의 문학적 관점, 2005년 류만의 평론 「소월과 그의 시에 부치는 말 몇 마디」[4], 2006년 김영황의 『민족문화와 언어』는 북한 문학 안에서의 '진달래' 이미지의 변화를 보여줄 것이다.

2. '진달래' 이미지의 형성의 과정

가. 진달래의 전통적 정서

---

2 엄호석, 『김소월론』, (평양:조선작가동맹출판사, 1958).
3 조선문학통사(하), 언어문학연구소 문학 연구실 편, (평양: 과학원출판사, 1959)
4 류만, 「소월과 그의 시에 부치는 말 몇 마디」, 『실천문학』, (서울: 실천문학사, 2005년 봄).

진달래꽃이 언제부터 우리 민족에게 가장 친근한 꽃으로서 인정받고, 전통적 정서와 이미지를 가진 문학적 소재로 간주되었는지는 알 수 없다. 이른 봄 우리 산천에 지천으로 피어나는 진달래꽃은 두견화杜鵑花, 척촉躑躅이라는 다른 이름으로도 불리운다. 두견화나 척촉이라는 한자 이름으로 불리던 때부터 진달래가 지녀온 나름의 정서와 이미지가 구축되어 있는 것이 사실이다. 중국 촉나라 임금 망제가 패망한 후 복위를 꿈꾸었으나 뜻을 이루지 못하고 죽어 그 넋이 두견새가 되었고, 두견새는 촉나라로 돌아가고 싶다는 뜻으로 '귀촉歸蜀 귀촉歸蜀' 하면서 피맺힌 울음을 울었고, 그 때의 피가 스민 땅에서 두견화라는 붉은 꽃이 피었다는 것이 두견화의 전설이다. 두견화는 동양의 시가詩歌 문학에서 이승에서 이루지 못한 한恨이 세계를 바꾸고 몸을 바꾸어서까지 나타나는 슬픔과 원한의 상징인 것이다.

척박한 땅에서도 잘 자라는 진달래는 사실 잎 없이 꽃이 먼저 피는 꽃으로, 힘들게 겨울을 난 메마른 산 중에서 푸른 잎 없이도 흐드러지게 핀다. 때문에 진달래는 봄을 알리는 전령으로 반갑기도 하지만 서럽기도 했을 것이다. 보릿고개를 넘어 힘겹게 살아남은 사람들에게 진달래는 고비를 넘었다는 안도의 심정을 불러일으킴은 물론 그간의 고통을 상기시켰을 것이다. 춘궁기의 허기를 채워줄 리 없지만 진달래는 먹을 수 있는 꽃이다. 춘궁기에 풀뿌리와 봄나물을 찾아 나선 이이들이 진날래를 따먹으며 마음과 몸의 허기를 달랬을 것이고 그 추억은 어른이 되어서도 아련한 향수로 기억되곤 하였다.

척촉이라는 진달래의 다른 이름이 인상적으로 쓰인 정지용의 시「홍역紅疫」을 떠올려 본다. 겨울밤의 정취를 불, 유리, 눈보라, 홍역 등의 대조적이면서도 선명한 이미지로 드러낸 수작秀作「홍역紅疫」에는 진달래가 '척촉'으로 표현되었다. "눈보라는 꿀벌떼처럼 / 닝닝거리고 설레는데, / 어느 마을에서는 紅疫이 躑躅처럼 爛漫하다"는 마지막 구절은 현대시 속에 나타난 진달래 이미지의 한 전형을 추가할 만한 문학적 전통이라 할 수 있다. 이 구절은 차가운 눈보라 속에 홍역으로 들뜬 어린애의 열꽃 핀 몸뚱이를 연상시킨다. 또, 눈보라 속에 뜨겁게 피어나고 번져가는 붉은 꽃의 아름다움과 어린 생명을 위협하는 질병의 두려움이 겹쳐지는데, 여기서 독자들은 아름다운 것과 두려움의 경계를 알지 못하며 그 두 가지를 하나로 인식하게 되는 정서적 미감과 충격을 함께 경험하게 된다. 이는 문학적 전통으로 구축된다. 정지용의「홍역」이후에 현대시 독자들은 홍역紅疫을 소재로 하거나, 척촉躑躅이라는 인상적인 도상圖像의 글자를 사용한 시를 접할 때 '아름다움이 두려움으로 전화되고, 두렵기 때문에 더욱 아름답고 아름다운 것이 두려워지는' 정서적 경험을 떠올릴 것이며 이러한 회감回感은 그 시를 이해하고 감상하는데 영향을 미칠 것이다. 그것은 시인이 그것을 의도하든 의도하지 않든 독자의 감상과 해석의 과정에서 일어나는 문학적 반응이다.

한恨, 반가움, 허기진 봄, 흐드러진 아름다움 등의 이미지를 거느린 진달래꽃이 우리민족이 가장 친근하게 생각하는 문학적 소재라면 김소월의「진달래꽃」은 진달래꽃에 우리민족의 정한을 우리 고유의 율조에 맞게 실어 표현한 대표적인 시이다. 정치적으로나 문학적으로나 분단되기 이전에 쓰여진 이 작품은 분단 후 남과 북에서 현저한 차이를 가지고 분석된다. 이 분석의 차이만 살피더라도 남북문학의 지향과 분석의 관점이 얼마나 다른 것인지를 알 수 있다.

나. 진달래와 선군先軍

북한 문헌에서 찾을 수 있는 진달래에 대한 유래담은 동화나 전설에 등장하는 것과 선군문학의 범주 아래 등장하는 '김정숙 꽃'과 김정일이 자주 찾는 '철령의 진달래'로 나누어 설명할 수 있다. 동화나 전설에 등장하는 진달래 유래담에 신빙성있는 전거典據가 활용되었는지 확인할 수 없지만 주로 남녀간의 애틋한 사연으로 설명된다. 동화의 경우 마녀의 마술에 걸린 처녀 '달래'와 달래를 구해 준 '바우'의 전설에서 유래되어 "연분홍 눈꽃 속에서도 꽃망울이 부푸는 꽃", "잎도 피기 전에 봄을 먼저 부르는 사랑하는 고향의 꽃"[5]으로 드러난다. 또, 백두산 일대 천지 주변 마을에서 전쟁에 나간 남자들을 기다리는 아낙네들이 진펄로 고생할 남자들을 위해 심어둔 "진펄의 달래각시 꽃"이 진달래로 바뀌어 불렸다는[6] 유래담도 전해진다. 이 유래담의 서두는, 고산지대인 백두산 일대에 봄철이면 산을 뒤덮도록 피는 것이 진달래인데 그 가운데서도 유독 '5호 물동'과 '삼지연못가', '대홍단 등판' 등 습기가 많은 땅에 더 많이 피어난다는 설명으로 시작된다. '5호 물동'과 '삼지연 연못', '대홍단 등판' 등은 모두 김일성 일가 '투쟁사'에서 중요하게 기록되는 지명이다. 더욱이 '5호 물동'과 '삼지연 연못'은 김일성이 항일 운동 시기에 진달래꽃을 발견하고 기뻐하자 김정숙이 그 꽃을 바치며 투쟁의 의지를 다졌다는 일화를 가진 지명地名이다. 그렇

5 「바우와 진달래」, 아동문학, 2004.10. pp53-57.
6 「진달래의 유래」, 문화어 학습(평양: 과학백과사전 출판사), 2003.2. pp.34-35.

다면 이 유래담은 옛 문헌이나 혹은 민간 채록에 의해 밝혀진 전거에 의거하기보다는 진달래 이미지를 선군문학에서 활용하기 위해 동원된 '현재를 위한 역사성 부여의 기획' 중 하나라고 볼 수 있다.

삼지연못가는 항일 운동 시기에 김정숙이 김일성에게 진달래를 한아름 선물했다는 일화에서 연원하여 진달래와 김정숙, 김일성, 투쟁의식으로 이어지는 이미지 연상의 구조가 형성된 장소이다.[7] 북한문예지에는 4월에는 김일성, 2월에는 김정일에 관한 작품이 많이 등장하는 것처럼 12월에는 김정숙에 대한 추모와 찬양의 작품이 많은데, 12월이라는 추운 계절에 어머니와 같은 따뜻함으로 김일성일가를 돌보고, 북한주민을 돌보는 김정숙의 이미지를 부각시키는 역할을 한다. 이러한 김정숙의 이미지는 진달래와 결합되어 나타나는 경우가 흔하고[8] '물동 5호' 역시 이러한 범주에서 설명할 수 있다.

김일성과 김정숙의 일화에 등장하는 진달래는 선군 문학에도 활발히 적용되고 있다. 이는 주로 김정일에 관한 것인데, 김정일이 국방위원장으로 추대된 날과 조선인민군 창설 기념일에 철령을 찾아 군인들을 격려한 것을 많은 시편에서 꾸준히 반복하고 인용하며 시상의 중심으로 삼고 있다.[9] 오르면서 40리 내리면서 40리라는 험준한 최전선 철령을 자주 찾는 김정일에 대한 고마움을 표현하는 것이 이 시들의 주된 내용인데 그 저변에는 군대를 국가의 근간으로 강조하고 군대에 의지할 수밖에 없는 김정일의 통치 기반과 군대국가로서의 북한의 국가 정체성을 상기시키는 의도가 있다고 판단된다.

필자가 밝혀져 있지 않은「철령의 철쭉이 전하는 이야기」[10]에 최근의 서정시 몇 편[11]이 인용되었는데, 그 시들에 형상화된 철쭉은 "항일의 녀장군이신 김정숙 어머님의 숭고한 뜻

---

7 김성희,「12월의 진달래」, 청년문학, 2005.12. p.24.

> 아 진달래 진달래
> 조국으로 진군하시던 그 봄날
> 아름다운 삼지연못가에서
> 수령님께 삼가 드린 어머님의 기쁨
> 　　　　「12월의 진달래」부분

8 김설희,「어머님과 진달래」, 청년문학, 2004.12. p.15.
9 「철령의 철쭉이 전하는 이야기」, 금수강산(평양:오늘의 조국사), 2006.4. p.19.
10 위의 글.
11 최정옥「철령의 철쭉꽃」(2005년), 리항식,「철령척촉련가」(2005년), 신문경,「붉은 꽃, 붉은 령」(2005년)을 예로 들고 있는데 구체적인 출전은 밝히지 않았다.

을 담고 있으며 장군님의 선군길을 축복해준 꽃이라고"[12] 평가되고 있다. 선군 시대를 문학적으로 형상화하는 중요한 이미지로서 진달래가 활용되고 있음을 확인할 수 있다. 이 글은, 철령을 "전선과 후방을 가르는 분수령이다. 철령을 넘어서면 생사를 판가리하는 준엄한 결전장이며 언제 총포성이 터질지 모르는 위험한 최전선"으로 설명하며 이렇게 험한 곳을 자주 찾는 김정일의 모습에 고마움을 표현한다. 그 과정에는 늘 김정일이 철령에 많이 핀 진달래나 철쭉을 반가워했다는 일화, 진달래를 보고 어머니 김정숙을 떠올렸다는 일화가 덧 붙여진다.

　철령과 김정숙의 이미지가 결합되는 양상은 비단 문학 작품에만 한정되지 않는다. 여성이나 일선 근로자의 생활 수기에도 그런 일화가 등장하고 '철령'은 곧 김정숙, 어머니, 김정일에 대한 충성으로 수렴되고 있다. "군민일치의 전통적 미풍", "인민군대 원호의 아름다운 소행" 등에서도 이러한 '진달래'가 곧 '선군' 이미지로 구축되는 과정을 확인할 수 있다.[13] 이 외에도 각종 문예잡지에 시[14]와 가사[15] 동시[16]의 소재와 주제로써 철령의 철쭉과 진달래를 활용하고 이를 김정일 찬양과 선군 찬양으로 연결하는 작품들이 꾸준히 제작되고 소개되고 있다. 또, 진달래와 김정숙의 일화를 주제로 한, 200여 면에 달하는 장편서사시가 제작되기도 하였다.[17] 이 서사시는 김정숙이 머슴살이하던 복남과 함께 후방의 '사슴골밀영'을 떠나 군복 600벌을 짓고 허약자와 부상자를 돌본다는 내용이다. 김정숙은 어려움이 닥칠 때마다 김일성이 진달래를 보며 하던 말을 떠올린다. 김일성은 진달래를 꺾어들고 "모진 바람을 이겨내는 이 꽃처럼" 항일전에서 "혁명을 꽃피우는 / 조국의 진달래가" 되라고 병사들을 고무하였고 김정숙은 이를 떠올리며 사업에 매진하여 성공으로 이끈다. 「맺음시」에는 진달래가 해방을 축하하기 위해 김일성에게 바쳐진 꽃으로 드러나 있으며

---

12 심상호,「선군의 상징인 철령에 대한 시적 형상」, 문화어 학습(평양:과학백과사전출판사), 2005.3. pp.19-21.
13 기자(특파 기자 류광치),「철령의 어머니: 고산군 읍초급녀맹위원회 녀맹원 전순희 동무」, 조선녀성(평양:근로단체출판사), 2005.8.pp.32-33.
14 리국석,「철령의 진달래야」, 청년문학, 2004.4. p.28.
안향진(공화국영웅 안동수의 딸),「선군민족진달래로 붉게 피리라」, 문화어 학습(평양:과학백과사전출판사), 2003.2. pp.26-27.
리옥순(조선인민군 군관),「철령의 진달래」, 천리마. 1998.8. p.66.
류민호,「철령에 올라」, 청년문학, 2005.12. p.19.
15 강승제,「철령의 철쭉아」, 청년문학(평양:문학예술출판사), 2005.7. p.20.
16 손은희(강원도 원산사범대학 어문학부 학생),「철령의 진달래야」, 아동문학, 2003.11.p.3
장용환,「철령의 진달래야」, 아동문학, 2001.5.p.5.
17 서사시「조국의 진달래」, 문예출판사, 1980.

해방을 이끈 투사들, 그 중에서도 김정숙을 상징하는 꽃으로 활용된다. "충성의 꽃", "백두의 진달래", "조국의 진달래", "행복의 꽃" 등의 표현이 그것이다. 진달래는 항일투쟁기의 '투쟁 정신', '투사', '충성'이라는 상징성을 덧입게 된 것이다. 이는 북한문학이 과거와 역사를 현재에 활용하기 위해 사용하는 회고와 연상 전략의 전형적 예가 될 수 있다. 진달래라는 상징물을 매개로 기억을 되살리는 회고의 전략과 과거의 진달래와 현재의 진달래를 동일시하는 전략 즉 상징물의 동일성을 과거와 현재의 동일성으로 치환하는 유사성에 기반하는 연상의 전략을 보여주는 것이다.

'진달래'라는 자연물에 부여된 역사적, 문학적 의미조차 남북이 뚜렷하게 구분되고 있는데, 이를 좀 더 구체적인 평가를 통해 확인해보고자 한다.

3. 북한 문학사에 나타난 진달래

가. 박팔양의 「진달래」

북한의 대표적인 문학사가 류민은 「소월과 그의 시에 부치는 말 몇 마디」에서 김소월에 대한 북한문학사의 공통적인 평가를 다음과 같이 요약한 바 있다. "김소월은 자기의 시작품들에서 상징주의를 비롯한 일련의 경향을 나타냈지만 기본적으로는 1920년대 사실주의 시문학을 개척한 시인의 한 사람이며 민요풍의 시창작으로 현대 자유시 문학 발전에 특색있는 기여를 한 개성이 뚜렷한 서정시인이라는 점이다". 이를 통해 북한문학이 김소월을 사실주의 시인으로 보고 있으면서도 김소월 시의 민요적 율조와 독특한 개성을 인정하고 있음을 알 수 있다. 김소월의 민요적 율조란 남한의 학계에서도 꾸준히 논의되어온 바이고 '독특한 개성'이란 논자에 따라 다르게 제시하는 것이므로, 여기서 특별한 설명을 요하는 부분은 '사실주의'라는 표현일 것이다.

엄호석은 『김소월론』에서 김소월이 가진 '사실주의' 작가로서의 면모를 주로 김소월의 시론詩論인 「시혼詩魂」을 인용하여 설명한다. "특징적인 것의 선택 즉 사실주의적 일반화, 전형화의 특징에 대한 문제"로서 "평범하고 사소한 현상들도 그것이 일정한 생활의 진리와 미적 본질을 표현하는 것일 때에만 노래할 대상으로 될 수 있다". 이는 평범하고 사소한 감정을 일반적이고 전형적인 것으로 표현해내는 김소월의 장점을 부각한 것이다. 문학 작품을 당대 현실과 연결하여 설명하고 더 나아가 계급성, 인민성, 당성을 얼마나 잘 드러내고 있는가를 기준으로 문학적 성취를 평가하는 것이 사회주의적 사실주의의 일반 이론이고 보면, 아래에 인용된 엄호석의 김소월의 「진달래꽃」을 평가한 부분에서 사실주의의 관점을 이해할 수 있다.

> 보는 바와 같이 여기에서 우리는 봉건적 유습으로 말미암아 강요된 조혼의 결과 당연하게 일으켜진 사랑의 파탄 앞에서 선 녀성의 비극적 운명이, 필사이도 없이 지는 진달래꽃의 흩어지는 운명으로 강조되여 있음을 감촉한다. 그럼에도 불구하고 우리는 여기에서 동시에 자기를 역겨워 갈라지는 남편을 오히려 고이 보내는 고요하고 아름다운 인간성, 평생을 비바람에 시달리는 진달래꽃의 시련처럼 감당하면서 살아나가려는 용감성과 생활 긍정적 의욕, 남편을 생의 벗으로 깊이 신뢰하는 인간적 동등성의 자각, 이 모든 조선 녀성의 넋 속에 깊이 잠재한 정신적 미의 발로와 그 표상을 감촉하게 된다.[18]

「진달래꽃」의 시적 정황을 풍습에 따라 조혼早婚하였다가 남편에게 버림 받는 아내가 남편을 고이 보내주는 것으로 설정하고 있다. 이 시가 쓰여진 20년대의 모순을 조혼이라는 봉건적 풍습에서 찾는 것은 전형적인 사실주의를 강조하는 비평적 관점이다. 남편을 보내는 아내의 형상에서 '고요하고 아름다운 인간성', 시련을 이기는 진달래꽃 같은 '용감성과 생활 긍정적 의욕', '인간적 동등성의 자각' 등의 정신적 아름다움을 발견되는데, 이것들은 모두 조선 여성이 간직하고 있는 아름다움의 표상이라는 것이 엄호석의 설명이다. 1958년은 소련에서 시작된 민족적 특성론에 대한 비평적 논의가 북한문학계에서도 활발하게 전개되어 주로 사회주의 현실이 요구하는 '품성品性'을 발굴하고 그것을 작중 인물로 형상화하는 것으로 수렴되던 시기이다. 이때의 많은 시와 소설, 연극 등의 문학 장르에서는, 강인함, 용감성, 근면성, 인간애 등을 갖추고 '계급성'에 투철하고 '당성'을 키워나가는 '인민'의 형상을 그리는데 몰두하였다. 당시의 비평적 관점이 엄호석의 「진달래꽃」 평가에도 그대로 반영된 것이다.

또 엄호석의 「진달래꽃」 평가에는 앞서 언급한 '진달래'가 가지는 우리 문학의 전통적 함의는 고려되지 않고 있다. 두견, 척촉, 친근한 꽃, 유년시절의 허기를 달래던 꽃 등의 이미

18. 엄호석, 「김소월론」, p.84-85.

지는 전혀 상기되지 않는 반면 '비바람에 시달리'며 시련을 이기는 강인한 이미지만을 진달래꽃에서 이끌어내고 있다. 이 부분은 시 「진달래꽃」이 민족의 고전으로서 가지는 다양한 이미지와 풍부한 해석의 가능성, 문학적 전통으로서의 지위를 전혀 환기시키지 못하는 협애한 해석일 수밖에 없다.

엄호석이 진달래꽃에 부여한 '강인한 정신'은 박팔양의 시「진달래」해석에서 더욱 강조된다. 엄호석이나『조선문학통사』에서는 제목을 「진달래」라고 밝히고 있으며, 중국 조선족 중학교에서 이 시를 「진달래」라는 이름으로 가르치고 배운다고 한다. 또, 1992년 출간된 박팔양의 시선집에도 「진달래」라는 제목에 "봄의 선구자를 노래함"이라는 부제가 붙어 있고 작품 말미에 1930년 작이라고 표시하고 있다.[19] 그러나 이 시의 원제목은 「너무도 슬픈 사실 —봄의 선구자 진달래를 노래함」이다. 언제부터 제목이 바뀌어 인용되고 의미 부여가 되었는지 확인하기 어려운 것이 사실이다. 북한문학사나 평론에는 작품의 제목이나 본문 자체가 조금씩 바뀌어 인용되는 예가 있기도 하고, 특히 시의 경우 텍스트 자체가 원본, 정본과 현저한 차이를 보이는 작품들이 있는데 이 또한 남북의 문학사를 한자리에서 논의할 때 해명하고 해결해야할 문제일 것이다. 이 논문에서는 원전 비교를 목적으로 하고 있지 않으므로 북한 문학사가들이 제시한대로 인용하여 설명하기로 한다.

> 친구께서도 이미 그 꽃을 보셨으리다.
> 화려한 꽃들이 하나도 피기 전에
> 찬바람 오고 가는 산 허리에
> 쓸쓸히 피여 있는
> 봄의 선구자 연분홍 빛 진달래
> 꽃을 보셨으리다.[20]
>
> (中略)
>
> 진달래꽃은 봄의 선구자외다,
> 그는 봄 소식을 먼저 전하는 예언자이며
> 봄의 모양을 먼저 그리는 선구자다,

---

19. 박팔양 시선집, (평양:문학예술종합출판사, 1992), pp.35-36.
20. 조선문학통사(하), p.71.

> 비바람에 속절없이 그 엷은 꽃잎이 짐은
> 선구자의 불행한 수난이외다.[21]

7연에 이르는 긴 시중 4연을 인용하며 엄호석은 '〈진달래〉의 새 시대의 선구자, 혁명 투사의 형상 속에서 우리는 또 그 얼마나 인간 정신의 고귀성과 인도주의 정신의 깊은 구현을 발견하는 것인가'라고 감탄하고 있다. 이른 봄에 피는 진달래를 봄소식 전하는 예언자에 비유하고, 비바람에 진달래 꽃잎이 떨어지는 모습은 혁명투사의 수난에 비유한다. 예언자로서의 삶을 살다 비바람에 떨어지는 진달래같은 투사의 희생과 불행한 생애는 '만인의 행복한 미래를 위하는 사업에서 희생되는 자기 멸각滅却 속에서 오히려 생의 광채를 발하는 인류 해방에 바친 자기의 투쟁이 결코 헛되지 않고 광명으로 보상되리라는 신념으로 불타오른다'고 강조하고 있다. 예언자로서의 삶이나 투사의 희생정신을 표현하는 것이 문학의 가장 큰 지향이라면 그것이 굳이 진달래꽃이 아니어도 될 것이다. 이러한 시각은 『조선문학통사』에도 다르지 않다.

> 그러나 진달래 꽃은
> 오려는 봄의 모양을 머리 속에 그리면서
> 찬 바람 오고 가는 산허리에서
> 오히려 웃으며 말할 것이외다.
> (오래 오래 피는 것이 꽃이 아니라
> 봄철을 먼저 아는 것이 정말 꽃이라고) ——[22]

오래 피는 꽃보다 비바람에 떨어질지라도 먼저 피는 진달래가 진정한 꽃이라는 칭송은 곧 사회주의라는 새 시대를 예언하고 그를 위해 살다간 선구자에 대한 찬가와 다르지 않다. 『조선문학통사』는 '선구자에 대한 찬가 그것은 곧 사회주의적 리상의 견지에서의 생활에 대한 전망이였으며, 당대의 지배적 사회 질서에 대한 항거의 정신이였다'고 평가하면서 소박하나마 사회주의적 사실주의의 관점으로 드러내고 있다. 『조선문학통사』의 '리상은 현실적 모순의 해결의 담당자'로서 현실의 모순을 해결할 수 있는 본성을 가지고 있다

---

21. 위의 책. p.85
22. 위의 책. p.72.

고 한다. '시 〈진달래〉는 현실 생활에 대한 이러한 서정적 체험에 기초한다. 이 시가 비극적 음조를 대동함에도 불구하고 그것으로 하여 생활—락관적 전망성에 풍부한 감동적 물'결(필자주 : 1950년대 북한문학에서는 사잇소리 표현을 위해 홑따옴표를 활용한 바 있다)을 부여하고 있는 비결은 바로 여기에 있다'는 진술에서 초기 북한문학이 지향한 사회주의적 사실주의에서 강조하는 '생활의 화폭'과 '혁명적 낙관성' 등의 일단을 살펴볼 수 있다. 이러한 평가와 비평적 관점이 협애하고 도식적으로 보이지만, 이 시기는 앞서 언급한대로 북한문학이 나름의 이론과 분석 기제를 활용하여 문학적 형상화를 고민하였던 1950년대 후반이었고 그 이후의 북한문학은 이 정도의 문학적 분석의 깊이마저 확보하고 있지 못하다는 점이 더욱 안타까울 뿐이다.

나. 주체 시대의 「진달래」

최근 발간된 『민족문화와 언어』[23]에서 김영황은 민족어가 민족 문화의 기본적인 표현 형식이라고 설명한 후, 민족어에 표현된 문화적 내포를 밝히는 것이 '문화기호로서의 언어이 기능'을 밝히는 것이라 하였다. 그 예로 '조선의 진달래, 봉선화, 민들레 등 민족적 정서가 짙은 꽃이름에 대하여 우리는 깊은 사랑의 감정을 가지고있다'고 하면서, 김정일이 1962년 9월 어머니 김정숙을 회고하면서 직접 지었다는 노래의 가사 「진달래」를 분석하고 있다.[24] 김영황의 인용을 옮기면 다음과 같다.

해빛이 따스해 그리도 곱나
봄소식을 전하며 피는 진달래
언제나 오늘이나 변함없는 꽃송이
진달래야 진달래야 조선의 진달래

---

23. 김영황(후보 원사, 교수, 박사), 『민족문화와 언어』, (평양: 과학백과사전출판사, 2006)
24. 1960년대 북한문학에 나타난 진달래의 소재의 작품으로 김정일의 가사 「진달래」를 예로 들었으나, 이 가사가 실린 최초의 문헌을 찾지 못하였다. 때문에 이 논문에서 이 작품이 1962년 작품으로서 받은 당대의 평가에 대해 논한다기보다는 주체 시대, 선군 시대의 관점에서 평가받는 2006년의 텍스트로서 간주되어야 할 것이다. 이에 대한 고견을 주신 심사위원께 감사드린다.

오가는 비바람 다 맞으며
산허리에 피여난 붉은 진달래
긴긴 밤 찬서리에 피고 또 피여서
진달래야 진달래야 조선의 진달래

때늦은 봄에도 사연을 담아
해빛밝은 강산에 피는 진달래
못잊을 어머님의 그 모습이런가
진달래야 진달래야 조선의 진달래[25]

  위의 가사는 김정일이 어머니 김정숙과 진달래에 얽힌 일화를 떠올리면서 지었다고 한다. 김정숙이 김일성과 함께 국내로 귀환할 때 '5호물동을 건너 조국땅에 첫걸음을 옮기셨을 때 감격의 눈물을 흘리시며 제일 먼저 품에 안은 것이 붉게 핀 진달래였'고 김정숙이 건넨 진달래를 받은 김일성은 '조선의 진달래는 볼수록 아름답다'고 말한 것을 김정일은 기억한다는 것이다. 그리하여 김정일은 어머니가 생전에 사랑하던 진달래를 김정숙의 분묘 앞에 옮겨 심었고 '그날부터 가슴속에 그리운 어머님의 모습과 함께 소박하고 부드럽고 아름다운 진달래가 영원히 지지 않는 꽃으로 소중히 간직되게 되였으며 그것은 언제나 마음 속에 따뜻한 정과 그윽한 향취를 안겨주'었기에 진달래에 대한 감정을 노래에 담아 부른 것이 이 가사라는 것이다. 진달래 안에는 '붉게 핀 진달래를 그러안고 조국을 한 없이 그리워하시던 항일녀성영웅 김정숙 동지의 숭엄한 영상이 더욱더 가슴 뜨겁게 안겨온'다는 것이 김영황의 분석이다. 이 글은 1962년의 텍스트를 2006년에 분석한 것으로 주체문예이론의 단면을 잘 보여주고 있다. 김영황은 이 책을 발간하기 이전부터 민족, 민족어, 문화, 문화기호에 대한 연구를 진행하였으며 그 결과를 집대성한 것이 이 저작이다. 김영황은 북한학계에서는 흔치않은 박사 학위를 가진 연구자로서 문화와 언어와의 관계를 비유, 율조, 속담, 문장구조, 사물의 이미지 등 제 언어적 요건에 대해 설명하였고 영어, 일본어, 중국어, 한자어 등 여러 언어와의 비교를 통해 논의의 깊이를 더하고 있다. 그러나 작품의 문학적 분석에서는 김일성 가계 우상화와 주체 이념의 형상화에 몰두하는 주체문예이론의 한계를 넘어서지 못하고 있다. 위의 가사를 문학적 텍스트로서 분석한다면 봄소식

25. 위의 책, p.4.

을 전하고, 비바람 다 맞으며, 산허리에 피어나는 진달래의 이미지는 박팔양의 「진달래」의 그것과 다르지 않고 그것을 온전히 활용하고 있다고도 할 수 있다. 거기에 김정일의 일화에서 추가된 '못잊을 어머님의 그 모습'은 '조선의 진달래'라는 이미지의 확장을 보이는데 이는 바로 항일여성운동가이다.

북한문학계에서 항일혁명 문학의 전통이 카프의 전통을 대체한지 오래이고 주체문예이론이 사회주의적 사실주의를 압도한지도 오래이다. 여기에 북한문학계는 새로운 국면을 맞이하는데 이는 '선군先軍'이다. 무엇보다 군이 제일 우선한다는 '선군'이 '주체'를 대체할 수 있는지, 북한에서도 그러하기를 원하는지를 판단하기에는 시기상조인듯 하지만 여러 가지 불확실한 정황 속에서 부인할 수 없는 것이 있다면 현재 북한의 정치, 문화, 경제 모든 면에서의 이슈는 '선군'이라는 점이다. 김영황은 '선군시대'에 맞는 새로운 문화적 기호로 친금감을 주는 소재로 '오성산'이나 '다박솔 초소', '철령' 등이 들고 있다. 아마도 선군문학에서 '오성산'이나 '다박솔', '철령'등은, 우리의 '진달래꽃'처럼 유서 깊은 역사적 전거에 기반하여 풍부한 이미지와 정서를 가진 새로운 문학적 전통으로 굳어지고 있으며 문화 정전적 기호로 자리잡고 있는 것처럼 보인다.

사회주의적 사실주의와 주체 그리고 선군에 이르는 북한문학의 여정 자체가 어쩌면 남북한문학의 거리를 점점 넓히는 방향으로 진행된 것인지도 모른다. 북한의 문학은 자신의 것이외의 문학을 인정하지 않는 비판과 배제의 태도로 일관하였고 남한 문학 역시 북한 문학을 포용할 여지를 발견하려는 노력이 부족했는지도 모르겠다. 사실 두 문학의 비교는 만나고 포용하기 힘든 차이만을 확인하는 일이기 일쑤였다. 엄호석, 김영황 등의 글을 소개한 이 글 역시 그러한 예를 하나 더 더한 것에 지나지 않을지 모른다. 그러나 수년 전 타계하여 지금은 없는 북한문학사학자 류만의 글에는 북한문학의 변화를 감지할 만한 여지가 보인다.

류만 또한 김소월이 가진 한계를 지적하고 있다. 시와 시대, 사회현실과 거리를 두고 무관심으로 일관한 시인이었으며 일제하의 모순된 현실 뚫고 나가지 못하고 그 안에서 번민하고만 있었다는 것이다. 때문에 '그는 이별을 슬퍼하고 그리움에 애간장을 태우면서도 거기에 비애의 감정을 짙게 실었을 뿐 그 이별과 그리움이 누구의 것이며 왜 생겨나고 무엇을 지향하는 것인지를 밝힐 수 없었다'는 것이다. 이렇듯 소월의 한계를 지적하면서도 소월 시의 이별과 그리움의 정이 극한에 이른 비애의 감정으로서 '깨끗하고 순결하며 아름답기까지 하다'고 한다. 이는 모든 문학을 계급성과 인민성, 당성의 잣대로 평가하여 '순수한 아름다움'이란 부르조아적인 감정의 독소라고 표현하는 보통의 북한 평론가들에게서 보기 힘든 표현이다. 더구나 이는 그나마 문학적 형상화를 논의할 수 있었던 1950년대 후반의 글이 아니며, 많은 월북 문인 및 윤동주에 백석, 김달진의 시까지 가치를 평가하던 1995년의 『조선문학사』가 발간된 후 10년이 지난 2005년의 시점인 것이다. 이 점이 류만이 다른 북한의 다른 평론가들과 다른 면모일 뿐아니라 1960년대 이후에 각종 비판과 숙청으로 문학사의 후면으로 사라진 다수의 월북문인과 식민지 시기 남한 시인들에 대한 평가를 새로이 한 조선문학사 시리즈 집필자로서의 문학적 역량이 돋보이는 대목이다. 김소월, 이태준, 한설야 등의 여러 문인들에 대한 복권과 재평가가 정치권의 기획이 아니고서는 이루어질 수 없는 정치적 행위임은 틀림없으나 그 안에서 발하는 문학사가의 역량과 노력에 존경심을 갖는 것은 그 자체가 통일문학사의 한 접점을 마련해주는 노작이었기 때문일 것이다. 이 자체만으로도 남한문학계는 북한문학을 포용할 논리를 개발하고 북한문학을 평가하는 노력을 할 이유를 갖게 되는 것이다.

류만은 다음과 같이 끝맺고 있다.

> 소월이 〈진달래꽃〉을 쓴 때로부터 80여 년의 세월이 흘렀다. 10년이면 강산이 변한다고, 10년도 몇 번을 고패쳐 흐른 세월 속에 여러 시인들과 시작품들이 기억에서 사라지고 삭막해지기도 하였다. 그러나 소월의 시들은 오늘에 와서도 읽힌다. 시대는 달라졌지만 세월의 흐름 속에서도 그의 시는 우리 시문학의 민족성을 살리고 시 형식을 다양하고 풍부하게 하는 데서 유산적 가치를 가지고 있기 때문이다

류만의 마지막 문장을 '달라진 세월 속에서도 김소월의 시가 민족성을 살리고 시형식을 풍부하게 한 전통으로서의 가치를 가지고 있다'로 읽어 볼 수 있다. 민족성과 시형식 그리고 전통을 언급하는 그의 평가가 우리의 그것과 다를 것이 없어 보인다. 말이 시대에 따라 변화하여 왔듯 남과 북의 말과 표현 또한 변화하였다. 이제 많이 달라진 두 말을 함께 쓰고자 한다면 서로의 같음과 다름을 알고 차이를 이해하려는 노력이 시작되어야 할 것이다.

다. 진달래와 비전향장기수

　북한 시에서 진달래 이미지에 부여된 또 하나의 이미지는 비전향 장기수이다. 북한문학은 2000년 남북 공동 선언 이후 통일 주제 작품들이 양산되었는데 이중 비전향 장기수의 생애다루는 것도 중요한 한 갈래였다. 오랜 세월 자신만의 신념 때문에 고난을 겪고 이제는 북송되어 기쁨을 맛본다는 비전향 장기수의 기본 이야기 구조에는 북한 사회가 정치적으로 활용할 수 있는 여러 요소가 있는 것이 사실이다. 비전향 장기수의 형상화는 시, 소설, 가사 등 전 문학 분야를 막론하여 진행되는데 주로 역사소설을 창작하는 홍석중도 그에 관한 장편소설『폭풍이 큰 돛을 펼친다』[26]를 발표한 바 있을 정도이다. 이 소설은 비전향 장기수인 박문재의 이야기를 다룬 것인데 박문재는, 카프 시인이며 월북 후 북한 시단에서 활발히 활동한 박팔양의 아들이기도 하다. 박팔양은 북한문학 형성 초기에 활발히 활동하였고 1992년 시선집이 재출간되기도 하는 등 북한문학계에서 재조명되는 주요 시인이라 할 수 있다. 앞에서 설명하였듯 북한 시의 '진달래'이미지가 고난을 이기고 피는 꽃, 혹독한 계절에 잎도 없이 피어나는 꽃으로 형성되는 근거가 되었던 것이 박팔양의「진달래」였다. 박팔양의「진달래」가 김소월의「진달래」와 다르게 평가되는 배경에는, 가프를 사회주의 문학의 중요한 문학적 전통으로 인정했던 북한문학 형성기의 상황이 존재한다.
　박팔양의 아들로서 더욱 화제가 되었기도 했을 박문재 외에도 김선명, 김인서 등의 비전향장기수의 수기를 시화한 실화서사집의 제호는『겨울진달래』이며 이는 제 4부에 실린 박문재의 일화의 제목이기도하다.[27]

　　철 모르는 꽃이라더라
　　진달래는
　　그래서 철부지라
　　부른다더라

　　그래도 그 꽃은
　　늦은 겨울, 이른 봄에

---

26. 홍석중,『폭풍이 큰 돛을 펼친다』, (평양:문학예술출판사, 2005).
27. 리호근,『겨울진달래:비전향장기수 실화서사시집(1)』, (평양:평양출판사), 2002.

피여 웃는 꽃
그러니 별로 철부지는 아닌 것

허나 여기에 있더라
늦은 겨울, 이른 봄이 아니라
한겨울 머언 봄 속에
피여 만발한 꽃

그래서 그 이름
겨울 진달래!
중중 한겨울 속에서
홀로 봄이 되여 웃는 꽃!

오호, 그 이름으로 떠올리는
인생의 꽃, 비전향장기수!
그 꽃의 향기는
신념과 의지라더라…. [28]

   진달래를 겨울에 피어나는 강인한 꽃으로 보는 북한문학의 일반적인 인식에 이제는 비전향장기수의 상징이 덧붙여진 것으로 보인다. '추운 겨울 속에서 홀로 웃는다'는 것은 긴 옥고의 고난을 비유하는 것이고 이제 송환되어 돌아온 그들의 인생을 신념과 의지의 인생으로 찬양하듯 진달래에도 신념과 의지의 이미지가 추가된 것이다. 비전향장기수에 대한 북한사회의 인식은 좀 더 심층적으로 분석할 필요가 있지만 선군의 상징 일색으로 몰입하는 듯한 진달래 이미지에 또 다른 의미를 부여한 것으로 판단할 수 있다.
   마감 시「진달래는 다시 피여」의 부분이다. 아래에서 보듯 리호근은 박문재의 말을 인용하여 박팔양의 진달래 이미지를 비전향장기수의 이미지로 활용하고 있다.

《진달래는 다시 피여》
   1930년 나의 아버지 박팔양은

---

[28] 위의 책, p.117.

시 《진달래》에서
백일홍처럼 붉게붉게 피지도 못하고
국화처럼 오래오래 피지도 못하는 꽃
모진 찬바람에 가냘피 흩어지는 그 꽃을
노래하느니 차라리 붙들고 울 것이라고
진달래처럼 봄을 먼저 알리는 꽃이
정녕 꽃이라고 썼었지.[29]

백일홍이나 국화처럼 화려하거나 오래 피지는 못하지만 봄을 먼저 알리고 추운 계절을 이겨내는 힘을 가지고 있는 꽃으로 진달래의 이미지를 재현하고 있다. 진달래 이미지를 비전향장기수의 형상화에 활용하고 있는 또 다른 예들에서도 진달래 이미지가 가지는 의미는 비슷하고 때로는 늘 그리운 고향의 꽃으로 드러난 경우도 있다. 이 경우는 남한 문학에서 주로 나타나는 것인데 그 작자가 어린 학생이라는 점은 또 다른 판단을 요구하는 문제이기도 할 것이다.[30]

4. 맺음말

여태까지 '진달래'라는 시의 소재가 북한 시에서 어떤 이미지로 형성되었는지를 살펴 보았다. 진달래는 '겨울을 이기고 피어나는 투쟁의 꽃', '김일성 일가의 여러 일화가 들어 있는 꽃', '철령의 진달래처럼 선군의 상징으로 쓰인 꽃' 등으로 다양하게 드러났지만 이들은 모두 정치적 의미와 상징으로 형성된 것이다. 이는 한恨과 이별, 향수, 추억의 이미지를 공유했던 진달래의 문학적 이미지가 북한문학의 정치성에 의해 어떻게 달라지는가를 보여주는 과정이며 북한문학의 한 특성과도 다르지 않다.

남북한 문학의 비교와 대조의 차원에서 본다면 '진달래 이미지'는 남북의 문학이 얼마나 다른지를 실증하는 하나의 예이다. 이 외에도 '남북이 매우 다른 예'를 찾는 것은 어렵

---

29 위의 책. pp158-159.
30 송은미(평양시 장산 고등중학교 6학년 학생), 「고향의 진달래:고향을 장문한 비전향장기수를 대신하여」, 청년문학, 2001.8. p.57.

지 않을 것이다. 이미 '이질성'은 남북의 비교 대조 뿐 아니라 관계 그 자체를 표현하는 말이 되어버렸다. 비슷하기보다는 서로 다르기때문에 남북은 늘 만나기 어렵고 합의하기 어렵고 통합하기 어려운 것처럼 보인다. 그러나 같은 한국어를 쓰는 어문학에서만큼은 포용과 통합의 시도가 좀 더 쉬울지도 모른다. 얼마나 다른가를 묻는 것이 한편으로는 그것이 얼마나 비슷한지를 설명하는 이면의 근거가 될 수는 없는 것인지 생각해본다. 다름을 부각하든 같음을 부각하든 비교와 대조의 방향이 포용과 통합을 위한 것이라면 가능할 것으로 믿는다. 이질성과 동질성을 아우르는 더 위의 차원은 비교하고 대조하려는 시도와 노력일 것이기 때문이다.

[참고문헌]

엄호석, 「김소월론」, 평양:조선작가동맹출판사, 1958.
조선문학통사(하), 언어문학연구소 문학 연구실 편, 평양: 과학원출판사, 1959.
문예출판사 편, 「조국의 진달래」, 문예출판사, 1980.
박팔양 시선집, 평양:문학예술종합출판사, 1992.
리옥순(조선인민군 군관), 「철령의 진달래」, 천리마. 1998.8.
장용환, 「철령의 진달래야」, 아동문학, 2001.5.
송은미, 「고향의 진달래:고향을 장문한 비전향장기수를 대신하여」, 청년문학, 2001.8.
리호근, 「겨울진달래:비전향장기수 실화서사시집(1)」, 평양:평양출판사, 2002.
「진달래의 유래」, 문화어 학습, 평양: 과학백과사전 출판사, 2003.2.
안향진(공화국영웅 안동수의 딸), 「선군민족진달래로 붉게 피리라」, 문화어 학습, 평양:과학백과사전 출판사, 2003.2.
손은희(강원도 원산사범대학 어문학부 학생), 「철령의 진달래야」, 아동문학, 2003.11.
「바우와 진달래」, 아동문학, 2004.10.
리국석, 「철령의 진달래야」, 청년문학, 2004.4.
김설희, 「어머님과 진달래」, 청년문학, 2004.12.
류만, 「소월과 그의 시에 부치는 말 몇 마디」, 「실천문학」, 서울: 실천문학사, 2005년 봄.
심상호, 「선군의 상징인 철령에 대한 시적 형상」, 문화어 학습, 평양:과학백과사전출판사,

2005.3.

강승제,「철령의 철쭉아」, 청년문학, 평양:문학예술출판사, 2005.7.

기자(특파 기자 류광치),「철령의 어머니」, 조선녀성, 평양:근로단체출판사, 2005.8.

「철령의 철쭉이 전하는 이야기」, 금수강산,평양:오늘의 조국사, 2006.4.

김영황(후보 원사, 교수, 박사),『민족문화와 언어』, 평양: 과학백과사전출판사, 2006.

색인(인명,작품명,용어)

번호
1인칭 시점 109
2인칭 시점 109
3인칭 시점 109
4음보 25
10구체 향가 21
80—90년대 상황과 시적 지향 394

로마자

A
aesthesis 374
A.I. 419

B
burlesque 375

C
Chartman 107
Cleanth Brooks 180
contextual criticism 172
critical 168
criticism 168
C. 해밀턴 122

D
David Worcester 92
Death of a Salesman 150
discourst 143

E
E.D. Hirsch 171
E.M Forster 137
Emma Goldmann 178
Ezra Pound 89

F
F.de Saussure 177
F. Mauria 125
Fredric Jameson 375

I
In a Station of the Metro 89
intrinsic criticism 172

J
J.A.D. Ingres 93
J.E.Spingam 176
J.Lotz 74

L
Lady in the Lake 150
libido 179
Linda Hutcheon 375
Ludwig Tieck 138
Lukacs Gyorgy 178

M
Margaret A. Rose 375
Mel Ramos 93
meta language 169
metaphor 180
metonymy 180
Milan Kundera 423

N
new criticism 176

O
object language 169

P
paratragoedia 375
pastiche 376, 390
persona 107
Personal Computer 103
P. 워런&C. 브룩스 122

R
Rene Girard 178
R. Flower 73
Roland Barrthes 169
Roman jakobson 169
Roman Jakobson 172
Russian Formalism 172

S
semiosis 360
Sous Ies toits de Paris 149
stilus 139
story time 143

T
The Art of Satire」 92
The Rape of Lock 92

W
W. H. 허드슨 122

한국어

ㄱ
가곡원류 25
가는 길 315
가락국기 20
가문소설 31
가사 25, 26, 69, 74
가시리 22
가을의 소리 211
가전 29
가정소설과 이상소설 31
가족사소설 31
가짜신선타령 34

간결체 140
강강술래 27, 199
강건체 140
강릉매화타령 34
강명관 393
강서성 53
강승제 449
강약률 75
강 연 호 417
강연호 209
강촌별곡 26
강호한정가 24
객관적 묘사 116
거성 41
건국신화 27
건조체 140
겨울진달래 445
겨울진달래:비전향장기수 실화서사시집 445
경기체가 23, 25, 74
고갈의 문학 411
고개 144
고금가곡 25
고금주 21, 39
고대가요 69
고대 시가 20
고려가요 19, 22, 24, 25
고려속요 22, 74
고저율 75
고전 19
고전문학 19
고전시학과 패러디 393
고정희 387, 394
고체시 44
고향의 진달래:고향을 장문한 비전향장기수를 대신하여 447
고현철 394, 400
공팡규 113
공무도하가 21, 39
공방전 29
공자 69, 126, 375
공종구 287
공진회 127
공화국 127
공화국」 94
공후인 39
곽무청 21
관념(76
관동별곡 23, 26
관서별곡 26
관우희 34
관운장전 31
광문자전 33
광야 104, 105
괴테 141
교술 문학 25

450

교차대구법 87
구동회 412
구두닦이 152
구비서사문학 33
구우 126
구운몽 32, 130
구인환 397, 407, 413
구전 19
구조적 아이러니 98, 100
구조주의 비평 177
구조주의비평 177
구지가 20
국가론 85
국선생전 29
국순전 29
국어국문학 394
국화 옆에서 391
군담소설 30, 31
권구현 384
권근 23
권선아 318
권성우 320
권영민 320
권유적 진술 118
권택명 94
권택영 394
권필 30
귀에린 182
규원가 26
극시 68
극적아이러니 94, 100
근대 자유시 70
근육감각적 이미지 78, 80
근체시 44
난화악부 25
금오신화 30, 130
기관 이미지 78
기관이미지 80
기술 146
기재지이 30
길안에서의 택시잡기 390, 394
김경온 401
김광균 114
김기림 321
김기진 384
김기현 394
김낙 22
김남주 110, 115
김남천 212
김동리 323
김동인 140
김동환 384
김만중 32, 130
김병국 318
김부식 61
김상구 412
김상용 105
김선명 445
김설희 435
김성곤 394

김성희 435
김소월 102, 105, 190, 300, 303, 399, 431, 443, 445
김소월론 437
김소월시 318
김소월 시의 근대적 성격 연구 318
김소월시의 운율론적 연구 318
김소행 30
김수영 171, 400, 405
김시습 30, 49, 126, 130
김신선전 33
김알지신화 27
김억 300
김억의시형론 318
김영랑 101, 105
김영황 441, 449
김용직 300
김욱동 399
김원우 169
김유정 319
김윤식 94, 320, 352
김은전 398
김이만 56
김인겸 26
김인서 445
김인환 412
김일성 435, 447
김정숙 435, 441
김정신 402
김정일 435
김정환 276
김종길 109
김종삼 399, 400
김준오 394, 400, 401
김지하 394, 400
김지혜 80
김창원 398
김척명 28
김천택 25, 340
김춘수 81, 400
김희영 403
깃발 101
껍데기는 가라 312
꼬리 감추는 여인 165
꽃상여 엮는 밤 364
꽃새암 속에서 201
꿈 곁에서 429

ㄴ
나그네 109
나막신 196
나무 71
나의 죽음 71
낙구 26
낙하생고 24
날개 179
날 보러 와요 154
낡은 집 191
남구만 335, 336
남매 212

남성적 어조 105
남신의주 류동 박시봉방 194
남염부주지 30
남영로 32
남으로 창을 내겠소 105
남정희 318
남훈태평가 25
내가 나를 바라보니 98
내적 아이러니 97
내 황홀한 묘지 99
너무도 슬픈 사실 ―봄의 선구자 진달래를 노래함 439
네오리얼리즘 152
노동요 20, 27
논증 116
논평 147
놋다리노래 27
농가월령가 26
누항사 26
눈 70, 189
느림 423
님나신 날 300
님의 침묵 89, 102, 105, 174

ㄷ
다다이즘 358
다성 이론 401
단군신화 27, 129
단순은유 88
닫힌 플롯 139
대구법 87
대동운부군옥 28
대유법 88
더딘 사랑 423
데리다 403
데시카 152
데이비드 로비 402
데이비드 하비 412
데카메론 134
델러웨이 부인 179
뎃상 114
도대체 시란 무엇인가 390
도솔가 21
도시 68, 401
도식 86
도연명 59
도이장가 22
도정 324
독백적 진술 118, 119
돈키호테 134
돈호법 87
동동 22
동명왕 전설 129
동문선 37
동문선」 38
동아일보 293
동요 21
동의보감 36
동일화의 원리 71
동화 72

들뢰즈 403
디킨스 146
디포 133

ㄹ
라캉 403
랑그와 빠롤 396
래메르트 147
레이먼 셀던 408, 415
로마네스트 문학 130
로빈슨 크루소 133
로트만 413
롯츠 75
루공 마카르 총서 125
루카치 124, 128, 129, 132
류광치 449
류만 443
리빠또르 139
리어 왕 148
리처드슨 134
리항식 435
리호근 445
린다 허천 412

ㅁ
마광수 88
마당굿을 위한 장시 387
마르크스주의 비평 178
마장전 33
만복사저포기 30
만분가 26
만세전 322
만연체 140
만전춘별사 24
말의 비유 86
매요신 55
맥루한과의 불편한 대화-전자시대의 문화와 문학 406
맨발 117
맹순사 323
메타시 400, 409
멜 라모스 93
면앙정가 26
명인법 90
명쥬딸기 382
모더니즘 소설 124
모더니즘시론 394
모란송 364
모란이 피기까지는 101, 105
모리악 125
모방 399
모자의 묘술 148
모체 319
모파상 141
목마와 숙녀 197
몰턴 128
묘사 115, 116, 117
무덤과 나비 364
무둥부 243
무서운 이야기 143

무속 19
무숙이타령 34
무정 322
문맥적 비평 172
문장 143
문장 강화 140
문제는 다시 시정신이다 400
문체 139
문태준 117
문학 157
문학과 그 이해 403
문학 연구 입문 128
문학의 근대적 연구 128
문혜원 400
물은 뼈를 키운다 80
미각적 이미지 78, 79
미노타우로스 322
미래파 358
미스터 방 323
미즈다니 야헤코 150
민담 27, 28
민응전 33
민요 20, 26, 74
민족개조론 294
민족문화와 언어 441, 449
민족의 죄인 323, 324
밀턴 128

ㅂ
바닷가 우체국 410
바라건대는 우리에게 우리의 보습 대일 땅이 있었더면 190
바르트 399, 401, 402, 403, 409
바이만 144
바이센터니얼 맨 419
바흐젠 401
바흐친 399
박남철 390, 394, 402
박남훈 394
박두세 32
박목월 71, 109, 399
박문재 445
박봉우 200
박상배 394
박순 63
박씨전 31
박영민 412
박은식 126
박인량 28
박인로 26
박인환 197
박재삼 363
박 주 택 396
박주택 208, 400
박지원 32
박진성 149
박태원 321
박팔양 437, 439, 443, 445
박혁거세신화 27
박효관 25

박희진 113
반씨전 32
반역자 323
발자크 124
발효 427
배비장전 32, 33
배비장타령 34
백광홍 26
백석 194, 410, 411
백수인 210
백철 130
버스정류장에서 390
번역군담소설 31
벌레스크 92
벤야민 412
벤틀리 145, 146
벼 203
벼는 벼끼리 피는 피끼리 395
벽부용 127
변강쇠타령 34
변계량 23
변증법 110
별곡 23
병렬적 이미지 81
병와가곡집 25
병치 87, 89
병치은유 87, 88, 89
보조관념 88
보카치오 134
복합음절 율격 75
본질적 비평 172
봄비 364
부자 125
북한 시 431
불노리 70
불룸 399
불우헌곡 23
붉은 꽃, 붉은 령 435
뷔퐁 140
블레이드 러너 419
비동일성의 원리 89
비유 82, 83, 84
비유적 언어 77
비유적 이미지 78
비정형 구성 114
비평 167
비평의 비평 401
빙도자전 29

ㅅ
사녀가 21
사단 구성 112, 113
사람 돌아오는 난장판 387
사랑 88
사미인곡 26
사설시조 25
사성 40
사씨남정기 31, 32
사회·문학적 비평 178
산 143

산문시 68
산문에 기대어 204
산수유꽃을 보며 80
산유화 311, 382, 383
산유화가의 전승과 교섭 양상 394
살인의 추억 154
살인자들 144
삼국대전 31
삼국사기 21
삼국유사 28
삼국지연의 31
삼단 구성 110, 111
삼대 125
삼대목 22
삼십세 96
삼한습유 30
상대별곡 23
상대적 이미지 78, 81
상대적·절대적 이미지 81
상성 41
상여소리 27
상저가 22
상춘곡 25, 26
상호텍스성 411
상호 텍스트성 401
상호텍스트성 396, 398, 399, 400, 402, 403, 405, 406, 414, 415
새들도 세상을 뜨는 구나 395
샘물이 혼자서 70
생활시 68
샤를르마뉴 이야기 130
서거정 65, 375
서경 69
서경」 39
서경별곡 22
서경석 320
서사 116
서사민요 27
서사시 68
서서건국지 126
서술적 이미지 82
서왕가 25
서유기 322
서유영 30
서정 가요 21
서정시 21, 68, 69, 70, 71, 72
서정적 자아 107
서정적 주체 107
서정주 364, 391, 400
석류 112
석탈해신화 27
선군 문학 435
선분의 비유 85
선상탄 26
설도 67
설명 116
설명적 묘사 116
설의법 87
설화 20, 27, 39
성찬경 83

성탄제 109
세르반테스 134
세르반테스 발자크 141
세시풍요 24
셰익스피어 399
셰익스피어 148
소곡 364
소대성전 31
소룡조 97
소설 29, 120, 161
소설론 143
소설 원론 134
소설의 기술 141
소설의 미학 130
소설의 발생 132
소설의 양 137
소설의 이론 129, 132
소설의 이해 125
소주병 113
소크라테스적 아이러니 96, 97
소통의 물질성과 심미적 예술의 새로운 코드화 394
속미인곡 26
속·습작실에서 319, 324
속악가사 22
속요 69
손진은 400
솔로호프 124
송만재 34
송선영 201
송수권 204
송순 26
송시열 64
송영 344
송은미 447
송익필 53, 54
송현승 80
수궁가 34
수로왕신화 27
수사법상 변화법 86
수사적 표현 86
수이전 28
숙영낭자전 126
숙영낭자타령 34
순간성과 압축성 72
순수음절 율격 74
슈클로프스키 172
슈토룸 138
스콜즈 켈로 138
스탕달 124
습작실에서 319
시가문학 20
시각적 이미지 78
시경 39
시 교육과 텍스트 해석 398
시나리오 153
시나리오의 이론과 실제 166
시드니 69
시론 394
시용향악보 22
시의 본질과 문학교육 398

시적 묘사 115
시적 언어의 혁명 399
시적 역설 101, 102
시적 진술 115, 117, 118
시점 109, 140
시조 23, 24, 25, 26, 69, 74, 431
시집살이 노래 27
시학 110, 373
시학」 84
시혼 437
식영암 29
신경림 400
신경림 시의 장르 패러디 연구 400
신광수 23, 51
신광한 30
신동엽 312
신라향가 170
신문경 435
신발의 꿈 209
신비평 176
신숭겸 22
신위 56
신증동국여지승람 38
신채호 124
신파극 150
신화 19, 27, 28, 90
신화·원형적 비평 180
신화적 상상력 19
실락원 128
실솔 364
심리주의 비평 179
심선옥 318
심약 59
심인 390
심청가 34
심청전 130
심층적 역설 102
셋끔굿 387

ㅇ
아들러 179
아리랑 27
아리스토텔레스 69, 84, 110
아방가르드운동 358
아서왕 이야기 130
아우에르바흐 131
아이러니 92, 93, 95, 101, 103
아이, 로봇 419
아이콘의 언어 399
아주 위대한 오달리스크 93
악부시집 21
악장가사 22
악학궤범 22
안국선 127
안나카레니나 146
안도현 410, 411
안민영 25
안함광 320
알렉산더 포프 92
알 수 없어요 173

알 웹스터 402
암시적 묘사 116
암인법 90
압운 74
앙드레 모르와 122
앙리 메쇼닉 396
액어법 87
액자식 은유 88, 89
앤 제퍼슨 402
앰프슨 99
야우스 396
야콥슨 107
야한기 319
약천집 340
양계초 124
양반전 33
양우정 384
어느 조그만 사랑 102
어떤 성서 425
어린희생 135
어머님과 진달래 435
어운 37
어조 104, 105
언어적 아이러니 95, 96
엄호석 437, 439
에드윈뮤어 143
에밀 졸라 125
에이브럼즈 77
엘리어트 431
엘리엇 399
여성적 어조 105
역로 324
역사 319
역사군담소설 31
역설 95, 100, 101, 103
연극 148
연오랑 세오녀 28
연행가 26
열녀함양박씨전 33
열려진 플롯 139
염상섭 140, 290, 322
영문학사1863년 178
영화 148, 157
영화감독과 영화의 재료 151
영화배우론 152
예덕선생전 33
옛 마을을 지나며 115
옛마을을 지나며 118
오감도 352
오규원 78, 97, 390, 394, 400
오규원 시전집 1·2 394
오디세이아 128
오세영 403
오언율시(44
오언절구 42, 44
오영수 143, 144
오월굿 387
오유란전 32, 33
오이디프스 콤플렉스 179
오적 — 김지하 담시 전집 394

오페라그래스 151
오하근 394
옥루몽 32
옥타비오 빠스 401
옹고집전 34
와트 132, 133
왈짜타령 34
왕안석 64
외로운 시간 364
외적 아이러니 97
요로원 야화기 32
요로원야화기 33
요약 145
용궁부연록 30
용담유사 26
용비어천가 25
용산에서 390
우가키 카즈나리 294
우부가 26
우상전 33
우유체 140
운소 38
운영전 30
운율 41, 73, 74
울프 179
움베르토 에코 399
움직이는 부재 406
워렌 69
워즈워드 69
원관념 88
원본 김소월전집 394
원형 20
원효 332
월명사 170
월인천강지곡 25
월하독작 45
웨렌 138
위대한 오달리스크 93
위홍 22
유리창 102
유만공 24
유성호 398, 414
유충렬전 31
유치환 101
유하 402
유협 379, 394, 398
유희요 27
유희재 375
육미당기 30
육유 64
윤여복 412
윤여탁 397
윤재근 394
윤호병 399
율 298
율격 26, 73, 74, 75
율리시스 179
율리시즈 144
율시 112
융 179

은유 77, 83, 88
은유를 사랑한다 83
은유법 86
음보 75, 76
음보율 23, 75
음수율 23, 74
음위율 74
음절시 74
음향과 분노 179
의미의 비유 86
이건창 58
이곡 29
이광수 124, 287
이광호 406, 407
이규보 29, 375
이근수 56
이기와 99
이남호 406
이동주 72, 199, 363
이명섭 94
이미란 394
이미지 76, 77, 78, 82
이백 45, 60, 61, 62
이병철 196
이병한 394
이상 179, 315, 400
이상섭 93
이상소설 31, 32
이상숙 431
이생규장전 30
이성부 203
이세춘 23
이수복 363, 364
이순옥 394
이스트먼 138
이승훈 102, 352, 399
이시영 113
이어도 163
이어령 352
이언적 48
이옥 52
이옥봉 58
이용악 191
이용휴 48
이육사 104, 105
이율곡 38
이이 26, 41
이인로 375
이인직 322
이재복 394
이 재 인 120
이정록 423
이정호 352
이지엽 180, 207
이지천 63
이첨 29
이청준 163
이춘풍전 32, 33
이층에서 본 거리 80
이태준 140

454

이하 65
이하석 276
이하규 24
이해조 122, 126
이형권 400
이형상 25
이황 52
인물 142
인용 92, 412
인유 90, 92, 412, 415
일동장유가 26
일리어드 128
일물일어설 124
일·이단구성 113
잃어버린 사람들 143
임경업전 31
임진록 31
임춘 29
임포 52
임홍재 205
입성 41
입체파 358

ㅈ
자경별곡 26
자전거 도둑 152
잔등 319, 324
장가 22
장경린 390
장끼전 130
장끼타령 34
장단율 75
장덕순 129
장면 묘사 144
장미의 이름 399
장백전 31
장삼이사 227
장석남 405
장 유 54
장유병 51
장정일 390, 394, 400, 402
장화홍련전 31, 32
저생전 29
적벽가 34
적벽대전 31
전기 28, 29
전기소설 28, 29, 30
전등신화 126
전설 27, 28, 29
전쟁시 68
절구 42, 112
절대적 이미지 78, 81
접동새 382
정과정 22
정극인 23, 25, 26
정끝별 394, 400
정노풍 384
정서적 거리 108
정석가 22
정습명 62

정시자전 29
정신저 이미지 78
정약용 20, 37, 57, 375
정완영 109
정우택 318
정육점 208
정조 21
정지용 102, 433
정철 26
정태용 320
정학유 26
정현종 425
정형시 68
정호 66
제망매가 21, 111, 170
제유 86
제유법 86
제임스 조이스 144, 179, 399
조국 109
조남현 134, 354
조선문학통사 439
조선시 20
조오현 98
조운 112
조응전 31
조위 26
조위한 30
조자룡전 31
조지훈 78
조창환 80, 318
「조향 시의 상호텍스트성 연구」 400
존 바드 411
종교시 68
총생기 354
주관적 묘사 116
주네트 399
주몽신화 27
주생전 30
주술적 20
주요한 70, 189, 300
죽계별곡 23
죽고난 뒤의 팬티 97
죽부인전 29
죽존자전 29
줄리아 크리스테바 399, 412
줄리어스 시저 148
중국 고전시학의 이해 394
중성 모방 415
중독자에게 127
지배소 362
지붕 152
지상의 인간 394
지신밟기요 27
지하련 324
지하철 정거장에서 113
직유 77, 83
직유법 86
진달래 431, 433, 435, 437, 439, 441, 443, 445, 447
진달래꽃 105, 306, 431, 439

진석숭 379
진술 115
진흙 속의 아이들 401

ㅊ
차천로 26, 49
찬기파랑가 21
창선감의록 32
창작군담소설 31
채호기 71
채호석 320
처용가 22
처용단장 81, 82
천상병 97
철령의 어머니 449
철령의 철쭉꽃 435
철령의 철쭉아 449
철령의 철쭉이 전하는 이야기 435, 449
철령척촉련가 435
청각적 이미지 78
청강사자현부전 29
청구영언 25, 340
청류벽 135
청보리의 노래 1 205
청산별곡 22
청자 107, 109
체흡 169
초기 시화에 나타난 용사이론의 양상 395
초현실주의 358
초혼제 389, 394
초혼제 별사 394
촉각적 이미지 78
촉각석이미지 79
최남선 300
최동호 94
최명익 227, 319
최문규 394
최석정 336
최승자 96
최승호 427
최신호 395
최영미 103
최유청 55
최재우 26
최정옥 435
최정희 323
최척전 30
최치원 28, 60
최표 21, 39
최한선 211
춘수 시의 작품 패러디 연구 400
춘향가 34
춘향전 130
취유부벽정기 30
측성 41, 42
치환 87
치환은유 88, 89
칠언율시 44
칠언절구 42, 44

ㅋ
카이저 147
콩쥐팥쥐 32
클라라 리브 124
클로프스키 172
키치 415

ㅌ
탁류 319, 326
태서문예신보 303
태평사 26
태평통재 28
테세우스 신화 322
텐 178
토도로브 399
토도로프 138
토도르프 401
토마스 만 399
톨스토이 141, 146
퇴계 이황 344
투르게네프 125
투명한 난꽃 210
투사 72
트라베스티 92
트로이의 목마 91
트리스탄 차라 358
티보데 130

ㅍ
파멜라 134
판소리 33, 34
판소리 사설 34
팔베개 노래조 382
패러디 90, 91, 92, 399, 400, 411, 412
패러디 시학 400
패러디 시학의 이데올로기 400
패러디와 메타성 394
패러디의 시학 394
패러디·패스티쉬 그리고 독창성 394
패스티쉬 92, 396, 398, 408, 409, 411, 412, 415
퍼시 러벅 124
퍼시 러보크 141, 146
평때저울 319
평성 40, 41, 42
평측법 35
포그너 179
포스트 모더니즘 399
포스트모더니즘과 소비사회 412
포스트모더니즘 시론 394
포스트모더니즘 시학 412
포스트모던 소설과 비평 394
폭풍이 큰 돛을 펼친다 445
표절 92, 412, 415
표층적 역설 101, 102
푸도프킨 151
푸코 399, 403
풀 171
품격 청신쇄락의 미적 특질 318
풍류잽히는 마을 323
풍자 32, 92

풍자소설 32
풍자시 68, 92
풍자와 패러디 394
프라이 180, 184
프라이타크 138
프레드릭 제임슨 391, 406, 412
프로이드 179
프로이트 179
플라톤 85, 127
플로베르 124
플롯 136

ㅎ
하이꾸 113
하이제 138
하이쿠 74
하종오 387, 395
한국 근대 자유시 형성과정과 그 성격 318
한국문학사 129
한국현대소설과 패러디 394
한국 현대시와 패러디 393, 394
한림별곡 23
한산거사 26
한시 19, 35, 36, 37, 39, 40, 41, 44, 47, 112, 431
한식일기 319
한양가 26
한용운 89, 102, 105, 170, 173
한 잎의 여자 78
한치윤 21
함께 가자 우리 이 길을 110
함민복 402
해남에서 온 편지 207
해동가요 25
해동고승전 28
해동역사 21
해석적 진술 118, 119
해에게서 소년에게 300
해체시 401
해학 92
햄릿 148
향가 19, 21, 69
허난설헌 26
허드슨 125, 128
허생전 33
허준 319, 320
허천 376
헌화가 342
헤겔 132
헤밍웨이 144
현대문학 이론 402
현대시 교육론 398, 414
현대시의 패러디와 장르이론 394
현대시 창작강의 180
현상윤 135
현진건 135
혈거부족 323
혈의 누 322
형식주의 비평 172
해눌 29

호메로스 129
호질 33
혼마 히사오 130
혼성 모방 415
홍사용 384
홍석중 445
홍순학 26
홍역 433
홍영철 429
홍효민 295
화룡체 140
화룡도실기 31
화산별곡 23
화석정 38, 41
화원악보 25
화의 혈 122, 126
화자 107, 109
화해의 원리 89
확장은유 88, 89
환유 86
환유법 86
황국미음 365
황순원 143
황운전 31
황지우 276, 390, 395, 400, 402
후각적 이미지 78
후각적이미지 79
휠라이트 89, 101, 181
휴전선 200
흄 287, 292
흥보 34
흥부전 130, 142
희곡 153
희시 3 394
히포낙스 92